Gerald Millerson

Beleuchtungstechnik

für Film- und Fernsehproduktionen

Übersetzung der 3. Auflage

Fachbuchverlag
Andreas A. Reil

Titel der Originalausgabe:

Lighting for Television & Film, Third Edition by Gerald Millerson

Focal Press is an Imprint of Butterworth-Heinemann (Oxford)

Fachbuchverlag
Dipl.-Ing. Andreas A. Reil

am Bungert 9 · 50389 Wesseling

Telefon (0 22 36) 94 72 57
Fax (0 22 36) 94 72 58

eMail fachbuch@web.de
Website www.film-buch.de

Übersetzung Ralf Martenstein
Bearbeitung Andreas A. Reil

Inhaltsverzeichnis BELEUCHTUNGSTECHNIK

Vorwort zur dritten Auflage

Dieses Buch ist eine praxisgerechte Darstellung der künstlerischen und handwerklichen Aspekte der Filmbeleuchtung. Für die Ausleuchtung von Filmaufnahmen vor Ort mit nur einer Kamera bis hin zu Studioproduktionen mit mehreren Kameras werden die elementaren Grundkenntnisse und die Möglichkeiten der technischen Umsetzung in aller Ausführlichkeit vorgestellt.

Um aktuelle Entwicklungen angemessen berücksichtigen zu können, ist dieses international anerkannte Standardwerk umfassend überarbeitet worden. Vorkenntnisse oder Erfahrungen werden beim Leser nicht vorausgesetzt. Bei der Neuauflage wurde besonders Wert darauf gelegt, daß Antworten auf spezielle Fragestellungen sehr schnell gefunden werden können.

Die Gliederung des neuen Textes eignet sich noch besser als Orientierung für Kurse und Seminare und das private Studium. Von Mutmaßungen zur Lichtgestaltung einmal abgesehen, kommt alles zur Sprache: die physikalischen Voraussetzungen genauso wie die praktischen Alltagsprobleme.

Über die technischen, handwerklichen und ästhetischen Grundlagen und die bewährten Lösungen hinaus werden natürlich auch alternative und effektivere Methoden vorgestellt.

Sie werden sehr schnell erkennen, daß die Arbeit mit Licht von einer Vielzahl ständig wechselnder Faktoren bestimmt wird und ein hohes Maß an Flexibilität erfordert. Noch wichtiger als die Routine ist das Verständnis und das Gefühl im Umgang mit Licht .

Gute Lichtführung erfordert neben handwerklichem Geschick auch visuelle Vorstellungskraft, d.h. vorausschauendes Denken, ausgeprägtes Wahrnehmungsvermögen, Geduld und kreatives know-how. Sich dieses Wissen in der Praxis anzueignen, kann viel Zeit kosten. Das vorliegende Buch wird Ihnen in konzentrierter Form Berufserfahrungen vieler Jahre vermitteln und Ihnen helfen, von Anfang an bessere Ergebnisse zu erzielen.

Ihre Fähigkeiten werden sich dann über die eigene praktische Arbeit weiterentwickeln. Erforschen Sie das Spiel von Licht und Schatten in Ihrer Umgebung. Beobachten Sie kritisch den Einsatz von Licht in Film- und Fernsehproduktionen. Wenn Sie einen Videorekorder haben, analysieren Sie ausgewählte Szenen. Die kritische Auseinandersetzung mit der Arbeit von anderen wird Ihnen helfen, Ihren eigenen Stil zu finden.

Am wichtigsten: seien Sie neugierig. Entdecken Sie Ihre Lust am Experimentieren mit der magischen Überzeugungskraft des Lichts. Dieses Buch wurde geschrieben, um Sie zu solchen Entdeckungen zu ermuntern!

G.M.

Danksagung

Es ist mir hier nicht möglich, persönlich jedem der vielen Kollegen und Studenten zu danken, mit denen ich über viele Jahre hinweg Gedanken und Ideen ausgetauscht habe. Dieses Buch, in dem unzählige Gesichtspunkte zur Kunst und zum Handwerk der Filmbeleuchtung zusammengetragen wurden, greift auf die Erfahrungen vieler Spezialisten zurück: von Beleuchtung-Teams, Kameraleuten, Ausstattern, Technikern, etc. Gelungene Lichtgestaltung ist nur möglich durch die verständnisvolle Zusammenarbeit von vielen und ein Gefühl für die Probleme der anderen.

Besonders möchte ich mich noch bei den Szenenbildnern der im Buch gezeigten Studioaufbauten bedanken:

Sally Hulke - Sinister Street

Peter Kindred - Christ Recrucified

Colin Shaw - Ryan International

Neben eigenen Aufnahmen wurden Standfotos aus Great Expectations und Oliver Twist mit in das Buch aufgenommen, die freundlicherweise die Rank Organisation Ltd. zur Verfügung gestellt hat.

Auch der British Broadcasting Corporation möchte ich für die Nutzung ihrer Studioeinrichtungen danken. Und natürlich meinen Kollegen für ihre unschätzbare Hilfe und Unterstützung.

G.M.

Anmerkung

Dieses Ihnen vorliegende Buch ist eine Übersetzung der englischen Originalausgabe. In vielen Abbildungen konnten nicht alle Beschriftungen durch das deutsche Synonym ersetzt werden. Soweit in den Abbildungen Farben erklärt werden steht Y (***y***ellow) für ***g***elb, G (***g***reen) für ***g***rün, B (***b***lack) für Schwarz.

1 Eine Einführung

Wozu sich Gedanken machen?

Zunächst einmal ist Licht für uns eine Sache, die einfach da ist. Licht gehört zu unserem Alltag und es gibt kaum einen Grund, sich unnötig den Kopf darüber zu zerbrechen.

Auch bei Dreharbeiten gibt es immer Licht in der einen oder anderen Form. Es ist vielleicht nicht immer ideal, aber in der Regel ausreichend um aufzuzeichnen, was vor der Kamera passiert. Steht etwas im Schatten, rücken wir es ins Licht; ist die Umgebung zu dunkel, finden wir meistens eine Möglichkeit sie aufzuhellen. Und im Studio hängen genug Scheinwerfer an der Decke, um alles ordentlich auszuleuchten. Wozu also dieser Hokuspokus mit dem Licht? Und dazu noch ein dickes Buch? Licht ist doch einfach da!

Viele werden sich diese Fragen schon gestellt haben. Und es ist sicherlich verwirrend, wenn für ein einfaches Interview ein Dutzend Lampen aufgestellt werden und man im Endeffekt nur die Wirkung einer einzigen Lampe bewußt wahrnimmt!

Wozu brauchen wir Lichtgestaltung?

Es gibt jedoch gute Gründe eine Szene sorgfältig auszuleuchten. Manche sind leicht einzusehen, manche weniger.

- *Lichtintensität:* um qualitativ hochwertige Bilder aufzeichnen zu können, braucht man, abhängig von der Empfindlichkeit des Aufzeichnungsmediums und der größten verfügbaren Blendenöffnung, eine entsprechende Menge an Licht. Ist das Licht zu schwach, bekommen wir Schwierigkeiten mit der Scharfeinstellung und auch die Bildqualität läßt zu wünschen übrig.
- *Kontraste:* helle Flächen und dunkle Schatten haben die unangenehme Eigenschaft auszufressen oder abzusaufen, da Kameras Kontraste nur in einem begrenzten Umfang verarbeiten können. Mit Licht lassen sich einige dieser Probleme lösen.
- *Unstimmigkeiten in der Lichtführung:* von einem Kamerastandpunkt kann ein Objekt gut ausgeleuchtet sein; von einem anderen Standpunkt ist u. U. nur seine Silhouette sichtbar. Solche Unstimmigkeiten im Licht beim Standortwechsel können durch sorgfältige Ausleuchtung vermieden werden.
- *Abstimmung von Ausleuchtung und Kamerabewegung:* wenn zum Beispiel während einer Kamerafahrt ein Schatten auf das Objekt fällt, wird der Zuschauer abgelenkt und kann das Objekt nicht mehr deutlich erkennen.
- *Ungeschickte Beleuchtung:* schlechte Lichtführung hat meist flache, zweidimensionale Einstellungen zur Folge. Eine gute Ausleuchtung erzeugt die Illusion von Räumlichkeit und Tiefe; was wichtig ist, hebt sich deutlich vom Hintergrund ab.
- *Ungeeignete Beleuchtung:* durch falsche Wahl der lichttechnischen Gestaltungsmittel läuft man Gefahr künstliche Bilder ohne jede Überzeugungskraft zu produzieren. Gut arrangiertes Licht vermittelt eine realistische, glaubhafte Atmosphäre.
- *Licht muß die richtige Stimmung vorbereiten:* die Atmosphäre und die Stimmung müssen die Handlung unterstützen.
- *Die Lichtqualität gibt Dingen den gewünschten An-Schein:* abhängig von der Beleuchtung, kann ein und dasselbe Objekt hübsch oder häßlich, geheimnisvoll, verdreht, starr oder grell erscheinen.
- *Unkontrollierte Lichteffekte lenken ab:* Schatten, Überstrahlungen und Reflexionen können die Aufmerksamkeit des Zuschauers ablenken. Durch sorgfältige Ausleuchtung kann man dies vermeiden.

Was kann man mit Licht machen?

Vielleicht sehen Sie schon jetzt, daß Licht wesentlich mehr kann, als nur Dinge sichtbar zu machen. Mit guter Lichtführung ist es möglich, das, was auf dem Monitor oder der Leinwand gezeigt und vermittelt werden soll, ganz entscheidend zu beeinflussen. Zum Beispiel durch sorgfältige Bestimmung der Lichtmenge und ihrer Qualität, ihrer Richtung und dem Bildausschnitt, der von ihr erfaßt wird.

Eine faszinierende Eigenschaft des Lichtes ist seine Flexibilität und die Leichtigkeit mit der man es kontrollieren kann. Schon das Ein- und Ausschalten einer einzigen Lampe kann den gesamten Charakter einer Szene verändern. Natürlich gibt es auch subtilere Methoden, die vom Zuschauer nicht bewußt wahrgenommen werden. Erst die präzise Abstimmung der Lichtintensität verschiedener Scheinwerfer gibt einer Szene Charakter und Atmosphäre.

Beleuchtungsmöglichkeiten

Im folgenden einige Andeutungen, wie man Dinge ins rechte Licht rücken kann.

- *Licht kann Formen, Strukturen und Details enthüllen.* Durch die Qualität und die Richtung des Lichtes können Eigenschaften hervorgehoben werden.
- *Licht kann verbergen.* Die sorgfältige Arbeit mit Schatten kann andere Eigenschaften fast unsichtbar machen.
- *Abgestuftes Licht kann Flächen strukturieren.* Selbst eine glatte Oberfläche kann man durch entsprechende Beleuchtung eben oder gebogen erscheinen lassen.
- *Licht kann Eigenschaften andeuten, die ein Objekt gar nicht hat.* Mit Lichtstrukturen und Schattenwürfen lassen sich Fenster, Blätter, entfernte Gebäude, Regen, Schnee und vieles mehr suggerieren.
- *Licht kann unser Gefühl für Entfernungen und Größenverhältnisse beeinflussen.*
- *Licht kann die Farbe von Gegenständen verändern.* Es kann Farben verstärken und die Gewichtung von Farben innerhalb einer Szene verschieben.
- *Licht kann Strukturen und Feinheiten unterdrücken und nur den Umriß einer Sache zeigen.*
- *Licht kann unsere Aufmerksamkeit auf Details lenken.*
- *Licht kann den Eindruck von Gewicht und Räumlichkeit verstärken.*
- *Licht kann die Reaktionen der Zuschauer beeinflussen.* Es kann neugierig machen, Spannung aufbauen, begeistern, etc.
- *Licht kann die Aufmerksamkeit von einem Punkt zum nächsten führen;* und dies langsam oder schnell.
- *Licht kann einen großen Einfluß auf die Bildkomposition nehmen, indem es Form und Farbe herausarbeitet.*
- Licht kann Stimmungen und Gefühle erzeugen.
- *Licht kann Tageszeiten und Wetterverhältnisse andeuten.* Stechende Sonne, Mondlicht, Sturm, etc.
- *Licht kann die Assoziation einer ganz bestimmten Umgebung hervorrufen.* Lichtmuster und Schatten können den Eindruck erwecken, daß sich die Handlung in einem Gefängnis, einem Wald oder einer Kirche abspielt.
- *Licht kann Objekte isolieren.*
- *Licht kann visuelle Kontinuität herstellen.* In einer Folge von Einstellungen unterschiedlicher Gegenstände beispielsweise.
- *Licht kann Bewegung ins Bild bringen.* Mit Licht- und Schattenbewegungen, blinkenden Lichtquellen und Farbveränderungen kann man überraschende Effekte erzielen.

Wodurch zeichnet sich schlechte Lichtgestaltung aus?

Man könnte behaupten, daß es so etwas wie schlechtes Licht nicht gibt; vielleicht eine Ausleuchtung, die einer Situation nicht ganz gerecht wird. Wenn Sie jedoch einen Zeitungsleser von oben beleuchten, wird sein Kopf wie ein Totenschädel aussehen. Eine wenig schmeichelhafte Einstellung. Das gleiche gilt für ein gespenstisch wirkendes Licht von unten. Solche Lichteffekte eignen sich andererseits für dramatische Szenen; wenn Sie Ihr Publikum schocken möchten.

In der Praxis gibt es jede Menge schlecht ausgeleuchteter Einstellungen. Auch hierzu einige Beispiele.

- Ablenkung der Aufmerksamkeit: ein Lichtwechsel zum falschen Zeitpunkt läßt den technischen Apparat spürbar werden.
- Häßliche und unattraktive Effekte: zwei Nasenschatten, dunkle Augenhöhlen, überstrahlte Köpfe.
- Schlecht erkennbare Personen: wenn eine Person eine andere Person in den Schatten stellt.
- Unangemessene Lichtführung: kann die Wirkung einer gelungenen Studiodekoration oder von einem Originalschauplatz zunichte machen.

Wie lernt man den Umgang mit Licht?

Es gibt im Prinzip drei Möglichkeiten die Arbeit mit Licht zu lernen.

Sie lernen aus Ihren eigenen Fehlern, d.h. Sie rücken die Scheinwerfer solange hin und her, bis Sie mit dem Ergebnis zufrieden sind. Diese Methode erfordert viel Zeit und Geduld. Und Glück! Man kann auf diese Weise einiges über Licht lernen und hervorragende Ergebnisse erzielen. Aber meistens kommt man so nicht weiter.

Sie können sich auch mit den bewährten Methoden vertraut machen und nach klassischen Rezepten ausleuchten. Die Resultate werden zufriedenstellend sein mit einer Einschränkung: daß all Ihre Filme ähnlich aussehen. Routinierte Lichtgestaltung geht auf Kosten der Atmosphäre und bringt wenig Erfahrungszuwachs im kreativen Umgang mit Licht.

Die dritte Methode, die in diesem Buch verfolgt wird, ist die kreative Analyse. Auf der Grundlage genauer Kenntnisse der elementaren Eigenschaften des Lichts werden Sie methodisch in den praktischen Umgang mit Licht eingeführt. Es wird gezeigt, welche Veränderungen sich mit Licht erzielen lassen, wie es das Aussehen von Gegenständen beeinflußt, und wie man mit ihm Stimmungen erzeugen kann. Sie werden die spielerischen Möglichkeiten im Umgang mit Licht entdecken und geeignete Mittel, um genau die Wirkung zu erzielen, die Sie sich vorgestellt haben. Wenn Probleme auftauchen, dann können Sie diese mit Hilfe der kreativen Analyse systematisch aufspüren und aus dem Weg räumen.

Nach diesem Vorgeschmack beginnt unsere Reise zunächst mit der Erklärung der faszinierenden Natur des Lichts.

2 Die Natur des Lichts

In diesem Kapitel werden die physikalischen Grundlagen des Lichts vorgestellt: wie es sich verhält und verändert und auch die Physik der Farben.

Was ist Licht?

Von vielen natürlichen und künstlichen Quellen geht eine Strahlung aus. Zum Beispiel von der Sonne, von radioaktiven Materialien, Rundfunksendern, Glühbirnen, etc. Diese Strahlung breitet sich aus in Form von elektromagnetischen Wellen, also Wellen mit elektrischen und magnetischen Eigenschaften. Die Geschwindigkeit, mit der sich diese Wellen ausbreiten, beträgt mehr als dreihunderttausend Kilometer pro Sekunde ($3x10^{10}$cm/s).

Normalerweise wird eine Strahlung nach ihrer Frequenz in Hertz bezeichnet, d.h. ihren Schwingungen pro Sekunde. Licht dagegen benennt man meist nach seiner Wellenlänge, d.h. der Länge einer einzigen Schwingung in Nanometern. (Die Wellenlänge ist umgekehrt proportional zur Frequenz.)

Die Eigenschaften der elektromagnetischen Strahlung ändern sich mit der Frequenz bzw. Wellenlänge. Abbildung 2.1 zeigt, daß das elektromagnetische Spektrum die unterschiedlichsten Phänomene umfaßt. Wir werden uns hier mit dem sehr kleinen, aber sichtbaren Ausschnitt aus diesem Spektrum beschäftigen, den unsere Augen als Licht wahrnehmen.

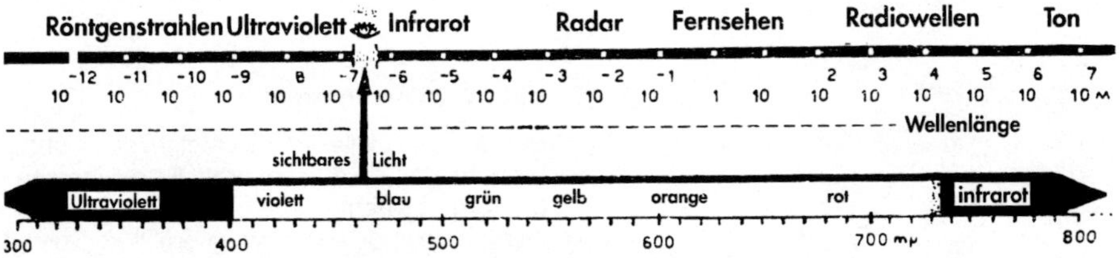

Abb. 2.1 Das elektromagnetische Spektrum

Die elektromagnetische Energie umfaßt einen extrem breiten Frequenzbereich von Null bis über 1022Hz (Kosmische Strahlung). Das sichtbare Licht ist ein winzig kleiner Teil dieses Spektrums. Die Übergänge von einer Farbe zur nächsten sind fließend. Die Farben werden durch die Messung ihrer Wellenlänge bestimmt. Als Maßeinheit verwendet man Nanometer (10^{-9}m) oder Angström (10^{-10}m).

Weißes Licht

Wenn eine Lichtquelle Energie mit Anteilen aus allen Bereichen des sichtbaren Spektrums ausstrahlt, dann sehen wir normalerweise weißes Licht. Dieses Spektrum umfaßt mehrere Farben mit fließenden Übergängen. Wo im Spektrum die Farben Rot-Orange-Gelb-Grün-Blau-Violett genau anfangen und aufhören, ist schwer zu sagen. Die Tabelle 2.1 zeigt die typischen Abgrenzungen. Als Grundfarben für das PAL-Farbfernsehen hat man folgende Wellenlängen festgelegt: Rot = 610nm, Grün = 540nm und Blau = 465nm. (Entsprechend für das NTSC-System: 610, 535 und 470nm.)

Tabelle 2.1. Spektralfarben

Jede Spektralfarbe deckt einen bestimmten Bereich des Spektrums ab:

Rot	Orange	Gelb	Grün	Blau	Indigo	Violett
610-720	590-610	570-590	510-550	450-480	430-450	380-430

Angabe der Wellenlänge in Nanometern (nm) = 10^{-9} Meter

Unser Auge kann etwa 150 Farbtöne unterscheiden.

Wenn nur ein Teil des Spektrums sichtbar ist, wie beim farbigen Licht, beurteilen wir die Farbe nach ihrem dominanten Farbton. Ein orangefarbener Sonnenuntergang enthält natürlich auch rote, gelbe und grüne Farbanteile - und ein wenig Blau.

Mit einem Prismen- oder Gitterspektrographen kann man die Farben bzw. die Farbanteile einer Lichtquelle analysieren. Infrarote und ultraviolette Anteile der Strahlung, die von einigen Tieren und Insekten noch wahrgenommen werden können, sind für unser Auge unsichtbar. Diese Anteile können wir nur messen oder mit entsprechend sensibilisiertem Aufzeichnungsmaterial sichtbar machen.

Licht und Schatten

Das projizierte Bild

Die stereoskopische Wahrnehmung erlaubt es uns, die räumliche Ausdehnung und Entfernung von Dingen mit erstaunlicher Genauigkeit abzuschätzen. Einige sekundäre Anhaltspunkte unterstützen uns bei dieser Einschätzung.

- *Perspektive:* der Eindruck, daß mit zunehmender Entfernung Dinge immer kleiner werden und parallele Linien zusammenlaufen.
- *Parallaktische Effekte:* die relativen Verschiebungen von bewegten Objekten.
- *Dominanz:* Dinge im Vordergrund verdrängen scheinbar Dinge im Hintergrund.
- *Verschwindende Details:* mit zunehmendem Abstand nehmen wir Details immer weniger wahr.

Zwischen unserer direkten Wahrnehmung und dem flachen, zweidimensionalen Bild auf der Leinwand oder dem Monitor gibt es wesentliche Unterschiede. Zum einen sehen

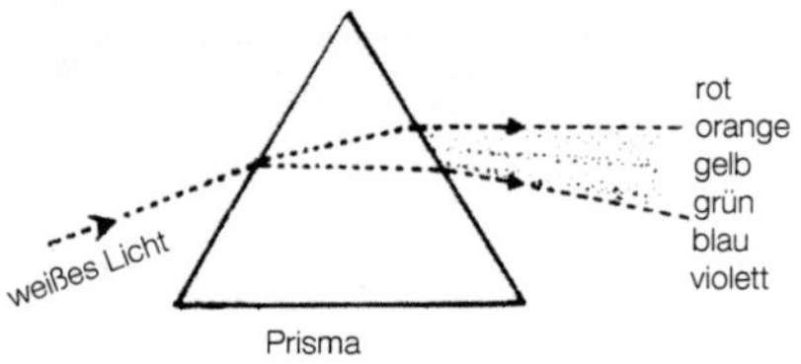

Abb. 2.2 Das Prisma

Die Geschwindigkeit der Lichtstrahlen ist abhängig vom Medium, das sie durchqueren. Beim Übergang von einem Medium zu einem anderen, zum Beispiel von Luft zu Glas, werden sie abgelenkt bzw. gebrochen. Durchdringt ein Lichtstrahl ein Prisma, dann wird sein Spektrum in seine Farben zerlegt. Die unterschiedlichen Intensitäten der nun sichtbaren Farben entsprechen ihrem Anteil im analysierten Licht.

wir nur das, was der Kameramann oder der Regisseur uns zeigt. Jeder Bildausschnitt grenzt Dinge aus, die wir mit eigenen Augen hätten sehen können.

Und es fehlt die dritte Dimension. Mit Hilfe der sekundären Anhaltspunkte müssen wir versuchen uns Größe, Entfernung und Tiefe durch Kontraste, den Verlauf von Linien und Farben vorzustellen. Das Ergebnis ist in vielen Fällen eine unpräzise Einschätzung des Gezeigten.

Ein wichtiger Faktor für unsere Interpretationen eines Bildes sind - wie schon gesagt - die Kontraste. Sie beeinflussen nicht nur die Stimmung, sondern auch unseren Eindruck von Räumlichkeit und Entfernung. Helle Bereiche empfinden wir größer und weiter entfernt als dunkle. Die Kontrastverteilung und das Arrangement der Objekte innerhalb des Bildrahmens haben Effekte zur Folge, die wir so im Alltag nicht wahrnehmen würden.

Bei der Lichtgestaltung nutzt man solche Effekte, um den gewünschten Eindruck von Räumlichkeit und Entfernung hervorzurufen.

Um mit Licht kreativ arbeiten zu können, müssen wir unsere visuelle Welt neu entdecken und einige vertraute Vorstellungen vom An-Schein der Dinge über Bord werfen.

Vieles ist nicht so, wie es auf den ersten Blick aussieht!

Lichtintensität

Die Arbeit mit Licht wird uns ständig daran erinnern, welche drastischen Unterschiede bestehen zwischen dem,

- was wir glauben zu sehen; d.h. unseren subjektiven Eindrücken, und dem,
- was tatsächlich da ist: der objektiven Realität.

Wir urteilen gerne vergleichenderweise. In einem dunklen Raum ist eine Kerze hell. Am Tag ist das Licht ihrer Flamme für uns ohne Bedeutung.

Lichtverhältnisse beurteilen

Unsere Wahrnehmung muß sich zunächst den vorhandenen Lichtverhältnissen anpassen, bevor wir uns ein Urteil über Kontrastverhältnisse erlauben können. In einer dunkleren Umgebung können wir geringe Unterschiede wahrnehmen. Je stärker die Grundbeleuchtung wird, desto schwerer fällt uns diese Unterscheidung.

Die Augen können reale Differenzen von Lichtintensitäten nicht richtig einschätzen, denn ihre Empfindlichkeit verhält sich ähnlich einer logarithmischen Funktion. Aus diesem Grund können wir uns nicht auf unsere ungeübten Augen verlassen, wenn wir entscheiden müssen, ob eine Szene ein bißchen mehr oder ein bißchen weniger Licht braucht. Um die folgenden Lichtverhältnisse richtig einschätzen zu können, benötigen wir unbedingt einen Belichtungsmesser:

- *Einfallendes Licht*: die Lichtmenge, die auf ein Objekt auftrifft.
- *Objekt-Helligkeit:* die Lichtmenge, die von einem Objekt reflektiert wird.
- *Integrale Helligkeit:* der Durchschnittswert des reflektierten Lichtes, das die Kamera erreicht.

Die entsprechenden Meßmethoden werden in Tabelle 13.1 vorgestellt.

Lichtbegriffe

Einige Begriffe, mit denen Licht beschrieben wird, sind recht geläufig; andere bezeichnen spezielle Meßmethoden. Wenn wir sagen, daß etwas leuchtet oder hell ist, beschreiben wir unseren Eindruck der Lichtmenge, die von einer Lichtquelle ausgestrahlt oder von einer Oberfläche reflektiert wird, aber nicht ihr physikalisches Maß.

Unser subjektiver Eindruck ist unzuverlässig. Ein und derselbe Gegenstand erscheint uns, bei gleicher Beleuchtung, vor einem dunklen Hintergrund heller und vor einem hellen Hintergrund dunkler.

Die Beleuchtungsstärke ist das physikalische Maß für die Lichtmenge, die auf eine Szene oder ein Objekt fällt. Die Leuchtdichte ist das Maß für die Lichtmenge, die von der Szene bzw. vom Objekt reflektiert wird. (Verdoppelt man die Beleuchtungsstärke, dann verdoppelt sich auch die Leuchtdichte.)

Das Verhältnis von auftreffendem und reflektiertem Licht, d.h. von Beleuchtungsstärke und Leuchtdichte, nennt man Reflexionsfaktor oder Remissionsgrad.

Helligkeit von Oberflächen

Der Unterschied zwischen unserer Helligkeitsempfindung einer Tönung bzw. eines Farbtons und der effektiven Helligkeit dieser Tönung für die Kamera kann beträchtlich sein. Einige Gründe hierfür sollen genauer betrachtet werden, da sie für unsere Wahrnehmung und Interpretation von Bildern von großer Bedeutung sind.

Eigenschaften von Oberflächen.

Der Reflexionsfaktor Tabelle 2.3 zeigt die enormen Unterschiede der Reflexionsfaktoren verschiedener Materialien. Frisch gefallener Schnee reflektiert bis zu 97% des einfallenden Lichtes, schwarzer Samt nur 1/100 oder 3/1.000. Seine Oberflächenstruktur ist auch mit viel Licht nur schwer herauszuarbeiten.

Tabelle 2.2. Reflexionsfaktoren von Farben

	Munsellwert	*Reflexion* (%)	*typische Farben*
hellste Werte	8	58	Papierweiß
			Creme
helle Werte		51,5	Ocker
	7,5	50	Nilblau
		48	Goldgelb
		47	Französischblau
		45	Zitrone
		45	Rosa
		43	Hellblau
(helle Haut)	7	43	Hellgrau
		42	Grau-Grün
		42	Rosa
		42	Senf
		42	Zement
		42	Blau-Grau
		41	heller Stein
		37	Leder
	6,5	35	Orange
		33	Seegrün
mittlere Werte		32	Pastellblau
		31	Jade
	6	30	Kobalt
(dunkle Haut)		29	Lavendel
		27	Taubengrau
		26	Beige
	5,5	25	Champignon
		23	Kupfer
		22	Zinnoberrot
	5	20	Lila
		17	Violett
	4,5	15	Kaffeebraun
dunkle Werte		12	Indianerrot
		11	Kastanienbraun
		10	Ultramarinblau
		9	gebrannt Siena
		8	Preußischblau
		7	Purpur
		7	Dunkelgrau
		3	Schwarz

Abb. 2.3 Helligkeit von Oberflächen

Die Helligkeit einer Oberfläche hängt ab von ihrer Tönung und der Intensität des auftreffenden Lichts. Alle drei Beispiele sehen gleich hell aus. Die Eigenschaften und Strukturen einer Oberfläche beeinflussen darüber hinaus den Helligkeitseindruck bzw. Helligkeitsver-änderungen in Abhängigkeit vom Winkel des einfallenden Lichts und des Betrachtungswinkels.

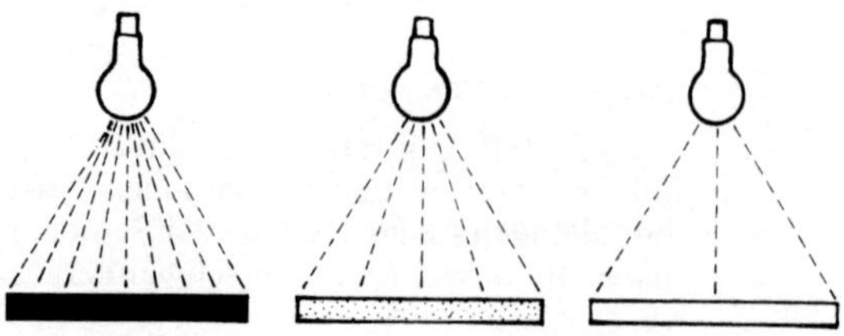

Tabelle 2.3 typische Reflexionswerte

Reflexionsgrad	*Objekt*
100	idealer Reflektor
97 - 93	Magnesium, weißer Schnee
92 - 87	poliertes Silber
90	weißes ??
88 - 75	weiß Hochglanzfarbe
85	Aluminiumfolie
65	Chrom
60 - 30	weiße Kleidung
40 - 30	heller Teint
30 - 20	Zement
30 - 15	grünes Laub
20	sonnengebräunter Teint
15 - 10	Mauerwerk
10 - 5	schwarzes Papier
5 - 1	schwarze Farbe
1	schwarze Kleidung
1 - 0,3	schwarzer Samt

♦ *Die Oberfläche* Die Beschaffenheit einer Oberfläche kann rauh oder glatt, matt oder glänzend sein. Abbildung 2.4 zeigt, daß eine rauhe Oberfläche aus verschiedenen Betrachtungswinkeln etwa gleich hell erscheint. Sie reflektiert das Licht diffus in alle Richtungen. Bei glatten Oberflächen verändert sich der Helligkeitseindruck in Abhängigkeit vom Standpunkt der Beobachters. Befindet sich die Lichtquelle neben oder hinter ihm, sieht die Fläche relativ dunkel aus. Steht die Lichtquelle ihm gegenüber, dann reflektiert eine glatte Fläche das Licht in seine Richtung und sieht sehr hell bzw. glänzend aus.

In der Praxis können uns glatte und glänzende Oberflächen große Probleme bereiten, z.B. wenn die Reflexion von Lichtquellen punktuelle Überstrahlungen zur Folge hat. Metall und polierte Oberflächen, die aus einem Betrachtungswinkel recht dunkel aussehen, reflektieren das auffallende Licht aus einem anderen Betrachtungswinkel in seiner ganzen Stärke. Solche Reflexionen können nicht nur die Aufmerksamkeit ablenken, sondern (bei Röhrenkameras) einbrennen, Lichtfahnen nach sich ziehen oder, je nach Aufnahmechip, andere häßliche Nebeneffekte verursachen.

Andererseits sind Dekorationen aus Metallfolie oder Metallelementen vor dunklem Hintergrund für unser Auge außerordentlich reizvoll. Hier muß man versuchen, durch geschickte Wahl der Kameraposition, den Glanz richtig einzufangen. Eine geringfügige Kamerabewegung kann den gewünschten Effekt jedoch schnell wieder zunichte machen.

♦ *Betrachtungs- und Beleuchtungswinkel* Mit Ausnahme von absolut matten Oberflächen ist deren Helligkeit abhängig vom Standort der Kamera und des Lichtes. Ist die Kamera senkrecht auf eine Fläche gerichtet und fällt das Licht ebenfalls senkrecht auf diese Fläche, dann ist die Helligkeit bzw. die reflektierte Lichtmenge am größten. Verändert man den Aufnahme- oder den Beleuchtungswinkel, nimmt die Helligkeit ab und zwar entsprechend einer Cosinusfunktion (Abbildung 2.5).

♦ *Die Form der Oberfläche* Lichteffekte helfen uns, in flache, zweidimensionale Abbildungen Formen und Strukturen hineinzuinterpretieren. Schon in der Kindheit haben wir gelernt, diese Effekte zu verstehen. Nimmt die Helligkeit einer Fläche zum Rand hin ab, dann wissen wir, daß diese Fläche gebogen ist. Eine Fläche von gleichbleibender Helligkeit ist für uns flach; helldunkel Variationen sind Zeichen für eine strukturierte Oberfläche; dunkle Punkte sind Vertiefungen und helle Punkte Erhebungen. Zumindest glauben wir das.

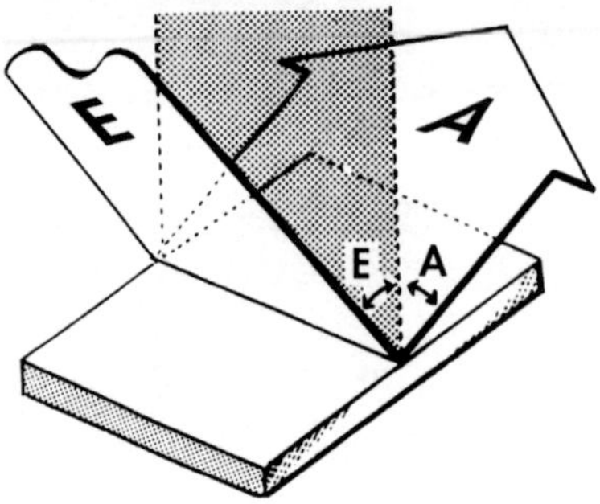

Abb. 2.4/1 Reflexionsgesetze

Der Ausfallswinkel (A) des Lichts ist gleich dem Einfallswinkel (E). Die Spiegelung erfolgt an einer imaginären Fläche senkrecht zur reflektierenden Oberfläche. Das einfallende Licht, das ausfallende bzw. reflektierte Licht und die imaginäre Spiegelfläche liegen in einer Ebene. Ein reflektiertes Bild erscheint spiegelverkehrt und so weit hinter der Spiegelfläche zu liegen, wie das Ausgangsbild davor liegt.

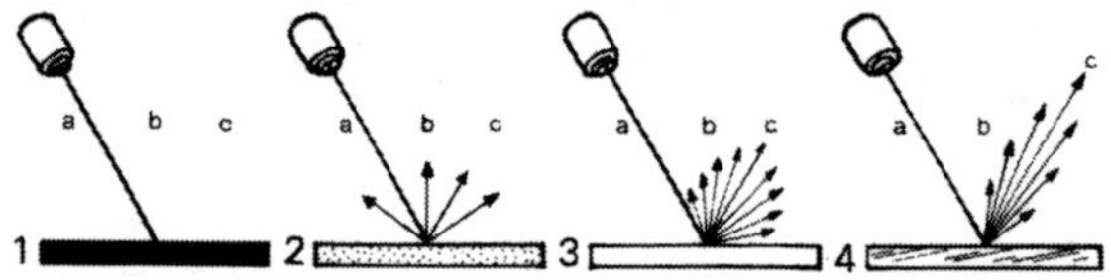

Abb. 2.4/2 Oberflächenreflexion

1. Totale Absorption (z.B. schwarzer Samt). Geringe Reflexion. Die Oberfläche erscheint von allen Seiten schwarz.
2. Diffuse Reflexion (rauhe Oberflächen). Licht wird in alle Richtungen gestreut. Mäßig hell.
3. Gestreute Reflexion (mattglänzende Oberfläche). Ziemlich dunkel von Standpunkt a; hell von Standpunkt b; ziemlich hell von Standpunkt c.
4. Spiegelnde Reflexion (spiegelnde Oberfläche). Ziemlich dunkel von Standpunkt a und b. Sehr hell von Standpunkt c.

Es kann jedoch sein, daß solche Effekte nur auf ein glattes Bühnenbild gemalt oder durch geschickte Beleuchtung hervorgerufen wurden. Auf dem Fernseh-Monitor oder der Kino-Leinwand werden wir nicht mit Sicherheit beurteilen können, ob diese Formen und Strukturen real oder nur gemacht sind.

Das einfallende Licht

♦ *Beleuchtungsstärke* Die Lichtmenge, die auf eine Oberfläche fällt, ist abhängig von der Stärke der Lichtquelle und ihrer Entfernung zum beleuchteten Gegenstand. Der Verlust an Lichtintensität über eine bestimmte Entfernung kann je nach Beleuchtungskörper unterschiedlich sein.

Auf die meisten Flächen fällt Licht aus mehreren Quellen und Richtungen. Selbst bei einer einfachen Lichtquelle wie der Sonne kommt das vom Himmel, vom Boden und anderen Objekten reflektierte Licht hinzu.

Die Wirkung von Schatten auf die Beleuchtungssituation muß ebenfalls berücksichtigt werden, speziell ihr Einfluß auf die Abstufungen der Tönung von Oberflächen und den Kontrastumfang der ganzen Szene.

♦ *Detailauflösung* Dunst, Rauch und Nebel verändern den Charakter einer Szene und verringern den Kontrastumfang. Ein entfernter Hügelzug scheint, je nach Wetterlage, näher oder weiter weg zu sein. Ist ein Gegenstand nicht klar strukturiert, dann verwischen seine Konturen oder gehen ganz verloren.

♦ *Die Farbe des einfallenden Lichtes* Die Farbtemperatur einer Lichtquelle beeinflußt ebenfalls das Erscheinungsbild einer Oberfläche. Sie wird ein wenig später zur Sprache kommen (siehe auch Abbildung 2.15).

♦ *Subjektive Effekte* Die Farben der Umgebung verändern die Farbempfindung von Objekten, wenn diese im Verhältnis zur Umgebung sehr klein oder relativ weit entfernt sind.

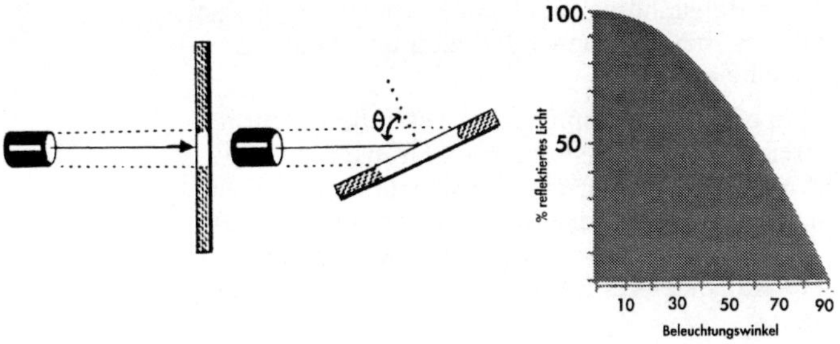

Abb. 2.5/1 Oberflächenwinkel - Cosinus-Funktion

Fällt Licht schräg auf eine Fläche, dann ist die vom Licht getroffene Fläche größer und die Helligkeit der Fläche entsprechend geringer.

Beleuchtungsstärke = (Lichtstrom/Entfernung²) x cos θ

In der Praxis bleibt die Beleuchtungsstärke bis zu einem Winkel von 45° in etwa konstant. Bei 45-60° reduziert sie sich etwa auf die Hälfte (d.h. um eine Blendenöffnung); bei 60 - 70° auf 1/4 (zwei Blenden); bei 70 - 80° auf 1/8 (drei Blenden); bei 80 - 90° geht sie gegen Null.

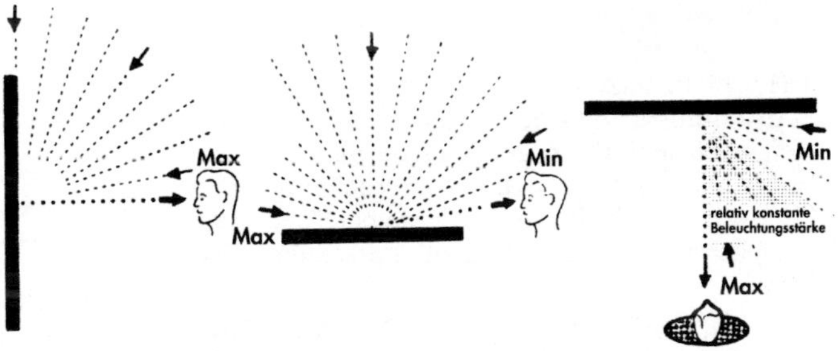

Abb. 2.5/2 Oberflächenwinkel - Beleuchtungsrichtung

Die Oberflächenhelligkeit ist auch abhängig vom Verhältnis des Betrachtungswinkels zum Beleuchtungswinkel. Senkrechte Flächen sind am hellsten, wenn das Licht vom Beobachterstandpunkt kommt. Waagrechte Flächen sind am hellsten, wenn das Licht von der gegenüberliegenden Seite kommt.

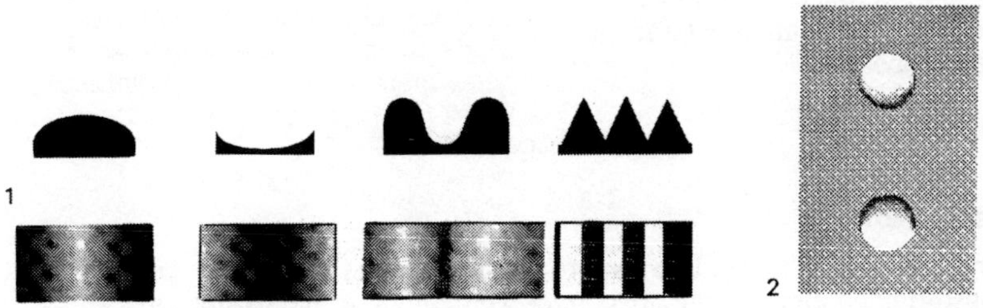

Abb. 2.6 Tönung

1. Bei einer zweidimensionalen, flachen Abbildung werden Tönungsunterschiede meist als Oberflächenstruktur interpretiert.
2. Auch Schatten beeinflussen die Bildinterpretation. Die gezeigte Schattierung läßt vermuten, daß die Fläche

♦ *Polarisationseffekte* Diese Effekte müssen berücksichtigt werden, wenn man glänzende, durchscheinende oder transparente Flächen aufnimmt (mehr dazu unter Polarisation).

Grauskala (achromatische Werte)

Wenn eine Oberfläche das einfallende Licht zum größten Teil oder vollständig absorbiert, bezeichnen wir sie als schwarz. Je weniger Licht sie absorbiert und je mehr sie reflektiert, desto heller erscheint sie uns. Die Abstufungen gehen von Schwarz, über Dunkel-, Mittel- und Hellgrau, bis Weiß.

Unter günstigen Voraussetzungen können unsere Augen etwa fünfzig bis hundert Abstufungen zwischen Schwarz und Weiß differenzieren. Unser Urteil wird jedoch beeinflußt von der Größe der Flächen und den herrschenden Lichtverhältnissen. Bei starker Beleuchtung sieht ein mittleres Grau fast weiß aus, bei schwacher Beleuchtung dunkelgrau oder schwarz.

Für einige Arbeitsprozesse ist es außerordentlich hilfreich, mit einem stufenlosen Graukeil zu arbeiten. Mit ihm kann man zum Beispiel überprüfen, wie eine Filmemulsion die Abstufungen von Schwarz bis Weiß reproduziert; oder die Übertragungscharakteristik einer Fernsehkamera bzw. eines Filmabtasters.

Die fließenden Übergänge eines Graukeils machen es schwierig exakte Zwischenwerte festzulegen. Hierfür benutzt man eine Karte mit Graustufen. Die Abstufungen von Feld zu Feld sind regelmäßig, d.h. die nächste Stufe ist um einen definierten Wert heller bzw. dunkler als die Vorhergehende. Die Differenz muß jedoch, damit wir sie bei Tageslicht als solche wahrnehmen können, mindestens 2% betragen.

Die Zahl der Abstufungen einer Grauskala hängt von ihrer Verwendung ab. In der Regel genügen fünf bis zehn Stufen. Für Präzisionsmessungen können zwanzig oder mehr Abstufungen nötig sein.

Beim Fernsehen hat sich weitgehend die in Abbildung 2.8 gezeigte 10-Stufen-Skala durchgesetzt. Mit ihr kann das Übertragungsverhalten aller Videogeräte überprüft werden. (Das Videosignal der Grauskala sieht aus wie eine Treppe.)

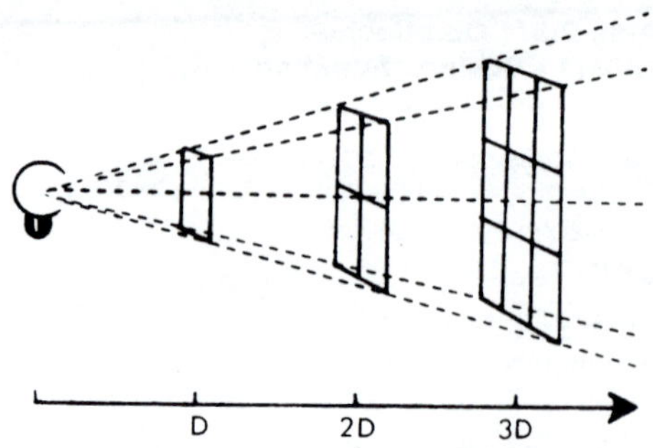

Abb. 2.7 Licht und Entfernung

Mit zunehmender Entfernung (D) verringert sich die Stärke des ausgestrahlten Lichts. Gleichzeitig vergrößert sich die vom Licht getroffene Fläche. Die Verringerung der Lichtstärke ist umgekehrt proportional zum Quadrat der Entfernung, d.h. bei doppeltem Abstand verringert sich die Lichtstärke auf 1/4 ihres ursprünglichen Werts. Entsprechend muß man in diesem Fall die Blende um zwei Stufen öffnen (z.B von f/8 auf f/4), um den Lichtverlust zu kompensieren. Diese Regel gilt jedoch nur für das gleichmäßig ausstrahlende Licht einer punktförmigen Lichtquelle, ohne Linse und ohne Reflektor. Sie gilt nicht für parallele Lichtstrahlen, die zumindest im Idealfall ihre Stärke mit zunehmender Entfernung nicht verlieren sollten.

Kontrast und Gradation

Die Bildqualität hängt ganz entscheidend davon ab, wie präzise die verschiedenen Farb- und Helligkeitsabstufungen einer Szene abgebildet werden. Zwei Werte sind in diesem Zusammenhang besonders wichtig: Kontrast und Gradation.

♦ *Kontrast* (Helligkeitsumfang einer Szene) Hier werden Helligkeitswerte einer Szene miteinander verglichen, z. B die Helligkeit eines Gesichtes mit der Helligkeit des Hintergrundes. Der maximale Kontrast ist das Verhältnis vom hellsten zum dunkelsten Detail einer Szene.

Ein kontrastreicher Gegenstand wird normalerweise sehr scharf abgebildet, mit klaren Konturen, aber wenig Zwischentönen.

Bei kontrastarmen Motiven kann es passieren, daß Feinheiten in der Abbildung verschwimmen oder gar nicht mehr wahrnehmbar sind. Das Bild wirkt flach.

♦ *Gradation* Sie ist ein Maß dafür, wie ein System Zwischentöne reproduziert. In einem Bild mit vielen Zwischentönen nehmen wir auch die Feinheiten von Gegenständen, Oberflächen und Strukturen wahr. Wird dieses Bild von einem System aufgezeichnet oder übertragen, das auf hohe Kontrastwiedergabe eingestellt ist (z. B einem Fernsehgerät mit aufgedrehtem Kontrastregler), dann gehen die Zwischentöne verloren.

Kontrastumfang

Jedes Aufzeichnungs- und Wiedergabesystem hat seine systemimmanenten Grenzen. Einige können feine Abstufungen nur in einem eng begrenzten Kontrastbereich wiedergeben, andere in einem größeren Umfang.

Abb. 2.8 Grauskala

Die Standard-Graukarte geht von einem maximalen Kontrastumfang von 20:1 aus und gliedert ihn in 10 Stufen, wobei für ein relatives Weiß ein Reflexionsfaktor von etwa 60% angesetzt wird. Jede Abstufung wird um den Faktor 2 heller. Unsere Augen empfinden die logarithmische Stufung als linear. (Was subjektiv als mittleres Grau empfunden wird hat einen Reflexionsfaktor von 17% und nicht, wie man vermuten könnte, von 50%)

Beim stufenlosen Graukeil (1) gehen alle Tonwerte fließend ineinander über. Für Referenzmessungen kann man Graukeile kalibrieren. Graustufenkarten (2) und (3) zeigen von einem Feld zum nächsten definierte Abstufungen. Zu viele Abstufungen (2) erschweren die Beurteilung; zu wenig Abstufungen (3) sind zu grob, um die Kontrastverarbeitung eines Systems genau einschätzen zu können. Wenn ein System Differenzierungen der Graukarte nicht verarbeiten kann, verschwimmen in der Aufzeichnung die abgestuften Übergänge (4).

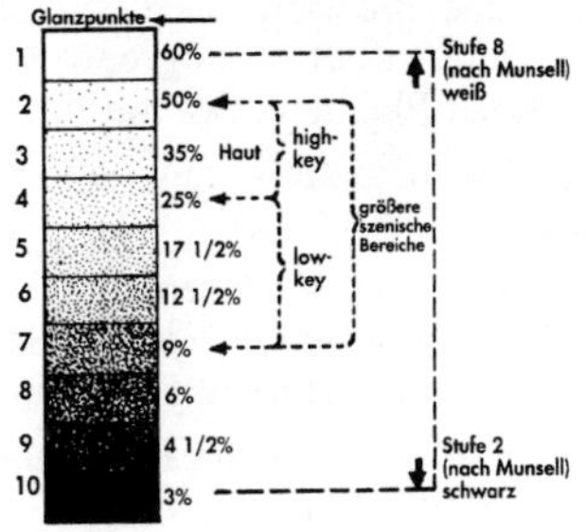

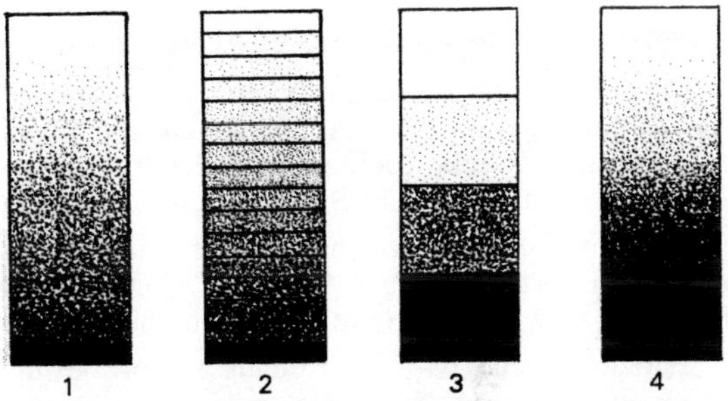

Ein Gegenstand mit geringem Kontrastumfang bereitet in der Regel keine Probleme. Bei einer Szene mit großem Kontrastumfang wird meist nur ein Teilbereich zufriedenstellend reproduziert. Wir können zum Beispiel nicht gleichzeitig die Feinheiten einer Schneelandschaft und die dunklen Strukturen im Schatten eines Waldes festhalten. Diesen Kontrast verarbeitet kein System. In einem solchen Fall muß man entscheiden, welcher Bildteil wichtiger ist und die Belichtung entsprechend korrigieren - oder die Schattenpartien ausleuchten, um den Kontrastumfang zu verringern.

Der reproduzierbare Kontrastumfang ist, je nach Aufzeichnungssystem und Weiterverarbeitung, verschieden. Ein Negativfilm kann Kontraste bis zu einer Größenordnung von 200:1 verarbeiten (d.h. das hellste Detail darf höchstens 200 mal so hell sein wie das dunkelste Detail). Die Vergrößerung eines Fotos auf glänzendem Bromsilberpapier stößt bei einem Kontrast von 60:1 an ihre Grenzen. Die Reproduktion dieser Fotografie in einem Buch wird nur noch einen Kontrastumfang von 8:1 oder weniger haben. Ein projiziertes Dia hat immerhin einen Kontrastumfang von 160:1.

Auch wenn Filmmaterial Kontraste von 100:1 und mehr verarbeiten kann empfiehlt es sich, insbesondere beim Farbfilm, schon bei der Aufnahme den Kontrastumfang auf 30:1

Abb. 2.10 Kontrastumfang

Links wird der Kontrastumfang einer Grauskala gezeigt; rechts der von drei verschiedenen Systemen reproduziert Kontrastumfang. Ein System verarbeitet den dreifachen Kontrast im Vergleich zu den beiden anderen Systemen.

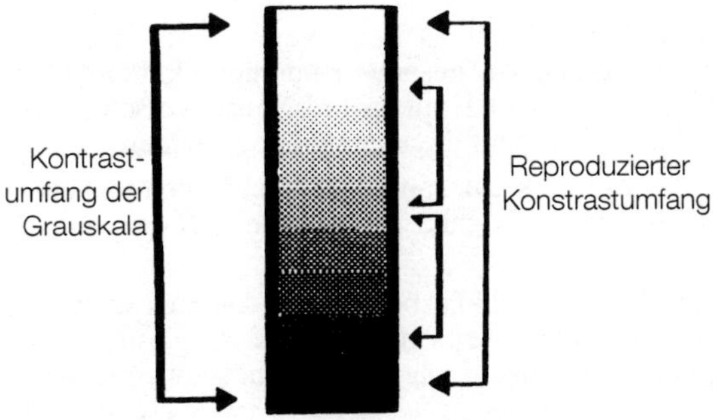

bis 40:1 zu begrenzen. Denn die typische Größenordnung der maximalen Kontrastwiedergabe eines Fernsehgeräts liegt bei angrenzenden Flächen zwischen 10:1 und 20:1 und bei auseinanderliegenden Flächen etwa bei 30:1.

Die maximale Kontrastverarbeitung sagt jedoch nichts darüber aus, wie gut die Zwischentöne abgebildet werden.

Es gibt eine ganze Reihe von Faktoren, die den Kontrastumfang eines Systems beeinträchtigen können: Überstrahlungen durch Gegenlicht im Objektiv der Kamera, Schmutz auf der Linse, starke ultraviolette Strahlung, Dunst, etc.

Stellt man ein Fernsehgerät auf ein kontrastreiches Bild ein, wird das Bild gröber und die feineren Abstufungen in den hellen und dunklen Partien gehen verloren, um nur einige Möglichkeiten der Bildverschlechterung anzudeuten.

Zwischentöne und Bildaussage

Ob man auf hohen Kontrast oder Zwischentöne Wert legt hängt letztendlich vom Verwendungszweck einer Aufzeichnung ab. Wenn zum Beispiel auf einem Foto für medizinische Zwecke wichtige Zwischentöne nicht erkennbar sind, dann ist dies ärgerlich. Das gleiche gilt für alle Bilder, deren Aussagen und Effekte von Feinheiten abhängen.

Sind nur die Abstufungen in den hellen Bildpartien wichtig, die Abstufungen in den dunkleren Partien dagegen weniger, dann muß man sich auch nicht unnötig darum bemühen, eine differenzierte Gradation über den gesamten Kontrastbereich zu erzielen.

Paradoxerweise wird die Bildaussage oft bewußt verfälscht. Kontraste werden verstärkt oder reduziert, helle oder dunkle Bildpartien besonders herausgearbeitet, um z.B. eine Abbildung dramatischer erscheinen zu lassen. Oder der Kontrastumfang wird mit Hilfe von Licht, einer speziellen Filmentwicklung und Manipulationen an der Videokamera gezielt verändert. (Mehr darüber in Kapitel 13).

Bildwirkung

Die Wirkung von Bildern wird ebenfalls sehr stark von Zwischentönen beeinflußt. Die dunkleren Töne verleihen einer Einstellung visuelles Gewicht und entscheiden über ihre Balance. Helle Töne setzen Akzente und sind ein Zeichen für Vitalität und Frische. Gedeckte Töne verbinden und führen das Auge von den dunklen zu den hellen Teilen des Bildes.

Scharfe, gut plazierte Kontraste sind interessant und kraftvoll und können eine starke Illusion von Tiefe erzeugen. Ungeschickt eingesetzt, wirken sie jedoch ruppig und grob.

Sind die vorherrschenden Töne mittel- bis hellgrau, mit wenig oder gar keinen schattigen Details, dann wirkt dieser High-Key Effekt sehr schön leicht und zart. Oder, im schlimmsten Fall, leblos und flach.

Dominieren mittlere und dunkle Töne, mit wenig Licht in den Details, bekommt man einen dramatischen oder sogar geheimnisvollen Low-Key Effekt. Zu viel des Guten wirkt in diesem Fall depressiv, ein Gefühl, dem man sich als Zuschauer nicht gerne länger aussetzt.

Details

Was haben Details mit Licht zu tun? Wenn sie unscharf oder nur undeutlich zu erkennen sind leidet darunter der gesamte Bildeindruck. Feinheiten in Gesichtern gehen verloren, Dinge verlieren sich im Hintergrund, Muster verschwimmen. Deshalb muß man bei der Arbeit mit Licht auch auf die kleinen Dinge achten.

Wo immer in einem Bild kleine, angrenzende Flächen von unterschiedlicher Tönung zu sehen sind, sehen wir Details, ganz gleich ob sie nah oder weit von der Kamera entfernt sind.

Selbst wenn ein Gegenstand klar begrenzt ist kann es schwierig sein, ihn von seiner Umgebung zu unterscheiden, wenn der Kontrast zu gering ist. Hellgraue Streifen auf weißen Hintergrund oder dunkelgraue Streifen auf schwarzen Hintergrund sind genauso detailliert wie ein schwarzweißes Streifenmuster, aber wir können sie nicht so gut auseinanderhalten. Der geringere Kontrast macht es unseren Augen schwerer Details als solche scharf zu erfassen, und auf größere Entfernung können wir sie überhaupt nicht mehr unterscheiden.

Detailschärfe beeinflußt die Bildqualität auf zweierlei Weise:

- Feine Details verschwimmen, wenn sie unscharf aufgenommen werden. Schwarzweiße, eng zusammenliegende Streifen sehen nur noch grau aus. Farbmuster verlaufen ineinander.
- Abstufungen und feine Konturen gehen verloren. Wenn man die Videokamera auf einen Graukeil richtet und die Scharfeinstellung leicht verändert, kann man diese Effekte auf dem Monitor oder einem Oszillographen beobachten.

Bei geringer Tiefenschärfe, d.h. einer großen Blendenöffnung, sind diese Effekte besonders deutlich sichtbar. Der Hintergrund ist in einigen Bereichen scharf; in anderen weniger. Man spürt dies an Helligkeits- und Farbveränderungen beim Schnitt.

Die Wiedergabe feiner Details, d.h. das maximale Auflösungsvermögen, ist vom Aufzeichnungssystem abhängig. In der Fotografie mißt man die Detailauflösung in Linien pro Millimeter. Die Auflösung eines Systems hängt ab von der Optik, der mechanischen Präzision und der Filmemulsion. Die typischen Werte liegen im Bereich von 20-70 Linien pro Millimeter, beim Diafilm bei 30 Linien.

Beim Fernsehen sind die Eckwerte für die Detailauflösung zunächst vom Übertragungsstandard vorgegeben (625 bzw. 525 horizontale Linien), bzw. von der Anzahl der Linien, die auf dem Bildschirm effektiv dargestellt werden.

Von 525 Linien bleibt eine praktische Auflösung von etwa 340 Linien übrig (dies entspricht einer Signalbandbreite von 4,18 MHz), auch wenn ein Studiomonitor bis zu 640 Linien (8 MHz) darstellen kann. Von 625 Linien bleiben effektiv bis zu 430 Linien (5,5 MHz) übrig. Das entspricht etwa 25-40 Linien/mm. Normale Fernsehempfänger bilden nur etwa 300 Linien (3,75 MHz) ab, einige neuere High-Definition Empfänger sogar über 560 Linien. In der Praxis wird die Detailauflösung natürlich auch von der Bildschirmgröße, dem Betrachtungsabstand und der Einstellung des Empfangsgeräts beeinflußt.

Farbe

Licht ist unsichtbar. Wir sehen nur seine Wirkung, wenn es auf Oberflächen von Gegenständen trifft. Die Lichtstrahlen in einem verräucherten Zimmer oder bei dunstigem Wetter sind ebenfalls nur Reflexionen der Partikel. Von der Farbe des Lichtes hängt es ab, welche Farbe der vom Licht getroffene Gegenstand hat.

Wenn Licht auf eine Oberfläche fällt, wird ein Teil des Spektrums, je nach der molekularen Struktur des Gegenstands, absorbiert und in Wärme umgewandelt. Den Anteil des Spektrums, der reflektiert wird, interpretieren wir als die Farbe seiner Oberfläche.

Wenn Licht durchsichtige bzw. lichtdurchlässige Materialien durchdringt, wird ebenfalls ein Teil seines Spektrums absorbiert und der Anteil, den das Material durchläßt, als seine Farbe wahrgenommen.*

Abbildung 2.11 zeigt, wie unterschiedlich die spektralen Anteile des Lichtes von verschiedenen Materialien reflektiert werden. Die Kurven sind ein wichtiger Anhaltspunkt für unsere Farbwahrnehmung. Ein flacher Verlauf der Kurve zeigt an, daß alle Farbanteile des Lichtes gleichmäßig reflektiert werden. Die Oberfläche verhält sich relativ neutral. Der Höhepunkt einer Kurve bezeichnet einen dominanten Farbanteil; der Tiefpunkt, daß dieser Teil des Spektrums von der entsprechenden Oberfläche kaum reflektiert wird. Eine Kurve , die am blauen Ende des Spektrums ansteigt, beschreibt eine kalte Farbe; eine Kurve, die am roten Ende ansteigt, eine warme Farbe.

Hat eine Kurve nur einen ausgeprägten Höhepunkt, dann haben wir es vermutlich mit einer kräftigen, leuchtenden Farbe zu tun. Pastellfarben haben einen weniger dramatischen Kurvenverlauf und decken einen größeren Teil des Spektrums ab. Die Kurven von

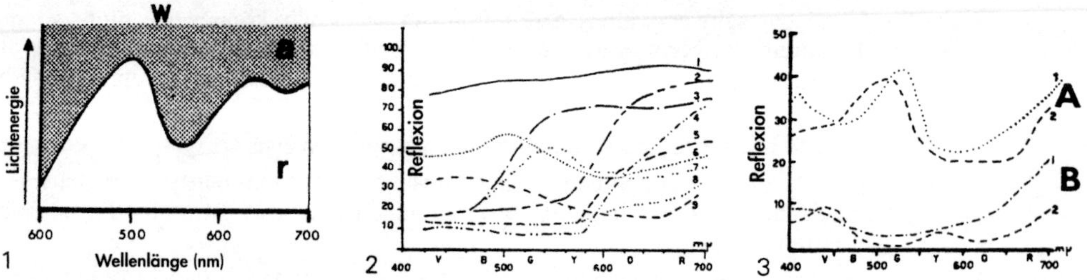

Abb. 2.11 Farbige Oberflächen

1. Weißes Licht (W) trifft auf eine Fläche: (a) ist das von der Fläche absorbierte Licht und (r) das reflektierte Licht, das wir als Farbe dieser Fläche wahrnehmen.
2. Oberflächen reflektieren normalerweise keine reinen Spektralanteile sondern verschieden große Anteile des gesamten Spektrums. Wenn eine Fläche einen bestimmten Anteil bevorzugt reflektiert, nehmen wir sie als farbig wahr: (1) Weiß; (2) Orange; (3) Kanariengelb; (4) Rosenrot; (5) Signalrot; (6) Blaßblau; (7) Hellgrün; (8) Kastanienbraun; (9) Himmelblau.
3. Zwei Farben können bei Tageslicht sehr ähnlich aussehen und bei einer anderen Beleuchtung verschieden, in Abhängigkeit von den roten und blauen Anteilen des Lichts. (A) zeigt die spektrometrischen Kurven von zwei grünen Plastikgegenständen, (B) die unterschiedlichen Kurven von zwei blau-grünen Farben.

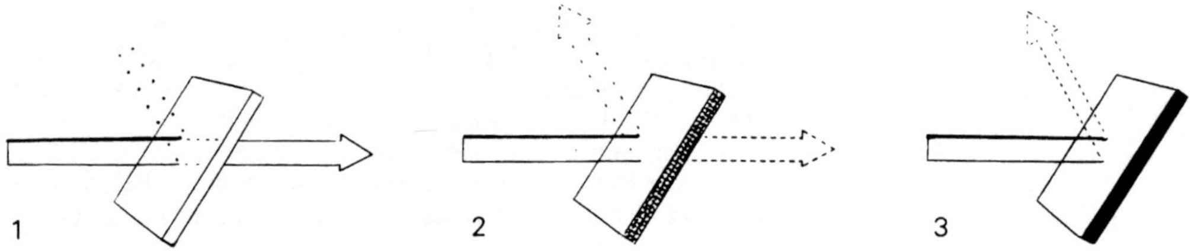

Abb. 2.12 Lichtdurchlässige Materialien

1. Durchsichtige Gegenstände lassen den größten Anteil des Lichts hindurch, d.h. sie reflektieren und absorbieren sehr wenig. Durchsichtige Gegenstände mit einer Eigenfarbe absorbieren alle Spektralanteile mit Ausnahme der eigenen Farbe. Die Lichtdurchlässigkeit ist abhängig vom Transmissions-Faktor. Eine Glasscheibe hat eine Lichtdurchlässigkeit von etwa 90-96%.
2. Durchscheinende Gegenstände sind zwar lichtdurchlässig, aber man kann nicht durch sie hindurchsehen (zum Beispiel Milchglas). Die Undurchsichtigkeit läßt sich als Umkehrfunktion der Durchsichtigkeit beschreiben, d.h ein Gegenstand, der ein Drittel des Lichts hindurchläßt, hat eine Undurchlässigkeit von 3.
3. Undurchsichtige Gegenstände lassen kein Licht hindurch. Ein Teil des Lichts wird absorbiert, der andere Teil reflektiert. Die reflektierte Lichtmenge ist abhängig von der Oberflächenfarbe, der Oberflächenstruktur, dem Einfallswinkel des Lichts usf.

*** Andere Ursachen für Farbempfindungen:**

Interferenz: Von hauchdünnen Flächen oder Teilchen gebrochenes und in spektrale Anteile zerlegtes Licht (Ölfilm, Seifenblasen, Perlglanzpigmente, Newton-Ringe).
Diffraktion: Zum Beispiel durch winzige, eng zusammenliegende Rillen gebeugtes Licht (schillernde Käfer, Kratzer).
Dispersion: Von transparenten Medien mit unterschiedlichen Brechungsfaktoren zerstreutes Licht (Regenbogen, Prisma).

Andere natürliche Lichtquellen (für fotografische Aufzeichnungen weitgehend ungeeignet):

Fluoreszenz: Energie, die von einem Material absorbiert und in Form von Lichtenergie wieder ausgestrahlt wird.
Lumineszenz: Kaltes Licht, u.U. verursacht durch elektrische Felder.
Phosphoreszenz: Nachleuchteffekt von mit Licht o.ä. bestrahlten Materialien.

Abb. 2.13 Sättigung

Vermischt man einen gesättigter Farbton mit weißem Licht, wird seine Farbe schwächer. Eine weiße Fläche reflektiert alle spektralen Anteile des Lichts in gleichem Maß; eine rosafarbene Fläche reflektiert alle Farbanteile, jedoch mit dominierendem Rotanteil; eine rote Fläche reflektiert nur einen sehr geringen Anteil der anderen Spektralfarben.

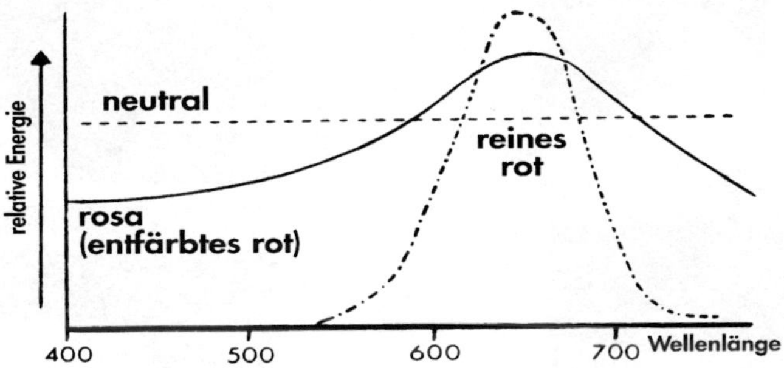

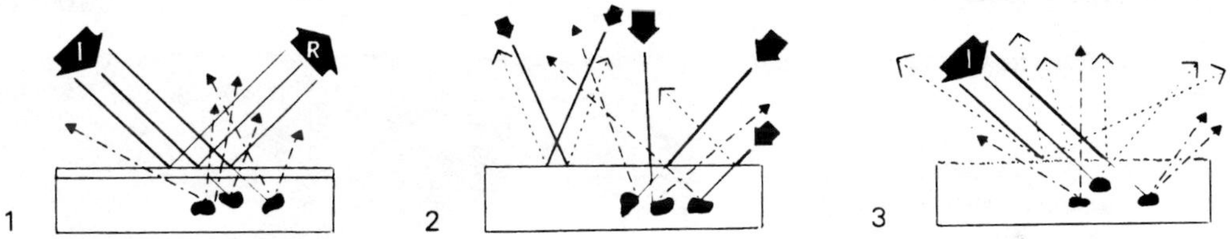

Abb. 2.14 Sättigung und Oberfläche

Glänzende Materialien haben meist eine glatte, transparente Oberfläche. Die Struktur und Verteilung der darunterliegenden Farbpigmente ist willkürlich.

1. Bei stark gerichteter Beleuchtung spiegelt die Oberfläche das Licht speziell in Richtung (R). Die darunterliegenden Pigmente streuen das Licht diffus in alle Richtungen, so daß von allen Seiten (mit Ausnahme vom Standpunkt R) ihre Farbe sehr kräftig erscheint.
2. Bei diffuser Beleuchtung wird das aus unterschiedlichsten Richtungen kommende Licht von der Oberfläche auch in unterschiedlichste Richtungen zurückgeworfen und vermischt sich mit dem von den Farbpigmenten gestreuten Licht. Der satte Farbeindruck wird entsprechend abgeschwächt.
3. Matte, unregelmäßige Oberflächen hinterlassen, unabhängig von der Beleuchtung, meist nur einen ungesättigten Farbeindruck. Glättet man solche Flächen mit Wasser, Öl o.ä., läßt sich der Farbeindruck verbessern.

hellen Oberflächen liegen im oberen, die von dunkleren Flächen im unteren Teil des Diagramms.

Gemessen an ihrer dominanten Farbe reflektieren die meisten Oberflächen eine überraschende Bandbreite des Spektrums. Grünes Gras zum Beispiel reflektiert besonders stark den grünen Anteil des Spektrums, aber auch alle anderen Farben. Bei entsprechender Veränderung der spektralen Anteile des Lichtes kann Gras auch blau aussehen.

Natürliches Licht verändert seine Farbe nur in sehr begrenztem Umfang. Die Ursache ist normalerweise eine Streuung des Lichtes durch Wasser und Staub in der Atmosphäre. Die bekannten Folgen sind ein blauer Himmel und leuchtende Sonnenuntergänge.

Wird starkes natürliches Licht jedoch von Oberflächen reflektiert, die einen bestimmten Anteil seiner Farbe absorbieren, dann werden Gesichter plötzlich pullovergelb, baumgrün oder autorot. Großaufnahmen, die uns die Ursache der scheinbar falschen Farbe vorenthalten, wirken ziemlich irritierend.

Weißes Licht gibt die Farbtöne von Oberflächen relativ genau wieder. Beleuchtet man eine Farbfläche mit farbigem Licht, ist das Ergebnis vom Spektralverhalten der Fläche abhängig. Eine grün gestrichene, von rotem Licht angestrahlte Fläche sieht sehr dunkel

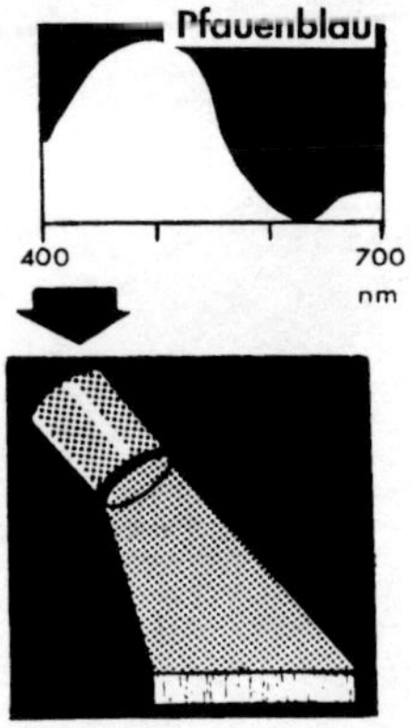

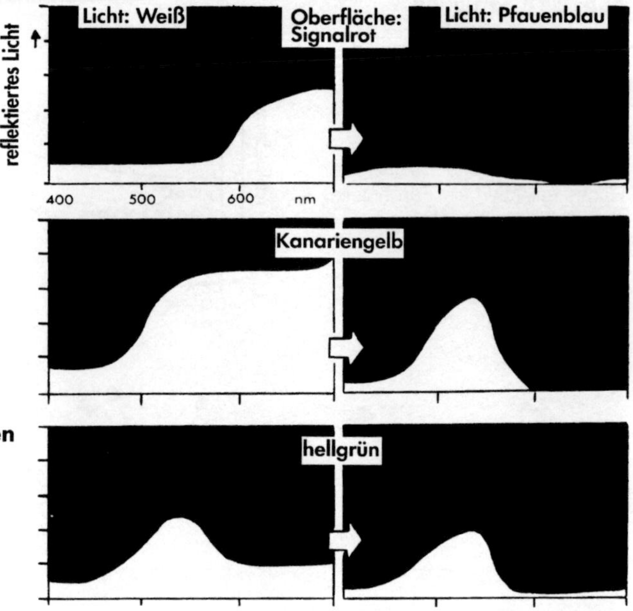

Abb. 2.15 Farbiges Licht auf farbigen Flächen

Beleuchtet man eine farbige Fläche mit farbigem Licht, so ist der sichtbare Effekt eine Mischung der spektralen Anteile.

oder schwarz aus, da sie alle Farben außer Grün fast vollständig absorbiert. Strahlt man die gleiche Fläche mit grünem Licht an, erscheint sie sehr hell.

Farbwerte

Ein paar Seiten früher wurden Begriffe zur Beschreibung der Helligkeit von Flächen besprochen. Im folgenden geht es um Begriffe und Maße zur Bestimmung der Farben.

- *Farbton* Die wichtigste Eigenschaft einer Farbe ist ihr Farbton, d.h. ob sie rot, blau oder grün ist. Einem Farbton entspricht normalerweise ein Ausschnitt des Spektrums bzw. eine bestimmte Wellenlänge. Eine völlig farblose Fläche ist farbneutral bzw. achromatisch.
- *Farbsättigung* Die Intensität von farbigem Licht hängt davon ab, ob es pur oder mit weißem Licht vermischt ist (Abbildung 2.16); die Farbsättigung von Gegenständen bzw. deren Oberflächen vom Mischungsverhältnis der Grundfarben mit Weiß und Schwarz. Der Mischung entsprechend kann das Ergebnis zart und hell, schattiert und dunkel sein.

Wenn wir sagen, daß Farben brillant oder pastell, blaß oder lebhaft sind, dann lassen sich diese subjektiven Attribute immer auf Farbton und Sättigung zurückführen.

Wir können etwa 150 Farben des Spektrums unterscheiden, aber unsere Beschreibung dieser Vielfalt ist willkürlich. Hinzu kommt, daß die Farbendrucke von Menschen und ihr Erinnerungsvermögen an Farben sehr verschieden sein können. Was für den einen scharlachrot ist, ist für den anderen zinnoberrot.

Es ist nicht immer leicht zu entscheiden, ob ein Effekt nur vom Farbton oder auch von der Farbsättigung abhängt. Ein tiefblauer Himmel scheint von hoher Farbsättigung bzw. großer Farbechte zu sein. Die Analyse hingegen ergibt, daß die tiefblaue Farbe eine Folge geringer Beleuchtungsstärke bzw. Helligkeit ist. Andererseits werden Farben oft als hell und leuchtend beschrieben, auch wenn dieser Effekt ein Ausdruck des Farbtons bzw. seiner Sättigung ist und nichts mit der Helligkeit der Farbe zu tun hat.

Tabelle 2.4 Farb-Begriffe

Achromatische Werte (Grauskala)	Skala mit zunehmender Helligkeit von Schwarz über verschiedene Grauabstufungen bis Weiß; normalerweise in definierten Schritten.
Helligkeit	Unser Eindruck einer Lichtmenge.
Chrominanz	Siehe Sättigung.
Komplementärfarben	Beim Licht die beiden Farben, deren additive Mischung Weiß ergibt; z.B. Cyan und Rot; Magenta und Grün. Bei Pigmenten und anderen Farbstoffen die beiden Farben, deren subtraktive Mischung Schwarz ergibt.
Farbton	Die als dominant empfundene Farbe; z.B. Rot, Gelb, Orange, etc.
Beleuchtungsstärke	Das physikalische Maß der Helligkeit einer Fläche.
Leuchtkraft	Siehe auch Helligkeit; subjektive Empfindung des von einer Lichtquelle ausgestrahlten oder von einer Fläche reflektierten Lichts.
Negative- bzw. Minus-Farben	Filtert man die Farben des Spektrums, um eine der Farben zurückzuhalten, bekommt man eine sogenannte Minus-Mischung. Minus Rot = Blau + Grün, d.h. Cyan. Minus Grün ist dementsprechend Magenta (Rot + Blau) und Minus Blau ist Gelb (Rot + Grün).
Monochrom	Bezeichnet normalerweise eine Schwarzweiß-Reproduktion; bzw. Variationen der Helligkeit nur eines Farbtons.
Primär-Farben	Die drei Grundfarben Rot, Grün und Blau. Mit ihnen läßt sich, durch entsprechende Mischungsverhältnisse, jede andere Farbe herstellen.
Sättigung	Sie ist ein Maß für die Mischung einer Farbe mit Weiß. Eine reine, ungemischte Farbe hat eine Sättigung von 100%. Mit zunehmendem Weißanteil nimmt die Sättigung ab. Rot hat eine Sättigung von 100%, Rosa eine Sättigung von etwa 15%.
Sekundär-Farben	Beim Licht das Ergebnis einer additiven Mischung von zwei Primärfarben. Entsprechend bei Druckfarben das Ergebnis einer subtraktiven Mischung.
Schattierung	Ein mit Schwarz gemischter Farbton.
Spektralfarben	Die Farben, in die weißes Licht von einem Prisma zerlegt wird, d.h. der fließende Übergang von Rot (längste Wellenlänge; kürzeste Frequenz), über Orange, Gelb, Grün und Blau, bis Violett (kürzeste Wellenlänge; längste Frequenz).
Tönung	Siehe Sättigung.

Farbmischungen

Die drei Grundfarben

Die meisten Farben bestehen aus einer bestimmten Mischung der drei Grundfarben. Die verwendeten Grundfarben beeinflussen die Bandbreite und Differenzierung der möglichen Mischungen. Mit den drei Grundfarben lassen sich alle Farbtöne herstellen, von einigen besonders reinen und gesättigten Farben einmal abgesehen. Auf diesem Prinzip beruhen alle modernen Film- und Fernsehaufzeichnungssysteme. Man unterscheidet zwei Möglichkeiten der Farbmischung (Abbildung 2.17):

♦ *Additive Farbmischung* Mischt man Licht von einer Farbe mit Licht von einer anderen Farbe, dann ist die neue Farbe das Ergebnis einer Addition der beiden Farbwerte. Die Grundfarben des Lichtes sind Rot, Grün und Blau.

♦ *Subtraktive Farbmischung* Sie ist das Ergebnis einer Farbmischung, die auf selektive Absorbierung zurückzuführen ist. Vom Licht, das auf eine Oberfläche fällt, sehen wir nur den Anteil, den diese Fläche reflektiert. Der fehlende Teil wurde von der Oberfläche absorbiert bzw. subtrahiert. Jede Oberfläche verschluckt Licht, ganz gleich, ob sie lackiert oder bedruckt, pigmentiert oder eingefärbt ist. Eine Fläche, die das ganze Licht schluckt,

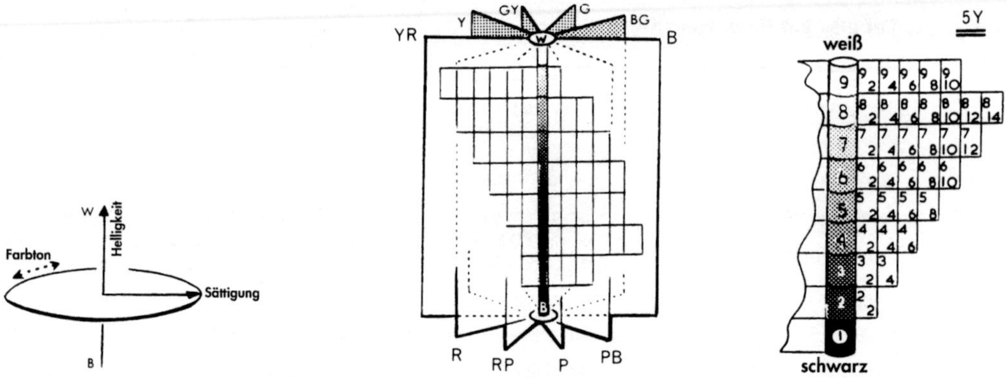

Abb. 2.16 Munsell-System zur Farbbestimmung

Mit diesem System lassen sich viele Farbtöne und ihre Sättigung klassifizieren. Eine vertikale Grauskala zeigt elf gleichmäßige Abstufungen. Stufe 10 entspricht Weiß (100% Reflexion); Stufe 0 Schwarz (0% Reflexion). Für die Praxis sind nur die Stufen 1-9 relevant.

Um die Achse dieser Grauskala sind Seiten angeordnet. Auf jeder Seite wird ein anderer Farbton analysiert, mit allen Sättigungsstufen in Entsprechung zur Grauskala auf der Achse, bis hin zur Grundfarbe.

Farben erreichen ihre maximale Sättigung bei unterschiedlichen Werten. Der Maximalwert von 12 wird von Gelb bei 8 erreicht, von Purpur-Blau bei 3 und von Blau-Grün bei 6.

Die zehn Grundabstufungen sind nochmals in vier Zwischenstufen unterteilt (2,5; 5; 7,5; 10), so daß man insgesamt für jeden Farbton vierzig Differenzierungsmöglichkeiten hat.

Um eine Farbe genau zu bestimmen, muß man also ihre Abweichung von der Grundfarbe (Farbton), ihre Helligkeit (Luminanz) und ihre Sättigung (Chrominanz) feststellen.

sehen wir nicht oder kaum; absorbiert sie nichts, dann ist sie weiß. Entzieht sie über das ganze Spektrum dem Licht den gleichen Anteil, dann ist sie diesem Anteil entsprechend grau.

Bei der Arbeit mit Filtern haben wir es immer mit einer subtraktiven Farbmischung zu tun. Dies gilt gleichermaßen für Filter vor dem Kameraobjektiv und Filter vor Beleuchtungskörpern. Bei der Arbeit mit farbigen Lichtquellen haben wir eine additive Farbmischung.

Bei pigmentierten Flächen entzieht jedes Pigment dem Spektrum des einfallenden Lichtes seinen entsprechenden Anteil. Entzieht eine Fläche dem Licht alle Farbanteile, dann sieht sie schwarz aus. Entzieht sie ihm eine der Grundfarben, dann ist sie Gelb, Magenta oder Cyan. Diese Farben sind Bausteine für weitere Mischungen. Zusammen mit Schwarz sind sie die Grundlage wichtiger Farbdruckverfahren.

Magenta ist eine Mischung der roten und blauen Anteile des Spektrums, aber in dieser Form selbst keine Farbe des Spektrums. Man nennt es deshalb nicht-spektral. Andere nicht-spektrale Farben sind Farbtöne von geringer Helligkeit in einer Umgebung von großer Helligkeit. Grau ist z.B. ein Weiß von geringer Helligkeit. Braun ein dunkles Orange oder Gelb. Und Rosa eine ungesättigte Form des entsprechenden spektralen Anteils (Abbildung 2.13).

Farbeffekte

Es ist nicht immer offensichtlich, ob ein spezieller Farbeffekt additiv oder subtraktiv ist. Bei einem gelb bemalten Blatt Papier haben wir es mit einer subtraktiven Farbe zu tun. Es könnte jedoch auch sein, daß dieser Eindruck von einer Vielzahl winziger grüner und

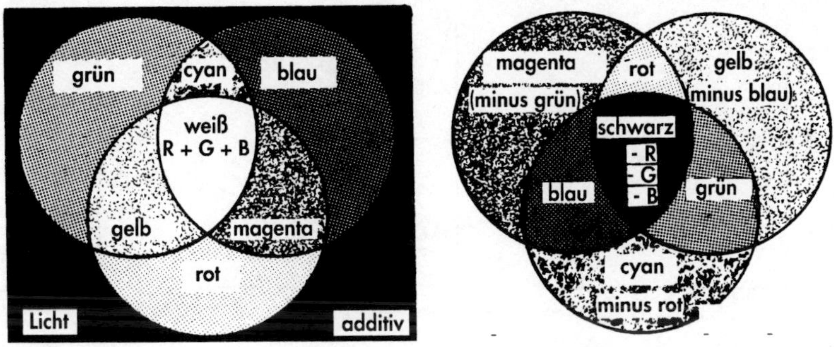

1 2

Abb. 2.17 Farbmischung

1. *Additive Mischung* Wenn Lichtquellen von unterschiedlichen Farbtönungen gemischt werden, addieren sich die spektralen Anteile zu einer neuen Farbe.
2. *Subtraktive Mischung* Werden verschiedene Farbpigmente gemischt, entzieht jede Farbe dem einfallenden Licht einen spektralen Anteil.

roter Pünktchen hervorgerufen wird, die unser Auge nicht mehr auseinanderhalten kann. In diesem Fall haben wir es mit einer additiven Farbmischung zu tun.

Farbfilme arbeiten nach dem subtraktiven Prinzip, wobei die Überlagerung mehrerer Farbschichten außerordentlich wirkungsvoll ist, denn die Farbmischung erfolgt über die gesamte Fläche.

Das Farbfernsehen nutzt das additive Verfahren. Die Bildfläche wird in ein regelmäßiges Raster von roten, blauen und grünen Leuchtstoffpunkten bzw. Lochstreifen zergliedert.

Farbbestimmung

Für den Hausgebrauch ist es ausreichend, Farben mit den mehr oder weniger vertrauten Namen zu bezeichnen, z.B. Scharlachrot, Gelb, Ocker, Ultramarinblau etc. Aber schon bei Schottengrün und Koboldbraun wird es schwierig. Für präzise Farbvergleiche sind Farbmusterkarten hilfreich. Noch besser sind Diagramme, die den Verlauf der Spektralkurve zeigen (Abbildung 2.15). Am besten eignet sich für die Farbbestimmung das in Abbildung 2.16 gezeigte Munsell-System.

Auf Vergleichstafeln für die drei Grundfarben werden bestimmte Standard-Werte für Rot, Grün und Blau festgelegt. Die Differenz, d.h. die Abweichung der gemessenen Werte von den Standardwerten läßt genaue Rückschlüsse auf Farbanteile zu.

Primärfarben

Setzt man die drei Grundfarben des Lichtes grafisch in die Ecken eines Dreiecks, dann können innerhalb dieses Dreiecks alle Mischungen von Licht-Farben dargestellt werden. Der Koordinatenschnittpunkt von $X = 0{,}33$ und $Y = 0{,}33$ bezeichnet weißes Licht.

In Bezug auf die Koordinaten X und Y läßt sich jede Farbe in der Form $R + G + B = 1$ darstellen.

Läßt sich ein Farbton nicht mit einem Punkt innerhalb dieses Dreiecks beschreiben, dann muß man die Koordinaten für alle drei Grundfarben erweitern. Aus $R + G + B =$ Weiß folgt, daß eine Mischung aus drei Grundfarben matter, d.h. weniger gesättigt ist als eine Mischung aus nur zwei Grundfarben.

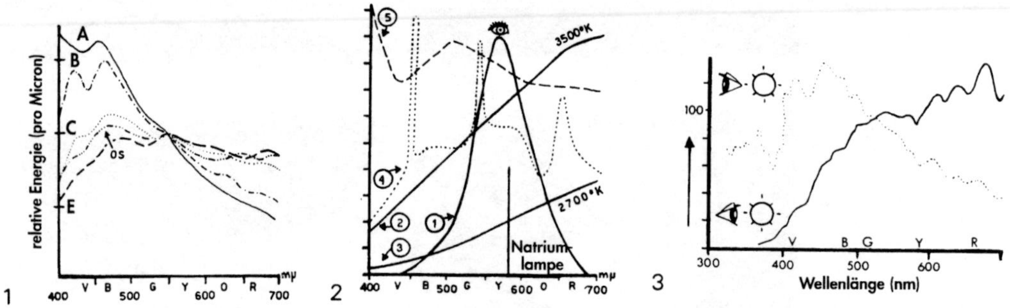

Abb. 2.18 Weißes Licht

Viele Lichtquellen werden als weiß empfunden, obgleich sich ihre Spektralverteilungen erheblich voneinander unterscheiden.

1. Verschiedene Farbqualitäten des Lichts der nördlichen Hemisphäre: A - Himmelslicht im Zenit; B - klares nördliches Himmelslicht; C - Sonnenlicht bei klarem Himmel; D - bedeckter Himmel; E - direktes Sonnenlicht.
2. Verschiedene Lichtquellen in Bezug auf die Lichtempfindlichkeit der Augen: 1 - Empfindlichkeit des Auges; 2 - Lichtquelle mit hoher Farbtemperatur (Fotolampe, Studio-Lampe); 3 - Beleuchtungskörper mit geringer Farbtemperatur (normale Glühbirne mit 40-75 Watt); 4 - Hochdrucklampen mit Leuchtstoff (Quecksilberdampf-Hochdrucklampe); 5 - Kohlebogenlampe.
3. Die Farbqualität ändert sich auch in Abhängigkeit vom Beobachtungsstandpunkt zur Sonne.

Aus der Abbildung 2.17 geht hervor, daß man weißes Licht nicht nur durch die Mischung von Primärfarben, sondern auch durch die Mischung von Komplementärfarben bekommen kann: Magenta und Grün, Cyan und Rot, bzw. Blau und Gelb.

Wenn zwei Grundfarben gemischt werden, wird das Ergebnis durch die Linie zwischen diesen beiden Punkten dargestellt. Eine Mischung von rotem und blauem Licht wird durch die Linie von R nach B repräsentiert. Der Grünanteil ist in diesem Fall gleich Null.

CIE Farbtafel

Das internationale CIE-System (Commission Internationale de Eclairage) ist vom Farbdreieck abgeleitet, erlaubt aber eine wesentlich genauere Bestimmungen der Farbtöne (Abbildung 2.20). Es geht von drei extrem gesättigten Grundfarben aus. Die Spektralfarben liegen auf der Kante vom Hufeisen. Da alle Grundfarben, mit denen wir es zu tun haben, von einer geringeren Sättigung sind, liegen ihre Werte und auch die ihrer Mischungen innerhalb dieser Grenze.

Die Grundfarben der CIE-Farbtafel sind: 700nm für Rot, 546nm für Grün und 436nm für Blau.

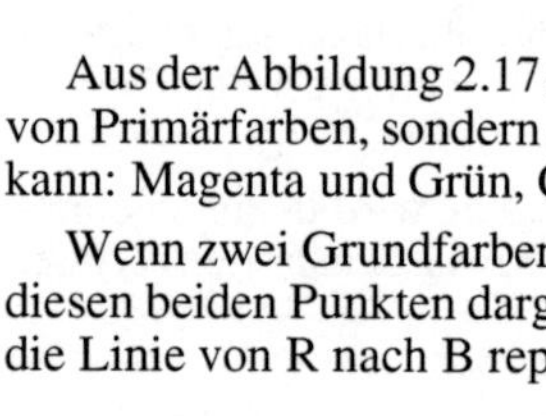

Abb. 2.19 Farbdreieck

Jeder aus Primärfarben bestehende Farbton kann grafisch dargestellt werden, wenn der Anteil von zwei Grundfarben bekannt ist. Gleiche Lichtanteile der Grundfarben ergeben weißes Licht. Punkt A zeigt einen Farbton mit 0,4 Grünanteil, 0,3 Rotanteil und 0,25 Blauanteil.

Weißes Licht und Farbgleichgewicht

Einer der subtilsten Aspekte der Farbe ist die Farbqualität des Lichtes. Im allgemeinen gehen wir davon aus, daß weißes Licht in etwa gleiche Anteile aller Farben des Spektrums enthält. In der Praxis sind Lichtquellen mit gleichmäßiger Energieverteilung jedoch äußerst selten zu finden. Da unsere Augen und unser Gehirn sehr anpassungsfähig sind, akzeptieren bzw. interpretieren wir eine bemerkenswerte Bandbreite von Beleuchtungssituationen als weiß, die in ihrer Farbzusammensetzung sehr unterschiedlich sind. Vielen als weiß empfundenen Lichtquellen fehlen erhebliche Anteile vom roten und blauen Ende des sichtbaren Spektrums, wie schon die Abbildungen 2.18 und 2.19 gezeigt haben.

Die Kamera kann sich nicht automatisch an Farbverschiebungen anpassen. Wenn das Aufzeichnungssystem und die Farbqualität des Lichtes nicht aufeinander abgestimmt sind, werden entsprechend unterschiedliche Farbwerte reproduziert.

Wie wichtig eine präzise Farbabstimmung ist, hängt in der Praxis vom Anspruch an die Genauigkeit der reproduzierten Farbwerte ab. In vielen Fällen genügt es, daß die Farben so aussehen, als seien sie realistisch. Viel wichtiger ist, daß der Farbeindruck von Bild zu Bild gleich bleibt. Für diesen Zweck eignet sich die Messung der Farbtemperatur in Kelvin, die in Kapitel 11 genauer vorgestellt wird.

Besonders wichtig ist die Kontinuität von Farben bei Einstellungen, die zu unterschiedlichen (Tages-) Zeiten aufgenommen werden. Wenn die Farbqualität sich beim Schnitt auf einen anderen Kamerastandpunkt sichtbar verändert, ist dies sehr irritierend.

Manchmal werden Farben auch ganz bewußt verändert. Möchte man eine warme, gemütliche Atmosphäre zeigen, erhöht man die Farbtemperatur ein wenig. Entsprechend

Abb. 2.20 Farbdiagramm

Alle Farbtönungen können als Punkte innerhalb der Kurve dargestellt werden. Den Grundfarben des Farbfernsehens (NTSC) entsprechen im Diagramm die RGB-Punkte, d.h. alle im NTSC-System reproduzierbaren Farben liegen innerhalb des Dreiecks. Außerhalb dieses Dreiecks liegende Farbtöne können nicht exakt abgebildet werden. Meistens werden sie mit geringerer Sättigung reproduziert. (Gesättigtes Grün und Cyan z.B. kommen in der Natur nur selten vor.)

Entsprechende Diagramme lassen sich auch für Druckfarben, Pigmente und andere Farbstoffe erstellen. Ihre Abgrenzungen werden jedoch nicht so regelmäßig sein. Ein ideales Diagramm wäre eine Verbindung der Koordinaten von 400, 520 und 700 nm.

Eine Linie vom Punkt für Weiß zu einem Farbton ist ein Maß für seine Sättigung. Auf einer Verbindungslinie zwischen zwei Farbtönen liegen alle möglichen Mischungsverhältnisse dieser beiden Töne.

Die Punkte a, b und c bezeichnen die gebräuchlichen Lichtquellen. Jenseits der Linie zwischen 400 und 700 nm liegen die nichtspektralen Farben. Die Werte für die Helligkeit müßten auf einer senkrecht zu dieser Seite stehenden Fläche abgebildet werden.

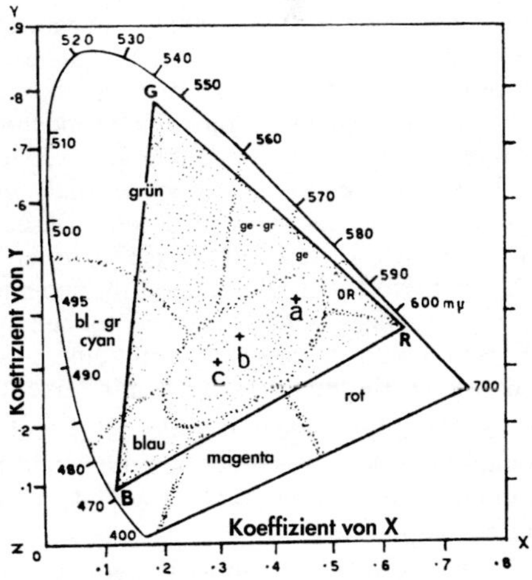

verringert man die Farbtemperatur, um Kälte und Freudlosigkeit zum Ausdruck zu bringen.

Farbfilter

Farbfilter sind für mehrere Zwecke geeignet:

- Korrektur- und Konversionsfilter vor Lampen z.B. passen deren Farbtemperatur den Eigenschaften des Aufnahmematerials an.
- Farbfilter eignen sich für besondere Lichteffekte (Mondlicht, Feuer etc.) und für buntes Licht.

Die vielfältigen Einsatzmöglichkeiten von Filtern werden in Kapitel 12 besprochen.

Polarisation

Abbildung 2.21 zeigt, daß Licht sich normalerweise wellenförmig ausbreitet. Auf einer imaginären Fläche, senkrecht zur Fortbewegungsrichtung, schwingt es in alle Richtungen. Am besten stellt man sich eine in der Mitte durchbohrte Scheibe vor, die über eine Schnur gezogen wird, und dabei ihren Durchmesser rhythmisch verändert. Ein Polarisationsfilter im Lichtweg läßt nur eine Schwingungsebene hindurch. In unserem Beispiel eine in der horizontalen schwingende Linie. Das Licht wurde horizontal polarisiert. Für Polarisationsfilter gibt es eine Reihe von praktischen Anwendungen:

- Erstens können unerwünschte Reflexionen von Glas und Wasser unterdrückt und Dinge hinter deren Oberfläche sichtbar gemacht werden, die uns sonst wegen der Reflexion verborgen bleiben.
- Zweitens kann man mit ihnen Lichteffekte, Spiegelungen und sogenannte Überstrahlungen auf glänzenden Oberflächen in den Griff bekommen.
- Und Drittens läßt sich mit ihrer Hilfe die Helligkeit des Himmels abschwächen.

Polarisationsfilter haben keinen nennenswerten Einfluß auf die Farbqualität, aber sie reduzieren die Lichtmenge um den Faktor 1/2 bis 2/3.

Die Fähigkeit von Polarisationsfiltern, bestimmte Schwingungsebenen des Lichtes zu unterdrücken, ist auf winzige kristalline Strukturen in der Acetatschicht des Filtermaterials zurückzuführen. (Eigentlich sehen sie nur wie neutrale Graufilter aus.) Ein Pol-Filter vor dem Kameraobjektiv läßt dementsprechend nur ganz bestimmte Schwingungsebenen des reflektierten Lichts hindurch. Flächen, die Licht aus anderen Schwingungsebenen reflektieren, werden dunkler abgebildet.

Die Polarisation von Licht ist ein ganz alltäglicher Vorgang. Trifft Licht auf glänzende bzw. polierte, nicht-metallische Flächen, glänzenden Lack, glänzende Blätter, stilles Wasser etc., dann liegt sie zwischen 20-50 Grad. Der effektive Wert verändert sich mit dem Brechungswinkel einer Fläche und ihrem Winkel bezogen auf die Position des Filters. Dreht man den Filter vor dem Objektiv, dann ändern sich auch die Anteile der unterdrückten Reflexionen. Die beschriebene Art der Polarisation ist nur partiell; einige Schwingungsebenen werden nach wie vor durchgelassen. Unter normalen Voraussetzungen können wir somit nicht erwarten, daß sich Reflexionen vollständig wegfiltern lassen. In der Regel muß man experimentieren und den Filter so lange drehen, bis er die größtmögliche Wirkung erzielt, speziell wenn Licht von unebenen Oberflächen reflektiert wird. Trotz gewisser Einschränkungen erzielt man mit einem Polarisationsfilter in vielen Fällen eine Verbesserung der Bildqualität, die so mit keinem anderen Mittel erreicht werden kann.

Speziell bei Objekten hinter Glas und Gegenständen mit starken Reflexionen ist es empfehlenswert, Polarisationsfilter nicht nur vor dem Objektiv, sondern auch vor den Scheinwerfern zu verwenden. So lassen sich unerwünschte Reflexe noch besser in den Griff bekommen.

Mit einem Polarisationsfilter vor der Kamera läßt sich auch Dunst reduzieren und die Helligkeit des nördlichen Himmelslichts beeinflussen, das zu großen Teilen polarisiert ist. Die Farbe glänzender Oberflächen sieht gesättigter aus.

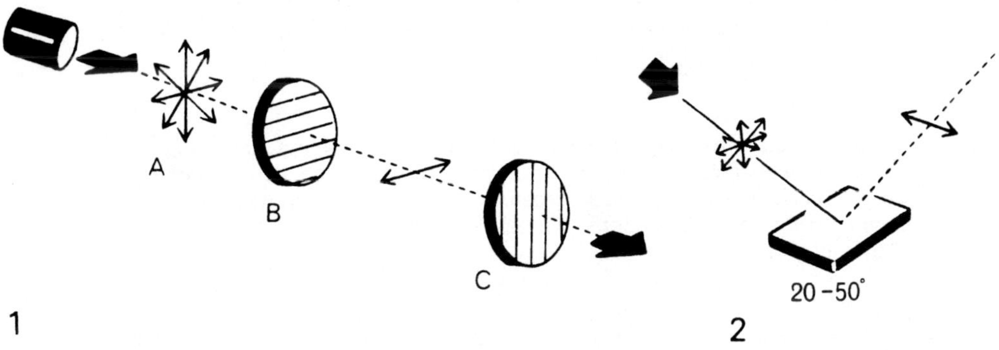

Abb. 2.21 Polarisation

1. A - Lichtwellen schwingen in allen Richtungen auf einer im rechten Winkel zu ihrer Fortbewegungsrichtung stehenden Fläche. B - Einige transparente Materialien haben winzige kristalline Strukturen, die durchquerende Lichtwellen nur noch in einer Richtung schwingen lassen. Alle anderen Schwingungsrichtungen werden unterdrückt. Entsprechend wird auch die Intensität des Lichts geringer. Das auf den Filter treffende Licht wird in Abhängigkeit von der Position des Filters polarisiert. C - Trifft bereits in einer Ebene polarisiertes Licht auf einen zweiten Filter mit gleicher Position, geht das Licht hindurch. Dreht man den zweiten Filter im Verhältnis zum ersten Filter, wird immer mehr Licht unterdrückt. Stehen beide Filter im rechten Winkel zueinander, wird die gesamte Lichtenergie abgeblockt.

2. Licht, das im Winkel von 20 - 50° auf eine glänzende Oberfläche fällt, wird ebenfalls polarisiert. Dieses bereits in einer Ebene polarisierte Licht kann von einem vor dem Objektiv angebrachten Polarisationsfilter, je nach dessen Drehung, unterdrückt werden. Von matten Oberflächen gestreutes Licht ist normalerweise nicht polarisiert.

Wir können, wie schon erwähnt, auch das Licht von Beleuchtungskörpern polarisieren, indem wir einen Polfilter vor der Lichtquelle anbringen. Auch für die Stereofotografie läßt sich der Polarisationseffekt nutzen, wenn man die Bilder für das linke und das rechte Auge jeweils horizontal und vertikal polarisiert. Das Ergebnis ist ein außerordentlich plastischer Bildeindruck.

3 Auge und Wahrnehmung

Das menschliche Auge wird oft mit einer Kamera verglichen. Es gibt durchaus einige Ähnlichkeiten. Trotzdem würde dieser Vergleich in die Irre führen. Kamera und Auge regeln die einfallende Lichtmenge durch eine Irisblende und das Realbild wird von einer Linse auf eine lichtempfindliche Fläche projiziert. Doch hier hören die Ähnlichkeiten schon wieder auf, denn Auge und Gehirn lassen sich auf bemerkenswerte Art und Weise täuschen.

Auge und Kamera

Das Auge hat optische Unzulänglichkeiten, die wir bei einer Kamera nicht tolerieren würden. Den Anpassungsfähigkeiten des Gehirns ist es zu verdanken, daß wir dennoch einen klaren und perfekten Bildeindruck haben. Von einigen irritierenden optischen Eindrücken einmal abgesehen akzeptieren wir das, was wir sehen, als eine genaue und natürliche Abbildung unserer Umgebung.

Wenn wir uns umschauen, sind Auge und Gehirn ständig damit beschäftigt zu kompensieren. Unsere Wahrnehmung ist selektiv, d.h. wir konzentrieren uns auf eine Sache und ignorieren andere Dinge. Oftmals übersehen wir was offensichtlich ist. Und manchmal glauben wir Dinge zu sehen, die gar nicht da sind.

Erinnerungsbilder und die reale Welt passen ebenfalls nicht immer zusammen. Wenn wir eine von der Sonne beschienene Schneelandschaft betrachten, fällt uns normalerweise nicht auf, daß das reflektierte Himmelslicht die Schattenpartien blau färbt. Betrachten wir ein Farbfoto dieser Szenerie, dann empfinden wir die blauen Schatten als unrealistisch bzw. künstlich.

Viele attraktive Objekte sehen auf ihrer fotografischen Reproduktion enttäuschend aus. Und besuchen wir einen Ort, den wir auf einem eindrucksvollen Foto gesehen haben, sind wir oft überrascht, wie farblos dieser Ort in Wirklichkeit ist. Augenfällige Motive des Fotos erscheinen plötzlich nebensächlich. Dafür erregen vielleicht andere Dinge, die uns auf der Abbildung nicht aufgefallen sind, unsere Aufmerksamkeit.

Sie werden sehen, daß es einige wesentliche Unterschiede gibt zwischen unserer Wahrnehmung bzw. unserer Interpretation dessen, was wir mit eigenen Augen sehen und unserer Reaktion auf die Abbildung des Gesehenen.

Die Kamera lügt immer!

Denken wir einen Augenblick darüber nach, was uns eine Abbildung tatsächlich zeigt:

Sie ist flach und rechtwinklig und zeigt uns nur einen sehr begrenzten Ausschnitt einer Szenerie, meist ein Segment von einem Winkel zwischen 1/2° bis 60°. Auch der vom Regisseur gewählte Standpunkt begrenzt die Information. Im Leben können wir frei umherschauen und selbst bestimmen, was uns wichtig ist. Eine Abbildung vermittelt uns nur eine Ahnung bzw. einen Ausschnitt der Realität.

Produzenten nutzen die Begrenzungen der Bilder. Sie erlauben es ihnen ökonomisch zu arbeiten, sowohl in Bezug auf das Licht, die szenische Ausstattung und die Kameraarbeit. Das Publikum sieht eine Türe und vermutet dahinter einen (real nicht vorhandenen) Raum. Auch der Schattenwurf eines Fensters läßt sich ganz einfach mit einer Lampe erzeugen. Ein reales Fenster braucht man dazu nicht.

Da wir alle mit Film und Fernsehen vertraut sind, haben wir gelernt solche Effekte zu akzeptieren, wie unnatürlich sie auch sein mögen. Das gleiche gilt auch für andere künstliche Effekte wie Nahaufnahmen, Schnitte, Überblendungen und Zooms.

Der Bildausschnitt

Eine der wichtigsten Eigenschaften eines Bildes - die wir gerne übersehen - ist der Rahmen. Alle Dinge werden vom Rahmen in eine Beziehung gesetzt, die so in der Realität nicht existiert.

Die Kamera verändert auch Linien und Formen. Mit dem Teleobjektiv wird ein weit entferntes Motiv in ein neues Verhältnis zum Vordergrund gerückt. Und mit dem Weitwinkelobjektiv kann man selbst einen Gartenzaun dramatisch in Szene setzen; d.h. unsere Reaktionen werden zu einem großen Teil von den Rahmenbedingungen einer Abbildung bestimmt und nicht von dem, was letztendlich abgebildet wird.

Im folgenden einige weitere Faktoren:

- Balance der Abstufungen Die Verschiedenheit und das Arrangement von Schattierungen und Farbtönen innerhalb des Rahmens.
- Linien Deren Form und die Richtung.
- Masse Die Gewichtung von homogenen Flächen innerhalb des Bildes.
- Farbverhältnisse Das Zusammenspiel von Farbflächen.
- Kamerastandpunkt Höhe der Kamera und Perspektive.
- Ausschnitt Das Verhältnis von Gegenständen, Flächen und Linien zum Bildrahmen.
- Einstellungsgröße Abbildungsgröße, Gewichtung und Proportionen von Gegenständen.

Ändert man nur einen dieser Faktoren, dann ändert sich auch die Bildaussage und unsere Interpretation des Bildes.

Das kritische Auge

Auf der Leinwand können Dinge, denen wir im Alltag keine Beachtung schenken, unsere ganze Aufmerksamkeit auf sich ziehen. In einem technisch hervorragenden Bild kann uns der Sonnenreflex einer Brille irritieren, desgl. zu dunkle Augenhöhlen, ein Heiligenschein auf dem Kopf einer Person bzw. ein Lichthof oder ein unscharfes Bild im Hintergrund. Reflexionen auf einem Ölbild lenken ebenfalls unsere Aufmerksamkeit ab.

Die Ablenkung ist natürlich davon abhängig, wie kritisch unsere Augen sind. Wir registrieren auf Bildern Dinge, die uns normalerweise gar nicht auffallen würden. Auch wenn die ablenkenden Effekte natürliche Gründe haben, stören sie uns auf Abbildungen.

Normales Tageslicht verursacht in vielen Fällen sehr unattraktive Effekte. Dinge sehen übertrieben, plump, häßlich oder bizarr aus, wenn sich unsere Aufmerksamkeit auf die von einem kleinen Rahmen begrenzte Abbildung konzentriert. Eine Ziel der kontrollierten Lichtgestaltung ist es, ablenkende Faktoren im Bild zu minimieren und die für die Bildaussage wichtigen Elemente hervorzuheben.

Das Auge

Unsere Augen scheinen uns das Bild der Welt zu vermitteln. Vielleicht ist es in diesem Zusammenhang interessant zu erwähnen, daß etwa 8% der Männer und 0,4% der Frauen eine abnormale Farbwahrnehmung haben. Schwarzweiß-Bilder zum Beispiel geben die Realität nur sehr abstrakt wieder. Dennoch haben wir uns daran gewöhnt, sie als überzeugendes Abbild dieser Realität zu akzeptieren. Das gleiche gilt auch für die ebenfalls flachen und zweidimensionalen Farbbilder.

Ein Blick auf die Arbeitsweise der Augen und des Gehirns wird uns einige Überraschungen ersparen und helfen, deren Eigenheiten produktiv zu nutzen.

Bilder werden auf die lichtempfindliche Netzhaut im Augapfel projiziert (Abb. 3.1). Die Retina besteht aus mehreren Schichten hochempfindlicher Nervenzellen. Die meisten ihrer Rezeptoren (etwa 120 Millionen) sind stäbchenförmig und extrem lichtempfindlich, können aber keine feinen Details auflösen. Darüber hinaus sind sie farbenblind und unempfindlich für die blauen Anteile am Ende des Spektrums. Die restlichen Rezeptoren

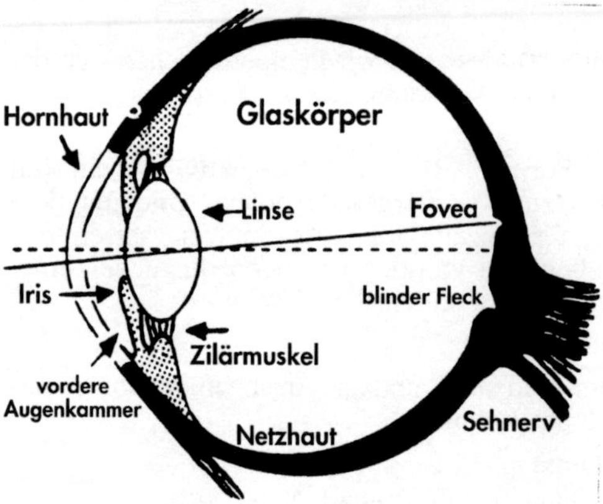

Abb. 3.1 Aufbau des Auges

Das Licht dringt zunächst durch die schützende Hornhaut, wird von der Iris, entsprechend seiner Intensität, abgeschwächt und von der Linse gebündelt (im Zusammenspiel mit der Hornhaut und der Linsenflüssigkeit).

Das Auge stellt scharf, indem sehr kleine Muskeln die Dicke der Linse verändern.

Das fokussierte und seitenverkehrte Bild fällt auf die Netzhaut (Retina), die mit unzähligen lichtempfindlichen Rezeptoren bestückt ist. Die von den zapfen- und stäbchenförmigen Empfängern gesammelten Informationen werden über einen Nervenstrang zum Gehirn weitergeleitet. Der Ort, an dem im Auge die Nervenfasern zusammenlaufen, ist selbst lichtunempfindlich. Man nennt ihn den blinden Fleck. Die Fovea, der sogenannte gelbe Punkt, ist das Zentrum der Sehschärfe.

(etwa 6 1/2 Millionen) sind zäpfchenförmig und konzentrieren sich in einer kleinen Netzhautvertiefung, der Fovea. Diese Zäpfchen sind zuständig für die Wahrnehmung von Schärfe, Farbe und Form (Abb. 3.2). Es gibt wiederum drei Arten von Zäpfchen, die jeweils für die Wahrnehmung unterschiedlicher Spektralanteile des Lichts zuständig sind, - für violettes bis blaues, grünes bis gelbes und orangefarbenes bis rotes Licht. Die Farbwahrnehmung ist jedoch nicht über das ganze Gesichtsfeld konstant. Ein rotes oder grünes Objekt verändert seine Farbe, wenn es vom Zentrum an den Rand des Wahrnehmungsbereichs wandert.

Unsere Wahrnehmung begründet sich in äußerst komplexen und zum Teil noch nicht erklärbaren Wechselwirkungen zwischen Auge und Gehirn. Das Bild auf der Netzhaut ist seitenverkehrt und steht auf dem Kopf. Die Schärfewahrnehmung beschränkt sich auf einen Winkel von 1 1/2° (2cm im Abstand von 2m) in einem weitwinkeligen, aber

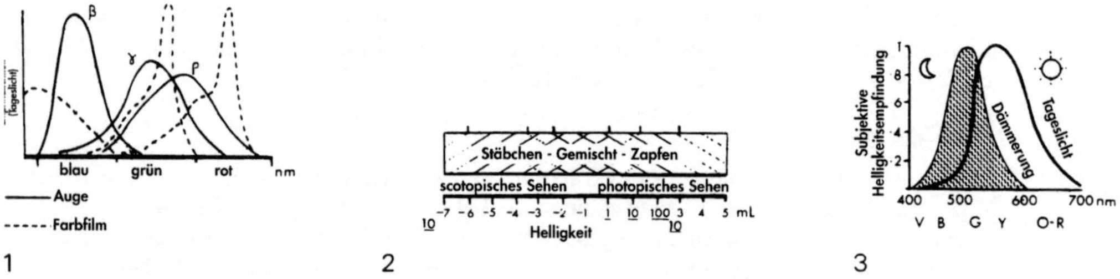

Abb. 3.2 Farbempfindlichkeit des Auges

1. Die farbempfindlichen Zäpfchen sind für drei verschiedene Bereiche des Spektrums zuständig.
2. Die Empfindlichkeit des Auges ändert sich in Abhängigkeit von der Lichtintensität. Je nach Beleuchtungssituation werden mehr die zapfenförmigen oder die stäbchenförmigen Zellen aktiviert.
3. Mondlicht wird bläulich wahrgenommen, obwohl es eine schwache Reflexion des weißen Sonnenlichts ist. Dieser Purkinje-Effekt ist darauf zurückzuführen, daß das Auge bei geringer Helligkeit seine Empfindlichkeit für den rot-orange farbenen Bereich des Spektrums verliert und für den blau-grünen Anteil empfindlicher wird.

unscharfen Gesichtsfeld von etwa 240°. Immerhin können wir auch in der Peripherie Bewegungen wahrnehmen und mit einer blitzartigen Augenbewegung das Zentrum unserer Sehschärfe auf den neuen Punkt justieren. Erst das Ergebnis vieler Augenbewegungen ergibt einen Eindruck bildübergreifender Schärfe. Im Prinzip sind unsere Augenbewegungen vergleichbar mit einem unfreiwilligen Abtastprozeß.

Paradoxerweise verschwimmt unser Bildeindruck, wenn sich das Auge nicht bewegt. Unsere Augen passen sich ständig der Umgebung an und entsprechend ändert sich auch unsere Wahrnehmung der Umgebung von einem Augenblick zum nächsten.

Die Augen produzieren auch zwei geringfügig unterschiedliche Bilder. Die Unterschiede ermöglichen es unserem Gehirn, auf der Basis von Erfahrungswerten, Entfernungen und Größenordnungen einzuschätzen.

Viele Merkwürdigkeiten unserer Realitätswahrnehmung sind auf einen ganz besonderen Faktor zurückzuführen: der Anpassungsfähigkeit. Sie ist mitverantwortlich für unsere Fähigkeit der Wahrnehmungserweiterung. Sie kann jedoch auch zu falschen Einschätzungen bis hin zu optischen Täuschungen führen.

Anpassungsfähigkeit

Anpassung an die allgemeine Helligkeit

Unser Auge kann sich einer extremen Bandbreite von Helligkeiten anpassen. Es verarbeitet Beleuchtungsstärken zwischen 10.000 foot-candles, bei starkem Sonnenlicht, bis zu 0,01 foot-candles und weniger bei sehr schwacher künstlicher Beleuchtung. Diese Fähigkeit ist auf zweierlei zurückzuführen. Zum einen kann sich die Iris in einem Bereich von Blende 2 bis Blende 10 öffnen und schließen, d.h. sie kann das auf die Netzhaut fallende Licht in der Größenordnung 20:1 regulieren. Zum zweiten ist die Netzhaut in der Lage, ihre Empfindlichkeit zu verändern. Bei hellem Licht nimmt ihre Empfindlichkeit ab und in dunkler Umgebung nimmt sie zu.

Die Kombination dieser beiden Phänomene erklärt auch, warum es uns unmöglich ist, Helligkeitswerte mit den Augen richtig einzuschätzen. Die präzise Ermittlung dieser Werte ist nur mit einem Belichtungsmesser möglich.

Die Stärke von natürlichem Licht bleibt auch über größere Entfernungen weitgehend konstant, während die Stärke von künstlichem Licht mit wachsender Entfernung relativ schnell abnimmt. Hinzu kommen die unterschiedlichen Helligkeiten von Oberflächen und ihren Schattierungen. Unser Auge paßt sich all diesen Differenzen und Veränderungen automatisch an. Die Kamera nicht.

Anpassung an punktuelle Helligkeit

Wenn unsere Augen eine Szene abtasten und verschiedene Punkte fixieren, justieren sie sich, wie kurz diese Fixierung auch sein mag, sofort auf deren Helligkeit. Diese Fähigkeit läßt uns auch Details in Schatten wahrnehmen und führt zwangsläufig zu einer Unterschätzung der Schattendichte; d.h. diese Anpassung unterschlägt die objektiven Beleuchtungsunterschiede und Kontraste, die von der Kamera registriert und nur vom Belichtungsmesser erfaßt werden können. Je mehr wir uns auf Schatten konzentrieren, desto besser funktioniert diese Anpassung. Wenn wir obendrein wissen, daß wichtige Details im Schatten liegen, funktioniert sie noch besser.

Wechselwirkungen

Paßt sich die Netzhaut der Helligkeit in einem ganz bestimmten Punkt an, dann verändert sich ihre Helligkeitsempfindung auch in angrenzenden Bereichen. Dieses Phänomen erschwert die Einschätzung von Bildkontrasten noch mehr. Umgekehrt hat auch der Kontrast einer Szene Einfluß auf unsere Beurteilung der Helligkeit.

Eine von trübem Tageslicht beleuchtete Szene ist wesentlich heller als eine im Studio mit Kunstlicht ausgeleuchtet Szene. Dennoch empfinden wir die Studioszene, da sie kontrastreicher ist, subjektiv heller.

Mit der Intensität des Lichts ändert sich auch der Kontrastbereich, in dem wir Gradationsunterschiede wahrnehmen können. Der Kontrastumfang, den unsere Augen mit einem Blick erfassen können, beträgt bei kräftiger Grundbeleuchtung etwa bei 1.000:1, bei schwacher Beleuchtung etwa 10:1, und bei sehr wenig Licht etwa bei 2:1.

Farbanpassung

allgemeines zur Farbanpassung

Wenn das einfallende Licht sich aus allen Farben des Spektrums zusammensetzt, wird das Auge eine recht breite Palette von Mischungsverhältnissen als weißes Licht wahrnehmen. Und selbst wenn sich die Lichtverhältnisse entscheidend verändern, empfinden wir die Farben immer noch ganz ähnlich wie bei Tageslicht. Durch die Anpassungsfähigkeit unserer Augen fallen uns unterschiedliche Farbqualitäten des Lichts weniger auf, als man eigentlich vermuten sollte.

Die Anpassung ist natürlich wesentlich geringer, wenn beim Licht oder der reflektierenden Fläche ein Spektralanteil besonders ausgeprägt bzw. gering ist oder sich der Spektralanteil - wie bei einer reinen Farbe - auf einen engen Ausschnitt des Spektrums beschränkt.

Hat das Licht warme und kalte Farbanteile, sieht das Auge einen Mittelwert, der in dieser Form im Licht gar nicht enthalten ist. Dies ist auch der Fall, wenn ein Gegenstand von zwei Lichtquellen mit unterschiedlichen Farbqualitäten beleuchtet wird.

Aus vielen Farben bestehende Lichtmischungen können unechte Effekte verursachen. Wird eine der Lichtquellen verdeckt, erscheinen Schattenpartien unangenehm farbig. Und beleuchtet man ein weißes Objekt mit grünem Licht, dann können seine Schatten mysteriös magentafarben aussehen.

Lokale Farbanpassung

Betrachtet man eine kräftige Farbe zu lange, wirkt der Farbeffekt im Auge nach und wir sehen, selbst wenn die Ursache schon längst verschwunden ist, ein sogenanntes Nachbild, meist in komplementären Farbtönen. Im folgenden einige Beispiele:

ein rotes Bild verursacht ein blaugrünes Nachbild;

ein orangefarbenes Bild ein Pfauenblau;

ein gelbes Bild ein blaues Nachbild;

ein grünes Bild ein purpurfarbenes; und

ein blaues Bild ein gelb-orangefarbenes Nachbild.

Das heißt, wenn wir unsere Augen lange auf eine farbige Fläche oder Lichtquelle richten, verändert sich unsere gesamte Farbwahrnehmung, bis der Nachbild-Effekt sich wieder aufgelöst hat. In Tabelle 3.2 sind die typischen Nachbild-Effekte von warmem Rot und kaltem Grün aufgeführt. Wir können dieses Phänomen nutzen, um zum Beispiel einen Innenraum ganz besonders warm und gemütlich erscheinen zu lassen, indem wir eine kalte, trübe Außenszene davorsetzen.

Tabelle 3.1 Typische Beleuchtungsstärken

	foot - candles	*Lux*
Sonnenlicht	10000 - 2500	108000 - 27.000
Tageslicht	2500 - 200	27.000 - 2100
Sonnenuntergang	10 - 0,1	108 - 1
Mondlicht	0,01 - 0,001	0,12 - 0,01
Sternenlicht	0,0001 - 0,00001	0,001 - 0,0001
Geschäfte	500 - 100	5400 - 1080
Büros	50 - 20	540 - 215
Wohnungen	20 - 5	215 - 54
Straßenbeleuchtung	2 - 0,01	21,5 - 0,1

Gegenseitige Beeinflussung der Farben

Ähnlich wie bei der Helligkeitsanpassung gibt es Wechselwirkungen bei farbigen Objekten in bunter Umgebung. Die Farbe eines Gegenstands läßt uns einen neutralen Hintergrund komplementärfarben erscheinen und entsprechend beeinflußt ein farbiger Hintergrund die Wahrnehmung der Farben von Gegenständen im Vordergrund. Vor einem schwarzen Hintergrund sehen Farben heller aus, vor einem weißen Hintergrund dunkler. Im folgenden weitere Beispiele zu diesem Phänomen:

Eine orangefarbene Fläche vor einem schwarzen, gelben oder roten Hintergrund verliert an Farbintensität und sieht blasser aus. Orange vor einem weißen, blauen oder grünen Hintergrund sieht kräftiger aus. Neben Grün erscheint Orange rötlicher und auch das Grün gewinnt an Intensität.

Ein Rot vor blauem Hintergrund sieht orangefarben aus; das Blau grünlicher. Auch Weiß nehmen wir in der Nähe gesättigter Farben rötlich, bläulich oder gelblich wahr, je nach Umgebungsfarbe.

Eine blaue Fläche vor blauem Hintergrund wirkt dunkler. Dunkelrot und Dunkelblau vor einem weißem Hintergrund erscheinen fast schwarz; das Weiß selbst wirkt intensiver.

Bei farbigen und monochromatischen Bildern ist der Effekt an den Übergängen von Flächen am stärksten. Er wird beeinflußt von der Größe, der Helligkeit und dem Farbton der angrenzenden Flächen.

Visuelle Kontinuität

Wie beim Beispiel vom faktisch blauen, aber weiß empfundenen Schnee lieben wir es, sichtbare Tatsachen zu ignorieren und stattdessen die Dinge so zu sehen, wie wir sie zu kennen glauben! Dieses Phänomen läßt sich beschreiben als Versuch, eine gewisse Kontinuität bei einer Abfolge visueller Eindrücke herzustellen und tritt in verschiedenen Formen auf:

Tabelle 3.2 Veränderung der Farbwahrnehmung/Nachbild-Effekt

diese Farbe erscheint	nach starkem Roteffekt:	nach starkem Grüneffekt:
Rot	magenta, heller, grauer	blauer, dunkler, intensiver
Scharlachrot	orange	rötlicher
Orange	gelb-grünlich, desaturiert	rötlich
Gelb	sehr hellgrün	schwach orange
Purpur	violett	rötlicher
Grün	grün-bläulicher, heller	dunkler
Kobaltblau	bläulicher, grün-blau	intensiver
Violett	ultramarin	purpurfarbener
Magenta	rosafarben	rötlicher
braune Haut	gelb bis braun	rötlicher, dunkler
helle Haut	bläulich, blasser	rötlicher
Weiß	blau-grün	wärmer

♦ *Größenanpassung* Wir assoziieren Größenverhältnisse mit Entfernungen. Sehen wir mehrere ähnliche, immer kleiner werdende Gegenstände, sind wir geneigt zu glauben, daß die kleineren Gegenstände nicht kleiner, sondern weiter weg sind.

♦ *Helligkeitsanpassung* Weil wir wissen, daß Buchseiten weiß sind, gehen wir bei jeder Abbildung eines Buches davon aus, daß seine Seiten weiß sind, selbst wenn sie auf der Abbildung nur schwach beleuchtet sind oder im Schatten liegen, - sogar wenn sie dunkler sind als eine gut beleuchtete graue Fläche.

♦ *Farbanpassung* Wenn wir die Farben eines Bildes beurteilen vergleichen wir sie unbewußt immer mit Farben, die wir in unserer Erinnerung abgespeichert haben: die Farben von Briefkästen, Uniformen, Flaggen etc. Da wir zu wissen glauben, welche Farbe bestimmte Dinge haben müss(t)en, ignorieren wir gerne die tatsächlichen Verhältnisse:

- So nehmen wir fälschlicherweise an, daß Schatten schwarz sind. Normalerweise sind es dunkle Zonen farbiger Flächen.

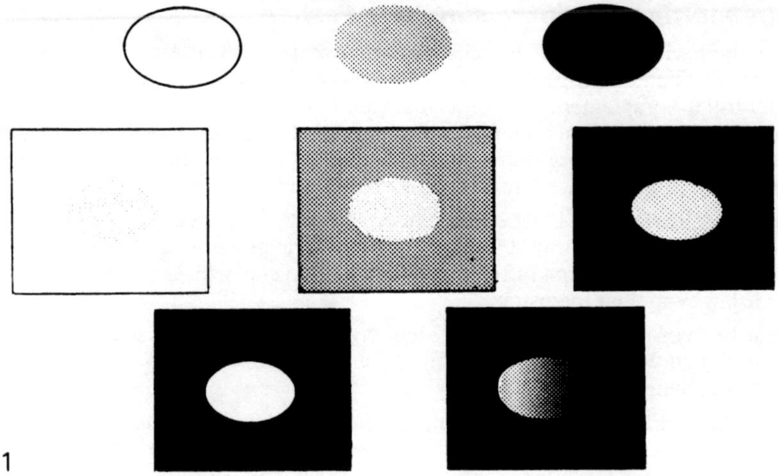

1

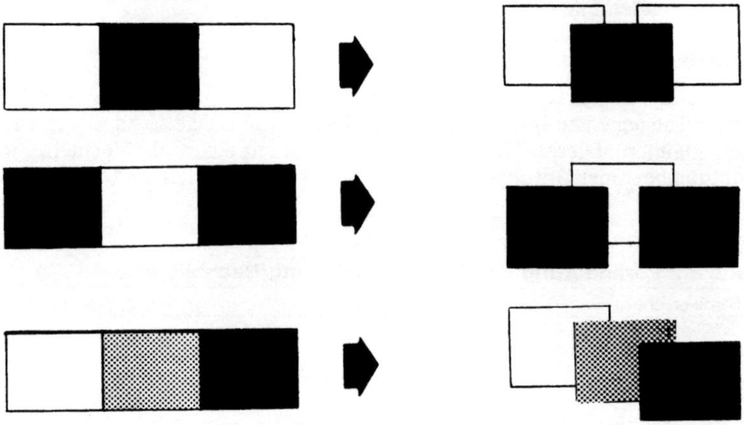

2

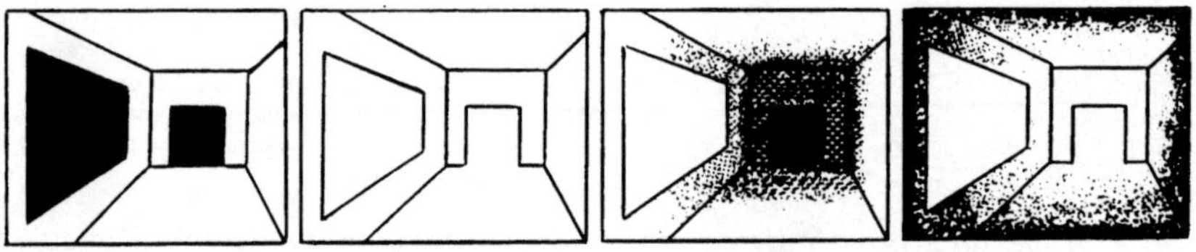

3

Abb. 3.3 Tönungen von Flächen

1. Gegenstände oder Flächen in hellen Tönen empfinden wir normalerweise größer und weiter entfernt als solche in dunklen Tönen. Die Wechselwirkung von Tönen nennt man Simultankontrast. Je schärfer der Kontrast, desto größer die Wirkung.
2. Mit gestaffelten Flächen von unterschiedlicher Tönung kann man den Eindruck erwecken, daß die Flächen auf den Betrachter zustreben bzw. sich von ihm entfernen.
3. Entsprechend erzeugen tonale Abstufungen die Illusion von Räumlichkeit und Tiefe.

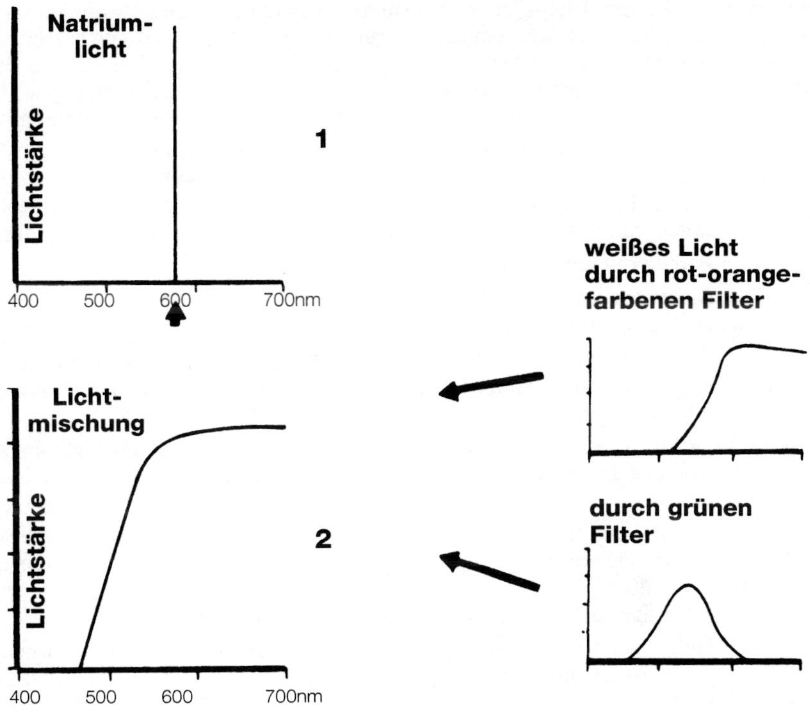

Abb. 3.4 Gelbes Licht

Die Augen sehen ein und dasselbe Gelb:

1. beim reinen, gelben Licht einer Natriumlampe und
2. bei einer entsprechenden Mischung des Lichts von zwei farbigen Lichtquellen.

- Auch wenn ein Gesicht vom reflektierten Licht einer farbigen Fläche beeinflußt wird, sehen wir meist erst auf seiner Abbildung durch die Kamera, daß es nicht hautfarben ist, sondern einen Farbstich hat.

♦ *Formen* Trotz perspektivischer Vorzeichnungen sind wir in der Lage, Formen als solche richtig wahrzunehmen:

- wir sehen eine Ellipse und wissen im gleichen Augenblick, daß es sich um ein rundes Objekt handelt.
- Und wir erkennen bei in spitzen Winkeln zusammenlaufenden Linien den perspektivischen Blick auf eine Fläche; d.h. durch Mißachtung dessen, was unsere Augen tatsächlich sehen, können wir Abbildungen von vertrauten Objekten aus den verschiedensten Blickwinkeln korrekt interpretieren.

Farbbeurteilung

Wenn wir keine farbige Lichtquelle sehen gehen wir davon aus, daß auch eine vom Licht veränderte Farbe einer Fläche ihre Eigenfarbe ist. Eine graue, von grünem Licht beleuchtete Schachtel ist für uns eine grüne Schachtel. Nur bei einem blauen Gesicht werden wir zwangsläufig darauf aufmerksam, daß dies nicht seine Eigenfarbe sondern die

Farbe des einfallenden Lichts ist. Wir vermuten dies übrigens auch, wenn dieser Effekt von farbigem Makeup und weißem Licht verursacht wird. Unsere Augen passen sich fast jeder Situation an. Besonders Szenen, die von Licht mit einer schwachen Färbung angestrahlte werden, können uns verwirren. Das Auge paßt sich der Färbung des Lichtes an, interpretiert das Licht als weißes Licht und mißinterpretiert alle anderen Farben.

Werden die für rot und grün zuständigen Rezeptoren auf unserer Netzhaut zu gleichen Teilen angeregt, sehen wir Gelb, welche Wellenlänge das diese Farbempfindung verursachende Licht auch haben mag (Abb. 3.4.); d.h. wir können diesen Effekt nicht vom Gelb einer Natriumdampflampe unterscheiden. Es gibt zwei Arten der Farbmischung:

1. Zwei Farben mit ähnlichen Energieanteilen.

2. Zwei Farben mit unterschiedlichen Energieanteilen, die jedoch von unseren Augen ähnlich wahrgenommen werden.

♦ *Oberflächenstruktur* Die Farbe einer glatten Oberfläche wird in der Regel gesättigter aussehen als die Farbe einer rauhen Oberfläche von gleicher Tönung und Sättigung. Alle gespiegelten Reflexionen haben die Tönung des einfallenden Lichtes.

♦ *Lichtqualität* Wenn eine farbige Fläche von hartem, gerichteten Licht angestrahlt wird, sieht sie meist intensiver (gesättigter) aus als bei weichem, schattenlosen Licht von gleicher Intensität.

♦ *Lichtrichtung* Die Richtung des Lichtes hat ebenfalls Einfluß auf den Sättigungseindruck von Farbflächen. Die Sättigung erscheint am stärksten, wenn das Licht aus der Beobachtungsrichtung kommt und nimmt ab mit der Neigung der Fläche und der Entfernung der Lichtquelle im Verhältnis zu diesem Standpunkt.

♦ *Umgebung* Auch Umgebungsbedingungen beeinflussen unsere Farbwahrnehmung: ein kleines oder weiter entferntes Bild erscheint heller und kontrastreicher und seine Farben intensiver.

- Helligkeit und Farbe in der Umgebung eines Bildes beeinflussen ebenfalls die Wahrnehmung seiner Farben. Legt man ein kleines Farbfoto auf einen weißen, einen grauen und einen schwarzen Hintergrund, dann springen die Unterschiede geradezu ins Auge.
- Die Umgebungsbedingungen fließen auch ein in unsere Beurteilung der Bildqualität. Fremdlicht auf einer Leinwand oder einem Monitor reduziert den Kontrast und entsättigt die Farben, denn unser Auge paßt sich diesem Umgebungslicht an. Helligkeit, Kontrast und Sättigung empfinden wir am stärksten, wenn wir Bilder in einem schwarzen Raum anschauen. Ein dunkler Raum läßt uns beim Betrachten von Bildern aber auch schneller ermüden.

Farbe und räumliche Tiefe

Seit Jahrhunderten sind sich Künstler bewußt, daß warme Farben (Rot, Braun, Orange) auf den Betrachter zuzustreben scheinen, während kalte Töne (Blau, Lila) zurückstreben. Jede Farbe impliziert das Gefühl für eine bestimmte Entfernung, natürlich in Abhängigkeit von den anderen Farben.

Diese räumliche Eigenschaft von Farben kann man beim Entwurf einer Szene und ihrer Ausleuchtung einplanen. Eine Ausstattung in wärmeren Farben erscheint kleiner; eine in kühleren Farben weiter weg, was den Eindruck von räumlicher Tiefe unterstützt.

Farbe und Details

Die Fähigkeit unserer Augen in Farben Details wahrzunehmen, ist begrenzt und vom Farbton abhängig. Auf Orange und Cyan sehen wir Details wesentlich genauer als auf Grün oder Magenta. Darüber hinaus kann das Auge nicht gleichzeitig rote und blaue Details fokussieren.

Das Fernsehen macht sich diesen Abbildungsfehler des Auges zunutze und reduziert den Anteil an Detailinformation im Farbsignal. Das vereinfacht, technisch gesehen, die Signalübertragung. Details und Helligkeitsunterschiede werden wie beim Schwarzweiß-

Fernsehen vom Luminanzsignal übertragen. Bei der Übertragung von Helligkeits- und Farbsignalen ist für die Wahrnehmung von Farbdetails nach wie vor das monochrome Luminanzsignal zuständig, überlagert von dem unschärferen Farbbild.

Farbe und Entfernung

Die Farben von Gegenständen und ihrem Hintergrund beeinflussen in starkem Maß unseren Eindruck von Tiefe und Entfernung. Stellt man farbige Flächen vor einen weißen Hintergrund, scheint Blau-Grün am nächsten und Blau, Purpur, Rot, Gelb bis hin zu Gelb-Grün immer weiter weg zu sein.

Setzt man die gleichen Farben vor einen schwarzen Hintergrund, verändert sich die Empfindung ihrer Entfernung. Jetzt scheint Rot am nächsten zu sein und Orange, Gelb, Grün, Blau-Grün, Blau und Violett scheinen sich - in dieser Reihenfolge - vom Betrachter zu entfernen.

Auch die Ausdehnung einer Farbe im Bild wirkt sich auf die Bildinterpretation aus. Viele impressionistische Bilder zum Beispiel setzen sich aus unzähligen Farbtupfern zusammen, die im Auge des Betrachters zusammenfließen und gleichzeitig eine visuelle Spannung erzeugen, die mit anderen Methoden so nicht herstellbar ist. Wenn die tatsächliche Ausdehnung von Details nicht mehr wahrnehmbar ist, fällt es uns auch schwer deren Farbe auszumachen. Manche Farben erscheinen schwächer, andere werden gänzlich überlagert. Blau zum Beispiel kann nicht mehr von Dunkelgrau unterschieden werden und Gelb nicht mehr von Hellgrau. Grün, Blau-Grün und Blau von ähnlicher Helligkeit verschmelzen ebenfalls sehr schnell miteinander. Und manchmal gehen sogar die beträchtlichen Farbunterschiede von Rot und Blau-Grün verloren. Nur Helligkeitsunterschiede können sicher wahrgenommen werden. Alle diese Effekte sind abhängig von der Größe, der Entfernung und der Intensität des Lichts. Atmosphärische Einflüsse wie Dunst, Nebel oder Rauch lassen Farben in größerer Entfernung weniger gesättigt, bläulicher oder auch wärmer erscheinen.

Tabelle 3.3 Einfluß von Farben auf die Detailschärfe

In abnehmender Folge:

Schwarz	auf	Gelb
Grün	auf	Weiß
Blau	auf	Weiß
Weiß	auf	Blau
Schwarz	auf	Weiß
Gelb	auf	Schwarz
Weiß	auf	Rot, Orange, Schwarz
Rot	auf	Gelb
Grün	auf	Rot
Rot	auf	Grün
Blau	auf	Rot

Unsere Einschätzung feiner Farbdetails kann auch von sogenannten Streueffekten beeinflußt werden. Ein sehr feines blaues Muster sieht auf einem schwarzen Hintergrund dunkler und gesättigter aus als auf einem weißen Hintergrund; ganz im Gegensatz zu unserer Erwartungshaltung. Durch die Farbassimilation verändert sich die Wahrnehmung von beiden Farben, wenn die Fläche des Musters und die des Hintergrunds in etwa gleich groß sind.

Untersucht man die harmonischen Abhängigkeiten von Farben, wird die Sache noch komplizierter. Manche Farbverhältnisse sehen bei näherer Betrachtung harmonisch aus und aus größerer Entfernung eher unharmonisch. Mit zunehmendem Betrachtungsabstand empfinden wir die Farbsättigung und den Kontrast meist intensiver bzw. stärker. Aber unter bestimmten Umständen kann auch hier das Gegenteil der Fall sein. Nicht alle Faktoren, die unsere Wahrnehmung beeinflussen, sind vorhersehbar oder beeinflußbar.

Anziehung von Farben

Eine besondere Eigenschaft der Farben ist es, je nach Farbton, unsere Aufmerksamkeit zu erregen. Ein orange- oder scharlachrotes Objekt in einer Szene zieht sofort den Blick auf sich. Wenn dieser Gegenstand unscharf ist, sind wir frustriert und geben uns große Mühe, ihn trotz seiner Unschärfe zu identifizieren. In einem Schwarzweiß-Bild hätten unsere Augen das unscharfe Objekt ganz einfach ignoriert.

Einige Farben ziehen uns stärker an als andere. Helles Gelb und Grün zieht die Aufmerksamkeit stärker auf sich als gedämpftes Braun und Purpur. Gesättigte Farbtöne haben ebenfalls mehr Anziehungskraft als ungesättigte Farben. Gibt es in einem Bild mehrere dominante Farben, wandern unsere Augen unentschlossen hin und her und der geschlossene Gesamteindruck des Bildes wird zerstört.

Farbharmonien

Die Wirkung von Farben ist schwer zu fassen und viele Menschen haben sich den Kopf über Regeln zerbrochen, mit deren Hilfe sich Farben am besten harmonisch arrangieren lassen. Festzuhalten bleibt, daß es keine festen, verbindlichen Regeln gibt, aber eine ganze Reihe von hilfreichen Richtlinien.

Die meisten ansprechenden Bilder enthalten nur einen Ausschnitt aus der möglichen Palette von Farben. Es ist schwer zu sagen, welche Farbkombinationen besser funktionieren und welche weniger. Stimmige, für das Auge angenehme Farbzusammenstellungen, lassen sich mit ähnlichen und auch mit kontrastierenden Farben herstellen. Zusammenstellungen von entsättigten Farben wirken meist natürlicher als Kombinationen von stark gesättigten Farben. Zu wenig Farbkontraste können jedoch auf den Betrachter uninteressant wirken.

Abbildung 3.5 zeigt die kreisförmige Anordnung der wichtigsten Farbtöne. Gegenüberliegende Farben nennt man komplementär, zum Beispiel Blau und Gelb. Farben, die ein gleichschenkeliges Dreieck bilden, harmonieren ebenfalls recht gut miteinander. Für die Praxis sind dies nur grobe Anhaltspunkte, da für die Farbharmonie noch viele andere Dinge wichtig sind, wie die Form und die Oberflächenbeschaffenheit von Objekten und das Verhältnis von Objekten zueinander. Und der individuelle Geschmack des Beobachters!

Der Arbeit mit gesättigten Farben, besonders mit reinen Farben, ist wesentlich problematischer als die Arbeit mit unreinen Farben, da sie unweigerlich die Aufmerksamkeit auf sich ziehen. Die überschwengliche Verwendung von Farben kann, je nachdem, kräftig und vibrierend, grell, oder aufdringlich wirken. Auffallende Muster in reinen Farbtönen lenken die Aufmerksamkeit ab und können störend wirken.

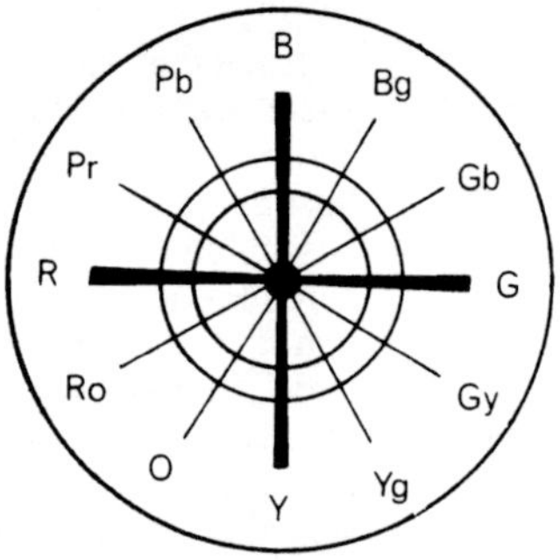

Abb. 3.5 Farbharmonie

Man hat verschiedene Versuche unternommen, Farbharmonien zu systematisieren. Einer dieser Versuche ist der Farbenkreis nach *Rood*, in dem sich die Komplementärfarben gegenüberliegen. Farbtriaden sind harmonische Dreiergruppen von Farben, die im Farbenkreis 120° auseinanderliegen (z.B. Grün, Orange und Purpur). Die Brauchbarkeit solcher Hilfsmittel hängt natürlich auch stark von der relativen Sättigung, der Ausdehnung, der Form und der Oberflächenbeschaffenheit der Farbflächen ab.

Farbgedächtnis

Obgleich man das Farbgedächtnis durch Übung verbessern kann, ist unser Farberinnerungsvermögen ziemlich ungenau. Wenn wir die Original-Farbe einer Sache nicht kennen, akzeptieren wir normalerweise auch verfälschte Farbreproduktionen. Manchmal gefällt uns eine Reproduktion in falschen Farben sogar besser als eine präzise Reproduktion der echten Farben.

Wir haben feste Vorstellungen von Hautfarbe, Blattgrün und bestimmten Blumenfarben. Wenn wir genau hinsehen werden wir bemerken, daß diese Farben sich mit den Tages- und Jahreszeiten verändern. Am kritischsten sind wir sind wir bei Hautfarben, bei Nahrungsmitteln und bekannten Verpackungsmaterialien.

Und am besten erinnern wir uns an die relativ warmen und gesättigten Farben der Gegenstände bei Tageslicht. Helle Szenen bleiben heller und dunkle Szenen dunkler in Erinnerung, als sie wirklich sind.

Gesättigte Farben bringen wir mit Sonnenlicht in Verbindung und die Farben eines Bildes mit der Helligkeit der Szene. Bilder mit viel pastellfarbenen und grauen Tönungen empfinden wir insgesamt dunkler.

Farbassoziationen

Farben und Emotionen sind ebenfalls eng miteinander verzahnt. Entsprechend vielfältig sind die Wechselwirkungen. Manche Assoziationen haben kulturelle Ursachen, andere sind universell.

Rot	Wärme, Aggression, Roheit, Freude, Kraft.
Grün	Frühling, Frische, Geheimnis, Grauen, Neid.
Gelb	Sonne, Orient, Untreue, Brillanz, Freude.
Blau	Kälte, Himmel, Unendlichkeit, Bedeutung.
Schwarz	Tod, Schwermut, Traurigkeit, Verborgenheit.
Weiß	Schnee, Zartheit, Reinheit, Kälte, Frieden, Sauberkeit, Eleganz, Schwäche.

*Schwarz in Kombination mit Weiß*Kultiviertheit, Vitalität, Neuigkeit.

Farbassoziationen geben eine Fülle von Möglichkeiten an die Hand, bei der Ausstattung einer Szene, der Auswahl von Kostümen und bei der Arbeit mit Licht, bewußt (oder auch aus Versehen) ganz bestimmte Gefühle anzusprechen.

Wenn Sie mit Ihrer Licht-Arbeit beginnen werden Sie überrascht sein, wie viele Eigenschaften des Lichts Ihnen bereits aus Ihrer tagtäglichen Erfahrung vertraut sind. Sie werden viele Effekte wiedererkennen, über die Sie sich bis zu diesem Zeitpunkt nur noch keine Gedanken gemacht haben.

Wahrnehmung und Selektion

Die unzähligen visuellen Eindrücke des Alltags zwingen uns, vieles zu ignorieren oder nur unbewußt wahrzunehmen. Wir sind ständig damit beschäftigt zu reagieren und zu interpretieren und haben (bzw. nehmen uns) nicht immer Zeit, die auf uns einströmenden Bildeindrücke genau anzuschauen. So haben wir zum Beispiel das Bild vom romantischen, weichen Kerzenlicht so sehr verinnerlicht, daß wir kaum noch sehen, welche klar begrenzten Schatten und Konturen von Gegenständen eine kleine Kerzenflamme verursacht. Sieht man genau hin, ist das Kerzenlicht ganz und gar nicht weich und diffus. Die einschmeichelnde Stimmung, die wir mit Kerzenlicht in Verbindung bringen, hat ganz andere Ursachen, auf die wir später zu sprechen kommen.

Bildkünstler sind hervorragende Manipulatoren. Sie arbeiten sehr bewußt mit Linien und Formen, Licht und Schatten, Struktur und Farbe, um die gewünschten Effekte hervorzurufen. Sie haben gelernt, mit welchen Mitteln sie Illusionen gezielt herstellen können, um ihr Publikum auf die gewünschte Weise zu beeinflussen. Durch geschickte Verwendung der verfügbaren Mittel bringen sie Ideen zum Ausdruck.

Künstler, ganz gleich ob sie mit Farbe oder Stein, Licht oder Klängen arbeiten, wählen aus, modifizieren oder verzerren.

Als Canaletto Panoramaansichten großer Städte malte veränderte er die Position einiger Gebäude, um die Bildkomposition zu verbessern! In ähnlicher Weise beeinflussen und retuschieren auch Fotografen ihre Bilder. Kameraleute und Beleuchter können die Realität vergleichsweise weniger manipulieren, aber auch sie versuchen zu täuschen.

Einen Schritt voraus

Wenn man mit der Kamera eine Sache nur ganz einfach abbilden möchte, dann genügt es, ein Motiv mit Licht zu überfluten. Um jedoch Licht als überzeugendes Element zu nutzen, muß man mit seinen Eigenschaften vertraut sein und mit dem nötigen Geschick einsetzen. Im folgenden werden wir die verschiedenen Aspekte dieser Kunst im Detail vorstellen:

- Lichtqualität: von harten Schatten bis zur diffusen Beleuchtung.
- Lichtrichtung: die Auswirkung von gerichtetem Licht auf Objekte.
- Lichtverteilung: die gezielte Lichtführung, um die Aufmerksamkeit zu lenken und die Stimmung zu beeinflussen.
- Lichtintensität: die subtilen Veränderungen durch gezielte Beeinflussung der Lichtbalance.
- Farbe: die Gestaltungsmöglichkeiten mit den Farben.

Lichtqualität

Zwischen extremem Sonnenlicht mit seinen harten Schatten und dem schattenarmen Licht eines bedeckten Himmels liegen unendlich viele Variationen von Lichtqualitäten.

Abb. 4.1 Lichtqualität

1. Viele natürliche und künstliche Lichtquellen strahlen hartes Licht aus. Je kleiner der tatsächlich ausstrahlende Bereich ist, desto härter ist das Licht. (Sehr weit entfernte weiche Lichtquellen werfen ebenfalls harte Schatten.)
2. Auch weiches Licht wird sowohl von natürlichen wie künstlichen Quellen produziert bzw. durch Streuung von hartem Licht. Für diffuses, schattenloses Licht muß der ausstrahlende Bereich der Lichtquelle sehr großflächig sein. Die Diffusion von hartem Licht verringert dessen ursprüngliche Stärke erheblich.

Hartes Licht

Hartes Licht ist stark gebündelt und wird von Lichtquellen mit geringer Ausdehnung ausgestrahlt. Von einer solchen Punktlichtquelle breitet sich das Licht geradlinig aus und wirft scharfe, klar definierte Schatten. Feinheiten und Strukturen von Oberflächen werden deutlich herausgearbeitet. Je konzentrierter die Lichtquelle, desto härter ist die Beleuchtung und desto schärfer sind die Schatten.

Eine harte Lichtquelle muß nicht unbedingt stark sein. Hartes Licht kann von einem Streichholz, einer Kerze oder einer Kohlenbogenlampe erzeugt werden. Die harte Lichtqualität ist auf seine Konzentration und nicht auf seine Helligkeit zurückzuführen. Zwar hat die bekannteste harte Lichtquelle, die Sonne, eine enorme Ausdehnung, aber gemessen an ihrem Abstand zur Erde ist sie sehr klein.

In umgekehrter Weise kann auch eine sehr kleine, harte Lichtquelle Streulicht produzieren, wenn der beleuchtete Gegenstand sehr klein ist und sehr nahe an der Lichtquelle steht. Der Schattenwurf von diesem Gegenstand wird am Rand relativ weich und unscharf aussehen.

Hartes, gebündeltes Licht kann sehr gezielt eingesetzt werden. Mit ihm lassen sich szenische Bereiche klar begrenzen. Man setzt es vorzugsweise für folgende Zwecke ein (meist Stufenlinsenscheinwerfer):

- um die Form und die Struktur einer Sache ganz besonders deutlich herauszuarbeiten;
- um einen begrenzten Bereich einer Szene oder eines Gegenstandes hervorzuheben;
- um zu vermeiden, daß Licht in angrenzende Bereiche streut.

Setzt man hartes Licht geschickt ein, kann man mit ihm sehr präzise modellieren und Konturen klar herausarbeiten, scharf umrissene Schatten produzieren und ein Motiv deutlich vom Hintergrund trennen.

Die ungeschickte Arbeit mit hartem Licht wird jedoch unattraktive Nebeneffekte zur Folge haben:

- zu harte und grobe Wiedergabe von Formen;
- zu rauhe Oberflächen;
- zu wenig Licht auf anderen Bereichen eines Motivs;
- zu dunkle Schattenpartien;
- Verzerrung von Formen.

Trotz dieser möglichen Nebeneffekte sind harte Lichtquellen die Basis für eine gute und kontrollierbare Ausleuchtung.

Strukturen

Ist die Beschaffenheit einer Oberfläche sehr unregelmäßig, wie zum Beispiel bei rauhem Beton, dann verursachen die Erhebungen und Vertiefungen kleine Schatten und bilden ein Muster. Dieses bezeichnen wir als Oberflächenstruktur.

Unsere Strukturwahrnehmung hängt vom Betrachtungsabstand ab. Betrachtet man den Stein eines Hauses aus der Nähe, erkennt man seine Materialzusammensetzung. Aus einer gewissen Entfernung sieht man ein von den Steinen gebildetes Muster. Und aus großer Entfernung nimmt man nur noch eine glatte Hauswand wahr.

Tabelle 4.1 Vergleich von hartem und weichem Licht.

	Vorzüge	Nachteile	Vorzüge	Nachteile
	als Führungslicht		*als Aufhellicht*	
Hartes Licht: gerichtet; produziert Schatten				
leicht zu begrenzen und zu kontrollieren	scharfe Modellierung	zu harte Modellierung	kontrollierte Lichtführung	zusätzliche Schatten
schnelle Fokussierung und Ausrichtung	zeigt Form und Struktur	zu harte Schatten	intensiv über große Distanz	keine subtile Modellierung
kleine Beleuchtungskörper möglich		lokale Über-Strahlungen	geringer Licht-Verlust auf Distanz	
Weiches Licht: ungerichtet; diffus				
schwer zu begrenzen	zeigt viele Zwischentöne und feine Unterschiede	zu wenig Modellierung	feine Zwischentöne	schwer zu begrenzen
relativ große Beleuchtungskörper	keine harten Schatten	flache Bilder	keine zusätzlichen Schatten;	streut in angrenzende Bereiche
	keine Über-Betonung von Form und Struktur	ineffiziente Lichtquelle für größere Distanzen	Milderung vorhandener Schatten	starker Lichtverlust mit steigender Entfernung

Weiches Licht

Weiches Licht ist die diffuse, schattenlose Beleuchtung von Streulicht. Wir kennen weiches Licht aus der Natur, wenn z.B. das Sonnenlicht von Wolken, Dunst oder Nebel zerstreut wird oder wenn Sonnenlicht von großen Flächen reflektiert wird.

Weiches Licht läßt sich auf verschiedene Weise herstellen, zum Beispiel mit Diffusionsfiltern, Reflektoren oder durch eine Vielzahl von Beleuchtungskörpern. Die besonderen Eigenschaften von weichem Licht sind:

- schattenlose Ausleuchtung;
- Ausleuchtung von Details in Schattenbereichen, ohne daß zusätzliche Schatten erzeugt werden;
- subtile Beeinflussung und Abstufung von Schatten;
- Reduzierung von unerwünschten Oberflächenstrukturen;
- eine natürliche Lichtstimmung die dem Himmelslicht, reflektiertem Licht oder dem Licht eines bedeckten Himmels sehr ähnlich ist;
- bei größeren Bereichen erzeugt man mit einer weichen, nur von einem harten Spotlicht unterstützten Ausleuchtung auch nur einen Schatten.

Abb. 4.2 Bestimmung der Lichtrichtung

Zieht man um einen Kopf zwei imaginäre Kreise mit der Stunden-Einteilung eines Zifferblatts, dann läßt sich die Position von Scheinwerfern sehr einfach bestimmen. Eine frontal auf ein Gesicht gerichtete Kamera hat dann die Position 3 Uhr auf dem vertikalen Kreis (3V) und 6 Uhr auf dem horizontalen Kreis (6H). Einer Stunde entspricht ein Winkel von 30°, einer Minute ein Winkel von 6°. Positionen zwischen den Stunden lassen sich mit + (im Uhrzeigersinn) und - (gegen den Uhrzeigersinn) annäherungsweise beschreiben.

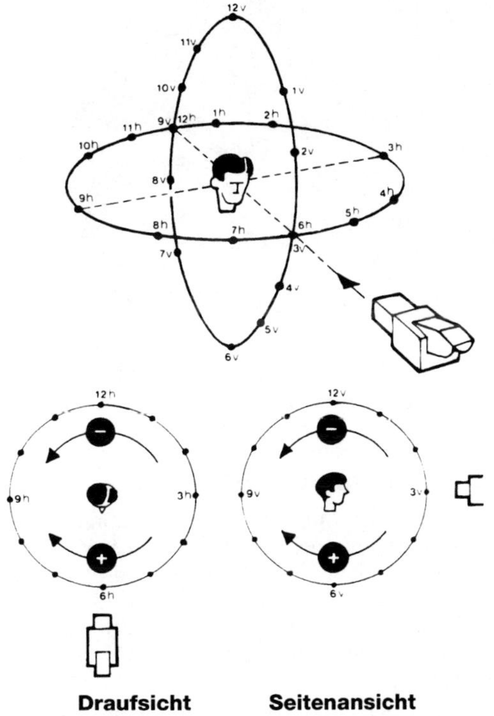

Auf den ersten Blick erscheint eine Grundausleuchtung mit weichem Licht ideal. Es arbeitet alles klar und deutlich heraus und vermeidet ablenkende Schatten.

Wird weiches Licht schräg auf ein Objekt gerichtet, kommt eine Seite gut zur Geltung; auf der anderen Seite nimmt die Helligkeit in feinen Abstufungen ab. Bei sorgfältiger Arbeit mit weichem Licht bekommt man sehr schöne, zarte Modellierungen, - die jedoch nicht von jedem Aufzeichnungssystem in dieser Feinheit reproduziert werden können.

Da weiches Licht sehr schwer zu lokalisieren ist und diffus streut, hellt es auch angrenzende Schattenbereiche auf und verwischt sehr leicht feine Strukturen und Formen. Das Ergebnis können uninteressante, flache Bilder sein, besonders wenn das Licht aus Richtung der Kamera kommt.

Lichtrichtung

Beleuchtungswinkel

Der Winkel, in dem Licht auf einen Gegenstand trifft, beeinflußt dessen Aussehen ganz wesentlich. Der optimale Beleuchtungswinkel hängt immer vom Gegenstand selbst ab und davon, wie er aussehen soll. Der Winkel, aus dem man zum Beispiel die Oberfläche einer Münze oder die Struktur eines Gewebes für eine Nahaufnahme beleuchtet, ist völlig ungeeignet für eine Portraitaufnahme; und der Lichtwinkel, aus dem man die Frisur einer Frau betont, wird eine Glatze in peinlichem Glanz erscheinen lassen. Der Schatten eines Zweiges auf einer Hauswand kann gut aussehen; der Schatten eines Mikrofonständers stört.

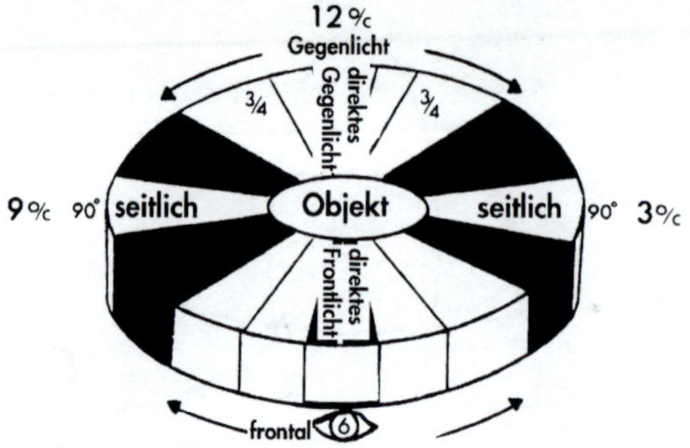

Abb. 4.3 Lichtrichtung

Die Lichtrichtung wird bestimmt in Bezug auf den Beobachtungsstandpunkt, ohne Rücksicht auf die Position des abzubildenden Gegenstands.

Bestimmung der Richtung

Nur wenige Menschen sind in der Lage, Winkel genau zu bestimmen. Einen 90° Winkel können wir uns noch gut vorstellen. Aber schon bei Winkeln von 30°, 60° oder 135° müssen wir nachdenken. Spätestens in der dritten Dimension wird die Sache kompliziert. Eine geeignetere Methode, die Position von Scheinwerfern einfach und leicht nachvollziehbar zu beschreiben, orientiert sich am Zifferblatt einer Uhr. Diese in Abbildung 4.2 beschriebene Standortbestimmung für Scheinwerfer nach Uhrzeiten hat sich in der Praxis bestens bewährt.

Stellt man sich vor, daß sich eine Person oder ein Objekt in der Mitte von einem waagrecht/horizontal (H) liegenden Zifferblatt befindet, dann ist:

- 6Uhr in der Horizontalen (6H) eine frontale Position;
- 12Uhr horizontal (12H) die gegenüberliegende Position - hinter dem Objekt;
- 9Uhr (9H) die Position links und
- 3Uhr (3H) rechts vom Objekt.

Jede Ausrichtung auf der horizontalen Ebene ist somit als Uhrzeit beschreibbar. Dies ist wesentlich einfacher als die Beschreibung in Winkelgraden.

Denkt man sich um das Objekt ein zweites Zifferblatt in der vertikalen Ebene (V) dann ist:

- 12 Uhr Vertikal (12V) die Position senkrecht über dem Objekt;
- 3 Uhr (3V) wiederum die frontale Position;
- 9 Uhr (9V) die Position hinter und
- 6 Uhr (6V) senkrecht unter dem Objekt.

Durch die horizontale und vertikale Uhrzeit läßt sich jede räumliche Ausrichtung einer Lampe exakt beschreiben.

Kamerastandpunkt

Zur Bestimmung von Scheinwerferpositionen wird immer die Kameraposition 6H/3V als Bezugspunkt zugrundegelegt, unabhängig von der Ausrichtung des Gegenstands.

Dieser Bezugspunkt ist wichtig, denn selbst bei gleichbleibenden Scheinwerferpositionen ist von jedem Kamerastandpunkt die Ausleuchtung eine andere. Blickt eine Person nach oben auf einen Scheinwerfer in Position 6H/1V, dann ist dies aus der Sicht einer Kamera auf Position 6H ein frontales Licht. Bleiben die Beleuchtung und die Person unverändert, während die Kamera auf einen Standpunkt seitlich der Person wechselt, dann sehen wir die Person im Profil und das gleiche Licht ist jetzt ein Seitenlicht. Wechselt die Kamera auf eine Position hinter der Person, wird das gleiche, immer noch unveränderte Licht zum Gegen-

Kamerastandpunkt

Die Abbildungen zeigen das gleiche Objekt bei gleicher Beleuchtung, aber aus unterschiedlichen Beobachtungsrichtungen.

1. Die Figur wird von einem von vorne kommenden Führungslicht flach ausgeleuchtet.
2. Von der Seite betrachtet, wird das Führungslicht zu einem Seitenlicht. Durch den Helldunkel-Effekt wirken die Form und die Modellierung wesentlich plastischer.
3. Steht die Kamera hinter der Figur, wird das Licht zum Gegenlicht. Jetzt sehen wir ihre Silhouette und erkennen, daß die Figur durchscheinend ist. (Bei dieser Position besteht die Gefahr von Geisterbildern durch Lichtreflexe im Objektiv.)
4. Gegen das Licht betrachtet, sehen wir eine Glasvase von gesprenkelter Struktur mit silhouettenartigen Details.
5. Aus der gegenüberliegenden Richtung, im frontalen Licht, sehen wir, daß die Struktur auf feine Goldeinlagerungen im Glas zurückzuführen ist. Dies beeinflußt ganz entscheidend unseren Eindruck von der Vase.

1

2

3

4

5

licht. Das heißt: bei jedem Standortwechsel ändern sich Kameraperspektive und Beleuchtungsverhältnisse.

Da es in der Praxis üblich ist, den Kamerastandpunkt häufig zu wechseln, ohne jedesmal das Licht neu zu setzen, hängt es vom handwerklichen Geschick des Beleuchters ab, ob ein Motiv auch von unterschiedlichen Kamerapositionen gut ausgeleuchtet ist. Ansonsten erscheint beim Standortwechsel der Kamera auch das Objekt in einem völlig anderen Licht.

Licht aus Richtung der Kamera (frontales Licht)

Kommt das Licht in etwa aus Richtung der Kamera (6H/3V), werden alle Dinge im Blickfeld der Kamera gut beleuchtet. Die Schatten fallen hinter die Objekte und sind im Bild nicht sichtbar. (Von einem anderen Standpunkt aus sieht man sie natürlich!)

Bei dieser frontalen Ausleuchtung werden Farben und Tönungen sehr gut herausgearbeitet, aber Konturen und Oberflächenstrukturen sind wegen fehlender Schatten kaum oder gar nicht wahrnehmbar. Das Motiv wirkt nicht plastisch sondern flach.

Dieses tote Licht von vorne läßt Strukturen und Unregelmäßigkeiten fast völlig verschwinden. Sein Nachteil ist offensichtlich. Auf einem frontal beleuchteten Portrait sieht man kaum Falten und unreine Haut. Trotzdem wirkt dieses Bild nicht schmeichelhaft und verjüngend, sondern ganz einfach unnatürlich.

Glänzende, im rechten Winkel zur optischen Achse stehende Flächen, reflektieren frontales Licht zum Objektiv zurück. Selbst bei rauhen Glanzflächen führt frontales Licht

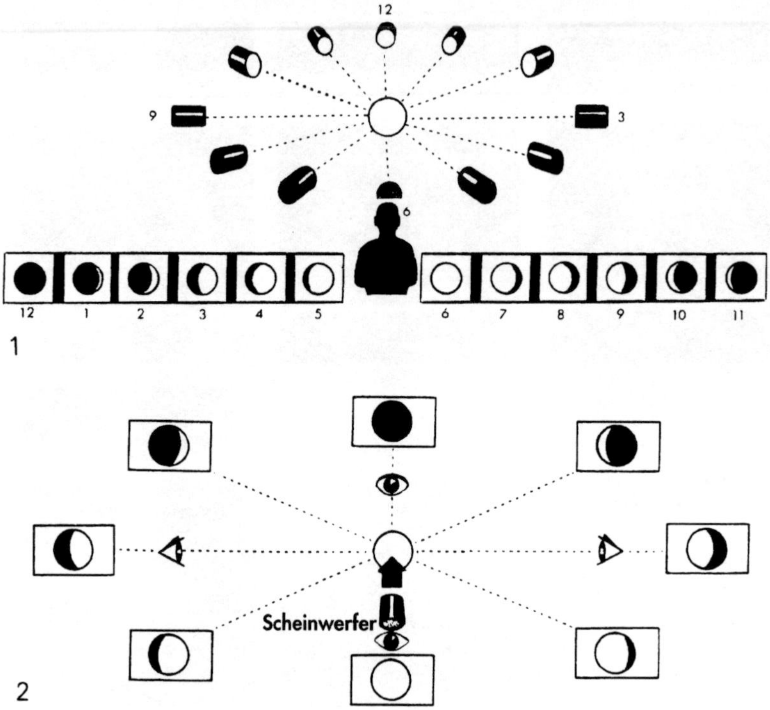

Abb. 4.4 Lichtrichtung und Beobachtungsstandpunkt

1. Das Aussehen einer Sache verändert sich mit der Lichtrichtung und
2. mit dem Beobachtungsstandpunkt.

Verändert man einen dieser beiden Faktoren, d.h. die Richtung des Lichts oder den Standpunkt des Beobachters (beim Wechsel auf eine andere Kameraposition), dann verändert sich entsprechend das Erscheinungsbild des Objekts.

meist zu Überstrahlungen. Die Gleichmäßigkeit einer Ausleuchtung mit von vorne kommendem Licht hängt ab von der Größe der Lichtquelle und ihrem Abstand zum Objekt.

Wenn man bewußt flach ausleuchten möchte, stellt man die Lichtquelle am besten direkt neben die Kamera oder befestigt sie auf der Kamera. In diesem Fall sollte man mit einer weichen Lichtquelle arbeiten. (Eine völlig schattenlose Ausleuchtung ist mit dem in Abbildung 15.16 gezeigten Trick möglich.)

Schräges Licht

Verschiebt man die Lichtquelle in irgendeine Richtung - weg von der optischen Achse - ändert sich auch das Aussehen der Gegenstände, je nach deren Form und Struktur. Symmetrische Gegenstände, zum Beispiel Bälle, sehen unabhängig von der Lichtrichtung immer ähnlich aus, - eben wie Bälle. Unregelmäßige Gegenstände mit wechselnden Formen und verschiedenen Oberflächenstrukturen verändern ihr Aussehen bei wechselnden Lichteinfallswinkeln wesentlich stärker.

Bei schräg einfallendem Licht nimmt die Helligkeit von Gegenständen auf ihren vom Licht abgekehrten Seiten ab. Die Bereiche, die vom Licht nicht einmal mehr gestreift werden, verschwinden im Schatten. Je schräger der Lichteinfallswinkel, um so größer werden die Schattenbereiche. Bei gleichmäßiger Steigerung des Beleuchtungswinkels wachsen die Schatten zunächst langsam, dann immer schneller. Oberflächenstrukturen werden immer deutlicher und werfen immer mehr Schatten auf angrenzende Bereiche.

Röhrenförmige Objekte

Diese Abbildungen zeigen die Abhängigkeit unserer Interpretation einer Form von deren Beleuchtung.

1

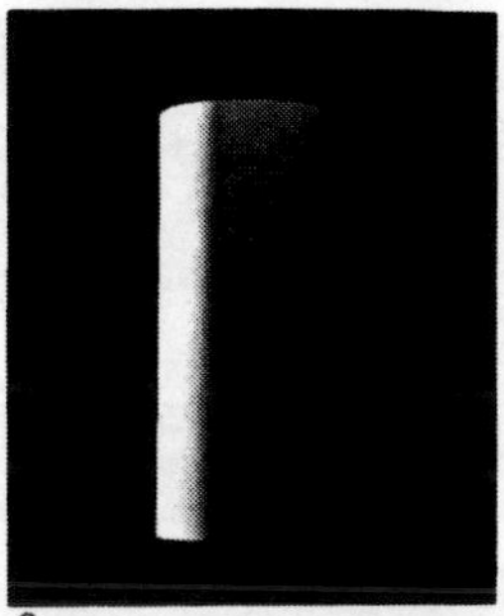

2

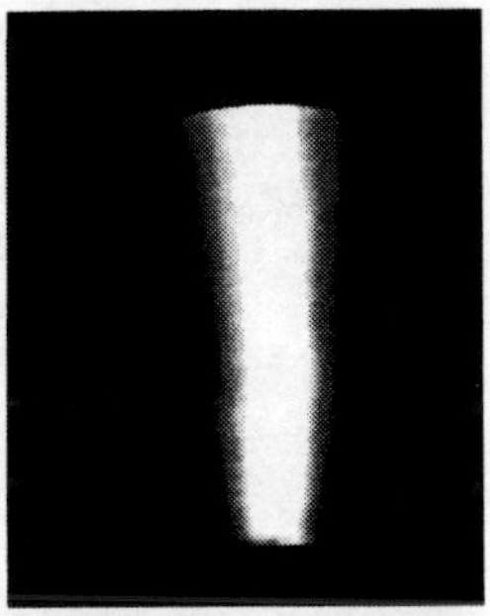

3

4

5

1. Der einzige Hinweis, daß es sich bei diesem flach beleuchteten Objekt um einen räumlichen Körper handelt, sind die Rundungen an seinem unteren und oberen Ende.
2. Seitenlicht verringert mit zunehmendem Schatten den Eindruck der räumlichen Ausdehnung des Körpers.
3. Schatten auf beiden Seiten lassen den Gegenstand noch schmaler erscheinen. Außerdem assoziieren wir mit diesen Effekt die spezifische Reflektion einer konvexen metallischen Oberfläche.
4. Die Beleuchtung der beiden Kanten macht das Objekt breiter.
5. Eine zu schwache Beleuchtung von beiden Seiten kann es optisch in zwei Teile zergliedern.

Das Verhältnis von Helligkeit und Lichteinfallswinkel wurde schon beschrieben. Bei gekrümmten Flächen liegt jeder Punkt in einem anderen Winkel zum Licht. Die Abstufungen der Helligkeitswerte interpretieren wir als Form des Gegenstands.

Bei weichem Licht sind diese Abstufungen und Schattierungen sehr differenziert. Bei hartem Licht sind sie relativ grob und die Schattenkanten sind schärfer.

Seiten- und Kantenlicht

Seitliches Licht aus den Richtungen 3H und 9H fällt, vom Kamerastandpunkt 6H aus betrachtet, im rechten Winkel auf das Objekt. Theoretisch würde eine extrem glatte Fläche von im rechten Winkel einfallenden Lichtstrahlen nicht getroffen und bliebe unbeleuchtet. Nur hervorstehende Teile würden hell erleuchtet.

Wir haben es jedoch äußerst selten mit absolut glatten Flächen zu tun und auch hier trifft das Licht schon bei der geringsten Abweichung in einem sehr spitzem Winkel auf die Oberfläche. Die geringsten Unebenheiten werfen dann enorme Schatten. Solche extrem langen Schatten kennen wir von den letzten Minuten eines Sonnenuntergangs.

Den gezielten Einsatz von Seitenlicht zur Betonung von Oberflächenstrukturen nennt man auch Kantenbeleuchtung. Kantenlicht ist hervorragend geeignet, um Oberflächen von Holz, Getreide, Stein, Leder, Papier, Schnitzereien, Reliefs und ähnlichen Dingen herauszuarbeiten.

Ob man ein Kantenlicht von der Seite oder von oben kommen läßt, hängt vom Gegenstand und seinen Eigenschaften ab.

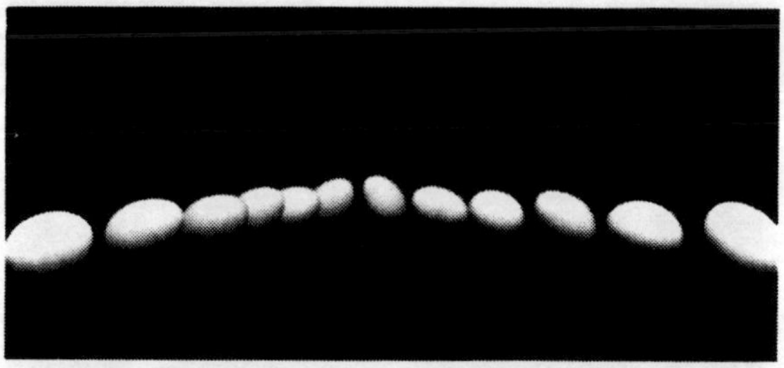

1

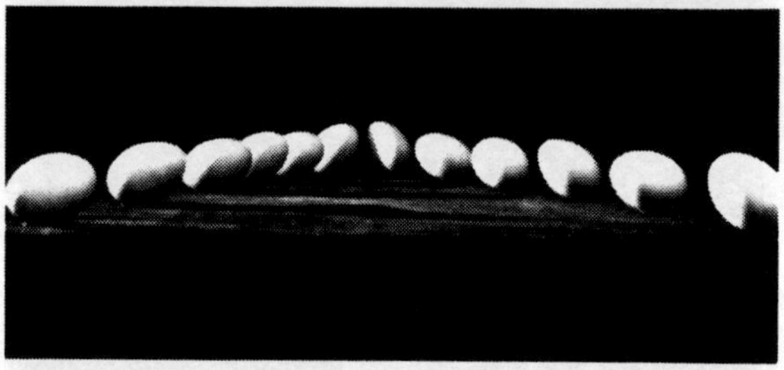

2

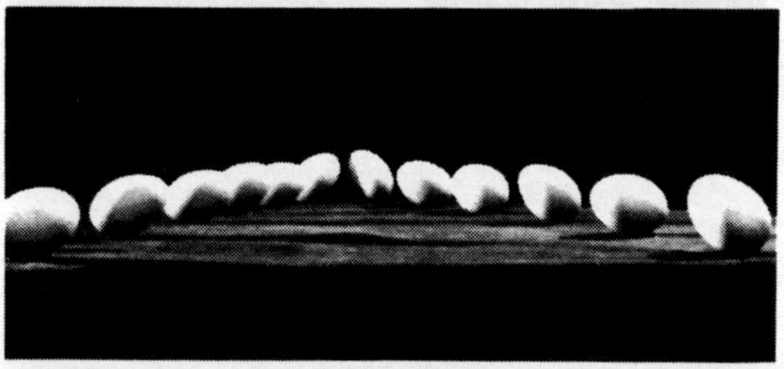

3

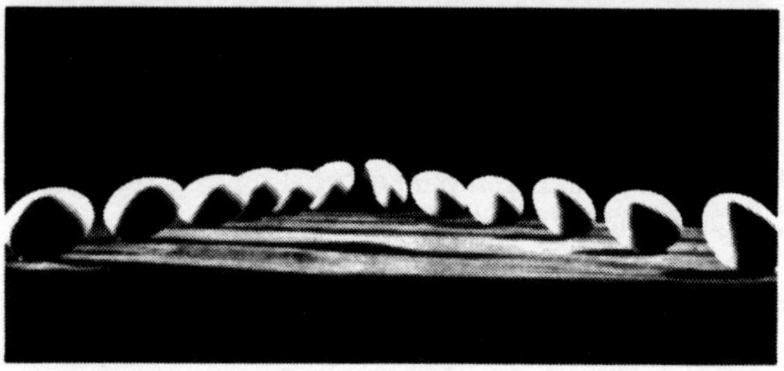

4

Räumlicher Eindruck

Die Beleuchtung beeinflußt auch unser Gefühl für Masse, Raum und Tiefe.

1. Diffuses Licht (von der Decke reflektiert) vermittelt wenig Räumlichkeit und Tiefe.
2. Mit einem gerichteten Licht von der Seite (9H/3V) wird der räumliche Eindruck deutlich verbessert.
3. Eine weitere gerichtete Lampe (2H/2V) verstärkt diese Illusion zusätzlich.
4. Schaltet man das diffuse Licht ganz ab, wirkt das harte Licht der beiden anderen Beleuchtungskörper grell und dramatisch.

Gegenlicht

Ein Scheinwerfer direkt hinter einem Objekt (12H/9V) wird zwar vom Objekt verdeckt, bringt aber relativ wenig Wirkung:

- bei massiven Objekten sieht man nur die Unregelmäßigkeiten ihrer Begrenzungen bzw. Ränder (Haare, Fell, Federn);
- bei durchscheinenden Objekten (Milchglas) wird die Beschaffenheit des Materials sichtbar, jedoch mit einem überstrahlten Fleck in der Mitte;
- bei durchsichtigen Gegenständen blickt die Kamera direkt in die Lampe und wir erkennen fast gar nichts mehr.

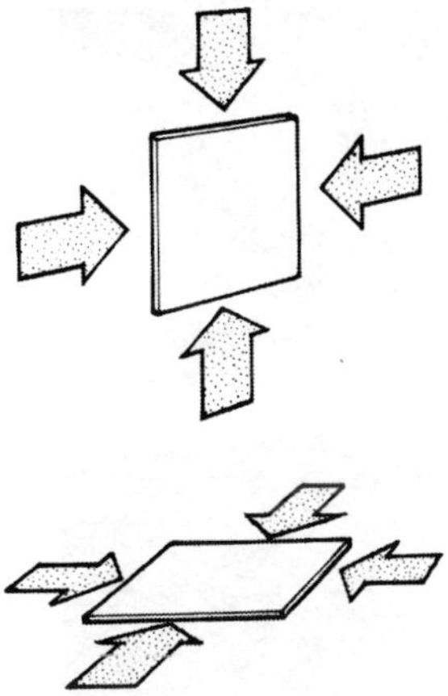

Abb. 4.5 Kantenlicht

Trifft Licht im spitzen Winkel auf eine Fläche, werden ihre Strukturen und Unebenheiten ganz besonders hervorgehoben.

Mit einem Gegenlicht auf Position 1H oder 11H werden die Seiten der Objekte bzw. deren äußere Begrenzungen schon besser betont. Bei Positionen zwischen 10-11H bzw. 1-2H kommen sie in der Regel am besten zur Geltung. Ein in diesen Bereichen positioniertes Gegenlicht nennt man auch 3/4- Gegenlicht.

Lampenhöhe

Bis jetzt wurden nur Lichtpositionen auf Höhe des Objektivs bzw. auf Augenhöhe vorgestellt. In vielen Fällen muß man sich mit dieser Möglichkeit begnügen, wenn z.B. die Lampe auf der Kamera montiert ist oder in der Hand gehalten wird. Die Ausleuchtung auf Augenhöhe bzw. auf Höhe der optischen Achse bringt eine ganze Reihe von Nachteilen mit sich:

- Je weiter ein Objekt vom Hintergrund entfernt ist, desto größer wird sein Schatten.
- Für Personen ist es nicht immer angenehm direkt ins Licht zu schauen.
- Ein Scheinwerfer im Bereich von 10H bis 2H strahlt ins Objektiv, wenn nicht besondere Maßnahmen zur Abschattung des Lichts getroffen werden.
- Eine Lampe in der Nähe der Kamera kann sehr schnell umgestoßen werden. Auch das Risiko, daß Personen (oder Kameras) in den Lichtkegel geraten, ist relativ groß.

Auch aus anderen Gründen ist eine Ausleuchtung auf Augenhöhe nicht immer optimal. Deshalb werden die meisten Scheinwerfer höher angebracht, so daß sie Objekte schräg von oben anstrahlen.

Die Wirkungen der verschiedenen Positionen in der Vertikalen sind vergleichbar mit denen aus unterschiedlichen Lampenpositionen in der Horizontalen. Mit zunehmender Lampenhöhe werden die Schatten nach unten geworfen und Formen, Konturen und Strukturen werden besser herausgearbeitet.

Ein Scheinwerfer direkt über einem Objekt (12V) produziert - von Ausnahmen wie immer einmal abgesehen - meist unattraktive Effekte. Er isoliert das angestrahlte Objekt in einem Lichtfleck.

Ein von unten nach oben gerichtetes Licht (Unterlicht) läßt Schatten in die Höhe wachsen und projiziert sie riesengroß auf den Hintergrund. Dieser Effekt kann nützlich sein, wenn man den Eindruck einer niedrigen Lichtquelle, z.B. eines Lagerfeuers, erzeugen möchte. Normalerweise sind die Wirkungen von sehr niedrig angebrachten Lichtquellen merkwürdig bis bizarr und nur für extrem dramatische Effekte brauchbar.

Elementare Regeln für die Ausleuchtung

Beleuchtung einer glatten Fläche

Hin und wieder sollte man auch glatte Flächen ungleichmäßig ausleuchten, da sie schattiert oder strukturiert u.U. besser zur Geltung kommen. In anderen Fällen kann die kleinste Unregelmäßigkeit störend wirken, zum Beispiel beim Hintergrund eines Titels und der Wiedergabe eines Fotos oder einer Grafik.

Ein Seitenlicht, das gut zur Darstellung eines Reliefs auf einer Münze und der Struktur eines Steins geeignet ist, würde in diesem Fall nur die Kratzer, Unebenheiten und Beschädigungen der Fläche offenlegen.

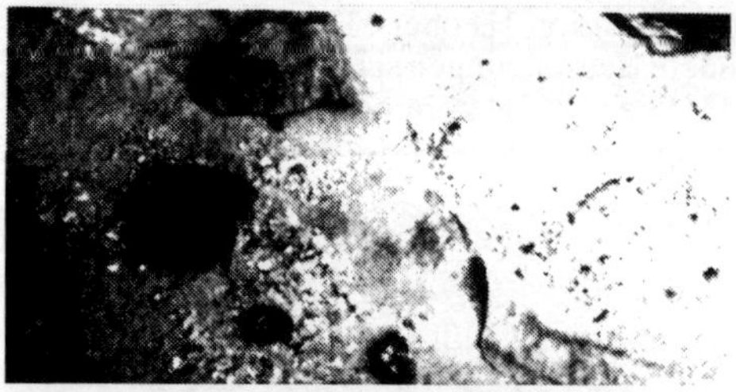

1

3

2

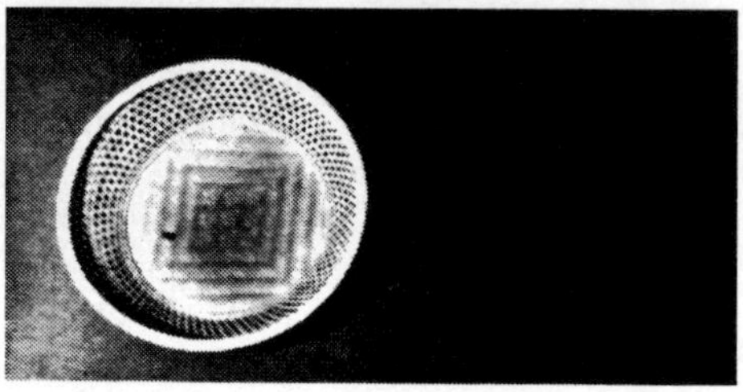

4

Kantenlicht/Seitenlicht

1. Weiches, von oben kommendes Licht unterdrückt feine Strukturen und Formen. Details sind kaum zu erkennen.
2. Gerichtetes Seitenlicht legt Details reliefartig frei und arbeitet die Feinheiten des Felsens und des Ammoniten sehr deutlich heraus.
3. Hier wirft schräges einfallendes Licht ein sehr starkes Schattenmuster. Es kann reizvoll sein oder vom Gegenstand ablenken. Der Schattenwurf im Korb überlagert das geflochtene Muster.
4. Verschiebt man die Position des Führungslichts nur ein wenig, dann werden das Geflecht und die Form des Korbs besser dargestellt.

1

2

3

Struktur und Form

Drei weitere Beispiele zur Veränderung von Formen und Strukturen mit Licht:

1. Die silberne Vase und die Figur sind gut zu erkennen. Die Bälle kommen nicht so gut zur Geltung.
2. Mit Seitenlicht von links (9H/3V) werden Konturen hervorgehoben. Das Bild wirkt jedoch insgesamt düster.
3. Seitenlicht von rechts (3H/3V) zeigt neue Aspekte. Der Bälle kommen besser zur Geltung. Dafür ist die Vase kaum noch zu erkennen.

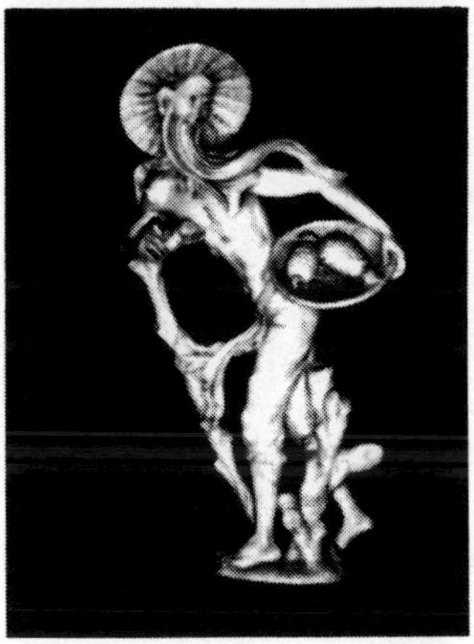  

1 2 3

Veränderung der Lichtrichtung

Das Führungslicht wird um die Figur herumgeführt:

1. Bei frontaler Ausleuchtung wird alles gleichmäßig ausgeleuchtet.
2. Ein Führungslicht schräg hinter der Figur arbeitet die Konturen sehr plastisch heraus und zeigt die durchsichtige Materialbeschaffenheit.
3. Licht von der Seite (3H/3V) betont einige Details extrem; andere verschwinden im Schatten.

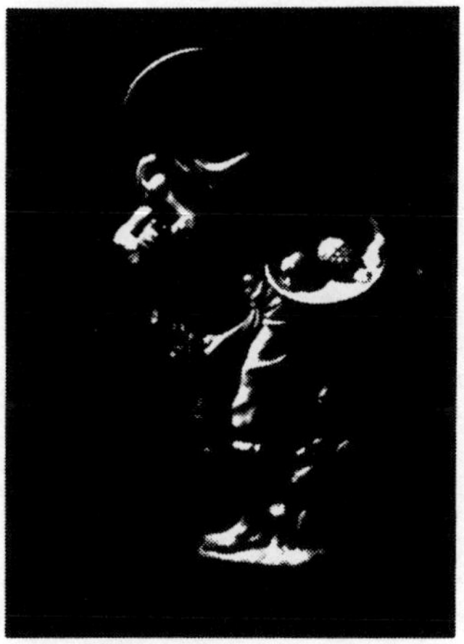  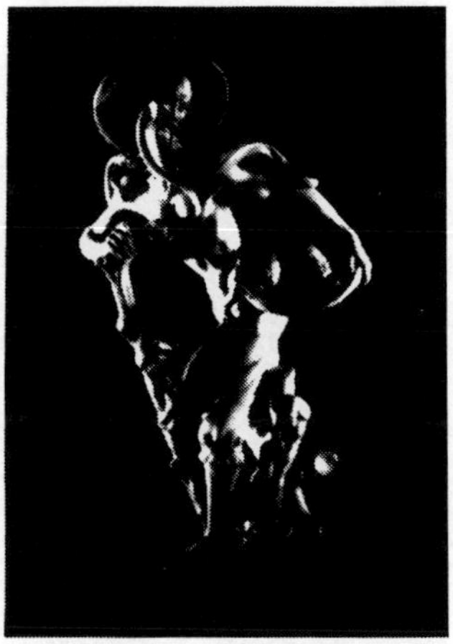

1 2 3

Position des Objekts

1. Licht aus einem anderen Winkel (9H/3V) verändert die Schwerpunkte. Unwichtiges wird hervorgehoben und wichtige Dinge, z.B. das Gesicht, verlieren sich im Schatten.
2. Dreht man die Figur, werden eben noch im Schatten liegende Details sichtbar, aber die Abbildung erscheint verzerrt. (Das Führungslicht ist immer noch in der gleichen Position.)
3. Durch die besser Positionierung der Figur und einer Ausleuchtung von zwei Seiten (3H/3V; 9H/3V) erzielt man eine effektvollere Modellierung.

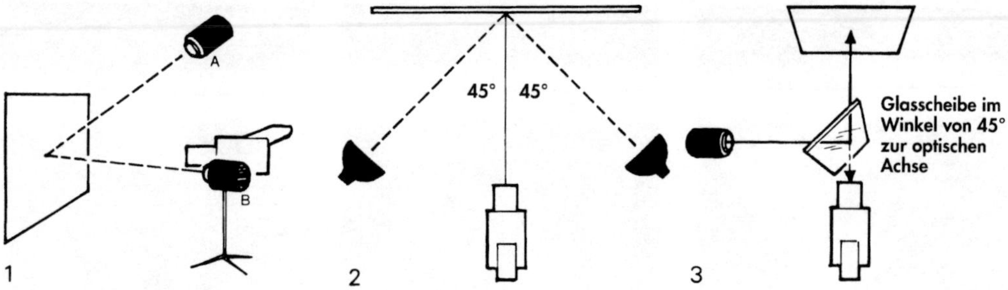

Abb. 4.6 Ausleuchtung von Flächen

1. Licht von vorne auf Höhe der Kamera (B) kann Reflexionen und Überstrahlungen verursachen. Mit Licht auf Position (A) werden Reflexionen weitgehend vermieden, aber die Fläche wird u.U. ungleichmäßig beleuchtet.
2. Kritische Flächen sollte man mit zwei Lampen ausleuchten (im Winkel von 30 - 45° links und rechts von der Kamera). Weiches Licht unterdrückt störende Strukturen und Unregelmäßigkeiten von Flächen.
3. Diese schattenlose Ausleuchtung auf der optischen Achse eignet sich für spezielle Bild-Überlagerungen (Geisterbilder).

Ein Vorderlicht erzeugt zwar die gewünschte flache Ausleuchtung, kann aber auf glänzenden Vorlagen oder Ölfarben Reflexionen verursachen. In Abbildung 4.6 werden Methoden zur gleichmäßigen Ausleuchtung kleiner Flächen gezeigt. Größere Flächen werfen Probleme auf, die im Zusammenhang mit der Hintergrund-Ausleuchtung besprochen werden.

Dreipunkt Ausleuchtung

Fassen wir noch einmal zusammen: bewegt man eine Lampe um ein räumliches Objekt in der horizontalen Ebene, dann bilden sich auf seinen Seiten Schattierungen und Schatten. Erhöht man die Lampenposition, dann werden die Schatten nach unten geworfen. Eine Verschiebung der Scheinwerferposition in horizontaler und vertikaler Richtung bewirkt Modellierungen in der Diagonalen. Solche Lampenpositionen bringen in der Regel bessere Ergebnisse als Verschiebungen in nur einer Ebene, -einem Seitenlicht in Augenhöhe oder einem Vorderlicht schräg von oben.

Diese Erkenntnisse sind auch Grundlage der sogenannten Dreipunkt-Ausleuchtung, der klassischen Beleuchtungsmethode mit drei Scheinwerfern. Mit dieser Ausleuchtung bekommt man fast immer ansprechende Bilder. Die Dreipunkt-Ausleuchtung ist wie alle Methoden nicht zwingend, aber sie eignet sich vorzüglich zum Einstieg. Sie setzt sich aus folgenden Lichtpositionen zusammen:

♦ *Führungslicht* Dieses Hauptlicht, meist eine harte Lichtquelle im Bereich 4-5H bzw. 7-8H und 1-2V, gibt die Beleuchtungsrichtung und den Schattenwurf vor, arbeitet Formen und Strukturen heraus und bestimmt im wesentlichen den Belichtungsfaktor.

♦ *Aufhellicht* Mit einer weichen, diffusen Lichtquelle werden die vom Führungslicht verursachten Schatten aufgehellt und der Kontrastumfang verringert.

♦ *Gegenlicht* Diese harte Lichtquelle steht schräg hinter dem Objekt, im Bereich 11-1H und 10-11V. Da sie gegen die Kamera gerichtet ist, muß man darauf achten, daß sie nicht ins Objektiv strahlt!

Das Gegenlicht (auch Hinterlicht oder Spitzlicht genannt) erzeugt am oberen und seitlichen Rand von Objekten einen Lichtsaum und trennt sie vom Hintergrund. Von

Abb. 4.7 Ausleuchtung von Objekten

Führungslicht: Meist ein hartes Spot-Licht schräg von vorne.

Aufhellicht: Weiches Licht (bzw. reflektiertes Licht von einem harten Scheinwerfer), um Schatten aufzuhellen und Kontraste zu reduzieren.

Gegenlicht: Ein oder auch zwei gerichtete Lichtquellen hinter dem Objekt, in Kamerarichtung.

Hintergrundlicht: Hintergrundmaterialien werden am besten mit einem speziellen Scheinwerfer ausgeleuchtet. Manchmal genügt für diesen Zweck auch das Streulicht vom Führungs- und Aufhellicht.

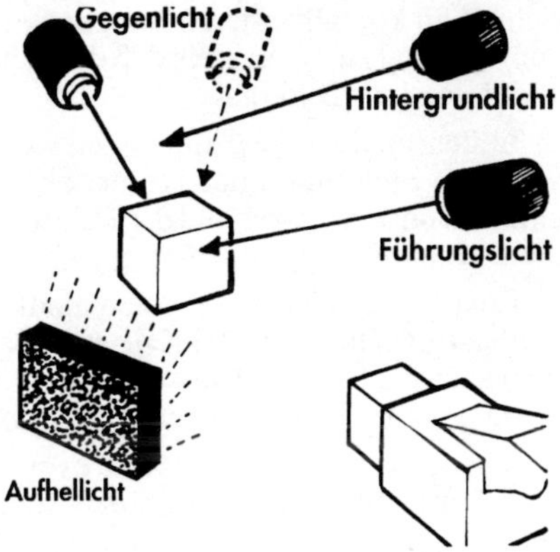

einem Gegenlicht betonte Umrisse geben den Dingen größeres Gewicht im Bild. Bei durchscheinenden und geflochtenen Gegenständen werden die Details herausgearbeitet.

Mögliche Positionen für ein Gegenlicht sind 12H/9V oder, wenn auch selten, eine vertikal sehr tiefe, d.h. vom Boden schräg nach oben gerichtete Position. Mit zwei Gegenlichtquellen auf 11H und 1H lassen sich gut die Umrißlinien von beiden Seiten hervorheben.

Beim Einrichten der Scheinwerfer sollte man folgendes berücksichtigen:

- die spezifischen Eigenschaften der Objekte;
- ihre Formen und Farben in Bezug auf die Umgebung;
- ihre räumliche Ausrichtung;
- die Perspektive der Kamera;
- die gewünschte Atmosphäre oder Stimmung.

Das Führungslicht

Es empfiehlt sich, nur mit einem Führungslicht zu arbeiten. Das harte, gerichtete Licht (von einem Stufenlinsen-Scheinwerfer z.B.) erzeugt einen klar begrenzten Schattenwurf und eine präzise Modellierung. Sind zwei oder mehreren Führungsleuchten auf ein Objekt oder einen Szenenausschnitt gerichtet, entstehen ebensoviele Schatten, die sich gegenseitig stören. Dies sollte man unbedingt vermeiden.

Sind die vom Führungslicht verursachten Schatten und die Modellierung zu dominant, kann man die Härte des Lichts mit einer Drahtgaze oder einer Streuscheibe vor dem Scheinwerfer mildern. Natürlich verringert sich damit auch die Beleuchtungsstärke. Manchmal wird auch eine weiche Lichtquelle als Führungslicht eingesetzt um Schatten zu vermeiden und um die Modellierung gering zu halten. Wegen des unkontrollierbaren Streulichts ist diese Methode jedoch normalerweise nicht zu empfehlen! -es sei denn, daß der Abstand zwischen der Lichtquelle und dem Objekt sehr gering ist und die Ausleuchtung sehr weich sein soll.

Der Beleuchtungswinkel vom Führungslicht muß sich nach dem Gegenstand richten bzw. danach, wie dieser in der Abbildung aussehen soll. Wie heikel die Bestimmung des Lichtwinkels ist, läßt sich am besten an der Ausleuchtung von Portraits zeigen.

Viele Fernsehaufzeichnungen wie Talkshows, Interviews und Nachrichten zeigen kaum Aktion. Hier lassen sich Führungsleuchten vergleichsweise unproblematisch einrichten. In komplizierteren Situationen muß man oft mit Lichtkompromissen leben, um zum Beispiel zu vermeiden, daß der Schatten einer Kamera oder von einem Ausstattungsgegenstand ins Bild fällt.

In den meisten Realsituationen existieren bereits andere Lichtquellen. Idealerweise sollte das Führungslicht aus einer ähnlichen oder der gleichen Richtung kommen. Steht eine Person am Fenster und das Führungslicht kommt aus entgegengesetzter Richtung, ist die Einstellung unglaubwürdig.

Eine ähnliche Richtung von realem Licht und Führungslicht ist besonders wichtig bei totalen Einstellungen. Bei Nah- und Großaufnahmen kann man tricksen und das Hauptlicht auch dann optimal ausrichten, wenn sein Standort in Bezug zum Reallicht unlogisch ist. Dies ist beim Film die gängige Praxis.

In einer Szenerie ohne sichtbare Lichtquellen (Deckenlampen, Fenster oder dekorative Leuchten) taucht das Problem der Anpassung von Lichtrichtungen normalerweise nicht auf.

Aufhellicht/Füllicht

Die vom Führungslicht verursachten Schatten und Modellierungen sind meist zu hart. Mit diffusem Licht lassen sich Schattenbereiche aufhellen und Kontraste reduzieren, ohne daß neue Schatten entstehen. Man bezeichnet dieses Licht auch als Aufheller. Ist das Füllicht nicht weich genug, entstehen neue Schatten, die aber meist zu schwach sind um von der Kamera registriert zu werden.

Die Eigenschaften von Aufhellicht

Weiches Licht hat zwei unangenehme Nebenwirkungen:

- es neigt dazu in angrenzende Bereiche zu streuen und
- es verliert auf Distanz sehr schnell an Intensität.

Diese Eigenschaften wirken störend:

- bei schwach ausgeleuchteten Szenen (Low-Key). Dunkle Bereiche von Portraits können von Streulicht ungewollt aufgehellt werden;
- bei Handlungen in größerer Entfernung. Hier ist es oft nicht möglich, das Füllicht dicht genug an das Objekt heranzubringen. In diesem Fall muß man ein Spotlight mit Diffusor als Füllicht einsetzen und hoffen, daß der zusätzlich entstehende Schatten vom Führungslicht ausreichend kompensiert bzw. überlagert wird;
- bei starker Sonne. Bei starkem Sonnenlicht hat man eigentlich nur die Möglichkeit, Schatten mit einem extrem starken und harten Licht aufzuhellen. Diffuses Licht ist für diesen Zweck viel zu schwach. Ein hartes Füllicht darf jedoch nur dann als Erste-Hilfe-Maßnahme eingesetzt werden, wenn sonst nichts mehr geht.

Die Intensität von Aufhellicht

Wie hell sollte ein Aufhellicht sein? Nach einer Faustregel etwa ein Drittel bis zur Hälfte von der Intensität des Führungslichts. In vielen Situationen braucht man überhaupt kein Aufhellicht. Auch hier gibt es keine verbindlichen Werte. In jedem Fall beeinflußt das Aufhellicht ganz entscheidend die Bildaussage. Es sollte natürlich niemals stärker als das Führungslicht sein und auch nicht von ähnlicher Intensität.

Letztendlich ist seine Intensität abhängig vom gewünschten Kontrastumfang. Hochdramatische Szenen können ganz ohne Aufhellicht auskommen. Eine im High-Key Stil inszenierte Komödie dagegen braucht viel Füllicht.

Zu viel Aufhellicht erschlägt Schatten und Schattierungen und macht Bilder flach bis leblos. Aber das richtige Gleichgewicht von Führungs- und Aufhellicht herzustellen ist gar nicht so einfach.

Schaltet man das Führungslicht aus und ist die Szene immer noch gut ausgeleuchtet, dann ist das Aufhellicht zu intensiv!

- Das Aufhellicht sollte den Belichtungsfaktor nur unwesentlich beeinflussen.
- Es soll die vom Führungslicht erzeugte Modellierung nicht verwässern.
- Es sollte keine eigenen Schatten werfen.
- Seine Intensität sollte nicht mit dem Führungslicht konkurrieren.

Normalerweise richtet man das Aufhellicht immer wie bei einer Portraitaufnahme ein. Wird der Hintergrund vom Füllicht nicht ausreichend mit aufgehellt, leuchtet man ihn am besten mit einem weiteren Scheinwerfer aus, anstatt das Aufhellicht zu verstärken.

Es ist wichtig diese Punkte zu betonen, da oft versucht wird mit einem starken Aufhellicht andere Fehler auszubügeln: z.B. eine zu kräftig geratene Modellierung oder zu dunkle Augenhöhlen. In nicht planbaren Situationen wird man immer wieder gezwungen sein, die eine oder andere Einstellung mit starkem Aufhellicht auszubessern. Dies sollte jedoch die Ausnahme bleiben.

Intensitätsverhältnisse

Die oben erwähnte Faustregel zum Verhältnis vom Aufhellicht zum Führungslicht kann manchmal in die Irre führen, da dieses Verhältnis von vielen Faktoren abhängig ist. Es gibt zwei gebräuchliche Beschreibungsweisen für dieses Verhältnis:

- Verhältnis vom Führungslicht zum Aufhellicht oder
- Verhältnis der Summe von Führungslicht + Aufhellicht zum Aufhellicht.

Beide Methoden sind brauchbar. Man sollte jedoch wissen, mit welcher Methode bei der Lichtbestimmung gearbeitet wird.

Faktoren zur Intensitätsbestimmung

Zur Bestimmung der Intensität des Aufhellichts sollte man folgende Punkte berücksichtigen:

♦ *Notwendigkeit* Wozu braucht man es überhaupt? Um von schräg einfallendem Führungslicht verursachte schwarze Löcher zu füllen? Um Einfluß auf die Schattenpartien und den räumlichen Eindruck zu nehmen? Um Details in den Schatten deutlich sichtbar zu machen?

♦ *Intensität* Nehmen wir zum Beispiel eine hübsche Vase. Ein im schrägen Winkel zur Kamera stehendes Führungslicht arbeitet die Form heraus und ein Gegenlicht betont einen Rand. Ohne Aufhellicht wird das Bild der Vase eine dunkle Schattenseite und keine Balance haben.

Schon mit einem schwachen Aufhellicht, das die äußere Form der anderen Seite nur ein wenig sichtbar macht, wird die Vase räumlicher, selbst wenn Feinheiten immer noch nicht deutlich erkennbar sind.

Verstärkt man das Aufhellicht geringfügig, werden auch die Strukturen auf der Schattenseite sichtbar. Verstärkt man das Aufhellicht noch mehr, dann sieht man auch deren feine Details, aber das Bild verliert an Räumlichkeit.

D. h. die einzusetzende Lichtmenge hängt davon ab, ob man ein dramatisches, spannungsvolles und räumliches Bild haben möchte oder ein informierendes Bild, in dem jedes Detail sichtbar wird, dafür aber vergleichsweise flach aussieht.

♦ *Objekt* Wenn Gegenstände strukturiert sind und klare Konturen haben ist es üblich, ihre Modellierung mit einer kräftigen, kontrastreichen Beleuchtung herauszuarbeiten. Gegenstände mit sehr weichen Formen und feinen Strukturen kommen bei kontrastärmerem Licht, d.h. einem im Verhältnis zum Führungslicht kräftigen Aufhellicht besser zur Geltung. Ihre Feinheiten wirken sonst übertrieben.

♦ *Tageszeit* Die Intensität des Aufhellichts ist auch von der Tageszeit abhängig. Beim Sonnenaufgang oder -untergang würde man die vorherrschende Atmosphäre durch zu intensives Aufhellicht zerstören. Bei starkem Sonnenlicht muß auch das Aufhellicht entsprechend stark sein, um dunkle Schattenbereiche ausreichend aufzuhellen.

♦ *Innenräume* Kräftiges Aufhellicht erzeugt ein Gefühl von Offenheit und Räumlichkeit. Zu viel Aufhellicht zerstört jedoch den Eindruck der Abgeschlossenheit eines Raumes. Findet eine Handlung in der Nähe eines Fensters statt, verträgt sie ein intensiveres Aufhellicht . Innerhalb von einem Raum mit kleinen Fenstern sind die Kontraste von Natur aus größer und man sollte nur entsprechend sparsam aufhellen.

♦ *Stimmung* Die Intensität des Aufhellichts muß auch der Stimmung der Szene angepaßt werden. Szenen mit einer leichten, fröhlichen Handlung werden in der Regel kontrastarm, aggressive und traurige Szenen kontrastreich ausgeleuchtet.

♦ *Dramatik* In besonders dramatischen Szenen werden Schattenpartien oftmals gar nicht ausgeleuchtet.

Es ist Nacht. Die Kamera nähert sich einem Schild am Rand des Weges. Die Äste eines vom Mondlicht beschienenen Baumes werfen ihre Schatten auf das Schild, so daß wir nicht erkennen können, was auf ihm steht. Ein Windstoß bläst in die Äste und wir können für einen kurzen Augenblick die Warnung vor einem nicht umzäunten Steilhang entziffern.

In einem dunklen Raum sehen wir die Silhouette eines Einbrechers. Sein großer Hut wirft einen Schatten über sein Gesicht. Er zündet ein Streichholz an - und wir erkennen ihn.

Diese Beispiele sind visuelle Klischees, aber sie zeigen, daß in beiden Fällen ein zu starkes Aufhellicht die dramatische Spannung zerstört hätte.

Aufhellicht-Positionen

Es gibt eine ganze Reihe von Möglichkeiten, ein Aufhellicht gut zu positionieren. Einige davon sollen genauer beschrieben werden (Abbildung 4.8). Die wichtigsten Positionen sind grob einstellbar in: frontal, kleiner und großer Winkel.

- Frontal Aufhellicht in etwa auf der optischen Achse scheint die nächstliegende Methode zu sein und wird meist auf oder über der Kamera angebracht. Diese Position läßt sich damit begründen, daß Aufhellicht alle vom Kamerastandpunkt sichtbaren Schatten abschwächt. Die frontale Position hat aber auch den Nachteil, daß das Aufhellicht bereits vom Führungslicht getroffene Partien zusätzlich aufhellt und die Modellierung abschwächt bzw. verwässert.
- *Kleiner Winkel* Ein schräg von der Kamera und vom Führungslicht positioniertes Aufhellicht beeinträchtigt die vom Führungslicht modellierten Formen (und auch die Belichtung) weniger und verwischt nicht die vom Führungslicht herausgearbeiteten Zwischentöne.
- *Größerer Winkel* Steht das Aufhellicht in einem größeren Winkel zum Führungslicht, hellt es im Prinzip nur noch die Schattenbereiche auf, -aber man läuft auch Gefahr, eine zweite, zum Führungslicht konkurrierende Modellierung zu erzeugen.

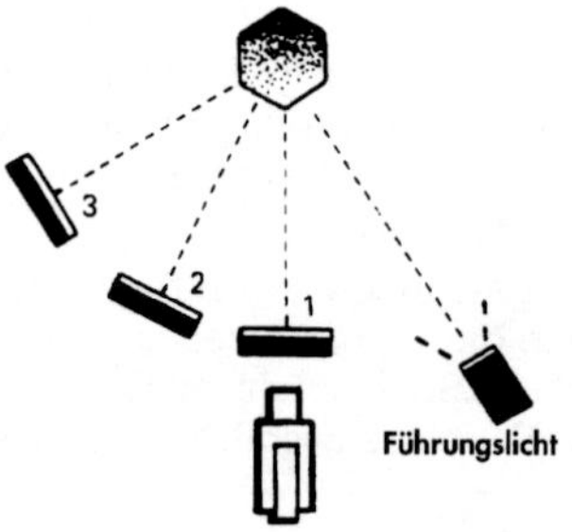

Abb. 4.8 Aufhellicht-Positionen

Die Wirkung des Aufhellichts ändert sich mit seiner Position in Abhängigkeit vom Führungslicht.

1. Frontal
2. Schräg
3. Größerer Winkel

Diffuses Licht

Für einige Motive ist die scharfe Modellierung durch hartes Führungslicht ungeeignet. Dies gilt insbesondere, wenn man einen weichen, zarten und subtilen Eindruck erzeugen möchte, z.B bei kleinen Kindern und alten Menschen. Dieser Eindruck läßt sich auf verschiedene Weise herstellen:

- Verstärkt man ein von vorne kommendes Aufhellicht, dann wirken Schattenpartien sehr transparent. Die Modellierung wird schwächer, sollte aber sichtbar bleiben.
- Ein stark gestreutes Führungslicht erzeugt ebenfalls eine weiche Modellierung.
- Verwendet man als Führungslicht eine relativ starke aber weiche Lichtquelle, kann man Konturen mit Seiten- und Gegenlicht herausarbeiten.

Die letzte Methode führt zu schönen Ergebnissen mit sehr feinen Schatten und delikaten Zwischentönen. Einen ähnlichen Effekt kennen wir auch von Gegenlichtaufnahmen mit dem weichem Himmelslicht als Führungslicht. Es kann aber auch sehr schnell uninteressante, flache Bilder zur Folge haben. Deshalb sollte man bei dieser Methode einige Punkte beachten:

- eine weiche Lichtquelle, z.B. in Position 4H oder 8H;
- wenig oder überhaupt kein Aufhellicht aus anderen Richtungen;
- sorgfältig ausgerichtetes Licht hinter dem Objekt;
- genaue Abstimmung der Lichtintensitäten; d.h. weder zuviel Licht von hinten noch zuviel Licht von vorne.

Gegenlicht

Speziell zum Gegenlicht gibt es viele verschiedene Meinungen.

- Amateure arbeiten damit meist überhaupt nicht bzw. nur aus Versehen.
- Liebhaber von atmosphärischen Effekten benutzen es gerne im Überfluß.
- Sogenannte Realisten bezeichnen es gerne als unrealistisch.
- Und viele setzen es aus Routine und ohne Überlegung ein.

Gegenlicht ist ein weiteres wirkungsvolles Mittel, um die Bildaussage zu unterstützen.

Haare und Kleidung haben oftmals eine ähnliche Tönung wie der Hintergrund und verschmelzen mit ihm, wenn sie nicht durch ein Gegenlicht betont und von ihm getrennt werden. Dies gilt insbesondere, wenn auch die Farbunterschiede gering und nicht geeignet sind ein Objekt hervorzuheben. Dieses Problem tritt häufig bei dunklen Haaren und dunkler Kleidung auf.

Aber auch bei deutlichen Tönungsunterschieden und Kontrasten zwischen Objekt und Hintergrund bewirkt ein Gegenlicht fast immer eine Bildverbesserung. Speziell bei dunkler Kleidung arbeitet es Falten und Konturen heraus und betont den Schnitt, so daß ein Kleidungsstück nicht nur als Silhouette erscheint.

Ohne Gegenlicht würden auch durchscheinende Objekte nicht als solche zur Geltung kommen und undurchsichtig aussehen. Bei durchbrochenen Gegenständen (Flechtwerk, Gitterfenster, Netze) trennt Gegenlicht die Feinheiten vom Hintergrund.

Gegenlicht wirkt nur unangenehm oder ablenkend, wenn es zu hell oder ungeschickt positioniert ist. Die Betonung der Konturen von beiden Gesichtshälften gibt einem hübschen Mädchen das gewisse Etwas, ist aber für einen Naturburschen völlig ungeeignet.

In manchen Situationen benötigt man kein Gegenlicht, z.B. wenn das Führungslicht für eine Profilaufnahme seitlich steht. Aus manchen Richtungen , z.B. 10H oder 2H, kann das Ergebnis schlechter aussehen als ohne Gegenlicht. Schlecht positioniert, kann eine es Person künstlich oder ganz einfach häßlich aussehen lassen.

Ein sehr niedriges oder zu weit entferntes Gegenlicht führt in manchen Fällen zu Reflexionen im Kameraobjektiv und ausgewaschenen Bildern. Deshalb empfiehlt es sich bei der Arbeit mit Gegenlicht eine präzise auf die Objektivbrennweite abgestimmte Gegenlichtblende zu verwenden. Damit lassen sich Streulichteinflüsse auf ein Minimum reduzieren.

Auch mit Flügeltoren am Scheinwerfer und anderen Abdeckvorrichtungen kann man versuchen störendes Streulicht in den Griff zu bekommen. Oder man verändert den Einfallswinkel des Gegenlichts.

Will man vermeiden, daß Gegenlicht einen Schatten nach vorne wirft, muß man mit einer sehr weichen Gegenlichtquelle arbeiten. Womit die Gefahr von Streulicht wiederum zunimmt.

Lichtbalance

Um die gewünschte Wirkung zu erzielen, muß man die Intensitäten der verschiedenen Lampen sehr genau aufeinander abstimmen.

- Harte Kontraste von Licht und Schatten machen eine Szene dramatisch.
- Eine sehr feine, differenzierte Balance schafft entsprechend weiche, undramatische Bilder.

Von der Lichtbalance hängt somit ganz entscheidend die Aussagekraft und Grundstimmung einer Einstellung ab. Die genaue Gewichtung der Intensitäten erfordert viel Erfahrung und ist immer relativ, da sie sich mit jedem Standortwechsel der Kamera verändert. Bei Aufzeichnungen mit mehreren Kameras ist die Lichtbalance eines der größten Probleme.

Zusammenfassung

Gönnen wir uns eine Verschnaufpause und werfen wir einen Blick zurück.

Die wichtigsten Faktoren der Ausleuchtung haben wir inzwischen kennengelernt: die spezifischen Eigenschaften und Unterschiede von hartem und weichem Licht und die Möglichkeiten, das Aussehen einer Sache durch entsprechende Beleuchtung gezielt zu beeinflussen. Wir wissen, wie sich die Modellierung und die Struktur eines Gegenstandes verändert, wenn wir eine Lampe im Kreis um ihn herumbewegen. Wir haben die Unterschiede von frontalem Licht, seitlichem Licht und Gegenlicht kennengelernt; und wie man mit der Dreipunkt-Ausleuchtung verschiedene Lichtquellen aus unterschiedlichen Richtungen kombinieren kann, um eine optimale Ausleuchtung zu bekommen.

Schatten

Paradoxerweise ist für die Ausleuchtung die Verteilung und Intensität der Schatten genauso wichtig wie das Licht. Schatten bedeuten immer die Abwesenheit von Licht. Diese kann auf unterschiedliche Ursachen zurückzuführen sein.

- *Primärschatten* können von einem Objekt selbst verursacht werden, z.B. der Schattenwurf einer Nase auf einem Gesicht.
- *Sekundärschatten* sind Schatten, die ein Objekt auf andere Dinge in seiner näheren Umgebung wirft. Zum Beispiel der Schatten einer Person auf dem Boden oder einer Wand.
- *Tertiäre Schatten* sind Schatten, die von Gegenständen in der näheren Umgebung auf ein Objekt geworfen werden; - der Schattenwurf von Blättern auf das Gesicht einer Person, die unter einem Baum steht.
- *Falsche Schatten* sind in Wirklichkeit gar keine Schatten. Bei sehr heller Ausleuchtung einer Szene kann es passieren, daß wir nur schwach beleuchtete Bereiche aus einer gewissen Entfernung als Schatten wahrnehmen.

♦ *Primärschatten* sind für uns eine natürliche Hilfe, um Formen und Strukturen zu erkennen. Sind sie zu dominant (ein sehr langer Nasenschatten), können sie störend wirken.

♦ *Sekundärschatten* schaffen eine Beziehung zwischen dem Objekt und seiner Umgebung. Der Schatten eines Menschen auf einer Wand ist für uns ein Anhaltspunkt, wie weit diese Person von der Wand entfernt ist.

Ein Schattenwurf auf dem Boden gibt uns auch Aufschluß über die Beschaffenheit des Bodens. Ohne Sekundärschatten sähen Menschen aus, als würden sie schweben.

Um den sehr harten und ablenkenden Schatten einer Person, die dicht vor einem Hintergrund steht, abzuschwächen, kann man:

- ein weiches Führungslicht einsetzen (das die Person jedoch entsprechend flach ausleuchtet);
- den Abstand der Person zum Hintergrund vergrößern (in den meisten Fällen die einfachste Lösung);
- im Studio: den Hintergrund verschieben;
- das Führungslicht höher anbringen (wobei die Modellierung stärker, u.U. aber auch zu stark wird);
- das Führungslicht in einem größeren Winkel zur optischen Achse aufstellen (ein Führungslicht auf der optischen Achse wirft zwar den Schatten hinter das Objekt, erzeugt aber eine flache Modellierung).

Der Hintergrundschatten läßt sich zwar mit einem zusätzlichen Scheinwerfer wegleuchten, aber man läuft Gefahr, daß der Hintergrund dabei zu hell und das Objekt von Streulicht beeinflußt wird.

♦ *Tertiäre Schatten* vermitteln weitere Anhaltspunkte für das Verhältnis einer Sache oder Person zu ihrer Umgebung. Zum Beispiel das Schattenmuster vom Gitterfenster einer Gefängniszelle oder eines Beichtstuhls auf einem Gesicht.

Schattendichte

Schatten für dekorative Zwecke müssen normalerweise kräftig und klar sein. Dies ist einfacher gesagt als getan. In vielen Fällen werden Schatten verzerrt, unterbrochen, undeutlich oder von Lichtquellen abgeschwächt.

Schwache Schatten sind andererseits gut geeignet, gleichmäßigen Oberflächen, die flach und uninteressant aussehen, eine gewisse Spannung oder auch ganz spezifische atmosphärische Effekte hinzuzufügen.

Abb. 4.9 Schattendichte

1. Die Schattendichte ist am größten auf hellen, flachen und matten Flächen ohne Dekoration, die im rechten Winkel zum Licht stehen und nicht vom Streulicht ander Lichtquellen getroffen werden. Natürlich hängt die Schattendichte auch von der Härte, der Größe, der Intensität und der Entfernung der Lichtquelle ab.
2. Schatten mit klar definierten Begrenzungen sehen kräftiger aus.

Vielfach- Schatten, wie sie bei einer Ausleuchtung mit zwei oder mehreren Lampen entstehen können, sollten auf jeden Fall vermieden werden. Desgleichen unsaubere, schmutzige Schatten von zwei (fast) aus der gleichen Richtung kommenden Scheinwerfern.

Wenn es nicht gelingt, einen Scheinwerfer -zum Beispiel für den Schattenwurf eines Fensters auf einer Wand- optimal einzurichten, kann man diesen Schatten auch auf die Wand malen! Ansonsten ist gar kein Schatten besser als ein schlechter Schatten.

Beleuchtungsmöglichkeiten

Inzwischen wird jedem klar geworden sein, daß Licht nicht nur dazu da ist, um technisch gute Aufzeichnungen zu ermöglichen. Die Ausleuchtung ist einer der wichtigsten Gestaltungsfaktoren für aussagekräftige und überzeugende Bilder, den man nicht dem Zufall überlassen darf. Durch gezielte und bewußte Ausleuchtung hat man, grob gesagt, den Zuschauer im Griff. Man kann mit Hilfe des Lichts:

- seine Aufmerksamkeit auf bestimmte Dinge lenken;
- seine Interpretation dessen, was er sieht und
- seine Gefühle beeinflussen.

Stellen Sie sich folgende Szene vor:

Ein dunkler Raum. Die Türe öffnet sich ein wenig und ein schmaler Lichtstrahl fällt auf eine alte Kiste. Unsere Neugierde wird vom Lichtstrahl auf die Kiste gelenkt; den dunklen Raum empfinden wir als unheimlich oder geheimnisvoll.

Zum Vergleich eine ähnliche Szene:

Auch jetzt ist das Bild zunächst dunkel. Dann öffnet jemand eine Türe und knipst das Licht an. Eine helle Deckenlampe überflutet den Raum mit Licht. In der Ecke steht, zwischen anderen Antiquitäten, eine alte Kiste.

Was möchte man erreichen?

Bevor man mit der Ausleuchtung beginnt, sollte man sich in Ruhe überlegen, was man überhaupt erreichen möchte. Am wichtigsten ist es, mit Licht und Schatten die fehlende dritte Dimension zu kompensieren, das flache Bild dreidimensional erscheinen zu lassen und den Zuschauern zu helfen, das, was sie sehen, begreifbar und verständlich zu machen.

Natürlich wird nicht zuletzt der künstlerische Stil die Ausleuchtung beeinflussen.

♦ *Strukturierende Ausleuchtung* In den meisten Fällen versucht man eine Sache klar und deutlich ins Licht zu setzen, damit ihre Abbildung real aussieht. Licht soll strukturieren, d.h. Formen, Konturen und Oberflächen herausarbeiten.

Bei Antiquitäten wird man großen Wert auf die Materialbeschaffenheit legen: die Maserung des Holzes; eine sanft geschwungene Oberfläche; eine kunstfertige Gravur; harmonische Proportionen. Bei Menschen wird man sich bemühen, daß sie schön und vorteilhaft zur Geltung kommen.

♦ *Atmosphärische Ausleuchtung* Bei szenischen Produktionen werden die Atmosphäre, die Stimmung und die Emotionen im Vordergrund stehen. In diesem Fall muß Licht dramatisieren, verschönern und die Realität verändern. Der Schwerpunkt der Lichtgestaltung liegt hier auf dem Effekt.

Licht wird benutzt um Dinge weicher, härter oder übertrieben darzustellen; -und Schatten, um sie geheimnisvoll zu machen, bzw. um sie mit einem gewissen Charme zu umgeben.

Die Unterscheidung von struktureller und atmosphärischer Ausleuchtung soll keine Methoden festschreiben sondern darauf hinweisen, daß Licht für sehr verschiedene Ziele und Zwecke eingesetzt wird, die entsprechend verschiedene Lichtgestaltungstechniken erfordern.

Abb. 4.10 Schärfe von Schatten

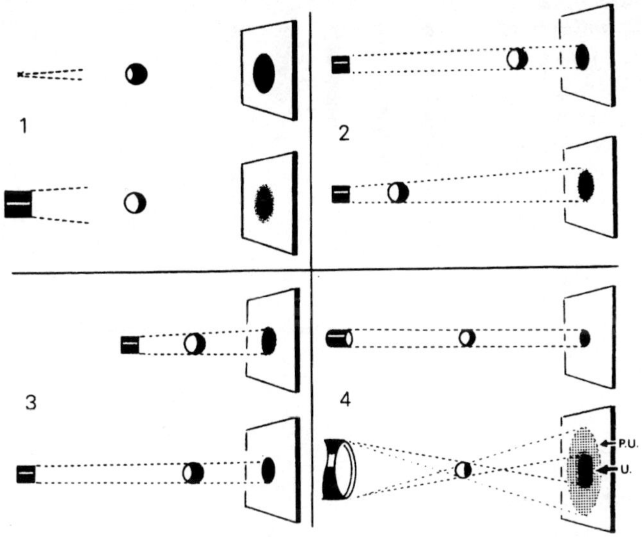

Die Schärfe der Schattenbegrenzungen ist abhängig von der Licht(un)durchlässigkeit der Objekte und der Klarheit ihrer Begrenzungen. Die Schärfe von Schattengrenzen nimmt ab:

1. mit der Größe der Lichtquelle;
2. mit zunehmender Entfernung zwischen Objekt und Hintergrund;
3. mit abnehmender Entfernung der Lichtquelle zum Objekt und mit stärkerer Lichtstreuung;
4. wenn das Objekt im Verhältnis zur Lichtquelle relativ klein ist und/oder die Lampe sehr nah am Gegenstand steht. In diesem Fall wird der von einem Lichtpunkt verursachte Schattenwurf von einem anderen Punkt der Lichtquelle beleuchtet (Halbschatten). Die härtesten und schärfsten Schatten werden von punktförmigen Lichtquellen und sich parallel ausbreitenden Lichtstrahlen erzeugt.

Abb. 4.11 Schattengröße

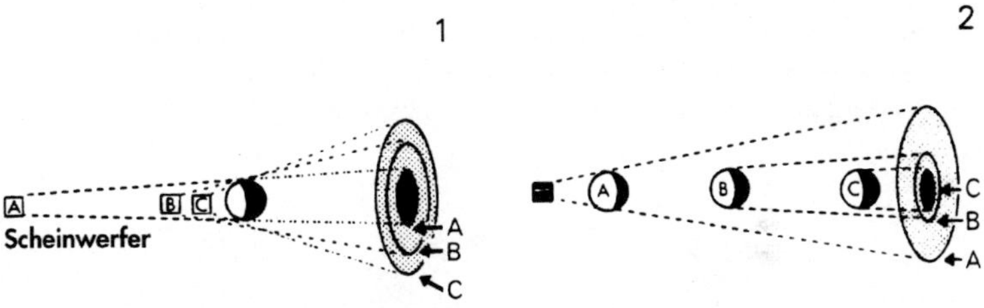

1. Der Schatten ist immer größer als das Objekt. Seine Größe nimmt zu, wenn sich die Entfernung zwischen Lampe und Objekt verringert. Steht eine Lampe zu dicht bei einem Gegenstand, können die Schatten übertrieben wirken.
2. Je größer der Abstand zwischen Objekt und Hintergrund, desto größer auch der Schatten: d.h. das Verhältnis von Schatten- und Objektgröße entspricht dem Entfernungsverhältnis Lampe-Schatten/ Lampe-Objekt.

Das Objekt

Will man eine Sache verkaufen, ihre Funktion erklären oder sie künstlerisch ins Bild setzen?. Ein Frucht kann man ausleuchten, um dem Betrachter das Wasser im Mund zusammenlaufen zu lassen oder um ihm zu zeigen, daß ihre Oberfläche von einem schädlichen Pilz befallen ist. Im ersten Fall wird man ein Gegenlicht einsetzen, das die Frucht in transparenter Schönheit präsentiert; im zweiten Fall ein Seitenlicht, das feinste Veränderungen ihrer Oberfläche bloßlegt.

Abb. 4.12 Schattenlänge

1. Je höher die Lampe, desto kürzer der Schatten.
2. Ein schräger Hintergrund macht, je nach Neigung, Schatten kürzer oder länger.

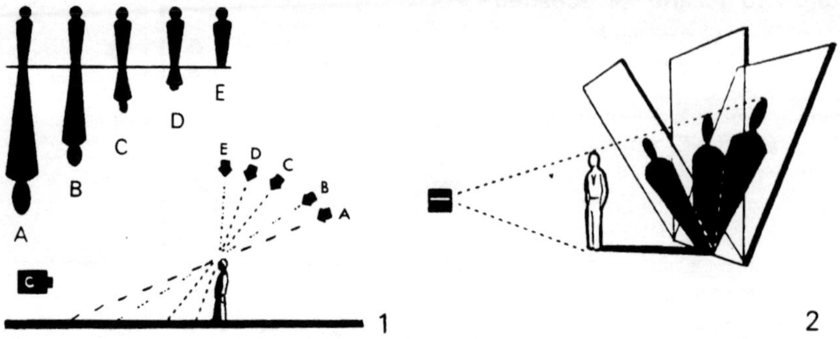

Abb. 4.13 Mehrfach-Schatten

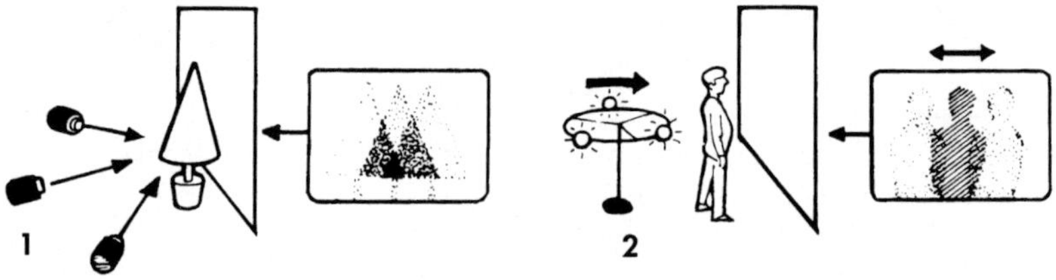

1. Zwei oder mehrere Lampen erzeugen dort, wo sich ihre Schatten überlappen, einen *Kernschatten*. *Halbschatten* entstehen, wenn der Schattenwurf einer Lampe vom Licht einer anderen Lampe abgeschwächt wird. Mit farbigen Filtern vor den Lampen lassen sich Schatten entsprechend farbig gestalten und durch Veränderung der Lichtintensität sehr subtil beeinflussen. Durch den mehrfachen Schattenwurf eines Baums kann man den Eindruck mehrerer Bäume erzeugen.
2. Befestigt man mehrere Lampen auf einer drehbaren Vorrichtung, dann wandern die Schatten über den Hintergrund und verändern hierbei gleichzeitig ihre Helligkeit.

Bei einer überlebensgroßen Bronzestatue könnte man sich z.B. folgende Fragen stellen:

- Welche Details sind am wichtigsten?
- Soll die Materialbeschaffenheit herausgearbeitet werden?
- Sollen andere Details in den Hintergrund treten?
- Wird die Ausleuchtung technische Probleme mit sich bringen (Reflexionen)?
- Soll die Statue mit Hilfe von Licht von ihrer Umgebung abgehoben bzw. getrennt werden?
- Soll die Statue leicht und fast schwebend aussehen und entsprechend weich ausgeleuchtet werden?
- Sollen Zwischentöne und zarte Konturen herausgearbeitet werden?
- Oder ist es eine Statue mit dramatischer Ausstrahlung, die fest auf ihrem Sockel steht und deren Dynamik mit einem schrägen und harten Führungslicht und dunklen Schatten am besten zum Ausdruck kommt?

Eine zierliche Statue würde von hartem Licht erschlagen und eine dramatische Figur von weichem Licht ihrer Dramatik beraubt.

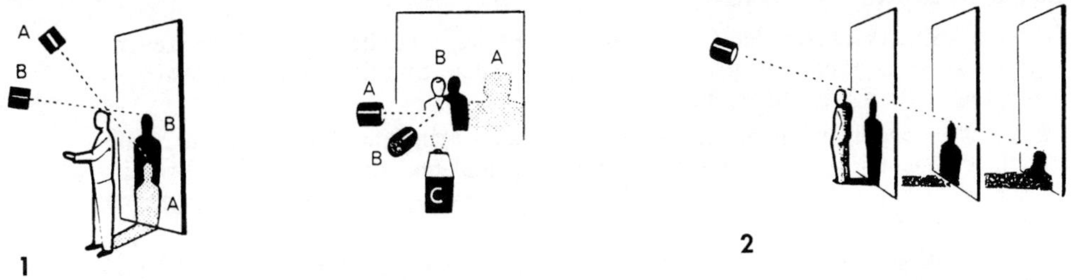

1 2

Abb. 4.14 Kontrolle von Schatten

3

4

Sind Schatten im Hintergrund zu aufdringlich, gibt es mehrere Möglichkeiten, sie abzuschwächen. Mit einer niedrigen Kameraposition z.B. kann man Schatten verbergen - oder auch durch einen neuen Bildaufbau. Eine andere Lösung ist die schattenlose Ausleuchtung.

1. Durch eine höhere oder seitlichere Lampenposition kann man erreichen, daß der Schatten aus dem Hintergrund fällt, - nicht immer zum Vorteil der Objektausleuchtung.
2. Man kann den Abstand zwischen Objekt und Hintergrund vergrößern.
3. Störende Schatten lassen sich auch mit einer zusätzlichen Lampe wegleuchten, was wiederum zu neuen Schatten und Überstrahlungen auf dem Hintergrund führen kann.
4. Auch mit einem anderen, unregelmäßig gestalteten Hintergrund oder Gegenständen, die den Blick auf den Hintergrund behindern (z.B. Pflanzen), kann man störenden Schatten entgegenwirken.

Abb. 4.15 Schattenloser Hintergrund

Um kleine Objekte ohne Schattenwurf abzubilden, kann man sie auf einer durchsichtigen Scheibe vor hellem Hintergrund oder auf einer von hinten beleuchteten Opalglasscheibe arrangieren.

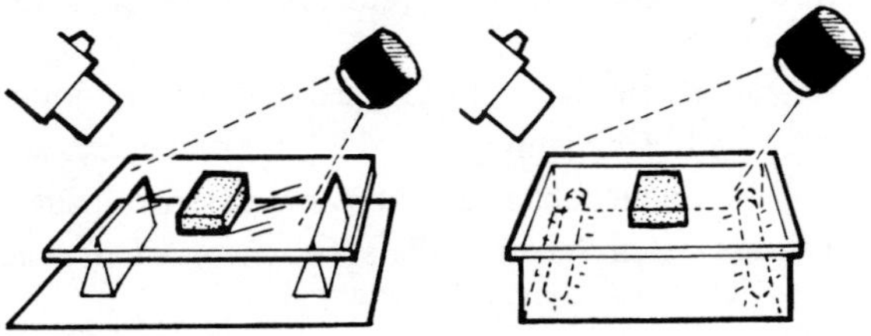

Abb. 4.16 Enthüllende Schatten

Mit Hilfe von Schatten lassen sich Aspekte einer Szene zeigen, die vom Beobachtungsstandpunkt nicht zu sehen sind.

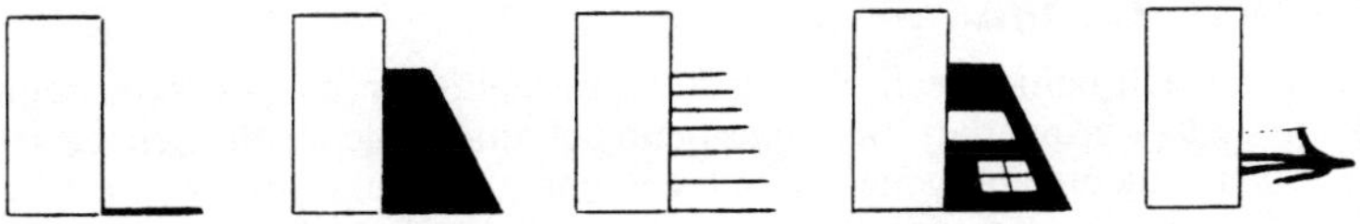

1

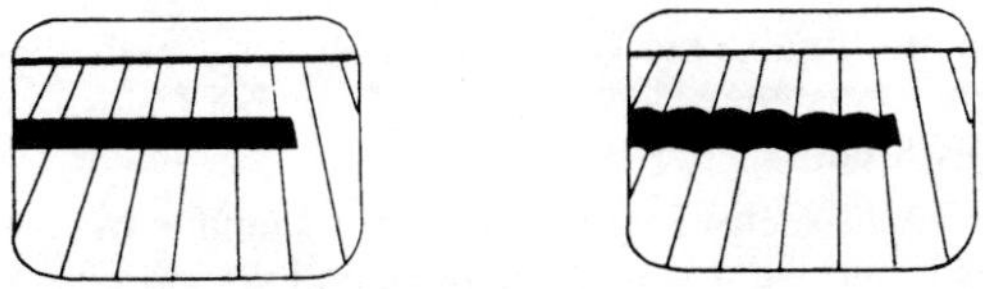

2

1. Erst der Schatten macht das Rechteck zu einem flachen Objekt, einem räumlichen Objekt, zu einer Abfolge von flachen Objekten, zu einem Gebäude oder zum Versteck einer Person.
2. Erst der Schattenwurf zeigt, ob der Boden flach oder uneben ist.

Aufmerksamkeit wecken

Um die Aufmerksamkeit der Zuschauer auf eine bestimmte Stelle oder einen Szenenausschnitt zu lenken, arbeitet man am besten mit einem Spotlicht bzw. bei bewegten Objekten mit einem Verfolgerspot.

Wenn alles andere im Dunkeln bleiben soll, kann man eine Szene mit nur einem Spotlicht beleuchten; oder man kann den Hintergrund und die Umgebung ebenfalls schwach ausleuchten. Man kann einen scharf begrenzten Spot einsetzen oder einen Spot mit weichen Übergängen.

Es gibt auch hier eine Vielzahl von Gestaltungsmöglichkeiten. Man kann zum Beispiel den Sänger einer Gruppe frontal beleuchten und den Chor, der in einer gewissen Entfernung von ihm steht, mit Seitenlicht silhouettenhaft ins Bild setzen; - vor einem Hintergrund mit heller Tönung.

Manchmal läßt man auch den Hauptdarsteller einer Szene im Dunkeln oder arbeitet nur seine Silhouette heraus, um so die Neugierde auf ihn zu lenken. Erst allmählich zieht man einen Spot auf und zeigt, um wen es sich handelt. Diese Methode kann ein faszinierender und aufregender Einstieg sein (oder auch eine Enttäuschung, je nachdem, wen wir im Spotlicht zu sehen bekommen).

Licht und Komposition

Die Lichtgestaltung beeinflußt die Komposition der Formen und das Verhältnis der Objekte zueinander. Dies zeigt auch das folgende Experiment:

- Stellt man drei Gegenstände vor einen neutralen Hintergrund und beleuchtet den Hintergrund von jedem Gegenstand mit einem Lichtpunkt, dann sind die drei Objekte voneinander isoliert.
- Verstärkt man das Licht hinter dem mittleren Gegenstand, tritt dieser in den Vordergrund.
- Verstärkt man alle drei Lichtpunkte, bis sie ineinanderfließen, dann werden die drei Gegenstände zu einer Gruppe.

Strukturen und Formen von einem Hintergrund lassen sich mit sehr einfachen Mitteln beeinflussen:

- mit einem Schattenwurf oder einem Lichtmuster;
- durch Abschattungen und Begrenzungen des sichtbaren Bereichs;
- mit Lichtstrahlen, die die Aufmerksamkeit auf einen bestimmten Punkt lenken;
- mit tiefen Schatten, die szenischen Details wie einer Säule oder einem Bogen Gewicht und mehr Präsenz geben;
- durch präzise Abstimmung von Helligkeitswerten, die unseren Eindruck von Größe und Entfernung verändern etc.

Visuelle Kontinuität

Wenn sich beim Wechsel vom Kamerastandpunkt das Aussehen einer Sache oder Szene ändert, bringt dies spätestens beim Schnitt Probleme mit sich. Es sei denn, daß die Zuschauer mit einem solchen Schnitt geschockt werden sollen. Verliert der Zuschauer an der Schnittstelle den visuellen Faden, ist das häufig auf einen Fehler der szenischen Lichtgestaltung zurückzuführen; - wenn z.B. nach dem Schnitt vom gut ausgeleuchteten Hauptdarsteller in der nächsten Einstellung nur noch seine Silhouette zu sehen ist.

Das gleiche gilt für abrupte Wechsel der Hintergrundhelligkeit. Im schlimmsten Fall kann der Eindruck entstehen, daß eine Einstellung bei Tageslicht und die nächste bei Nacht aufgenommen wurde.

Auf solche Lichtwechsel muß man beim Standortwechsel der Kamera unbedingt achten und das Licht, wenn nötig, entsprechend verändern.

Abb. 4.17 Kontrast von Objekt und Hintergrund

Wie stark ein Objekt in den Vordergrund tritt ist abhängig von seiner Helligkeit, seiner Farbe und seiner Schärfe im Verhältnis zum Hintergrund. Wenn die Gefahr besteht, daß ein Gegenstand mit seinem Hintergrund verschmilzt, kann man die gewünschte Trennung fast immer mit einem Gegenlicht erzielen, das die Kanten und äußeren Grenzen des Gegenstands deutlich hervorhebt.

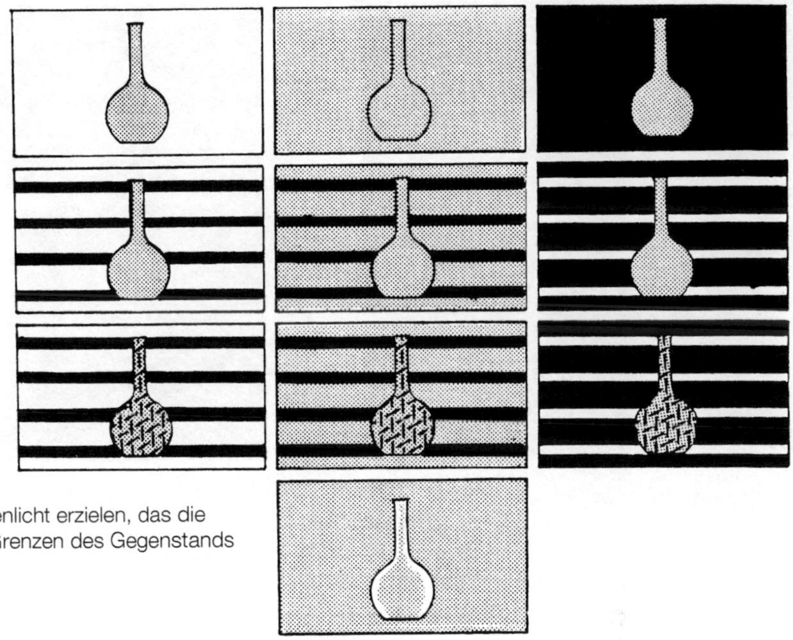

1

2

Hintergrundhelligkeit und Komposition

Die Beleuchtung des Hintergrunds beeinflußt die Gesamtkomposition einer Abbildung.

1. Der zentrierte Lichtpunkt im Hintergrund erzeugt ein ausbalanciertes und ruhiges, aber auch sehr konventionelles und langweiliges Bild.
2. Bei diesem Gegenstand sind das Gesicht und wichtige Details nach rechts ausgerichtet. Die asymmetrische, rechts heller werdende Hintergrundausleuchtung unterstreicht diese Ausrichtung.
3. Die umgekehrte Hintergrundausleuchtung arbeitet gegen das Objekt und sollte nur dann eingesetzt werden, wenn man gezielt ein Gefühl von Spannung und Unrast zum Ausdruck bringen möchte.

3

1

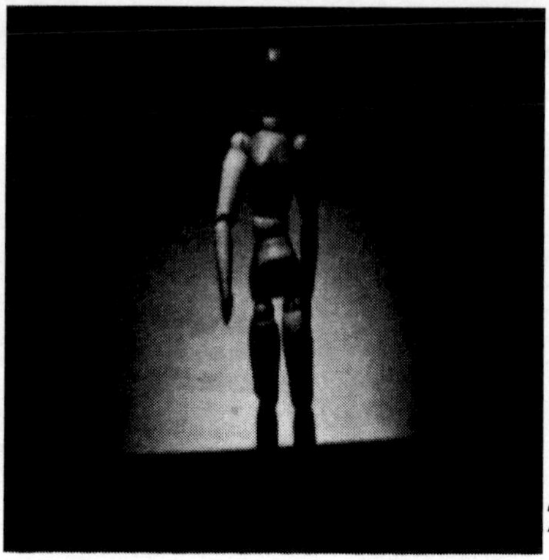

2

Wechselwirkungen von Schattierungen

1. Gesichter kommen vor einem dunkleren Hintergrund meist besser zur Geltung. Wird der Hintergrund nach unten hin heller, kann dadurch die Aufmerksamkeit auch unbeabsichtigterweise auf die unteren Bildpartien gelenkt werden.
2. Viele Hintergründe werden von Scheinwerfern angestrahlt, die versteckt am (oder im) Boden installiert sind. Der untere Bereich ist ziemlich hell und nach oben hin wird der Hintergrund zunehmend dunkler. Diese recht effektvolle Hintergrundausleuchtung kann jedoch dazu führen, daß - speziell bei schwachem Führungslicht - die Beine in einem schwarzen Streifen verschwinden und wie abgeschnitten aussehen.

Technische Beschränkungen

Film und Fernsehen haben technische Grenzen, über die man sich bei der Arbeit mit diesen Medien unbedingt klar sein muß. Ausstattung, Beleuchtung, Kostüme und Makeup werden ebenfalls von diesen Beschränkungen betroffen, auch wenn diese Beschränkungen im Laufe der Zeit geringer geworden sind (siehe auch Kapitel 13).

Wenn eine Kamera eine helle Lampe oder Reflexionen von glänzenden Oberflächen erfaßt, sehen wir im Bild nur noch einen weißen Fleck. Viele Fernsehkameras produzieren bei starkem Gegenlicht und Reflexen kometenartige Lichtschlieren, senkrecht durchs Bild verlaufende weiße Streifen und andere unangenehme Nebeneffekte. Deshalb sollte man, um Effekte dieser Art zu vermeiden, spiegelnde Objekte sorgfältig ausleuchten und Reflexionen mit Mattspray reduzieren.

Wie schon beschrieben, kann Film einen größeren Kontrastbereich verarbeiten als Video. Beim Fernsehen geht man von einer Kontrastreproduktion in einer Größenordnung von 20:1 bis 30:1 aus.

Der Kontrastumfang vor der Kamera ist abhängig vom Kontrastumfang innerhalb der Szene und ihrer Ausleuchtung. Speziell durch die Ausleuchtung kann der Kontrast mühelos Werte annehmen, die eine Kamera nicht mehr verarbeiten kann. Läßt man Schatten unausgeleuchtet und beschränkt man sich auf die Ausleuchtung der helleren Bereiche, verstärkt man den bereits vorhandenen Kontrastumfang sehr schnell bis zum Zehnfachen. Manchmal ist dies beabsichtigt, um z.B. dramatische Effekte zu erzeugen. Aber normalerweise empfiehlt es sich einen Kontrastumfang von 20:1 nicht zu überschreiten.

Ist die Szenerie schon ohne Ausleuchtung sehr kontrastreich kann man versuchen speziell die Schatten kräftig aufzuhellen; - oder sie bewußt ganz schwarz lassen. Bei starkem Umgebungslicht läßt sich das auf die sehr hellen Partien fallende Licht u.U. abschatten.

Mit diesen Methoden kann man den Kontrast verringern. In der Praxis ist es jedoch nicht immer möglich, dunkle Bereiche aufzuhellen, ohne daß gleichzeitig Streulicht auf die helleren Bereiche trifft. Auch beim Abschatten läuft man Gefahr, daß angrenzende dunkle Zonen noch dunkler werden.

Einsatzbereiche von Scheinwerfern

Einige Lampen werden ganz gezielt eingesetzt, um z.B. ein dekoratives Schattenmuster auf eine Wand zu werfen. Andere Scheinwerfer können in ein und derselben Szene verschiedene Funktionen übernehmen, je nach Kamerastandpunkt und Handlung, zum Beispiel als Führungslicht und nach einem Standortwechsel als Gegenlicht.

Auch die durch ein Fenster scheinende Sonne kann in einer Einstellung für die Atmosphäre eines Raumes verantwortlich sein und in der nächsten Einstellung als Führungslicht für eine Nahaufnahme dienen.

Tabelle 4.2 Fachbegriffe aus der Beleuchtungstechnik

Akzentlicht	Eine Lichtquelle, die Details einer Sache hervorhebt (siehe auch Modellierungslicht).
Gegenlicht	Licht hinter dem Objekt. Betont die Umrisse und die äußeren Kanten.
Grundlicht	Diffuses Licht zur gleichmäßigen Ausleuchtung der gesamten Szene. Reduziert den Kontrastumfang und vermeidet schwarze Löcher.
Reflektiertes Licht	Von einer Fläche diffus zurückgeworfenes Licht, z.B. von einer Decke oder einem großflächigen Reflektor.
Kameralicht/Kopflicht	Kleine Lampe auf der Kamera, meist für Nahaufnahmen, um Kontraste zu mindern oder kleine Objekte auszuleuchten.
Kostümlicht	Spotlicht zur Herausarbeitung feiner Details von Kleidung.
Kontrast-Abschwächer	Weiches Licht aus Kamerarichtung zur Reduzierung von Kontrasten.
Seiten-/Aufhell-Licht	Ergänzung zum Führungslicht, leicht schräg von vorne kommend (etwa 4-5H bzw. 7-8H).
Kantenlicht	Seitenlicht zur Betonung von Kanten und Oberflächenstrukturen (8-9H oder 3-4H; 12-1V oder 5-6V).
Effektlicht	Licht für spezielle Effekte z.B. auf Details im Hintergrund.
Augenlicht	Für Lichtreflexe in den Augen. Meist eine speziell für diesen Zweck auf der Kamera befestigte Lampe.
Aufhellicht/Füllicht	Zum Aufhellen der vom Führungslicht verursachten Schatten.
Haarlicht	Zur Herausarbeitung von Feinheiten der Haare.
Führungslicht	Das Hauptlicht für die Ausleuchtung von Objekten bzw. einer Szene. Mit ihm wird die vorherrschende Lichtrichtung und der Schattenwurf festgelegt.
3/4 Gegenlicht	Gegenlicht aus den Richtungen 1-2H bzw. 10-11H.
Modellierungslicht	Allgemeine Bezeichnung für jedes Licht, das Formen, Konturen und Strukturen betont.
Spitzlicht	Zur Betonung der Kanten von Objekten; meist ein Gegenlicht.
Hintergrundlicht	Licht, das nur den Hintergrund einer Szene beleuchtet.
Seitenlicht	Licht im rechten Winkel zur optischen Achse (3H und 9H) zur Betonung von Konturen. Wenig geeignet für Portraitaufnahmen von vorne. Wirkungsvoll bei Profilaufnahmen.
Dreipunktausleuchtung	Klassische Ausleuchtung mit Führungslicht, Aufhellicht und Gegenlicht.
Oberlicht	Von oben kommendes Licht. Nicht für Portraits geeignet.
Unterlicht	Von unten kommendes Licht (etwa 4-6V). Für Effekte oder zur Abschwächung von nach unten fallenden Schatten.

Tabelle 4.3 Typische Ausleuchtung von Materialien

Gewebe	Baumwolle	W, mA, k/r, (z)	9
	Wolle	H, gA, k/r/n, (z)	
	Tweed	sH, gA, nF	
	Seide	W, mr	3, 5, 8, 9
	Damast	sW	2, 5, 9
	Samt	sH, sA, kF	
Fell		sH, sA, kF/nF	
Federn		H, sA, gF, sG	(7), 10, (11), 12
Segeltuch		sH, mA/kA, snF	
Leder	weich	mW, r(m)	2, 4, 5, 6, 8
	genarbt	W, r(s)	
	rauh	H, gA, sn	5, 6
Holz	roh	H, gA, k	(14)
	poliert	W	1, 2, 3, 4, 5, 6, 8, (14)
Papier	matt	W, k	(z, 7), 13
	glänzend	W, k	3, 4, 5, 13
Metall	Guß	H, mA, k	(14)
	bearbeitet	W	2, 3, 4, (14)
	poliert	W	1, 2, 3, 4, 5, 6, 8, (14)
Stein	natürlich	sH, gA/mA	9, (14)
	bearbeitet	sH, gA/mA	(14)
Verputz		sH, mA	(14)
Kunststoff		W	1-8, (z, 11), 12, (14)
Glas	Scheibe	W	1, 2, 3, 4, 5, 6
	Form	W	1-8, 10, (z, 11), 12
	massiv	W	1-8, 10, (z, 11), 12
Keramik	unglasiert	H, gA/mA	(14)
	glasiert	W	2-6, (7), 8, (14)
Flüssigkeiten		W/H	1, 2, 3, 4, 7, 8, 12
Blumen		sW, r, sG	(7), 10, 12, (14)
Folien		sH, mA/sA	3, 6, 7, 10, 12, (14)

Licht in Bezug auf die Kameraposition

F	Führungslicht	H	meist hartes Licht
A	Aufhell-/Füllicht	W	meist weiches Licht
G	Gegenlicht	/	alternativ
s	stark	k	kleiner Winkel
m	mittel	r	rechter Winkel/seitlich
g	gering/schwach	n	niedrig/von unten
		sn	sehr niedrig
		kA	kein Aufhellicht

1. Die Oberflächenbeschaffenheit offenbart sich durch Reflexionen/Spiegelungen von Licht und Objekten.
2. Großflächige Reflexionen vermeiden.
3. Zu (viele) helle Bereiche vermeiden.
4. Reflexionen von flackernden Lichtquellen vermeiden.
5. Reflexe, die die Strukturierung überlagern, vermeiden.
6. Oberflächenglanz läßt sich mit Wachs oder Mattspray reduzieren.
7. Mit Gegenlicht lassen sich Struktur und Transparenz herausarbeiten.
8. Großflächige Lichtquellen bringen den Glanz am besten zur Geltung
9. Zu harte, skulpturartige Effekte vermeiden.
10. Ablenkende bzw. irritierende Schatten vermeiden.
11. Die Silhouette sollte vom Hintergrund hervorgehoben werden.
12. Das Objekt sollte durch einen unscharfen Hintergrund hervorgehoben werden.

13. Eine symmetrische Ausleuchtung ist empfehlenswert.
14. Auf der Schattenseite den Hintergrund aufhellen.
z. Hängt von der Materialbeschaffenheit ab.

(): nicht immer geeignet oder anwendbar.

Verzerrte Realität

Beleuchtung ist in vielen Fällen ein Kompromiß. Eine Ausleuchtung, die eine Sache hervorhebt, kann im gleichen Augenblick eine andere Sache verbergen oder in den Hintergrund treten lassen. Wird zum Beispiel die Oberflächenstruktur eines Papieres betont, ist eine Schrift auf diesem Papier vermutlich nicht mehr lesbar. Ein Licht, das einen transparenten Gegenstand durchdringt, zeigt möglicherweise nicht nur dessen Feinheiten sondern auch eine weniger hübsche Struktur, die diesen Gegenstand zusammenhält. Und ein Schatten, der die Kontur einer Form betont, zerstört in manchen Fällen den Gesamteindruck dieser Form.

Wie schon beschrieben, läßt ein hartes Licht aus Richtung der Kamera grobe Strukturen weich erscheinen. Seitenlicht kann solche Strukturen überbetonen und den Eindruck der Fläche bis zur Unkenntlichkeit verändern.

Beleuchtet man eine Vase von oben, wird der Eindruck von ihrer Form und ihren Proportionen gänzlich zerstört, da sich die unteren Bereiche im Schatten verlieren. Bei einer von unten beleuchteten Vase sehen wir vielleicht mehr Details, aber auch dieses Bild entspricht nicht unserer normalen Wahrnehmung einer Vase.

Materialien ausleuchten

Die wechselnden Erscheinungsweisen von Flächen bei wechselnden Beleuchtungssituationen erfordern - je nach Material - eine andere Beleuchtung. Um die Schönheit von sehr feinen, zarten Stoffen richtig ins Bild zu setzen, muß man diese völlig anders ausleuchten als eine Statue aus grob behauenem Stein.

Im Prinzip gibt es für jedes Material eine bestimmte Art und Weise der Ausleuchtung, die seine Eigenschaften am effektivsten zur Geltung bringt. Diese Beleuchtungskonzepte sind nicht zwingend und sollten von Fall zu Fall variiert werden. Tabelle 4.3 faßt die wichtigsten von ihnen zusammen.

1

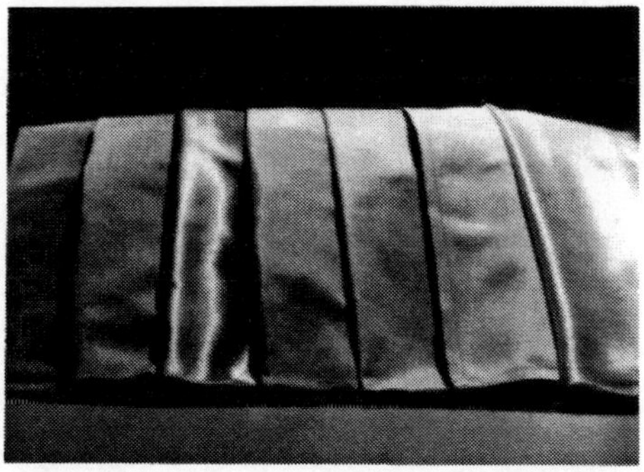

2

Textilien

Verschiedene Stoffe wurden (1) von vorne, aus Richtung der Kamera, und (2) mit Gegenlicht (12H/11V) ausgeleuchtet. Das Aussehen einiger Stoffe verändert sich deutlich; das von anderen Stoffen kaum. Gegenlicht verursacht oft sogenannte Hotspots, d.h. punktuelle Überstrahlungen auf horizontalen Flächen.

Die Materialien (von links nach rechts): Velour, Rayon, Satin, Seide, Baumwolle, Leinen, Chinacrèpe.

Wenn man es mit einem isolierten Gegenstand zu tun hat, kann man sich bei der Ausleuchtung ganz auf ihn konzentrieren: seine Transparenz, seine scharfen Kanten und seine Feinheiten sichtbar machen.

In den meisten Fällen haben wir es jedoch mit einer größeren Anzahl von Objekten zu tun, die nicht individuell ins Licht gesetzt werden können. Zum Beispiel bei einem mit vielen Möbeln ausgestatteten Raum. Dennoch muß man nicht die gesamte Einrichtung mit gleichmäßigem Licht überfluten, sondern kann auch hier den einen oder anderen Gegenstand mit seinen Besonderheiten hervorheben. Mehr dazu in einem späteren Kapitel (Ausleuchtung von Räumen).

Darstellungsweisen von Oberflächen

Das Aussehen einer Fläche ändert sich mit deren Beleuchtung.

1. Eine bedruckte und strukturierte Tapete wurde in der Mitte geknickt und direkt von oben beleuchtet. Auf dem horizontalen Stück sehen wir den Druck, aber keine Oberflächenstruktur. Beim vertikalen Stück, das von den Lichtstrahlen nur gestreift wird, ist es genau umgekehrt: die Oberflächenstruktur wird plastisch herausgearbeitet; der Druck ist so gut wie unsichtbar. Unser Bildeindruck von der Tapete ist vom Lichteinfallswinkel abhängig.
2. Im Spotlicht sieht der Krug dunkel und glänzend aus, aber wesentlich kleiner als in Abbildung 3.
3. Bei sehr weichem, reflektierten Licht sieht der Krug anders aus: größer, glänzender und insgesamt heller. Auch seine Umrisse sind wesentlich klarer.
4. Ist die Oberfläche matt oder spiegelt sich in ihr eine dunkle Umgebung, sieht sie stumpf und nicht besonders interessant aus.

1

2

3

4

5 Personen ausleuchten

Wenn Sie das Gesicht eines Helden in einer hochdramatischen Situation nur von einer Seite beleuchten und seine Augen in dunklen Höhlen fast verschwinden lassen, werden die Zuschauer dies als eine gelungene, der Stimmung entsprechende und Interesse erregende Ausleuchtung akzeptieren. Wenn sie einen Nachrichtensprecher auf die gleiche Weise ausleuchten, läuft er Gefahr seinen Job zu verlieren!

Tabelle 5.1 Personen ausleuchten

	Frontales Licht	**Gegenlicht**
Zu steiler Winkel in der Vertikalen	erzeugt eine grobe Modellierung, die ein Gesicht abgespannt und alt aussehen läßt, - verschattete Augen, zu dunkler Nacken, zu langer Nasenschatten; betont die Stirn, kahle Köpfe und tiefliegende Augen; läßt einen Kopf wie eine Büste aussehen; wirft Schatten von Haaren auf die Stirn; desgl. starke Schatten von Hutkrempen und Brillen.	wirft Licht auf der Nase, während das übrige Gesicht im Dunkeln bleibt; führt bei leicht zurückgeneigtem Kopf zu Überstrahlungen auf der oberen Kopfhälfte und den Schultern.
Zu geringer Winkel in der Vertikalen	läßt Gesichter flach und unmodelliert wirken und wirft Schatten auf den Hintergrund.	kann in Objektiv Streulicht verursachen oder selbst ins Bild kommen.
Licht von unten	kann Schatten von Handbewegungen auf das Gesicht und überdeutliche Schatten einer Person auf den Hintergrund projizieren; oder eine mysteriöse Atmosphäre schaffen; kann zur Abschwächung harter Schatten eingesetzt werden, die z.B. ein steil von oben kommendes Licht verursacht - und zur Abschwächung von Falten im Gesicht und im Nacken.	wirft Schatten von Ohren und Schultern nach vorne; kann zur Betonung weiblicher Haarpracht recht effektiv sein.
Zu weit von der optischen Achse entferntes Seitenlicht	Bei Portraitaufnahmen von vorne fallen Nasenschatten quer über das ganze Gesicht; ein Ohr ist deutlich heller als das andere; die Balance eines Gesichts geht verloren.	Schräg von hinten kommendes Seitenlicht wirft Schatten von Ohren und Haaren auf das Gesicht; eine Nasenseite und eine Schläfe sind zu hell, ein Auge liegt im Dunkeln .

Schlechte Ausleuchtung

Wenn man über schlechte Ausleuchtung spricht meint man meistens, daß sie einer Person nicht angemessen ist. Selbst häßliche Schatten, Überstrahlungen oder ein zu flacher bzw. extremer Kontrast können in der entsprechenden Situation richtig sein, wenn sie der Atmosphäre einer Szene angemessen sind. Nur wenn sie durch die Handlung nicht begründet sind, empfindet sie auch der unkritische Zuschauer als ärgerlich.

Tabelle 5.1 Ausleuchtung von Personen

Schlechte Ausleuchtung macht Menschen unattraktiv. Sie erscheinen müde, alt, verstört oder krank. Schlechte Ausleuchtung lenkt die Aufmerksamkeit auf schütteren Haarwuchs, abstehende Ohren, eine zu große Nase etc. Sie betont Falten und Tränensäcke und kann Gesichter häßlich, bizarr, schlaff oder ganz einfach unförmig aussehen lassen.

Abb. 5.1 Was ist schlechtes Licht?

Ungeschickte Ausleuchtung von Portraits kann verschiedene häßliche Effekte verursachen.

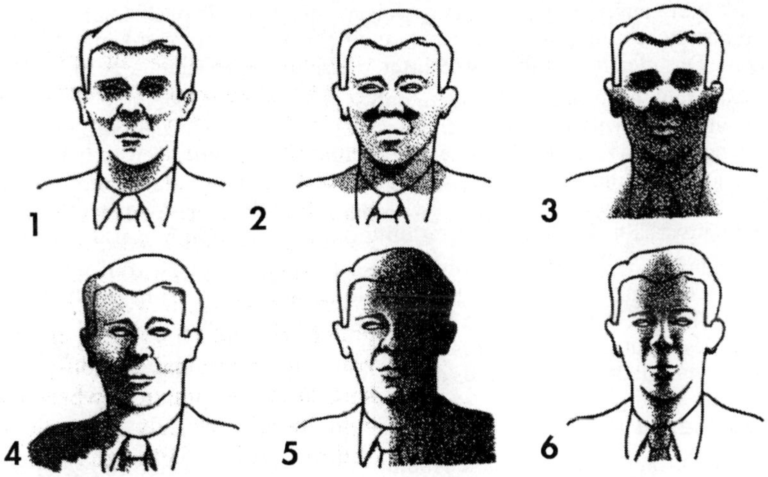

1. Zu steil von oben kommendes Führungslicht: im Schatten liegende Augen; harte Modellierung; langer Nasenschatten.
2. Zwei Führungslichter von vorne: zwei Nasen- und Schulterschatten. (Schulterschatten können auch von zwei Gegenlichtquellen verursacht werden.)
3. Zu steil von oben kommendes Gegenlicht: überstrahlte obere Kopfhälfte; zu helle Nasenspitze und Ohren; latzartiger Schatten auf der Brust.
4. Zu schräges Führungslicht: Projektion des sprechenden Munds auf die Schulter; in zwei Hälften zerfallendes Gesicht.
5. Seitliches Führungslicht: noch stärkere Zweiteilung des Gesichts; auf der einen Hälfte zu starkes Kantenlicht; auf der anderen Hälfte gar kein Licht.
6. Führungslicht von beiden Seiten: Schatten in der Mitte des Gesichts und zu grobe Modellierung auf den seitlichen Gesichtshälften.

Selbst die von einem Maskenbildner mit viel Aufwand verschönerte Erscheinung eines Gesichts kann man durch schlechte Ausleuchtung wieder zunichte machen bzw. in ihr Gegenteil verkehren, so daß es pathetisch oder grotesk aussieht.

Ein schlecht ausgeleuchtetes Portrait ist immer grauenhaft! Beim Ausleuchten von Objekten oder einer Szene hat man vergleichsweise viel Spielraum. Bei einem Portrait ist das anders!

Merkwürdigerweise fällt es uns in der Realität selten auf, wenn eine Person schlecht im Licht steht. Zum Beispiel mittags, wenn das Licht der Sonne direkt von oben kommt oder wenn das Licht nur von einer Seite kommt. Selbst das Licht von einer Deckenlampe empfinden wir im Alltag als natürlich, bei einer Studioaufnahme jedoch als häßlich und unakzeptabel.

Unser Gefühl für angemessene Beleuchtung verändert sich mit der Situation. Im Alltagsleben kompensieren oder ignorieren wir häßliche Effekte von schlechtem Licht und nehmen Glanzflecke auf einer Nasenspitze oder ein abstehendes Ohr nicht wahr. Auf einem Bild dagegen stechen uns solche Details sofort ins Auge.

Stilformen der Portraitausleuchtung

Köpfe haben -so unterschiedlich sie auch sein mögen- eine ähnliche Form. Die elementaren Probleme bei der Ausleuchtung von Personen sind weitgehend unabhängig vom persönlichen Geschmack. Man muß jedoch zugeben, daß einige Köpfe einfacher auszuleuchten sind als andere. Der Nasenschatten eines Cyrano de Bergerac ist sicherlich für jeden Beleuchter eine ganz besondere Herausforderung.

Es gibt natürlich Beleuchtungsweisen, die vom Typ abhängig sind. Ein hartes, kontrastreiches Licht paßt vielleicht zu einem Holzfäller, aber kaum zu einer hübschen Dame. Das gleiche gilt in umgekehrter Weise für sehr weiches, gestreutes Licht.

Man muß auch berücksichtigen, daß schon unsere Vorstellung vom Aussehen einer Person einen bevorzugten Beleuchtungsstil mit einschließt. Diese stilistische Erwartungshaltung ist nicht zuletzt auf unsere langjährigen Filmerfahrungen zurückzuführen. Bei der traditionellen Filmausleuchtung ist es üblich die Nahaufnahmen anders auszuleuchten als die Totalen, um eine optimale Bildwirkung zu erzielen. Daß sich beim Zusammenschnitt die Lichtverhältnisse von einer Einstellung zur nächsten ändern, ist hier ohne Bedeutung.

Wenn man von Aufnahmen für technische und medizinische, d.h. für dokumentarische Zwecke einmal absieht, geht es bei der Bildgestaltung in den meisten Fällen mehr um den Effekt als um Genauigkeit. Bei entsprechenden Untersuchungen wurde festgestellt, daß wir auf Farbaufnahmen von Gesichtern wärmere und gelblichere Tönungen bevorzugen und als natürlich empfinden, als dies in Wirklichkeit der Fall ist.

Das ideale Portrait

Ein Portrait sollte kein platte Abbildung sein, die eine Person so zeigt wie sie immer aussieht. Eine solche Abbildung hat genausowenig Aussagekraft wie die von einem Filmhelden, der sich beim Kampf die Hände nicht schmutzig macht. Was wiederum nicht heißen soll, daß man ins andere Extrem verfallen und Gesichter ausgemergelt und düster darstellen soll, auch wenn dies manchmal im richtigen Leben der Fall ist. Selbst wenn unorthodoxe Vorgehensweisen hin und wieder zu brillanten Ergebnissen führen, sollte man sich darauf nicht verlassen.

Bei einer idealen Ausleuchtung hat jede Lampe ihre ganz spezifische Funktion. Das Aufhellicht sollte nicht die Modellierung vom Führungslicht zerstören. Und das Gegenlicht sollte nur für diesen bestimmten Zweck eingesetzt werden.

In der Praxis sind solche Regeln nicht immer einzuhalten, besonders wenn sich Personen vor der Kamera bewegen. Dann wird ein Gegenlicht schnell zu einem störenden Seitenlicht; und wenn eine Person den Kopf senkt, verschwinden ihre Augen im Schatten. Manchmal kann man unerwünschte Veränderungen innerhalb der Einstellung durch Veränderung der relativen Lichtintensitäten, durch zusätzliches Führungslicht oder ein Kameralicht in Grenzen halten. Aber ganz werden sich diese unerwünschten Nebeneffekte im Film nicht vermeiden lassen.

Gesichter ausleuchten

Die Grundprinzipien für die Ausleuchtung einer Person sind dieselben wie für alle anderen Objekte. Bei Abbildungen von Menschen kommen jedoch starke emotionale Zwischentöne hinzu. Der Schatten, den ein Henkel auf ein Gefäß wirft, stört uns bei weitem nicht so sehr wie der Schatten einer Nase über Mund und Kinn.

- Wichtige Gesichtspartien müssen deutlich sichtbar sein. Am wichtigsten sind die Augen. Augen ohne Lichtreflexe sehen tot aus. Wenn nötig, kann man mit einem Augenlicht auf der Kamera nachhelfen.
- Einige Kopfpartien können ebenfalls im Schatten liegen (Nacken, Ohren). Meistens sieht es sogar gut aus, wenn sie einen Ton dunkler sind als die wichtigen Details.
- Zu helle Haare sehen unnatürlich und überstrahlt aus.

Leuchten Sie sich selbst aus

Schon eine geringfügige Veränderung der Richtung eines Scheinwerfers verändert das Aussehen einer Person ganz beträchtlich. Ein Führungslicht von der linken Seite, ein Führungslicht von der rechten Seite oder eine Lampe direkt auf der Kamera zeigen eine Person jeweils in einem neuen Licht. Nicht unbedingt in einem besseren oder schlechteren, aber auf jedem Fall in einem anderen Licht.

Abb. 5.2 Wirkungen verschiedener Beleuchtungswinkel

Die Veränderung des Beleuchtungswinkels verändert das Aussehen einer Person.

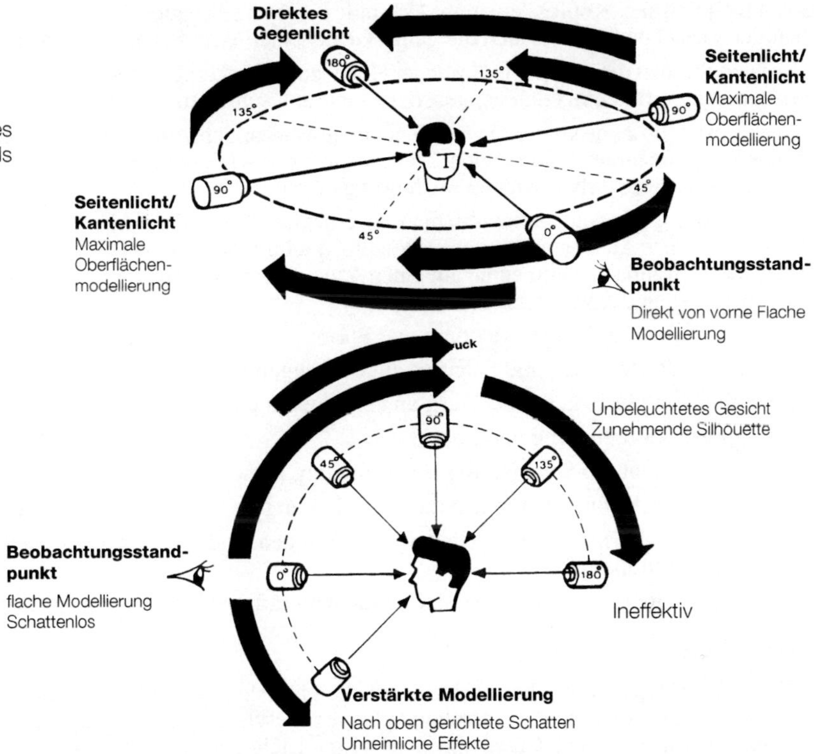

Man kann eine ganze Menge über Ausleuchtung lernen, wenn man sich selbst vor einen Spiegel setzt. Zunächst benötigt man nur eine gebündelte Lichtquelle, einen dunklen Raum und einen Spiegel.

Richten Sie das Licht direkt von vorne auf Ihr Gesicht und justieren es so lange, bis Ihr Nasenschatten völlig verschwindet. Dies entspricht einer Ausleuchtung auf der optischen Achse.

Sie werden sehen wie flach Ihr Gesicht wirkt. Es hat keine Schatten und keine Modellierung und sieht uninteressant aus, denn es fehlt ihm die dritte Dimension.

Wenn Sie die Lampe in eine höhere Position bringen, entstehen unter den Augenbrauen, der Nase, den Lippen, dem Kinn und den Ohren Schatten. Je höher die Lampe, desto länger der Schattenwurf. Jetzt werden auch die Backenknochen, Falten und andere Unregelmäßigkeiten betont.

Gehen Sie mit der Lampe noch höher und beobachten Sie, daß die Modellierung einiger Gesichtspartien extrem, wenn nicht gar übertrieben erscheint und die untere Gesichtshälfte zunehmend im Schatten verschwindet. Hagere Gesichter werden bei einem Beleuchtungswinkel von über 40° unattraktiv. Bei rundlichen, relativ glatten Gesichtern kann man bis auf 45-50° Grad gehen. Sie kommen hierbei sogar besser zur Geltung.

Verringern Sie die Höhe der Lampe wieder auf etwa 30° und bewegen sie ihren Kopf langsam nach oben und unten. Beobachten sie die Veränderung der Schatten. Wenn Sie den Kopf nach unten neigen (ein Buch lesen oder mit einem Kind sprechen), werden die Schatten stärker; wenn sie nach oben sehen, ist die Lichtwirkung flacher. Achten Sie einmal darauf, daß Fernsehmoderatoren, wenn sie etwas lesen, den Kopf nur geringfügig neigen, um eine Verstärkung der Schatten auf ihrem Gesicht zu vermeiden.

Drehen Sie jetzt ihren Kopf langsam von einer Seite zur anderen. Die Nase wirft einen Schatten und die vom Licht abgewandte Gesichtshälfte liegt ebenfalls im Schatten. Bei starker Drehung des Kopfes, etwa ab 45°, fällt der Nasenschatten in den Bereich der schattigen Gesichtshälfte, bis sich die ganze Gesichtshälfte im Schatten verliert.

Bringen Sie jetzt die Lampe -in ähnlicher Höhe- auf eine schräg seitliche Position. Die Gesichtsschatten fallen in entgegengesetzter Richtung schräg nach unten.

Nach Lust und Laune können Sie auch noch die Wirkungen von seitlichem, von oben, von unten und von hinten kommendem Licht ausprobieren. Diese Experimente vermitteln Ihnen für die spätere Arbeit wichtige Erfahrungswerte.

Mit ein wenig Geduld bekommt man so ein gutes Gefühl für die verschiedenen Möglichkeiten der Ausleuchtung von Personen. Wichtig ist, daß man Schritt für Schritt vorgeht und sich zunächst immer nur auf einen Aspekt konzentriert. Hier noch einmal eine Zusammenfassung der wichtigsten Aspekte:

- Nasenschatten: Länge, Richtung und Form;
- Augen: Reflexionen und Schatten auf der Augenpartie;
- Falten: im Gesicht, auf der Stirn und um die Augen;
- Lippen: Modellierung und Form;
- Nacken: kann im Schatten liegend schmutzig aussehen!
- Ohren: Größe und Dominanz; dunkle Schatten im Ohr sind äußerst störend;
- Augenwimpern: können Schatten auf Wangen und Nase werfen (besonders falsche Wimpern);
- Backenknochen: zu starke Modellierung bei kräftigen Backenknochen beachten.

Lichtzonen

Man kann nicht alle Menschen nach einem Schema ausleuchten. Idealerweise bräuchte jede Person ihrem Aussehen entsprechend eine maßgeschneiderte Ausleuchtung. Jeden Ansager, Showmaster oder Gast kann man so ins Licht setzen, daß seine (optischen) Vorzüge optimal herausgearbeitet und Schwächen kompensiert werden.

In vielen Fällen muß jedoch ein und dieselbe Ausleuchtung für mehrere Personen funktionieren, z.B wenn verschiedene Personen auf dem gleichen Stuhl sitzen oder am gleichen Ort stehen werden, was aber kein Grund ist, sich auf eine generelle Ausleuchtung zurückzuziehen.

Hier empfiehlt sich die Ausleuchtung im Bereich bestimmter Lichtzonen. Jede Zone steht für einen zur Portraitausleuchtung günstigen Bereich von Scheinwerferpositionen. Sie sind das Ergebnis umfangreicher Beleuchtungsstudien. Zu kleine und zu große Beleuchtungswinkel sind nicht empfehlenswert, da sie häufig ineffektive bzw. unattraktive Nebenwirkungen haben. Die besten und für die meisten Gesichter geeigneten Beleuchtungszonen sind in Abbildung 5.3 dargestellt.

Die häufigsten (horizontalen) Veränderungen von Kopfpositionen lassen sich wie folgt zusammenfassen:

- Direkt in die Kamera gerichteter Blick (frontal)
- Leicht zur Seite gerichteter Blick (3/4 frontal)
- Halb zur Seite gerichteter Blick (1/2 frontal)
- Ganz zur Seite gerichteter Blick/Profil (Seitenansicht)

Die letzte Abbildung zeigt Effekte verschiedener Beleuchtungswinkel in der Vertikalen, die auf alle horizontalen Positionsveränderungen übertragbar sind.

Klassifizierung von Beleuchtungsrichtungen

Nachdem wir uns mit den grundlegenden Auswirkungen verschiedener Beleuchtungswinkel vertraut gemacht haben, sollen einige charakteristische Effekte näher betrachtet werden. Für die Beschreibung der Lampenpositionen greifen wir auf die Standeneinteilung zurück. Zur Erinnerung:

Abb. 5.3 Lichtzonen

Für jede Kopfhaltung gibt es eine optimale Scheinwerferposition, die den Kopf vorteilhaft zur Geltung kommen läßt.

Die weißen Bereiche bezeichnen die Zonen für eine gute, die grauen Bereiche für eine mäßige und die schwarzen Bereiche für eine schlechte Ausleuchtung.

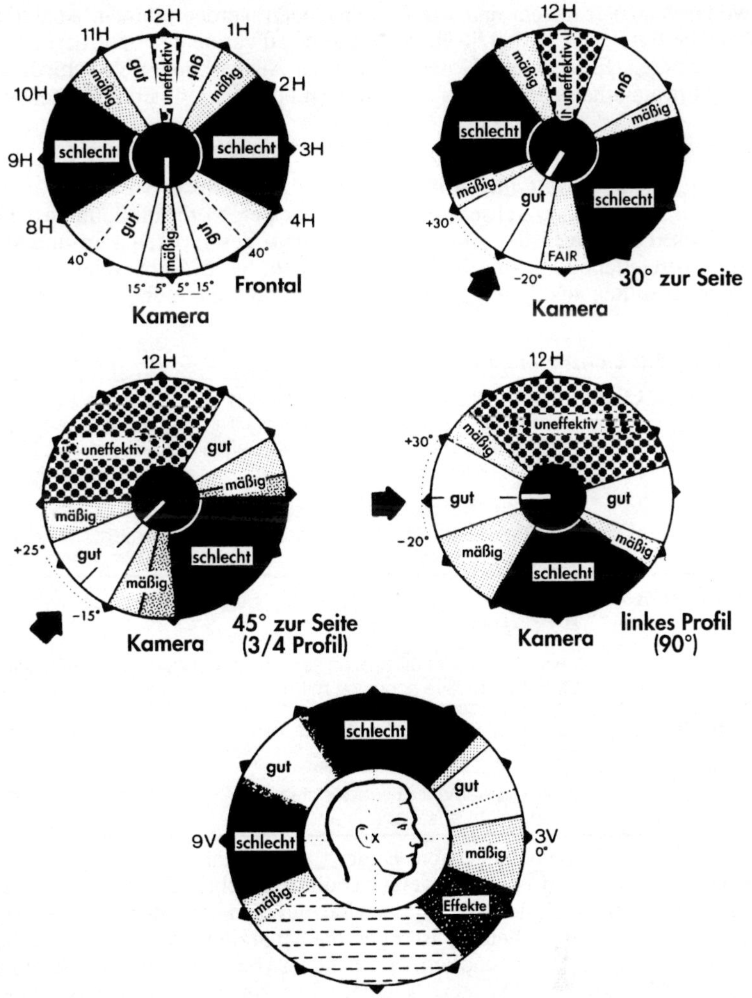

- Die Zeiten in der horizontalen Ebene (H) stehen für die Lampenpositionen auf einem imaginären Kreis um die Person. Die Kameraposition ist immer auf 6Uhr (6H).
- Die Zeiten in der vertikalen Ebene stehen für die Lampenhöhe. Die Kamera in Augenhöhe befindet sich in der 3Uhr Position (3V).

Eine Stunde entspricht 30° und eine Minute 6°.

Lichtwirkungen verschiedener Lampenpositionen

Unter Zeitdruck hat man wenig Gelegenheit herumzuexperimentieren und ständig zu korrigieren. Die schnelle Umsetzung von Ideen im Arbeitsalltag ist deshalb nur auf der Grundlage praktischer Erfahrungswerte machbar.

Wenn man eine Person ausleuchtet sollte man zum Beispiel wissen, daß Licht aus bestimmten Richtungen ein Auge im Schatten absaufen läßt, einen Glanzfleck auf der Nase verursacht oder einen häßlichen Nasenschatten quer über die andere Gesichtshälfte wirft. Entdeckt man störende Effekte, muß man sich recht schnell darüber klar werden, wodurch sie verursacht und wie sie vermieden werden können. Analytisches Arbeiten kann helfen Fehler vorherzusehen, Probleme zu vermeiden bzw. deren Ursachen gezielt aufzuspüren. Eine genaue Untersuchung der Auswirkungen verschiedener Lichtwinkel bei Portraitaufnahmen zeigt die wichtigsten potentiellen Fehlerquellen auf.

Frontale Ausleuchtung eines zur Kamera gerichteten Gesichts

6H/3V: *totes Frontallicht* Ein Führungslicht in nächster Nähe zur Kamera (weniger als 10° von der optischen Achse entfernt) wird jede Person, die in Richtung der Kamera blickt, blenden. Die Augen der Akteure werden halb geschlossen sein und sie können u.U. Stichwortzettel oder Prompter-Texte nicht mehr lesen. Selbst relativ schwache Kameraleuchten sollten aus diesem Grund nur gezielt oder gar nicht zum Einsatz kommen.

Tabelle 5.2 Lichtbalance

Frontales Licht	wenn es zu stark ist, zeigt das Gegenlicht kaum noch Wirkung; helle Hauttöne werden überbelichtet und die Modellierung geht verloren. Zu extreme Unterschiede zwischen Führungs- und Gegenlicht bringen in der Regel keine zufriedenstellenden Ergebnisse;
	wenn das frontale Licht zu dunkel ist, wirkt das Gegenlicht dominierend bis übertrieben; dunklere Tönungen werden unterbelichtet; die Abbildung kann schmutzig und leblos aussehen.
Gegenlicht	wenn es zu hell ist, führt es zu überbelichteten Schultern und überstrahlten Randbereichen;
	wenn es zu dunkel ist, fehlt es den Abbildungen an Räumlichkeit, Gewicht und Dynamik. Motive scheinen mit dem Hintergrund zu verschmelzen.
Aufhellicht	zu viel Aufhellicht reduziert bzw. verflacht die vom Führungslicht herausgearbeitete Modellierung;
	zu wenig Aufhellicht schwächt übermäßige Kontraste und eine zu harte Modellierung nicht ausreichend ab.

Frontales Führungslicht macht Bilder flach. Sogar markante Gesichtszüge und tiefe Falten werden unterdrückt. Ein weiches Führungslicht in dieser Position kann Spuren, die das Alter in einem Gesicht hinterlassen hat, auf bemerkenswerte Weise wegleuchten. Ob das Ergebnis schmeichelhaft ist oder die Charakteristik eines Gesichts zerstört, ist Geschmacksache. Ein jugendliches Gesicht wird bei frontaler Beleuchtung fast immer nur flach und leer aussehen. Weitere Nachteile von frontalem Licht sind Hintergrundschatten auf gleicher Höhe und starke Reflexionen in Brillengläsern.

♦ 6H/4V bis 6H/5V: Unterlicht Ein frontales Licht von einer tieferen Position als der Kamera läßt alle Schatten nach oben streben und erzeugt eine ungewohnte bis merkwürdige Modellierung. Bereiche unterhalb des Kinns, der Nase und der Augenbrauen, die normalerweise im Schatten liegen, werden voll ausgeleuchtet. Nasenlöcher und Augenhöhlen kommen überdeutlich zur Geltung. Oberhalb vom Nasenrücken, den Augenbrauen und über den Lippen entstehen weitere seltsame anmutende Schattenbereiche.

Unterlicht assoziieren wir mit unheimlichen, bizarren Szenen und Horrorfilmen. Es wird mit Vorliebe in dramatischen Situationen eingesetzt, ist uns aber auch aus dem Alltag vertraut: vom Licht einer Schreibtischlampe zum Beispiel oder einem Lagerfeuer.

Es gibt noch weitere Anwendungsbereiche von Unterlicht. Ist die Modellierung vom Führungslicht zu hart, kann man sie durch ein weiches, genau abgestimmtes Unterlicht abschwächen. Mit Unterlicht kann man ein Gesicht auch verherrlichen, ihm einen gewissen Zauber verleihen oder jugendlicher erscheinen lassen. Es kann auch eine Atmosphäre von Wärme und Gemütlichkeit unterstützen.

Seine Nachteile sind die nach oben strebenden Schatten im Gesicht und im Hintergrund und -wenn eine Person von Kopf bis Fuß zu sehen ist- eine zu starke Betonung der Beine.

Der Kopf - vertikale Beleuchtungswinkel

1. Eine Lichtquelle etwa auf Höhe der optischen Achse bewirkt kaum eine Modellierung.
2. Ist die Lampe nur ein wenig höher, werden die Augen, die Nase, das Kinn und die Wangen schon wesentlich besser herausgearbeitet.
3. Diese Doppelbelichtung zeigt, daß mit zunehmender Lampenhöhe der Nasenschatten sich nur geringfügig vergrößert, der vom Kinn auf den Hals geworfene Schatten dagegen relativ stark.
4. Eine steile Ausleuchtung kann Gesichter alt aussehen lassen, besonders wenn sie starke Konturen haben (tiefe Augenhöhlen, Stirnfalten usf.). Rundliche und weiche Gesichtszüge verändern sich nicht so schnell. Extrem steile Beleuchtungswinkel erzeugen einen totenkopfartigen Effekt.

6H 3V

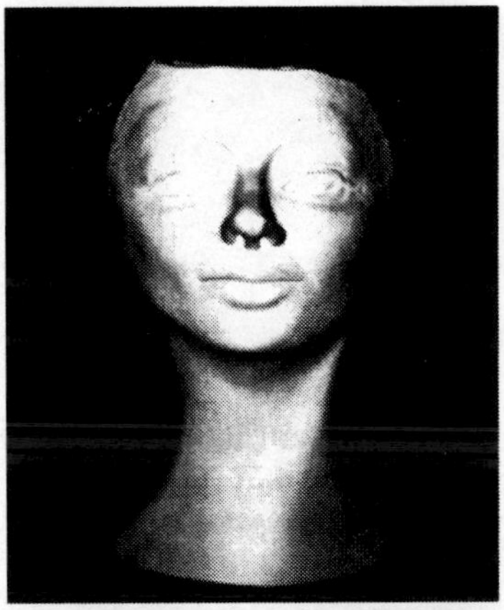

6H 2V

6H 1-2V

6H 12V

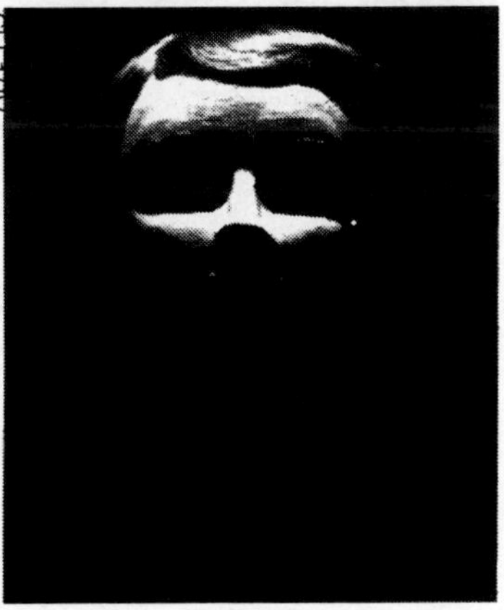

♦ 6H/3V-2V: der Bereich von 0° bis 45° Mit zunehmendem vertikalen Winkel des Führungslichts verbessert sich die Modellierung. Unter den Augenbrauen, der Nase, den Lippen etc. werden Schatten sichtbar. Das Gesicht wirkt schmaler und die Nase erscheint länger.

Das frontale Licht lenkt die Aufmerksamkeit auf die Gesichtsproportionen, betont eine hohe Stirn, aber auch einen zurückweichenden Haaransatz.

♦ 6H/2V-1V: der Bereich von 45-60° Je steiler das Führungslicht, desto gröber die Modellierung, -bis hin zu äußerst unattraktiven Nebeneffekten. Die Augen bzw. die Augenhöhlen liegen im Schatten und sehen aus wie bei einem Totenkopf. Erzeugt man mit einem zusätzlichen Augenlicht Lichtreflexe in den Augen, wirkt der Glanz in den schwarzen Augenhöhlen merkwürdig bis mystisch.

Der Nasenschatten bei zu steilem Licht fällt über Mund und Kinn. Der Nacken liegt ebenfalls im Schatten; desgl. der Hals und der obere Brustbereich. Schmale Gesichter wirken ausgemergelt. Die Stirn wird überbetont. Auch Wimpern und Augenbrauen können unerwünschte Schatten werfen. Zu steiles Licht (60-75°) ist nur für dramatische Effekte geeignet.

♦ 6H/1V: Licht (fast) von oben Eine Lampe fast senkrecht über dem Kopf läßt die obere Kopfhälfte flach erscheinen und betont die Schultern. Das Gesicht selbst wird kaum beleuchtet, höchstens, wenn die Person nach oben schaut. Ein solches Licht ist fast immer nur häßlich.

7H 3V

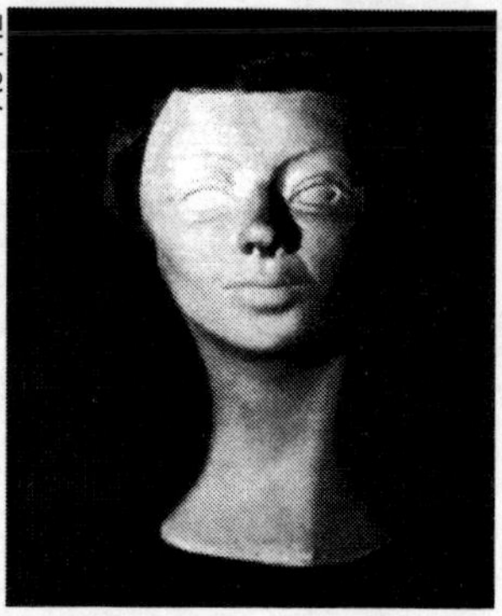

8H 3V

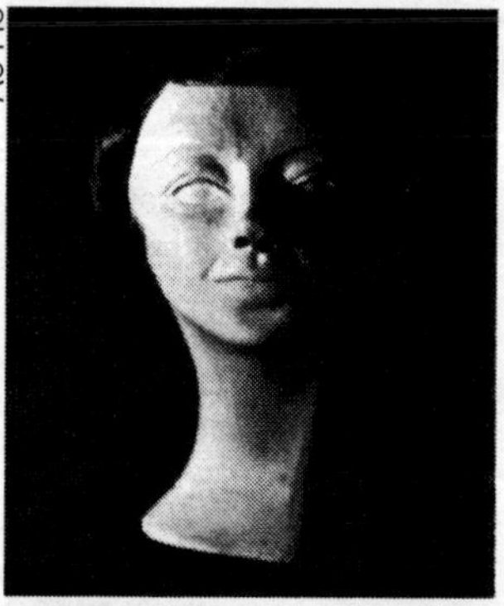

9H 3V

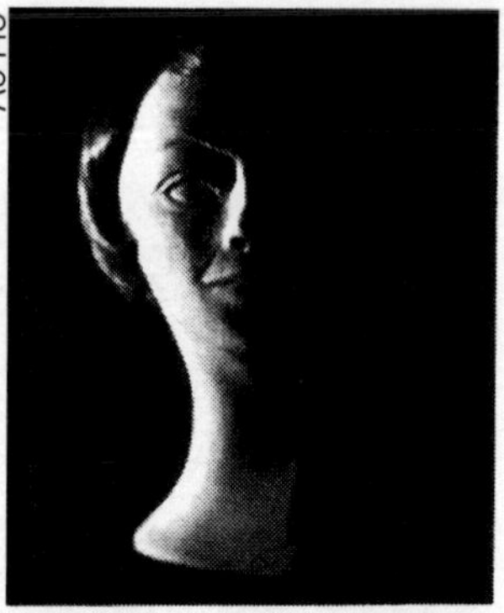

3 und 9H 3V

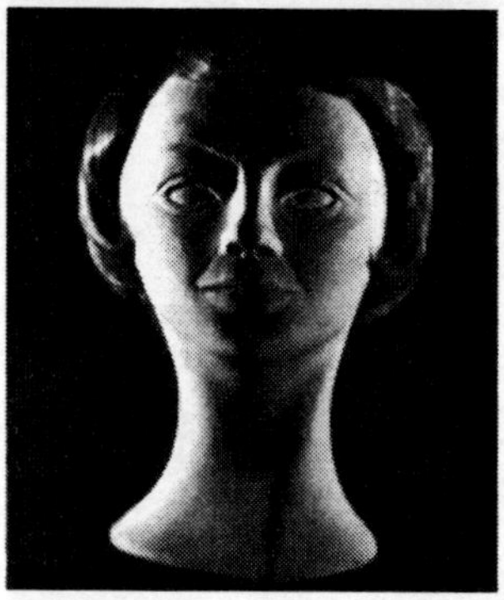

7H 2V

Der Kopf - horizontale Beleuchtungswinkel

1.- 3. Bewegt man ein Führungslicht um den Kopf herum, verändert sich das Gesicht beträchtlich. Eine Seite wird zunehmend heller, die andere Seite zunehmend dunkler.

4. Eine Ausleuchtung von beiden Seiten verursacht einen Schatten in Gesichtsmitte und (über-)betont die Nase.

5. Ein schräg von oben *und* schräg von der Seite kommendes Führungslicht modelliert einen Kopf in der Diagonalen. Dies ist die übliche Ausleuchtungstechnik für einen Kopf.

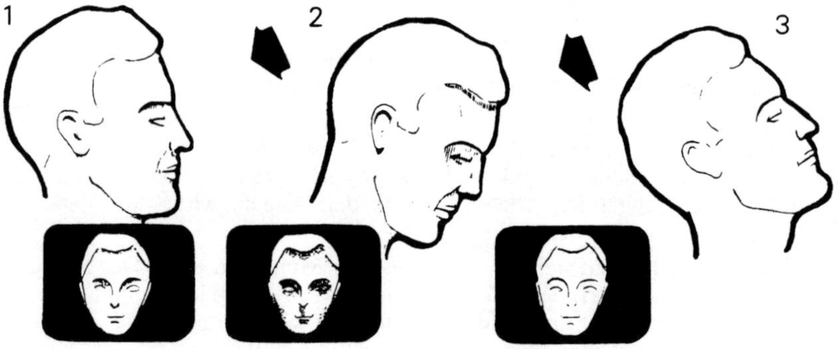

Abb. 5.4 Veränderungen der Ausleuchtung durch Kopfbewegungen.

Bei gleichbleibender Ausleuchtung verändert sich mit jeder Kopfbewegung die Wirkung des Lichts.

1. Das Führungslicht hat die richtige Position für eine gute Modellierung.
2. Wird der Kopf nach unten geneigt, verstärkt sich die Modellierung.
3. Beim nach oben geneigten Kopf wird die Modellierung schwächer.

♦ 6H/12V-11V: Licht von oben Das gleiche gilt für Licht direkt über dem Kopf. Neben den Haaren und den Schultern werden höchstens noch die Nasenspitze und die Ohren vom Licht gestreift, vielleicht noch die Augenbrauen. Alles andere liegt im Schatten.

Licht von oben ist auch zur Ausleuchtung der Haare ungeeignet. Es macht sie flach und führt unweigerlich zu einer überstrahlten Nase. Licht von oben sollte man versuchen zu vermeiden, es sei denn, daß man einen bestimmten Zweck damit verfolgt. Wo es unvermeidbar ist (Deckenbeleuchtung, Himmelslicht), muß man seine relative Intensität durch geeignete Ausleuchtung mit anderen Scheinwerfen so weit wie möglich reduzieren.

Gesicht von vorne: Veränderung der Beleuchtungswinkel in der Horizontalen

♦ 4H bis 6H; 6H bis 8H Verschiebungen des Führungslichts in der Horizontalen verändern die Balance eines Gesichts. Mit zunehmender Abweichung des Führungslichts aus der frontalen Position nimmt das Gleichgewicht der Gesichtshälften ab. Die im Schatten liegende Seite erscheint schmaler, die dem Licht zugewandte Seite rückt in den Vordergrund.

Die Veränderung hat weitere Folgen: zunächst ist der Nasenschatten auf der gegenüberliegenden Gesichtshälfte noch relativ klein; dann bildet er mit dem ebenfalls wachsenden Wangenschatten ein Dreieck; und zum Schluß, bei entsprechend großer Verschiebung des Führungslichtes, liegt diese Gesichtshälfte vollständig im Schatten.

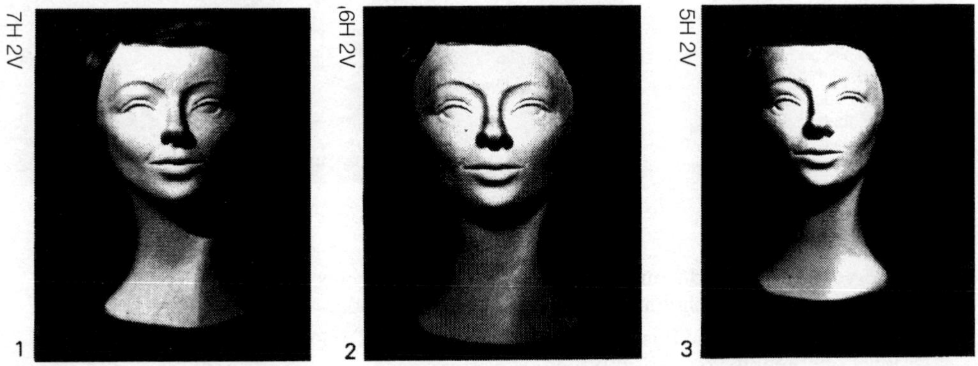

Der Kopf - Führungslicht von vorne

Ein leicht erhöhtes Führungslicht wird aus frontaler Position 6H/2V (2) ein wenig nach links auf 7H/2V (1) und ein wenig nach rechts auf 5H/2V (3) verschoben.

Da die meisten Gesichter nicht symmetrisch sind, ändert sich ihr Aussehen mit der Richtung des Führungslichts. Fast jeder Mensch hat eine Schokoladenseite.

Junge Beleuchter neigen zu einer Nasenschattenphobie. Gewiß nicht ohne Grund. Sie versuchen gerne, durch Ausleuchtung mit weichem Licht oder direkt von vorne jeglichen Schatten zu vermeiden oder beschränken sich auf den Dreieck-Effekt auf der Wange. Andere arbeiten mit zwei Führungslichtern von links und rechts im Winkel von 45°, aber auch diese Methode ist nicht zufriedenstellend.

Gesicht von vorne: Veränderung des Lichts in der Diagonalen

In den meisten Fällen wählt man für das Führungslicht einen Standpunkt, der sowohl in der horizontalen und in der vertikalen Ebene von der optischen Achse abweicht, so daß die Schatten diagonal fallen.

Nasenschatten

Je näher das Führungslicht an der optischen Achse steht, desto kleiner ist der Nasenschatten - auf Kosten der die Modellierung. Darüberhinaus wird die Person geblendet.

1. Nasenschatten können sehr aufdringlich wirken.
2. Entfernt man das Führungslicht von der optischen Achse, wird der Nasenschatten länger. Bei einem Beleuchtungswinkel von ca. 45° horizontal und vertikal trifft der Nasenschatten auf den Schatten der Wange und bildet mit ihm ein Dreieck. Viele empfinden dies weniger aufdringlich bzw. sogar angenehm.
3. Dreht sich der Kopf vom Führungslicht weg oder entfernt man das Führungslicht noch weiter von der optischen Achse, dann bricht dieses Dreieck wieder auf und der Nasenschatten wird ziemlich lang.
4. Zwei von links und rechts kommende Führungslichter verursachen doppelte Nasen- und Kinnschatten. Die Wirkung ist alles andere als attraktiv und läßt die Nase breit und das Kinn kantig aussehen

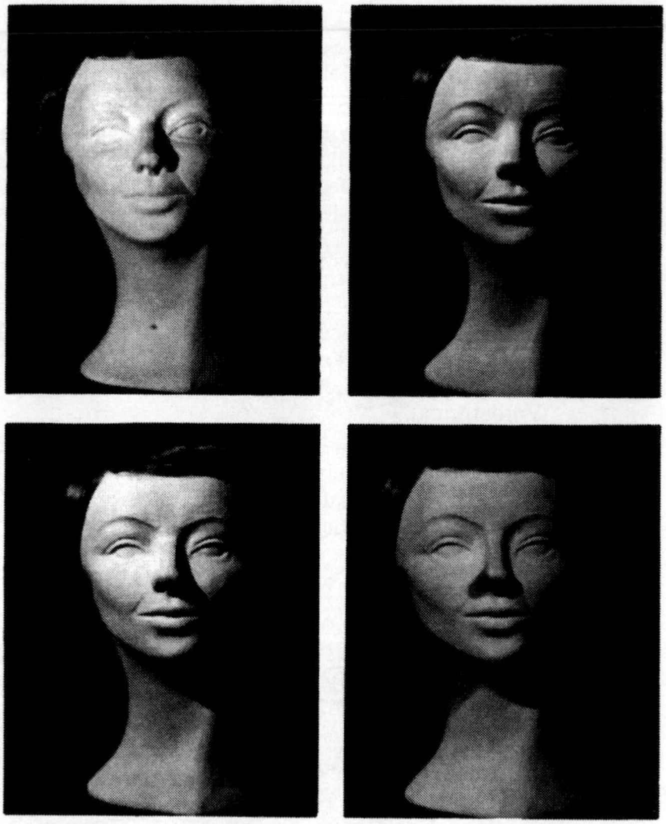

- Die vertikale Position zur optimalen Ausleuchtung eines Gesichts in Frontalansicht liegt im Bereich von 3V-2V (etwa 10-45° über der optischen Achse).
- Die beste horizontale Position liegt im Bereich von 6-4H bzw. 6-8H (etwa 5-60° links oder rechts von der optischen Achse).

Über die genannten Bereiche sollte man normalerweise nicht hinausgehen. Ist das Führungslicht zu dicht an optischen der Achse, läßt es Gesichter flach aussehen; ist sein Abstand (sein Winkel in Bezug auf die optische Achse) zu groß, wirkt die Modellierung grob und hart. Zur Sicherheit kann man den Spielraum für Routineausleuchtungen noch stärker begrenzen: auf 20-40° in der Vertikalen und 15-35° in der Horizontalen.

Gesicht von vorne: Seitenlicht

Ein von links (9H) oder von rechts (3H) kommendes Führungslicht teilt ein Gesicht in zwei Hälften und ist für Portraitaufnahmen von vorne nicht zu empfehlen. Ein Teil der dem Seitenlicht zugewandten Augenhöhle liegt im Schatten, die Kontur der Nase wird überbetont und der Profilschatten fällt auf die gegenüberliegende Schulter. In Verbindung mit einem steilen vertikalen Winkel (über 2V oder 10V) wirkt das Ergebnis grotesk. Licht von beiden Seiten (3H und 9H) verursacht einen Schattenstreifen in der Mitte des Gesichts.

Drehungen des Kopfes

♦ *Blick zur Kamera* Ist ein Kopf zunächst frontal zur Kamera gerichtet und mit einer rechts von der Kamera stehenden Lampe (mit 30° horizontaler und vertikaler Ausrich-

1

2

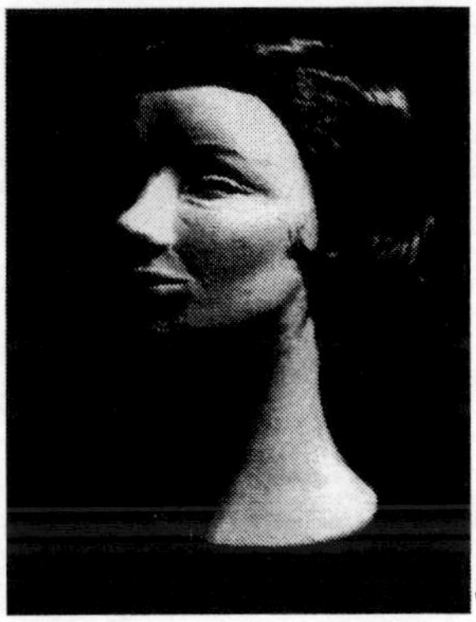

3

Kopfhaltungen

Die Ausleuchtung, die für eine Kopfhaltung gut und stimmig ist, wird für eine andere Ausrichtung des Kopfes nicht so geeignet sein.

1. Bei einer 3/4-Kopfdrehung nach rechts arbeitet ein Führungslicht auf Position 4H/1V die Modellierung meist optimal heraus.
2. Dreht sich der Kopf zur Kamera, wird ein Nasenschatten auf die gegenüberliegende Seite geworfen (Wangendreieck) und auch der Nackenschatten wird stärker.
3. Dreht sich der Kopf weiter nach links, wird die Modellierung unattraktiv.

tung) angestrahlt, dann ändert sich bei einer Kopfbewegung seine Ausleuchtung folgenderweise:

- bei einer Drehung in Richtung des Scheinwerfers verschwinden der Nasenschatten und andere Schattierungen;
- bei einer Drehung in die entgegengesetzte Richtung wächst der Nasenschatten; die Modellierung wird stärker/schlechter.

♦ *Blick schräg an der Kamera vorbei* Diese Kopfhaltung kann man grob in zwei Bereiche einteilen.

- 3/4-frontal: leicht zur Seite gerichtet (etwa 30°), in Richtung 7H oder auch 5H.
- 1/2-frontal: in einem Winkel von etwa 45° zur Seite gerichtet, in Richtung 8H bzw. 4H.

Es ist hilfreich, sich ein Gesicht zweigeteilt vorzustellen. Die Nasenlinie teilt das Gesicht in eine der Kamera zugewandte und eine abgewandte Seite und bezeichnet auch die Kopfrichtung.

Bei zur Seite gedrehten Köpfen muß man immer daran denken, daß das Führungslicht einen Nasenschatten wirft, dessen Länge von der Höhe des Führungslichts abhängt.

- Steht das Führungslicht auf der Seite des Gesichts, das der Kamera zugewandt ist, fällt der Nasenschatten auf die abgewandte Seite und ist u.U. nicht sichtbar. Die der Kamera zugewandte Seite wird so hell sein, daß man vermutlich kein zusätzliches Füllicht braucht.
- Steht das Führungslicht auf der von der Kamera abgewandten Seite des Gesichts, wird der Nasenschatten in Richtung der Kamera fallen und deutlich zu sehen sein. (Hat die Person eine kleine Nase, stört der Schatten entsprechend weniger.) Bei diesem Licht sieht der Kopf gewichtiger aus. Seine Form kommt besser zur Geltung. Sind die Kontraste zu stark, müssen sie mit einem weichen Füllicht aufgehellt werden.

+3H 3V

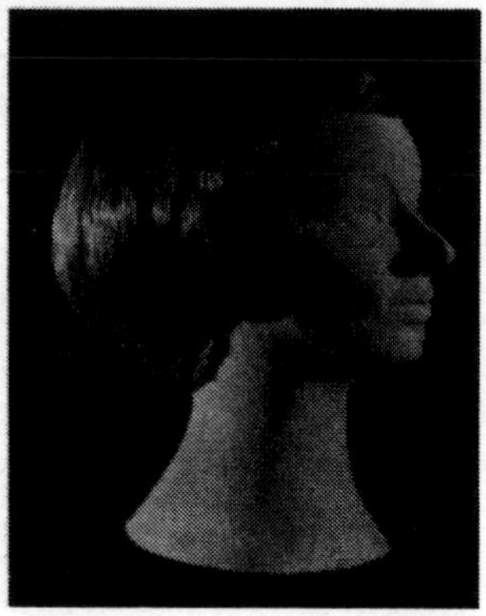

1

4H 3V

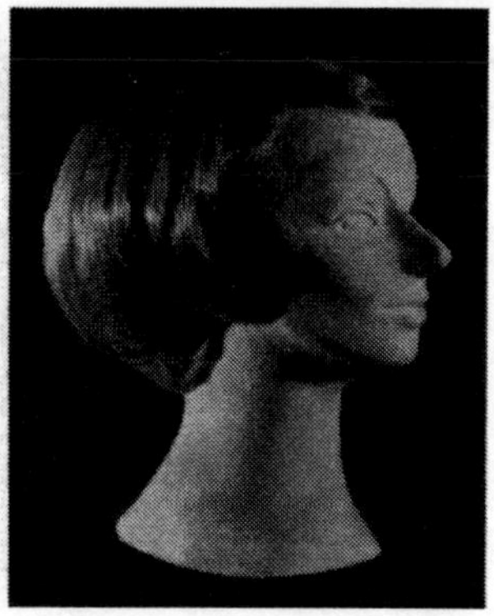

2

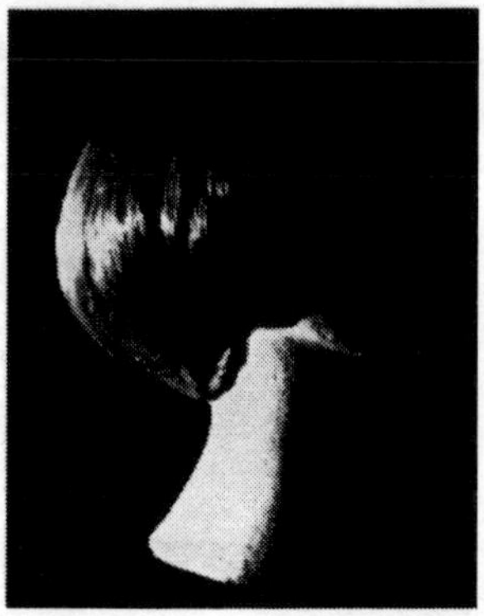

3

Kopfrichtung

Bei einem von der Kamera weggedrehten Kopf nehmen die Probleme mit der Modellierung und dem Nasenschatten zu.

1. Ein auf der gegenüberliegenden Seite aufgestelltes Führungslicht produziert einen deutlich sichtbaren Nasenschatten.
2. Blickt die Person direkt in Richtung des Führungslichts, verschwindet der Nasenschatten und die Modellierung ist gut.
3. Ein Seitenlicht auf Position 9H/3V arbeitet den Nacken und die Haare heraus.

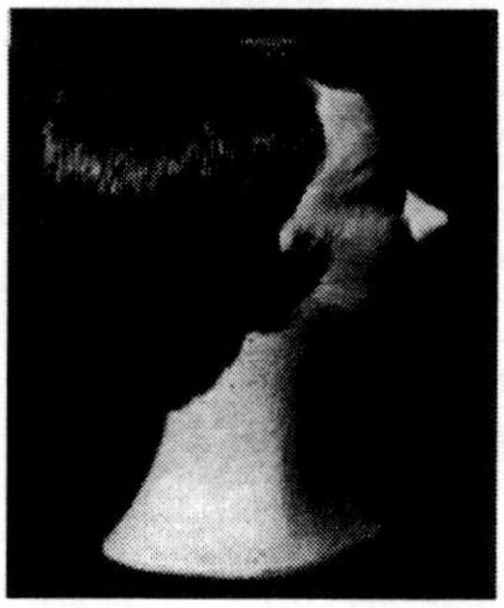

1

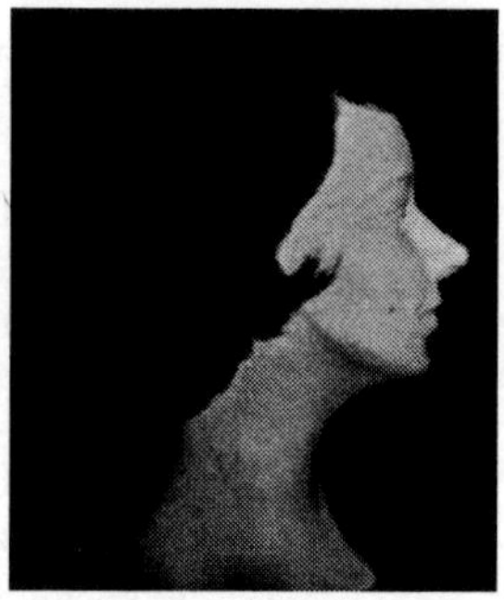

2

Profil

1. Ein Blick weg vom Führungslicht bringt meistens unerwünschte Nebeneffekte mit sich: ein im Schatten liegendes Auge; eine weiße Nasenspitze; verschattete Gesichtspartien. Eine Augenbraue wirft ihren Schatten auf die Nase. Nur das Haar ist gut ausgeleuchtet.
2. Frontales Licht gibt dem Gesicht keine bzw. nur eine flache Modellierung.
3. u. 4. Führt man das Führungslicht weiter um den Kopf herum, wird die Modellierung kräftiger und der Nasenschatten größer.

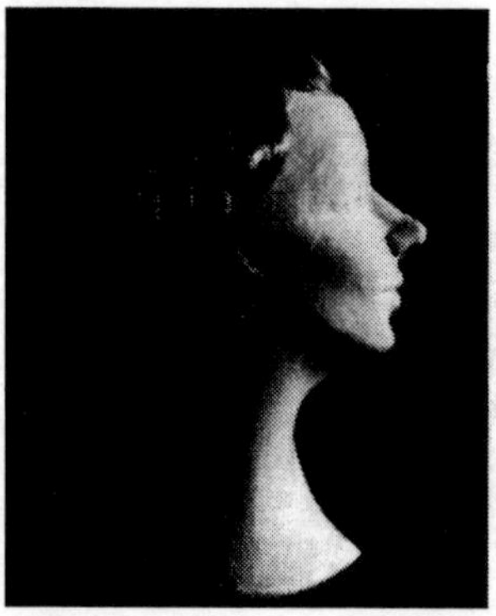

2H 2V

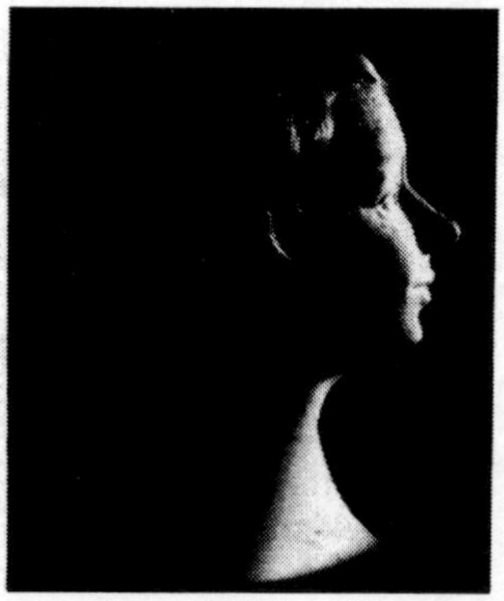

4

1H 2V

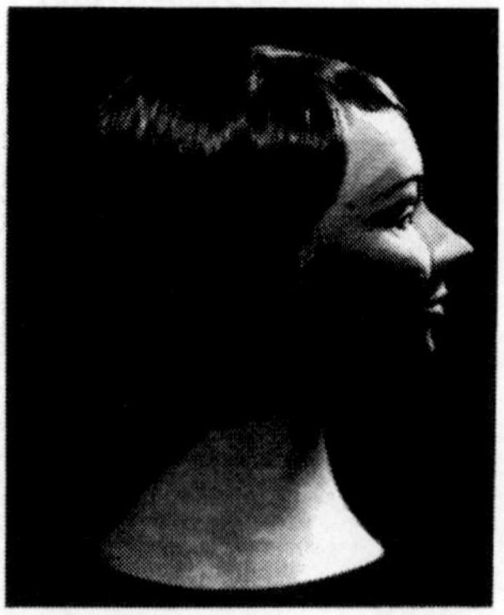

5

5. Eine häßliche Modellierung kann auch mit einem weichen, von vorne kommenden Aufhellicht nicht mehr verbessert werden.

+4H +1V

1

+4H +1V

2

+4H +1V

3

4

5

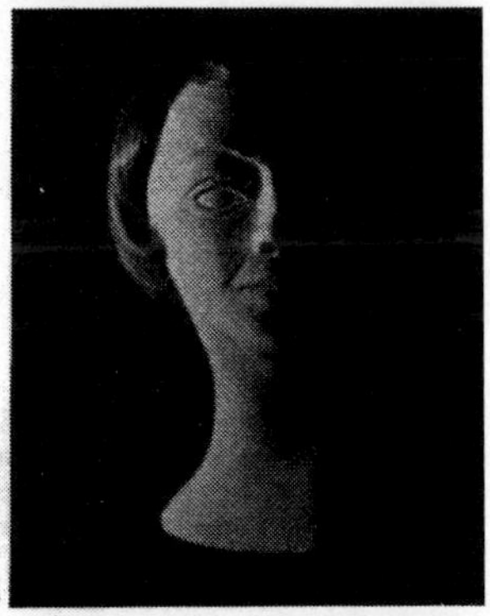

6

Aufhellicht - Kopf von vorne

Diese Aufnahmen wurden mit wechselnden Positionen des Aufhellichts gemacht. Die ersten drei Bilder zeigen die Ergebnisse von einem Führungslicht auf Position 4H/1V plus Aufhellicht; die nächsten drei Bilder nur das Aufhellicht.

1. u. 4. Aufhellicht von vorne.
2. u. 5. Aufhellicht aus einem Winkel von 45°.
3. u. 6. Aufhellicht von links (wenig geeignet für Portraitaufnahmen von vorne).
7. Ist das Führungslicht zu steil, kann seine harte Modellierung vom Aufhellicht kaum noch kompensiert werden.

7

Je weiter das Führungslicht auf der abgewandten Seite steht (9-11H), desto stärker fällt die der Kamera zugewandte Gesichtshälfte in den Schatten, bis man schließlich nur noch die Umrisse des Kopfes sieht.

Machen Sie selbst folgende Versuche: leuchten Sie einen Kopf in 3/4 bis 1/2 -Position zur Kamera aus, um sich mit den Lichtwirkungen vertraut zu machen. Stellen Sie den Scheinwerfer zunächst auf Höhe der Kamera (6H) und betrachten Sie das flache Ergebnis. Bringen Sie dann den Scheinwerfer auf Position 5H (der Kopf ist vom Licht abgewendet) und beobachten Sie die häßliche Modellierung im Bereich der Augen und der Nase. Steht der Scheinwerfer auf Position 4H, fallen weite Teile des Gesichts ganz in den Schatten.

Auf Position 3H wird das Führungslicht zu einem Kantenlicht, das den Nacken hell erleuchtet und Schatten von Ohr und Haaren nach vorne wirft. Auf Position 2H-1H wird es zu einem Streiflicht.

Aufhellicht - Kopf im Profil

1. Frontales, steil von oben kommendes Aufhellicht ist wenig attraktiv. (Führungslicht auf Position 1H/2V.)
2. Aufhellicht aus 4H/3V zerstört die Modellierung des Führungslichts aus 3H/3V.
3. Ein frontales Aufhellicht reduziert die vom Führungslicht aus 4H/3V verursachten Kontraste.
4. Gegen die übertriebene Modellierung eines *zu* steilen Führungslichts (4H/1V) kommt es nicht mehr an.

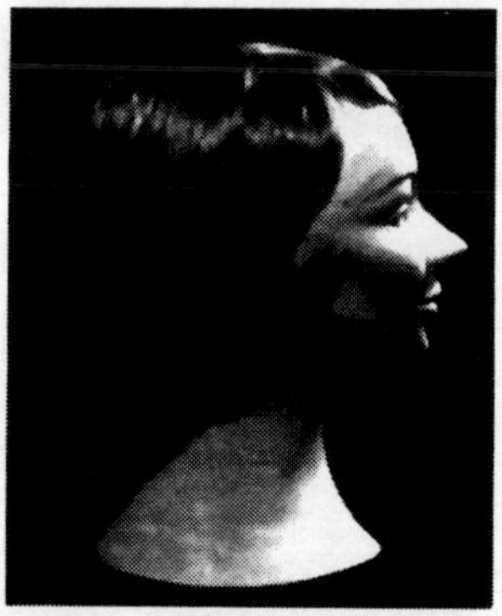

1

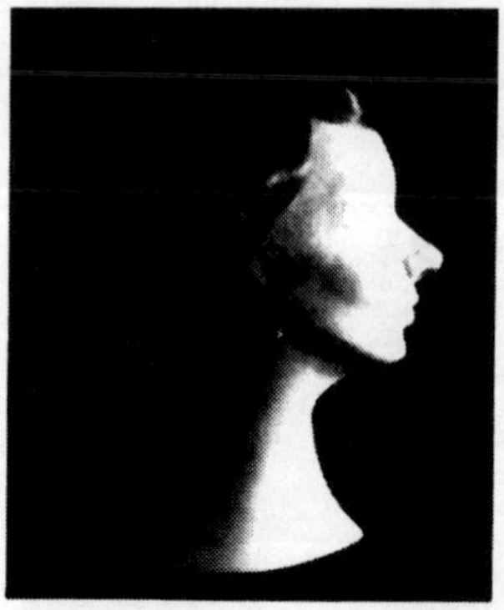

2

3

4

Bei diesen Überlegungen sind wir davon ausgegangen, daß das Gesicht nach links gerichtet ist. Bei Blick nach rechts kehren sich die Verhältnisse entsprechend um.

Kopf im Profil

Bei Profilaufnahmen liegt der Schwerpunkt auf den Umrissen des Kopfes. Ist das Gesicht nach links gerichtet (9H), bekommt man die beste Ausleuchtung mit einem Führungslicht im Bereich von 10° (in Bezug auf die Nasenlinie). Ein Führungslicht auf der gegenüberliegenden Seite mit einer vertikalen Position von etwa 9-10V zeigt die Kontur und einen kurzen Nasenschatten. Kiefer und Wange liegen auf Höhe des Ohres im Schatten. Mit einer noch höheren Position (11V) erscheint das Gesicht hager. Die Schatten unter den Augenbrauen, den Backenknochen, der Nase, den Lippen und dem Kinn werden immer länger.

Mit einem Führungslicht auf 8H wird das Profil auf der zur Kamera gewandten Seite voll ausgeleuchtet, zeigt aber weniger Modellierung. Der Nasenschatten ist nicht sichtbar. Deshalb schätzen viele Beleuchter diese Lampenposition und nehmen die geringere Modellierung in Kauf. Für einen High-Key Effekt oder zur Ausleuchtung eines Profils mit sehr markanten Konturen bringt diese Führungslichtposition auf der zur Kamera gewandten Seite meist zufriedenstellende Ergebnisse.

Die Lichtpositionen von 7H in Richtung 4H sind nicht zu empfehlen, da die Modellierung zunehmend schlechter und die Bildwirkung entsprechend unattraktiver wird.

Eine Lampe auf Position 3H in Höhe 3V-2V erzeugt eine gute Kantenbeleuchtung und eignet sich als Zusatz-/Seitenlicht zu einem Führungslicht auf 9H.

Die Verschiebung des Seitenlichts auf 4H wirft Schatten von Nase und Haar auf die Wangen. Verschiebt man es in Gegenrichtung auf 2H/1H/12H, wird es zum Kantenlicht, das die Haare betont.

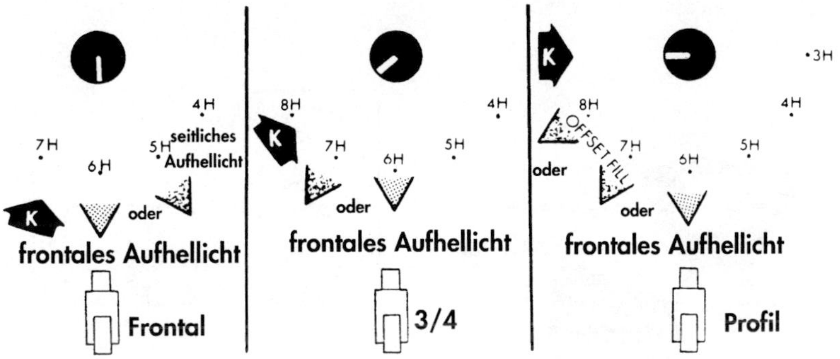

Abb. 5.5 Standorte für das Aufhellicht bei Portraitaufnahmen

Die besten Standorte für das Aufhellicht hängen von der Blickrichtung ab. Hier die Möglichkeiten für frontale, 3/4 und Profil-Aufnahmen.

Bei einem nach rechts gerichteten Portrait kehren sich alle Positionen entsprechend um.

Aufhellicht für Portraits

Wenn das Führungslicht aus Richtung der optischen Achse kommt (± 10°) sind die Schatten so geringfügig, daß normalerweise kein Aufhellicht nötig ist.

Liegen Teile des Gesichts dagegen im Schatten, sollte man diese Partien zumindest ein wenig aufhellen. Bei einem mehr als 25° von der optischen Achse entfernten Führungslicht und bei Portraitaufnahmen mit Führungslicht auf Höhe der Nasenlinie empfiehlt sich fast immer ein Aufhellicht. Andernfalls werden die Kontraste zu stark. (In extrem dramatischen Situationen können diese starken Kontraste die Spannung unterstützen. Ein Aufhellicht würde diese Spannung zerstören)

Zur Darstellung rauher Typen braucht man relativ wenig Aufhellicht, für zarte Frauen und Kinder entsprechend mehr.

Hauttönungen müssen ebenfalls berücksichtigt werden. Dunkle Typen mit sehr ausgeprägten Gesichtszügen haben auch dunklere Gesichtsschatten und brauchen vergleichsweise mehr Aufhellung, besonders wenn diese dunklen Typen auch noch helle Kleidung tragen. Helle und blasse Gesichter verlieren durch zu viel Aufhellicht an Kontur.

Standorte für das Aufhellicht

Die richtige Position für das Aufhellicht ist abhängig vom Standort des Führungslichts und der Kopfhaltung. Hellt man das Profil von einem nach links gerichteten, von 9H mit einem Führungslicht beleuchteten Kopf etwa aus Richtung 8-7H auf, bleibt der nach rechts weisende Hinterkopf einigermaßen dunkel. Mit einem Füllicht auf Position 6H wird der im Schatten liegende Hinterkopf zu hell und überbetont. Bewegt sich eine Person im Raum, muß man beim Einrichten des Aufhellichts alle räumlichen Veränderungen des Kopfes berücksichtigen.

Gegenlicht

Gegenlicht betont die Begrenzungen von Objekten und hebt sie vom Hintergrund ab.

Direktes Gegenlicht

Ein Gegenlicht direkt hinter einer Person (12H/9V) wird von deren Körper verdeckt und beleuchtet nur ihre Umrisse, Haare und Ohren. Bringt man das Gegenlicht in eine höhere Position, scheint es direkt ins Objektiv. In einer noch höheren Position (ca. 10-11V bzw. 30-60°) verschwindet es wieder aus dem Blickfeld der Kamera und beleuchtet die Schultern und die obere Kopfhälfte, so daß deren Beschaffenheit immer deutlicher zur Geltung kommt.

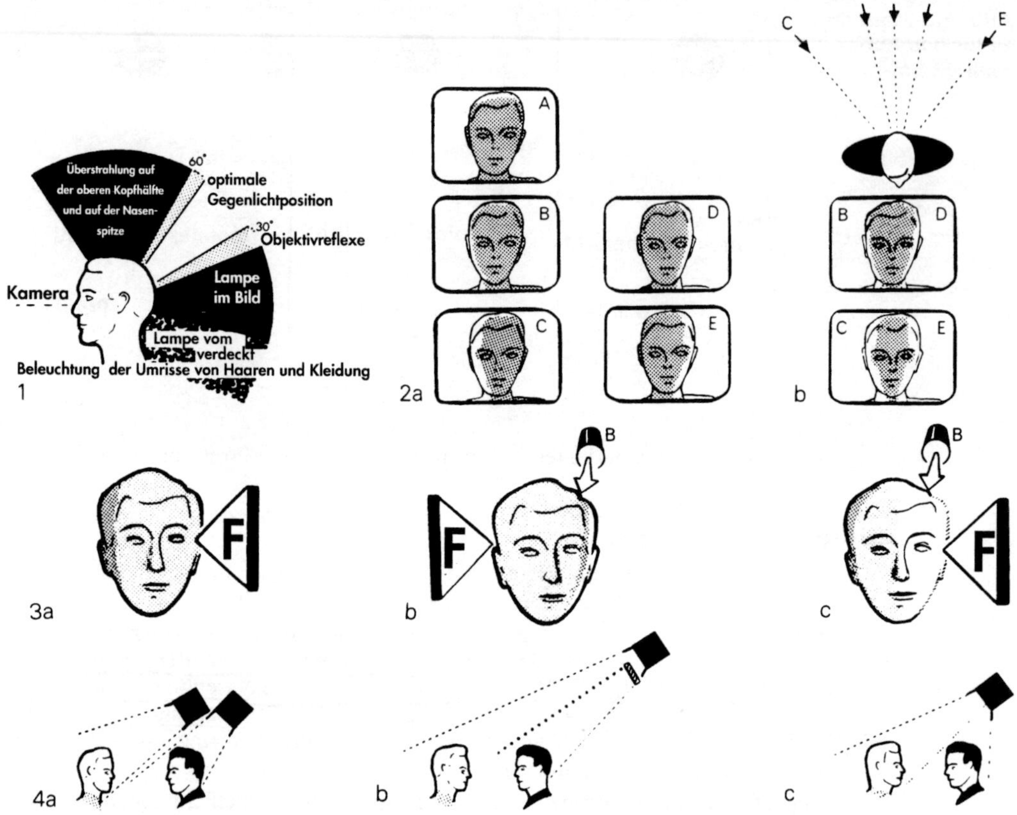

Abb. 5.6 Gegenlicht

1. *Wirkungen und Effekte der vertikalen Positionen.*

2. *Horizontale Positionen*:

a: Das Gegenlicht betont die Umrisse der Person. Verändert man den Standort nach links bzw. nach rechts, wird die Umrißlinie auf der entsprechenden Seite breiter (und auf der anderen Seite schwächer). Haare und Ohren können Schatten über das Gesicht werfen, die mit zunehmender Standortveränderung wieder kleiner werden.

b: Mit zwei Gegenlichtquellen lassen sich die rechte *und* die linke Umrißlinie deutlicher herausarbeiten. Das Ergebnis kann attraktiv bis glamourös, aber auch übertrieben und häßlich sein.

3. *Auswirkungen auf die Balance eines Gesichts*:

a: Ein Führungslicht auf der schmalen Gesichtshälfte läßt das ganze Gesicht schmaler erscheinen.

b: Ein Führungslicht auf der breiteren Gesichtshälfte und eine vom Gegenlicht betonte Umrißlinie auf der schmalen Gesichtshälfte lassen das Gesicht insgesamt breiter aussehen.

c: Ein Gegenlicht auf der gleichen Seite wie das Führungslicht zerstört dessen Modellierung und verstärkt den Kontrastumfang.

4. Stehen sich zwei Personen gegenüber und soll das Gegenlicht auf dem Hinterkopf der einen Person schwächer sein als das Führungslicht auf dem Gesicht der anderen Person, läßt sich die geeignete Balance herstellen, indem man:

a: zwei verschiedene Scheinwerfer einsetzt, wenn es die Räumlichkeiten zulassen;

b: einen Teil des Lichtkegels mit einem Diffusor abschwächt;

c: den Scheinwerfer so einrichtet, daß eine Person von der ganzen Lichtintensität und die andere Person nur vom schwächeren Randbereich des Lichtkegels erfaßt wird.

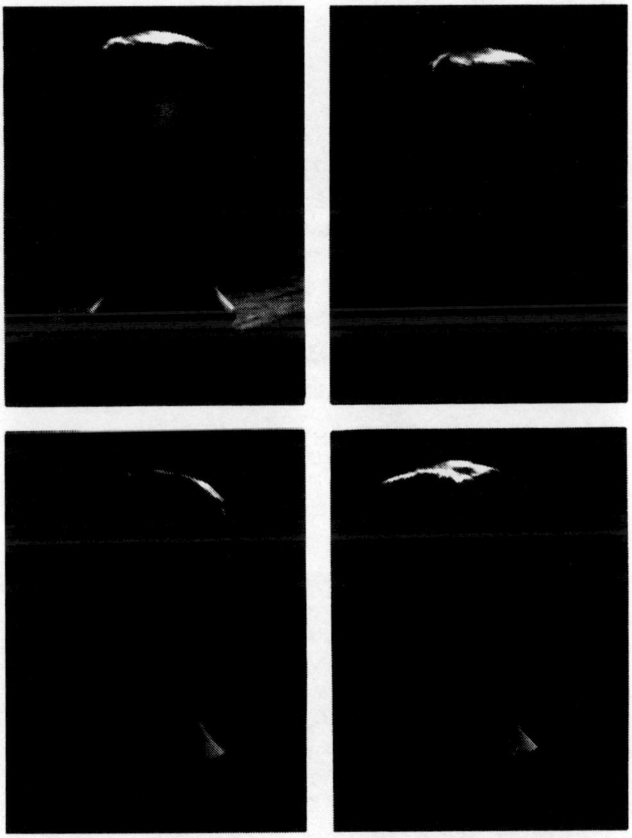

Gegenlicht - vertikale Winkel

Bringt man ein Gegenlicht in eine höhere vertikale Position, werden die Umrisse und die obere Kopfhälfte zunehmend betont.

Ist das Gegenlicht zu steil (11V-12V), fällt ein dunkler Kopfschatten auf die Brust und die Nasenspitze wird beleuchtet; -spätestens, wenn die Person den Kopf nach oben neigt oder sich in einem Stuhl zurücklehnt.

Gegenlicht von unten (8V oder 7V) kann zarte Kostüme, extravagante Frisuren und die Unterseite großkrempiger Hüte betonen, wird aber selbst hierfür nur selten eingesetzt.

Seitlich versetztes Gegenlicht

Gegenlicht auf Position 11H/10V bzw. 1H/10V hebt eine Seite stärker hervor als die andere. Der Kopfumriß wird nur auf einer Seite betont; eine Schulter ist heller als die andere. Der Effekt ist asymmetrisch.

Ein Gegenlicht auf 10H bzw. 2H läßt das Ungleichgewicht noch stärker spürbar werden. Möglicherweise wird ein Ohr überbetont und sein Schatten auf das Gesicht geworfen oder eine Augenbraue und eine Schläfe so hell beleuchtet, daß ein Auge für den Beobachter im Dunkeln zu verschwinden scheint.

Verhältnis zum Führungslicht

Ein Gegenlicht auf der gegenüberliegenden Seite des Führungslichts wird den Umriß der vom Führungslicht unberührten Kopfhälfte vorteilhaft herausarbeiten. Steht es auf der gleichen Seite wie das Führungslicht, wird es wahrscheinlich dessen Modellierung zerstören und den Helligkeitsumfang unnötig verstärken.

1H 10V 1 — 2H 10V 2 — +2H 10V 3

Gegenlicht - horizontale Winkel

Bewegt man ein Gegenlicht aus dem toten Winkel (direkt hinter einer Person, 12H/9V) auf dem horizontalen Kreis weiter nach vorne, fällt entsprechend mehr Licht auf die eine oder andere Kopfseite. Zunächst sieht man nur eine schmale Umrißlinie (1); dann eine zunehmende Modellierung einer Gesichtshälfte - mit einem Spitzlicht auf der Nase (2); dann eine grobe Modellierung mit schwarzem Auge (3).

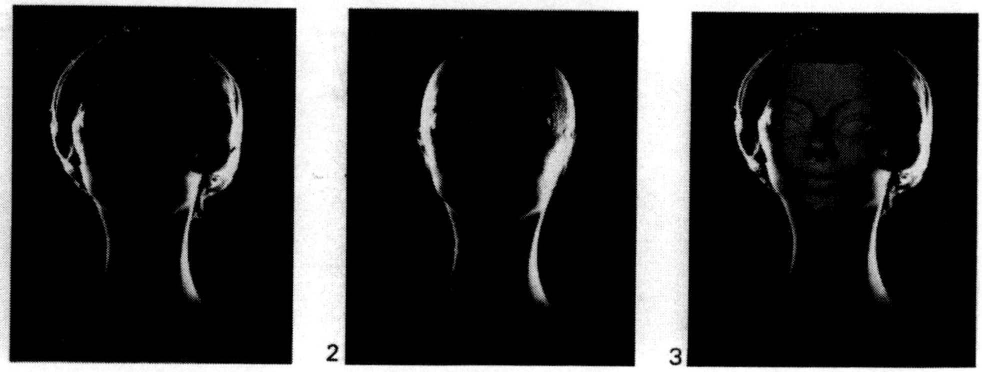

1 — 2 — 3

Zwei Gegenlichtquellen

1. Zwei schräg von hinten kommende Gegenlichtquellen betonen die Umrisse beider Gesichtshälften. Die Wirkung hängt hauptsächlich von der Frisur ab.
2. Bei zurückgekämmtem oder kurzem Haar werden auch die seitlichen Strukturen des Gesichts herausgearbeitet.
3. In Verbindung mit einem weichen Aufhellicht von vorne kann man bezaubernde Portraitaufnahmen erzielen.

Wenn man dennoch den Eindruck erwecken möchte, daß das gesamte Licht aus einer Richtung kommt (eine Person bei Tageslicht am Fenster), muß man dem realitätsgerechten Bildeindruck zuliebe auch das Gegenlicht von der gleichen Seite wie das Führungslicht kommen lassen. Hier ist Vorsicht angesagt, damit die Person vor der Kamera ihre optische Balance nicht verliert.

Zwei Gegenlichtquellen

Im manchen Situationen lassen sich mit zwei Gegenlichtern (z.B. auf 11H und 1H) beide Seiten bzw. beide Umrißlinien einer Sache sehr vorteilhaft und schön herausarbeiten. Ein Gesicht kann jedoch breiter und eine Stirn höher erscheinen. Einige Regisseure

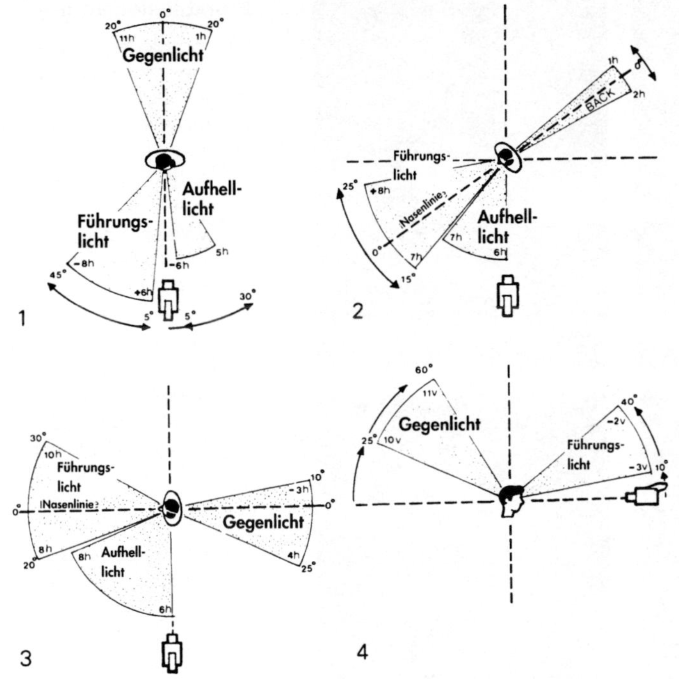

Abb. 5.7 Ausleuchtung einer Person

Diese Zeichnungen zeigen die typischen Beleuchtungswinkel zur vorteilhaften Ausleuchtung von Portraits.

1. Gesicht von vorne.

2 3/4 - etwa um 45° zur Seite gedrehter Kopf.

3. Profil.

4. Vertikale Position (für 1.- 3.).

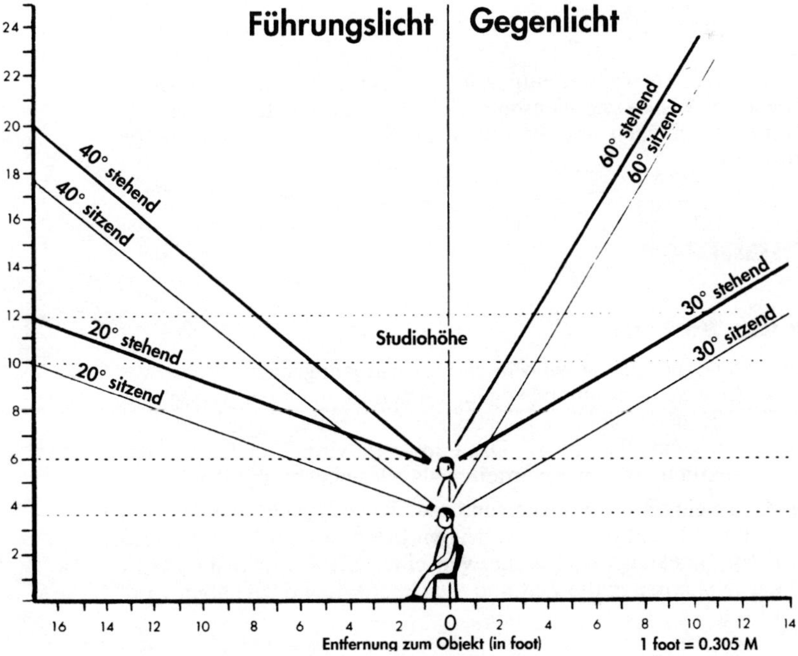

Abb. 5.8 Vertikale Winkel

Vertikale Beleuchtungs-winkel lassen sich grob über die Raum- bzw. Studiogröße bestimmen.

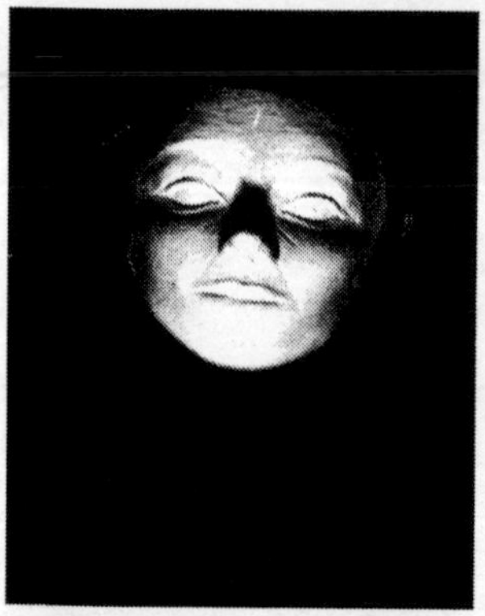

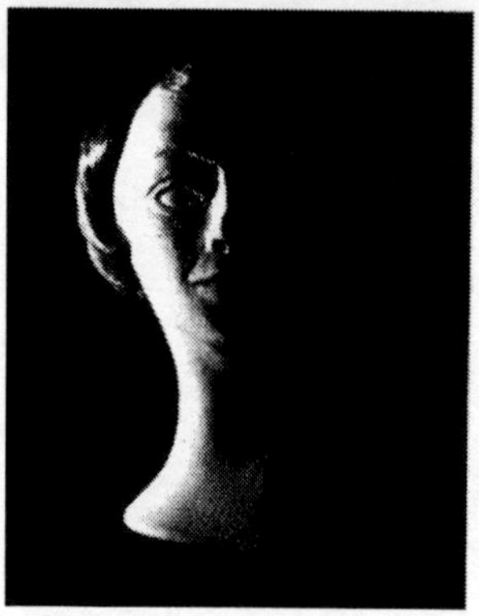

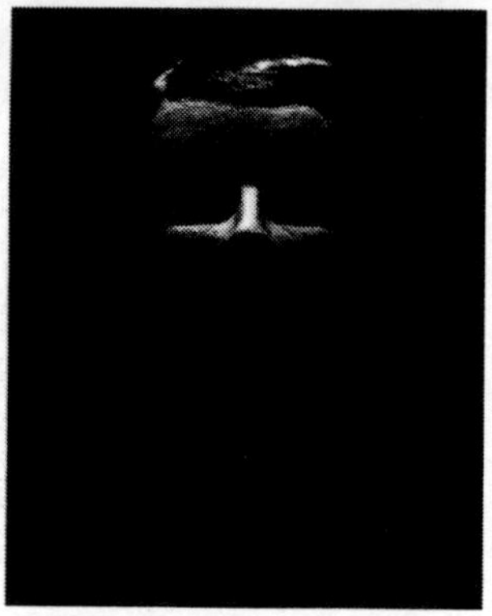

Effektausleuchtung

Hin und wieder möchte man beim Ausleuchten mit dramatischen und überraschenden Effekten arbeiten.

1. Schräg von unten kommendes Licht wird meist als unheimlich empfunden.
2. Steil von unten kommendes Licht läßt die Augen im Wangenschatten verschwinden und das Gesicht wie eine Maske aussehen. Handbewegungen können Schatten auf das Gesicht werfen.
3. Licht von der Seite teilt ein Gesicht in zwei Hälften.
4. Licht direkt von oben erzeugt einen totenkopfartigen Effekt.

arbeiten der Symmetrie zuliebe mit zwei Gegenlichtquellen. Beide Schultern erscheinen dann gleich hell, aber auch das Risiko unerwünschter Schatten verdoppelt sich. Deshalb sollte man speziell beim Ausleuchten von Personen die Vor- und Nachteile dieser Methode sorgfältig abwägen.

Portraitaufnahmen

(Eigen-)Dynamik von Portraits

An der Ausleuchtung einer Szene kann man während der Aufnahme kaum noch etwas verändern. Wenn sich die Akteure im Raum bewegen, können sie in einem Augenblick ganz wunderbar und Sekunden später häßlich aussehen. Auch der Handlungsablauf kann sich von der Probe bis zur Aufnahme verändern. Das Publikum wird auf jeden Fall das Aussehen der Personen wesentlich kritischer beurteilen als alles andere im Film.

Nichts ist frustrierender als ein schwarzes Auge und eine weiße Nase wenn man nicht weiß, was man dagegen tun soll. Mit der entsprechenden Erfahrung und dem nötigen Fingerspitzengefühl wird ein Beleuchter solche unerwünschten Effekte schnell im Griff haben. Ob er während der Dreharbeiten die Zeit und die Gelegenheit dazu haben wird, steht auf einem anderen Blatt.

Portrait - Typen

Beim Ausleuchten von Personen muß man eine ganze Reihe von Faktoren berücksichtigen: welchen Charakterzug man zum Beispiel hervorheben möchte und das Verhältnis einer Person zu ihrer Umgebung.

- Natürliche Portraits Diese Wirkung bekommt man am besten mit dem am (Außen-) Drehort vorhandenen Licht. Es ist nicht immer schmeichelhaft, entspricht aber unserer Vorstellung von natürlichem, nicht von zusätzlichen Scheinwerfern verschönertem Licht. Im Studio ist gerade diese Stimmung überraschend schwer nachzustellen.
- Formale Portraits Hier versucht man eine Person optimal bzw. so vorteilhaft wie möglich auszuleuchten. Es ist die übliche Ausleuchtung bei Interviews, die das Selbstbewußtsein von Personen unterstreicht.
- Charakterdarstellungen Durch entsprechende Ausleuchtung kann man auch Charaktereigenschaften betonen: ein geistreiches, vom Wetter gegerbtes oder zerbrechliches Gesicht etc.
- Glamouröse Darstellungen Um Schönheit und emotionale Zwischentöne herauszuarbeiten, arbeitet man gerne mit sehr weichem Vorderlicht, einem von zwei Gegenlichtquellen erzeugten Heiligenschein und einem weich zeichnenden Objektiv.
- Berücksichtigung der Umgebung Die Ausleuchtung einer Szene wird nur dann überzeugen, wenn das Licht zur Umgebung paßt.
- Bizarre Portraits Durch entsprechende Ausleuchtung kann man Portraits auch entstellen, grotesk aussehen lassen und bis zur Unkenntlichkeit verändern.

Portraitkorrekturen

Begegnet man einer Person, die man aus dem Fernsehen kennt, sieht sie meist ganz anders aus. Oft ist sie kleiner oder größer, älter oder jünger, als wir vermutet hätten. Auch andere Eigenschaften kommen vor der Kamera ganz anders zur Geltung.

Diese Unterschiede haben nicht nur mit dem Makeup zu tun. Ein schüchternes Mädchen kann auf der Leinwand attraktiv und lebhaft erscheinen; eine sehr hübsche Frau überraschend ordinär; und ein gepflegter Mann wie ein Geck.

Man sagt, daß die Kamera manche Menschen mehr liebt als andere; vermutlich sind die Gründe für die Kameratauglichkeit aber doch in den Proportionen der Gesichter zu suchen.

Mit Licht kann man Eigenschaften eines Gesichts hervorheben und zurückdrängen. Betrachtet man von einer vertrauten Person Bilder, die mit Führungslicht aus unterschiedlichen Richtungen aufgenommen wurden, dann sieht man deutlich, wie sich das Aussehen des bekannten Gesichts von Bild zu Bild verändert. Auf einigen Bildern kann uns ihr Aussehen durchaus überraschen!

Bei genauen Bild-Betrachtungen werden wir auch feststellen, daß kaum ein Gesicht symmetrisch ist.

- Die Stirn ist verhältnismäßig groß oder klein.
- Die Gesichtshälften sind unterschiedlich breit.
- Die Augen liegen nicht auf einer Linie.
- Die Nase ist relativ lang oder kurz oder schief.
- Der Mund ist schräg.
- Die Mund- und Augenlinien laufen auf einer Seite zusammen.
- Das linke und rechte Profil sind deutlich verschieden.

Im Alltag neigen wir dazu, solche Eigenschaften zu übersehen. Beobachten wir ein Gesicht im Spiegel, fallen uns Unregelmäßigkeiten schon eher auf. Abbildung 5.9 zeigt, wie man mit Licht solche Unregelmäßigkeiten korrigieren kann. Richtet man z.B. das

Führungslicht auf die breitere Gesichtshälfte, erscheint das ganze Gesicht breiter. Richtet man es auf die schmalere Gesichtshälfte, bleibt ein Teil der breiteren Hälfte im Schatten und das Gesicht sieht insgesamt schmaler und ausgewogener aus.

Leider lenken manche (Licht-) Korrekturen die Aufmerksamkeit auf andere Unregelmäßigkeiten. Ein steileres Führungslicht zur Verbesserung einer dicken Nase läßt die Augen kleiner werden. Ein zusätzliches Aufhellicht für die Augen reduziert wiederum die Modellierung und läßt den Nacken breiter aussehen.

Mögliche Veränderungen der Kopfhaltung muß man ebenfalls im Auge behalten bzw. mit einplanen. Selbst eine sitzende Person ist immer ein wenig in Bewegung. Und ein mit viel Mühe arrangiertes Licht-Dreieck, gebildet vom Nasen- und Wangenschatten, kann schon bei einer geringfügigen Kopfdrehung von einem zu langen Nasenschatten wieder zerstört werden.

Kommt das Führungslicht aus 8H, wird der Kopf bei einer Drehung in diese Richtung hervorragend modelliert sein. Dreht sich der Kopf in die andere Richtung (z.B. 4H), wird er unattraktiv. Die Schatten der Wangen und der Augenhöhlen wandern in Richtung Nase. Die Vorderseite des Gesichts fällt in den Schatten. Nacken-, Wangenpartie und Ohr werden überbetont.

Wenn sich die Objekte vor der Kamera bewegen oder wenn man den Standpunkt der Kamera verändert (bzw. mit mehreren Kameras aufzeichnet), wird man unausweichlich mit verzwickten Beleuchtungsproblemen dieser Art konfrontiert.

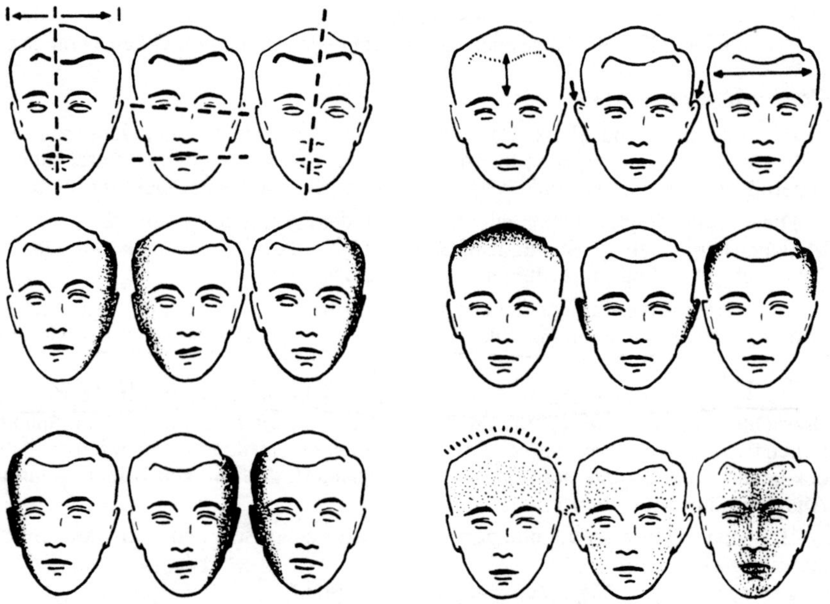

Abb. 5.9 Lichtkorrekturen

Ein Gesicht ist selten symmetrisch. Die meisten Gesichter haben ein für sie typisches Ungleichgewicht bzw. verschobene Proportionen (obere Bildreihe).

Vor der Kamera treten Unregelmäßigkeiten oft noch stärker in Erscheinung. Man kann versuchen, sie mit Makeup und - bei etwa gleichbleibender Kopfhaltung - durch entsprechende Ausleuchtung zu korrigieren (mittlere Bildreihe).

Bewegt sich eine Person, sind Gesichtskorrekturen mit Licht nicht empfehlenswert, da je nach Position und Körperhaltung die gewünschte Wirkung ins Gegenteil umschlagen kann. (Untere Bildreihe von links nach rechts: Führungslicht von der falschen Seite; Licht von oben; - in Verbindung mit Gegenlicht; zwei Gegenlichtquellen.)

Fehler bei der Portraitausleuchtung

Mit einigen unattraktiven Effekten der Portraitausleuchtung, die auf das Aussehen einer Person und die Reaktionen des Publikums entscheidenden Einfluß haben können, sind wir inzwischen vertraut. Im folgenden eine Zusammenfassung der schwerwiegendsten Beleuchtungsfehler:

Tabelle 5.3 Statische Portraits - Lichtkorrekturen

		Ausleuchtung	Kamera	Person
Haare	hell	(11), 15, (18), (20)	B	
	dunkel	(10), 21		
	dünn	11, 15, 16, (18), 20		
	kahl	2, 13, 15, 16, 18, 19, 20	B	
Stirn	dominant	2, 13, 14, 16, 18	B, D	d
	breit	(3), 5, 8, 10, 13, 14, 18	B, D	d
	schmal	2, 4, 6, 7, (9), 11, 12	(A)	
Augen	tiefliegend	2, 7, 22	B	d
	hervortretend	16, 18	D	e
Nase	groß	2, 4, 6, (7), 9, (11), 14, 16	D	a, d
	klein	1, 3, 5, (8), 10	e	
	gebrochen	2, 4, 7, 9	D	a
	lang	2, 4, 7, 9	B, D	a, d
	gebogen	2, 4, 7, 9	D	
Mund	groß	2, 4, 7, 9, 16, 20	D	b, (c), d/e
	klein	1, 3, 8, 10		
Kinn	groß	2, 4, 7, (11), 13, 14, 16, (17), 18, 20	D	a
	klein	1, 8, (10), (22)		
	schmal	(12)	b, (c), d	
Nacken	breit	4, 13, 14, 16, 17, 18, 20	(A)	e
	faltig	2, 7, 11, 16, 17, 18, 20, (22)	(A), C, D	e
	Doppelkinn	1, 7, (11), 16, 17, 18, 20, (22)	A	d
Ohren	groß	3, 13, 14, 15, 16, 17, 18, 19, 20	D	b, (c)
	abstehend	3, 13, 14, 15, 16, 17, 18, 19, 20	D	c
Eigenheiten	Falten	2, 4, 7, 11, 14, 22	C	b
	wenig Mod.	1, 3, 5, 8, 10, (12), 18, 20,	D	b, (c)
	breit	5, 8, 10, 13, 14, 18, 20	A, D	b, (c)
	schmal	2, 6, (9), 11, 12	(c)	
Brillen		1, 3, (9), (11), 16	D	d, e
Körper	schwer	2, (3), 5, 8, (10), 13, 14, 16, 19,	D	b, (c)
	leicht	(11), 12	a	
Verunstaltungen		14, 16, 17, 18, 19	b, (c)	

Führungslicht:

1 höher
2 tiefer
3 seitlicher
4 frontaler
5 3/4 Kopfdrehung, gegenüberliegend
6 3/4 Kopfdrehung, auf der Kameraseite
7 hartes Licht vermeiden
8 weiches Licht vermeiden
9 Nasenschatten beachten
10 Lichtkontraste verstärken
11 Lichtkontraste verringern
12 zwei Gegenlichtquellen
13 nicht beide Umrisse betonen
14 seitliches Gegenlicht vermeiden
15 Gegenlicht reduzieren
16 Schwerpunkt verlagern
17 im Schatten verbergen
18 Schattieren
19 im Hintergrund aufgehen lassen
20 Teil- Gaze oder Diffusor einsetzen
21 Haarlicht verstärken
22 Unterlicht hinzufügen

Kamera:

A höher
B tiefer
C u.U. Weichzeichner
D bei Nahaufnahmen weitwinklige Brennweiten vermeiden

Kopf:

a frontale Ausrichtung
b 3/4 Position
c Profil
d Kopf nach oben neigen
e Kopf nach unten neigen

() nur in manchen Fällen empfehlenswert

Nase

- Nasenschatten können die Nase länger aussehen lassen und entstellen.
- Die Form der Nase wird überbetont.

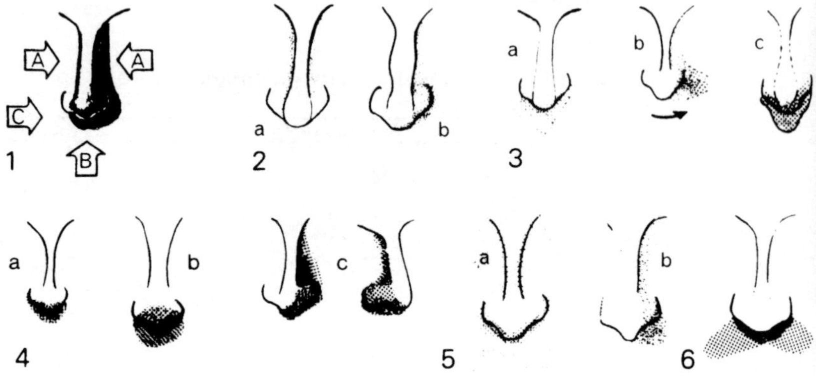

Abb. 5.10 Nasenform und Nasenschatten

1. Die Erscheinungsform einer Nase hängt wesentlich vom Nasenschatten ab: (a) von der Schattenlinie auf dem Nasenrücken; (b) vom Nasenschatten oberhalb der Lippe; (c) von den Schattierungen der Nasenspitze.
2. Schatten arbeiten die Form des Nasenrückens heraus. Sie können: (a) seine schmale, schlanke Struktur oder (b) seine unregelmäßige Form betonen.
3. Von den Schatten um die Nasenspitze hängt ab, ob sie: (a) länglicher, (b) leicht schräg oder (c) gebogen aussieht.
4. Schatten auf dem vorderen Bereich der Nase lassen sie: (a) kürzer, (b) nach oben und (c) nach unten geneigt erscheinen.
5. Fällt Licht auf einen Teil der Nase, kann sie hierdurch: (a) dicker (steiles Licht von oben) und (b) breiter bzw. zur Seite gebogen (Seitenlicht) wirken.
6. Zwei Nasenschatten sind nicht nur häßlich sondern lassen auch den vorderen Teil der Nase breiter aussehen.

- Der Nasenschatten verändert mit jeder Kopfbewegung seine Form und seine Länge und zerstört das von Wangen- und Nasenschatten geformte Lichtdreieck.
- Zwei Führungslichter verursachen zwei Nasenschatten. Sie sehen aus wie ein Schnurrbart oder Flügel links und rechts von der Nase.
- Eine zu helle Nasenspitze läßt die Nase dick oder nach oben gerichtet erscheinen.
- Eine zu helle Nasenseite teilt die Nase in zwei Hälften und läßt sie deformiert aussehen.

Augen

- Die Augen einer Person ziehen die größte Aufmerksamkeit auf sich und müssen beim Ausleuchten entsprechend berücksichtigt werden.
- Augen ohne Reflexe sehen ausdruckslos und tot aus.
- Sehr große oder mehrere Reflexe sehen unnatürlich bis merkwürdig aus.
- Auch Kontaktlinsen verursachen manchmal eigenartige, ablenkende Effekte.
- Nase und Augenbrauen können Augenpartien teilweise oder ganz verschatten.
- Eine schwarze Augenhöhle hat ihre Ursache meist in schrägem Gegenlicht oder Seitenlicht.

- Zwei schwarze Augehöhlen sind das Ergebnis einer zu steilen Ausleuchtung oder eines nach unten geneigten Kopfes.
- Lange Wimpern können seltsame Schatten auf Wangen und Nase werfen.
- Tief im Schatten liegende Augen scheinen zu verschwinden; ein Kopf ohne Augen sieht aus wie ein Totenkopf!
- Reflexionen von Brillen sind problematisch und störend.
- Fällt der Schatten vom Brillengestell über die Augen, bekommt die Person einen verschlagenen Ausdruck, -als wollte sie uns nicht in die Augen sehen.

Haare

- Dunkle Haare ohne Lichtreflexe sehen wie eine unstrukturierte Masse aus. Sind sie darüberhinaus kaum von einem dunklen Hintergrund zu unterscheiden; das hellere Gesicht wirkt isoliert.
- Zu viel Gegenlicht verursacht unattraktive Effekte: neben überstrahlten Schultern erscheinen die Haare wirr, fettig und ebenfalls viel zu hell.
- Auch der glamouröse Effekt kann unangemessen und übertrieben wirken.
- Ein zu helles und zu steiles Gegenlicht betont schütteren Haarwuchs und läßt den Kopf flach erscheinen.
- Im schlimmsten Fall sieht ein Kopf mit wenig Haaren wie eine Glatzkopf aus.

Ohren

- Bei unzureichender Ausleuchtung liegt das Innere der Ohren im Dunkeln oder ihre Formen kommen nicht zur Geltung.
- Zuviel und zu steiles Gegenlicht betont die Ohren übermäßig, so daß sie abstehend und größer aussehen; oder transparent.
- Spitzlichter auf den Ohren lenken ebenfalls ab. Desgleichen Schatten der Ohren auf den Wangen (meist bei Profilaufnahmen).

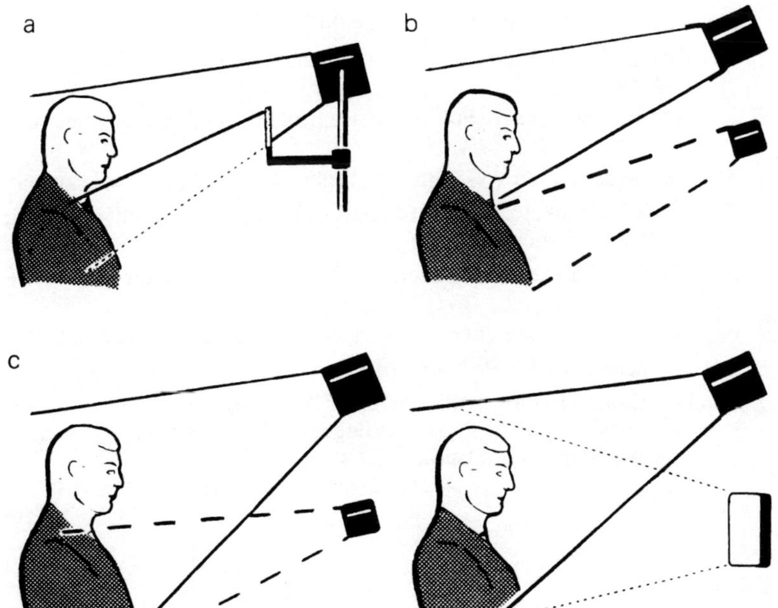

Abb. 5.11 Ausleuchten von Kleidung

Zur Ausleuchtung von Kleidung benötigt man oft eine andere Lichtintensität als für das Gesicht. Zur Anpassung der Beleuchtungsstärken kann man: (a) einen Teil des Führungslichts mit einer Drahtgaze oder einem Diffusor abschwächen; (b) die Person und die Kleidung getrennt ausleuchten oder (c) einen zusätzlichen Aufheller einsetzen.

Kinn

- Der Schattenwurf vom Kinn ist in der Regel unauffällig, es sei denn, daß er bis auf Höhe der Schultern fällt (bei steilem Führungslicht oder auch einem sehr steilen Gegenlicht). Dieser Schatten ist bei nackten Schultern besonders störend.
- Diagonale Kinnschatten können die Ausgewogenheit eines Portraits beeinträchtigen.
- Sehr häßlich ist auch ein vom Seitenlicht auf die gegenüberliegende Schulter projizierter sprechender Schatten.

Stirn

- Zuviel Licht auf der Stirn läßt einen Kopf überdimensioniert erscheinen.
- Zuviel Licht auf den Schläfen macht ein Gesicht breit.

Modellierung

- Ungenügende Modellierung verschenkt die Eigenschaften eines Gesichts. Es sieht blaß, flach und ein wenig zu groß aus.
- Ein schmales, steil von oben beleuchtetes Gesicht sieht hager und ausgemergelt aus.
- Durch Ausleuchtung von der falschen Seite oder in einem zu großen Winkel kann der Gesichtsausdruck schlaff und unausgewogen wirken; bei zu kleinem Beleuchtungswinkel verhältnismäßig breit.
- Ein Führungslicht oder Gegenlicht auf der breiteren Gesichthälfte betont ebenfalls seine Breite.
- Ein zu steiles und zu hartes Führungslicht bringt Falten, Narben, Tränensäcke und alle anderen Unregelmäßigkeiten eines Gesichts übermäßig zur Geltung (Orangenhauteffekt).
- Wenn der schmierige Bösewicht sich nach vorne beugt, um sein Opfer zu quälen, sollte das Licht seine Gesichtszüge natürlich grob und häßlich zeigen. Ansonsten empfiehlt es sich, die genannten Fehler zu vermeiden bzw. zu beheben.

Zusammenfassung

Noch einmal die wichtigsten Faustregeln:

1. Richten Sie das Führungslicht -in Bezug auf die Nasenrichtung- in einem Winkel von etwa 10-30° aus.
2. Kopfbewegungen in (Führungs-) Lichtrichtung sehen besser aus als in Gegenrichtung.
3. Vermeiden sie große Lichtwinkel (über 40-45°) ebenso wie zu spitze Winkel.
4. Auch die Winkel zwischen Führungslicht und Aufhellicht sollten nicht zu extrem auseinanderliegen.
5. Leuchten Sie für jeden Kamerastandpunkt das Objekt nur mit einem Führungslicht aus.
6. Setzen Sie Aufhellicht nur zur weichen Ausleuchtung von Schatten ein.
7. Vermeiden Sie bei Portraitaufnahmen von vorne Seitenlicht.
8. Für Profilaufnahmen mit extremer Modellierung ist es meistens besser, das Führungslicht auf die gegenüberliegende Seite zu stellen. (So vermeidet man auch Mikrofonschatten im Bild.)

Abb. 5.12 Ausleuchtung von zwei Personen

1. Klassische Portraitausleuchtung für eine Person.
2. Jede Person hat ihr eigenes Führungs- und Aufhellicht. (Vorsicht, daß das Licht für eine Person nicht auch auf die andere Person fällt!) Sind zwei Personen sehr dicht zusammen, so ist es ein brauchbarer Kompromiß, das Führungslicht für jede Person gleichzeitig als Gegenlicht für die andere Person zu nutzen.
3. Diese Lösung sorgt für einen guten dreidimensionalen Ausleuchtungseffekt und vermeidet Mikrofonschatten.
4. Hier ist das Führungslicht jeweils auf der gleichen Gesichtshälfte. Dies verbessert die visuelle Kontinuität beim Schnitt.
5. Bei dieser Ausleuchtung werden sichtbare Nasenschatten vermieden. Der Bildeindruck ist jedoch insgesamt schwächer.

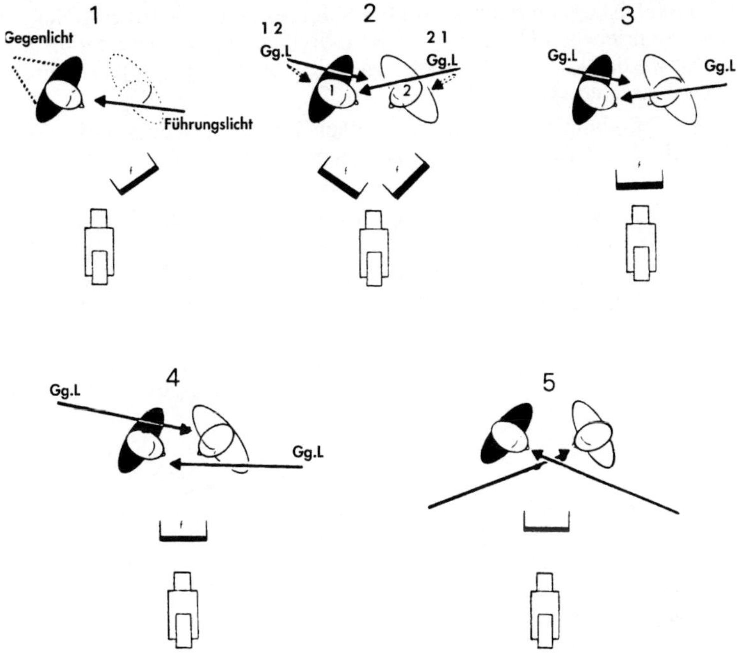

Ausleuchtung von Gruppen

So weit haben wir uns mit der Ausleuchtung einer einzelnen Person beschäftigt. Im folgenden werden Beleuchtungsmethoden für zwei und mehrere Personen vorgestellt.

Zwei Personen

Am besten wäre es, beide Personen getrennt auszuleuchten, d.h. für jede Person ein eigenes Führungs-, Aufhell- und Gegenlicht zu setzen. Sobald jedoch zwei Personen sehr dicht zusammenstehen, wird das Führungslicht, das auf eine Person ausgerichtet ist, die zweite Person zum Beispiel von der Seite beleuchten.

In diesem Fall empfiehlt sich eine gemeinsame Ausleuchtung beider Personen, bei der das Führungslicht für eine Person gleichzeitig als Gegenlicht für die zweite Person dient. Mit Hilfe einer halben Gaze oder eines halben Diffusors kann man die Intensität des Gegenlichtanteils -wenn nötig- reduzieren. Auf welcher Seite der Personen man das Führungslicht aufstellt, ist eine Frage der gewünschten Lichtwirkung.

Drei Personen

In Fernseh-Interviews und Diskussionen haben wir es oft mit drei Personen zu tun. Auch hier ist eine individuelle Ausleuchtung jeder Person kaum realisierbar. Spätestens wenn die Person in der Mitte ihren Kopf vom linken zum rechten Gesprächspartner dreht (und die Diskussion mit zwei Kameras aufgezeichnet wird) entstehen Probleme, die mit den beschriebenen Methoden für die individuelle Ausleuchtung nicht zufriedenstellend gelöst werden können. Diese für den Beleuchtungsalltag typische Problemsituation soll näher betrachtet werden.

In Abbildung 5.13/1 hat jede Person ihr eigenes Führungs- und Gegenlicht. Das Aufhellicht ist für alle gemeinsam. Beobachten wir einmal dessen Wirkung für jede Person:

- Für die Person in der Mitte ist es einigermaßen akzeptabel, auch wenn es die Wirkung des Führungslichts auf diese Person ein wenig abschwächt.
- Für die beiden anderen Personen kommt es relativ ungünstig von der Seite. Seine Wirkung bei einem Abstand von ca. 3m ist nicht sonderlich attraktiv.

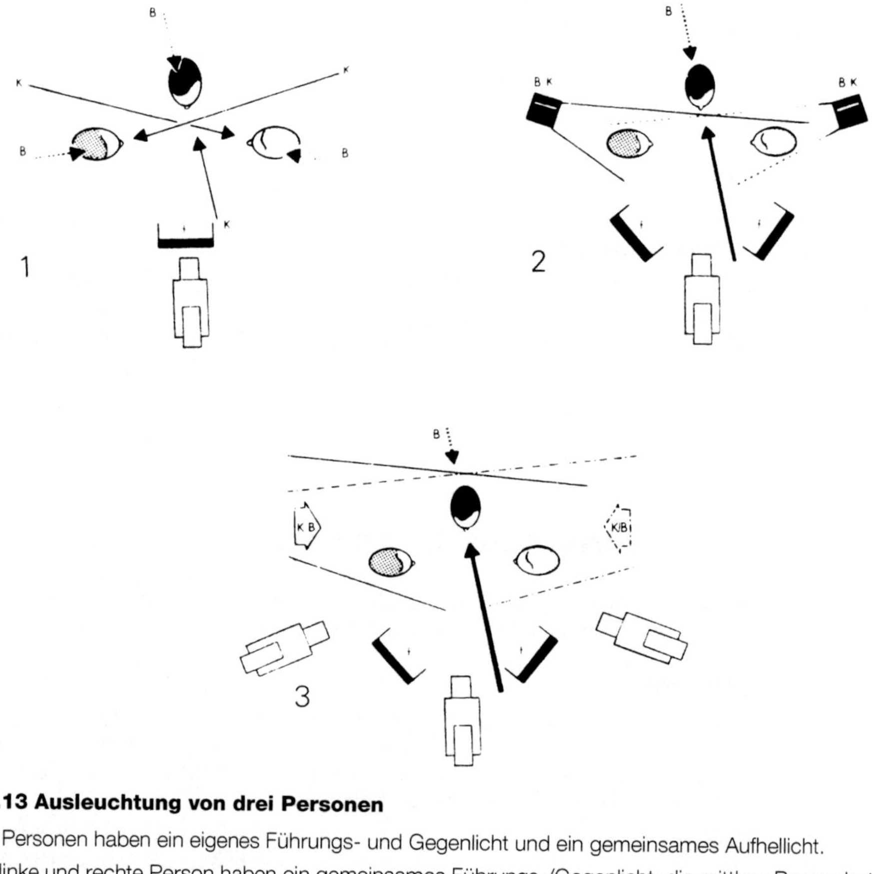

Abb. 5.13 Ausleuchtung von drei Personen

1. Alle Personen haben ein eigenes Führungs- und Gegenlicht und ein gemeinsames Aufhellicht.
2. Die linke und rechte Person haben ein gemeinsames Führungs-/Gegenlicht; die mittlere Person hat ein eigenes Führungslicht. Zwei Aufheller.
3. Kombiniertes Führungs-, Gegen- und Aufhellicht für alle drei Personen.

Mögliche Beleuchtungsprobleme:

(a) Mikrofonschatten; (b) Einzelausleuchtung kann bei dicht zusammensitzenden Personen schwierig sein; (c) sitzen die Personen nebeneinander, sollten die Führungslichter von links und rechts vorne kommen.

Das Führungslicht für die mittlere Person ist gut, solange sie nach vorne blickt. Dreht sie ihren Kopf um mehr als 45° zur einen oder anderen Seite, trifft das Führungslicht in einem Winkel von 50-60° auf ihr Gesicht. Von einer zweiten seitlichen Kameraposition aus gesehen wird obendrein das ursprüngliche Gegenlicht zu einem Seitenlicht von schräg hinten! Das Gesicht zerfällt in eine rechte und eine linke Hälfte und wird von vorne in dieser Position nicht aufgehellt. Eine Einstellung von der anderen Seite sieht genauso schlecht aus. Verändert die Person in der Mitte ihre Kopfhaltung nur geringfügig und sind - bei einer Aufzeichnung mit zwei Kameras - deren Positionen nicht allzu weit voneinander entfernt, kann man jedoch mit dieser Ausleuchtung durchaus über die Runden kommen.

Abbildung 5.13/2 zeigt einen anderen Ansatz. Mit zwei gut positionierten Aufhelleuchten kommen die Personen links und rechts schon besser zur Geltung. (Sie müssen natürlich für jede Person genau ausgerichtet werden.) Zur Vereinfachung bzw. aus ökonomischen Gründen werden die Führungsleuchten für diese beiden Personen gleichzeitig auch als Gegenlicht für die jeweils andere Person eingesetzt. Die mittlere Person hat immer noch ihr eigenes Führungs- und Gegenlicht. Man könnte diese Ausleuchtung durch zwei weitere Aufheller auf beiden Seiten im Bühnenhintergrund und ein veränderbares Gegenlicht für Kopfbewegungen der mittleren Person ergänzen.

In Abbildung 5.13/3 wird auch die mittlere Person vom Licht der beiden kombinierten Führungs- und Gegenlichtscheinwerfer beleuchtet. Bei dieser Ausleuchtung liefern beide Kameras, unabhängig von den Kopfbewegungen der mittleren Person, auch von ihr zufriedenstellende Bilder. Mit einer Einschränkung: jetzt wirkt ihr Gesicht beim Blick nach vorne zweigeteilt. Mit einem zusätzlich von vorne kommenden Führungslicht kann man versuchen diesem Effekt entgegenwirken; ein Versuch, der manchmal zum gewünschten Erfolg führt -und manchmal nicht. Man sollte jedoch den unerwünschten Effekt nicht mit verstärktem Aufhellicht beseitigen. Sonst wird die Modellierung der gesamten Szene flacher.

Eine weitere Möglichkeit dem Problem zu begegnen, besteht darin, beim Einstellungswechsel von der Gruppe auf die mittlere Person das von vorne kommende Aufhellicht unauffällig durch ein frontales oder leicht schräges Führungslicht zu unterstützen.

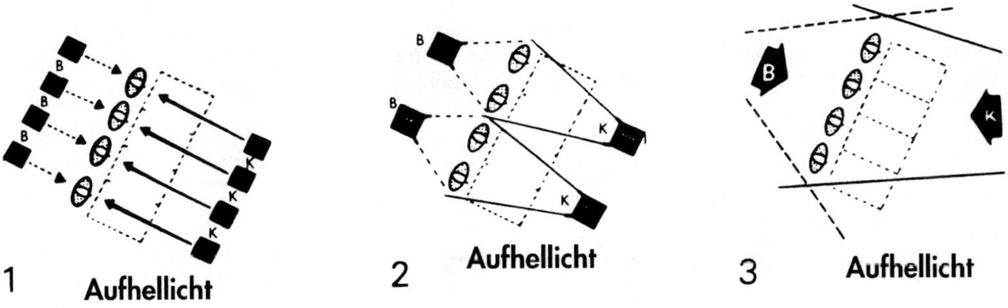

Abb. 5.14 Gruppen in Reihe

1. Individuelle Ausleuchtung
2. Paarweise Ausleuchtung
3. Gemeinsame Ausleuchtung

Letztendlich gibt es für die gute und richtige Ausleuchtung einer Person, die ständig ihren Kopf nach links und rechts dreht, kein Patentrezept. Aber es ist kein Nachteil, die Gründe für das nur schwer lösbare Problem zu kennen.

Diskussionsgruppen

Abbildung 5.14 zeigt eine Gruppenanordnung, wie sie uns aus Fernsehdiskussionen und Spielshows und ähnlichen Veranstaltungen vertraut ist. Eine Gruppe von Gästen, Journalisten oder Experten sitzt in einer Reihe; ihnen gegenüber ein Gastgeber, ein Diskussionsleiter oder eine zweite Gruppe.

Diese Anordnung läßt sich folgendermaßen ausleuchten:

Ein individuelles Führungs- und Gegenlicht auf jedem Gesprächsteilnehmer und ein gemeinsames Aufhellicht;

Führungs- und Gegenlicht für jeweils zwei Personen;

ein gemeinsames Führungs- und Gegenlicht für alle Teilnehmer.

Individuelle Ausleuchtung Mit dieser Methode hätte man die beste Kontrolle. Sitzen die Personen sehr dicht zusammen und sind die Scheinwerfer weit entfernt, ist sie kaum praktikabel. Es ist nicht nur schwierig das Licht individuell auf sie auszurichten, sondern es besteht auch ständig die Gefahr, daß eine Person ins Licht der anderen Person gerät.

Paarweise Ausleuchtung Mit dieser Ausleuchtung ist man ein wenig flexibler. Mit einer halben Gaze kann man den Lichtanteil für eine der beiden Personen abschwächen (wenn sie z.B. eine Glatze, weiße Haare oder eine sehr blasse Hautfarbe hat).

Großflächige Ausleuchtung Mit einem gemeinsamen Führungs- und Gegenlicht für die ganze Gruppe kann man nur hoffen, daß es jeden der Teilnehmer ins rechte Licht rückt. Das kann funktionieren oder auch nicht. Der beleuchtungstechnische Aufwand ist vergleichsweise gering, das Ergebnis notwendigerweise ein Kompromiß. Die Lichtintensität ist am Rand der Gruppe geringer als in der Mitte. Und bei zu großem Abstand nimmt die Lichtintensität auf der gesamten Gruppe ab.

Bei großen Helligkeitsunterschieden von Haut, Haaren und Kleidung kann man vielleicht bei Nahaufnahmen das Bildergebnis durch Belichtungskorrekturen an der Kamera ein wenig verbessern.

Große Gruppen

Auch beim Ausleuchten großer Gruppen, einem Publikum oder einem Orchester zum Beispiel, sollte man nicht die ganze Szenerie mit dem Licht mehrerer Scheinwerfer undifferenziert überfluten. Auf diese Weise entstehen sehr schnell überstrahlte und zu dunkle Bereiche.

Wählt man dennoch die Überflutungstechnik, darf man auf keinen Fall mit Aufhellicht sparen. Mit einem aus größerer Entfernung auf die Gruppe gerichteten 10kW HMI-Scheinwerfer läßt sich ebenfalls einiges bewirken. Unabhängig von der Position eines

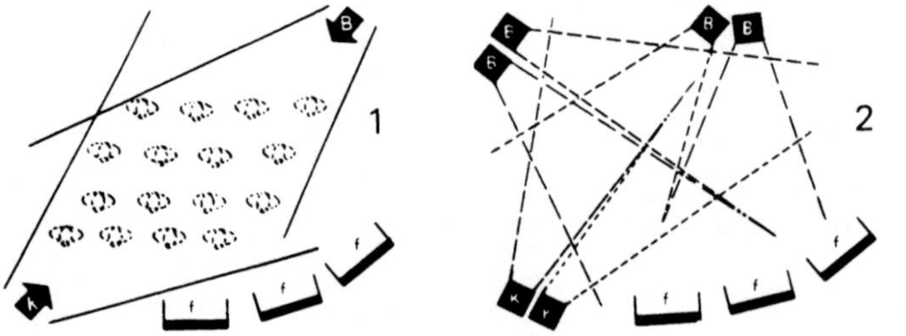

Abb. 5.15 Große Gruppen

1. Gemeinsame Ausleuchtung
2. Ausleuchtung getrennter Bereiche

solchen Scheinwerfers werden bei großen Gruppen immer einige Personen frontal oder seitlich, einige gut und andere weniger gut ausgeleuchtet. Diese Unterschiede werden spätestens bei Großaufnahmen sichtbar.

Deshalb empfiehlt es sich große Gruppen aufzuteilen und für jeden Bereich ein spezielles Führungs- und Gegenlicht einzurichten. Das Aufhellicht kann nach wie vor mehrere Bereiche abdecken. Bei Orchesteraufnahmen mit vielen Großeinstellungen der Instrumentalisten bietet diese Methode am meisten Kontrolle.

In solchen Situationen ist es oft unmöglich, für die Großaufnahmen mit der Kamera in die Gruppe hineinzugehen. Bei Großaufnahmen mit dem Teleobjektiv verändert sich mit

Abb. 5.16/1 Kopfbewegungen

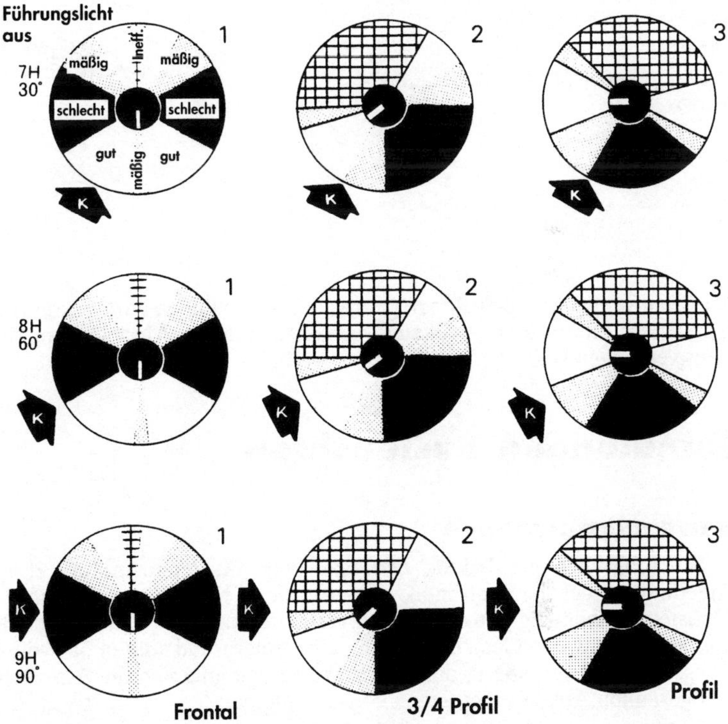

In Abbildung 5.3 wurden Ausleuchtungsmöglichkeiten für verschiedene Kopfhaltungen bzw. Kopfpositionen gezeigt. Hier geht es um die Ausleuchtung von Kopfbewegungen.

Obere Bildreihe: Das Licht ist für eine frontale Aufnahme des Gesichts eingerichtet.

1. Blickt die Person in Richtung der Kamera, ist die Ausleuchtung gut.
2. Dreht die Person ihren Kopf halb nach links, ist die Ausleuchtung noch akzeptabel.
3. Dreht die Person ihren Kopf weiter ins Profil, wird die Ausleuchtung schlecht.

Folgerung: bis zu einer Kopfdrehung in Richtung des Führungslichts ist die Ausleuchtung gut. Dreht sich der Kopf weiter, wird seine Ausleuchtung schlechter. (Desgleichen bei Drehungen weg vom Führungslicht.)

Mittlere Bildreihe: Das Licht ist für eine 3/4-Kopfdrehung eingerichtet (nach schräg links).

1. Beim Blick in Richtung der Kamera ist die Ausleuchtung mäßig bis schlecht. (Zu dramatisch; höchstens für Charakteraufnahmen geeignet.)
2. In 3/4 - Kopfposition ist die Ausleuchtung gut.
3. Im Profil ist die Ausleuchtung noch gut bis brauchbar.

Folgerung: Kopfdrehungen aus der 3/4 - Position in Kamerarichtung sollten vermieden werden.

Untere Bildreihe: Das Licht ist für eine Profilaufnahme eingerichtet.

1. Beim Blick in Richtung der Kamera ist das Ergebnis sehr schlecht.
2. Beim halb nach links gedrehten Kopf ist die Ausleuchtung noch akzeptabel.
3. Im Profil ist die Ausleuchtung gut.

Folgerung: Keine Kopfdrehung in Kamerarichtung möglich.

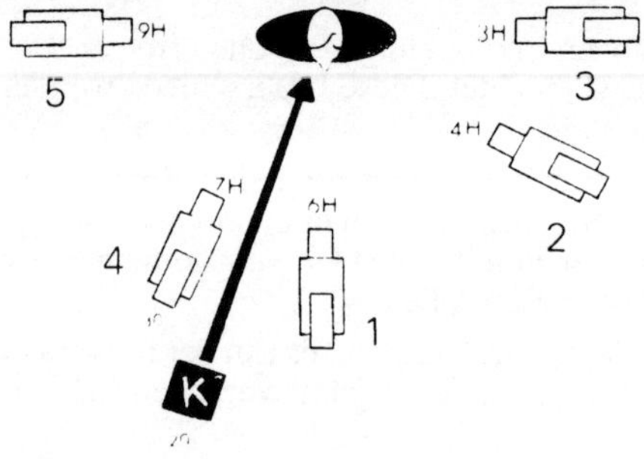

Abb. 5.16/2 Kamerabewegungen

Mit der Standortveränderung der Kamera verändert sich auch die Wirkung des Führungslichts.

Position 1 und 4: gut; Position 2, 3 und 5: mäßig.

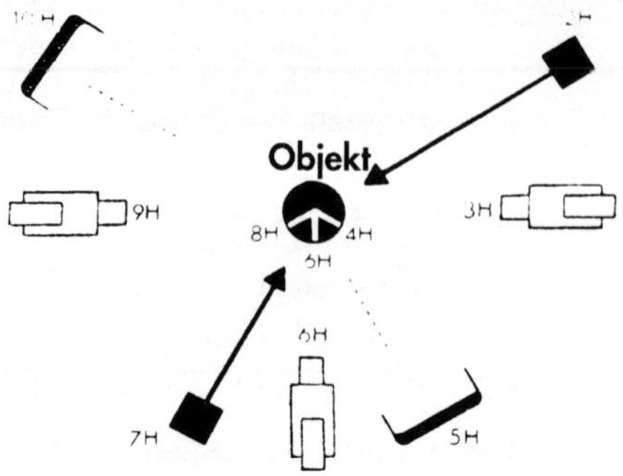

Abb. 5.16/3 Wechsel von Kopfhaltung und Kameraposition

Ein und dieselbe Ausleuchtung kann auch für mehrere Kopf-/Kamerapositionen geeignet sein.

der Brennweite auch die Bildperspektive: die Aufnahmen wirken komprimiert und flach. Um diesem Eindruck entgegenzuwirken, sollte man die Modellierung der Gruppe insgesamt verstärken (z.B. die Intensität des Aufhellichts reduzieren).

Handlungen ausleuchten

Bewegungsprobleme

Ein sehr wichtiger Faktor, den man beim Ausleuchten für Film und Fernsehen unbedingt berücksichtigen muß, ist die visuelle Kontinuität von einer Einstellung zur nächsten, unabhängig von den Standortveränderungen der Kamera und den Bewegungen vor der Kamera. Ein Gesicht und/oder ein Hintergrund sollten über die Schnittstelle ihr Aussehen nicht verändern; d.h. die (Licht-) Stimmung und die Atmosphäre sollten über den gesamten Ablauf einer Szene konstant bleiben.

So leicht diese Forderung einzusehen ist, so schwierig ist es, ihr in der Praxis nachzukommen. Das mit viel Mühe für eine Kameraposition gestaltete Licht sieht vom nächsten Kamerastandpunkt schon gar nicht mehr so gut aus. Noch schwieriger wird die ganze Sache, wenn wir es mit Handlungen, bewegten Objekten und Aufnahmen mit mehreren Kameras zu tun haben.

- Kamera Bei halbtotalen Einstellungen, die Personen von Kopf bis Fuß zeigen, ist die Modellierung des Gesichts nicht ganz so wichtig; hier kommt es mehr auf die Umgebung an. Erst bei halbnahen und nahen Aufnahmen können wir das Gesicht einer Person deutlich erkennen. Hier verschwindet der immer kleiner werdende Anteil an Umgebung unter Umständen sogar in der Unschärfe. Um so wichtiger wird bei den näheren Einstellungen die richtige Portraitausleuchtung.
- Handlung Je mehr Personen sich in der Szene umherbewegen, desto weniger fallen uns Beleuchtungsmängel auf. In einem heftigen Kampf hat das Publikum kaum noch Gelegenheit, auf Nasenschatten zu achten. Erst wenn die Kamera sehr dicht in das Geschehen eintaucht, müssen auch die Nah- und Großaufnahmen entspre-

chend sorgfältig ausgeleuchtet werden. Was besonders bei heftigen Kopfbewegungen zu den beschriebenen Schwierigkeiten führen kann.

- Handlungsort Wenn sich die Akteure um Bäume, Säulen und ähnliche Hindernisse herumbewegen, wird eine optimale Ausleuchtung ihrer Gesichter ebenfalls problematisch. Entweder fallen die Schatten der Objekte auf die Personen oder es werden Bereiche dieser Objekte vom auf die Darsteller ausgerichteten Licht überstrahlt.
- Tolerierbare Fehler Nicht jeder Ausleuchtungsfehler wird wahrgenommen oder als solcher empfunden. Wirft eine Hutkrempe einen Schatten über die Augen, wird der Zuschauer dies in der Regel hinnehmen. (Wird der Schatten vom Ast eines Baumes verursacht, wirkt er störend.) Bei einem bärtigen Gesicht haben wir überhaupt keine Möglichkeit, seine Modellierung angemessen zu beurteilen.

Hintergrundausleuchtung bei szenischen Handlungen

Beim Ausleuchten von Szenen müssen immer zwei Dinge bedacht werden:

- Die Ausleuchtung der handelnden Personen und die
- Hintergrundausleuchtung.

Lassen sich die Personen und der Hintergrund getrennt auszuleuchten, ist der Spielraum natürlich am größten. Dies ist jedoch nicht immer machbar, wenn z.B. nicht genügend Scheinwerfer verfügbar sind oder wenn der Abstand der Personen vom Hintergrund zu gering ist.

In diesen Fällen muß man mit den gleichen Scheinwerfern Personen und Hintergrund ausleuchten, d.h. Lampen gleichzeitig als Führungslicht für Darsteller und zur Ausleuchtung von Hintergrundflächen verwenden. Wann immer dies nötig ist, wird man Kompromisse schließen müssen, da sich die Modellierung einer Person und ihres Hintergrundes kaum aus ein und demselben Lichtwinkel und mit derselben Lichtintensität optimal herausarbeiten läßt.

Bewegungsarten

Die Beleuchtungsmöglichkeiten wechseln mit den Bewegungsformen:

- Großräumigen Bewegungen von Gruppen; Tänze, Paraden, akrobatische Darbietungen etc.
- Bewegungen von Einzelpersonen; ziellos oder geplant; von Sängern oder Rednern, auf einer Bühne oder in einem Museum zum Beispiel.
- Bewegungen in Spielfilmen; quer durch den Raum; ständig wechselnde Blickrichtungen; aufstehen und sich setzen etc.; -für verschiedene Kamerapositionen.

Methoden zur Ausleuchtung von Bewegungen

Es gibt drei grundlegende Ansätze zur Ausleuchtung bewegter Szenen.

- Ausleuchtung der gesamten Fläche.
- Lokal begrenzte Ausleuchtung.
- Besondere/Spezielle Ausleuchtungsmethoden.

Die Methode hängt nicht nur von den Bewegungen vor der Kamera ab, sondern auch von der verfügbaren Lichtausrüstung, den Vorinformationen über Art und Umfang des bewegten Geschehens, den Möglichkeiten, zu proben etc.

Flächenausleuchtung

Eine großflächige Ausleuchtung empfiehlt sich, wenn das Geschehen einen großen Raum einnimmt, bei einem Chor zum Beispiel, einem Ballett und auch in Situationen, die bis zur letzten Minute nicht berechenbar sind. Hierfür gibt es folgende Techniken:

1. Weiche Ausleuchtung von vorne plus Gegenlicht - Abbildung 5.17/1

Abb. 5.17 Flächenausleuchtung

1. Weiche Grundausleuchtung von vorne mit zwei schräg von hinten kommenden Gegenlichtquellen.
2. Von den Seiten (oberhalb der Seitenwände) auf gezielte Bereiche ausgerichtetes Führungslicht mit sorgfältig auf das Führungslicht abgestimmtem Aufhellicht von vorne.
3. Dreipunktausleuchtung.

(a): Ausleuchtung kleinerer Flächen: mit einem Gegenlicht direkt von hinten (2) oder schräg von hinten (3) bzw. mit zwei Gegenlichtquellen von links und rechts hinten (1 u. 3).

(b): Ausleuchtung größerer Flächen: durch Unterteilung der Fläche in unterschiedliche, getrennt auszuleuchtende Bereiche. Hierbei muß man darauf achten, daß kein Bereich doppelt oder gar nicht ausgeleuchtet wird.

4. Zwei Führungsleuchten zur Ausleuchtung unterschiedlicher Bereiche: (a) überlappend; (b) separat.
5. Lokal begrenzte Dreipunktausleuchtungen für die wichtigsten Handlungsorte (Türe, Stühle, Fenster, usf).

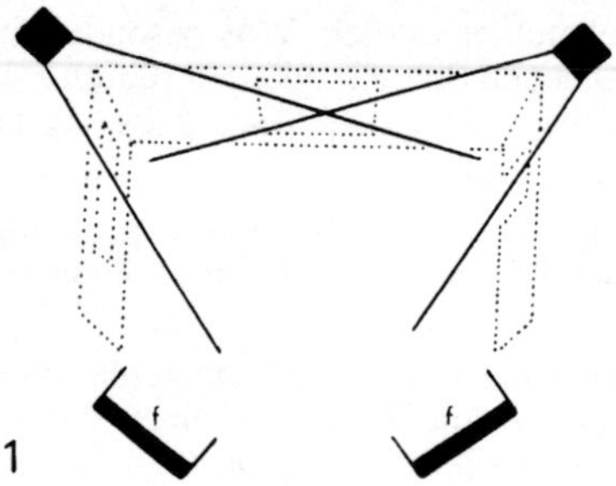

1

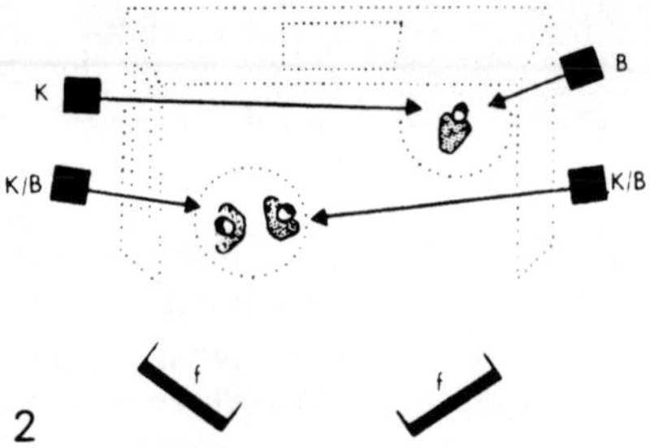

2

Gegenlicht von 2,3 oder 1 + 3

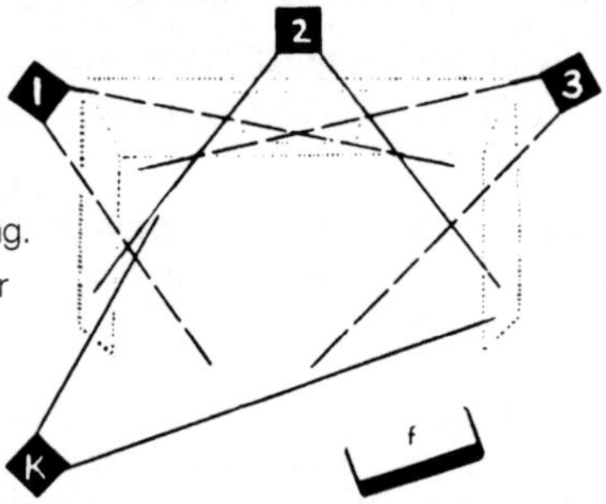

3a

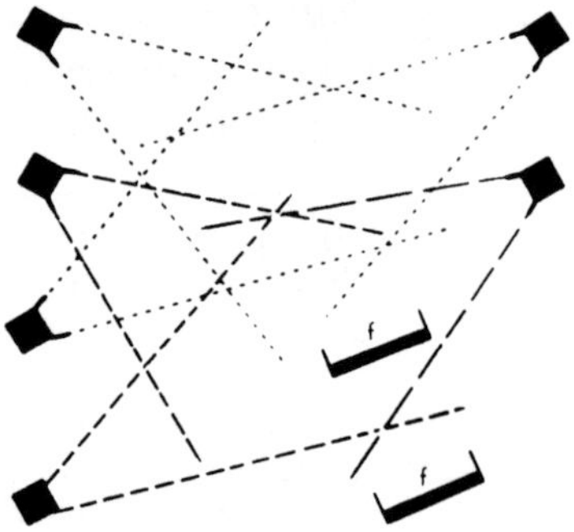

b

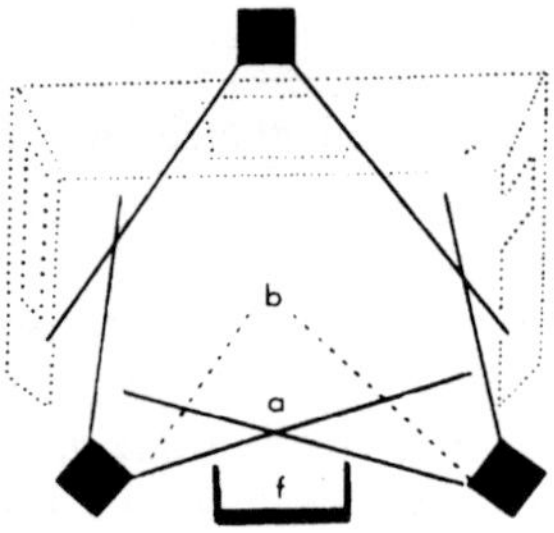

4

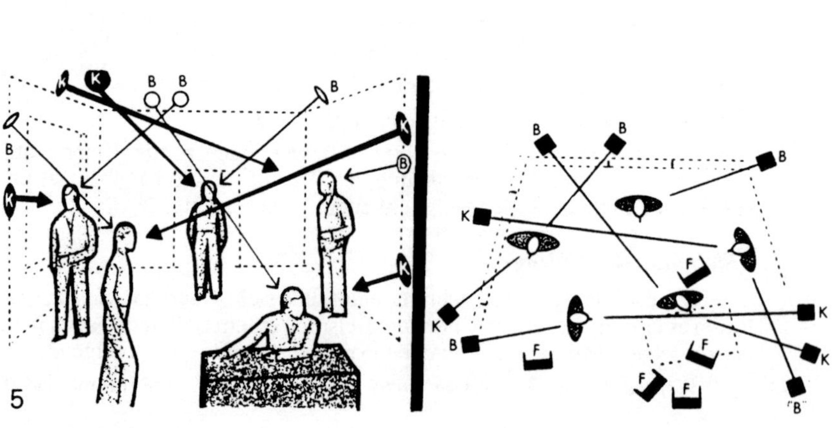

5

Die gesamte Fläche wird mit einem weichen, sehr starken Grundlicht ausgeleuchtet. Zusätzliches Gegenlicht betont die Konturen der Akteure und trennt sie vom Hintergrund.

Diese Methode bringt nur wenig Modellierung und ein insgesamt sehr helles Bildergebnis, ist aber für großräumige Bewegungen (z.B. von Tänzern) ganz brauchbar, wenn es schräg von beiden Seiten oder auch nur schräg von einer Seite kommt. Zentrales weiches Licht ergibt bei frontaler Kameraposition entsprechend flache Bilder. Sind die Kameras rechts und links aufgebaut, bekommt man bei dieser Ausleuchtung zumindest akzeptable Bildergebnisse.

Sieht man sehr viel vom Boden, dann werden Puristen darauf achten, daß vom Gegenlicht nur ein Schatten nach vorne geworfen wird. Mit einem sehr starken, in einem breiten Winkel streuenden Gegenlicht aus mittlerer oder seitlicher Richtung ist dies durchaus machbar.

2. Weiches Licht von vorne mit seitlichem Führungslicht plus Gegenlicht - Abbildung 5.17/2

Das weiche, von vorne kommende Grundlicht wird durch gerichtetes Licht von der Seite unterstützt. Bei Aufnahmen mit mehreren Kameras dienen die seitlichen Scheinwerfer, je nach Kameraposition, als Führungs- oder Gegenlicht.

Diese Ausleuchtung kann zu guten Resultaten führen, vorausgesetzt, daß die Scheinwerfer sorgfältig positioniert und das weiche Licht sehr präzise auf die anderen Lichtquellen abgestimmt wird. Ansonsten kann das Ergebnis willkürlich und mittelmäßig aussehen.

Die weiche Ausleuchtung der gesamten Szene einschließlich der Seitenbereiche führt auch hier zu einem High-Key Effekt. Die starke aber weiche Grundbeleuchtung hat Vorzüge, wenn mit Tonangeln gearbeitet werden muß.

3. Dreipunktausleuchtung - Abbildung 5.17/3

Auch bei großen Flächen kann man mit der Dreipunktausleuchtung arbeiten und mit ein wenig Glück überraschend gute Ergebnisse erzielen, besonders wenn der Kamerastandort nicht zu oft wechselt. Ansonsten kann speziell das Gegenlicht Probleme bereiten. Bei gleichbleibendem Kamerastandpunkt sollte es verdeckt oder schräg auf der Seite angebracht werden.

Bei sehr großen Bewegungsspielräumen ist es unter Umständen nötig, mehrere Führungs- und Gegenlichter für entsprechende szenische Bereiche einzurichten.

4. Doppeltes Führungslicht - Abbildung 5.17/4

In diesem Beispiel kommt das Führungslicht von rechts und von links und das Aufhellicht aus der Mitte. Handlungen im rechten und linken Bereich haben eine Dreipunktausleuchtung. Auch wenn bei Aktionen im mittleren Bereich die Personen von beiden Führungsscheinwerfern mit gleicher Intensität beleuchtet werden, ist diese Ausleuchtung für die meisten Kamerastandpunkte zufriedenstellend.

Lokal begrenzte Ausleuchtung

Idealerweise sollte jede einzelne Einstellung optimal, das heißt neu ausgeleuchtet werden, -was bei Großproduktionen für die Kinoleinwand auch gemacht wir. Unter entsprechenden Voraussetzungen wäre dies auch beim Fernsehen möglich. Nur bei Aktionen, die nicht unterbrochen werden können und bei Aufzeichnungen mit mehreren Kameras muß man notgedrungen Kompromisse eingehen. (Geschickt gelöste Kompromisse zeichnen sich dadurch aus, daß sie vom Zuschauer als solche nicht wahrgenommen werden!)

Es gibt sehr komplexe Situationen, in denen man bei aller Komplexität jeden Scheinwerfer genau dort aufstellen kann, wo man ihn braucht. Und es gibt im Prinzip sehr einfache Situationen, die sich trotzdem nicht nach Wunsch ausleuchten lassen und man sich notgedrungen mit einem mittelmäßigen Ergebnis zufriedengeben muß.

Bei umfangreichen Bewegungsabläufen gibt es jedoch fast immer mehrere Orte bzw. Fixpunkte, die sich gezielt ausleuchten lassen: das Eintreten durch die Türe; der Blick aus dem Fenster; ein Ort am Kamin; der Platz am Tisch oder im Sessel. Richtet man für jeden

1

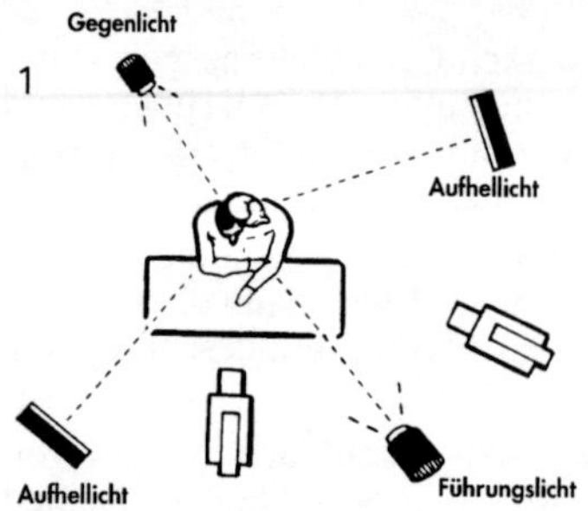

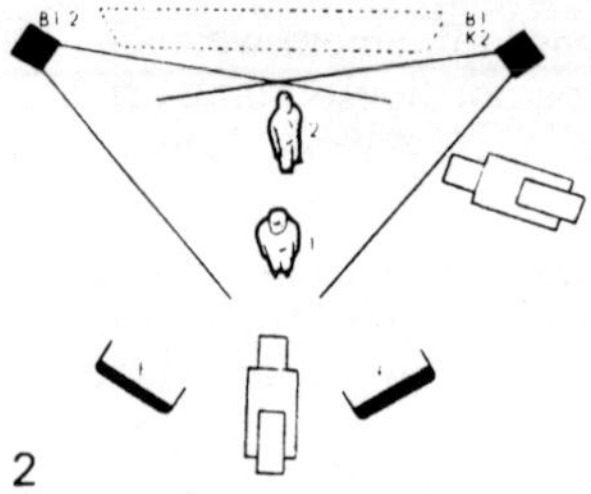

2

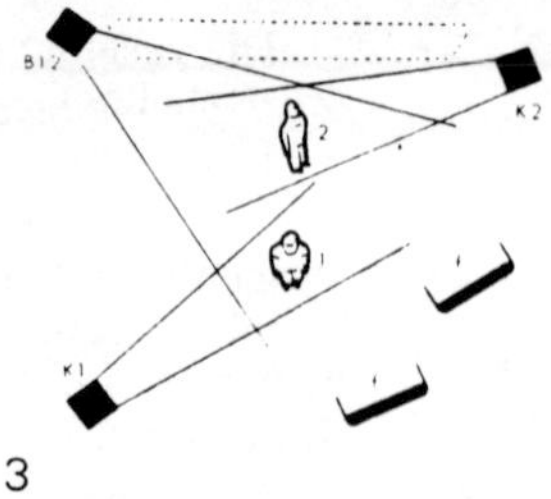

3

Abb. 5.18 Ausleuchtung von Bewegungen

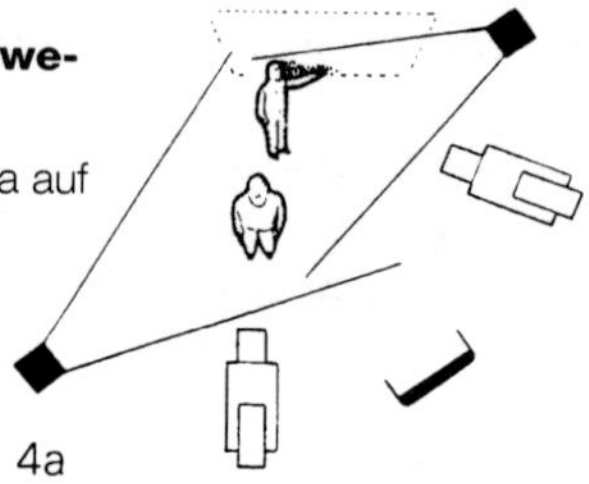

4a

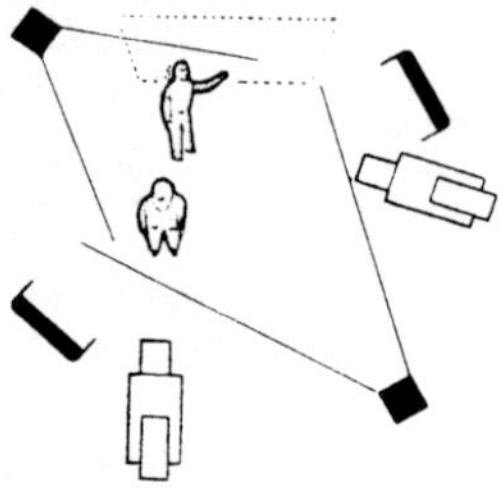

b

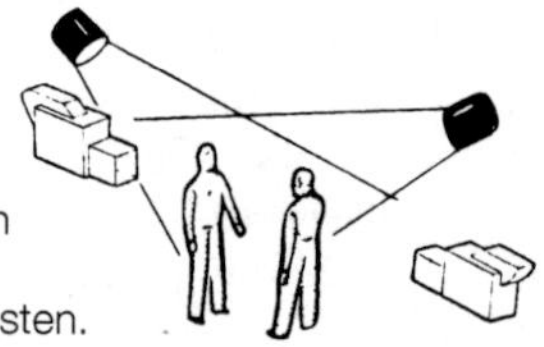

5

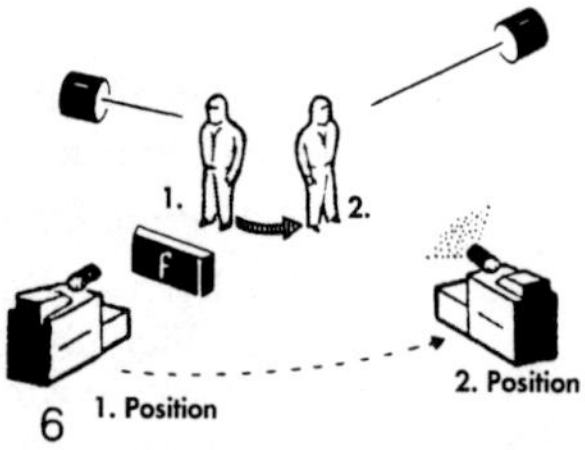

6

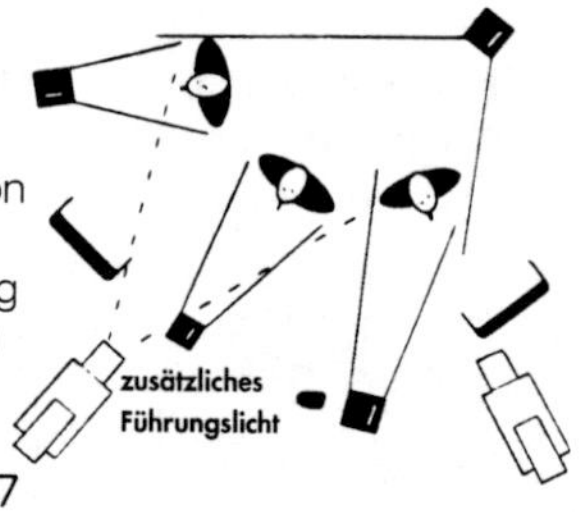

7

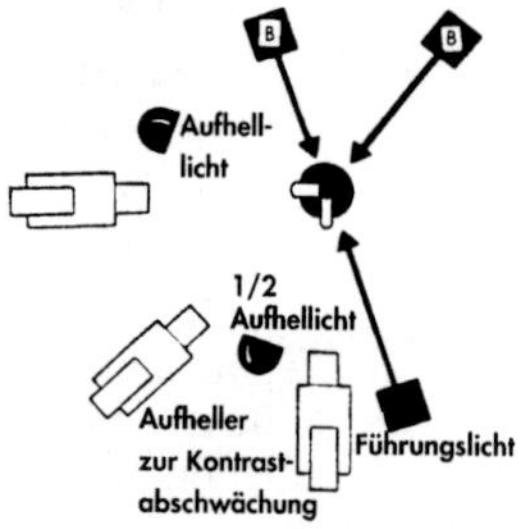

8

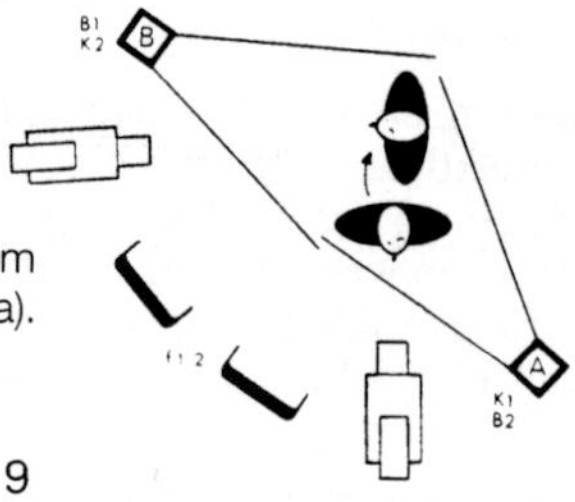

9

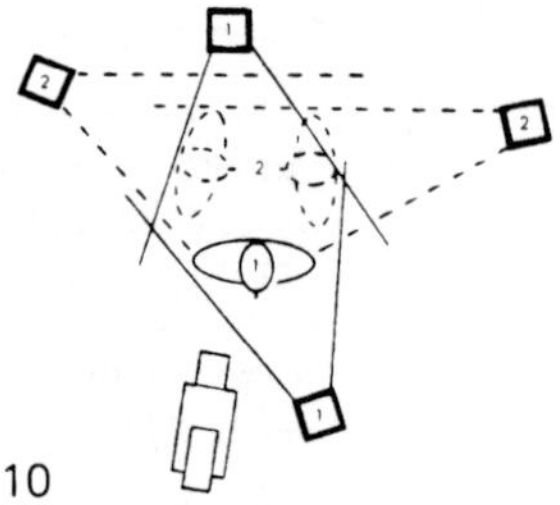

10

1. *Spielräume ausleuchten*: Ein etwa auf die mittlere Position des Bewegungsspielraums ausgerichtetes Führungslicht leuchtet in diesen Bereich meist zufriedenstellend aus.
2. *Schwerpunkt-Ausleuchtung*: Die wichtigste Position einer Person wird optimal ausgeleuchtet. Auf anderen Positionen nimmt die Qualität der Ausleuchtung ab.
3. *Separate Ausleuchtung*: Eine Person bewegt sich von einer gut ausgeleuchteten Lichtzone zur nächsten. Hier können einzelne Scheinwerfer auch doppelte Funktionen übernehmen.
4. *Duale Ausleuchtung*: Die Ausleuchtung wird auf zwei Positionen abgestimmt. (a) Die Ausleuchtung von beiden Personen ist gut, aber eine Person wirft einen Schatten auf den Hintergrund. (b) Bei dieser Lösung wird der Schattenwurf vermieden und beide Personen sind dennoch gut ausgeleuchtet.
5. *Doppelfunktion der Scheinwerfer*: Beide Scheinwerfer dienen sowohl als Führungs- und Gegenlicht.
6. *Zusatzlicht*: Beim Standortwechsel wird ein Zusatzlicht eingeblendet (in diesem Fall ein Aufhellicht auf der Kamera).
7. *Zusätzliches Führungslicht*: Ein zusätzliches Führungslicht füllt das Lichtloch zwischen zwei ausgeleuchteten Bereichen.
8. *Zusätzliches Aufhellicht*: Meist nur eine Notlösung für Positionswechsel.
9. *Veränderung der Lichtbalance*: Beim Wechsel von Kamera 1 auf Kamera 2 wird die Lichtintensität der Scheinwerfer angepaßt/verändert.
10. *Neue Ausleuchtung*: Beim Standortwechsel wird z.B. von Ausleuchtung 1 auf Ausleuchtung 2 umgeschaltet bzw. überblendet.

Fixpunkt eine auf die Körper- und Kopfhaltung der Person abgestimmte Dreipunktausleuchtung ein, wird man auch bei Einstellungswechseln an dieser Grundausleuchtung kaum noch etwas ändern müssen.

Mit genügend Scheinwerfern, Mitarbeitern und entsprechend viel Zeit ließe sich (s.o.) jede Einstellung individuell ins Licht setzen. Aber solche Voraussetzungen sind die Ausnahme.

In den meisten Fällen wird man in die Grundausleuchtung nur dann eingreifen, wenn Unzulänglichkeiten dieser Ausleuchtung in bestimmten Phasen des Handlungsablaufs deutlich sichtbar werden bzw. nicht mehr akzeptabel sind. Erste-Hilfe Maßnahmen sind in der Regel ein zusätzliches Aufhellicht oder eine neue Ausrichtung des Führungslichts.

Bei einer guten Ausleuchtung der dramaturgisch wichtigen Fixpunkte sind Beleuchtungsschwächen in anderen Bewegungsphasen meist tolerierbar.

Spezifische Ausleuchtung

Selbst bei sehr langen Einstellungen kann man, wenn sich die Aktion in Grenzen hält, auch Portraits perfekt ins Licht setzen:

♦ *Ausleuchtung zusätzlicher Bereiche* - Abbildungen 5.18 Die zur Ausleuchtung weitgehend statischer Situationen beschriebenen Konzepte werden den Bewegungen oder Handlungen entsprechend erweitert.

♦ *Halber Winkel* - Abb. 5.18/1 Ein Führungslicht, das etwa auf die Mitte bzw. den mittleren Winkel vom Bewegungsspielraum ausgerichtet wird, ist auch für zwei oder mehrere Kamerastandpunkte geeignet. Dreht die sitzende Person ihren Kopf um etwa 45° in Richtung der zweiten Kamera, wird dieses auf den halben Winkel ausgerichtete Führungslicht das Gesicht für beide Kamerapositionen akzeptabel ausleuchten.

♦ *Schwerpunkt-Ausleuchtung* - Abb. 5.18/2 Für Kamera 2 ist die Ausleuchtung optimal, für Kamera 1 zufriedenstellend.

♦ *Separate Ausleuchtung* - Abb. 5.18/3 Zwei verschiedene Aufenthaltsorte einer Person werden getrennt ausgeleuchtet.

♦ *Duale Ausleuchtung* - Abb. 5.18/4 Bei entsprechender Planung lassen sich mit wenig Aufwand zwei verschiedene Positionen gut ausleuchten.

♦ *Doppelfunktionsscheinwerfer* - Abb. 5.18/5 Ein Scheinwerfer kann gleichzeitig zwei verschiedene Funktionen übernehmen, z.B. für einem Blickwinkel ein Führungslicht und für einen anderen Blickwinkel ein Gegenlicht sein.

♦ *Zusatzlicht* - Abb. 5.18/6 Bewegt sich eine Person aus dem Bereich des Aufhellichts heraus, kann man den Lichtverlust durch eine Zusatzleuchte (z.B. auf der Kamera) ausgleichen.

♦ *Zusätzliches Führungslicht* - Abb. 5.18/7 Bewegt sich eine Person von einem räumlich begrenzten Führungslicht zum nächsten, kann man die Durststrecke entsprechend mit einem kleinen zusätzlichen Führungslicht überbrücken. (In dramatischen Situationen nimmt man Schattenlöcher im Bewegungsablauf gerne in Kauf.)

♦ *Zusätzliches Aufhellicht* - Abb. 5.18/8 Bei stark angewinkeltem Führungslicht und Drehbewegungen von mehr als 90° wird die Modellierung meist unakzeptabel. Dieses Problem läßt sich mit einem starken zusätzlichen Aufhellicht mindern.

♦ *Veränderung der Lichtbalance* - Abb. 5.18/9 Die Scheinwerfer werden bei der Drehung einer Person durch Veränderung ihrer Intensität entsprechend angepaßt.

♦ *Neue Ausleuchtung* - Abb. 5.18/10 Hier erfolgt die Anpassung an die neue Position durch Überblendung auf eine andere Lampenkonstellation.

♦ *Verfolgerlicht* Weiträumige Bewegungen lassen sich auch mit einem speziellen Spotscheinwerfer oder einer mobilen Handlampe verfolgen. Damit wird auch in weitläufigen Szenen die Aufmerksamkeit der Zuschauer gezielt gelenkt, z.B. auf einen ganz bestimmten Schlittschuhläufer im Eisstadion.

Ursprünglich lagen Welten zwischen den Produktionsweisen für Kinofilme und Fernsehprogramme. Doch nicht zuletzt durch die technische Entwicklung sind sich die Herstellungsprozesse beider Medien immer ähnlicher geworden.

Die hybriden Künste

Heute kann man kaum noch sagen, worin sich eine Film-Produktion von einer elektronischen Fernseh- oder Videoproduktion grundlegend unterscheidet. Im Fernsehen haben Kinofilme schon seit Jahren ihren festen Sendeplatz. Und auf der Kinoleinwand können wir immer häufiger elektronisch produzierte und dann erst auf Film überspielte Sequenzen bewundern. Die Übergänge sind in fast allen Produktionsphasen fließend geworden und vielen Video/Filmen ist kaum noch anzusehen, mit welcher Technik (und - bei Spielfilmen - für welches Medium) sie hergestellt wurden.

Trotzdem gibt es, zumindest bei den Dreharbeiten, einige wichtige Unterschiede zwischen Video und Film. Film muß entwickelt werden, bevor man das Ergebnis beurteilen kann. Dafür sind Videokameras im Vergleich zu Filmkameras noch relativ schwer und empfindlich. Aber auch hier sorgt die technische Entwicklung für eine ständige Annäherung.

Inzwischen läßt sich auch bei Filmkameras das Videosignal ausspiegeln, so daß der Regisseur die Arbeit seines Kameramanns auf einem Monitor sofort beurteilen kann. Zeichnet man das Videobild auf, dann lassen sich verschiedene Aspekte der Einstellung beliebig oft wiederholen und überprüfen. Mit Videokontrolle und zusätzlichen Fernbedienungen kann ein Regisseur auch gleichzeitig mehrere Kameras dirigieren. Das Ergebnis wird ein Film sein; die Arbeitstechnik ist jedoch ähnlich wie beim Fernsehen.

Auch für die Nachbearbeitung wird Filmmaterial immer häufiger auf Videoband überspielt und dann elektronisch geschnitten.

Aufnahmebedingungen

Dreharbeiten können unter sehr verschiedenen Voraussetzungen stattfinden. In manchen Fällen muß das vorhandene Licht ausreichen. In anderen Fällen steht eine komplette Studioausleuchtung zur Verfügung. Oftmals ist das vorhandene Licht nicht ausreichend und muß aus technischen und künstlerischen Gründen verstärkt oder ergänzt werden.

Der Aufwand für die Ausleuchtung hängt ganz entscheidend von der Art des Filmprojekts ab. Die Aspekte und Probleme bei der aktuellen elektronischen Berichterstattung (ENG - electronic news gathering) sind im Prinzip ähnlich wie bei der aktuellen Arbeit mit der Filmkamera und haben wenig gemeinsam mit einer ebenfalls elektronischen Fernsehspielaufzeichnung.

Aktualitäten erfordern viel Improvisationstalent - man denke nur an irgendein Multimedia-Spektakel, bei dem jedermann sein eigenes Licht setzt, gegen das man sich mit einer kleinen Leuchte auf der Kamera selbst wiederum behaupten muß. Auch bei Nebel, Regen, Schnee und stockdunkler Nacht muß man, wie auch immer, versuchen, das Beste aus der Situation herauszuholen. Was nicht einfach ist, wenn nur eine bescheidene tragbare Ausrüstung zur Verfügung steht. In anderen Situationen kann man vom besten oder einzig möglichen Kamerastandpunkt nicht richtig ausleuchten. Und die Zeit ist knapp. Auch Menschenmengen und das Wetter können dem aktuellen Kameramann ganz schön zu schaffen machen.

Die Mindest- (bzw. Maximal-!) Ausrüstung besteht meist aus ein paar Stativlampen und einer Handlampe. Damit sind im Prinzip die wichtigsten der vorgestellten Beleuchtungstechniken realisierbar.

Zum Glück hat das Publikum relativ viel Verständnis für technische Pannen bei Aufnahmen, die offensichtlich unter schwierigen Bedingungen gemacht wurden. Dann akzeptiert es eine mißratene Ausleuchtung oder schlecht beleuchtete Gesichter und Überstrahlungen gleichermaßen wie einen schlechten Bildausschnitt oder ein unscharfes Bild.

Obgleich Dokumentarfilme eine gewisse Nähe zur aktuellen Berichterstattung haben, ist hier das Publikum schon wesentlich anspruchsvoller. Seine geringere Bereitschaft, im Dokumentarfilm technische Unzulänglichkeiten zu akzeptieren, ist nicht zuletzt auf den hohen Qualitätsstandard zurückzuführen, den Dokumentaristen mit ihren Filmen erreicht haben - und den sie selbst aufrechtzuerhalten bemüht sind.

Öffentliche Ereignisse, wie Zeremonien und Sportveranstaltungen, Opern und Pop-Konzerte bis hin zu Interviews auf der Straße, werfen wieder andere Probleme auf. Die Beleuchtungsmethoden reichen vom spontanen Einsatz einer Lampe bis hin zum enorm aufwendigen und systematisch in allen Einzelheiten durchgeplanten Lichteinsatz für Großveranstaltungen. Schon die Räumlichkeiten erzwingen häufig Kompromißlösungen. Die Probleme beginnen bei den Steckdosen und deren Belastbarkeit, führen über fehlende Standplätze und Befestigungsmöglichkeiten für die Scheinwerfer und hören bei den Sicherheitsvorschriften mit Sicherheit nicht auf.

Außen- und Innenaufnahmen von Spielfilmen werden gerne in realer Umgebung, d.h. außerhalb des Studios gedreht; nicht zuletzt um Kosten für Studiobauten einzusparen. Auf der anderen Seite müssen hier alle (licht-) technischen Einrichtungen vor Ort jedesmal neu installiert werden. Dreharbeiten an realen Schauplätzen haben somit ihre ganz spezifischen Vor- und Nachteile. Das kann soweit gehen, daß die Arbeit mit künstlichem Licht unter Umständen den realistischen Eindruck verdirbt.

Studioproduktionen stellen wieder andere Anforderungen. Seifenopern und Kochkurse, Spielshows und Nachrichtensendungen, Komödien und klassische Dramen verlangen eine entsprechende Bandbreite an Beleuchtungstechniken. Die elementaren Regeln der Ausleuchtung bleiben zwar prinzipiell die gleichen, müssen aber an die Eigenheiten jeder Produktion angepaßt werden.

- Grelle Farb- und Lichtspiele bei einem Pop-Konzert.
- Zarte, ätherische Stimmungen beim klassischen Ballett.
- Grobe, gemeine Spielhandlungen.
- Vibrierende und aufgekratzte Stimmung einer Party.
- Formale Strenge einer Klavierdarbietung.

Jede Situation - von der schrillen Übertreibung bis zum sensiblen Understatement - muß von der Ausleuchtung überzeugend unterstützt werden; d.h. ein Regisseur oder Kameramann muß auch beleuchtungstechnisch eine dem Temperament der Produktion (und eine dem Temperament des Produktionsteams!) entsprechende Ausdrucksform finden, wobei dramatische Studioproduktionen sicherlich die größte Herausforderung sind.

Natürlich stellt auch der zunehmende Einsatz von elektronischen Produktionstechniken und Effekten wie z.B. Chroma-Key neue Anforderungen an die Lichtgestaltung (siehe auch Kapitel 15).

Grundlagen der Filmarbeit

Der Oberbeleuchter oder lichtsetzender Kameramann

Filme werden auf sehr verschiedene Weisen hergestellt. Jedermann verfolgt seine Ziele auf seine Art. Für das Licht ist normalerweise ein Oberbeleuchter oder lichtsetzende Kameramann zuständig. Er ist dafür verantwortlich, was wir letztendlich auf dem Monitor oder der Leinwand zu sehen bekommen. Seine Aufgabe ist es, die Vorstellungen des Regisseurs durch eine entsprechende Bild- und Lichtgestaltung umzusetzen.

Bei manchen Produktionen beschränkt sich der Regisseur darauf, das Drehbuch zu erklären und verläßt sich bei der optischen Umsetzung auf die Erfahrungen und Fähigkeiten des Kameramanns. Dieser trifft die Entscheidungen über Kamerapositionen und Kamerabewegungen, Einstellungsgrößen, die Bildkomposition etc. Bei anderen Produktionen hat der Regisseur bereits präzise Vorstellungen von der optischen Umsetzung, und die Aufgabe des Kameramanns beschränkt sich auf die technische Durchführung dieser Vorstellungen.

Je nach Produktionsaufwand braucht ein lichtsetzender Kameramann oder Oberbeleuchter weitere Mitarbeiter. Bei kleinen und mittelgroßen Produktionen wird der Kameramann selbst hinter der Kamera stehen und von ein bis zwei Assistenten unterstützt, die sich nach seinen Anweisungen auch um die Ausleuchtung kümmern. Solche kleinen Teams werden für die aktuelle Berichterstattung, für Interviews, bei Dokumentationen und ähnliche Projekte eingesetzt.

Bei größeren Produktionen, wenn verschiedene Kamerafunktionen ständig überprüft und genau eingestellt werden müssen und noch ein Dolly oder ein Kran zu bewegen ist, braucht man entsprechend mehr Hände. Bei sehr großen Produktionen (bzw. Aufzeichnungen mit mehreren Kameras) werden diese von sogenannten Schwenkern bedient.

Der Schwenker wiederum kann die Schärfe selbst einstellen oder - wenn es um höchste Genauigkeit geht - diese Funktion von einem für die Bildschärfe verantwortlichen Assistenten (focus-puller/1st Assistant) nachführen lassen, nachdem dieser zuvor die Entfernungsveränderungen vom bildwichtigen Objekt zur Kamera exakt ausgemessen und die verfügbare Tiefenschärfe berechnet hat. Der für die Schärfe zuständige Assistent kümmert sich normalerweise auch um die Zoom-Funktion.

Je nach Aufwand können weitere Mitarbeiter nötig sein: Assistenten für das Filmmaterial und die Kamerapflege, Mädchen für alles (2nd Assistant/Best Boys); Assistenten für die Kamerabühne, d.h. für Stative, Podeste, Schienen, Dollies und Kamerabewegungen (Grips); und ein für die Beleuchtung zuständiges Team (lamp-operators, Gaffers).

Vorbereitende Planung

Wann immer eine vorbereitende Planung möglich ist, setzen sich die wichtigsten Mitglieder eines Produktionsteams zusammen. Produzent, Regisseur, (lichtsetzender) Kameramann, Bühnenbildner, die Verantwortlichen für den Ton, die Kostüme, das Makeup, für Spezial-Effekte und alle weitern für die Produktion wichtigen Mitarbeiter haben bei diesem Gespräch Gelegenheit, ihre Interessen zu formulieren und aufeinander abzustimmen.

Für den lichtsetzender Kameramann oder Oberbeleuchter sind in dieser Phase folgende Punkte von Bedeutung:

♦ *Script bzw. Drehbuch* - das Thema oder die Geschichte; die inhaltlichen Zielsetzungen und die (film-) ästhetischen Mittel.

♦ *Treatment* - die szenische Auflösung, d.h. die chronologische Zergliederung der Vorlage in Handlungseinheiten und Drehorte.

♦ *Produktionsplan* - die neue Gliederung dieser Szenen unter produktionstechnischen Gesichtspunkten (produktionstechnisch ist es selten sinnvoll chronologisch zu drehen); gestaltungs-/technische Erfordernisse für jede Szene; spezielle Effekte etc.

♦ *Drehvorbereitungen* - wo wird gedreht? Vor Ort? Im Studio? Arbeitsbedingungen am Drehort; zu erwartende Probleme.

♦ *Koordination* - Zusammenarbeit und Abstimmung der verschiedenen Arbeits- und Verantwortungsbereiche.

♦ *Lichtplan* - Überlegungen zur Lichtgestaltung der Szenen; technischer und personeller Aufwand.

♦ *Miete/Ausleihe* - muß zusätzliches Material und manpower gemietet werden? Absprachen mit Dritten; Stromversorgung; etc.

Arbeitsweisen

Der (Ober-) Beleuchter hat die Aufgabe, eine Szene den Vorstellungen des lichtsetzenden Kameramanns bzw. Oberbeleuchters entsprechend auszuleuchten. Normalerweise wird er die Ausleuchtung in groben Zügen vorbereiten, die Scheinwerfer schon weitgehend einrichten und vom lichtsetzender Kameramann nur noch Anweisungen für den letzten Schliff entgegennehmen. Bei Teams, die schon länger zusammenarbeiten, kennt im Grunde jeder die Arbeitsweisen und Vorlieben des anderen.

Bei manchen Produktionen hat ein Regisseur Gelegenheit, vor Beginn der Dreharbeiten auf einer Probenbühne mit den Schauspielern die Handlung in Ruhe einzustudieren. Bei anderen Produktionen reicht die Zeit gerade für eine kurze Textbesprechung, und während der Proben wird gleichzeitig die Technik aufgebaut.

In der Regel wird der Regisseur bei einem Probendurchlauf mit allen Dialogen und Handlungsabläufen die Einstellungen der Kameras überprüfen, die Hintergrundausleuchtung, wenn nötig, modifizieren und dann für die wichtigsten Fixpunkte der Handlung die Portraitausleuchtung korrekt einrichten lassen. Auch die übrige Ausleuchtung wird präzise auf den geprobten Handlungsablauf abgestimmt.

Aufzeichnungstechniken

Es gibt zwei elementare Methoden der Filmaufnahme:

- die sogenannte master-scene -Technik und
- die Aufzeichnung einer Einstellung nach der anderen (shot by shot).

Bei der master-scene-Technik werden zusammenhängende Handlungsabläufe von einem oder auch zwei Standpunkten aus aufgenommen (in der Regel etwa halbtotal). Für die Nah- und Großaufnahmen werden Teile der Handlung wiederholt. In einer dritten Runde werden extreme Großaufnahmen, Details und das Material für Zwischenschnitte aufgezeichnet. Für die näheren Einstellungen kann das Licht angepaßt oder der entsprechende Ausschnitt neu ausgeleuchtet werden.

Diese Methode bringt viele Wiederholungen mit sich und bietet beim Schnitt sehr viel Spielraum. Die Anschlüsse sind jedoch nicht immer befriedigend, wenn zwischen den Einstellungen zu viel verändert wurde; d.h. die Flexibilität, die man mit der master-scene-Methode bei den Dreharbeiten hat, kann auch zur planlosen Zerstückelung einer Szene führen.

Dreht man eine Einstellung nach der anderen (shot-by-shot), muß die visuelle Auflösung der Szene sehr sorgfältig vorbereitet sein. Die beste Form der Vorbereitung ist ein Storyboard, - gezeichnete Skizzen der Einstellungsfolgen. Bei den Dreharbeiten hält man sich eng an dieses Konzept, wobei man unbedingt darauf achten muß, daß die Handlung von Einstellung zu Einstellung überlappend aufgezeichnet wird. Sonst kann es beim Schnitt sehr eng werden!

Der große Vorzug dieser schrittweisen shot-by-shot-Technik ist, daß ein Regisseur allen Beteiligten vor und hinter der Kamera seine Zielsetzung wesentlich besser vermitteln kann. Er muß natürlich sehr genau wissen, was er will, d.h. er braucht ein gutes filmisches Vorstellungsvermögen bei der Auflösung einer Szene, damit beim Schnitt auch alles flüssig zusammenpaßt.

Wiederholungen

Bei beiden Arbeitsweisen ist es üblich, die Einstellungen oft mehrere Male zu wiederholen, um Details zu korrigieren oder zu verbessern; oder um alternative Lösungen auszuprobieren. Um unerwünschte Schatten und fehlerhafte Bildanschlüsse zu vermeiden, wird bei den Aufnahmen auch oft gemogelt (Abbildung 6.1).

Abb. 6.1 Mogeln

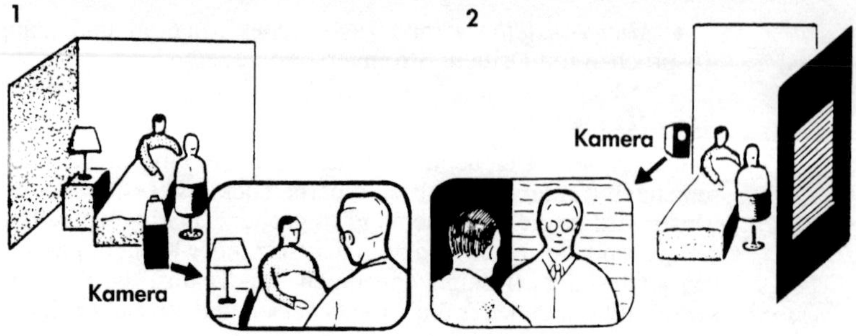

Positionen von Personen, Ausstattungsgegenständen und Requisiten können von einem Kamerastandpunkt gut aussehen, von einem anderen weniger. Wenn nicht chronologisch aufgenommen wird, kann man Positionen von Einstellung zu Einstellung geringfügig verändern. Dies wird in der Regel nicht auffallen. Gründe für solche Mogeleien können eine Verbesserung der Bildkomposition, des Kamerastandpunkts und der Ausleuchtung sein.

Normalerweise wird eine Szene für eine Kamera eingerichtet, je nach Situation aber auch für zwei oder drei verschiedene Kameras. Löst man eine Szene mit einer Kamerafahrt auf, braucht man für den Dolly einen flachen, glatten Boden. Sonst muß man Schienen legen und diese für den nächsten Handlungsabschnitt wieder umbauen.

Für eine gute Ausleuchtung von Nah- und Großaufnahmen müssen die Scheinwerfer u.U. neu eingerichtet werden. Die Ausleuchtung für halbtotale und totale Einstellungen ist für nähere Einstellungen oft ungeeignet.

Einstellungs- und Aufnahmezeiten

Ein Film besteht aus einzelnen Einstellungen, die nur Sekunden oder Minuten dauern können. Ein 90 Minuten langer Film setzt sich in der Regel aus etwa 600 bis 800 verschiedenen Einstellungen zusammen. Eine Einstellung ist im Schnitt etwa 3-10 Sekunden lang; aufgenommen werden durchschnittlich 3-15 Sekunden. In Hitchcocks experimentellem Film Rope gibt es außergewöhnliche Einstellungen von einer Länge bis zu 6-8 Minuten. Sein Film Die Vögel hat 1360 Einstellungen. Ein eingespieltes Team wird bei einer Serienproduktion bis zu 120 Einstellungen am Tag schaffen (etwa 18 Minuten Aufnahmematerial), aber diese Größenordnung ist untypisch. Die Dreharbeiten für eine Filmsequenz können genausogut Tage und Wochen in Anspruch nehmen.

Meßmethoden

Der Kameramann überprüft den Bildausschnitt im Sucher der Kamera. Dieser Ausschnitt ist meist nicht ganz identisch mit dem Bild, das man anschließend auf dem Monitor oder der Leinwand zu sehen bekommt. Dennoch kann man den Bildausschnitt und die Bildkomposition bei der Aufnahme einigermaßen genau einschätzen. Bei der Belichtung, den Kontrasten und den Farben hingegen ist man beim Film zu einem guten Teil auf Erfahrungswerte und Schätzungen angewiesen.

Um trotzdem als Kameramann und Beleuchter nicht im Dunkeln tappen zu müssen und um den Qualitätsspielraum des Aufnahmematerials voll auszunutzen zu können, sind vor Drehbeginn sorgfältige Messungen nötig:

- Ein Belichtungsmesser hilft, die Belichtung des Materials den Beleuchtungsverhältnissen anzupassen.
- Ein Farbtemperaturmesser gibt Aufschluß über die spektrale Zusammensetzung des Lichts.
- Und mit einem Kontrastglas läßt sich der Kontrastumfang einer Szene einschätzen.

Die Augen haben die schon beschriebene Eigenschaft, sich anzupassen und täuschen zu lassen. Das Aufzeichnungsmaterial nicht. Beim Blick durch ein Kontrastglas zum Beispiel sieht man die gesamte Szene wesentlich dunkler und kontrastärmer. Die Details in dunklen Zonen gehen verloren und zu helle Bereiche springen ins Auge. Dies entspricht in etwa der Sichtweise des Filmmaterials. Natürlich kann man im Labor den einen oder anderen Fehler korrigieren, aber nur in beschränktem Maß.

Kontinuität und Anschlußprobleme

Die Arbeit an einer Filmszene kann viel Zeit in Anspruch nehmen. Drehtage für Einstellungen ein und derselben Szene können zeitlich weit auseinanderliegen; Drehorte werden gewechselt; das Wetter ändert sich etc. Trotzdem muß die Stimmung und die Qualität des Lichts von Einstellung zu Einstellung konstant bleiben. (Das gilt natürlich auch für alle anderen Gestaltungsbereiche.) Besonders wenn aus produktionstechnischen und ökonomischen Gründen nicht chronologisch gedreht wird, können die Anschlüsse erhebliche Probleme bereiten. Wenn zum Beispiel eine Geschichte zu verschiedenen Jahreszeiten spielt, wird man alle Szenen in einem Haus - unabhängig von den Jahreszeiten - zusammenfassen und auf einen Rutsch drehen. Wenn diese Innenaufnahmen später mit den zu verschiedenen Jahreszeiten gedrehten Außenaufnahmen zusammengeschnitten werden, dürfen weder in der Handlung, der Lichtstimmung, der Kleidung und dem Makeup Brüche zu sehen sein! Diesen nicht chronologisch aufgenommenen szenischen Anschlüssen muß man bei den Dreharbeiten größte Aufmerksamkeit schenken.

Verantwortung und Möglichkeiten

Mit dem Licht steht und fällt die Arbeitsleistung des gesamten Produktionsteams. Dieser Verantwortung muß sich der für die Ausleuchtung zuständige Kameramann oder Beleuchter bewußt sein. Speziell beim Film wird der Erfolg (oder Mißerfolg) erst bei der Mustervorführung sichtbar. Und viele Einstellungen und Szenen sind zu diesem Zeitpunkt nicht mehr oder nur mit extrem großem Aufwand wiederholbar.

Die Lichtarbeit beim Film hat viel mit handwerklichem Geschick und Fingerspitzengefühl zu tun. Für die Lichtgestaltung stehen eine ganze Reihe technischer Hilfsmittel zur Verfügung: Drahtgaze, Tore, Filter usf, um den Lichtstrahl zu beeinflussen; Dimmer und Schaltpulte, um Scheinwerfer individuell und auch in Gruppen zusammengefaßt steuern zu können und vieles mehr. Helfen die technischen Möglichkeiten nicht weiter, hilft in vielen Fällen Improvisationstalent. Mit einer Hand vor dem Scheinwerfer kann man sensible Bereiche abschatten oder mit dem Arm die Lichtstärke graduell abschwächen, wenn z.B. ein Schauspieler im Handlungsverlauf dem Scheinwerfer zu nahe kommt.

Grundlagen der Fernsehaufzeichnung

Arbeitsbedingungen

Das Fernsehen ist ebenfalls ein sehr vielfältiges Medium. Auch hier bringen kleine Teams von Filmbegeisterten mit einem Minimum an Ausrüstung und Geld ganz erstaunliche Ergebnisse zustande. Auf der anderen Seite gibt es die großen Fernsehstationen, die mit einem enormem Aufwand tagtäglich das Unmögliche schaffen: in unglaublich kurzer Zeit Beiträge von hoher Qualität zu produzieren.

Der Standard steht und fällt natürlich mit den Fähigkeiten und Möglichkeiten des Produktionsteams. Für große Produktionen wird beim Film mit dem Licht ein Aufwand betrieben, der in diesem Ausmaß bei Fernsehproduktionen meist gar nicht gefragt ist. In vielen Fernsehsendungen werden Menschen in ihrer natürlichen Umgebung gezeigt. Die sparsame bis zurückhaltende Ausleuchtung wird bei solchen Produktionen allgemein akzeptiert.

Als Oberbeleuchter oder lichtsetzender Kameramann muß man sich beim Fernsehen mit einer bemerkenswerten Vielzahl von Arbeitsbedingungen vertraut machen:

Von der präzisen Ausleuchtung unter Studiobedingungen bis hin zur Improvisation vor Ort.

Mit der Ausleuchtung von Darstellern vor neutralem Hintergrund und in aufwendig ausgestatteten Umgebungen.

Von der Ausleuchtung aus dem Handgelenk, wenige Minuten vor einer Live-Übertragung, bis hin zur akribischen Ausleuchtung einer bis ins letzte Detail geplanten und extrem zeitaufwendigen Produktion.

Mit der praktischen Umsetzung ganz konkreter (Licht-)Vorstellungen eines erfahrenen Regisseurs oder der Zusammenarbeit mit einem jungen Regisseur, der stark auf die kreative Unterstützung seines Teams angewiesen ist.

Der Oberbeleuchter

Der Status und die Aufgaben eines (Chef-)Beleuchters oder eines für die Beleuchtung verantwortlichen Kameramanns sind je nach Produktionsfirma und auch in verschiedenen Ländern unterschiedlich. In den meisten größeren Studios wird die Ausleuchtung schon immer als wichtiger und eigenständiger Produktionsbereich behandelt. In kleineren Studios wird ihr manchmal nur wenig Beachtung geschenkt und man verläßt sich einfach auf das fest installierte Licht. Der Stellenwert der Ausleuchtung bei einer Produktionsfirma ist im Grunde genommen ein Gradmesser für ihr filmisches (Selbst-)Verständnis.

Bei vielen Fernsehanstalten gibt es einen für alle technischen Aufgaben verantwortlichen Produktionsleiter, der die Arbeit der verschiedenen Gruppenleiter und Spezialisten organisiert und koordiniert. Oberbeleuchter, Toningenieur und lichtsetzender Kameramann sind wiederum verantwortlich für die Mitarbeiter ihres Teams. Der Spezialist für den Videoschnitt und die Videoeffekte ist der Bildmischer.

Der Oberbeleuchter plant und kontrolliert die gesamte Ausleuchtung einer Produktion unter technischen und kreativen Gesichtspunkten. Er berät die anderen Mitglieder des technischen Stabs in allen die Ausleuchtung und das Licht betreffenden Fragen.

Er wird unterstützt von:

- Einem (Ober-) Beleuchter, der auch für die gesamte Lichtsteuerung und Lichtmischung zuständig ist.
- Einem Videotechniker, der die Bildqualität aller Kameras aufeinander abstimmt.
- Einem Team von Elektrikern und Handwerkern, die das Licht aufbauen und bedienen.

Wichtig ist auch seine enge Zusammenarbeit mit den für die Bildaufzeichnung zuständigen Technikern.

Bei anderen Produktionen wird das technische Team von einem technischen Direktor geleitet. Diese Aufgabe erfordert oftmals ein Multitalent, das gleichzeitig die Funktionen eines technischen Beraters, eines Regiekameramanns, eines stellvertretenden Produktionsleiters und eines Bildmischers beherrschen muß. Und eines Oberbeleuchters! Je nach Umfang und Komplexität einer Produktion wird auch ein technischer Direktor die Ausleuchtung und andere wichtige Funktionen an Spezialisten delegieren (müssen).

Produktionsplanung

Manchen Fernsehproduktionen liegt nicht mehr als ein spontaner Entwurf zugrunde; andere sind bis ins letzte Detail ausgetüftelt. Leider gibt es überraschend wenig Fernsehregisseure, die zu einer präzisen und systematischen Produktionsplanung überhaupt bereit bzw. fähig sind. Eine Planung, die dem Team schon vor Beginn der Dreharbeiten ein Gefühl für Inhalte und Erwartungen an die Kamera- und Tongestaltung vermittelt, erfordert viel Disziplin, viele Gespräche mit den anderen Verantwortlichen des Teams und umfassende Kenntnisse der (produktions-) technischen Rahmenbedingungen.

Viele Vertreter der spontanen Inspiration begründen ihre Ablehnung einer gründlichen Vorbereitung damit, daß diese künstlerische Entwicklungen verhindere. Das stimmt - zum Teil. Zu viel Planung führt leicht zu einer leblosen, rein mechanischen Umsetzung des Plans und kann verhindern, daß sich die Beteiligten vor und hinter der Kamera wirklich beteiligt fühlen.

Viele gute Ideen entwickeln sich tatsächlich erst im Verlauf der Dreharbeiten, wenn man ein Bild oder eine Szene konkret vor Augen hat. Die Freiheit, sich viele Entscheidungen bis zum letzten Augenblick offenzuhalten, weil man sich nicht festlegen möchte, ist jedoch ein Luxus, der meist uneffektiv und unökonomisch ist und für das gesamte Team extrem anstrengend sein kann. Gute Regisseure schaffen diesen Drahtseilakt mit einem gewissen Fingerspitzengefühl: mit einer Planung, die für alle Beteiligten die Rahmenbedingungen ihrer Arbeit festschreibt und dennoch Spielraum für neue Ideen und Veränderungen läßt.

Worüber man Bescheid wissen sollte

Bevor man mit dem Ausleuchten beginnt, sollten einige Fragen geklärt sein. Je nach Art und Umfang einer Produktion kann dies im Rahmen einer ausführlichen Vorbesprechung mit dem Regisseur und allen Verantwortlichen geschehen oder bei einer kleinen Plauderei vor Ort.

Vieles muß vorbereitet werden, zum Beispiel die Projektion des Namens einer Show auf den Boden oder den Hintergrund. Andere Situationen brauchen kaum Vorbereitung und es genügt zu wissen, daß jemand durch eine ganz bestimmte Türe kommt.

Wenn keine Zeit oder keine Gelegenheit besteht, wichtige Details zu besprechen, muß notfalls recht weitläufig ausgeleuchtet werden. Und verändert ein Schauspieler bei den Proben seine Position, bekommt man diese Veränderung nicht immer mit einer geringfügen Veränderung des Führungslichts in den Griff.

Folgende Fragen sollte man versuchen im Vorfeld zu beantworten:

♦ *Motiv* Bei den meisten Produktionen stehen Menschen im Mittelpunkt. Wichtig sind Standort/Handlungsraum und Blickrichtung.

♦ *Kameras* Wieviele Kameras kommen zum Einsatz? Welchen Ausschnitt der Szene zeichnen sie auf? (Bei Nahaufnahmen muß die Ausleuchtung die Portraits betonen; bei Halbtotalen die Ausstattung.) Die Ausleuchtung muß allen Kameras gerecht werden.

♦ *Umgebung* Welches sind die wichtigsten Hintergrundfarben? Dunkle Farben brauchen entsprechend mehr Licht als helle Farben. Heben sich die Farben und Tönungen der Kleidung vom Hintergrund ab? Natürlich kann man eine schwarz gekleidete Person von einem schwarzen Hintergrund mit einem starken Gegenlicht abheben - vorausgesetzt, dies verträgt sich mit der vorherrschenden Lichtstimmung!

♦ *Atmosphäre* Von der gewünschten Atmosphäre (ein rauschendes Fest; ein gemütlicher Raum; ein mysteriöses Ereignis) wird die Verteilung bzw. Balance von Licht und Schatten abhängen.

♦ *Technische Rahmenbedingungen* Wird mit Tonangeln gearbeitet? In welchem Bereich kommen sie zum Einsatz? Wird im Handlungsablauf ein Lampe ein- oder ausgeschaltet? Werden zusätzliche Lichteffekte benötigt (Lichtmuster; blinkende Lampen; Verfolgerspots etc.)?

Planungssituationen

Der Planungsaufwand hängt im wesentlichen vom Umfang der Produktion und der Erfahrung aller Beteiligten ab. Bei einer Großproduktion mit allem Drum und Dran wird sich auch ein eingespieltes Team in Ruhe absprechen und vorbereiten müssen. Besonders bei Live-Übertragungen kann der kleinste Fehler größere Katastrophen heraufbeschwören!

Vieles muß gemietet, transportiert, gelagert und gebaut werden, - und muß zur rechten Zeit am rechten Ort zusammenkommen. Das Studio selbst ist nur ein ein großer, leerer Raum.

Im kleinen Rahmen kann es genügen, morgens mit einer Kamera und einigen Lampen anzurücken, auf der Basis langjähriger Erfahrungen ein paar schnelle Entscheidungen zu treffen, um hervorragende Ergebnisse zu erzielen. Aber auch hier geht es nicht immer ganz ohne Vorbereitung. (Große öffentliche Ereignisse brauchen übrigens oft mehrere Monate zur Vorbereitung.)

Planungsansätze

Feste Grundausleuchtung

Eine gute Grundausleuchtung für sich wiederholende Situationen im Studio muß nicht jeden Tag neu eingerichtet werden. Hierzu gehören Nachrichtensendungen, der Wetterbericht, Ansagen etc. Die Ausleuchtung für solche Sendungen muß nur von Zeit zu Zeit überprüft werden. Ansonsten reicht es aus, sich über Veränderungen der Grundsituation rechtzeitig informieren zu lassen: daß z.B. der Sprecher ab sofort seinen Kopf auch in Richtung eines neu aufgestellten Monitors drehen wird.

Flexible Grundausleuchtung

Jeder regionale und überregionale Fernsehsender muß im Rahmen seiner aktuellen Berichterstattung und für spezielle Ereignisse kurzfristig, manchmal erst wenige Stunden vor der Sendung, entsprechenden Studioraum verfügbar haben. Solche Studioräume haben meist eine flexible Grundausstattung: eine Fläche für großräumige Bewegungen (Tanz), ein oder zwei Bereiche für Interviews, einen Bereich für Demonstrationen etc. Am besten ist es, wenn auch hier für jeden wichtigen Standort und Aktionsraum eine Grundausleuchtung mit Führungs-, Gegen- und Hintergrundlicht fest eingerichtet ist.

Dann wird sich die Planung auf eine kurze Absprache über Standorte und Sitzplätze, Kamerapositionen und den groben Handlungsablauf beschränken können. Natürlich passiert es immer wieder, daß sich Situationen kurzfristig verändern und das Licht eine Minute vor Beginn oder mitten in der laufenden Sendung neu angepaßt werden muß.

Es gibt auch stehende Einrichtungen für Beiträge, die täglich oder mehrmals die Woche produziert werden, wie zum Beispiel Kochkurse oder Talkshows. Der Aufbau bleibt stehen und die restliche Studiofläche wird zwischenzeitlich für andere Produktionen genutzt. Oftmals müssen Scheinwerfer für die stehende Dekoration auch für die anderen Produktionen eingesetzt und anschließend wieder neu ausgerichtet werden.

Die Ausleuchtung stehender Einrichtungen bleibt sich weitgehend gleich: bei einem Kochkurs werden die Arbeitsflächen, Herd, Kühlschrank etc. hervorgehoben und die Arbeitsvorgänge sind im Prinzip jedes Mal dieselben.

Improvisierte Ausleuchtung

Obgleich eine Ausleuchtung aus dem Handgelenk unter allen Umständen vermieden werden sollte, wird man selbst im gut organisierten Studiobetrieb immer wieder damit konfrontiert. Das Produktionsteam erfährt erst wenige Stunden vor Sendebeginn, daß es eine Sendung über Flechtarbeiten, einen Nähkurs, eine Folklore-Tanz-Darbietung oder ähnliches aufnehmen muß. Regisseur, Szenenbildner und Beleuchter sprechen verschiedene Möglichkeiten durch. Der Szenenbildner besorgt ein paar Möbel und den nötigen Nippes und richtet die Szene ein. Währenddessen informiert der Regisseur den Rest des Teams über den mutmaßlichen Ablauf des Geschehens und der Beleuchter richtet gleichzeitig das Licht ein. Manchmal (wenn auch sehr selten) passiert all das bei laufender Sendung! Wenn man Glück hat, kann man Veränderungen während Film- oder Videoeinblendungen vornehmen.

Selbst bei einer improvisierten Ausleuchtung kann man je nach Zeit und verfügbaren Möglichkeiten respektable Ergebnisse erzielen. In vielen Studios sind zusätzliche Scheinwerfer verfügbar. Müssen jedoch Lampen neu aufgebaut, verkabelt und ausgerichtet werden, sieht es schlecht aus, speziell wenn besondere Lichteffekte gewünscht sind.

Planung

Die umfassende Planung einer großen Show kann folgendermaßen aussehen:

1. Der Regisseur entwirft den Ablauf der Produktion in groben Umrissen.
2. Er bespricht den Entwurf mit dem Bühnenbildner; in manchen Fällen jede Szene bzw. jeden Akt bis hin zu den wichtigsten Kamerapositionen. Gleichzeitig bekommt auch der Oberbeleuchter eine Kopie des Entwurfs. Bei einer szenischen Produktion sind u.U. bereits die Schauplätze, die Dialoge, der Handlungsablauf und bühnentechnische Anweisungen skizziert.

   Zu diesem Zeitpunkt sollte man sich noch keine besonderen Gedanken über die bildhafte Umsetzung machen! Nichts ist frustrierender als schon ins Detail gehende Beleuchtungswünsche, die sich so mit den Vorstellungen des Regisseurs und des Szenenbildners nicht vereinbaren lassen.

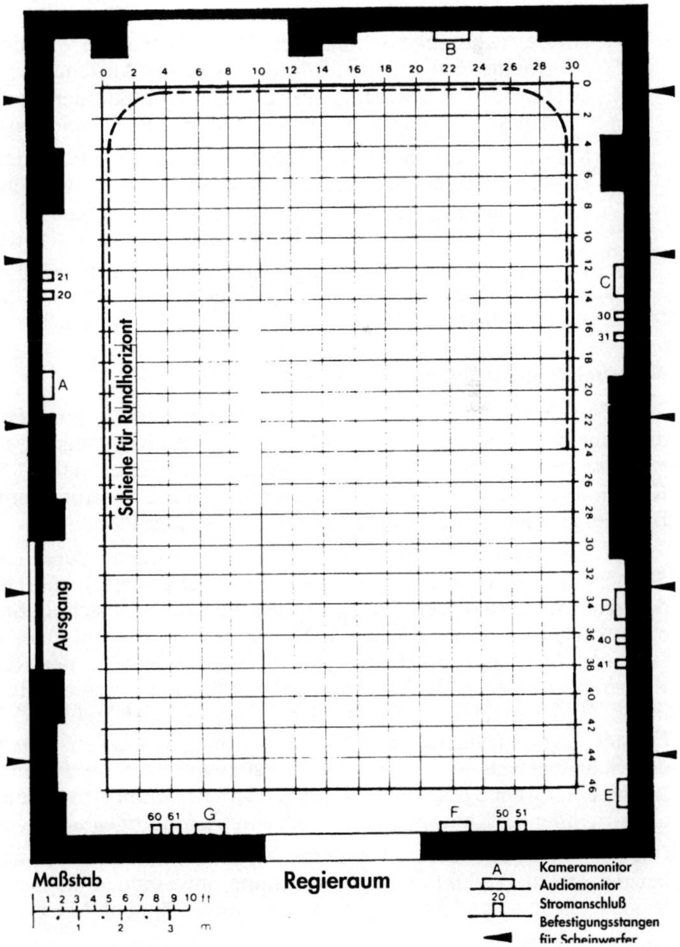

Abb. 6.2 Studiogrundriß

Ein Studiogrundriß zeigt die verfügbare Spielfläche und enthält Angaben über weitere (technische) Einrichtungen. Der übliche Maßstab ist 1:50.

3. Der Szenenbildner entwickelt nach diesem Gespräch auf die Handlung und die verfügbaren Räumlichkeiten abgestimmte Entwürfe. Die groben Entwürfe für jede Szene werden auf den Studiogrundriß übertragen.

   Aufrisse zeigen - im gleichen Maßstab - die Seitenansichten der Szenen mit allen Türen, Fenstern, Wänden etc. und Angaben über deren Beschaffenheit (Farben, Formen, Materialien). Klebt man die Aufrißzeichnungen auf Karton und fügt sie entsprechend zusammen, hat man bereits ein dreidimensionales Modell der Szene.

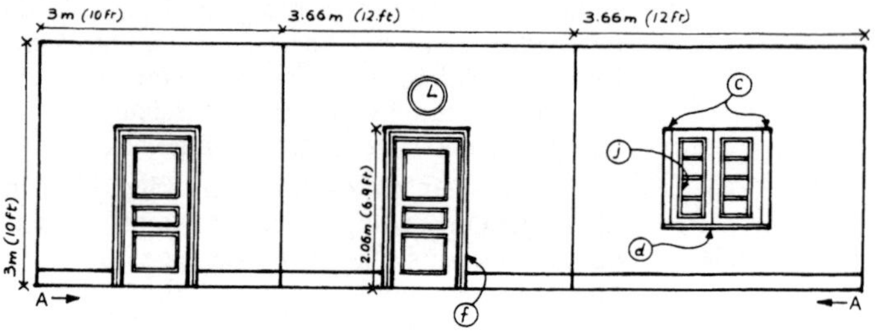

Abb. 6.3 Aufrißzeichnungen

Aufrißzeichnungen der Seitenansichten einer Szene zeigen Fenster, Türen und Wände mit detaillierten Angaben zu deren Größe, den Materialien, den Farben und zu allen weiteren Eigenschaften, die für das Bühnenbild wichtig sind. Der Maßstab sollte dem Bühnengrundriß entsprechen. Spezielle Details und Feinheiten werden meist in einem größeren Maßstab gezeichnet.

4. Regisseur und Szenenbildner setzen sich jetzt mit dem Oberbeleuchter zusammen, um Beleuchtungsmöglichkeiten der Szenenentwürfe zu besprechen. Wenn nötig, müssen die Entwürfe den Erfordernissen der Ausleuchtung entsprechend modifiziert werden. Bei weniger aufwendigen Produktionen ist diese Besprechung u.U. überflüssig. Wenn das Licht eine wichtige Rolle spielt, ist sie unerläßlich.
5. Mit dem überarbeiteten Plan beginnt der Regisseur den Handlungsablauf bis hin zu den verschiedenen Kameraeinstellungen zu entwickeln. Gleichzeitig wird er sich um die Rollenbesetzung, um Vorbesprechungen mit Kostüm- und Maskenbildnern, Grafikern, Effekt-Spezialisten und anderen Mitarbeitern kümmern.
6. Wenn die Ideen Gestalt angenommen haben wird es Zeit, den Stand der Planung bei einer Produktionsvorbesprechung gemeinsam auf mögliche Schwachstellen abzuklopfen.

Produktionsvorbesprechung

Dieses Treffen ist ganz entscheidend für einen reibungslosen Produktionsablauf. Es ist die Nagelprobe für die Ideen und Vorschläge des Regisseurs, bei der alle Produktionsverantwortlichen ihre Interessen einbringen und koordinieren. Ohne die entsprechende Kooperation in dieser Phase sind spätere Konflikte vorprogrammiert. Im folgenden ein Beispiel aus dem Leben zu den Folgen mangelnder Planung.

Eine im Studio spielende Szene sollte von starkem, durch ein Fenster scheinendes Sonnenlicht erhellt werden, das gleichzeitig den Fensterschatten auf die gegenüberliegende Wand wirft. Zu diesen Zweck wurde hinter dem Fenster ein Spotlicht aufgestellt, das einen hervorragenden Schatten warf und gleichzeitig ein gutes Führungslicht für alle Personen im Raum abgab. Bei den Proben veränderte der Regisseur die geplanten Kamerapositionen, so daß jetzt von der wichtigsten Kameraposition auch dieses Fenster mit ins Bild kam. Da der Spielraum für Licht- und Bühnenbildveränderungen hinter dem Fenster zu gering war, mußte man einen Vorhang in das Fenster hängen. Dieser schluckte den Sonneneffekt, den gelungenen Schattenwurf und die Führungslichtqualitäten. Die Ausleuchtung der Szene mußte in letzter Minute verändert werden. Das Ergebnis war ein unbefriedigender Kompromiß, der sich durch sorgfältige Planung hätte vermeiden lassen.

Jeder, der in irgendeiner Weise für den Produktionsablauf Verantwortung trägt, sollte bei der ersten Produktionsvorbesprechung anwesend sein. Dazu gehören neben dem Produktionsleiter und dem Regieassistenten der Bühnenbildner, der (Chef-)Kameramann

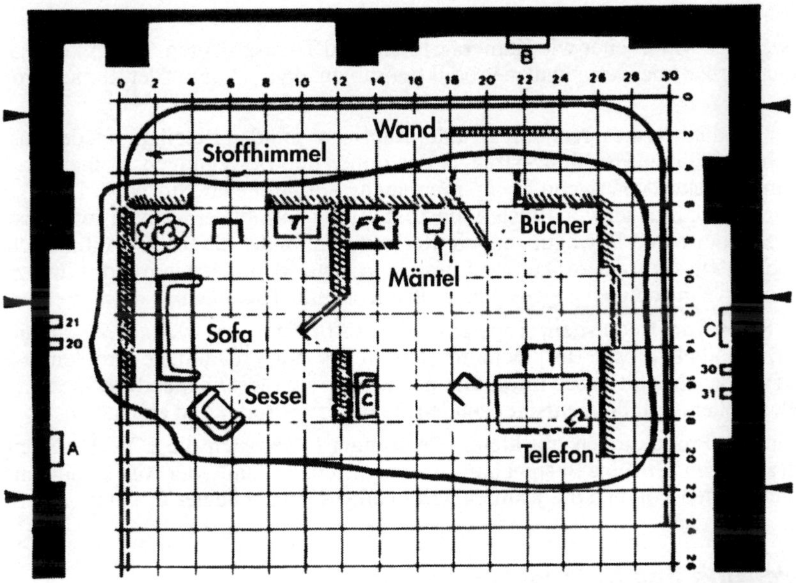

1

2

Abb. 6.4 Planungs-Skizze

1. Skizziert man die verschiedenen Szenenelemente auf Pauspapier und legt sie auf den Szenengrundriß, kann man sie beliebig und so lange verschieben, bis man ihre optimalen Positionen für die Kameraarbeit, die Ausleuchtung und den Ton gefunden hat.
2. Viele Menschen haben Schwierigkeiten, anhand von Grund- und Aufrißzeichnungen räumliche Vorstellungen zu entwickeln. In diesem Fall sind räumliche Skizzen sehr hilfreich, um Mißverständnissen vorzubeugen.

und der (Chef-)Beleuchter, der technische Direktor und der Toningenieur, die Abteilungsleiter für Maske und Kostüm etc.

Alle weiteren Mitarbeiter wie Kamera-, Licht- und Tonassistenten, Techniker, Handwerker etc. werden über den genauen Produktionsablauf erst zu Beginn der Kameraproben informiert.

Bei der Produktionsbesprechung geht der Regisseur mit den Beteiligten jede Einstellung durch, stellt ihnen Handlungsstränge, Positionen und Bewegungen, Kameraeinstellungen und Effekte vor, wenn nötig mit einem vorbereiteten Storyboard, d.h. mit Zeichnungen oder Skizzen von Einstellungsfolgen. Die Anzahl der Kameras wird festgelegt, ihre Standorte und Bewegungen, die Reihenfolge, in der die Szenen aufgezeichnet werden sollen etc. Besondere Aufmerksamkeit gilt hier dem Szenengrundriß mit allen Positionen von Einrichtungsgegenständen, Kameras und Tonangeln.

Auch Fotos von Requisiten, Tapeten- und Stoffmuster und weitere Zeichnungen können Bestandteil dieser Besprechung sein. Jedes nur erdenkliche Problem sollte diskutiert werden. Mit all diesen Informationen werden sich anschließend die Spezialisten ans Werk machen, um ihren entsprechenden Beitrag zur Produktion zu leisten.

Bei kleinen Produktionen mit klarer Zielsetzung lassen sich diese Vorbereitungen natürlich abkürzen. Um eine Besprechung der technischen Details, der Ausrüstung für die Ausleuchtung, den Ton und die Kamera wird man jedoch bei keiner Produktion herumkommen.

Vorbereitung des Beleuchtungsplans

Im Anschluß an die Produktionsvorbesprechung wird allen Beteiligten ein überarbeiteter Szenengrundriß ausgehändigt, auf dem die Raumausstattung, die Bodenbeschaffenheit, Erhebungen, Sitzplätze etc. eingezeichnet sind.

Mit diesem Grundriß, verschiedenen Aufrißzeichnungen und seinen Gesprächsnotizen macht sich auch der Spezialist für die Lichtgestaltung an die Arbeit. Manchmal kann schon eine Pi mal Daumen Einschätzung am Modell genügen, um die wichtigsten Scheinwerferpositionen festzulegen; - doch für den größten Teil der Beleuchtungsplanung braucht man ein ausgeprägtes dreidimensionales Vorstellungsvermögen, praktische Erfahrungen und nicht zuletzt hellseherische Fähigkeiten.

Vorproben/Probenbühne

Bei größeren Produktionen müssen die Darsteller ausreichend Gelegenheit haben, ihre Texte und Handlungen einzustudieren, unter Umständen schon mit Blick auf die Kamerapositionen und Einstellungsgrößen. Zeitintensive Proben finden meist auf einer speziell für diesen Zweck eingerichteten Probenbühne statt, um Studiozeiten und damit verbundene Kosten zu sparen. Auf der Probenbühne wird der Szenengrundriß maßstabsgetreu auf den Boden gemalt bzw. mit Klebeband markiert. Türen, Fenster, Raumbegrenzungen und die wichtigsten Einrichtungsgegenstände lassen sich durch einfache Holzgerüste und provisorische Raumelemente darstellen.

Zu diesem Zeitpunkt sollte bereits ein Kamera-, Script- oder Produktionsplan vorliegen, mit genauen Angaben zur Auflösung der Szene in Kameraeinstellungen und Einstellungsgrößen. Auch die Übergänge von einer Einstellung zur nächsten (harter Schnitt, weiche Überblendung etc.) sollten hier festgehalten sein; und alle Informationen, die für das gesamte Produktionsteam, das hier zum ersten Mal zusammenkommt, wichtig sein könnten.

Besonders wenn die Einstellungen und Szenen nicht chronologisch aufgenommen werden, ist ein detaillierter Produktionsplan unverzichtbar. Ansonsten verlieren alle Beteiligten schon nach wenigen Einstellungen den Überblick.

Wenn die Proben ein gutes Stück fortgeschritten sind, sehen sich der Oberbeleuchter und der Lichtsetzender Kameramann einen sogenannten technischen Durchlauf der Proben an, um die aufnahmetechnischen Rahmenbedingungen zu überprüfen.

Abb. 6.5 Kameraplan

Dieser Plan zeigt die wichtigsten Positionen für die Kameras (1A/1B/1C usf.) und die Tonangeln (A1/A2/B1/B2).

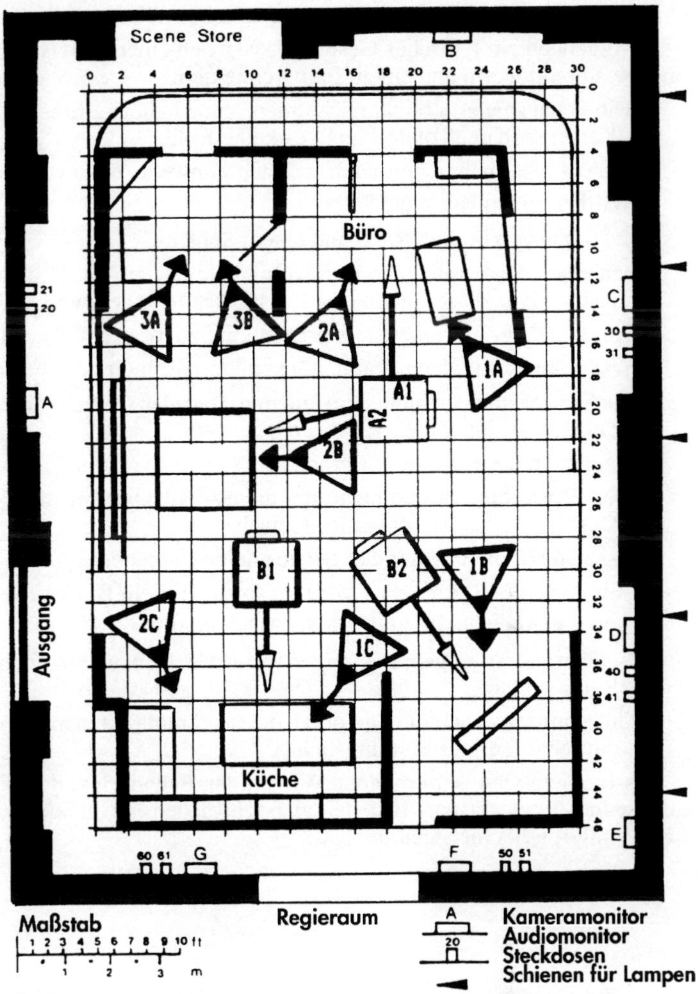

Hierbei werden die Handlungslinien und wichtigen Positionen auf dem Szenengrundriß festgehalten. Der Regisseur wird, wenn nötig, weitere Details erläutern und seine Vorstellungen zur filmischen Auflösung darlegen. Die beim technischen Durchlauf skizzierten Handlungsabläufe und Kamerapositionen sind Grundlage für die weitere Ausarbeitung der Lichtgestaltung. Natürlich werden sich einige Dinge noch geringfügig verändern, aber die Rahmenhandlung - wer kommt wann durch welche Türe und setzt sich wohin? - sollte von diesem Zeitpunkt an verbindlich sein.

Bei dieser Gelegenheit darf es niemand versäumen, weitere Ideen und Informationen über die Ausstattung der Szene, Kostüme, Makeup etc. auszutauschen. In einem guten Team muß sich jeder frei fühlen, konstruktive Vorschläge und Kritik einzubringen. Der Szenenbildner kann noch den Wunsch äußern, weitere szenische Details bei der Ausleuchtung zu berücksichtigen; und der Oberbeleuchter kann noch das eine oder andere Ausstattungselement modifizieren lassen. Solche Gespräche helfen ganz nebenbei, auch die Arbeit und Probleme der anderen Teammitglieder einschätzen und im weiteren Produktionsablauf berücksichtigen zu können.

Es ist wichtig, auch alle Probleme, die auftauchen könnten, zur Sprache zu bringen.

Im folgenden ein typisches Gespräch zwischen einem Regisseur, einem Beleuchter, einer Kostümbildnerin und einem Filmarchitekten:

B: Die Schauspielerin blickt nach unten, -eine häßliche Einstellung! Wie nah ist die Kamera? In der Totalen spielt es keine Rolle.

R: Eine Großaufnahme mit leichter Telebrennweite, etwa von hier.

B: Wird sie einen Hut tragen?

K: Ja, mit einem breiten Rand und einem Schleier.

B: Mit einem Kameralicht können wir nicht arbeiten. Die Kamera ist zu weit entfernt. Kann ich an dieser Stelle einen zusätzlichen Scheinwerfer anbringen?

R: Auf keinen Fall. Kamera 3 überfährt kurz zuvor genau diesen Punkt.

B: Wie wäre es mit einem starken Scheinwerfer hinter dem Fenster?

F: Die Fenster sind von hinten mit einem netzartigen Gewebe abgehängt und über dem Fenster ist kein Platz.

B: Kann man das Gewebe entfernen?

F: Der Fensterhintergrund sieht aus diesem Blickwinkel nicht sonderlich gut aus. Deshalb das halbdurchlässige Gewebe!

B: Können wir die Position der Schauspielerin verändern?

R: Auf keinen Fall. Kamera 1 wird sie sonst aus dem Blick verlieren.

B: Sehen wir, wie die Frau durch die Tür kommt?

R: Nein, in diesem Augenblick zeigen wir den Helden, wie er durch eine andere Tür den Raum verläßt.

B: Gut, dann lassen wir die Tür, durch die sie kommt, offen und stellen in den Vorraum ein sehr niedriges Führungslicht...

Das Problem wäre somit gelöst. Wichtig ist, Schwierigkeiten dieser Art rechtzeitig aufzuspüren. Entdeckt man Ausleuchtungsschwächen erst im Sucher der Kamera oder auf dem Monitor, ist es meistens zu spät.

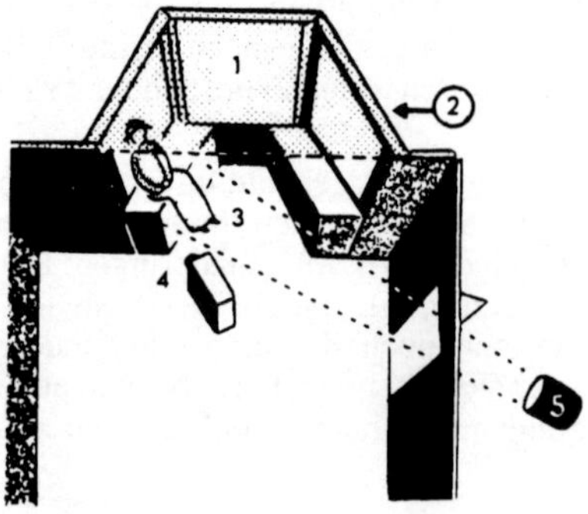

Abb. 6.6 Praktische Probleme

Es ist immer besser, potentielle Problemquellen schon im Vorfeld aufzuspüren. Diese Szene wirft z.B. folgende Licht-Probleme auf: 1. die Decke ist sehr niedrig; 2. die Fenster sind von hinten abgehängt; 3. der Darsteller hat eine für die Ausleuchtung ungünstige Position; 4. die Kamera könnte einen Schatten auf ihn werfen. Die praktikable Lösung (5) ist ein niedriges Führungslicht hinter der geöffneten Tür.

Die Lage sondieren/Möglichkeiten ausloten

Im nächsten Schritt müssen unabhängig von der Größe einer Produktion und dem Planungsaufwand die Möglichkeiten für ihre Umsetzung ins Auge gefaßt werden. Der Regisseur möchte zu Beginn einer Show schnelle Lichtwechsel, einen Verfolgerspot auf den Sänger vor dunklem Bühnenhintergrund, über der Bühne blinkende Sterne auf samtblauem Himmel, in der letzten Szene im Rhythmus der Musik flackernde Lichtstäbe und zum Schluß noch einen grandiosen Regenbogeneffekt. Bleibt nur noch die Frage, ob diese Ideen mit den verfügbaren Mitteln realisiert werden können.

Sobald man herausgefunden hat, daß sich eine Idee nicht umsetzen läßt, muß man sofort die entsprechenden Personen im Team informieren und gemeinsam versuchen, eine Alternative zu finden. Unter Umständen wird sich der Regisseur anstelle des Regenbogens mit einem Blitzlichtgewitter zufriedengeben müssen. Manchmal sind sehr einfache Ideen extrem schwierig umzusetzen; andere Male findet man für die unmöglichsten Effekte frappierend einfache Lösungen.

Die Möglichkeit der Realisierung einer jeden Idee muß genauestens geprüft werden. Der Wechsel einer Hintergrundbeleuchtung von Orange zu Blau und Grün scheint zunächst keine besonderen Anforderungen zu stellen. Bei genauerer Betrachtung ist der Aufwand nicht unbeträchtlich. Braucht man zum Beispiel für eine gleichmäßige Hintergrundausleuchtung sechs Scheinwerfer, werden für drei Farben schon achtzehn Scheinwerfer (und achtzehn Stromanschlüsse) benötigt. Die Scheinwerfer sollten in ähnlichem Abstand zum Hintergrund angebracht werden und dürfen sich nicht gegenseitig in die Quere kommen. Auch ihre Stromversorgung muß gesichert sein und das Steuerpult muß über genügend freie Schaltkreise verfügen.

Nachdenken!

Jetzt wird es Zeit, sich in aller Ruhe Gedanken über die gewünschte Stimmung und Atmosphäre der Szenen machen. Der Szenenbildner hat eine Umgebung geschaffen, die vom Licht interpretiert werden muß. Selbst eine sehr einfach ausgestattete Szene mit ein paar grauen Elementen kann durch geschickte Ausleuchtung zu einem attraktiven Hintergrund werden. Auch aus einem flachen Rundhorizont und ein paar Säulen läßt sich mit Licht einiges machen. Das ganze ist nur eine Frage von technischem know-how und kreativer Vorstellungskraft.

Grundrisse und Aufrißzeichnungen verraten recht wenig über ihr endgültiges Aussehen auf dem Monitor. Dieses Erscheinungsbild wird das Ergebnis von Vorstellungen sein, die zum großen Teil aus Erinnerungsbildern schöpfen: aus eigenen Beobachtungen, Filmen, Illustrationen uva. Dieser im Gedächtnis gespeicherte Bilderschatz ist die Grundlage für die Entwicklung eigener/neuer visueller Vorstellungen.

Eine Szene nimmt zunächst im Kopf bzw. vor dem inneren Auge Gestalt an. In den Geschichten von Sherlock Holmes sehen wir viktorianische Räume, in denen das Sonnenlicht gegen dicke Vorhänge ankämpft und von dunklen Teppichen geschluckt wird, bevor ein Rest davon die schmuddelige Tapete streift. Man riecht fast die alten Ledersessel, glaubt das Ticken einer Standuhr zu hören etc.

Auf der anderen Seite eine Stimmung bei kaltem Tageslicht. Auch diese Atmosphäre ist nicht ganz einfach herzustellen. Welche Art von Lampen soll man einsetzen und wo wird man sie, um den gewünschten Effekt zu erzielen, am besten aufstellen? Das Licht muß dem Bühnenbild, der Handlung und der Stimmung gerecht werden. All diese Punkte müssen auf der Grundlage der bisherigen Absprachen Szene für Szene sorgfältig durchdacht werden (siehe auch Tabelle 6.1).

Tabelle 6.1 Wichtige Fragen bei der Licht-Planung für eine Studioproduktion

Ausstattung/Positionen	Zunächst muß überprüft werden, ob die Ausstattung der Szene mit Blick auf die verfügbare Studiofläche und den Handlungsablauf genügend Spielraum für die Ausleuchtung läßt. Weitere Fragen: • Gibt es ausreichende Befestigungsmöglichkeiten für die Scheinwerfer an der Studiodecke? Wie belastbar sind die Deckenaufhängungen? • Werden an der Decke befestigte Scheinwerfer die Ausstattung beeinträchtigen? Sind durch geringfügige Veränderungen der Ausstattung die Scheinwerfer besser zugänglich? • Gibt es genügend (und entsprechend abgesicherte) Stromanschlüsse? Wie viele Verlängerungskabel sind nötig? • Wie ist das Verhältnis von Ausstattung und Hintergrund? Gibt es ausreichend Platz für eine gleichmäßige Hintergrundbeleuchtung? Wird der Hintergrund von oben, von unten oder von der Seite ausgeleuchtet? • Wo im Bühnenbild kann man weitere Scheinwerfer aufstellen bzw. verdeckt anbringen? • Bleibt genügend Raum für Scheinwerfer, die z.B. spezielle Schatteneffekte oder Lichtmuster auf die Szene werfen sollen?
Konstruktionen	• Die Bühnenaufbauten und die lichttechnischen Einrichtungen dürfen sich nicht in die Quere kommen. Seile, Aufhängungen und Lattengerüste können die Ausleuchtung von der Decke beeinträchtigen. • Wird die Ausleuchtung durch die Architektur erschwert, z.B. durch tiefliegende Fenster, Decken, Bögen usf? • Gibt es Dinge, die unerwünschte Schatten werfen oder auf andere Weise stören können, z.B. Spiegel, Kronleuchter, Zweige usf? • Werfen Ausstattungsgegenstände Schatten auf andere Teile der Ausstattung, z.B. Ständer, Stoffalten, durchbrochene Gegenstände usf? • Hat das Bühnenbild verschiedene Ebenen, z.B. Treppen oder Podien (sie beeinflussen die relative Höhe des Lichts)?
Oberflächen	• Tönungen, Farben, Strukturen und Kontraste sind wesentliche Faktoren bei der Bestimmung der zur Ausleuchtung nötigen Lichtmenge und Beleuchtungswinkel.
Einrichtungsgegenstände	• Vorhänge, Möbelstücke, Wandgemälde, Ornamente, Spiegel usf. müssen u.U. individuell ausgeleuchtet oder sehr sorgfältig auf störende Reflexe überprüft werden.
Lichtquellen in der Szene	• Welchen Zweck haben diese Lichtquellen? Sind sie nur ein Teil der Dekoration? Sind sie eingeschaltet? Sollen sie selbst Teile der Ausstattung beleuchten usf?
Außeneinstellungen im Studio	• Im Studio gedrehte Tageslichtszenen brauchen ein Führungslicht mit einer klar definierten Richtung. Wie sieht der Hintergrund der Szene aus? Müssen Schatten von Bäumen, Gebäuden oder Personen auf den Hintergrund fallen? Wird es Nah- und Großaufnahmen geben, die eine eigene, begrenzte Ausleuchtung erfordern? Sind reale Hintergründe (Häuser, Berge) zu sehen?
Lichteffekte	• Sind Lichteffekte vorgesehen? Wird mit farbigem Licht gearbeitet? Müssen Muster oder Strukturen projiziert werden?
Kostüme und Makeup	• Gibt es sehr helle Kleidung, reflektierende Stoffe, weiße Perücken usf?
Bewegungen vor und mit der Kamera	Welche Position haben die Darsteller vor der Kamera? Bewegen sie sich durch den Raum? Bewegt sich die Kamera mit ihnen? Wird die Tonangel ebenfalls mitgeführt?
Drehplan	• Muß die Ausleuchtung während der Handlung verändert werden? Werden in der Szene sichtbare Lichtquellen ein- und ausgeschaltet? Braucht ein Darsteller einen Verfolgerspot? Gibt es wechselnde Farbstimmungen?
Lichtpark	• Wieviele Scheinwerfer müssen (etwa) eingesetzt werden? Welche Typen? Braucht man spezielle Effektscheinwerfer? Sind alle benötigten Scheinwerfer verfügbar?
Sicherheit	• Welche Sicherheitsmaßnahmen sind nötig und welche Sicherheitsvorschriften müssen beachtet werden?

Organisation	•	Steht für den nötigen Aufwand genügend Zeit zur Verfügung? Wieviele Mitarbeiter werden gebraucht? Wieviel Zeit benötigt der Aufbau der Ausleuchtung? Werden in dieser Zeit auch andere Arbeiten im Studio durchgeführt? Zu welchem Zeitpunkt muß alles fertig sein?

Ausleuchtungs-Verfahren/-Ansätze

Die Rahmenbedingungen der Produktion sind festgelegt. Es kann losgehen. Aber wie?

Eines ist sicher: es wird kaum Zeit sein, verschiedene Lösungen auszuprobieren, d.h. der erste Versuch muß weitgehend ins Schwarze treffen. Wenn die Kameraproben beginnen, ist keine Zeit mehr für Experimente.

Manchmal kann man eine Alternative vorbereiten und sich dann für die bessere Lösung entscheiden. Aber dies ist die Ausnahme.

Obgleich die Ausleuchtung keine Routineangelegenheit sein sollte, muß man immer auf einige funktionierende (Routine-)Techniken zurückgreifen können, um sich einen gewissen künstlerischen Spielraum überhaupt zu schaffen.

Fragt man zwölf Beleuchter, wie sie ihr Licht einrichten, wird man zwölf Antworten bekommen, in denen sie unterschiedliche Prioritäten setzen, aber weitgehend das gleiche Ziel verfolgen. Die meisten Beleuchter gehen nicht systematisch oder analytisch vor sondern greifen eher intuitiv, je nach Situation, auf ihren Erfahrungsschatz zurück.

Die folgenden Richtlinien sollen helfen, gleich von Anfang an das richtige Lichtkonzept zu finden.

Systematische Ausleuchtung

Es gibt zwei grundlegende Ansätze für eine systematische Ausleuchtung:

Man plant die Ausleuchtung vor Ort, d.h. man stellt sich in die Szenerie, schaut sich um, überlegt sich die Positionen für die Scheinwerfer und zeichnet sie mit den entsprechenden Symbolen auf dem Szenengrundriß ein.

Oder man plant die Ausleuchtung im Voraus, eine Methode, die häufig in Fernsehstudios anzutreffen ist.

Welche Methode die bessere ist, hängt von der Organisationsstruktur des jeweiligen Studios ab, vom Produktionsaufwand und auch von der verfügbaren Zeit. Im folgenden werden die Vorzüge und Nachteile beider Methoden vorgestellt.

Ausleuchtung vor Ort

Bei der Ausleuchtung vor Ort entscheidet man erst nach Begutachtung der Szene, des Handlungsraums und des Hintergrundes über die Art und Positionen der Scheinwerfer. Alle Entscheidungsschritte müssen mit Lampensymbolen genau auf dem Szenenplan festgehalten werden. Dieser Beleuchtungsplan ist wichtig:

- um zu überprüfen, ob man auch nichts vergessen hat;
- um die Funktion eines jeden Scheinwerfers zu zeigen;
- um die eigenen Entscheidungen für sich selbst und für andere festzuhalten;
- und natürlich als Arbeitsvorlage für diejenigen, die anschließend für den Aufbau der Scheinwerfer verantwortlich sind.

Beim Film und bei Außenaufnahmen wird die Intensität der Scheinwerfer normalerweise individuell mit Dimmern oder mit Gaze gesteuert. Bei einer zentralen Steuerung im Fernsehstudio muß man auf dem Plan zu jedem Scheinwerfer auch den Kanal für die Ansteuerung notieren.

Abb. 6.7 Probleme vorwegnehmen

1. *Lampenhöhe* Ein Führungslicht auf Position 1 ist für die Person B zu hoch; Position 2 ist besser, könnte aber den gewünschten Bildaufbau stören; von Position 3 wird u.U. auch die zweite Person A vom Führungslicht erfaßt.
2. *Handlungsebenen* Höhenunterschiede im Bühnenbild und von Handlungen müssen berücksichtigt werden.
3. *Schatten* Licht- und Schatteneffekte der beiden Lampenpaare können sich gegenseitig stören. Mögliche Lösungen sind eine Veränderung der Höhe, der Ausrichtung oder der Position.
4. *Befestigungsorte* Die idealen Führungslicht-positionen für unterschiedliche Bereiche können sich in die Quere kommen. Kompromisse sind in diesem Fall unvermeidlich.
5. *Übergänge* Die Übergänge von einer Ausleuchtungszone zur nächsten müssen sehr sorgfältig eingerichtet werden, um mehrfache Schatten oder eine doppelte Ausleuchtung von zu hoher Intensität zu vermeiden. Überlappungen sollte man sowohl in der vertikalen (a) und der horizontalen (b) Ebene überprüfen.

Die Schärfe der von Scheinwerfertoren verursachten Lichtkanten hängt u.a. von der Größe der Tore im Verhältnis zum Scheinwerfer ab. In der Regel sind die Übergänge weich, so daß eine Ausleuchtungszone nicht

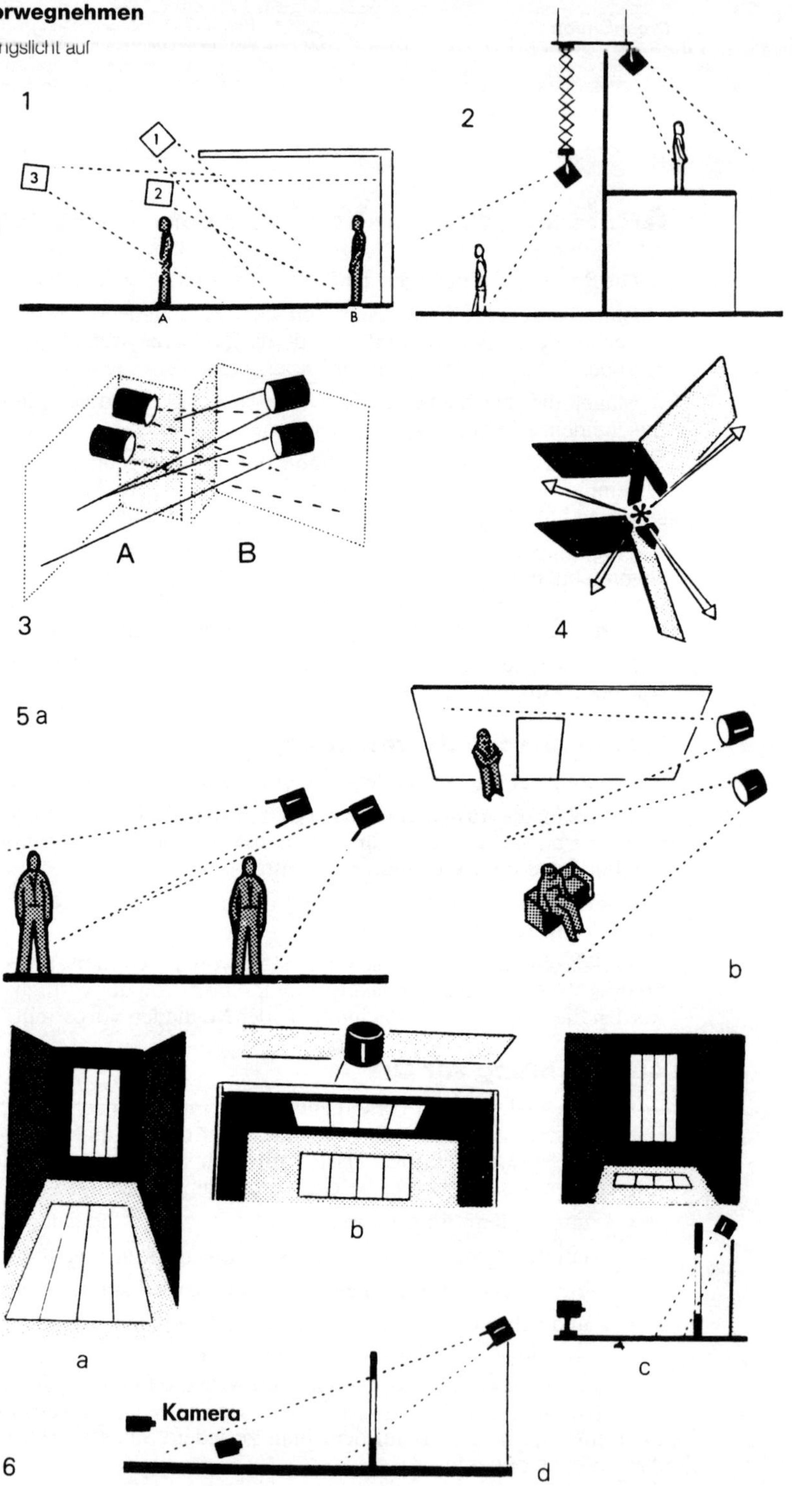

Ob man im Studio von den bereits installierten Scheinwerferpositionen ausgeht oder die Lampen neu einrichtet, hängt von den Umständen ab. Sind alle Scheinwerfer auf der gewünschten Position, kann die individuelle Justierung beginnen. Einige Kameraleute und Beleuchter ziehen es vor, die Scheinwerfer erst dann präzise auszurichten, wenn alle bereits montiert sind. Andere justieren Position und Ausrichtung bereits während des Aufbaus.

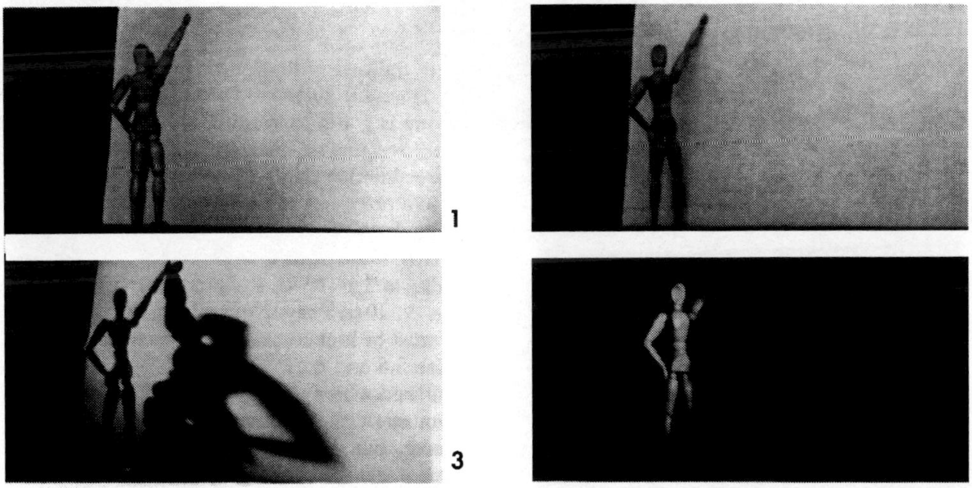

Hintergrundausleuchtung

Die für das Objekt geeignete Lichtintensität kann für den Hintergrund zu stark sein.

1. Hier steht das Objekt sehr dicht vor einem hellen Hintergrund. Das Führungslicht auf dem Objekt ist für den Hintergrund zu hell.
2. Bei einem sehr weichen und breit gestreuten Licht reduziert sich zwar die auf den Hintergrund fallende Lichtmenge, aber das Objekt selbst wirkt flach und zeigt keine brauchbare Modellierung.
3. Mit einem Führungslicht aus 10H/2V erscheint der Hintergrund noch heller als in (1) und es fallen verzerrte Objektschatten auf den Hintergrund.
4. Wenn sich das Objekt kaum bewegt und das Führungslicht sehr stark begrenzt wird, besteht die Möglichkeit, nur das Objekt auszuleuchten und den Hintergrund u.U. mit einer anderen, schwächeren Lichtquelle aufzuhellen.

Text zu Bild 6.7

exakt an die nächste anschließt. (Harte Lichtkanten für exakte Anschlüsse sind mit speziellen Effekt-Projektoren möglich.)

Sind die Übergänge nicht zufriedenstellend, ist es besser, zwei Ausleuchtungszonen durch eine Schattenzone zu trennen, die durchaus so groß sein darf, daß ein Darsteller für einen Augenblick in ihr verschwindet. Dieser Wechsel kann gut aussehen, solange diese Technik nicht überstrapaziert wird.

6. *Räumliche Beschränkungen* Ein geplanter dramatischer Fensterschatteneffekt (a) kann bei einem zu geringem Abstand zwischen Fenster und Hintergrund bzw. Studiowand nicht auf die gewünschte Weise umgesetzt werden (b und c). Ist der nötige Raum für die Scheinwerferposition, mit der sich der gewünschte Schatteneffekt realisieren läßt, vorhanden, muß man bei niedrigem Kamerastandpunkt mit Gegenlicht-Problemen rechnen (d).

Hintergrundkontraste

Diese beiden Beispiele mit unterschiedlichen Objekten zeigen, wie unsere Eindrücke von Helligkeit, Kontrast und Modellierung von der Hintergrundhelligkeit beeinflußt werden.

Auf beide Objekte fällt das gleiche Licht. Vor dem hellen Hintergrund springen die Kontraste und äußeren Begrenzungen nicht so sehr ins Auge wie vor dem dunklen Hintergrund.

1

2

2

Begrenzte Hintergrundausleuchtung

Begrenztes Hintergrundlicht unterstützt den Raumeindruck und die Gewichtung der Objekte im Vordergrund. Die dunklen Zonen unterdrücken die Personen im entsprechenden Bereich bzw. drängen sie zurück. Die hellen Hintergrundbereiche lenken die Aufmerksamkeit auf die Personen in diesem Bereich.

1

2

Blätter

1. Werden Objekte mit feinen Strukturen, zum Beispiel weiße Blütenblätter, nur von hinten angeleuchtet, verlieren sich ihre Details in den hellen Bereichen.
2. Bei einer Ausleuchtung von vorne kommen die Feinheiten wesentlich besser zur Geltung.
3. Dieser Lorbeerbaum wird auf vier verschiedene Weisen beleuchtet.

Links oben: Licht von hinten erzeugt einen durchscheinenden Effekt.

Links unten: Unbeleuchtete Blätter zeichnen sich silhouettenhaft vom hellen Hintergrund ab.

Rechts oben: Ein schwaches, von den Blättern reflektiertes Gegenlicht verursacht Glanzeffekte.

Rechts unten: Die Blätter werden mit einem eng begrenzten Spot von vorne angestrahlt, wirken stumpf und zeigen keinen Glanz.

3

Schräger Hintergrund

Die Hintergrundhelligkeit ist abhängig vom Winkel des Hintergrunds im Verhältnis zum Lichteinfallswinkel und zum Kamerastandpunkt. Weitere Faktoren sind seine Oberflächenbeschaffenheit und seine Struktur.

4

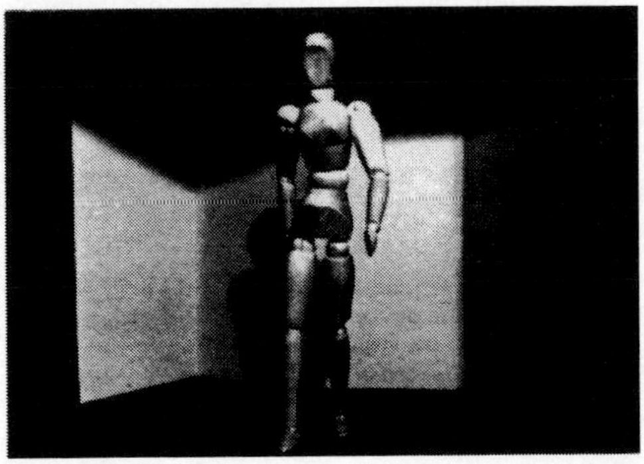

Vorteile dieser Methode

Die vor Ort-Methode hat den großen Vorzug, daß man konkret sieht, was man braucht, auftauchende Probleme sofort erkennen und ausräumen kann und sich nicht auf Mutmaßungen über das Bühnenbild stützen muß. Die Gefahr von Fehleinschätzungen ist äußerst gering.

Bewegungsabläufe ausleuchten

Die präzise Ausrichtung der Scheinwerfer läßt sich am besten beurteilen, wenn man selbst die verschiedenen Positionen der Darsteller einnimmt. Man schaut in ihre Blickrichtung und hebt einen Arm in einem Winkel von etwa 35°, ungefähr auf Höhe der Nase. Dies entspricht dem günstigsten (vertikalen) Einfallswinkel des Führungslichts. Man kann sich zur Bestimmung der Lampenhöhe auch am Szenengrundriß orientieren (Abbildung 5.8 und 6.12).

Wenn die Position des Führungslichts bestimmt ist, kommt das Füllicht an die Reihe: es sollte ein wenig näher, aber nicht so steil wie das Führungslicht sein. Dreht man sich um, hat man in etwa die geeignete Position für das Gegenlicht vor Augen, das dem Führungslicht gegenüberliegt und ein wenig höher angebracht werden sollte. Die so ermittelten Scheinwerferpositionen werden auf den Szenenplan übertragen, am besten - damit man später noch weiß, für welche Position - mit Verbindungslinien zum Standpunkt.

Diesen Vorgang wiederholt man für jeden wichtigen Handlungsort, wobei man natürlich die bereits festgelegten Lichtpositionen berücksichtigen muß. In vielen Fällen lassen sich mit einem Scheinwerfer gleichzeitig mehrere Handlungsorte ausleuchten. Dann zieht man von den bereits in den Plan eingezeichneten Symbolen dieser Scheinwerfer entsprechende Verbindungslinien auch zu den anderen Standpunkten. Werfen schon eingerichtete Scheinwerfer auf einen neuen Standpunkt ein Seitenlicht, muß man für diesen weitere Scheinwerfer einsetzen. Wie viele Bereiche separat auszuleuchten sind, hängt im wesentlichen von der Größe des Handlungsraums, den Einstellungsgrößen und der Anzahl von Standpunkten der Darsteller und der Kameras ab.

Man darf natürlich nicht vergessen, Kopfbewegungen zu bedenken. Wird ein Darsteller den Kopf zur Seite drehen, sollte das Führungslicht auf den Mittelwert eingerichtet werden. Dies ist meist ein brauchbarer Kompromiß.

Hintergrundausleuchtung

Bei der Ausleuchtung des Hintergrundes sind folgende Punkte zu berücksichtigen:

- Zunächst muß entschieden werden, ob der Hintergrund gleichmäßig, nach oben oder unten hin dunkler oder unregelmäßig beleuchtet werden soll; und ob farbiges Licht eingesetzt wird.
- Normalerweise sollte der Hintergrund weder aus einem zu steilen vertikalen Winkel noch aus einem zu spitzen horizontalen Winkel beleuchtet werden, es sei denn, daß man seine Form und seine Struktur herausarbeiten möchte.
- Der Boden und andere Objekte in der Nähe des Hintergrundes dürfen nicht zu hell werden.
- Bei Innenräumen sollte die Hintergrundausleuchtung einen natürlichen Eindruck vermitteln (als ob vom Sonnenlicht oder von Lichtquellen im Raum angestrahlt).
- In vielen Fällen kann man mit dem Licht für die Handlung gleichzeitig den Hintergrund beleuchten.
- Bei separater Hintergrundausleuchtung muß man darauf achten, daß das Licht für den Handlungsablauf nicht die gewünschte Ausleuchtung für den Hintergrund stört oder zunichte macht und daß das Hintergrundlicht nicht auf dicht vor dem Hintergrund stehende Personen fällt.

Hintergrundgestaltung

Der Hintergrund einer jeden Szenerie stellt neue bzw. andere Anforderungen an die Lichtgestaltung.

- In einer neutralen oder stilisierten Szenerie (Diskussionen, Gespräche) wird der Hintergrund gerne gleichmäßig, schattiert, gesprenkelt oder auch farbig ausgeleuchtet.
- Bei Musik- und Tanzveranstaltungen, Popkonzerten und anderen spektakulären Ereignissen kann z.B. eine Hintergrundausleuchtung in kräftigen Farben ein eigenständiger Bestandteil der Show sein sein.
- In Spielhandlungen soll der Hintergrund meist so realistisch wie möglich aussehen und subtil die Handlung unterstützen. Eine dekorative und vordergründige Hintergrundausleuchtung ist hier selten gefragt. Wenn der Zuschauer glaubt, das Bühnenbild und das Licht seien echt, haben Szenenbildner und Beleuchter gute Arbeit geleistet!

Die Hintergrundausleuchtung einrichten

Um eine realistische Szene auszuleuchten, z.B. ein Wohnzimmer oder ein Büro, begutachtet man zunächst den Hintergrund und die Ausstattung von den geplanten Kamerastandpunkten aus und überlegt, woher das natürliche Licht kommen müßte: z.B. durch ein Fenster bei Tag und von Lampen im Zimmer bei Nacht. Und wie dieses Licht natürlicherweise auf den Hintergrund fallen würde, d.h. welchen Fensterschatten die Sonne auf die gegenüberliegende Wand werfen und welche Bereiche des Raums eine Zimmerlampe erhellen bzw. im Dunkeln lassen würde.

- Anschließend muß man versuchen, diese Vorstellung der realistischen Verteilung von Licht und Schatten auf den Wänden und den Einrichtungsgegenständen umzusetzen.
- In manchen Fällen reicht dazu ein Scheinwerfer, dessen Licht von Torblenden so begrenzt wird, daß der Boden und der obere Teil der Wand nicht überstrahlt werden. Oder man leuchtet den Hintergrund und die Einrichtung punktuell mit mehreren Scheinwerfern aus. Zur punktuellen Ausleuchtung befestigt man im Filterhalter eines Scheinwerfers ein Stück Aluminiumfolie und schneidet entsprechende Löcher in die Folie. Dies geht meist schneller als eine Abschattung mit Toren oder Abdeckplatten.

Um den richtigen Standpunkt für den oder die Scheinwerfer zu finden, stellt man sich mit dem Rücken zum Hintergrund und überlegt, aus welcher Richtung das Licht kommen soll, sowohl horizontal wie vertikal. Bei dieser Methode sieht man sofort man alle Gegenstände, die einen Schatten auf den Hintergrund werfen könnten. Manche Beleuchter schätzen den Lichteffekt vom Standpunkt des Scheinwerfers ein. Da hierbei Hindernisse im Lichtstrahl sehr leicht übersehen werden können, ist diese Vorgehensweise für Unerfahrene weniger empfehlenswert.

Nachteile der vor Ort -Methode

Der große Vorteil, im fertigen Bühnenbild zu stehen und die Wirkung des Lichts sofort sehen zu können, wird getrübt durch einige beträchtliche Nachteile.

♦ *Zugänglichkeit* Solange der Studioboden noch frei ist, kann man Befestigungsvorrichtungen für die Scheinwerfer absenken, die Lampen bequem montieren und dann wieder hochziehen.

Bei einem bereits aufgebauten Bühnenbild ist dies nicht mehr möglich, d.h. die Befestigung der Scheinwerfer wird wesentlich schwieriger, besonders wenn die Wände oder Decken sehr hoch sind. Dann muß man jeden einzelnen Scheinwerfer mit Hilfe einer Leiter anbringen und einrichten: eine beschwerliche Angelegenheit, die noch mühsamer wird, wenn auch die Leiter nicht mehr direkt unter den gewünschten Befestigungspunkt gestellt werden kann.

In bereits mit Scheinwerfern ausgestatteten Studios ist die Sache einfacher. Aber auch hier können Bühnenaufbauten die Ausrichtung und die Befestigung von Diffusoren und Filtern vor einzelnen Scheinwerfern erheblich behindern.

Das Einrichten des Lichts unter solchermaßen erschwerten Bedingungen läßt wenig Spielraum für nachträgliche Veränderungen.

Zeitaufwand Der Erfolg der vor Ort-Methode hängt somit wesentlich vom Zugang zu den Scheinwerfern im Studio ab. Wenn jeder einzelne Scheinwerfer erst befestigt und in Position gebracht werden muß, ist der Arbeits- und Zeitaufwand enorm. Selbst wenn Scheinwerfer von einer vorausgegangenen Produktion schon in etwa auf den richtigen Positionen sind, muß man sich erst einmal im Anschlußsystem zurechtfinden.

Sind alle Scheinwerfer montiert, angeschlossen, ausgerichtet, einem Kanal der Lichtsteuerung zugeordnet und entsprechend im Plan gekennzeichnet, sind die Vorbereitungen für einen ersten Probedurchlauf zunächst abgeschlossen.

Planung der Ausleuchtung im Voraus

Vorteile

Der Vorzug dieser Methode ist, daß ein Großteil der Planung und Vorbereitung schon lange vor Produktionsbeginn stattfinden kann. Mit den Unterlagen der Produktionsvorbesprechung wird ein Beleuchtungsplan mit allen Positionen, Anschlüssen, und Kennzeichnungen der Scheinwerfer vorbereitet, bevor das Studio überhaupt zur Verfügung steht. Wenn die verfügbare Ausrüstung begrenzt ist, lassen sich Frustrationen wegen fehlender Scheinwerfer oder zusammenbrechender Stromversorgungen weitgehend vermeiden. (Typische Gefahren der vor Ort-Methode.)

Eine Kopie des Beleuchtungsplans gibt auch den Beleuchtungstechnikern und Elektrikern frühzeitig einen Überblick über:

- Die Art und Anzahl der Beleuchtungskörper.
- Zusätzliche Hilfsmittel wie Verlängerungskabel, Diffusoren, Farbfilter, Lampentore etc. (Für große Shows kann es recht zeitaufwendig sein, all diese Dinge zu beschaffen.)
- Den zu erwartenden Zeit- und Arbeitsaufwand.
- Ausrüstungsgegenstände die gemietet, überprüft, repariert oder neu hergestellt werden müssen.
- Die Vorab-Planung eignet sich besonders für voll ausgelastete Fernsehstudios mit fliegenden Studiowechseln, d.h. wenn nur wenig Zeit für die Einrichtung des Lichts zur Verfügung steht oder die Ausleuchtung vor der Ausstattung fertig sein muß.

Diese Methode zwingt nicht nur dazu, methodisch vorzugehen, sondern bietet auch die hervorragende Möglichkeit, den gesamten Produktionsablauf mit allen geplanten Effekten in Ruhe zu durchdenken.

Zeit spielt in diesem Stadium eine untergeordnete Rolle und die Ausleuchtung jeder Szene kann mit der gewünschten Sorgfalt und in allen Details entwickelt werden. Im Gegensatz zur vor Ort-Methode kann man Ideen ohne ökonomische und sonstige Konsequenzen wieder verwerfen und von neuem beginnen.

Wenn man die Ausleuchtung im Studio ohne jede Vorgabe beginnt, ist es besonders bei aufwendigen Produktionen nicht immer einfach, alle Eventualitäten vorauszusehen und Veränderungen innerhalb der Szene angemessen zu berücksichtigen. Leuchtet man eine bei Tageslicht spielende Szene einer Personengruppe in Fensternähe aus, verdrängt man in diesem Augenblick recht gerne, daß wenig später im gleichen Raum eine Abend-Szene mit Innen- bzw. Raumbeleuchtung anschließt.

Szenenmodelle

Klebt man Zeichnungen der Seitenansichten auf Karton und diese wiederum auf den Lageplan des Studios, entsteht ein brauchbares, maßstabgerechtes Modell.

Solche Modelle sind gut dazu geeignet, Kamera- und Lichtpositionen festzulegen. Betrachtet man das Modell aus verschiedenen Richtungen, kann man bereits eine Reihe von Möglichkeiten und Problemen abschätzen.

1

2

Nachteile der Planung im Voraus

Ein Problem bei der in vielen Fernsehstudios praktizierten Vorab-Planung besteht darin, daß einige Menschen große Schwierigkeiten haben, sich mit Grundriß- und Aufrißplänen ein räumliches Bild zu machen. Mangelhaftes räumliches Vorstellungsvermögen kann zu Fehlinterpretationen und Fehlern im Verlauf der Vorbereitung führen. Entdeckt man erst in der bereits gebauten Szenerie, daß die Decke niedriger ist, als man nach dem Plan vermutet hat oder kleine Details überraschend groß und mit entsprechendem Schattenwurf zur Geltung kommen, kann es für elementare Veränderungen der

Ausleuchtung zu spät sein. Bei der Ausleuchtung vor Ort können solche Fehleinschätzungen gar nicht erst passieren. Bemüht man sich trotz der genannten Schwierigkeiten, mit Plänen und Skizzen zu arbeiten, entwickelt sich die räumliche Vorstellung beim Studium zweidimensionaler Vorlagen meist ganz von selbst.

Formen der grafischen Darstellung

Zunächst einmal benötigt man einen maßstabgerechten Bühnenplan mit allen Details der Szenerie und der Einrichtung. Von großem Vorteil ist es, wenn man bereits einen Probendurchlauf gesehen oder einen Probenplan vorliegen hat, auf dem auch die wichtigsten Handlungspositionen und Kamerastandpunkte eingezeichnet sind. Für die Ausleuchtung vor Ort können grobe Skizzen oder Notizen genügen; für die Planung im Voraus braucht man sehr genaue Angaben und Maße, um sich nicht mit Entfernungen und Proportionen zu verschätzen.

Befinden sich im Studio Befestigungssysteme für Scheinwerfer, braucht man auch von diesen einen (durchgepausten) Plan, auf dem zusätzlich die Stromanschlußmöglichkeiten vermerkt sind. Besteht das Befestigungssystem aus vielen Elementen, sollte man es durchnumerieren. Ein entsprechendes Symbol auf dem Befestigungsträger Nummer3 zeigt z.B. die genaue Position und Ausrichtung eines 2kW-Scheinwerfers und seine Ansteuerung durch Dimmer Nr. 99.

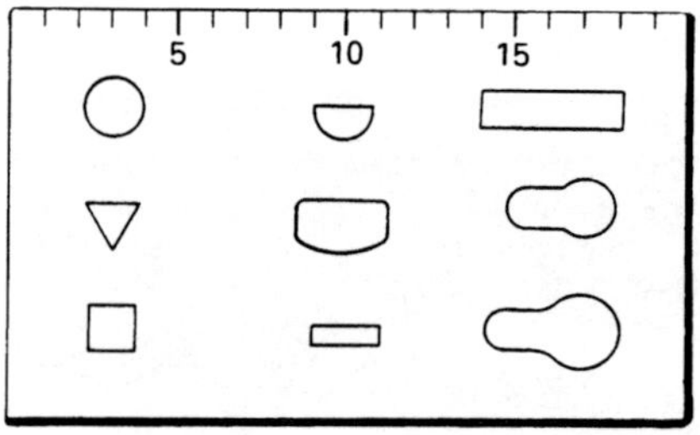

Abb. 6.8 Scheinwerferschablone

Eine Schablone für die wichtigsten Scheinwerfertypen ist beim Zeichnen des Lichtplans äußerst hilfreich.

linke Reihe: Stufenlinsenscheinwerfer; Spot ohne Stufenlinse; HMI-Scheinwerfer.

mittlere Reihe Einfache Leuchte mit weißem, halbkugelförmigem Reflektor; Weichstrahler; kleiner Fluter.

rechte Reihe: Horizont-/Bodenfluter; Effekt-/Profilscheinwerfer; Verfolgerspot.

Eine sehr praktische Alternative ist die Arbeit mit Koordinaten. Wenn das Studio und die Pläne entsprechend markiert sind, erlaubt diese Methode eine präzise Abstimmung der Beleuchtungspositionen mit den Bühnenaufbauten, zum Beispiel 2kW auf 15/12.

Den Beleuchtungsplan zeichnen

Bei Außenaufnahmen und auch manchen Studioaufnahmen ist es u.U. unnötig, mit einem Lichtplan zu arbeiten. Werden jedoch im Studio die Scheinwerfer von einer Lichtstellanlage gesteuert, ist er zur Identifizierung der einzelnen Scheinwerfer unverzichtbar.

Ohne einen genauen Plan können in diesem Fall die Proben und die Aufnahmen zum Alptraum werden, wenn man zum Beispiel nicht herausfinden kann, von welchem Scheinwerfer ein Schatten oder eine Überstrahlung verursacht wird. Wenn mehr als eine handvoll Scheinwerfer mit im Spiel sind, verliert man außerordentlich schnell die Übersicht! Auch ein Spickzettel ist besser als gar nichts.

Am einfachsten läßt sich der Lichtplan mit einer Schablone für die verschiedenen Scheinwerfertypen herstellen (Abb. 6.8). Man kann solche Scheinwerferschablonen kaufen oder selbst herstellen. Wichtig ist, daß die Symbole nicht zu klein sind, damit man den Platzbedarf und auch den Spielraum für die Montage nicht unterschätzt. Die Symbole für die verschiedenen Scheinwerfer müssen sich deutlich voneinander unterscheiden, um

Abb. 6.9 Den Beleuchtungsplan zeichnen

1. Das Führungslicht steht schräg zur Nasenlinie in einem Abstand von etwa 3 Metern.
2. Beim Symbol für eine Person nie die Nase (als richtungsweisendes Element) vergessen! Anschließend das Führungslicht und dann das Aufhellicht einzeichnen.
3. Ein leicht schräg von hinten kommendes Gegenlicht und ein Hintergrundscheinwerfer vervollständigen die Grundausleuchtung.

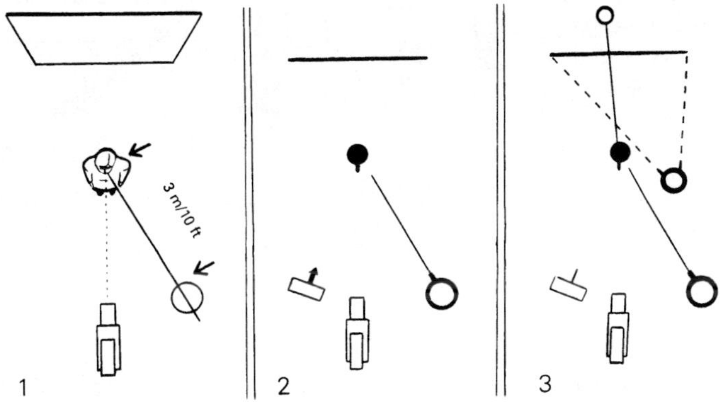

Mißverständnissen vorzubeugen. Scheinwerfer, die auf Stativen stehen, kann man z.B. schraffieren. Wird mit Farbfiltern gearbeitet, coloriert man das entsprechende Scheinwerfersymbol. Auch Lampentore, Diffusoren, Tuten und andere Vorsätze müssen gekennzeichnet werden.

Nehmen wir also an, daß ein Szenengrundriß vorliegt, auf dem die wichtigsten Handlungsorte, Bewegungslinien und Kamerastandpunkte eingezeichnet sind. Bei maßstabsgetreuen Scheinwerfersymbolen muß man, wie erwähnt, unbedingt darauf achten, daß für die Montage, für Scheinwerferbewegungen und die verschiedenen Vorsätze genügend Raum bleibt. Sonst kann es passieren, daß sich zu dicht eingezeichnete Lampen beim Aufbau und beim Einrichten gegenseitig stören.

Die im folgenden beschriebenen Methoden sind, wie immer, keine zwingenden Regeln, sondern Empfehlungen.

Das Licht für die Darsteller

1. Am besten beginnt man beim Entwurf des Lichtplans bei der ersten Handlungsposition. Ein Kreis mit einer Nase zeigt den Standpunkt und die Blickrichtung der Person. Wird sich deren Blickrichtung ändern? In die Richtung einer zweiten Person, eines Monitors oder einer anderen Kamera? Wenn ja: genügt ein Führungslicht für beide Blickrichtungen oder braucht man für die zweite Blickrichtung auch ein zweites Führungslicht?

2. Im einfachsten Fall, wenn die Person nur in die Richtung der Kamera blickt, wird man das Führungslicht etwa im Abstand von 30° zur Nasenlinie aufstellen, vorzugsweise auf der gegenüberliegenden Seite der Tonangel. Für eine Profilausleuchtung oder einen schräg zur Kamera gedrehten Kopf empfiehlt es sich, das Führungslicht auf die von der Kamera abgewandte Seite zu stellen.

3. Das Symbol für das Führungslicht sollte ca. 3-3,6m von der Person entfernt eingezeichnet werden (Abb. 6.9).

4. Auf einer verlängerten Achse vom Führungslicht über den Kopf wird das Gegenlicht markiert (etwa 2/3 des Abstands von Kopf und Führungslicht).

5. Braucht man, wie normalerweise üblich, ein Aufhellicht, wird dies in der Regel auf der dem Führungslicht gegenüberliegenden Kameraseite in einem Abstand von 3-4m zur Person eingezeichnet. Da in den meisten Fernsehstudios ein Aufhellicht auf einem

Abb. 6.10 Erste Einschätzung der Ausleuchtung

Eine Szenenskizze, in der die wichtigsten Lichtrichtungen eingezeichnet sind, zeigt, daß die Ausleuchtung mit der Richtung des Tageslichts vom Fenster harmoniert.

Bodenstativ in das Blickfeld anderer Kameras geraten würde, wird es meist von der Decke abgehängt, in einer Höhe von ca. 3m.

Es muß beim Aufhellicht unbedingt berücksichtigt werden, daß die Intensität von weichem Licht je nach Entfernung sehr unterschiedlich ist. Personen in nächster Nähe zum Aufhellicht werden leicht überstrahlt; für Personen in größerer Entfernung (ab etwa 6m) kann es schon zu schwach sein. Bei großen Spielflächen sollte zusätzliches Aufhellicht im mittleren Bereich der Decke angebracht werden, das für Nahaufnahmen und Handlungen im hinteren Bereich der Bühne zusätzlich eingeblendet werden kann.

Es ist immer empfehlenswert, die Anzahl der Beleuchtungskörper zur Aufhellung großzügig anzusetzen, besonders wenn nach Probenbeginn keine zusätzlichen Scheinwerfer mehr montiert werden können. Auf der anderen Seite sollen sie so sparsam wie möglich eingesetzt werden, um die Szenerie nicht unnötig mit Licht zu überfluten, mit allen schon beschriebenen Folgen. Durch das verbesserte Aufzeichnungsverhalten moderner Fernsehkameras und Filmemulsionen braucht man kein extremes, alle Kontraste verwässerndes Grundlicht mehr. Es ist besser, zu dunkle Schattenbereiche mit einem Stufenlinsenscheinwerfer aufzuhellen als die Gesamthelligkeit zu erhöhen. Das Aufhellicht ist nicht dazu da, Fehler beim Einrichten des Führungslichts auszumerzen!

6. Die erforderliche Leistung der Scheinwerfer hängt ab von:

- der Lichtempfindlichkeit der Kamera;
- dem Abstand zwischen Scheinwerfer und Objekt;

Abb. 6.11 Der Ausleuchtungsplan

Nach Ausleuchtung der Handlungspositionen werden Lichtquellen für sonniges Tageslicht eingezeichnet. Auf jedem Lampensymbol ist die Nummer vom Stromanschluß bzw. vom Kanal des Lichtstellpults vermerkt.

4 u. 10: Führungslicht; 11 u. 13: Gegenlicht; 6, 8 u. 9: Aufhellicht; 1: Durch das Fenster scheinendes Sonnenlicht; 12, 5 u. 7: Hintergrundausleuchtung; 3 u. 2: Ausleuchtung des Fensterhintergrunds.

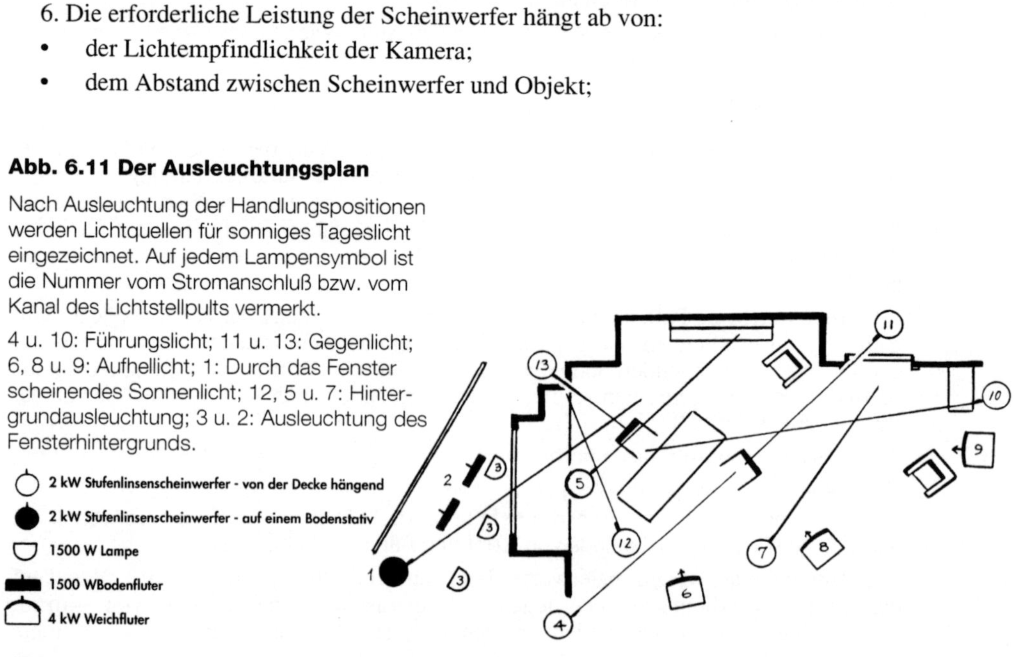

- dem Wirkungsgrad der Lichtquelle.

Steht das Führungslicht nahe beim Objekt, wird ein einfacher Spot von 1kW Leistung völlig ausreichend sein. Mit zunehmender Entfernung braucht man entsprechend mehr Leistung. Typische Werte für ein Führungslicht sind z.B. 2kW, für ein Gegenlicht 500W-1kW und für ein weiches Aufhellicht etwa 1,5-2kW.

Die beiden wichtigsten Faktoren für den Leistungsbedarf sind sicherlich die Größe der auszuleuchtenden Fläche und die Entfernung der Scheinwerfer vom Objekt, speziell bei der starken Streuung weicher Lichtquellen. In größeren Studios wird man mit Führungsleuchten von 5kW und mehr arbeiten müssen. Für einen eindrucksvollen Fensterschatten können 10kW nötig sein, je nach Intensität des Grundlichts. (Reicht das immer noch nicht aus, kann man für diesen Zweck einen Effekt-Projektor einsetzen.)

Sind die verfügbaren Scheinwerfer zu stark, läßt sich ihre Intensität mit Gaze, einem Diffusor und ähnlichen Mitteln verringern. Dimmer sind hierfür kein geeignetes Mittel, da sich beim Dimmen des Lichts die Farbtemperatur ändert.

7. Alle gewünschten Scheinwerferpositionen müssen noch einmal daraufhin überprüft werden, ob sie technisch realisierbar sind und ob sie Gefährdungen mit sich bringen.

- Hier ist wieder dreidimensionale Vorstellungskraft gefragt. Bei jeder Position muß man sich überlegen, ob sie sich mit dem Bühnenbild und anderen räumlichen Hindernissen verträgt und ob genügend Spielraum für die Montage und zum Ausrichten der Scheinwerfer bleibt. Manche Positionen sind nach Fertigstellung des Bühnenbilds zu hoch und/oder unerreichbar. Im weiteren muß man sich fragen: ob Hindernisse im Lichtkegel stehen oder hängen (Tonangeln); ob die Lichtquelle ins Schußfeld einer Kamera geraten könnte; ob die Gefahr besteht, daß der Schatten eines Darstellers auf einen anderen Darsteller fällt; etc.
- Werden weiche Lichtquellen, die auf Handlungspositionen in der Nähe von Wänden gerichtet sind, diese Wände mit Licht überfluten? Ein Effekt, der auch von einem Führungslicht, das im rechten Winkel zu einer Wand steht, verursacht werden kann.
- Dies sind die wichtigsten Punkte, die beim Ausleuchten einer Person bedacht werden müssen. Das Ergebnis wird man nicht an den Maßstäben der hohen Schule der Beleuchtungskunst messen dürfen, aber es wird seinen Zweck erfüllen. Mit wachsender Erfahrung wird man ein immer feineres Gespür für die speziellen Eigenschaften und Eigenheiten der verschiedenen Scheinwerfer entwickeln.

8. Im nächsten Schritt muß man überlegen, ob sich der Darsteller ein kleines Stück bewegt oder ob eine andere Person zu ihm treten wird; ob das für seine Position eingerichtete Licht für die genannten Veränderungen noch brauchbar ist oder ob man die neuen Positionen neu ausleuchten muß.

Besonders das Führungslicht ist wegen seiner Intensität und seinem Winkel in vielen Fällen für eine zweite Handlungsposition ungeeignet. (In manchen Fällen kann man sich mit einer halben Gaze behelfen, mit der sich seine Intensität für die eine oder andere Position angleichen läßt.)

Ein zweites Führungslicht kann sehr schnell Überlappungen der Lichtkegel oder einen unerwünschten Lichtabfall zwischen den beiden Positionen verursachen, besonders wenn diese Positionen sehr dicht zusammenliegen. Unter Umständen wird man auch hier auf die Möglichkeit zurückgreifen, das Führungslicht für eine Person oder Position gleichzeitig als Gegenlicht für die andere zu verwenden.

9. Verändert eine Person ihre Position in größerem Umfang, wird man sich überlegen müssen, ob man nur die neue Position oder auch den Weg dorthin mit der gleichen Intensität ausleuchten möchte. Gelegentlich sieht es gut aus, wenn ein Darsteller in seiner Bewegungsphase kurz im Schatten verschwindet, bevor er die nächste gut ausgeleuchtete Position erreicht.

10. Auf diese Weise wird die Ausleuchtung von einer Handlungsposition zur nächsten geplant, wobei immer wieder den Übergängen ganz besondere Beachtung geschenkt

werden muß. Diese Übergänge sind meist durch sorgfältige Justierung der Flügeltore und Abdeckplatten vor den Scheinwerfern beeinflußbar.

11. Ist der Handlungsbereich zu großräumig für eine punktuelle, positionsbezogene Ausleuchtung oder sind die Möglichkeiten für den lichttechnischen Aufwand begrenzt, muß man eine großflächige Ausleuchtung ins Auge fassen. Auch hiermit lassen sich zufriedenstellende Ergebnisse erzielen. Durch ein genaues Studium der Proben-Aufzeichnungen läßt sich feststellen, ob man nicht auch bei dieser breit angelegten Ausleuchtung das Licht zumindest für einige Bereiche und spezielle Einstellungen mit Zusatzscheinwerfern verbessern kann.

Das Licht für das Bühnenbild

Nachdem das Licht für die Handlung eingerichtet ist, folgt die Ausleuchtung der Szenerie, ebenfalls auf Grundlage der schon beschriebenen Methoden. Die spezifischen Entscheidungen hängen zunächst von der gewünschten Stimmung ab: Tageslicht und Tageszeit, Nacht/innen/außen, helle/dunkle Grundstimmung etc.

1. Wände

Erst einmal muß die Szene in verschiedene Bereiche/Wandflächen aufgeteilt und für jeden Bereich die beste Methode gewählt werden:

- Mit einem Spot kann man eine gleichmäßige Grundhelligkeit, Hintergrundschattierungen, Lichtpunkte etc. für jeweils einen Bereich herstellen; mit mehreren aufeinander abgestimmten Stufenlinsenscheinwerfern für entsprechend größere Bereiche; und mit gerichteten Spots gezielte Punkte in der Dekoration hervorheben.
- Wände sollten nicht mit von oben kommendem, weichem Licht angestrahlt werden, da in diesem Fall die oberen Wandbereiche unverhältnismäßig hell werden.

2. Ausstattung

Im zweiten Schritt muß entschieden werden, welche Ausstattungsdetails eine besonders sorgfältige Ausleuchtung erfordern:

- Zum Beispiel weit im Hintergrund liegende Bereiche wie Bögen, Balken, Überhänge usw, die von der bereits vorhandenen Ausleuchtung nicht mehr erreicht werden.
- Andere Bereiche sind möglicherweise vom Licht für die Darsteller und die Handlung zu hell. Das Licht für eine Person, die durch eine Tür kommt, kann die sich öffnende Tür völlig überstrahlen. Dann wird man wohl oder übel für diesen Scheinwerfer einen neuen Standort suchen müssen.
- Wenn Personen auf Treppen oder anderen erhöhten Punkten stehen, brauchen sie ein entsprechend höher angebrachtes Führungslicht. Am besten sind für diesen Zweck an der Decke hängende, in der Höhe verstellbare Scheinwerfer geeignet (Teleskophänger, Pantographen).

3. Blendung der Kamera

Bei allen Scheinwerferpositionen muß geprüft werden, ob sie nicht ins Schußfeld einer Kamera geraten können.

4. Dekoration

Auch einzelne Dekorationselemente können eigenes Licht benötigen, z.B. dunkle Stoffe und Zimmerpflanzen. Spiegeln und glänzenden Flächen muß besondere Aufmerksamkeit geschenkt werden.

5. Hintergründe (hinter Fenstern und Türen)

Sollen diese Hintergründe gleichmäßig, von oben oder von unten beleuchtet werden?

6. Rundhorizont, Bespannungen, Stoffe, gemalter Hintergrund

Sind große, gleichmäßige Flächen auszuleuchten? Auf welche Art und Weise? Farbig und mit Spezialeffekten?

7. Lichtquellen außerhalb des Handlungsbereichs und des Bühnenbildes

Hierzu gehört unter anderem:

- Licht, das durch Fenster und Türen dringt (Sonnenlicht; Mondlicht etc.).
- Licht auf Szenenelementen im Hintergrund wie Säulen, Torbögen und hinter transparenten, durchscheinenden Materialien.
- Auch Sicherheitslicht in dunklen Bereichen hinter den Bühnenaufbauten.
- Beleuchtung des Zuschauerraums.

8. Lichteffekte

Werden irgendwelche zusätzlichen Lichtquellen benötigt?

- In der Dekoration sichtbare Lampen und Kerzen.
- Andere dekorative, in die Szene integrierte Lichtquellen; verborgenes Licht, Leuchtschriften, Verfolgerscheinwerfer etc.
- Natürliche Effekte wie ein Kaminfeuer oder ein Gewitter.
- Bewegte Effekte, z.B. das Scheinwerferlicht oder der Schatten eines vorbeifahrenden Fahrzeugs, eine Fackel etc.

9. Lichtveränderungen

Nicht zuletzt muß man Lichtwechsel und Überblendungen, Farbveränderungen und das Ein- und Ausschalten einzelner Lichtquellen bedenken und die entsprechende Belegung der Dimmer am Lichtsteuerpult festlegen.

Zusammenfassung

Dies war ein grober Überblick über die wichtigsten Punkte, an die man bei der Licht-Planung denken sollte. Bei jedem Schritt wird man sich selbst dabei beobachten können, wie man instinktiv schon den nächsten Schritt ins Auge faßt, verschiedene Möglichkeiten miteinander vergleicht, sich Alternativen überlegt etc. Der Zeitaufwand für die Planung ist sehr unterschiedlich und hängt ganz wesentlich vom Umfang einer Produktion und vom eigenen Erfahrungsschatz ab. Der Lichtplan für einen Aufnahmetag sollte jedoch in der Regel nicht länger als ein paar Stunden in Anspruch nehmen.

Die Vorzüge einer solchen Planung werden spätestens dann bewußt, wenn man ins Studio kommt, jeder Scheinwerfer mit dem gewünschten Zubehör schon am richtigen Platz steht bzw. hängt und nur noch genau ausgerichtet werden muß. Anstatt Däumchen zu drehen, auf fehlende Teile zu warten und sich mit Montageproblemen herumzuschlagen, kann man sofort mit der kreativen Licht-Arbeit beginnen.

Montage der Scheinwerfer

Mit einigen der Anforderungen sind wir bereits vertraut. Man braucht genügend Raum für den Aufbau, geeignete Befestigungssysteme, Verlängerungskabel, Stromanschlüsse etc. Ganz gleich, ob es sich um eine kleine oder eine große Produktion handelt: das Geheimnis einer weitgehend reibungslosen Durchführung ist die gute Vorbereitung und Organisation.

In den meisten Studios findet man bereits montierte Scheinwerfer von der letzten Produktion vor und weitere im Materiallager. Drängt die Zeit, wird man Scheinwerfer, die schon in etwa auf den gewünschten Positionen sind, auch hier belassen. Dies gilt insbesondere für Studios, in denen bestimmte Bereiche Tag für Tag für ähnliche Produktionen genutzt werden und Führungs-, Aufhell- und Gegenlicht für diese Bereiche korrekt eingerichtet sind. In diesem Fall muß man vielleicht nur ein paar Zusatzscheinwerfer montieren.

Ist ein Studio völlig leer, sollte man sich zunächst um die komplette Zusammenstellung aller auf dem Lichtplan aufgeführten Scheinwerfer und Zubehörteile kümmern. Wenn das Bühnenbild noch nicht aufgebaut ist, wird man sich ein Befestigungssystem nach dem anderen vornehmen und die Scheinwerfer nach der vorliegenden Skizze befestigen. Hängen noch andere Scheinwerfer am Befestigungssystem, muß man entscheiden, ob man sie entfernt oder ungenutzt hängen läßt. Wichtig ist, daß für jeden Scheinwerfer genügend Spielraum bleibt, um ihn in alle Richtungen drehen zu können und daß sein Anschlußkabel nicht im Weg ist. Zubehör und Masken sollten von den ungenutzten Scheinwerfern entfernt werden. Diese Dinge gehen sonst zu schnell verloren. Es ist nicht unbedingt empfehlenswert, vorgefundene und ungenutzte Scheinwerfer für eigene Zwekke einzusetzen, es sei denn, daß man sie wirklich braucht. Ansonsten muß man einen Teil der eigenen Ausrüstung wieder einlagern!

Ist das Bühnenbild bereits fertig aufgebaut, leuchtet man am besten einen Spielbereich nach dem anderen aus. Kommt man wegen der Bühnenaufbauten nicht mehr an einige der gewünschten Befestigungspunkte heran oder tauchen andere Schwierigkeiten auf, muß eine Befestigungsmöglichkeit in unmittelbarer Nähe gesucht werden.

Gesättigte Bestückung/Pantograph

Einige Studios sind bereits vollständig mit einer großen Anzahl von fest installierten, an Teleskopstangen oder Pantographen abgehängten Mehrzweck-Scheinwerfern ausgerüstet. Solche Doppelfunktions-Scheinwerfer lassen sich von hartem Spot-Licht auf weiches Licht umschalten. An Laufwägen oder einem Traversen-System befestigte Pantographen ermöglichen die Positionierung der Scheinwerfer an fast jedem beliebigen Punkt. Meist können an den Befestigungsstangen, wenn nötig, auch zusätzliche Lichtquellen befestigt werden.

Bei einer gesättigten Bestückung reduziert sich der Zeitaufwand zum Ausleuchten ganz erheblich. Im günstigsten Fall richtet man die Scheinwerfer im leeren Studio ein, zieht sie wieder ganz hoch, so daß die Bühnentechniker beim Aufbau ungehindert arbeiten können, und läßt sie, wenn die Bühnenarbeiten abgeschlossen sind, wieder auf die gewünschte Höhe herab.

Tabelle 6.2 Techniken für das Einrichten von Lampen

Objekt	• Der auszuleuchtende Gegenstand muß genau beobachtet und daraufhin überprüft werden, welche Eigenschaften hervorgehoben oder zurückgedrängt werden sollen. • Sind Probleme zu erwarten? Muß zum Beispiel wegen tiefer Augenhöhlen oder einem von einer Hutkrempe verschatteten Gesicht das Führungslicht vergleichsweise niedrig angebracht werden? • Können störende Reflexionen auftreten, zum Beispiel bei einem Ölgemälde? Kann man Spiegelungen durch eine präzise Positionierung des Führungslichts vermeiden oder benötigt man Mattspray? • Gibt es kritische Kameraeinstellungen, z.B aus nächster Nähe, denen es an Tiefenschärfe fehlt oder bei denen der Kameraschatten auf das bildwichtige Objekt fallen könnte? • Ist das Objekt statisch oder in Bewegung? • Wird aus aus verschiedenen Richtungen aufgenommen? Wenn ja, aus welchen Richtungen? • Können Schatten von anderen Personen oder Ausstattungsgegenständen (Lampen, Bögen, Äste) auf das Objekt fallen?
Führungslicht	Das Führungslicht muß auf die Kamerapositionen, die Ausrichtung der Objekte und die Handlung abgestimmt werden. • Kommt das Objekt gut zur Geltung? Auch wenn sich die Person/das Objekt

bewegt?

- Muß das Führungslicht auch die Umgebung des Objekts ausleuchten?
- Muß das Führungslicht in seiner Ausbreitung begrenzt werden? Streut es auf umliegende Objekte? (Abhilfe: Scheinwerfertore und Abdeckplatten.)
- Ist das Führungslicht auf die verschiedenen Kamerastandpunkte abgestimmt? Muß man bei Wechsel auf einen anderen Kamerastandpunkt auf ein anderes Führungslicht überblenden?
- Stimmt die Lichtintensität?
- Kann der Lichtstrahl durch Tonangeln gestört werden?
- Ist die Führungslichtposition zu steil bzw. zu hoch (dunkle Augenhöhlen; lange Nasenschatten; Schatten auf dem Nacken)?
- Oder zu flach bzw. zu niedrig (Blendung der Darsteller; Reflexionen in Brillengläsern; Schatten von Darstellern auf dem Hintergrund und Kameraschatten auf den Darstellern)?
- Oder zu weit auf der Seite (Schattenwurf vom Profil einer Person auf der gegenüberliegenden Schulter; nur halb beleuchtetes Gesicht)?
- Personen sollten in ausreichendem Abstand zum Hintergrund stehen (mindestens 1,8-2,7m), damit sie eigenständig und unabhängig vom Hintergrund ausgeleuchtet werden können.

Aufhellicht

- Mit Ausnahme von High-Key Szenen oder Open-Air Veranstaltungen sollte eine zu starke Grundausleuchtung vermieden werden. Sie schwächt die Modellierung, reduziert den Kontrast und macht den Hintergrund zu hell.
- Ein Verstärkung des Aufhellichts ist wenig geeignet, Schwächen des Führungslichts auszubessern.
- Aufhellicht soll Schattenpartien ausreichend aufhellen und nicht die Intensität des Führungslichts verstärken.
- Der Beleuchtungswinkel des Aufhellichts sollte nicht zu steil und nicht zu weit von der optischen Achse entfernt sein.
- Aufhellicht muß diffus sein. Die Lichtstreuung kann, wenn nötig, mit einem zusätzlichen Diffusor vor der Lichtquelle verstärkt werden.
- Überstrahlt das Aufhellicht Gegenstände, die näher bei der Kamera stehen als das bildwichtige Objekt? Werden Seitenwände und der Hintergrund zu hell?
- Die Beleuchtungsstärke des Aufhellichts sollte typischerweise etwa halb so stark sein wie die des Führungslichts.
- Steht das Führungslicht sehr dicht an der optischen Achse, kann ein Aufhellicht u.U. überflüssig sein.
- In Ausnahmesituationen wie z.B. in einer dunklen Umgebung (ein Sänger auf einer dunklen Bühne) kann man auch mit einem stark gestreuten Spotlicht aufhellen, selbst wenn es einen weiteren Schatten wirft.
- Vom Boden reflektiertes Licht ist als Aufhellicht unbrauchbar. Es läßt sich nicht kontrollieren und ist zu schwach.
- Die Wirkung von einem auf der Kamera befestigten Aufhellicht hängt ganz entscheidend vom Abstand zum Objekt ab und führt leicht zu Reflexen auf Brillengläsern, glänzenden Oberflächen usf.

Gegenlicht

- Wann ist Gegenlicht nötig? In einigen Situationen, z.B. beim Einsatz von seitlichem Führungslicht, kann man darauf verzichten.
- Sehr steiles Gegenlicht sollte vermieden werden, denn von oben kommendes Licht läßt Köpfe flach erscheinen und trifft u.U. die Nasenspitze. Steht eine Person so dicht vor dem Hintergrund, daß man ein Gegenlicht nicht brauchbar positionieren kann, sollte man am besten darauf verzichten. Licht von oben oder von der Seite ist meist keine Alternative.
- Ein zu niedrig angebrachtes Gegenlicht kann in das Blickfeld der Kamera geraten und Streulichtreflexe im Objektiv erzeugen.
- Das Gegenlicht für eine Kamera kann für eine zweite Kamera einen häßlichen

Seitenlichteffekt erzeugen.

- Zuviel Gegenlicht verursacht harte, unnatürlich wirkende Objektbegrenzungen und überstrahlte Haare. Seine Intensität sollte das 1-1,5fache der Führungslichtstärke nicht überschreiten.

Hintergrundausleuchtung

- Soll über dem Hintergrund eine bestimmte Atmosphäre, ein Stil oder eine Stimmung vermittelt werden, die sich durch entsprechende Ausleuchtung herstellen läßt?
- Ist der Hintergrund ein eigenständiges Element der Szene oder nebensächlich? Hiervon hängt ganz wesentlich der Aufwand für die Hintergrundausleuchtung ab.
- Besteht die Gefahr, daß Farben und Tönungen von Objekten oder Personen mit dem Hintergrund verschmelzen?
- Müssen zu dunkle, zu helle oder zu kontrastreiche Hintergrundbereiche gezielt ausgeleuchtet/abgeschattet werden?
- Gibt es weitere spezifische Anforderungen an die Hintergrundausleuchtung (punktuelle Betonungen durch mehrere Spots; eine sehr gleichmäßige Ausleuchtung usf.)?
- Welchen Einfluß haben Lichtquellen innerhalb der Szene auf den Hintergrund, z.B. Wandleuchten?
- Normalerweise werden zunächst die Objekte und dann der Hintergrund ausgeleuchtet. Das Licht auf Objekten und Personen kann eine Hintergrundausleuchtung gänzlich überflüssig manchen. Wenn möglich, sollte man jedoch den Hintergrund und die bildwichtigen Dinge im Vordergrund getrennt ausleuchten.
- Die Lichtrichtung muß der Umgebung entsprechen (Fenster; sichtbare Lichtquellen).
- Es empfiehlt sich, Wände auf Schulterhöhe dunkler werden zu lassen, um Personen im Vordergrund hervorzuheben.
- Der Hintergrund muß auf Schatten, Überstrahlungen, unerwünschte Muster, Reflexionen und Spiegelungen hin überprüft werden.
- Zu helle Bereiche am oberen Bildrand sollte man vermeiden.
- Kontraste dürfen nicht zu groß sein.
- Im rechten Winkel zum Hintergrund einfallendes Licht sollte man ebenfalls vermeiden, da es unschöne Oberflächenstrukturen, Beschädigungen, Flächenverbindungen und an der Wand befestigte Gegenstände übermäßig betont.

Text zu Bild 6.12

(B) Bei einem in größerer Entfernung angebrachten Scheinwerfer ist die Lichtverteilung ziemlich gleichmäßig und deckt auch größere Bereiche ab. D.h: für die Ausleuchtung eines größeren Bereichs sind, im Vergleich zu (A), weniger Scheinwerfer erforderlich. Die Lichtintensität bleibt auch bei Positionsveränderungen der Darsteller relativ konstant. Natürlich müssen solche Scheinwerfer leistungsstärker und größer sein. Die genaue Justierung des Lichts ist schwieriger. Nicht zuletzt sind solche Scheinwerfer manchmal schwer zugänglich.

3. Dieser Aufriß zeigt den vertikalen Winkel in Abhängigkeit von der Höhe und der Entfernung eines Scheinwerfers. Bewegt sich eine Person in Scheinwerferrichtung, wird der Ausleuchtungswinkel steiler. Eine Person, die von einem 3 m hoch befestigten Scheinwerfer angestrahlt wird, sollte sie sich diesem Scheinwerfer höchstens bis auf 1,5 m nähern. Ansonsten wird die Ausleuchtung ihres Gesichts zu steil. Neigt die Person im Handlungsverlauf ihren Kopf nach unten, sollte ein Abstand von 3 m nicht unterschritten werden.
4. Auf dieser Skala sind die wichtigsten vertikalen Ausleuchtungswinkel für stehende und sitzende Personen bei einer Lampenhöhe von 3 m festgehalten. Neigt eine Person ihren Kopf, sollte man 20° hinzugeben.

Abb. 6.12 Lampenhöhe und Entfernung

Der Beleuchtungswinkel einer Lampe hängt von ihrer Befestigungshöhe und ihrer Entfernung zum Objekt ab.

1. Bei fester Lampenhöhe (Studiodecke) wird der vertikale Lichteinfallswinkel mit zunehmender Entfernung kleiner. Die übliche Befestigungshöhe beträgt etwa 3,5 m.
2. Für ein und denselben Beleuchtungswinkel kann man eine Lampe relativ nahe und niedrig (A) oder relativ weit und hoch (B) anbringen.

(A) Steht die Lampe dicht beim Objekt, braucht man nur eine vergleichsweise geringe Leistung. Ihr Ausleuchtungsbereich läßt sich einfach begrenzen. Die Lampe selbst ist leicht zugänglich. Zur Ausleuchtung größerer Bereiche benötigt man u.U. mehrere Scheinwerfer. Bewegt sich eine Person von der Lampe weg, fällt die Beleuchtungsintensität sichtbar ab.

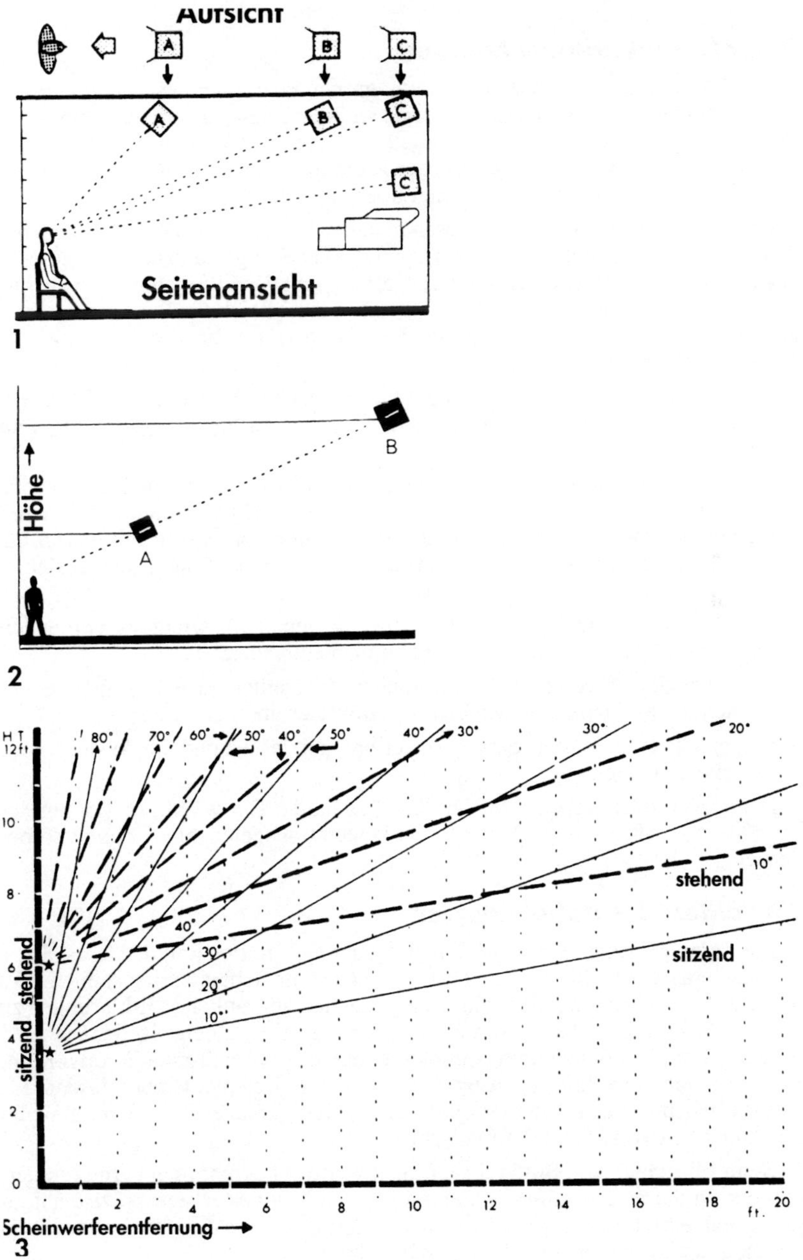

Technische Voraussetzungen

Von Lichttechnikern zunächst in ihren groben Position befestigte Scheinwerfer müssen anschließend genau ausgerichtet und in ihrer Intensität präzise eingestellt werden. Viele Scheinwerfer und Befestigungssysteme lassen sich nur von Hand einstellen und eine Veränderung des Neigungswinkels, der Richtung, der Tore etc. ist nur mit Hilfe einer Leiter möglich (siehe auch das Kapitel über Sicherheit).

Beleuchtungssysteme beim Fernsehen haben heute meist spezielle Vorrichtungen die es ermöglichen, sie auch vom Boden aus mit einer Stange zu justieren. Dieser verlängerbare oder teleskopartig ausziehbare Stab ermöglicht das Einrichten von Scheinwerfern in Höhen von etwa 2 bis 4,5m. Mit dieser Stange lassen sich die Scheinwerfer schwenken, neigen, fokussieren etc. und auch die Tore können mit ihr in die gewünschte Position gebracht werden.

Bei manchen Systemen ist die Anpassung auch über fernsteuerbare Motoren möglich. Dies hat natürlich seinen Preis, ist jedoch für die Justierung unzugänglicher Lampen von enormem Vorteil.

In manchen Situationen - wenn die Scheinwerfer nicht an eine Lichtsteuerung angeschlossen sind - lassen sie sich nur gemeinsam ein- und ausschalten. In diesem Fall kann man einen Assistenten seine Hand oder eine Stange vor dem Scheinwerfer hin und her schwenken lassen und am Schattenwurf der Hand oder der Stange den Ausleuchtungsbereich dieses Scheinwerfers feststellen.

Ist jede Lampe einzeln zu schalten, wird die genaue Ausrichtung von Scheinwerfern wesentlich einfacher. In diesem Fall kann man entweder:

- einen Scheinwerfer nach dem anderen einschalten, justieren und wieder ausschalten, bevor man zum nächsten Scheinwerfer übergeht oder
- bereits eingerichtete Scheinwerfer brennen lassen und die Ausleuchtung sukzessive aufbauen.

Beide Methoden haben ihre Vor- und Nachteile. Ein wichtiger Vorzug der zweiten Methode ist, daß die doppelt bzw. überlappend ausgeleuchtete Zonen sofort sichtbar werden.

Einrichten der Scheinwerfer

Zur Feinjustierung stellt man sich entweder auf die Position des Darstellers oder auf den Kamerastandpunkt, während ein Assistent am Scheinwerfer steht. Es kann zwar vorkommen, daß es schneller geht, wenn man, um zeitraubende Erklärungen zu vermeiden, die Justierung selbst vornimmt, aber dies ist eine andere Sache. Ein Assistent am Scheinwerfer kann Beleuchtungsprobleme sehen, die vom Darsteller- oder Kamerastandpunkt aus nicht unbedingt ins Auge fallen, wie zum Beispiel Hindernisse im Lichtstrahl. Ob man sich mit dem Assistenten durch Zurufe, Handzeichen oder über ein Walkie-Talkie verständigt, ist von Fall zu Fall verschieden.

Beim Einrichten von Stufenlinsenscheinwerfern beginnt man gerne mit der Spoteinstellung. In dieser Einstellung kann man den Scheinwerfer sehr präzise auf das Objekt ausrichten. Anschließend fährt man die Lampe auf den maximalen Ausleuchtungswinkel zurück und nimmt dann erst die Feineinstellung vor.

Während man dem Assistenten am Scheinwerfer die notwendigen Anweisungen gibt, sollte man sich selbst auf das Ergebnis konzentrieren und nicht in den Scheinwerfer blicken! Kneift man bei der Beurteilung des Lichts ein wenig die Augen zu, lassen sich die Helligkeitsabstufungen in der Szenerie besser beurteilen.

Manchmal kann es auch nötig sein, direkt in den Scheinwerfer zu blicken:

- um den Lichtausfallswinkel zu beurteilen;

Abb. 6.13 Einrichten von Stufenlinsenscheinwerfern

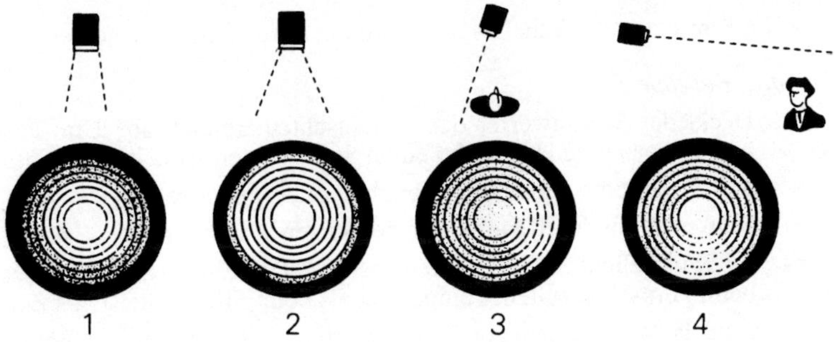

Blickt man von der Handlungsposition durch ein Kontrastglas in einen Stufenlinsenscheinwerfer, dann kann man an der Struktur seiner Fresnellinse erkennen, ob sein Licht:

1. gebündelt oder
2. gestreut ist; ob er
3. leicht zur Seite oder
4. leicht nach oben (bzw. unten) geneigt ist.

Abb. 6.14 Lichtquellen ausfindig machen

Die verlängerte Linie vom Schattenwurf über das den Schatten verursachende Objekt zeigt in Richtung des Scheinwerfers.

- um am Muster der Fresnellinse zu überprüfen, ob er genau auf den eigenen Standpunkt hin ausgerichtet ist (Abbildung 6.13); und
- um die Position der Torblenden zu sehen.

Beim Blick in einen Scheinwerfer muß man unbedingt ein Kontrastglas oder einen neutralgrauen Filter vor das Auge halten, um nicht durch die starke Blendung für eine Weile das Einschätzungsvermögen für Helligkeiten und Kontraste zu verlieren.

Ausleuchtungsbereich überprüfen

Es gibt mehrere Möglichkeiten, den Ausleuchtungsbereich eines jeden Scheinwerfers sehr schnell zu überprüfen.

- Um festzustellen, von welchem Scheinwerfer ein Schatten oder eine Überstrahlung verursacht wird, streckt man eine Hand aus. Die verlängerte Linie vom Schattenwurf der Hand zeigt in die Richtung des verantwortlichen Scheinwerfers (Abbildung 6.14).
- Auf die gleiche Weise läßt sich mit dem imaginär verlängerten Schattenwurf von jedem Gegenstand die (horizontale) Richtung seines Verursachers feststellen; die Länge des Schattens steht in Relation zum vertikalen Winkel des entsprechenden Scheinwerfers.
- Steht man selbst auf der Position eines Darstellers, braucht man nur die Anzahl der eigenen Schatten zu beobachten um herauszufinden, von wie vielen Scheinwerfern diese Position angestrahlt wird, aus welcher Richtung sie kommen, in welcher Höhe sie befestigt sind und wie hart oder wie weich ihr Licht ist.
- Um die Gleichmäßigkeit der Ausleuchtung über eine größere Fläche zu überprüfen, hebt man die Hand mit der Handfläche in Blickrichtung, winkelt einen Finger im rechten Winkel zur Handfläche an und bewegt sich umher. Die Dichte vom Schattenwurf des Fingers auf der Handfläche gibt sofort Aufschluß über die Ausleuchtungsverhältnisse.
- Indem man die Scheinwerfer einzeln ein-und ausschaltet, kann man ebenfalls ihre Wirkung, ihren Schattenwurf und mögliche Reflexe überprüfen (nicht praktikabel mit Entladungslampen). Auch wenn man bei den ersten Proben die Bildergebnisse auf einem Monitor beobachtet, lassen sich mit dieser Methode die Ursachen von Ausleuchtungsfehlern recht schnell aufspüren.

Weitere Prüfmethoden

Beim Einrichten der Scheinwerfer sollte man auf folgendes achten:

Erfaßter Bereich

- Deckt der Scheinwerfer den gewünschten Bereich ab? Um dies festzustellen, bewegt man eine Hand oder einen Stab vor dem Scheinwerfer hin und her.
- Muß der Lichtstrahl stärker gerichtet oder breiter sein?
- Muß man ihn durch Flügeltore begrenzen?
- Sind zusätzliche Abdeckplatten oder eine Tute erforderlich? (Dieses Zubehör wird beim Fernsehen seltener eingesetzt als beim Film, - meist aus Zeitmangel.)
- Muß das weiche Licht von Flutern begrenzt werden, damit es nicht in unerwünschte Bereiche streut?
- Trifft Streulicht auf angrenzende Wände oder die Dekoration hinter Fenstern und Türen und verwässert deren Ausleuchtung?

Helligkeit

- Ist die Intensität des Lichts zu schwach oder zu stark? Entsprechend muß man den Lichtstrahl bündeln oder streuen; Doppelleistungs-Scheinwerfer entsprechend umschalten; den Scheinwerfer näher oder weiter weg positionieren; die Lichtmenge mit einem Dimmer oder mit Gaze reduzieren; einen anderen Scheinwerfer einsetzen.
- Ist die Intensität des Lichts gleichmäßig verteilt? (Überstrahlungen; Schatten; Lichtabfall usf?)

Unerwünschte Effekte

- Sind falsche Schatten oder Reflexionen zu sehen; unattraktive Schatten; Mehrfachschatten; Lichtüberlappungen; Reflexionen auf glänzenden Flächen? Schatten von Lampen auf Personen oder Wänden? Schatten von sichtbaren Beleuchtungskörpern, die an den Wänden befestigt sind oder von der Decke hängen? Kommen Gegenlichtquellen ins Blickfeld der Kameras?

Gleichmäßige Ausleuchtung

- Möchte man eine Fläche mit mehreren Scheinwerfern gleichmäßig ausleuchten, sollte man aus einiger Entfernung mit halb geschlossenen Augen oder mit einem Kontrastglas die Ausleuchtung auf Überlappungen und Ungleichmäßigkeiten hin überprüfen.

Lichtmuster

- Auch bei Schattenmustern und Projektionen muß man auf eine angemessene Intensität und auf die Begrenzungen achten.

Farben

- Beim Einsatz von farbigem Licht muß man prüfen, ob alle Filter die gleiche Farbdichte haben. (Beim gemischten Einsatz alter und neuer Filter können die Farbwerte und die Farbsättigung voneinander abweichen.)

Lichtmessungen

Nun kommen wir zu einem wichtigen Unterschied beim Ausleuchten von Film- und von Fernsehproduktionen.

Beim Film sind ständige Messungen der Lichtintensität und der Farbtemperatur unverzichtbar, um eine gleichmäßige Belichtung und Farbqualität zu erzielen. Manchmal verläßt man sich auch auf Erfahrungswerte, aber das Auge läßt sich nur allzu leicht täuschen. Das Labor kann zwar in begrenztem Rahmen Fehler korrigieren und kompensieren, aber kein Beleuchter oder Kameramann wird sich darauf verlassen.

Fernsehkameras sind in der Regel auf feste Lichtwerte und Farbtemperaturen eingestellt (z.B. 1.615 Lux bei 2.950°K) und es ist gewiß kein Nachteil, auch bei der Arbeit im Studio und in Innenräumen die Grundausleuchtung mit Hilfe von Licht- und Farbtemperaturmessern auf diese Werte abzustimmen. Arbeitet man immer im gleichen Studio und mit den gleichen Scheinwerfern, wird man mit der Zeit Werte plus/minus einer halben Blende im Griff haben und nur noch selten Messungen durchführen.

Im Prinzip ist die Fernsehkamera selbst das Lichtmeßgerät. Beim Einrichten der Scheinwerfer werden die Ausleuchtungsverhältnisse zunächst mit dem Auge bestimmt, bei den Proben auf dem Monitor überprüft und, wenn nötig, nachjustiert. Diese Feinabstimmung wäre im Grunde mit Drahtgaze und anderen Hilfsmitteln machbar, wird aber meist mit Dimmern geregelt. Erst wenn sich die Farbtemperatur beim Dimmen auf unakzeptable Weise verändert, greift man auf andere Hilfsmittel zurück.

Arbeitsbedingungen

Idealerweise finden der Oberbeleuchter und sein Beleuchtungsteam ein ruhiges Studio vor und haben genügend Zeit, das Licht sorgfältig einzurichten und zu experimentieren, bis alle mit dem Ergebnis zufrieden sind und die Proben beginnen können. Dies soll vorkommen, - aber äußerst selten!

Die meisten kleineren Studios sind relativ bescheiden ausgerüstet und man wird die verfügbaren Möglichkeiten sehr umsichtig einsetzen müssen. Mit Einfallsreichtum läßt sich jedoch auch mit geringen Mitteln einiges erreichen. Sind nicht genügend Scheinwerfer vorhanden, müssen schlimmstenfalls während der Aufzeichnung einige Scheinwerfer neu eingerichtet oder umgebaut werden; oder man muß ein Füllicht beim Szenenwechsel von einem Handlungsort zum nächsten schwenken; und vielleicht denselben Stromanschluß in einer Szene für den Verfolgerspot und in der nächsten Szene für das Sonnenlicht nutzen.

In großen Fernsehstudios (z.B. 24x30m) steht meist eine sehr umfangreiche Ausrüstung zur Verfügung; dafür sind die Einrichtungszeiten in der Regel knapp bemessen. Diese Studios werden für bis zu zehn verschiedene Sendungen genutzt und sind mit 200 bis 250 Scheinwerfern und entsprechendem Zubehör bestückt. Auch diese müssen natürlich sorgfältig überprüft und eingerichtet werden. Die hierzu verfügbare Zeit kann in manchen Fällen vier und weniger Stunden betragen!

Die Arbeitsbedingungen sind auch von der Konstruktion des Studios und seiner personellen Ausstattung abhängig. Im folgenden ein Beispiel aus einem Nachrichtenstudio.

Oftmals muß die Einrichtung der Scheinwerfer über Nacht erfolgen, um eine optimale Auslastung des Studios zu erzielen. Am nächsten Tag werden nur noch Feineinstellungen vorgenommen, in der Nacht angefallene Probleme aus dem Weg geräumt und vielleicht noch ein paar Stativlampen und zur szenischen Ausstattung gehörende Leuchten aufgebaut und angeschlossen.

Um eine aufwendige Show zu bewältigen und den Arbeitsablauf zu beschleunigen, müssen sich der Beleuchter und sein Assistent u.U. die Arbeit aufteilen. Beide werden über Walkie-Talkies den Studioelektrikern Anweisungen zum Einrichten der Scheinwerfer geben und auch mit dem Techniker am Lichtstellpult in Verbindung stehen, der die seine Arbeit betreffenden Hinweise im Beleuchtungsplan festhält.

Gleichzeitig werden auch die Bühnentechniker und eine Reihe anderer Handwerker im Studio sein, die Wände aufbauen und tapezieren, Bodenbeläge befestigen, Einrichtungsgegenstände hereintragen, Nebelmaschinen ausprobieren etc. Veränderungswünsche in letzter Minute können das allgemeine Chaos noch auf die Spitze treiben.

Dazu kommen noch die Kamera- und Tonleute, installieren Kameras, Monitore, Mikrofone und Lautsprecher und verlegen unendlich viele Kabel. Währenddessen tickt die Uhr - und wenn bis zur Generalprobe noch Zeit für einen kleinen Imbiß bleibt, hat man Glück gehabt.

Arbeitsprobleme

Auch wenn bei einem größeren Ereignis der Beleuchter schon in der Vorbereitungsphase mit dem Bühnenbildner alle möglichen Probleme an einem Modell durchgesprochen hat, können in letzter Minute neue unerwartete Schwierigkeiten auftauchen. Ein paar Beispiele:

Ein Wohnzimmer wird ausgeleuchtet. Die Ausleuchtung der Handlung ist in Ordnung, aber die Wand hinter einem dunklen Schreibtisch, der in der Szene eine wichtige Funktion hat, ist überstrahlt und auch die Bespannung hinter einem naheliegenden Fenster sieht verknittert aus. Mit einem weicheren Licht und einer tieferen Scheinwerferposition könnte man in diesem Fall die szenische Ausleuchtung verbessern.

Ein anderer Fall: Ein Spotlicht auf einer mit dunklem Holz verkleideten Wand verursacht einen häßlichen Schattenwurf von einer an dieser Verkleidung befestigten Lampe. Um den Schatten zu verringern, könnte man den Spot niedriger anbringen. Dies führt jedoch zu Reflexionen auf der Wandverkleidung. Bei einer veränderten Ausrichtung des Scheinwerfers fällt unerwünschtes Licht auf eine Handlungsposition. Vermutlich wird es am besten sein, den Scheinwerfer niedriger anzubringen, sein Licht stark zu streuen um die Reflexionen zu mindern und den verbleibenden Glanz mit Mattspray abzuschwächen.

Noch ein Beispiel: Ein dunkler Vorhang braucht sehr viel Licht, damit sein Faltenwurf sichtbar wird. Die Lichtintensität überstrahlt jedoch eine kleine Statue in nächster Nähe des Vorhangs. Das Problem ist weder mit Toren noch mit Abdeckplatten noch durch eine veränderte Position der Statue zu lösen. Möglicherweise wird man die Statue mit Farbspray dunkler machen oder durch eine andere Figur ersetzen müssen.

Ein anders Mißgeschick: Außerhalb eines Schlafzimmerfensters steht ein Scheinwerfer, der einen Mondlichteffekt erzeugt. Es war geplant, daß sein Licht sehr schwach auf ein am Fenster stehendes Mädchen fällt und in der nächsten Einstellung vom im Bett schlafenden Mädchen ein wenig heller sein soll. Der beim Fenster stehende Kleiderschrank aus dem Fundus ist jedoch wesentlich größer als vermutet und blockiert den Lichtstrahl des Mondlichts auf das Bett. In diesem Fall wird man z.B. mit einem zweiten Scheinwerfer ein Fensterkreuz auf das Bett projizieren müssen. Mit ein wenig Glück wird es von der Kameraposition aus so aussehen, als ob beide Lichteffekte von ein und derselben (Mond-) Lichtquelle stammen.

Durch eine gründliche, vorausschauende Planung kann man Probleme dieser Art zwar nicht ausschließen, aber verringern.

Kameraproben

Grundsätzliche Überlegungen

Jetzt bekommen der Regisseur, die Schauspieler und die anderen an der Planung beteiligten Mitarbeiter erstmals zu sehen, was bis zu diesem Zeitpunkt nur als Vorstellung in ihren Köpfen existierte. In jedem Fall wird es für alle Beteiligten etwas Neues und Fremdes sein, worin sie sich erst zurechtfinden müssen. Die Proben bieten die Möglichkeit, sich mit der neuen Umgebung vertraut zu machen und sich in die eigene Rolle innerhalb der Produktion einzuleben. Grundlage zur Eingewöhnung in die neue Arbeit sind zunächst die schriftlichen Aufzeichnungen zum szenischen Ablauf, die Instruktionen des Regisseurs und anderen für die Produktion verantwortlichen Personen.

Der Regisseur sitzt normalerweise im Regie- bzw. Kontrollraum vor mehreren Vorschau-Monitoren, die jeweils einer Kamera zugeordnet sind. Ein weiterer Monitor zeigt das Bild, das in der heißen Phase aufgezeichnet oder gesendet wird. Über eine Wechselsprechanlage ist der Regisseur mit den wichtigsten Teammitgliedern verbunden.

Mit Blick auf die Monitore leitet der Regisseur die Proben. Ein Darsteller kommt in einer halbtotalen Einstellung durch die Türe, geht um den Tisch und setzt sich. Die Kamera verdichtet währenddessen auf eine Nahaufnahme. Der Regisseur findet, daß es dynamischer aussehen würde, wenn der Darsteller um die andere Tischseite zum Stuhl geht und gibt diese Information über die Wechselsprechanlage an den Regieassistenten oder den Aufnahmeleiter weiter; dieser wiederum sagt es dem Darsteller. Beim nächsten Durchlauf wird der Oberbeleuchter sehr genau prüfen, ob der veränderte Handlungsablauf Konsequenzen für die Ausleuchtung mit sich bringt: ob zum Beispiel das Führungslicht für den Weg von der Türe zum Tisch verstärkt oder abgeschwächt werden muß.

Dies ist in Grundzügen der übliche Probenablauf. Jeder Handlungsabschnitt wird geprüft, verfeinert oder verändert. Ist der Regisseur mit einer Sequenz zufrieden , geht es weiter mit der nächsten. Der Beleuchter wird von Fall zu Fall entscheiden müssen, ob er das Licht den gewünschten Veränderungen im Handlungsablauf anpassen kann oder ob nicht. Das gleiche gilt für den Toningenieur und alle anderen, deren Arbeit von Veränderungen im Handlungsablauf betroffen ist. Wie gut die Vorbereitung auch gewesen sein mag, es wird immer etwas verändert werden, bis hin zu ganz neuen Entwicklungen von Szenen und Kameraeinstellungen.

Beim Film steht in vielen Fällen ein auch lichtsetzender Kameramann in engstem Kontakt zum Regisseur und trägt die volle Verantwortung für die gesamte Bild- und Lichtgestaltung. Beim Fernsehen hat ein für das Licht zuständiger (Chef-)Beleuchter vergleichsweise wenig Einfluß auf die Bildgestaltung und die Kameraeinstellungen.

Der Arbeitsdruck im Studio ist enorm, die Zeit kostbar. Es kann vorkommen, daß morgens die Proben für eine 30-minütige Spielhandlung beginnen und abends die Geschichte bereits aufgezeichnet ist bzw. live auf Sendung geht. Seit Einführung der Magnetaufzeichnung werden weniger Sendungen direkt übertragen. So hat man die Möglichkeit, Einstellungen zu wiederholen und zu verbessern, zu schneiden und durch zusätzliche Effekte und Musik zu ergänzen. Selbst bei Durchläufen, die ohne Unterbrechung aufgezeichnet werden, lassen sich nachträglich einzelne Einstellungen wiederholen, Detailaufnahmen und Material für Zwischenschnitte aufnehmen und anschließend in den Durchlauf einfügen.

Probenabläufe

Im Laufe der Zeit haben sich verschiedene Methoden zur Bewältigung des Probenmarathons herausgebildet.

♦ *Trockener Durchlauf* Gelegentlich beginnt man die Proben mit einem Durchlauf, bei dem die Darsteller in Anwesenheit des Kameramanns, des Toningenieurs und anderen Verantwortlichen in groben Zügen die Handlung vorstellen und der Regisseur seine Vorstellungen von der Auflösung der Szene erläutert. Diese Methode hilft allen Beteiligten, sich mit dem Produktionsablauf vertraut zu machen, ist aber, wenn die Zeit drängt, ein Luxus, den man sich nicht immer leisten kann.

♦ *Kameraprobe* in Blöcken Die erste (und manchmal auch letzte!) Probe für die Kameras erfolgt meist blockweise. Auch hier kontrolliert der Regisseur die Einstellungsergebnisse normalerweise auf den Monitoren im Regieraum und verläßt diesen Raum nur, wenn auf der Bühne grundlegende Schwierigkeiten zu klären sind.

Andere Regisseure verfolgen den Probenablauf lieber aus nächster Nähe und überprüfen die Bildergebnisse der Kameras auf einem im Studio aufgebauten Monitor. Erst wenn nach verschiedenen Korrekturen und Veränderungen eine Handlungssequenz steht, wird sich der Regisseur das Ergebnis noch einmal im Regieraum anschauen.

Nach jedem Probenblock gibt es eine kurze Besprechungspause, in der die letzten Einwände vorgebracht und die Techniker noch geringfüge Veränderungen vornehmen können. Und wenn genügend Zeit bleibt, wird man vielleicht zum Schluß noch einen

Gesamtdurchlauf mit allem drum und dran machen, der hoffnungsvollerweise so glatt verläuft wie in der endgültigen Aufzeichnung.

♦ *Blockweise proben und sofort aufzeichnen* Jede Szene oder Einstellung wird sofort nach der Probe aufgezeichnet und die Aufzeichnung, wenn nötig, gleich wiederholt. Ist der Regisseur mit dem Ergebnis zufrieden, geht es weiter mit den Proben für die nächste Einstellung bzw. dem nächsten Block. Bei dieser Methode können Einstellungen und Szenen neu ausgeleuchtet, die Kamera auf eine neue Positionen gebracht und auch Ausstattungsdetails verändert werden.

Erst später werden die verschiedenen Aufzeichnungssegmente zusammengeschnitten und weiterbearbeitet. Diese Arbeitsweise ist vergleichbar mit der beim Film und bietet - theoretisch - die besten Voraussetzungen für optimale Ergebnisse. In der Praxis kann sie jedoch extrem zeitraubend sein. Manche Regisseure lieben es, um Zeit zu sparen, schon die erste Probe aufzunehmen, für den Fall, daß der erste Versuch erfolgreich ist. Das heißt aber auch, daß keiner der Beteiligten vor und hinter der Kamera wirklich Gelegenheit hat, sich in die Szene einzufühlen, weder die Darsteller noch die Beleuchter noch die Ausstatter, die Masken- und die Kostümbildner etc. Das Gefühl, daß alles beim ersten Mal klappen muß, kann schnell in Frustration umschlagen!

Für Regisseure, die nicht gerne planen, sich Einstellungen nicht vorab visuell vorstellen können und Schwierigkeiten mit der Einrichtung einer Szene für mehrere Kameras haben, mag diese Methode eine Hilfe sein. Für alle anderen ist sie langwierig und ermüdend.

Sie hat noch andere Nachteile. Wenn die Einstellungen aus irgendeinem Grund nicht chronologisch aufgenommen werden, kann es Schwierigkeiten mit den Anschlüssen geben. Waren in der letzten Einstellung die Vorhänge zugezogen? Hat es geregnet? Hatte der Schauspieler seinen Mantel schon ausgezogen? War die Schreibtischlampe schon ausgeschaltet? Jede Veränderung der Szene erschwert die Kontinuität von Einstellung zu Einstellung. Nicht zuletzt wird auch die Nachbearbeitung wesentlich zeitaufwendiger.

Für den Beleuchter bleibt nur wenig Zeit, auf ständige Veränderungen durch sorgfältige Angleichung des Lichts zu reagieren. Bei der klassischen Methode, erst den gesamten Ablauf zu proben und dann aufzuzeichnen, gibt es für ihn immer Augenblicke und Unterbrechungen, in denen er ein Scheinwerfertor anpassen, einen Diffusor austauschen oder eine Lampe neu einrichten kann, zum Beispiel während der Regisseur noch einmal den Ablauf der nächsten Szene durchgeht oder der Maskenbilder das Makeup eines Darstellers auffrischt.

Bei der sofortigen Aufzeichnung eines jeden Probenblocks muß sich der Beleuchter bei seiner Arbeit weitgehend an den vom Regisseur in der Planungsphase entwickelten Vorstellungen orientieren. Zeit für erforderliche Veränderungen bleibt, wenn überhaupt, nur zwischen den Proben. Wenn alles wie geplant klappt, kann das Ergebnis filmisch und jede Einstellung maßgeschneidert sein. Wenn nicht, ...!

Ausleuchtung während der Proben

Beleuchtungskorrekturen

Es gibt zwei Möglichkeiten: man macht sich bei den Proben Notizen und korrigiert Ausleuchtungsfehler in den Pausen; oder man verändert die Ausleuchtung bei laufender Probe. Kleinere Veränderungen, wie zum Beispiel die Anpassung der Scheinwerfertore und Richtungsänderungen der Scheinwerfer, sind durchaus während der Proben möglich. Größere Aktionen, wie die Befestigung eines neuen Scheinwerfers, können den Probenverlauf erheblich stören und sollten erst nach Abschluß der Probe vorgenommen werden.

Einige Ursachen für Ausleuchtungsfehler erkennt man auf den ersten Blick, andere müssen genauer untersucht werden. Ein großes Problem bei der Fehlersuche ist, daß der Beleuchter nicht gleichzeitig auf der Bühne und im Regieraum vor dem Monitor sein kann. So kann es passieren, daß einige schwerwiegende Probleme nicht bzw. zu spät erkannt

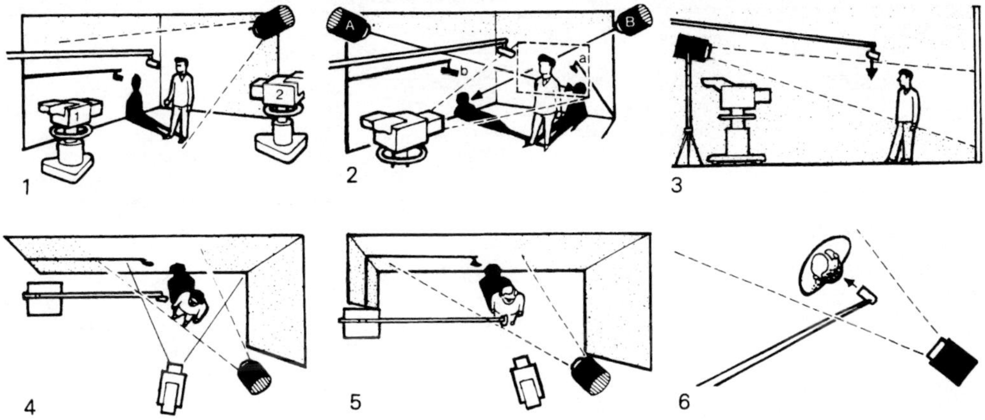

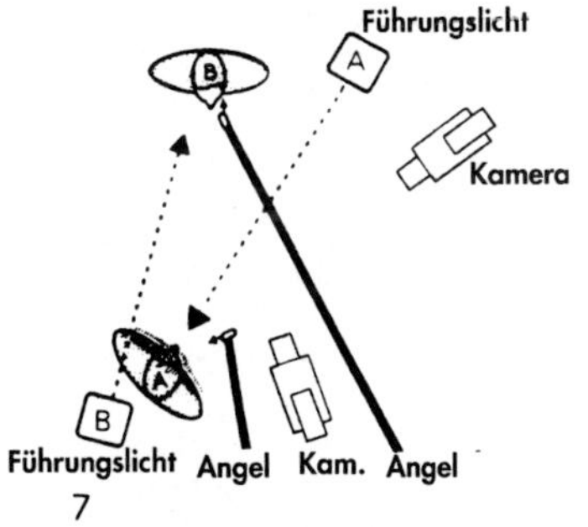

Abb. 6.15 Schatten von Tonangeln

1. Aus Kameraposition 1 ist der Mikrofonschatten nicht zu sehen; aus Kameraposition 2 ist der Schattenwurf der Tonangel auf dem Hintergrund deutlich sichtbar.

2. Führungslicht A auf gleicher Linie mit der Tonangel projiziert einen sichtbaren Mikrofonschatten (a); Führungslicht B in einem großen Winkel zur Tonangel wirft deren Schatten aus dem Bild (b).

3. Mit einem Stativscheinwerfer in niedriger Position läßt sich das Risiko von Mikrofonschatten zumindest verringern.

4. Tonangelschatten können auch entstehen, wenn die Angel parallel zur Wand gehalten wird; (5) der Tonassistent außerhalb der Dekoration steht und den von seiner Tonangel verursachten Schatten selbst nicht sehen kann und (6) der Darsteller sich vom Mikrofon entfernt. (7) Bei Tonaufnahmen mit zwei Tonangeln für auseinanderliegende Handlungspositionen wird das Schattenrisiko entsprechend größer.

werden. Ein erfahrener Assistent, der Anweisungen, die man ihm aus dem Regieraum zukommen läßt, auf der Bühne korrekt umsetzen kann, ist unersetzlich!

Probleme bei der Hintergrundausleuchtung betreffen normalerweise nur die Ausleuchtung. Die Lösung anderer Probleme, wie zum Beispiel die Vermeidung eines Mikrofonschattens, greift in die Arbeitsbereiche anderer Mitarbeiter ein. In diesem Fall muß man sich folgende Fragen stellen:

- Kann der Tonassistent den Schattenwurf der Tonangel bzw. des Mikrofons durch eine geringfügige Veränderung seiner Position vermeiden?
- Wird eine Justierung vom oberen Tor des Führungslichts den Schatten beseitigen? (Vermutlich nicht.)
- Muß die Position des Führungslichts verändert werden? Welche Konsequenzen hat dies für die Einstellung?
- Sollte der Assistent die Tonangel in eine andere Position bringen? Wird sich diese Position mit den Kamerastandpunkten vereinbaren lassen?
- Oder kann man für die Tonaufnahme ein Ansteckmikrofon einsetzen?
- Kann man die Position des Darstellers verändern? Hat dies Folgen für die Kameras?

Tabelle 6.3 Methoden zur Vermeidung von Mikrofonschatten

Entfernung aller Schatten	Man schaltet die störenden Lichtquellen einfach aus. Diese Methode wird natürlich das Gesamtkonzept für die Ausleuchtung durcheinanderbringen.	Den betroffenen Bereich mit einer Torblende abzuschatten kann hilfreich sein, solange die Beleuchtung des Objekts hell genug bleibt. Häufig schattet man den Hintergrund erst über der Schulterhöhe ab, womit gleichzeitig die Person stärker hervorgehoben wird.
Den Schatten aus dem Bild entfernen	Bei dieser oft angewandten Methode wird das Führungslicht in einem großen Winkel im Verhältnis zur Tonangel positioniert.	Oder man läßt den Schatten auf eine Fläche fallen läßt, die nicht im Blickfeld der Kamera ist. Ein ebenfalls sehr häufig angewandtes Verfahren.
Den Schatten verbergen	Bietet der Hintergrund die Möglichkeit, den Schatten auf einen dunklen oder sehr unregelmäßigen Teil fallen zu lassen, ist auch dies eine brauchbare Lösung.	Oder man vermeidet jede Bewegung des Schattenwurfs in der Hoffnung, daß er übersehen wird. Hier muß die Tonangel sehr stabil befestigt werden.
Den Schatten mit zusätzlichem Licht verwässern		Diese Methode birgt die Gefahr, helle Flächen zu überstrahlen, die Modellierung zu zerstören und Mehrfachschatten zu erzeugen und ist deshalb wenig empfehlenswert.
Eine weiche (Führungs-) Lichtquelle einsetzen		Von Ausnahmen einmal abgesehen, führt diese Methode meist zu einer flachen, spannungslosen Ausleuchtung.
Lampen auf Bodenstativen einsetzen		Hier wird die Tonangel vom Licht unterwandert. Scheinwerfer auf Bodenstative beanspruchen jedoch Platz und können Kamera- und Tonangelbewegungen behindern. Sie können auch große Schatten der Darsteller auf den Hintergrund werfen.
Die Position der Tonangel verändern		Hier können die Qualität der Tonaufnahme beeinträchtigt und die Kamerabewegungen behindert werden.
Eine andere Methode der Tonaufnahme wählen		Man kann auch versuchen, den Ton von unten zu angeln, ein extremes Richtmikrofon oder ein Ansteckmikrofon einsetzen usf. Solche Methoden können jedoch die Beweglichkeit bei der Tonaufnahme einschränken

- Könnte man die Tonangel, während der Darsteller - ohne zu sprechen - seinen Standort wechselt, aus dem kritischen Bereich entfernen?

Welche Lösung die Richtige ist wird man erst wissen, wenn das Problem beseitigt ist. Das Problem darf auf keinen Fall bis zum Schluß der Probe zurückgehalten, sondern muß sofort mit dem Toningenieur und dem Regisseur besprochen werden, selbst wenn dies eine Unterbrechung der Probe erfordern sollte.

Teamarbeit

Alle Mitglieder eines Produktionsteams müssen im ständigen Austausch miteinander stehen. Der Kostümbildner muß den Beleuchter fragen, ob ein weißes Kleid bei der

Ausleuchtung Probleme bereiten kann; der Maskenbildner muß darauf hinweisen, daß das dunklere Makeup eines Darstellers auch in dieser Tönung zur Geltung kommen soll; der Beleuchter wird den Requisiteur bitten, ein helleres Tischtuch auszusuchen; der Kameramann wird den Beleuchter darauf aufmerksam machen, daß er für die nötige Tiefenschärfe mehr Licht braucht; etc. Teamarbeit und ständige Auseinandersetzung sind die Arbeitsbasis jeder Produktion.

Der Videotechniker wird sich nach den Vorgaben des Beleuchters darum kümmern, daß Filmeinspielungen farblich auf die elektronischen Studiokameras abgestimmt werden. Hier müssen speziell bei Zuspielmaterialien mit kritischen Farbverhältnissen Entscheidungen getroffen werden, zum Beispiel: ob das Pferd natürlich aussehen muß und die Blätter ein wenig rötlich wirken dürfen; - oder ob die Blätter grün sein müssen und dafür ein leichter Blaustich beim Pferd in Kauf genommen wird.

Bei der ersten Kameraprobe sollte sich der Videotechniker mit den ihm zur Verfügung stehenden Möglichkeiten der Bildbeeinflussung noch ein wenig zurückhalten. Ansonsten kann es passieren, daß ein Beleuchter am Lichtstellpult die Intensität eines Scheinwerfers abschwächt und im gleichen Augenblick der Videotechniker diese Abschwächung durch eine größere Blendenöffnung der Kamera zu kompensieren versucht.

Erst wenn die Ausleuchtung steht, kann der Videotechniker durch eine Feinabstimmung der Kameras die Ausgangssignale so aneinander angleichen, daß die technische Qualität der Kamerabilder auch zusammenpaßt.

Lichtsteuerungssysteme

Moderne Lichtstellanlagen sind außerordentlich vielseitig und können für folgende Zwecke eingesetzt werden:

1. Ein- und Ausschalten von Scheinwerfern und Regelung der Lichtintensität.
2. Aussteuerung der Intensitätsverhältnisse von Scheinwerfern, um die gewünschte Stimmung zu erzielen.

   Veränderung der Intensitätsverhältnisse während der Aufzeichnung.

   Anpassung der Ausleuchtung an Veränderungen im Handlungsablauf.
3. Schnelle Lichtwechsel in der laufenden Einstellung.

   Langsame Lichtwechsel, die vom Zuschauer kaum wahrgenommen werden können; natürlich auch Farbveränderungen.
4. Lichtwechsel innerhalb der Szene, wenn zum Beispiel ein Darsteller eine Lampe einschaltet.

   Lichtwechsel auf Stichworte (Explosionen, Feuer, Gewitter etc.)

Während der Proben sitzt der verantwortliche Beleuchter vorzugsweise mit Blick auf einen Kontrollmonitor am Lichtstellpult, um sich ein Bild der Ergebnisse zu machen und um notwendige Veränderungen bzw. Verbesserungen der Ausleuchtung vornehmen zu können. Hierbei muß er auf folgendes achten:

- *Unangemessene Ausleuchtung* - schlecht positionierte Scheinwerfer und nicht zufriedenstellende Effekte.
- *Veränderungen im Produktionsablauf* - Veränderungen im Handlungsablauf und der szenischen Auflösung, neue Kamerastandorte, spezielle/zusätzliche Nahaufnahmen etc.
- *Technische Fehler* - defekte Lichtquellen etc.
- *Bedienungs- und Einstellungsfehler* - Mikrofonschatten, Kameraschatten, störende Reflexe im Objektiv.
- *Veränderungen innerhalb der Szene* - neue Ausstattungsgegenstände, Kostüme etc.

- *Unzulänglichkeiten der szenischen Ausstattung* - ein mißlungener Hintergrundprospekt, schlechte Farbabstimmung szenischer Details, glänzende und reflektierende Flächen.

Der Probenverlauf

Noch einmal eine Zusammenfassung einiger Punkte, die man gleichzeitig im Blick haben muß: die Anweisungen des Regisseurs; den Ton des Bühnengeschehens; Beleuchtungsveränderungen; Bildfehler; Veränderungen der Handlung, von Handlungspositionen, Kamerastandpunkten und Einstellungsgrößen; szenische Veränderungen; den Einsatz für den nächsten Lichtwechsel; etc. etc.

Die Probleme, die auftauchen können, sind vielfältig:

- Die Kameraeinstellung geht über Randbereiche des Bühnenbildes hinaus. Wenn das Bühnenbild an diesen Stellen ergänzt wird: kommen diese Ergänzungen mit der Ausleuchtung in die Quere?
- Ein Darsteller sitzt auf einem anderen Stuhl und somit im Führungslicht einer anderen Person. Muß dieses Führungslicht neu ausgerichtet werden?
- Ein Gegenlicht auf einer Glatze kann nicht abgeschwächt werden. Der Maskenbildner muß informiert werden, damit er entsprechende Vorkehrungen trifft.
- Ein Darsteller blickt sehr häufig nach unten, so daß seine Augenpartie im Schatten verschwindet. Der Regisseur wird ihn darauf aufmerksam machen müssen.
- Ein Photo-Hintergrund hinter einem Fenster ist uneben und ungleichmäßig ausgeleuchtet. Der Ausstatter muß sich etwas einfallen lassen.
- Das Licht einer Lampe in der Szene ist viel zu schwach. Die Birne muß - wenn möglich - gegen eine stärkere ausgetauscht werden.
- Das Stromkabel eines Scheinwerfers ist im Bild zu sehen.
- Haben die Bühnenarbeiter genügend Platz, um eine Sprungwand ohne Kollisionen mit Scheinwerfern zu verschieben?
- Eine Kamera produziert einen Farbstich.
- Ein Feuer-Effekt sieht zu künstlich aus.

Wie man sieht, muß der Probenverlauf unter den verschiedenartigsten Gesichtspunkten geprüft werden. Das Bild auf dem Vorschaumonitor vermittelt jedoch nur einen Ausschnitt vom Bühnengeschehen. Man muß schon sehr genau hinsehen und hinhören um mitzubekommen, was außerhalb von diesem durch den Monitor begrenzten Bildfeld passiert. Einige Regieräume haben ein Fenster zur Bühne, aber auch dessen Blickwinkel ist in der Regel begrenzt.

Bei größeren Bewegungsabläufen durchqueren Darsteller mehrere Ausleuchtungszonen und es ist gut zu wissen, in welchem Lichtbereich sie sich gerade aufhalten. Eine brauchbare Orientierung bieten Möbel und Ausstattungsdetails. Der Bereich am Fenster zum Beispiel wird vom Führungslicht Nummer 14 ausgeleuchtet und der Stuhl beim Tisch von Nummer 31. (Auf großen freien Flächen funktioniert diese Orientierungsmethode natürlich nicht.)

Ist eine Person, wenn sie durch die Türe kommt, überstrahlt, genügt ein kurzer Blick auf den Beleuchtungsplan um zu wissen, daß diese Überstrahlung vom Scheinwerfer Nummer 47 verursacht wird. Um sicher zu gehen, daß die Angabe auf dem Beleuchtungsplan stimmt, kann man diesen Scheinwerfer kurz aus- und wieder einschalten, bevor man seine Intensität herunterregelt.

Ein anderer Fall: die Kamera verfolgt in einer näheren Einstellung die Bewegung einer Person. Für einen kurzen Augenblick ist das Gesicht überstrahlt, aber die Person hat sich inzwischen weiterbewegt und die Kamera hat mitgeschwenkt. Jetzt ist es äußerst schwierig, den verantwortlichen Scheinwerfer zu identifizieren. Um das Problem zu lösen, wird man selbst auf die Bühne gehen und den zu hellen Scheinwerfer vor Ort aufspüren müssen.

Durch sorgfältige Prüfung der Lichtbalance mit einem Belichtungsmesser wäre dieser Fehler schon vor Probenbeginn feststellbar gewesen. (Vorausgesetzt, man hätte hierzu Zeit gehabt!)

Besonders Nah- und Großaufnahmen von Personen erfordern eine sehr präzise Abstimmung des Lichts, bei den üblichen Produktionsbedingungen des Fernsehens eine große Herausforderung!

Einige weitere Punkte auf die man achten sollte:

- Wenn die Kamerabewegungen recht umfangreich sind, sollte man auf Lampenstative und am Boden verlegte Kabel so weit wie möglich verzichten.
- Einige Regisseure setzen für Großaufnahmen lange Objektivbrennnweiten bzw. Teleobjektive ein, ungeachtet der perspektivischen Veränderungen und der Schwierigkeiten, solche Teleaufnahmen gut auszuleuchten.
- Frontales Aufhellicht wird normalerweise in einer Höhe von etwa 3-3,5m befestigt, um die Kamera- und Tonarbeit nicht zu behindern (wird mit einem Kamerakran gearbeitet, noch höher).
- Die Führungsleuchten werden auf ähnlicher Höhe, oft oberhalb der Seitenwände angebracht.

Einige Punkte werden deutlich gemacht haben, daß hohe Produktivität ihren Preis hat. Trotzdem ist auch unter diesen Umständen ein durchaus beachtlicher künstlerischer Standard erzielbar.

Lichtbalance

Wie schon beschrieben, müssen die Beleuchtungswinkel und die relativen Intensitäten der Scheinwerfer sorgfältig aufeinander abgestimmt werden. Diese Abstimmung ist eine der schwierigsten Aufgaben. Allein durch Helligkeitsveränderungen von wenigen Scheinwerfern kann man die ganze Spannweite vom Mondlicht bis zur tropischen Sonne herstellen. Aber auch kleine Veränderungen beeinflussen die Stimmung einer Szene ganz wesentlich.

Relative Helligkeiten

Die Anpassung verschiedener Helligkeiten bzw. der Lichtbalance erfolgt normalerweise in bestimmten Schritten:

- *Ausleuchtung von Handlungen und Portraits* Zunächst wird das Verhältnis von Führungs-, Aufhell- und Gegenlicht bestimmt, um den gewünschten Effekt herzustellen (High-Key, Low-Key etc.).
- *Kontrast zwischen Objekt und Hintergrund* Im nächsten Schritt wird das Kontrastverhältnis des Vordergrunds zum Hintergrund festgelegt.
- *Szenische Kontraste* Anschließend werden die relativen Helligkeiten szenischer Bereiche, meist mit Blick auf den besten dreidimensionalen Effekt, eingerichtet.

Innenräume

- *Wände* Die relative Helligkeit der Wände muß festgelegt werden. Wände mit Fenstern sind bei Tageslicht vergleichsweise dunkel.
- *Decken* Die Helligkeit von Decken ist in starkem Maße abhängig von: der Position der Fenster; der Tageszeit; Lichtreflexen; Beleuchtungskörpern innerhalb des Raums.
- *Angrenzende Bereiche* Die Ausleuchtung von angrenzenden Räumen (andere Zimmer; Gänge) muß ebenfalls auf den (Handlungs-) Raum abgestimmt werden.
- *Balance zwischen Innen und Außen* - desgl. das Verhältnis der Raumbeleuchtung zum Fensterhintergrund.
- *Licht von außen* - und auch die Lichtintensität der Effektscheinwerfer für Sonnenlicht, Mondlicht und (Straßen-)Lampen hinter Fenstern.

- *Im Bild sichtbare Lichtquellen* Beleuchtungskörper innerhalb der Szene müssen ebenfalls dem gewünschten Effekt gerecht und in ihrer Helligkeit angepaßt werden, speziell in Räumen bei Nacht.

Außenräume

- *Grundlicht* Hier muß im ersten Schritt die Lichtintensität des künstlichen Lichts dem natürlichen Licht angeglichen werden.
- *Helligkeitsverhältnisse* Bei der Anpassung des künstlichen Lichts muß berücksichtigt werden: die Helligkeit des Himmels; die Schattendichte; die Helligkeit des Lichts in den durch Fenster sichtbaren Innenräumen. Bei Nacht: die Helligkeit aller sichtbaren Lichtquellen, die für die Aufzeichnung von Bedeutung sein könnten.

Intensitäten

Bei der Bestimmung der Lichtbalance sollte man sich immer vergegenwärtigen, daß das Ziel (in den meisten Fällen) nicht eine Kopie der Realität ist sondern der subjektive Effekt. Hierbei muß man folgendes berücksichtigen:

Die Lichtintensität muß der gewählten Arbeitsblende der Kamera entsprechen. Ist die Intensität zu gering, werden die Einstellungen unterbelichtet; ist sie zu hoch, werden helle Bildbereiche überstrahlt. Die Kamera kann nur einen begrenzten Kontrastumfang verarbeiten. Das gleiche gilt für Fernsehgeräte.

Ein Beispiel: Eine Szene spielt in einem abgedunkelten Raum. Jemand hält sein Mittagsschläfchen. Die Fensterläden sind geschlossen, um das grelle Licht der Mittagssonne draußen zu halten. Der Schläfer wacht auf und öffnet die Fensterläden.

Folgende Probleme sind zu erwarten: der Raum ist zu dunkel; das Außenlicht ist zu hell; das Kontrastverhältnis vom abgedunkelten Innenraum zum vom Sonnenlicht überfluteten Außenraum ist für die Kamera zu extrem.

Eine Lösung dieser Probleme könnte sein, daß man ein paar Sonnenstrahlen auch durch die geschlossenen Fensterläden dringen läßt, deren Lichtstreifen uns zumindest eine Ahnung des Raumes vermitteln. Ansonsten wird es unmöglich sein, die Belichtung gleichzeitig auf die innen- und die außenliegenden Details abzustimmen.

Die geeignete Blendenöffnung für den Innenraum würde zu einer völligen Überbelichtung der Szenerie außerhalb des Fensters führen.

Eine auf das Außenlicht abgestimmte Belichtung würde den Innenraum bis zur Unkenntlichkeit im Dunkeln verschwinden lassen.

Eine weitere Möglichkeit, diesem Kontrast-Problem zu begegnen, besteht darin, Filterfolien vor die Fenster zu hängen z.B. Wratten 85 und Neutralgrau. Mit dieser Filter-Kombination würde nicht nur die Intensität des von außen kommenden Lichts abgeschwächt, sondern auch durch die Konversion des Tageslichts die Voraussetzung geschaffen, den Raum schwach mit Kunstlicht aufzuhellen (z.B. mit schwachem, reflektierten Licht und einem begrenzten Gegenlicht). Im Studio sind solche Probleme wesentlich einfacher zu lösen, da sich künstlich hergestelltes Außenlicht auf einfachste Weise so an das Raumlicht anpassen läßt, daß es zwar sehr hell wirkt, aber für den Belichtungsspielraum der Kamera nicht zu hell ist.

Tönungen

Eine von starkem Licht angestrahlte schwarze Fläche kann mehr Licht reflektieren als eine nur schwach beleuchtete weiße Fläche. Die Empfindung von hellen und dunklen Tönungen ist in diesem Sinne eine sehr subjektive Angelegenheit. Die Reduzierung der Lichtintensität in einem Bereich einer Szene läßt die anderen Bereiche heller aussehen! Ein Führungslicht wirkt intensiver, wenn man die Intensität des Aufhellichts oder der Hintergrundausleuchtung abschwächt. Ein zu heller Hintergrund läßt Objekte im Vordergrund entsprechend dunkler aussehen, als sie eigentlich sind.

- Blendet man die Kamera ein wenig ab, um den Hintergrund nicht zu hell erscheinen zu lassen, werden auch alle anderen Dinge ein wenig dunkler abgebildet.
- Öffnet man die Blende eine wenig, um Objekte im Vordergrund ein bißchen heller abzubilden, kann es passieren, daß der Hintergrund viel zu hell wird.
- Verstärkt man die Lichtintensität auf Objekten im Vordergrund, wird möglicherweise die Lichtintensität für einen ganzen szenischen Bereich zu hoch, so daß angrenzende Bereiche jetzt im Vergleich zu dunkel sind. Das zusätzliche Licht streut u.U. auch auf den Hintergrund.

Kontrast

Der Kontrast innerhalb einer Szene hat grundlegenden Einfluß auf deren Stimmung.

- Wird nur wenig oder gar kein Aufhellicht eingesetzt (keine Aufhellung der Schatten), bekommt man folgende Effekte: dynamisch, kräftig, grob, steif, häßlich etc.
- Hat das Aufhellicht eine ähnliche Intensität wie das Führungslicht, werden die Schattenpartien gut ausgeleuchtet; der Effekt ist: frisch, luftig, flach, undynamisch, freudlos oder ganz einfach schwach.

Die Balance der verschiedenen Tönungen kann je nach Kamerastandpunkt unterschiedlich sein. Kommt das Licht frontal aus der Kamerarichtung, braucht man in der Regel nur wenig oder kein Aufhellicht. Der Kontrastumfang ist gering.

Von einem anderen Kamerastandpunkt aus gesehen ist das gleiche Licht ein Seiten- oder Gegenlicht. Der Bildkontrast ist groß, die Balance der Tönungen völlig anders.

Tabelle 6.4 Veränderungen der Lichtintensität

Ist die Lichtintensität zu stark oder zu schwach, kann man sie auf verschiedene Weisen verändern.

Dimmer	Bei Veränderungen der Lichtintensität mit einem Dimmer muß man immer auch eine mögliche Veränderung der Farbtemperatur im Auge behalten. Lichtveränderungen mit Dimmern sind einfach und schnell, können aber eine entsprechend aufwendige Ausrüstung erfordern.
Diffusor/Drahtgaze	Hiermit kann man den Lichtstrahl eines Scheinwerfers auch nur partiell beeinflussen.
Stufenlinsenscheinwerfer	Die Veränderung erfolgt durch Bündelung oder Streuung des Lichtstrahls. Eine einfache Methode, die jedoch meist nur manuell und direkt am Scheinwerfer vorgenommen werden kann.
Weiche Lichtquellen	Bei Lichtwannen mit mehreren Brennern kann man die Lichtintensität durch einfaches An- und Ausschalten der einzelnen Brenner regeln, ohne daß sich die Farbtemperatur verändert. Die Abstufungen sind jedoch relativ grob.
Lampenabstand	Nähert man eine Lampe dem Objekt, wird es heller und der Ausleuchtungswinkel kleiner; entfernt man die Lampe vom Objekt, nimmt die Beleuchtungsintensität ab und der vom Lichtstrahl erfaßte Bereich wird größer. Diese Methode ist einfach, aber auch umständlich.
Lichtstärke	Um die Lichtleistung zu erhöhen, muß man meist einen anderen Scheinwerfer montieren, es sei denn, man verfügt über sogenannte Doppelleistungsscheinwerfer, deren Leistung umgeschaltet werden kann.
Zusatzlampen	Natürlich kann man auch weitere Scheinwerfer aufbauen, wie immer mit dem Risiko, zusätzliche Schatten und Überstrahlungen zu produzieren.

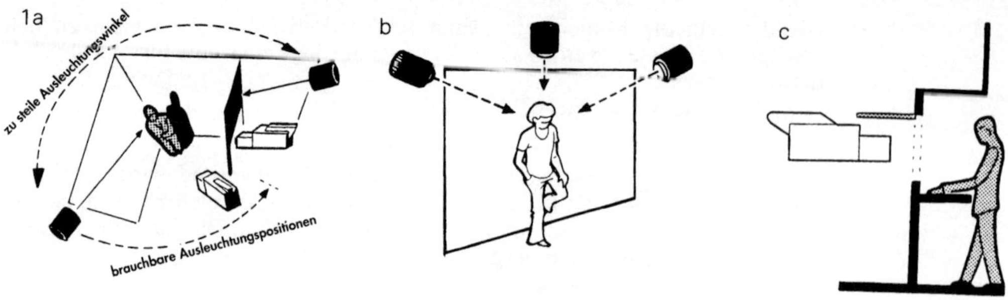

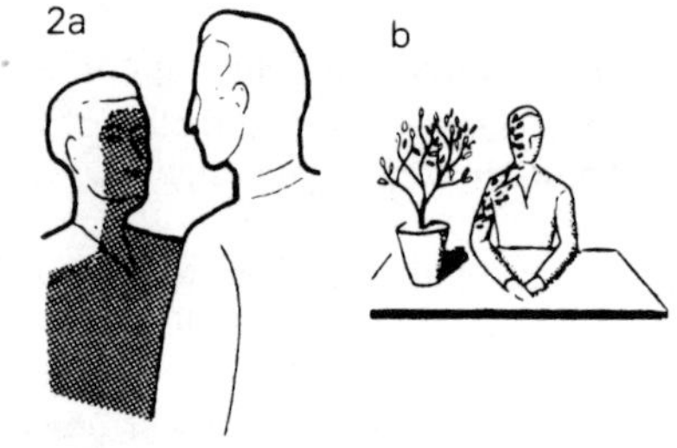

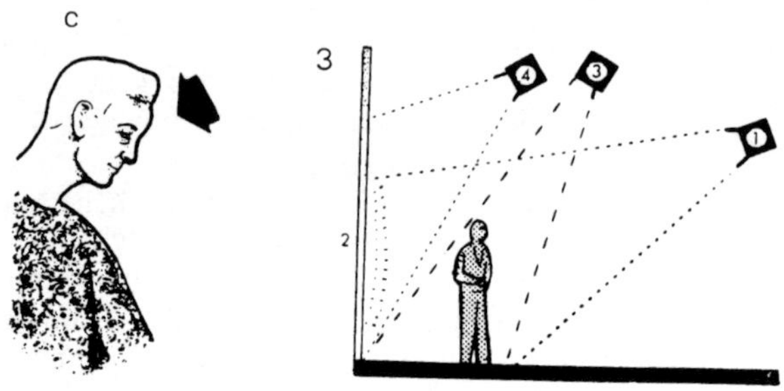

Abb. 6.16 Schwierigkeiten beim Ausleuchten

Hier sollen einige der üblichen Ausleuchtungsprobleme vorgestellt werden, deren Lösungen nicht immer auf der Hand liegen bzw. einen Kompromiß erfordern.

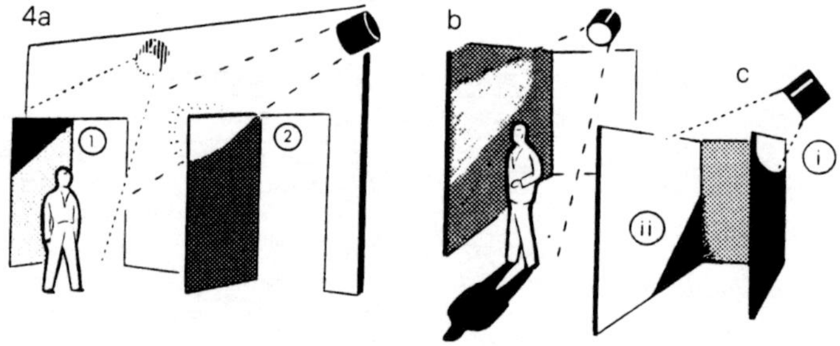

1. *Eingeschränkte Ausleuchtungsmöglichkeiten*

(a) Steht eine Person in der Ecke eines Raums, sind die Möglichkeiten zur Positionierung von Scheinwerfern stark eingeschränkt. Noch schwieriger wird es, wenn darüber hinaus szenische Ausstattungsdetails im (Licht-)Weg sind.

(b) Eine Person sehr dicht an einer Wand ist ebenfalls schwierig auszuleuchten. (Licht von oben auch in diesem Fall vermeiden!)

(c) Einstellungen durch Hindernisse, Fenster, Türen und in sehr kleinen Räumen bringen ebenfalls erhebliche Ausleuchtungsprobleme mit sich.

2. *Schattenprobleme*

(a) Stehen zwei Personen sehr dicht zusammen, können sie jeweils auf die andere Person einen Schatten werfen. Eine Positionsveränderung der Personen ist hier einfacher als eine Lichtveränderung.

(b) Das gleiche gilt für alle eng beieinanderstehenden Objekte. Lichtveränderungen zur Vermeidung der Schatten können das Ausleuchtungskonzept zerstören.

(c) Die Modellierung von nach unten geneigten Köpfen wirkt meist extrem bis übertrieben. Bei Nahaufnahmen kann man sich vielleicht mit einem Kameralicht behelfen.

3. *Hintergrundausleuchtung*

Mit einem Führungslicht lassen sich gleichzeitig die Handlung und der Hintergrund ausleuchten (1). Hintergrundmaterialien von heller Tönung können bei diesem Verfahren sehr schnell überstrahlt werden (2). Begrenzt man das Führungslicht auf den Darsteller (3), wird die Überstrahlung des Hintergrunds vermieden, aber der Lichteinfallswinkel kann für das Gesicht zu steil sein. Eine sehr steile Ausleuchtung auf dem Hintergrund, die den Handlungsraum nicht beeinflußt (4), betont Unregelmäßigkeiten der Hintergrundfläche.

4. *Falsche Schatten und Überstrahlungen*

(a) Licht hinter einer offenen Tür kann einen häßlichen Schatten erzeugen (1). Ein weiter entferntes Führungslicht innerhalb des Raums kann den oberen Teil einer sich öffnenden Tür überstrahlen

Verzwickte Situationen

Beim Ausleuchten wird man, wie bei jedem anderen (Kunst-)Handwerk, immer wieder mit ähnlichen Problemen konfrontiert. Für einige gibt es verschiedene Lösungsansätze. Andere erfordern eine Veränderung der gesamten Situation.

Man kann natürlich nicht jedesmal, wenn ein Beleuchtungsproblem auftaucht, erwarten, daß die ganze Szene umgebaut wird. In vielen Fällen wird man Prioritäten setzen müssen. Verändert ein Regisseur eine Einstellung, müssen alle Konsequenzen bedacht werden. Soll die veränderte Szene ungeachtet neu auftretender Probleme aufgezeichnet werden, muß man sich bei der Ausleuchtung überlegen, ob:

Einstellung für Einstellung einzeln ausgeleuchtet werden kann;

- zwischen den Einstellungen liegende Arbeitspausen für Lichtveränderungen genutzt werden können; oder ob
- die Handlung ohne Unterbrechung aufgezeichnet wird.
- In den ersten beiden Fällen sind Lichtveränderungen machbar; im letzten Fall kaum.

Manchmal wird die Ausleuchtung von einem Szenendetail behindert (z.B. einer Zimmerdecke), das nur in einer einzigen Einstellung zu sehen ist. Hier muß man sich fragen, ob man als Beleuchter diese Einschränkung hinnehmen kann oder ob das Bühnenbild den Anforderungen der Beleuchtung entsprechend verändert werden muß (indem man z.B. nur das für die Kamera sichtbare Deckenstück baut oder die Decke nur für diese Einstellung auflegt).

Inzwischen wurden schon eine Reihe von Schwierigkeiten bei der Ausleuchtung angesprochen. Weitere Probleme werden in Abbildung 6.16 gezeigt.

1. Beschränkungen für die Ausleuchtung

A. *Position* Stehen Darsteller nahe bei einer Wand oder in der Ecke eines Raumes, sind die Ausleuchtungsmöglichkeiten beschränkt. Schatten auf den Wänden sind kaum vermeidbar und Gegenlicht kann man ebenfalls nicht einsetzen.

Bühnenbild Auch das Bühnenbild kann eine gute Positionierung des Führungslichts auf eine Person behindern, z.B. bei einer Einstellung durch eine Türe oder ein Fenster.

B. *Gucklöcher* Steht die Kamera versteckt hinter einem Guckloch in der Wanddekoration, dann kann es passieren, daß Szenendetails in ihr Blickfeld kommen, die von der allgemeinen Szenenausleuchtung nicht getroffen werden. Hier wird eine zusätzliche Ausleuchtung dieser Details nötig sein.

C. *Einrichtungsgegenstände* Ein großer Ohrensessel zum Beispiel verhindert die Arbeit mit Gegen- oder seitlichem Aufhellicht und erlaubt nur die Einrichtung eines frontalen Führungslichts.

Text zu Bild auf Seite 166

(b) Ein im rechten Winkel zur Wand ausgerichtetes Licht kann unangenehmes Streiflicht, extreme Schatten von Unebenheiten der Wand und eine Überbetonung ihrer Strukturen verursachen.

(c) Bei einem hinter der Wand positionierten Führungslicht kann ein Teil des Lichtstrahls von der Wand abgeblockt und ein Schatten auf gegenüberliegende Flächen geworfen werden.

5. *Hindernisse der szenischen Ausstattung*

(a) Horizontale Hindernisse wie zum Beispiel Decken, Balken, Bögen usf. können ebenfalls im (Licht-)Weg sein. Anstelle der gewünschten Position (1) wird man den Scheinwerfer steiler (2) oder niedriger (3) anbringen müssen, selbst wenn diese beiden Lichtwinkel zur Ausleuchtung der Handlung nicht optimal sind.

(b) Auch vertikale Hindernisse, z.B. Wände, können die Ausleuchtung behindern.

Manche Probleme lassen sich durch Veränderungen des Bühnenbilds oder veränderte Handlungspositionen lösen.

6. *Kameraschatten*

Eine Kamera in nächster Nähe zum Objekt kann ihren Schatten auf das Objekt werfen, speziell bei einer erhöhten Kameraposition. Eine Begrenzung des Lichtstrahls mit Scheinwerfertoren hat wenig Zweck, da hiervon auch die Ausleuchtung des Objekts beeinflußt wird. Am besten bringt man die Kamera in eine niedrigere oder weiter vom Objekt

5a

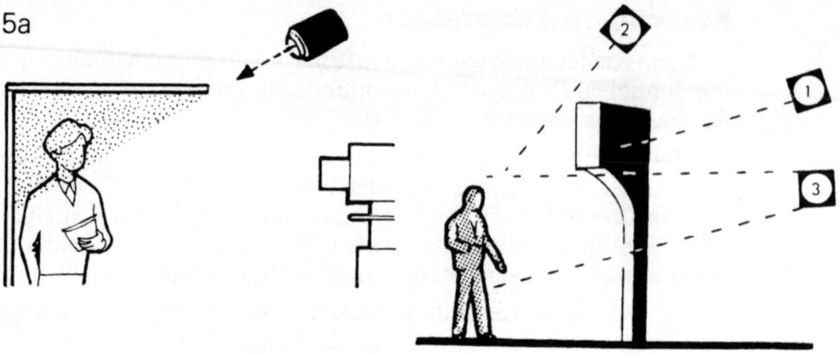

b

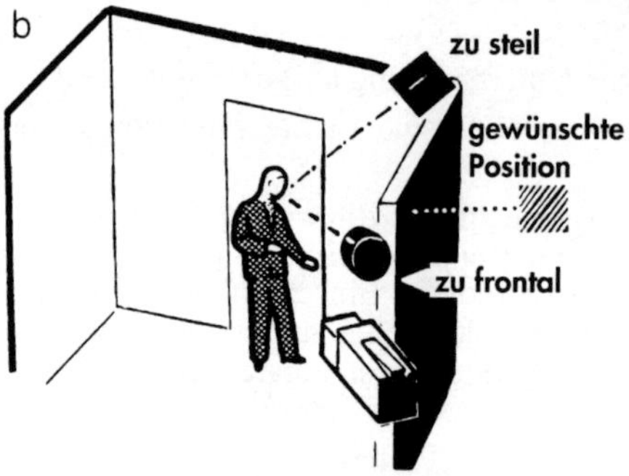

6

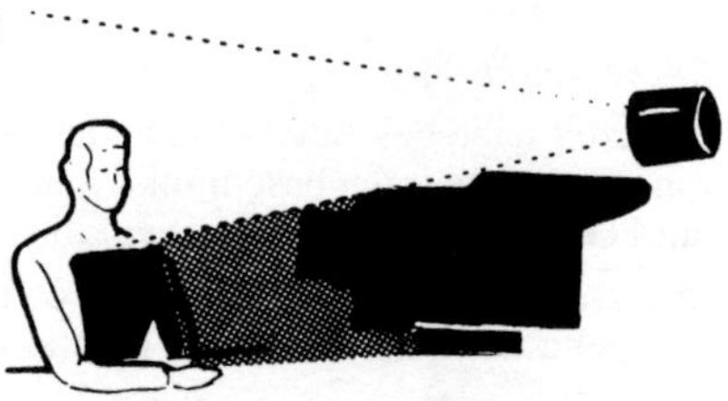

7

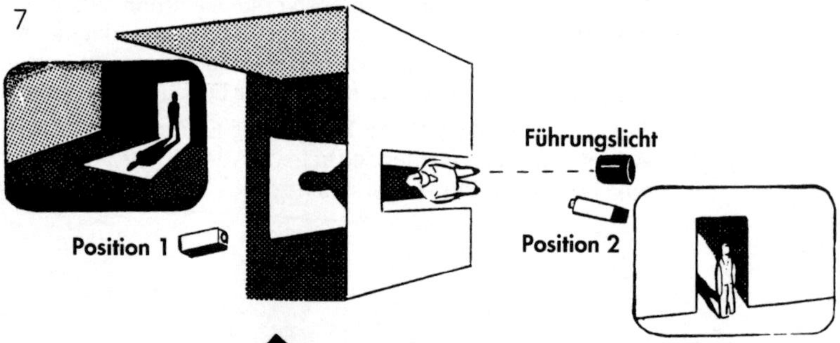

8

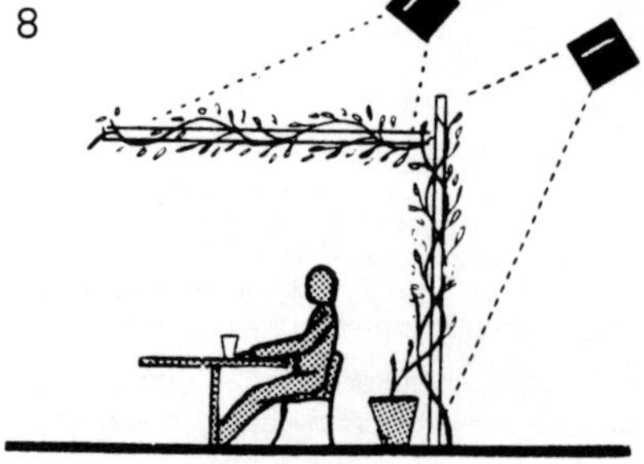

9. Bodenscheinwerfer

9

Dicht am Boden spielende Handlungen werfen folgende Probleme auf.

(1) Das Licht streift über den Boden.

(2) Gegenstände zwischen Scheinwerfer und bildwichtigem Objekt werden überstrahlt.

(3) Gegenstände werfen Schatten auf das Objekt und/ oder

(4) den Hintergrund.

10. Einen Flügel ausleuchten

10a

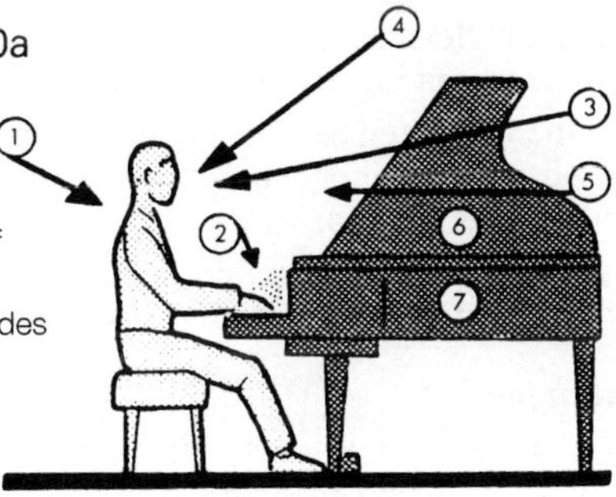

b

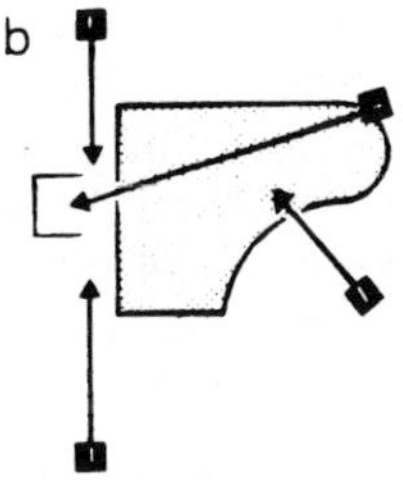

(a) Schatten- und Ausleuchtungsprobleme:

(1) Schatten des Pianisten auf den Tasten.

(2) Schatten auf den Händen des Pianisten.

(3) Schatten des Flügels auf dem Gesicht des Pianisten.

(4) Zu steiles Licht.

(5) Blendung des Pianisten durch niedriges Führungslicht.

(6) Das Innere des Flügels liegt im Schatten.

(7) Punktuelle Überstrahlungen auf der Lackierung.

(b) Die typische Ausleuchtung.

11. Muster auf dem Hintergrund

11

Mit Veränderung der Kameraposition verschiebt sich auch der zentrierte Lichtpunkt im Hintergrund. Die Bildbalance und die Kontinuität werden beim Einstellungswechsel zerstört.

12. Kameralicht

12

a

b

c

(a) Ein Aufhellicht auf der Kamera überstrahlt Gegenstände im Vordergrund.

(b) Das Kameralicht für eine Person überstrahlt eine zweite, näher bei der Kamera stehende Person; (u.U. erzeugt es auf einer Gesichtshälfte der zweiten Person ein aufdringlich und unangenehm wirkendes Kantenlicht).

(c) Kameralicht produziert Reflexionen auf Brillengläsern und glänzenden Flächen.

2. Schatten

A. *Wechselseitiger Schattenwurf* Werden zwei Personen von ein und demselben Führungslicht angestrahlt, kann eine Person ihren Schatten auf die andere werfen. In diesem Fall ist es die einfachste und schnellste Lösung, die Positionen der beiden Personen zu verändern (anstatt neu auszuleuchten).

B. *Requisiten* Ausstattungsgegenstände, Pflanzen und ähnliche Dinge können - speziell bei Vorführungen - ebenfalls Schatten auf Darsteller bzw. die vorführende Person werfen.

C. *Extreme Körperhaltungen* Bei einem stark nach unten gebeugten Kopf werden die Augenhöhlen und der Nacken verschattet.

3. Hintergrundausleuchtung

- Mit einem Führungslicht kann man gleichzeitig einen Darsteller und den Hintergrund ausleuchten. Ein heller Hintergrund wird hierbei jedoch sehr schnell zu hell.
- Um diese Überstrahlung und einen Schatten des Darstellers auf dem Hintergrund zu vermeiden, kann man das Führungslicht höher anbringen. Hierdurch wird u.U. die Modellierung des Darstellers sehr häßlich.
- Beim Versuch, den Hintergrund mit einem steilen Spotlicht getrennt auszuleuchten, kann seine Struktur sehr unangenehm zur Geltung kommen.

4. Falsche Schatten und Überstrahlungen

A. *Türöffnungen* Bei sich öffnenden Türen muß man unbedingt darauf achten, ob beim Öffnen der Tür ein häßlicher Schatten entsteht.

Ein entfernt positioniertes Führungslicht kann aus Versehen eine Tür, wenn sie geöffnet wird, überstrahlen.

B.. *Streulicht oder Lichtstreifen* auf Wänden Ein Führungs- oder Gegenlicht kann unbeabsichtigterweise auf eine naheliegende Wand treffen und Lichtflecken bzw. Lichtstreifen verursachen, die Strukturen der Wand überdeutlich herausarbeiten oder lange Schatten werfen.

C. *Schatten von Wänden* Der Lichtstrahl eines direkt hinter einer Wand befestigten Führungslichts kann von dieser Wand zum Teil abgeblockt werden, die obere Kante der Wand hell erleuchten und einen Schatten der Wand in die Szenerie werfen.

5. Szenische Hindernisse

A. *Hindernisse in der Horizontalen* Ausstattungsdetails wie Bögen, Vorhänge, Balken, Schilder etc. können bei der Positionierung des Führungslichts erhebliche Schwie-

Text zu Bild auf Seite 168

entfernte Position.

7. *Gegenüberliegende Kamerastandpunkte*

Die Lichtintensität einer dramatischen Ausleuchtung für Kamera 1 kann für den Blickwinkel von Kamera 2 viel zu stark sein, - ein Problem, das besonders bei Kamerapositionen auf beiden Seiten eines Fensters oder einer Tür auftritt (und die Handlung ohne Unterbrechung aufgezeichnet wird).

8. *Durchscheinendes Licht*

Eine nur zum Teil lichtdurchlässige Umgebung (Zweige, Fensterläden, Gitter, Flechtwerk) in nächster Nähe zu einer Person reduziert die Lichtmenge, die auf die Person trifft, wird aber selbst sehr hell zur Geltung kommen und ablenkende Schatten auf die Person werfen.

Abb. 6.17 Lichtkontinuität

Kontinuitätsprobleme beim Licht können technische und gestalterische Ursachen haben.

1. Bewegt sich die Kamera kreisförmig um ein Objekt, das zunächst nur als attraktive Silhouette zu sehen war, dann verliert sich im Verlauf der Kreisbewegung dieser Effekt hin zu einem flachen und unattraktiven Bild.
2. Bei einer Schuß und Gegenschuß-Auflösung sehen die Einstellungen von zwei Personen, die von einer einzigen Lichtquelle angestrahlt werden, aus einem Blickwinkel hell und einem anderen Blickwinkel dunkel aus: (a) eine Außenaufnahme; (b) eine Aufnahme Innen/Außen. Beim Zusammenschnitt der wechselnden Einstellungen ändert sich die Bildatmosphäre beträchtlich. Eine gleichmäßige Ausleuchtung der Einstellungen kann wiederum weniger effektvolle Bilder zur Folge haben.
3. Vor einem hellen Hintergrund sehen Gesichter dunkler aus und vor einem dunklen Hintergrund entsprechend heller. Der Zusammenschnitt dieser beiden Einstellungen irritiert.

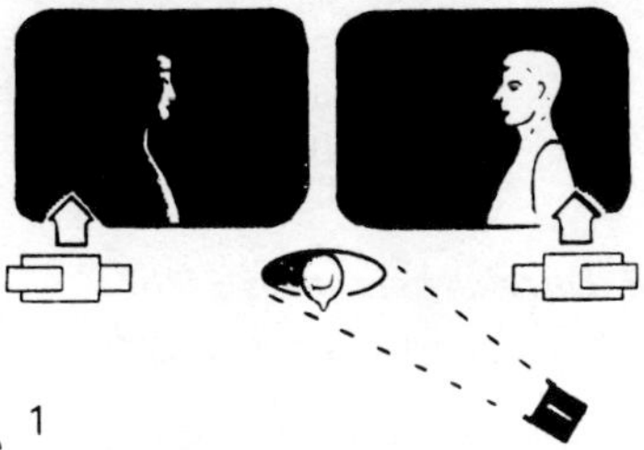

1

2a

b

4. Vom sonnenbeschienenen Fenster zum Innenraum fällt die Lichtintensität natürlicherweise ab. Zur Angleichung des Kontrastumfangs sollte man deshalb den Raum aufhellen. Dies wiederum kann eine Abschwächung des spezifischen Raumgefühls nach sich ziehen.

rigkeiten bereiten. Den Umständen entsprechend muß man es höher oder niedriger anbringen. Im zweiten Fall kann es einen Kameraschatten in die Szene werfen.

B. *Vertikale Hindernisse* Steht die Kamera dicht bei einer Wand, kann es ebenfalls schwierig sein, das Objekt aus dem gewünschten Winkel auszuleuchten. Ist das Ergebnis gänzlich unzufriedenstellend, muß man mogeln: das Führungslicht versteckt anbringen; den Aufbau der Szene verändern; eine neue Position für den Darsteller finden.

6. Kameraschatten

Steht die Kamera zu dicht am aufzunehmenden Gegenstand und blickt sie möglicherweise noch auf ihn herab, ist die Gefahr, daß sie selbst einen Schatten auf diesen Gegenstand wirft, sehr groß. In diesem Fall hilft auch keine Begrenzung des Führungslichts mit Toren oder Abdeckplatten. Die üblichen Lösungen für dieses Problem sind:

- eine niedrigere Kameraposition;
- ein erhöhtes Führungslicht (auf eine zu starke Modellierung achten!);
- ein vom Objekt weiter entfernter Kamerastandort;
- ein anderer (Blick-)Winkel der Kamera - außerhalb des Lichtstrahls.

7. Gegenüberliegende Kamerastandpunkte

Der dramatische Lichteffekt für Kameraposition 1 kann für Kameraposition 2 viel zu stark sein. Dieses Problem taucht besonders häufig bei ununterbrochenen Aufzeichnungen mit mehreren Kameras auf. Es ist nur lösbar, wenn die beiden Einstellungen getrennt aufgezeichnet und ausgeleuchtet werden.

8. Durchscheinendes Licht

Es wird gerne angenommen, daß ein Gegenstand in der Nähe eines von hinten angestrahlten, hell beleuchteten oder durchbrochenen Hintergrundes ebenfalls genügend Licht abbekommt. Von Ausnahmen einmal abgesehen, ist diese Annahme meistens falsch.

Beleuchtete und lichtdurchlässige Flächen (Decken, Wände, lichtdurchlässige Überdachungen, Licht von oben) Wenn das Licht einer angrenzenden Fläche stark genug ist, auch ein Objekt in nächster Nähe ausreichend zu beleuchten, ist die Fläche selbst für die Kamera in der Regel zu hell oder das Objekt im Verhältnis zur Fläche zu dunkel. Die Helligkeit von Flächen darf nur so groß sein, daß sie hell (und nicht überstrahlt!) aussehen und das Objekt sollte zusätzlich mit einem Scheinwerfer aus einer ähnlichen Richtung aufgehellt werden.

Gebrochenes Licht Wird das einfallende Licht durch Zweige, eine Markise, Gitter und andere Hindernisse zu stark zurückgehalten, muß das Objekt ebenfalls aufgehellt werden.

Zu starke Schatten können ein Objekt sehr merkwürdig aussehen lassen oder verschleiern.

Die Kanten von Gegenständen, die Schatten werfen, sind meist überstrahlt.

Man sollte sich aus den genannten Gründen nicht auf Lichtquellen dieser Art verlassen und die bildwichtigen Objekte mit einem eng begrenzten Führungslicht oder reflektiertem Licht zusätzlich aufhellen.

9. Bodenscheinwerfer

- In manchen Fällen muß man (meist niedrige) Objekte mit einem ebenfalls sehr niedrig auf einem Bodenstativ montierten Scheinwerfer anstrahlen. In diesem Fall muß man folgendes berücksichtigen:
- Lichtstreifen auf dem Boden;
- überstrahlte Objekte in nächster Nähe, die gleichzeitig ihren Schatten auf das bildwichtige Objekt werfen;
- störende Schatten im Hintergrund.

10. Eine Klavierdarbietung ausleuchten

A. *Die üblichen Probleme* Beim Ausleuchten eines Pianisten am Flügel muß man prüfen:

- ob der Pianist einen Schatten auf das Instrument wirft;
- ob das Instrument einen Schatten auf die Hände des Pianisten wirft;
- ob der geöffnete Flügel oder der Stab, der den Flügel offenhält, einen Schatten auf den Kopf des Pianisten wirft;
- ob steiles Licht (das die beiden gerade genannten Probleme vermeiden soll), das Gesicht des Pianisten unvorteilhaft modelliert;
- ob ein Führungslicht, das unter dem geöffneten Flügel auf das Gesicht gerichtet ist, den Pianisten blendet;
- ob das Innere des Instruments zu dunkel ist oder (teilweise) im Schatten liegt;
- ob das Instrument Licht reflektiert.

B. *Typische Beleuchtungsansätze* Hierzu gehören:

- Ein kombiniertes Führungs- und Gegenlicht auf beiden Seiten der Tastatur;

- Ein schräg angesetztes Führungslicht am weiter entfernten Ende des Flügels;

Ein begrenzter Spot für das Innere des Flügels.

11. Positionen für Muster im Hintergrund

Ein im Hintergrund zentriertes Muster verändert seine Position in Relation zum Darsteller mit der Standortveränderung der Kamera. Dieser ständige Wechsel der Bildbalance wird störend wirken.

12. Probleme mit Kameralicht

A. Überstrahlter Vordergrund Auch ein schwaches Aufhellicht auf der Kamera kann schnell zu Überstrahlungen der vordergründigen Szenendetails führen.

B. Streiflicht Das auf eine Person ausgerichtete Kameralicht kann eine zweite Person, die näher bei der Kamera steht, streifen und deren Gesichtsumrisse unangenehm betonen.

C. Reflexionen Besonders auf Brillengläsern und glänzenden Flächen im Hintergrund verursachen Kameraleuchten oft unangenehme Reflexe.

	3	**4**	**5**	**6**	**7**	**8**	**9**	**10**	**11**	**12**	**13**	**14**	**15**	**16**	**17**	**18**	**19**	**20**	**21**
Jan						SA	8	13	16	18	16	13	8	SU					
Feb					SA	10	17	22	26	28	26	22	17	10	SU				
März				SA	10	18	26	33	37	38	37	33	26	18	10	SU			
April			SA	10	18	27	35	42	47	49	47	42	35	27	18	10	SU		
Mai		SA	10	16	25	35	43	51	57	59	57	51	43	35	25	16	10	SU	
Juni	SA		9	18	27	37	46	53	59	61	59	53	46	37	27	18	9		SU
Juli		SA	10	16	25	35	43	51	57	59	57	51	43	35	25	16	10	SU	
Aug			SA	10	18	27	35	42	47	49	47	42	35	27	18	10	SU		
Sep				SA	10	18	26	33	37	38	37	33	26	18	10	SU			
Okt					SA	10	17	22	26	28	26	22	17	10	SU				
Nov						SA	8	13	16	18	16	13	8	SU					
Dez						SA	8	13	16	18	16	13	8	SU					

2

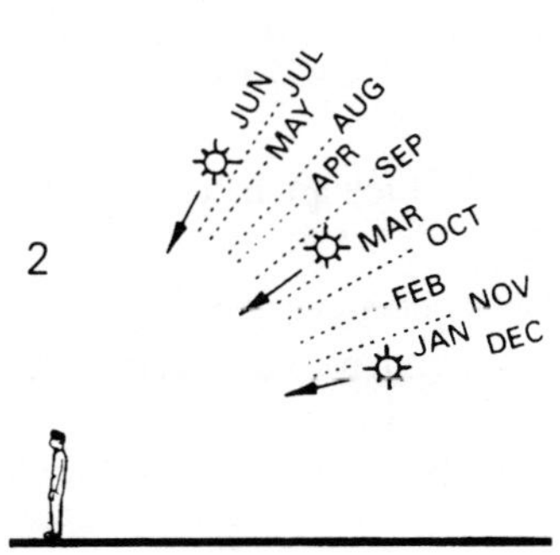

3

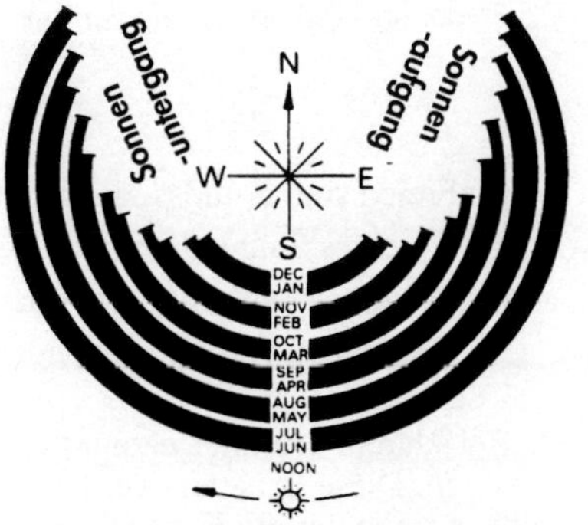

Abb. 7.1 Sonnenbewegungen

1. Die typischen Zeiten für *S*onnen*a*ufgang (SA), *S*onnen*u*ntergang (SU) und die Tageslicht-Stunden.
2. Die Veränderungen der (maximalen) vertikalen Einfallswinkel der Sonne über das Jahr.
3. Unterschiedliche Richtungen von Sonnenaufgang und Sonnenuntergang. Die Sonne geht zwar stets im Osten auf und versinkt im Westen, aber der Ort bzw. die Richtung verschiebt sich mit der Jahreszeit.

7 Ausleuchtung bei Aussenaufnahmen

Die hohen Studiokosten haben dazu geführt, daß immer mehr Produktionen vor Ort hergestellt werden. Anstatt die Szenerie im Studio zu bauen, wird an realen Schauplätzen gedreht, die natürlich den Erfordernissen der Aufzeichnung angepaßt werden müssen.

Unter realistischen Gesichtspunkten bieten Außenaufnahmen große Vorteile. Sie bringen jedoch auch eine ganze Reihe von neuen Problemen mit sich.

Natürliches Licht

Das natürliche Licht kann bei Außenaufnahmen brauchbar, aber trügerisch und unverläßlich sein. Der Sonnenstand verändert sich von Stunde zu Stunde und ist abhängig von der Jahreszeit und vom Breitengrad (Abb. 7.1). Die Lichtqualität schwankt beträchtlich.

Natürliches Licht (1)

Diese Bilder wurden im Sommer zur Mittagszeit aufgenommen, mit der Sonne im Rücken. Alle Landschaftsdetails kommen gut zur Geltung.

1. Die Tiefenschärfe ist beträchtlich und auch entfernte Objekte sind klar zu erkennen.
2. In der näheren Einstellung von der Brücke werden auch deren Details sehr gut herausgearbeitet.

Im Freien sind grundsätzlich drei verschiedene Lichtarten zu unterscheiden:

- direktes Sonnenlicht;
- Himmelslicht mit einer sehr hohen Farbtemperatur und
- Licht, das von angrenzenden Flächen reflektiert (und in seiner Farbe verändert) wird.

Bei klarem Himmel erzeugt Sonnenlicht eine sehr harte Modellierung und starke Schatten. Diese Schatten werden vom blauen Himmelslicht koloriert (desgl. durch von Schnee reflektiertem Himmelslicht).

Wolken, Dunst, Nebel, Regen und andere atmosphärische Einflüsse machen das Sonnenlicht weicher und die Kontraste und die Modellierung schwächer. Bei stark bedecktem Himmel reduziert sich die Lichtintensität und das Licht wird flach, schattenlos und langweilig.

1

2

Natürliches Licht (2)

Die Aufnahmen von der anderen Seite der Brücke sehen völlig anders aus.

1. Schattenbereiche in größerer Entfernung fließen ineinander. Feinheiten sind nicht so gut zu erkennen. Der Baum im Gegenlicht wirkt durchscheinend.
2. Bei der näheren Einstellung werden ebenfalls Details der Brücke sichtbar, aber insgesamt wirkt die Szene silhouettenhaft.
3. Auch aus einer noch geringeren Entfernung zeigt die Abbildung wenig Struktur. Selbst eine Farbaufnahme würde daran nicht viel ändern.

3

Schon eine dünne Wolkenschicht beeinflußt die Lichtqualität von einer Minute zur nächsten. Am besten ist dies von einem Hügel aus zu beobachten, wenn schnell vorbeiziehende Wolken das Landschaftsbild rapide verändern.

Bei Außenaufnahmen läuft man somit ständig Gefahr, daß die Lichtqualität von einer Einstellung zur nächsten und zu unterschiedlichen Tageszeiten nicht konstant bleibt, besonders die Farbe! Beim Sonnen-Aufgang und -Untergang entstehen irritierende Mischungen aus gelb-rötlichem Licht und bläulichen Schatten. Nur durch ständige Farbtemperaturmessungen läßt sich feststellen, ob man ein Korrekturfilter am Objektiv der Filmkamera anbringen oder den Weißabgleich der Videokamera neu einrichten muß. Zwar lassen sich bei Film- und Videomaterialien nachträglich gewisse Farbkorrekturen vornehmen, aber es ist immer besser, schon bei der Aufzeichnung auf eine gleichmäßige Farbabstimmung zu achten.

Zu den Eigenheiten des Tageslichts, die man ständig im Auge haben muß, gehören:

- die Dauer und Richtung des Sonnenlichts in Abhängigkeit von Jahreszeit und Drehort (Abb. 7.2);
- die Lichtqualität (flach bis kontrastreich);
- die Farbtemperatur in Abhängigkeit von Tageszeit und Wetterverhältnissen;
- die Lichtintensität und deren Veränderungen über den Drehtag oder auch innerhalb einer Einstellung;
- die Lichtverteilung, d.h. ob einige Bildbereiche im Schatten liegen oder zu hell sind - und die Lichtmodellierung;
- natürliche Schatten, die ablenkend und störend wirken können und sich ebenfalls über den Tag verändern;

Abb. 7.2 Außenaufnahmen bei natürlichem Licht

Mit den Veränderungen des Sonnenlichts über den Tag verändert sich auch das Aussehen der Objekte. Details von Wänden, die nach Norden ausgerichtet sind, werden zu keiner Tageszeit effektiv bzw. effektvoll ausgeleuchtet.

1

2

Kontraste bei natürlichem Licht

1. Solange das bildwichtige Objekt gut zu erkennen ist und unsere Aufmerksamkeit auf sich zieht, braucht man sich über Bildkontraste nicht unnötig den Kopf zu zerbrechen.
2. Bei manchen Aufnahmen kann der von hartem Licht erzeugte Kontrastumfang sehr wirkungsvoll sein.
3. Beim diffusen Licht eines bedeckten Himmels werden auch sehr feine Zwischentöne herausgearbeitet.

3

1

2

Strukturierendes Tageslicht

Im rechten Winkel einfallendes Tageslicht betont Strukturen.

1. Das Kantenlicht der steil einfallenden Sonne arbeitet die Struktur der groben Steine reliefartig heraus.
2. Kurz vor Sonnenuntergang werfen auch kleine Objekte große Schatten. Die betonte Struktur der Steine läßt die geringe Tiefenschärfe deutlich sichtbar werden.
3. Gegenlichtaufnahmen lassen die gewöhnlichsten Objekte dramatisch erscheinen.

3

- Gegenlicht und Reflexe, die Geisterbilder verursachen können;
- der Kontrastumfang der Szene, der viel zu hoch oder überraschend gering sein kann.

Manchmal präsentiert die Natur aus ihrem Repertoire genau die gewünschte Lichtstimmung und liefert z.B. im richtigen Augenblick einen verhangenen Himmel, Schnee und andere Lichtkonstellationen, die das Herz eines Kameramanns höher schlagen lassen.

Entspricht das Licht nicht den Vorstellungen, gibt es mehrere Möglichkeiten einzugreifen. Manchmal hilft schon eine Standortveränderung der Kamera, um das gewünschte Ergebnis zu erzielen. In anderen Fällen muß man warten, bis die Wolken vorbeigezogen sind oder der Regen vorüber ist - oder man dreht zu einer anderen Tageszeit, zu der das Licht günstiger ist.

Mit einigen Einschränkungen ist es fast immer möglich, sich den Umgebungsbedingungen auf die eine oder andere Art und Weise anzupassen. Bei sehr hohen Kontrasten kann man die Belichtung auf die dunkleren oder helleren Bereiche abstimmen und die anderen Bereiche sich selbst überlassen oder bei der Filmentwicklung bzw. durch entsprechende Anpassung der Videokamera versuchen, auf den Kontrastumfang einen gewissen Einfluß nehmen. Bei Szenen mit sehr geringen Kontrasten läßt sich der Kontrastumfang durch entsprechende Maßnahmen auch ein wenig verstärken.

Es ist immer empfehlenswert, die Lichtbedingungen am Drehort schon vor Beginn der Dreharbeiten zu prüfen. Spielt zum Beispiel die Fassade eines Hauses eine wichtige Rolle und stellt man bei der Drehortbesichtigung fest, daß diese Fassade nach Norden ausgerichtet ist, muß man sich darüber im klaren sein, daß diese Fassade von der Sonne zu keiner Tageszeit plastisch herausgearbeitet und immer flach und schattig aussehen wird.

Scheint die Sonne auf eine Fassade, kann ein zu steiler Winkel des Sonnenlichts die Struktur der Fassade grob und häßlich zur Geltung bringen. Besichtigt man den Drehort lange vor Beginn der Dreharbeiten muß man auch daran denken, daß sich der Sonnenstand mit der Jahreszeit verändert. Nicht zu vergessen: daß die Sonne am Drehtag vielleicht überhaupt nicht scheint!

Auch wenn in den meisten Situationen kein allzu großer Wert auf das Aussehen von Gebäuden gelegt wird, sollte man zumindest den Schattenwurf von Gebäuden im Auge behalten. Es ist gut zu wissen, ob eine Handlung vor diesem Gebäude zur gewünschten Tageszeit im Schatten oder in der grellen Sonne spielen wird.

Außenaufnahmen

Bei Tag

Richtung des Sonnenlichts

Wenn man die Wahl hat, paßt man die Kameraposition dem Sonnenlicht an. Frontal auf ein Objekt treffendes Sonnenlicht (aus der Richtung der Kamera) erzeugt - wie beschrieben - flache, unmodellierte und unattraktive Bilder und blendet die Darsteller. Farben erscheinen übersättigt. Genausowenig empfiehlt sich ein gegen die Sonne gerichteter Kamerastandpunkt, bei dem von Objekten nur die Silhouette sichtbar wird, was den Einsatz von starkem Aufhellicht oder Reflektoren nötig macht, um zu dunkle Schattenbereiche aufzuhellen.

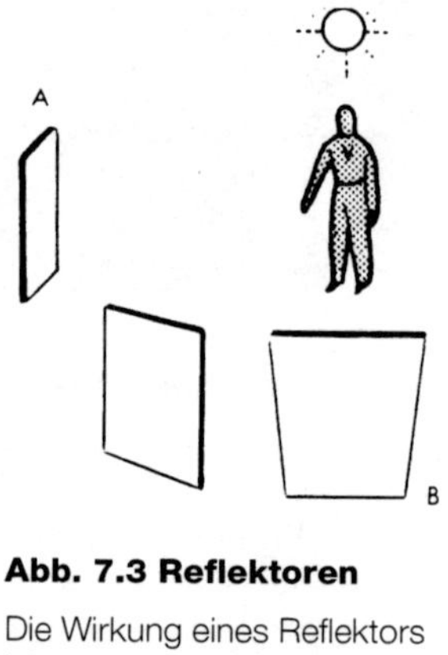

Abb. 7.3 Reflektoren

Die Wirkung eines Reflektors hängt von seiner Position im Verhältnis zur Sonneneinstrahlung ab. Im rechten Winkel zur Sonne (A) zeigt er keine Wirkung. Im Winkel von 180° (B) ist sein Effekt am größten.

Zusatzlicht

Oftmals ist die Wirkung von Scheinwerfern bei Außenaufnahmen enttäuschend, mit Ausnahme von Aufnahmen bei schwachem Tageslicht und bedecktem Himmel.

♦ *Aufhellicht* Bei sehr intensivem Sonnenlicht können auch extrem starke Aufhelleuchten (sogenannten Brutes; Kohlebogen- oder HMI-

Scheinwerfer, deren Farbtemperatur in etwa der des Tageslichts entspricht) die Schattenbereiche nicht immer zufriedenstellend aufhellen.

Nur bei Nahaufnahmen kann bereits ein normaler Scheinwerfer, dessen Farbtemperatur mit einem Konversionsfilter dem Tageslicht angepaßt wurde, für eine brauchbare Aufhellung sorgen.

Ein großes Problem beim Einsatz von Brutes ist die Stromversorgung. Lange Verbindungskabel können zu einem Spannungsabfall führen, die Dreharbeiten behindern und leicht beschädigt werden. Braucht man einen Generatorwagen, kann es Geräusch- und Tonprobleme geben.

♦ *Diffusions-Materialien* Bei starkem Sonnenlicht kann man über räumlich begrenzten Einstellungen großflächige Diffusionsflächen anbringen. Stoffe und ähnliche Materialien, die einen oder auch zwanzig Quadratmeter groß sein können, werden wie ein Baldachin an Stativen oder mit anderen Mitteln befestigt. Wenn man oft bei starker Sonne dreht, sind sie eine unschätzbare Hilfe, es sei denn, es ist windig!

Bei extremer Lichtintensität kann man mehrere Schichten Diffusionsmaterial aufbringen oder mit lichtundurchlässigem Material das gesamte Sonnenlicht abblocken. Reicht die verbleibende Helligkeit zur Aufhellung der Person oder der Szene dann nicht mehr aus, behilft man sich mit Reflektoren.

♦ *Reflektoren* Die vielfältigen Verwendungsmöglichkeiten von Reflektoren dürfen nicht unterschätzt werden. Auch in der uns umgebenden Welt ist es meist reflektiertes Licht, das uns Details in Schattenbereichen wahrnehmen läßt und Kontraste verringert. Beobachten wir bei Sonnenschein das Gesicht einer Person, die an einer hellen Wand vorbeigeht oder eine Zeitung liest, wird die Wirkung des reflektierten Lichts deutlich sichtbar. Genauso kann man mit speziellen Reflexionsflächen Sonnenlicht zu einem Führungslicht, einem Aufhellicht oder einem Hintergrundlicht umfunktionieren, ohne auch nur ein Watt Strom zu verbrauchen.

Die Helligkeit und die Qualität reflektierten Lichts ist vom Material und der Oberflächenbeschaffenheit des Reflektors abhängig. Metallische Flächen reflektieren das Licht hart, matt-weiße Flächen diffus und weich. Silberne Reflektoren eignen sich zur Aufhellung dunkler Wände und Blätter; weiße und goldfarbene Flächen speziell für Portraits. Eine Reihe verschiedener Materialien lassen sich gut als Reflektoren zweckentfremden: Styroporplatten, Projektionsleinwände, Plastikfolien, weiße Kartons etc.

Die Wirkung eines Reflektors hängt von seiner Größe, seiner Ausrichtung und der Intensität des Sonnenlichts ab und verändert sich mit den Lichtverhältnissen. Biegt man einen flexiblen Reflektor, wird das Licht gebündelt oder gestreut. Bei einem geringen Abstand zum Gegenstand erfüllt schon ein kleiner Reflektor seinen Zweck. Entsprechend braucht man für große Abstände oder mehrere Gegenstände große bzw. mehrere Reflektoren.

Bei Nacht

Nachtaufnahmen kann man bei Tag (*Day-for-night*) und bei Nacht (*night-for-night*) drehen.

Day-for-night/Nachtaufnahmen bei Tag

Es ist nicht zuletzt aus ökonomischen Erwägungen sehr gebräuchlich, Nachtaufnahmen bei Tag aufzunehmen und sie durch entsprechende Aufnahmetechniken wie Nachtaufnahmen aussehen zu lassen. Besonders bei großflächigen bzw. großräumigen Szenerien ist dies in vielen Fällen die einzige Möglichkeit, da sich hier der gewünschte Mondlichteffekt schon aus lichttechnischen Gründen kaum überzeugend herstellen läßt.

Die gesamte Einstellung wird für diesen Zweck so weit wie möglich abgedunkelt. Nur die bildwichtigen Objekte und Handlungen müssen für den Zuschauer ausreichend erkennbar sein. Die Farben werden ebenfalls so weit wie möglich zurückgenommen. Das Bildergebnis ist bei diesen Aufnahmen nur schwer kalkulierbar und stark vom Maß der Dunkelheit abhängig. Bei Day-for-night -Aufnahmen haben Videoaufzeichnungen den unschätzbaren Vorzug, daß sich der Nacht-Effekt sofort überprüfen läßt.

Normalerweise wird die Belichtung um 11/2 bis 3 Stufen reduziert (durch Abblenden oder neutralgraue Filter) und ein:

- Nacht-Filter vor das Objektiv gesetzt, das die Szene Nachtblau einfärbt; oder ein
- Grau-Verlauffilter, das den oberen Bereich der Einstellung abdunkelt. Wenn die Verlaufsgrenze des Filters in etwa mit der Horizontlinie übereinstimmt, kann das Ergebnis recht zufriedenstellend sein.
- Mit einem Polarisationsfilter läßt sich unter geeigneten Voraussetzungen ebenfalls der Himmel partiell abdunkeln. Die gesättigtere Wiedergabe von Farben kann jedoch den gewünschten Nacht-Effekt zunichtemachen.

Im Kopierwerk gibt es weitere Möglichkeiten, den Nacht-Effekt zu verstärken. Unter Umständen kann man die Nachtstimmung auch mit unterbelichtetem Kunstlichtfilm erzielen oder durch eine Dejustierung der technischen Parameter an der Videokamera.

Der Erfolg dieser Methoden hängt hauptsächlich vom Kontrastumfang der Szenerie ab. Wichtige Objekte sollten eine mittlere bis helle Tönung haben, da sonst ihre dunklen Partien kaum noch zu erkennen sind und sie sich nicht mehr ausreichend von der nachtgrauen Szenerie abheben.

Nimmt man gegen die Sonne auf, bewirkt der Gegenlicht-Effekt eine gute Differenzierung der Szenerie und erzeugt eine brauchbare Mondstimmung. Sind Straßenlampen, Autoscheinwerfer, beleuchtete Innenräume, Schilder und andere Lichtquellen im Bild zu sehen, die für die Nacht-Stimmung charakteristisch sind, ist es besser, in der Dämmerung zu drehen, damit diese Lichtquellen deutlich zur Geltung kommen und überzeugend wirken.

Da ein Himmel, wenn er nicht perfekt weggefiltert wird, immer das Risiko in sich birgt, den Day-for-night -Trick zu verraten, wählt man vorzugsweise Bildausschnitte, die den Himmel überhaupt nicht zeigen.

Night-for-night/Nachtaufnahmen bei Nacht

Bei night-for-night -Aufnahmen werden die Reste natürlichen Lichts (Straßenlaternen, Lagerfeuer, Mondlicht etc.) von selektiv eingesetztem Kunstlicht unterstützt.

Bei Nachtaufnahmen ist es nicht immer einfach, den richtigen Beleuchtungswinkel zu bestimmen. Am besten beschränkt man sich auf Seiten- oder Gegenlicht aus den Bereichen 9H-12H-3H. Frontales Licht ist für Nachtaufnahmen meistens ungeeignet, - höchstens bei Großaufnahmen. Doch auch hier sollte man es äußerst sparsam, lokal begrenzt und vorzugsweise in Verbindung mit deutlichen Schatten einsetzen. Auf Aufhellicht verzichtet man am besten ganz.

Jede night-for-night -Aufnahme bringt ihre ganz spezifischen Probleme mit sich. Möchte man zum Beispiel Nachtaufnahmen in einem Wald machen, können zu einer Zeit, in der die Blätter noch ausreichend Licht reflektieren und Details des Waldes sichtbar bleiben, die Blätter selbst unnatürlich glänzen und den gewünschten Nachteffekt verderben. Arbeitet man mit Scheinwerfern auf Bodenstativen, ist deren Licht selten überzeugend, es sei denn, es gibt eine logische Ursache für dieses Licht (z.B. Licht, das aus der geöffneten Tür eines Hauses nach draußen dringt).

Bei Einstellungen einer räumlich begrenzten Szene sind die Probleme nicht ganz so groß, obgleich sich allein mit einem blauen oder schwach-grünen Filter noch lange nicht der gewünschte Mondlicht-Effekt einstellt. Bei Einstellungen größerer szenischer Bereiche werden Scheinwerfer nicht nur die bildwichtigen Objekte beleuchten, sondern auch deren Umgebung erhellen bzw. überstrahlen.

Nachtszenen an einem See oder einem Fluß sind besonders schwierig. Beleuchtete Sandstrände wirken fast immer unecht, selbst wenn man das Scheinwerferlicht mit

Schattenschablonen abschwächt. Auch sonst sind helle Szenenbereiche in Nachtaufnahmen nur dann akzeptabel, wenn sie durch die Handlung gerechtfertigt werden (z.B. durch die Scheinwerfer eines Fahrzeugs). Eine Person am Fluß oder in einem Boot auf dem See wirkt in der dunklen Umgebung schnell überstrahlt und Lichtreflexionen und Spiegelungen auf dem Wasser stören ganz außerordentlich.

Das gleich gilt für große Objekte wie z.B. Häuser oder Wände. Das Licht für die Darsteller muß sorgfältig von ihnen ferngehalten werden. Versucht man, das Scheinwerferlicht mit Schattenmustern aufzubrechen, kann dies wiederum negative Auswirkungen auf die Ausleuchtung der bildwichtigen Objekte und Darsteller haben. Eine von Scheinwerfern auf Bodenstativen ausgeleuchtet Straßenszene kommt fast immer unrealistisch zur Geltung. Der Trick mit der feuchten Straße zur Steigerung der Bilddramatik wirkt heute nur noch klischeehaft. Wenn es genügend Licht innerhalb der Szene selbst gibt, sollte man versuchen, weitgehend damit auszukommen. Nur bei Nahaufnahmen wird man meist ein wenig nachhelfen müssen.

Aufnahmen in Räumen

Vielfalt von Räumlichkeiten

Innenräume vor Ort können private Wohnungen, Fabriken, öffentliche Hallen und Bergwerke sein. Die Vielfalt ist beträchtlich, aber die Ansätze für die Ausleuchtung ähnlich. Jeder Raum bietet unterschiedliche Voraussetzungen. Manche Räume, die auf den ersten Blick problematisch aussehen, sind dann doch äußerst einfach und mit wenig Ausleuchtungsaufwand in den Griff zu bekommen. Und sehr einfach erscheinende Räume können beträchtliche Probleme bereiten.

Die vorgefundene Beleuchtung liegt den Rahmen für die weitere Arbeit fest. Manche Innenräume sind von Tageslicht überflutet; andere sind ausschließlich von Leuchtstofflampen erhellt, haben viele dekorative Lichtquellen oder sind einfach ziemlich dunkel.

Voraussetzungen

Ein Raum ist immer nur ein Teilaspekt. Genauso wichtig ist das, was in diesem Raum passieren soll, d.h. ob es sich nur um eine kleine improvisierte Szene handelt, deren Ausleuchtung mit drei Scheinwerfern bewältigt werden kann oder um eine Großproduktion. Aber auch in weitläufigen Räumen kann eine bescheidene Ausrüstung genügen, wenn nacheinander nur kleinere Bereiche ausgeleuchtet werden müssen. Besteht der Regisseur jedoch auf eine großräumige Einstellung, in der auch die Wände und Decken sichtbar sollen, wird der Aufwand entsprechend größer. Muß sich der Aufwand in Grenzen halten, kann man in großen Räumen versuchen, zumindest die Handlung auf bestimmte Bereiche zu beschränken. In einer großen Flugzeughalle wäre es zum Beispiel möglich - um nicht die gesamte Halle ausleuchten zu müssen - das Licht hauptsächlich auf den Handlungsbereich auszurichten und den Blick auf den unzureichend oder gar nicht beleuchteten Hintergrund durch vordergründige Objekte wie z.B. Tafeln mit Plänen oder durch Zwischenwände zu verstellen. Je nach Produktion spielen Innenräume eine größere oder kleinere Rolle.

Sichtbarer Hintergrund

In vielen Fällen liegt der Schwerpunkt auf dem Handlungsablauf und die Umgebung ist nur von untergeordneter Bedeutung. Hier kann nur wenig oder gar kein Zusatzlicht für den Hintergrund nötig sein.

Strukturierendes Licht

Soll die Schönheit der Innenarchitektur eines alten Gebäudes voll zur Geltung kommen, sind die Anforderungen an die Ausleuchtung ganz andere. Das Licht muß sehr sorgfältig eingerichtet werden, um die architektonischen Details herauszuarbeiten. Die Scheinwerfer dürfen im Bild selbst nicht zu sehen sein - und nichts in diesem Raum darf durch Scheinwerferbefestigungen beschädigt werden!

Es ist sicherlich nicht einfach, in solchen Innenräumen den Mittelweg zwischen einer zu großflächigen und zu punktuellen Beleuchtung zu finden. Im einen oder anderen Fall wird der Raum zu seicht oder zu künstlich erscheinen.

Das Zusatzlicht muß an das bereits vorhandene Licht angepaßt werden. Vielleicht kann man mit Scheinwerfern auf Bodenstativen ganz hervorragend die Struktur einer Mauer herausarbeiten. Wenn deren Lichtrichtung aber nicht mit der des übrigen Lichts zusammenpaßt, wird das Ergebnis sehr theatralisch wirken.

Naturalistisches Licht

Manche Innenräume sehen im vorhandenen Licht am natürlichsten aus. In solchen Situationen ist u.U. nur noch ein zusätzliches Führungslicht für Portraiteinstellungen nötig.

In den meisten Fällen wird man jedoch mit Zusatzlicht arbeiten müssen. An trüben und regnerischen Tagen kann ein starker Scheinwerfer vor dem Fenster die Sonne ersetzen. Ist umgekehrt das natürliche, von außen in einen Raumdringende Licht viel zu intensiv, muß man vor dem Fenster eine neutralgraue oder gelb-orangefarbene Filterfolie befestigen, um die Helligkeit und die Farbe des eindringenden Lichts der Ausleuchtung des Innenraums anzupassen.

Eine vorhandene Raumausleuchtung kann für Aufzeichnungen auch völlig ungeeignet sein: z.B. aus der falschen Richtung kommen; Wände überstrahlen; die Aufmerksamkeit ablenken etc.

Einige Probleme lassen sich umgehen, wenn man Bereiche n Fensternähe für wichtige Handlungspositionen meidet. Die Wirkung des von außen kommenden Lichts auf die Raumatmosphäre wird trotzdem erhalten bleiben. Durch geringfügige Veränderungen von Handlungs- und Kamerapositionen kann man die Wirkung des natürlichen Lichts oftmals verbessern.

Zieht man Vorhänge zu oder schließt man die Fensterläden, um zu starkes Tageslicht abzublocken, wird man sich weitgehend auf die künstliche Ausleuchtung verlassen müssen.

Viele Regisseure lieben es, bei Innenaufnahmen sehr großzügig indirektes Licht einzusetzen, das von einer weißen Decke oder anderen hellen Flächen reflektiert wird. Diese weiche, ungerichtete Grundausleuchtung ist in vielen Fällen eine sehr schnell und einfach realisierbare Lösung mit recht brauchbaren Bildergebnissen. Bei indirekter Beleuchtung sollte man jedoch folgendes Punkte mit in Erwägung ziehen:

Hoher Energieverbrauch! Ein großer Teil der Lichts geht durch die Reflexion verloren.

- Die Lichtstreuung ist nicht kontrollierbar.
- Der allgemeine Kontrastumfang der Szene wird abgeschwächt.
- Die Abschwächung bzw. Abwesenheit von Schattenbereichen führt zu flachen Bildergebnissen.
- Das von einer Zimmerdecke zurückgeworfene Licht kann den spezifischen Charakter eines Raums und seiner Einrichtung zunichte machen.
- Die Decke und der obere Teil der Wände sind heller als die unteren Raumbereiche. Dieser Effekt zerstört das (Raum-)Gefühl von Abgeschlossenheit und Gemütlichkeit.
- Setzt man für eine ausreichend starke indirekte Beleuchtung Scheinwerfer mit entsprechend hoher Leistung ein, kann es in kleineren Räumen sehr heiß werden.

Zur gleichmäßigen Ausleuchtung von Innenräumen lassen sich natürlich auch starke Fluter und Weichstrahler einsetzen, die jedoch, im Gegensatz zum indirekten Licht, Dinge in nächster Nähe wesentlich stärker beleuchten als entfernte Gegenstände.

Atmosphärisches Licht

Atmosphärisches Licht betont die Stimmung eines Raums: ein warmes Kaminfeuer; eine rauchgeschwängerte Kneipe; ein kaltes Nachtlager in einer Ruine etc. Die Lichtquellen dürfen im Bild nicht einmal zu spüren sein und müssen in entsprechender Höhe und Entfernung befestigt werden.

Dekoratives Licht

Der Gesamteindruck eines Raums läßt sich durch eine dekorative Ausleuchtung vollständig verändern: zum Beispiel mit farbigem Licht; dekorativen, in der Szene sichtbaren Lichtquellen; mit durch den Raum schwirrenden Lichtreflexen einer verspiegelten Kugel etc.

Tabelle 7.1 Ausleuchtung von Außenaufnahmen

Technische Ausrüstung	
Scheinwerfer	• Kameraleuchten • Handlampen/Batterieleuchten • Fokussierbare Scheinwerfer/Reflektorleuchten ohne Stufenlinse (250-2.000W), mit Toren • Kleine Fluter/Weichstrahler (600-1.000W) • Große-/Mehrfach- Fluter (z.B. mit 4-6 Brennern à 650W) • HMI-Scheinwerfer (200-6.000W)
Zubehör	• Leichte Stative • Mittlere/schwere Stative • Teleskopstangen • Klammern und Zangen • Halterungen für Wände, Türen usf. • Klebeband (Gaffer Tape) • Sandsäcke • Gaze, Diffusionsscheiben, Gobos usf. • Konversions- und Farbfilter • Großflächige Filter für Fenster (Neutralgrau und Wratten 85) • Reflektoren • Batterien/Stromaggregate/Transformatoren • Stromkabel/Verteiler/Kabeltrommeln
Typische Stromanschlußwerte in Häusern	• 220-240 Volt, 13 Ampère, maximal 2860-3120 Watt • 110-120 Volt, 15 Ampère, maximal 1650-1800 Watt
Arbeitsweisen	
Außen/Tag	Sonne • Weder die Kamera noch die Darsteller sollten in die Sonne blicken. • Das Sonnenlicht kann mit einem harten Reflektor (verspiegelte Oberfläche) als Führungslicht und mit einem weichen Reflektor (weiße Oberfläche) als Aufhellicht zurückgespiegelt werden. • Bei Nahaufnahmen kann man Schatten mit einem Scheinwerfer aufhellen (Farbtemperatur beachten!). • Hellen Hintergrund vermeiden, besonders wenn mit einer automatischen Blendenregelung gearbeitet wird. Außen/Tag/trübes Wetter, Dämmerung • Wenn Führungs- oder Aufhellicht eingesetzt werden muß: auf die Farbtemperatur achten, d.h. das Zusatzlicht mit Filtern entsprechend korrigieren!

Innen/Nacht

- Normalerweise werden als Führungs-, Aufhell- und Gegenlicht Halogenscheinwerfer verwendet. Zur Ausleuchtung großer Räume sind u.U. die leistungsstärkeren HMI-Scheinwerfer einzusetzen.
- Wenn nötig, muß man die Kamera (und auch die Zusatzscheinwerfer) an die Farbtemperatur der vorhandenen Lichtquellen anpassen. Oder man muß soviel Kunstlicht einsetzen, daß das vorhandene Licht nur noch eine untergeordnete Rolle spielt. Farbabweichungen im Hintergrund kann man entweder ignorieren oder mit sehr leistungsstarken Scheinwerfern separat ausleuchten.
- Wenn eine Kamera bei Schwenks über Gegenlichtquellen Lichtfahnen oder andere störende Effekte produziert, empfiehlt es sich, Kamerabewegungen auf ein Minimum zu reduzieren. Die Tiefenschärfe ist bei Nachtaufnahmen auf Grund der großen Blendenöffnung sehr gering. Eine Verstärkung des Videosignals verstärkt auch das Bildrauschen.

Innen/Tag

- Die Kamera muß auf Kunstlicht oder auf Tageslicht abgestimmt werden. Dringt starkes Tageslicht durch die Fenster oder Fensterläden, müssen diese mit Filterfolien abgedeckt werden (Neutralgrau- oder Konversionsfilter). Oder man paßt die Farbtemperatur der Scheinwerfer für die Innenausleuchtung dem Tageslicht an bzw. man vermeidet, daß Fenster in das Bild kommen.
- Handlampen sollten etwa 30-40° von der optischen Achse entfernt gehalten werden und können für näherliegende Objekte durchaus als Führungslicht eingesetzt werden. Hierbei muß man darauf achten, daß: ihr Ausleuchtungsbereich sehr begrenzt ist, frontales Licht die Darsteller blenden kann; Schatten auf Flächen in der nächsten Umgebung geworfen werden können; eine auf der Kamera befestigte Handlampe die Modellierung verflacht; glänzende Flächen das Licht reflektieren; die Lampe möglicherweise unruhig gehalten wird; Objekte in nächster Nähe überstrahlt werden und weiter entfernte Objekte im Dunkeln bleiben.

Innen/Nacht

- Vorhandenes Licht muß ergänzt oder durch besser ausgerichtete Scheinwerfer ersetzt werden.
- Wirkt ein Hintergrund zu hell, sollte das Licht nur auf die bildwichtigen Objekte gerichtet werden. Ist der Hintergrund zu dunkel, muß er aufgehellt werden.
- Die Ausleuchtungsmethoden hängen immer von den räumlichen Voraussetzungen ab. In manchen Situationen genügt eine Handlampe In anderen Fällen empfiehlt sich die klassische Dreipunktausleuchtung. Zur Befestigung der Scheinwerfer kann man Stative einsetzen, Befestigungsvorrichtungen für Türen, Möbel und Wände, Teleskopstangen, die sich zwischen Fußboden und Decke verspannen lassen usf.

Sicherheit

Bei Außenaufnahmen muß man unbedingt und in allen Bereichen auf ausreichende Sicherheitsvorkehrungen achten!

Zustand der Ausrüstung
- Sind Kabel beschädigt oder Teile locker?

Lampenbefestigungen
- Stative und Befestigungsvorrichtungen müssen geprüft und an der Decke befestigt Lampen zusätzlich mit einem Stahlseil gesichert werden. Die Standfestigkeit von Bodenstativen läßt sich mit Gewichten verbessern.

Stromversorgung
- Die verfügbare Leistung darf nicht überschritten werden. Nicht vergessen: es hängen meist noch andere Stromverbraucher an der gleichen Leitung!

Sicherungen/Schutzkontakt
- Sind alle Anschlüsse gesichert und geerdet?

Hitzeentwicklung
- Sind die Lampen in ausreichender Entfernung von Verbindungskabeln, Vorhängen, Papier und anderen brennbaren Materialien befestigt? Besonders in kleinen Räumen kann die Luftventilation Probleme bereiten. Werden Scheinwerfer mit Überspannung betrieben werden, können auch interne Kabel Schaden nehmen.

Am Boden verlegte Kabel
- Diese Kabel sind immer Stolperfallen. Am besten verlegt man sie unter Teppichen, an der Wand oder hängt sie ab.

Wasser
- In der Nähe von Wasser muß man immer größte Vorsicht walten lassen! Es leitet den Strom und führt zu Kurzschlüssen und Stromschlägen! Spritzwasser und Regen können die Brenner von Scheinwerfern explodieren lassen, wenn diese nicht speziell für solche Bedingungen konstruiert sind.

Öffentliche Ereignisse

Ereignisse dieser Art umfassen Vereinstreffen und Konzerte, Ballett und Zirkus, Eishockey und Rodeos, Gottesdienste, Paraden etc. Jedes Ereignis stellt seine eigenen Anforderungen an die Ausleuchtung. Eine der wichtigsten Anforderungen ist jedoch all diesen Produktionen gemeinsam: die Sicherheitsmaßnahmen. Die Stative und Befestigungsvorrichtungen für Scheinwerfer müssen von den öffentlich zugänglichen Bereichen ferngehalten werden. Über den Köpfen des Publikums und der Beteiligten befestigte Scheinwerfer müssen unbedingt mit Stahlseilen gesichert und alle Kabelverbindungen so verlegt werden, daß sie für Unbefugte nicht zugänglich sind. Speziell bei der Befestigung von Zubehörteilen (Tore, Filter) muß man sicherstellen, daß keines dieser Teile herabfallen kann!

Auf die Vermutung, daß Ereignisse dieser Art immer gut ausgeleuchtet sind und wenig Zusatzlicht erfordern, sollte man sich nie verlassen, da die vorhandene Ausleuchtung aus mehreren Gründen für die Kamera ungeeignet sein kann:

- Die Lichtintensität reicht nicht aus.
- Die Lichtqualität ist ungenügend.
- Die Kontraste sind zu hoch.
- Die Beleuchtungswinkel sind für die Kamerapositionen ungeeignet.

Und selbst wenn die Ausleuchtung vom Zuschauerraum hervorragend aussieht, können Nah- und Großaufnahmen häßliche modelliert wirken.

Im folgenden soll gezeigt werden, welche Schwierigkeiten zum Beispiel bei Aufzeichnungen von Theaterstücken auftauchen können.

Eine für den Zuschauer ganz ausgezeichnete Bühnenausleuchtung ist für die Kamera häufig zu dunkel oder zu kontrastreich. In vielen Fällen muß das Licht für Film- oder Videoaufzeichnungen verstärkt und die Positionierung der Scheinwerfer für einen guten dreidimensionalen Bildeffekt verändert werden. Farbiges Licht, das in der Inszenierung sehr gut aussieht, ist für die Kamera meist unattraktiv.

Die übliche frontale Ausleuchtung von Theaterstücken mit mehreren Scheinwerfern produziert Mehrfachschatten, die im Film besonders deutlich zur Geltung kommen. Die Scheinwerfer, die von oben in den Bühnenraum gerichtet sind, damit sie für die Zuschauer unsichtbar bleiben, erzeugen eine für die Kamera zu steile und unschöne Modellierung. An den seitlichen Rängen befestigte und seitlich der Bühne aufgestellte Scheinwerfer erzeugen ein sehr dominantes Seitenlicht.

Von Fall zu Fall wird man entscheiden müssen, ob man sich den gegebenen Verhältnissen anpaßt oder ob man das Licht für die Kamera modifiziert. Wird eine Theaterszene von Leuchtstofflampen erhellt (für eine Büro-, eine Schulraum- oder eine Werkstattszene), sollte man bei einer zusätzlichen Ausleuchtung ebenfalls mit Leuchtstofflampen arbeiten oder - bei Verwendung von Halogenlicht - einen Farbstich im Hintergrund akzeptieren bzw. ignorieren.

Die Eigendynamik öffentlicher Ereignisse kann das beste Ausleuchtungskonzept durcheinanderbringen. Wie weit man in die vorhandene Ausleuchtung eingreifen bzw. sie verändern kann, hängt davon ab, ob bei dem Ereignis (von den für das Ereignis Verantwortlichen) auf die Aufzeichnung Rücksicht genommen werden kann oder ob die Kamera nur als stiller Beobachter geduldet ist.

Bei Sportveranstaltungen (Boxen, Tischtennis, Schwimmveranstaltungen, Eislauf) wird in der Regel die Ausleuchtung des Veranstalters akzeptiert, da eine filmgerechte Ausleuchtung die Sportler blenden und irritieren kann.

Manchmal muß man auch wegen des Handlungsablaufs und aus Gründen der Sicherheit Kompromisse eingehen Bei einem Drahtseilakt im Zirkus z.B. wird man eine zu steile oder seitliche Ausleuchtung den Artisten zuliebe in Kauf nehmen.

Zu wenig Licht

Bei Aufnahmen in einer dunkleren Umgebung gibt es mehrere Methoden, zumindest ein gerade noch sichtbares bis brauchbares Bild zu bekommen.

Film

- Die Blende muß vollständig geöffnet werden (die Tiefenschärfe verringert sich).
- Den höchstempfindlichen Film verwenden.
- Unter Umständen auf noch höher empfindlichen Schwarzweiß-Film zurückgreifen (und im Kopierwerk ein wenig Farbe dazugeben).
- Die Geschwindigkeit des Materials durch forcierte Entwicklung und andere Methoden steigern (wobei natürlich die Materialeigenschaften verändert werden).
- Mit einer geringeren Belichtungszeit aufnehmen. Bei 6 Bildern/sec hat man die vierfache Empfindlichkeit. Hierbei dürfen selbstverständlich keine Bewegungen zu sehen sein. Diese würden viermal so schnell wiedergegeben.
- Den maximalen Öffnungswinkel der Umlaufblende wählen.
- Ein Foto mit Blitzlicht aufnehmen und auf Film übertragen.
- Einen sogenannten Restlichverstärker einsetzen. Das grünlich-monochrome Bild ist in manchen Fällen akzeptabel.

Fernsehen/Video

- Die Blende vollständig öffnen.
- Die elektronische Verstärkung hinzuschalten. Hierbei verstärkt sich jedoch das Bildrauschen. Unregelmäßigkeiten im Hintergrund werden deutlicher sichtbar; desgl. auch andere Bildstörungen.
- Ein Foto mit Blitzlicht aufnehmen und auf Video übertragen.

Wenn diese Methoden noch immer nicht zum Erfolg führen, gibt es weitere Extrem-Lösungen.

- Eine Videokamera mit einem empfindlicheren Bildaufnahmeelement einsetzen.
- Mit einem Restlichtverstärker arbeiten.

Ausrüstung

Die Möglichkeiten sind natürlich vom verfügbaren Geld, der Zeit, dem Personal und der Technik abhängig. Es ist ein gewaltiger Unterschied, ob alles, was man (zusätzlich) braucht, ausgeliehen werden kann oder ob man mit einigen wenigen Scheinwerfern auskommen muß.

Die Ausrüstung hängt in erster Linie von der Größenordnung der Produktion ab. Bei Dreharbeiten in einem kleinen Raum werden nur ein paar kleinere Lampen mit geringer Leistung erforderlich sein. Mit Stufenlinsenscheinwerfern auf großen Stativen wird es zum einen sehr eng und ihr Beleuchtungswinkel kann zu gering sein, um den Handlungsablauf in einem kleinen Raum vollständig zu erfassen. Hier sind einfache Spots mit Reflektor und kleine Fluter die bessere Lösung. Mit ein paar Toren und Abdeckplatten läßt sich deren Licht ausreichend begrenzen. In einem großen Raum oder einer Halle macht eine kleine Ausrüstung wenig Sinn und man wird zwangsläufig lichtstarke Scheinwerfer einsetzen müssen.

Entscheidend für die Wahl der Scheinwerfer ist die Entfernung der Lichtquelle zum Objekt. Je größer die Entfernung, um so stärker muß das Licht sein. Ein Stufenlinsenscheinwerfer mit einer Leistung von 500 W kann bis zu einer Entfernung von etwa 3m als Führungslicht eingesetzt werden. Bei mehr Entfernung von deutlich mehr als 10 Metern können schon 5.000W nötigsein.

In diesem Zusammenhang muß noch einmal darauf hingewiesen werden, daß bei Scheinwerfern mit gleicher Leistung die verfügbare Beleuchtungsstärke auf eine definierte Entfernung je nach Konstruktionsprinzip sehr unterschiedlich ist. Bei Stufenlinsenscheinwerfern wird die Begrenzung des Lichtstrahls durch Lampentore mit zunehmendem Abstand immer schwieriger. Auf sehr große Entfernungen begrenzen Tore hauptsächlich die Lichtleistung.

Elektrische Installationen

Ein Großteil der Aufnahmen vor Ort findet in häuslicher Umgebung statt, d.h. in Büros, Wohnzimmern, Schulräumen, Laboratorien etc. Hier genügt eine vergleichsweise leichte und kompakte Lichtausrüstung (siehe auch Kapitel 10):

- Handlampen;
- Tragbare Lampen mit verschiedenen Befestigungsvorrichtungen;
- Teleskopstangen;
- Stative.

In manchen Situationen kann man improvisieren: die Glühbirnen in vorhandenen Lampen durch Fotolampen ersetzen; eine Lampe mit einer Befestigungsklammer an einem Punkt außerhalb des Bildfeldes befestigen; eine Handlampe oder eine Stativlampe aus dem Bild ziehen, bevor sie ins Blickfeld eines Kameraschwenks kommt; mit einer Leuchte auf der Kamera zusätzlich aufhelle etc.

Andere Situationen verleiten dazu, Ausleuchtungsschwierigkeit mit weichem, von der Decke reflektiertem Licht entgegenzutreten, doch das Ergebnis dieser einfachen Methode läßt oft zu wünschen übrig. Wann immer es die Verhältnisse zulassen, sollte man sich um eine saubere Dreipunktausleuchtung bemühen.

Die geringe Höhe von kleinen Räumen (etwa 2,5-3m) hat den positiven Nebeneffekt, daß man nicht in Versuchung gerät zu steil auszuleuchten.

Ganz gleich, wo und wie man die Scheinwerfer in einem Raum anbringt: es muß unbedingt der Sicherheitsabstand zu brennbaren Materialien eingehalten werden - in der Regel mindestens ein Meter.

Befestigt man Lampen an Türen, Fenstern, Schränken und anderen Einrichtungsgegenständen, lassen sich auch problematische Räumlichkeiten brauchbar ausleuchten. Solche Befestigungsvorrichtungen halten den Boden frei. Auch hier muß an die Sicherheitsvorkehrungen gedacht werden. Kleine Stative sollte man, speziell wenn sie voll ausgezogen sind, mit Sandsäcken oder anderen Gewichten beschweren und Stromkabel am Stativ festkleben um zu vermeiden, daß sie umgestoßen oder -gezogen werden.

- In kleinen Räumen wird man mit folgenden Problemen konfrontiert:
- Reflexe in Fenstern, auf Bildern, glänzenden Flächen und Brillengläsern;
- Schatten von Darstellern und Einrichtungsgegenständen direkt hinter den Objekten. Bei Interviews kann man versuchen das Führungslicht für den Gesprächspartner in einem Winkel aufzustellen, bei dem sein Schatten aus dem Bild fällt.
- Wände können nicht ausreichend abgeschattet werden.
- Aktionen können nicht separat vom Hintergrund ausgeleuchtet werden.

In einigen Fällen macht es nichts aus, wenn Teile der Lichttechnik und der Ausrüstung im Bild zu sehen sind. In anderen Fällen zerstört dies den gesamten Bildeindruck. In einer Wohnung kann man versuchen, Lampenstative von Gegenlichtquellen hinter Möbelstükken oder Vorhängen zu verstecken. Eine Teleskopstange fällt, wenn ihr Bodenstück nicht zu sehen ist, möglicherweise überhaupt nicht störend ins Gewicht.

Ausleuchtung mit einfachen Mitteln

Die Ausleuchtung vor Ort ist meist eine Herausforderung. Besonders wenn die Lichtausrüstung nur aus ein paar im Kofferraum eines Autos verstaubaren Scheinwerfern besteht, wie dies bei vielen aktuellen und mobilen Film- und Fernsehteams der Fall ist. Hier zählt jede Lampe! Im folgenden einige Vorschläge zur Ausleuchtung mit einfachsten Mitteln.

Aufnahmen nur mit vorhandenem Licht

Hier muß man sorgfältig den Kamerastandpunkt den Lichtverhältnissen anpassen, den richtigen Blendenwert einstellen und prüfen, ob der Hintergrund nicht zu hell ist und keine aufdringlichen oder ablenkenden Details zu sehen sind. Wenn die Lichtrichtung in Bezug auf das bildwichtige Objekt und die Belichtung stimmen, kann im Grunde genommen nicht viel schief gehen.

Wenn das vorhandene Licht nicht ausreicht

- Wie besprochen, kann man die Blende weiter öffnen oder das Videosignal verstärken.
- Sind Vorhänge oder Rollos vor den Fenstern, kann es schon genügen, diese ein wenig zu öffnen.
- Gibt es am Drehort zusätzliche Lichtquellen, die man einschalten kann?
- Bei Kunstgegenständen kommt es häufig vor, daß das Objekt gut beleuchtet und nur der Hintergrund zu dunkel ist. Hier kann eine nähere Einstellung helfen, in der vom Hintergrund so gut wie nichts mehr z sehen ist - oder man hält ein Stück Karton hinter das Objekt.
- Unter Umständen kann man Objekte an einen anderen, besser beleuchteten Platz oder nach draußen ins Tageslicht stellen.

Wenn die Lichtrichtung nicht zufriedenstellend ist

- Wenn eine Veränderung der Objekt- oder Kameraposition nicht weiterhilft, sollte man bei Aufnahmen in Innenräumen den Nutzen von Reflektoren nicht unterschätzen! Mit ihrer Hilfe läßt sich Licht in die gewünschte Richtung dirigieren und manche Aufnahme wesentlich verbessern. Von einer matt-weißen Oberfläche reflektiertes Tageslichtlicht dient hervorragend als Aufhellicht und von einer metallischen Fläche reflektiertes Sonnenlicht eignet sich als Führungslicht. Bei extrem nahen Einstellungen erfüllt schon ein weißes Blatt Papier oder ein silbernes Tablett diesen Zweck. Ist nur der Lichteinfallswinkel ungünstig, kann man das Licht mit einem Spiegel oder einer polierten Metallfläche umlenken. Man kann zu diesem Zweck auch mit zwei Reflektoren arbeiten: ein sogenannter Relais-Reflektor spiegelt Sonnenlicht in die Szene und ein zweiter Reflektor lenkt das eingespiegelte Licht in der gewünschten Weise auf das Objekt.
- Bei Innenaufnahmen am Tag ist es immer eine Überlegung wert, ob nicht das Licht zu einer anderen Tageszeit besser sein wird. Und auch in anderen Fällen kann Warten die beste Methode sein: bis z.B. Wolken die harten Kontraste extremen Sonnenlichts abschwächen.

Kameraleuchten

Mit einer kleinen Halogenlampe auf der Kamera kann man - trotz der genannten Einwände - immer sicher sein, daß zumindest ein wenig Licht zur Ausleuchtung vordergründiger Objekte zur Verfügung steht. Der Effekt einer Lampe auf der Kamera wird davon abhängen, ob dies die einzige oder eine zusätzliche Lichtquelle ist.

Ein (un-)zweifelhafter Vorzug der Kameralampe ist, daß ein Paar Hände für das Licht eingespart werden. Bei trübem Tageslicht kann sie als Modellierungslicht für Nahaufnah-

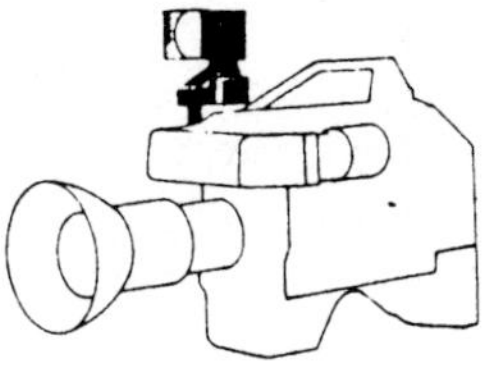

Abb. 7.4 Kleine Kameralampe

Speziell für den mobilen Kameraeinsatz eignen sich kleine Spotscheinwerfer, die sich auf der Kamera befestigen lassen.

men Verwendung finden und bei harten Objektkontrasten als Aufhellicht, - z.B. bei Portraitaufnahmen in greller Sonne.

Auch unter anderen schwierigen Aufnahmebedingungen kann ein Kameralicht außerordentlich hilfreich sein. Verfolgt man eine bewegte Person mit der Schulterkamera, bietet nur eine Kameraleuchte die Sicherheit, daß diese Person immer im Licht ist und eine automatische Blendensteuerung bei Lichtveränderungen nicht übermäßig nachregeln muß.

Kameraleuchten haben aber auch ihre Nachteile. Sie machen die Kamera schwerer. Ihr frontales Licht verflacht die Modellierung. Sie können Reflexe in Brillengläsern und glänzenden Oberflächen hervorrufen und zu Überstrahlungen führen. Personen, die in Richtung der Kamera blicken, werden geblendet. Ihr Lichtwinkel ist für Weitwinkelobjektive zu begrenzt. Zoomt man zurück, können diese Begrenzungen sichtbar werden. Auch ihre Reichweite ist begrenzt. Und bei Aufnahmen mit langen Brennweiten werden Dinge in nächster Nähe zu hell und in größerer Entfernung zu schwach ausgeleuchtet.

Handlampen

Handlampen erfordern einen weiteren Mitarbeiter. Ihr Einsatz bringt jedoch im Vergleich zum Kameralicht eine Reihe von Vorteilen mit sich. Der Kameramann hat weniger zu tragen. Ein Assistent kann genau den gewünschten Punkt anleuchten. Ein Suchscheinwerfer-Effekt bei Kamerabewegungen wird vermieden. Die Lampe kann höher gehalten (zumindest für eine gewisse Zeit) und das Objekt aus einem besseren Winkel ausgeleuchtet werden, so daß sich störende Reflexe weitgehend vermeiden lassen.

Handlampen sind in der Regel stärker als Kameraleuchten (ca. 250-1.000W). Sie können aus größeren tragbaren Akkus versorgt oder an die Steckdose angeschlossen werden. Manche Handlampen haben ein Gebläse, um Überhitzungen zu vermeiden. Bei Tageslicht läßt sich ihre Farbtemperatur mit einem Konversionsfilter anpassen.

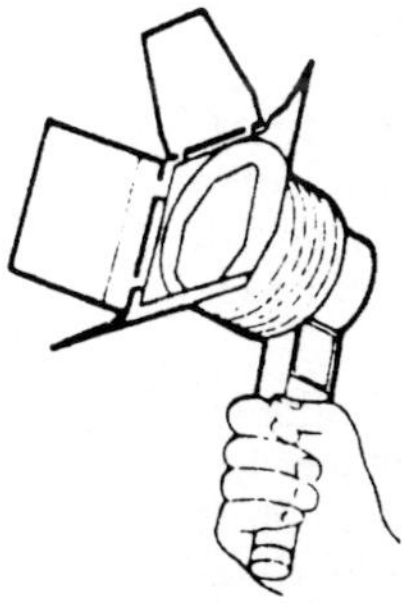

Abb. 7.5 Handlampen

Kleine Handlampen können sehr flexibel eingesetzt werden.

Ein Stativscheinwerfer

Als einzige Lichtquelle

Wann immer es die Situation erlaubt sollte man versuchen, eine Szene oder ein Objekt mit Führungs-, Aufhell- und Gegenlicht auszuleuchten. Hat man jedoch in einer düsteren bis dunklen Umgebung nur einen einzigen Scheinwerfer zur Verfügung, wird man ihn relativ frontal oder leicht seitlich zur Kamera versetzt aufstellen.

Ein weiches Licht führt in diesem Fall zu besseren Ergebnissen als ein hartes Licht. Mit einem Diffusor oder einer entsprechenden Filterfolie ist dieser weiche Effekt auch mit einer harten Lichtquelle schnell machbar. Damit reduziert man natürlich deren Lichtintensität! Diffus gestreutes Licht hat den positiven Nebeneffekt, daß eine dunkle Umgebung nicht völlig absäuft.

Bei der Arbeit mit einer zu harten Lichtquelle werden Einstellungen fast immer zu kontrastreich. Das Objekt wird vom Lichtstrahl isoliert, während alles andere im Dunkeln verschwindet. Gleichzeitig verursacht hartes Licht einen kräftigen Objektschatten. Je weiter der Scheinwerfer von der optischen Achse entfernt ist, desto größer wird der Lichtabfall auf er gegenüberliegenden Seite des Objekts. In gewissem Umfang läßt sich dieser Lichtschatten mit einem Metallreflektor aufhellen.

Als Zusatzlicht

Bei vorhandenem Licht hängt der Einsatz eines einzigen Scheinwerfers davon ab, wie zufriedenstellend dievorgefundene Beleuchtung ist. Im folgenden die verschiedenen Einsatzmöglichkeiten einer einzigen Zusatzlichtquelle:

♦ *Führungslicht*

- verbessert die Lichtintensität für die Kamera;
- ermöglicht eine kleinere Blendenöffnung und entsprechend mehr Tiefenschärfe;
- modelliert das bildwichtige Objekt;
- führt bei zurückhaltendem, aber gezieltem Einsatz die Aufmerksamkeit; betont bestimmte Punkte der Szene; setzt ein Glanzlicht oder belebt bei einem Portrait die Augenpartie.

Eine als Führungslicht verwendetes Zusatzlicht kann auch Hintergrundbereiche mit aufhellen.

Wenn man mit dem Zusatzlicht Objekte in nächster Nähe zu hell ausgeleuchtet, verringert sich die Blendenöffnung und der Rest der Szene wird zu dunkel.

Bei sonnigen Wetter kann man die Sonne als attraktives Gegenlicht nutzen und den Zusatzscheinwerfer als Führungslicht; oder die Sonne als Führungslicht einsetzen und den Zusatzscheinwerfer als Aufhellicht.

♦ *Aufhellicht* Mit einem Zusatzscheinwerfer lassen sich auch die von anderen Lichtquellen verursachten Schatten aufhellen. Damit keine neuen Schatten entstehen, sollte sein Licht unbedingt gestreut werden. Ist zur Aufhellung entfernter Objekte die Intensität seines gestreuten Lichts zu schwach, wird man notgedrungen mit hartem Licht aufhellen müssen.

♦ *Gegenlicht* Oftmals läßt sich bei schon gut ausgeleuchteten Objekten der Bildeindruck mit einem Gegenlicht weiter verbessern, zum Beispiel Außenaufnahmen von Personen bei bedecktem Himmel. Die Positionierung des Gegenlichts ist nicht immer einfach. Läßt sich ein Stativ für das Gegenlicht nicht verbergen, sollte man versuchen, es von einer über dem Bildausschnitt liegenden horizontalen Stangenkonstruktion oder einer anderen Vorrichtung abzuhängen.

♦ *Hintergrundlicht* Eine bereits gut ausgeleuchtete Einstellung kann auch durch ein zusätzliches Hintergrundlicht verbessert werden, das Strukturen und Gegenstände im Hintergrund herausarbeitet und den räumlichen Eindruck verstärkt. Dies gilt insbesondere, wenn der Hintergrund sehr verschattet ist.

Zwei Scheinwerfer

Ein zweite Zusatzlampe verbessert die Ausleuchtungsmöglichkeiten erheblich. Die beiden Scheinwerfer können einzeln oder in Kombination für alle genannten Möglichkeiten und als gemeinsames Führungs-/Gegenlicht beim Ausleuchten von zwei Personen eingesetzt werden. Bei sorgfältiger Positionierung wird auch der Hintergrund mit aufgehellt.

Drei Scheinwerfer

Inzwischen wird deutlich geworden sein, daß drei Scheinwerfer nicht immer für eine Dreipunkt-Ausleuchtung eingesetzt werden müssen, insbesondere, wenn Drehort bereits Licht vorhanden ist. Die Prioritäten bei der Arbeit mit mehreren Scheinwerfern sollten immer auf den Bereichen liegen, die vom vorhandenen Licht nicht ausreichend erfaßt werden.

Zusätzlicher Ausleuchtungsaufwand

Bei Aufzeichnungen in einer gut beleuchteten Umgebung oder bei einem begrenzten Bildausschnitt werden die Anforderungen an die Zusatzausleuchtung minimal sein. Andere Situationen hungern regelrecht nach einer extensiven zusätzlichen Ausleuchtung und sollten schon auf den ersten Blick beim Beleuchter die Alarmglocken schrillen lassen. Im folgenden einige Beispiele von Situationen, die eine umfassende Zusatzausleuchtung erfordern. Wenn diese nicht zur Verfügung steht, muß man sich andere Lösungen einfallen lassen oder sich unverzüglich mit dem Regisseur über die zu erwartenden Schwierigkeiten beraten.

Technische Probleme

- Für Einstellungen mit großer Tiefenschärfe braucht man eine kleine Blendenöffnung und entsprechend viel Licht.
- Die verfügbaren Scheinwerfer haben u.U. eine zu geringe Leistung und/oder leuchten einen zu kleinen Bereich aus.

Großer Ausleuchtungsbereich

- Wenn ein sehr großer Bereich gleichmäßig ausgeleuchtet werden oll ist es gut zu wissen, ob in einem bestimmten Bereich Nahaufnahmen zu machen sind und dies bei der Ausleuchtung berücksichtigt werden kann.
- Bei der Ausleuchtung sehr weiträumiger Einstellungen muß auch der weit entfernte Hintergrund ins Auge gefaßt werden.
- Bei sehr großräumigen Bewegungen (z.B. Tanzveranstaltungen) muß ebenfalls größter Wert auf eine gleichmäßige Ausleuchtung der Darsteller und ihrer Umgebung gelegt werden.

Mehrere Objekte

- Sind mehrere Personen oder Objekte über eine große Fläche verstreut, benötigen sie eine individuelle Ausleuchtung (z.B. Gruppen von Tänzern in einer sehr weitläufigen Arena, deren architektonische Eigenheiten ebenfalls separat angestrahlt sind).
- Das gleiche gilt für jedes Objekt einer Ausstellung oder Warenauslage.

Szene

- Ein sehr großer Hintergrund oder Rundhorizont muß gleichmäßig ausgeleuchtet sein.
- Mehrere Raumobjekte, zum Beispiel hintereinander stehende Rundbögen oder verschiedene Flächen, müssen individuell ausgeleuchtet werden.
- Desgl. Details bzw. Strukturen vor einem dunklen Hintergrund.
- In einer räumlich sehr verschachtelten Umgebung wird jeder Scheinwerfer nur eine sehr begrenzte Wirkung haben.

Kameraarbeit

- Bei großräumigen Kamerabewegungen müssen die verschiedenen von der Kamera erfaßten Bereiche separat ausgeleuchtet werden.
- Bei Aufnahmen von einer Person aus verschiedenen Blickrichtungen kommt in jeder Einstellung ein anderer Hintergrund ins Bild, d.h. die auszuleuchtenden Hintergrundflächen können sich zu einer überraschenden Größe addieren, speziell wenn sie weit entfernt sind.

Effekte

- Sollen zur Verstärkung der Bildwirkung Lichteffekte eingesetzt werden?
- Oder Farbveränderungen auf dem Hintergrund bzw. in der Szene?
- Wird sich die Lichtatmosphäre im Handlungsablauf verändern?

Der Oberbeleuchter und alle anderen Mitarbeiter einer Filmproduktion bemühen sich darum, flüchtige Bilder glaubhaft erscheinen zu lassen. Auf Knopfdruck können sie auf einen flachen, langweiligen Hintergrund ein aufregendes Bild zaubern. Auf der anderen Seite kann ein noch so sorgfältig arrangiertes Bühnenbild durch unsensible Ausleuchtung genauso leicht zerstört werden.

Es gibt keine festen Regeln für überzeugende Bilder aber einige unterstützende Faktoren, die genauer untersucht werden sollen.

Nicht greifbare Eigenschaften der Ausleuchtung

Der visuelle Reiz ist eine schwer faßbare Eigenschaft und dementsprechend schwierig zu definieren. Manchmal kann schon ein einziger, präzise ausgerichteter Scheinwerfer eine Aufnahme mitreißend ins Licht setzen. In anderen Fällen müssen wirkungsvolle Effekte mit vielen Scheinwerfern und viel Geduld, Schritt für Schritt, aufgebaut werden.

Spricht das Publikum von einer guten Ausleuchtung, ist dies meist auf einen besonders eindrucksvollen und dramatischen Effekt zurückzuführen. Normalerweise sollte jedoch eine gelungene Ausleuchtung als solche gar nicht bewußt werden. Je subtiler sie ist, desto natürlicher wird sie wirken. Die Zuschauer sollen sich in erster Linie auf die Handlung konzentrieren und nicht auf das Licht, auch wenn seine Wirkung die Handlung wesentlich beeinflußt.

Wenn wir uns in einem Studio umschauen ist es nicht sonderlich schwierig, die Qualität eines nachgebauten Wohnzimmers oder einer Küche zu beurteilen. Wenn wir einen Blick auf die Ausleuchtung werfen, sehen wir im Prinzip nur eine Menge heller Scheinwerfer. Eine sorgfältig balancierte Ausleuchtung fällt als solche nicht auf.

Zwischen dem, was vor der Kamera zu sehen ist und dem, was wir auf dem Monitor oder der Leinwand zu sehen bekommen, bestehenenorme Unterschiede. Eine Abbildung wirkt auf uns durch ihre Komposition, das Zusammenspiel der Linien, Formen, Tönungen und Farben. Was sie uns zeigt ist eine atmosphärische Illusion, in der Licht und Schatten unsere Aufmerksamkeit lenken und Emotionen wecken.

Im Studio ist von all dem nichts zu sehen und nichts zu spüren. Unsere Augen sehen keine sinnvollen Verbindungen zwischen den verschiedenen Dingen und ein Blick über die Szene verrät nicht, wie die Kamera sie sehen wird - ob sich ihr Erscheinungsbild durch Manipulationen bei der Aufnahme und der Nachbearbeitung möglicherweise drastisch verändern wird. Die Kunst der Ausleuchtung hat einen beträchtlichen Anteil an diesen extrem unterschiedlichen Erscheinungsweisen einer Szene vor der Kamera und im fertigen Film.

Der Unterschied

Die kreativen Mitarbeiter beim Film und beim Fernsehen haben immer mit der Schwierigkeit zu kämpfen, daß sie ihre Arbeit nie vom unbefangenen, distanzierten Standpunkt eines Zuschauers aus begutachten können. Sie können nur mutmaßen, wie das Publikum auf die Ergebnisse ihrer Arbeit reagieren wird.

Die Vertrautheit mit jeder Bewegung, jeder Einstellung und jedem Ausstattungsdetail verstellt den unschuldigen Blick bzw. das Gefühl des ersten Eindrucks. So kann es leicht passieren, daß Dinge, die für den Regisseur im Film offensichtlich zu sein scheinen, am Zuschauer spurlos vorrübergehen. Und daß andere Dinge betont und hervorgehoben werden, die das Publikum schon längst verstanden hat.

Dieser Effekt läßt sich nachvollziehen, indem man eine Szene mit dem Videorekorder mehrmals anschaut. Bei jedem Durchlauf fallen neue Aspekte ins Auge, die man bis dahin übersehen hat, und andere Aspekte werden plötzlich unwichtig.

Je länger man an einem Film- oder Fernsehprojekt arbeitet und mit ihm vertraut wird, desto mehr verliert man sein kritisch-distanziertes Verhältnis zu diesem Projekt. Aus diesem Grund muß man sich immer wieder den Unterschied zwischen der Szene im Studio und dem gewünschten Ergebnis für den Zuschauer in aller Deutlichkeit bewußt machen. Wird ein vor der Kamera mit großem Aufwand inszenierter Effekt anschließend auch zum Zuschauer als großer Effekt empfunden? Vielleicht hat man mit viel Mühe und Zeitaufwand eine großartige Hintergrundprojektion arrangiert. Wird diese Projektion von der Kamera unscharf aufgezeichnet und sieht das Publikum nur eine merkwürdige Lichtspielerei, dann hätte man sich die Mühe mit der Projektion sparen können; desgleichen den Arbeitsaufwand für einen sorgfältig arrangierten Fensterschatten im Gang hinter einer Tür, die nur einmal kurz geöffnet und gleich wieder geschlossen wird. Es sei denn, daß dieser Fensterschatten, selbst wenn er nur für einen kurzen Augenblick zu sehen ist, den realen Eindruck der Studioszene spürbar unterstützt.

In manchen Fällen sind es gerade solche Kleinigkeiten, die eine Szene zum Leben erwecken. Ein gut ausgeleuchtetes Foto hinter einem Fenster kann das entscheidende Detail für den realistischen Eindruck sein. Offenbart die Ausleuchtung Unebenheiten oder sonstige Fehler auf dem Foto, wird die reale Illusion zerstört.

Die Kamera ist das Auge des Zuschauers. Er bekommt von der Umgebung nur das zu sehen und zu hören, was Kamera und Mikrofon tatsächlich aufzeichnen; - und diese Entscheidung liegt in unseren Händen!

Der Zuschauer ist leichtgläubig. Blickt eine Person in Richtung der Kamera und fällt ein Schatten auf ihr Gesicht, wird der Zuschauer annehmen, daß dieser Schatten z.B. von einem Fenster hinter der Kamera stammt, auch wenn dieser Schatten mit einer Scheinwerferschablone oder mit einem vor den Scheinwerfer gehaltenen Fensterrahmen erzeugt wurde.

In anderen Fällen wird das Publikum durch Effekte irritiert, die keinem Mitarbeiter der Produktion aufgefallen sind. Es wundert sich möglicherweise über einen merkwürdigen Hintergrundschatten, der von einem Zweig im Bühnenbild verursacht wurde. Wenn dieser Zweig zur szenischen Ausstattung gehört, wird es kaum einem der Beteiligten auffallen, daß in einer näheren Einstellung zwar sein Schatten, aber nicht der den Schatten verursachende Zweig sichtbar ist.

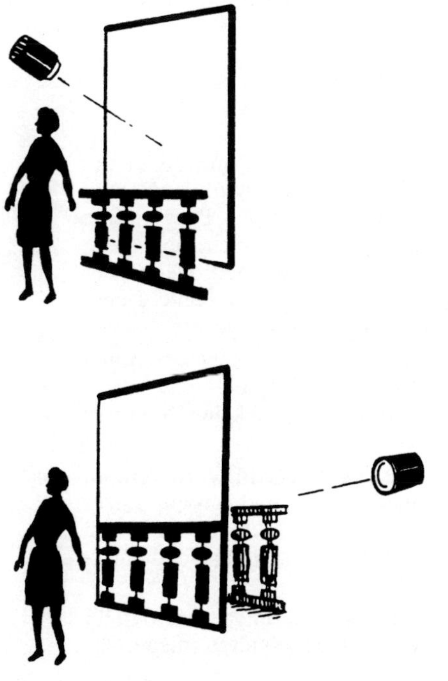

Abb. 8.1 Silhouetten

Silhouetten bekommt man entweder durch Aufnahmen unbeleuchteter Objekte vor ausgeleuchtetem Hintergrund oder als Schattenprojektion von Objekten auf eine von hinten beleuchteten Fläche.

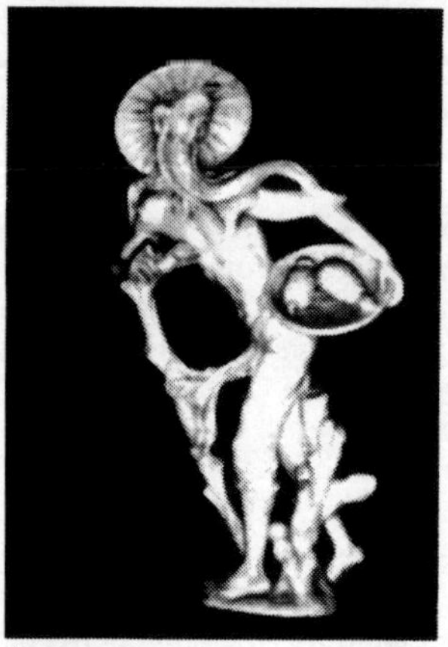

1

2

3

Stilformen

Die drei grundlegenden Stilarten von Bildern sind:

1. *Flächig* Die Betonung liegt auf der Oberfläche, ihren Tönungen, Farben und Begrenzungen. Das Ergebnis ist weitgehend flach und zweidimensional.
2. *Silhouettenhaft* Es sind nur die äußeren Begrenzungslinien eines Objekts zu sehen.
3. *Dreidimensional* Licht und Schatten arbeiten Formen und Strukturen heraus und erzeugen einen dreidimensionalen Eindruck.

Stilformen der Ausleuchtung

Stilarten von Bildern

Es gibt drei grundlegende Ansätze, die dreidimensionale Welt auf einer zweidimensionalen Fläche abzubilden:

- Silhouettehaft
- Flächig
- Räumlich

♦ *Silhouettenhaft* Bei dieser Methode konzentriert man sich auf die Umrißlinien der Gegenstände und unterdrückt ihre Oberflächendetails. Normalerweise wird der Gegenstand schwarz und der Hintergrund weiß abgebildet. Dies verleiht den Dingen eine dramatische, mysteriöse oder dekorative Wirkung. Silhouettenhaft erscheinen meist durchbrochene Strukturen wie zum Beispiel Flechtwerk und Gitterkonstruktionen, - aber auch andere Objekte -, die selbst unbeleuchtet sind und gegen einem hellen Hintergrund, z.B. gegen den Himmel oder eine beleuchtete Fläche aufgenommen werden.

Oder Aufnahmen gegen die Sonne, wenn das von hinten kommende Licht wesentlich stärker ist als die Ausleuchtung aus Richtung der Kamera. Selbst bei schwachem Vorderlicht sind von Objekten bei extremem Gegenlicht nur wenige oder keine Details zu erkennen.

♦ *Flächig* Hier steht nicht die äußere Form, sondern die Oberfläche im Vordergrund. Die Betonung liegt auf dekorativen Details, Ornamenten, Tönungen und Farben. Dieser Stil kann vergleichsweise flach und zweidimensional wirken. Der Effekt wird mit weich gestreutem Licht erzielt, das Kontraste, Schatten und Schattierungen weitgehend unterdrückt. Auf Gegenlicht wird meist verzichtet.

Die reduzierte Ausarbeitung von Formen, Strukturen und Modellierungen erfordert im Gegenzug eine Konzentration auf feine Helligkeitsdifferenzen und Farbunterschiede. Das

Ergebnis ist meist ein High-Key Stil, der gerne bei Modenschauen und großräumigen Tanzveranstaltungen Anwendung findet.

♦ *Räumlich* Dieser Stil ist uns so vertraut, daß wir ihm normalerweise keine besondere Beachtung schenken. Hier liegt der Schwerpunkt auf dem Eindruck von Räumlichkeit, Gewicht und Perspektive. Dieser Eindruck wird hervorgerufen durch eine äußerst sorgfältige Abstufung von Tönungen, deutlich unterschiedenen Flächen, Schatten und Oberflächenstrukturen.

Im günstigsten Fall erscheinen Objekte und ihre Umgebung völlig dreidimensional. Räumlich wirkende Abbildungen sind fesselnd, überzeugend und lebendig.

Auf diesen Stil ist auch die bemerkenswerte Illusionskraft vieler Werke von Rembrandt, Caravaggio und Dali zurückzuführen.

Bildwirkung

Dominante Tönungen beeinflussen die Stimmung eines Bildes und seinen ästhetischen Reiz.

♦ *Low-Key* Sind mittlere Grautöne bis hin zu Schwarz vorherrschend, wirken Bilder sachlich oder düster. Dunklere Töne können auch Geborgenheit und Ruhe zum Ausdruck bringen oder Schwere und Tragik.

♦ *Extremer Low-Key* -Effekt Fast schwarzflächige Bilder mit sehr begrenzten, nur geringfügig helleren Bereichen, wirken dramatisch. Die Schwärze könnte im einfachsten Fall Dunkelheit und Nacht darstellen, wird aber emotional als mysteriös und unheimlich empfunden.

♦ *High-Key* Mittelgraue bis helle Tönungen erzeugen Gefühle von Leichtigkeit und Frohsinn.

♦ *Extremer High-Key* -Effekt Hellgraue Abstufungen bis hin zu Weiß stehen für Einfachheit und Offenheit, Lustbarkeit, weite Räume und ätherische Stimmungen.

Werden Objekte vor einem weißen Hintergrund präsentiert und schattenlos ausgeleuchtet, scheinen sie regelrecht zu schweben, ein Effekt, der gerne auf der Bühne eingesetzt wird. In umgekehrter Weise lassen sich Objekte auch vor einem schwarzen Hintergrund aufnehmen.

Verteilung von Tönungen innerhalb einer Abbildung

Das Arrangement der Tönungen innerhalb des Bildrahmens beeinflußt ebenfalls die Bildaussage.

- Sind verschiedenartige Tönungen über das ganze Bild verteilt und kleinflächig, fehlt es dem Bild an Geschlossenheit und es wirkt zusammenhangslos.
- Größere Bereiche von ähnlicher Tönung haben eine stärkere und nachdrücklichere Wirkung.
- Werden dunklere Tönungen von kleinen, hellen Bereichen durchbrochen, ist der Effekt ernst, feierlich oder mysteriös.
- Großflächige helle Tönungen, die von kleinen dunklen Bereichen unterbrochen werden, wirken in umgekehrter Weise freundlich, lebendig, leicht und delikat.
- Eine dunkle Tönung mit wenig Kontrasten wirkt schwer und depressiv.

Bildqualität

Bildqualität ist eine äußerst subjektive Angelegenheit. Unser Bildeindruck ist abhängig von den verschiedenen Helligkeitswerten, den Kontrasten und der Schärfe von tonalen Abgrenzungen. Ein scharf abgebildeter Hintergrund kann hervorstechend und dramatisch aussehen und bei unscharfer Abbildung nur vage und uninteressant; desgl. können harte Kontraste für eine Abbildung die richtige und für eine andere Abbildung die falsche Lösung sein.

Die Abstufung von Tönungen ist nur ein Anhaltspunkt bei der Beurteilung von Bildern. Eine Einstellung ohne dunkle Tönungen kann dünn und schwach oder zart und raffiniert erscheinen. Ein Bild ohne helle Tönungen kann leblos und ohne jeden Glanz sein oder exakt die fahle Stimmung einer Dämmerung bzw. einer nebligen Szenerie wiedergeben. Und eine Abbildung ohne Zwischentöne kann hart und grob oder lebendig und dramatisch wirken.

Tabelle 8.1 Ansätze für die atmosphärische Bildgestaltung

Allgemeine (flache) Grundausleuchtung	Hier bemüht man sich vor allem darum, die gesamte Szenerie mit einer weitgehend frontalen Ausleuchtung deutlich sichtbar zu machen. Im besten Fall lassen sind alle Dinge gut voneinander unterscheiden. Im schlimmsten Fall fließen Flächen und Objekte ineinander und das Bildergebnis ist ohne Reiz und Aussagekraft.
Räumliche Ausleuchtung	Sorgfältig aufeinander abgestimmtes Führungs, Aufhell- und Gegenlicht betont die Gegenständlichkeit von Objekten. Diese Ausleuchtung vermittelt ein Gefühl von Räumlichkeit, aber noch keine spezielle Atmosphäre.
Realismus - direkte Imitation	Lichteffekte, die uns aus dem alltäglichen Leben vertraut sind, werden nachgeahmt: zum Beispiel eine durch das Fenster scheinende Sonne mit einen Scheinwerfer von ähnlicher Ausrichtung.
Realismus - indirekte Imitation	Bei der indirekten Imitation werden natürliche Lichteffekte auf eine eher künstliche Weise zustande gebracht: ein Sonnenlichteffekt zum Beispiel durch einen hell angestrahlten Fensterhintergrund und einem mit einem zweiten Scheinwerfer auf die gegenüberliegende Wand projizierten Fensterschatten.
Realismus - simuliert	Simulierte Effekte lassen sich nicht auf eine sichtbare Ursache innerhalb der Szene zurückzuführen: z.B. der auf eine Zimmerwand projizierte Fensterschatten in einer Studiodekoration, in der es überhaupt kein Fenster gibt.
Atmosphäre - natürlich	Bei dieser Methode werden atmosphärische Effekte nicht unbedingt präzise reproduziert, aber dezent als ob angedeutet: z.B. Licht- und Schattenmuster, die ganz bestimmte Bereiche der Szenerie hervorheben oder zurückdrängen, um die Bildwirkung zu verbessern. Es ist typisch für Filmproduktionen, fast immer eine realistische Atmosphäre zu suggerieren, auch wenn sie in der gezeigten Umgebung so vermutlich nicht anzutreffen ist.
Atmosphäre - dekorativ	Hierzu gehören Schattenmuster, die Assoziationen wekken, z.B. ein Baumschatten auf einem glatten Hintergrund.
Atmosphäre - abstrakt	Abstrakte Lichtmuster sollen keine konkreten Assoziationen hervorrufen sondern nur gefallen, d.h. in ihrer Wirkung reizvoll sein: zum Beispiel herumwirbelnde Lichtreflexe auf einer Tanzfläche.

Gestaltung von Bildern

Mit Licht hat man eine Fülle von Möglichkeiten an der Hand, den Stil von Einstellungen zu prägen. Einige dieser Möglichkeiten sind offensichtlich, andere sehr subtil. Die Stilformen kann man unter drei verschiedenen Gesichtspunkten analysieren: Ausleuchtung, Realismus und Atmosphäre.

Ausleuchtung

♦ *Flächige Ausleuchtung* Das Objekt wird gleichmäßig mit Licht überflutet mit dem Ziel, alles klar und deutlich sichtbar zu machen. Dies ist die typische Ausleuchtung für Hintergrundmaterialien, Grafiken und Texte. Werden dreidimensionale Objekte auf diese Art und Weise angestrahlt, ist das Ergebnis eine flache Ausleuchtung. Die Objekte werden sich im günstigsten Fall von der Umgebung durch ihre Tönung und ihre Farbe abheben oder im ungünstigeren Fall von der Umgebung kaum zu unterscheiden sein.

♦ *Räumliche Ausleuchtung* Eine gute Dreipunkt-Ausleuchtung modelliert die Objekte und erzeugt einen dreidimensionalen Bildeindruck. Die Bildwirkung ist auch hier zunächst neutral.

Realismus

♦ *Direkte Imitation* Hier bemüht man sich, im Studio das Licht für eine Szene so einzurichten, daß diese so realistisch wie möglich aussieht. Jeder Scheinwerfer übernimmt die als ob -Funktion einer realen Lichtquelle. Bei einer Szene, die in einem Raum bei normalem Tageslicht spielt, bemüht man sich um den entsprechenden Tageslicht-Effekt. Für eine Szene, die nur schwach von einer Kerze erhellt werden soll, wird man in einen kerzenähnlichen Gegenstand eine kleine Lampe einbauen, die den Darsteller und die Handlung ausreichend beleuchtet.

♦ *Indirekte Imitation* In diesem Fall versucht man, nicht das reale Licht, sondern seinen Effekt zu imitieren. Auch wenn ein Raum so aussieht, als würde er nur vom vorhandenen Licht ausgeleuchtet, z.B. vom Fenster oder von Lichtquellen innerhalb der Szene, wird dieses Licht oftmals von zusätzlichen Scheinwerfern verstärkt, um den Bildeindruck zu verbessern.

Den Fensterschatten auf einer Wand kann man mit einer Projektion imitieren und das Licht in der Umgebung einer sichtbaren Lampe muß nicht von der Lampe selbst kommen, sondern kann vom begrenzten Lichtstrahl eines Spot-Scheinwerfer erzeugt werden.

Wenn natürliche Lichtquellen im Bild zu sehen sind, muß man beim Einsatz zusätzlicher Scheinwerfer darauf achten, daß sich natürliches und künstliches Licht nicht in die Quere kommen: daß zum Beispiel ein Darsteller in der linken Hand eine Kerze hält und das Licht auf seinem Gesicht von rechts kommt. Ist die zu imitierende Lichtquelle nicht zu sehen (ein Fenster in der vierten Wand), gibt es auch keine Probleme mit der Lichtrichtung.

♦ *Simulierter Realismus* Man versucht, künstliche Effekte so natürlich wie möglich aussehen zu lassen:

- Durch die geöffnete Türe eines Schlafzimmers sieht man auf der Wand im Flur den Schattenwurf eines Treppengeländers, der vom Licht in der Diele zu stammen scheint. Tatsächlich wird er von einem Bodenscheinwerfer mit einer Schattenmaske projiziert.
- Eine Person sitzt vor einem Kamin und wärmt sich am Feuer. Aber es gibt gar keinen Kamin, sondern nur ein (Feuer-)Effektlicht.
- Das Licht eines schmutzigen Glasfensters fällt auf die gegenüberliegende Wand. Es ist aber nur ein projiziertes Dia.

Wie solche Effekte hergesellt werden, ist im Grunde genommen egal. Sie müssen nur überzeugend bzw. realistisch wirken. Normalerweise produziert man sie mit Dias, Schablonen, Fensterrahmen etc.

Atmosphäre

♦ *Naturalistisch* Auch bei einer naturalistischen Ausleuchtung der Szene müssen einige Details u.U. vorsichtig hervorgehoben oder unterdrückt werden, um die gewünschte Stimmung zu erzielen. Licht- und Schattenmuster können, auch wenn sie nicht natürlich begründet sind, unter manchen Voraussetzungen gerechtfertigt erscheinen.

Einschätzung der Lichtrichtung

Wir beurteilen die Richtung des Lichts nach: 1. der Verteilung von Licht und Schatten auf dem Objekt, 2. der Ausrichtung und der Form des Lichts auf dem Hintergrund und 3. der Richtung von Schatten. 4. Der ausgestreckte Arm wirkt wie ein Fingerzeig und unterstützt die genannten Anhaltspunkte.

1

2

3

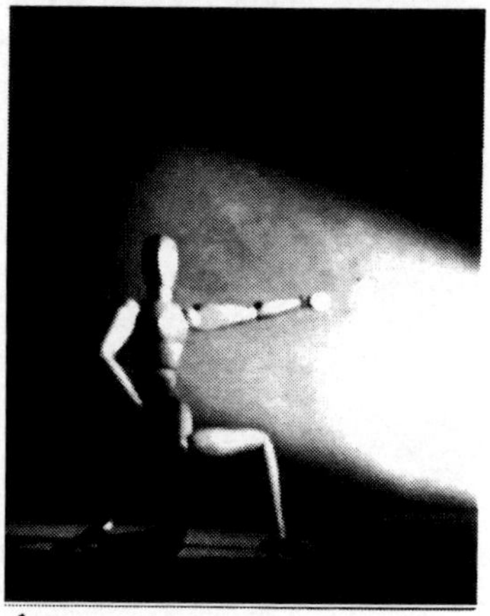

4

- Der imitierte Schattenwurf einer Jalousie auf der Wand eines Büros wird attraktiv und realistisch aussehen, auch wenn er in dieser Form real sehr selten vorzufinden ist.
- Ein Möbelstück oder eine Figur werden diskret aufgehellt, damit sie besser zu Geltung kommen. In der Realität verschwinden sie oft in dunklen Schattenbereichen.
- Eine Zimmerdecke wird von einer Bodenlampe, die zufällig von einem über einen Stuhl geworfenen Mantel verborgen bleibt, schwach erhellt. Der Raum wirkt wohnlicher. Normalerweise würde die Decke des Raums im Schatten liegen und nichts zum Raumgefühl beitragen.

♦ *Symbolisch* Manchmal läßt sich ein Gefühl für eine bestimmte Umgebung nur mit Licht- und Schattenmustern erzeugen, d.h. ohne zusätzliche Ausstattung oder Bauten. Die klassischen Beispiele hierfür sind Schatten eines Fenstergitters für Gefängniszelle, reflektierende Lichtspiele für Bäume oder fließend Reflexionen für Wasser.

Dekorative Effekte dieser Art regen unsere Vorstellungskraft an und sind äußerst einfach und billig herzustellen. Die Effekte dürfen jedoch nicht übertrieben wirken. Sonst fallen sie als solche auf und wirken manieriert.

Abb. 8.2 Bildeffekt

1. Licht und Schatten können den Eindruck einer natürlichen Umgebung erzeugen.
2. Übermäßiger Lichteinsatz wirkt manieriert und zieht zu viel Aufmerksamkeit auf sich.

♦ *Stilisiert* Bei dieser Art der Bildgestaltung wird besonderer Wert auf Ausstattung, Dekoration und visuelle Effekte gelegt, auch wenn diese real nicht immer gerechtfertigt sind. Die Bildwirkung kann eindrucksvoll und überraschend, aber auch künstlich und theatralisch sein.

Stilisierte Bilder zeichnen sich durch überbetonte bis übertriebene Darstellungen aus. Innenräume werden sehr hell ausgeleuchtet, oft mit Sonnenlicht-Effekten,. - die Wände ebenfalls hell und ohne Schatten. Es wird mit sehr viel Aufhellicht auf Höhe der Kamera oder auch in einer niedrigeren Position gearbeitet. Low-Key Einstellungen werden bei diesem Stil gerne kontrastreich und sehr dramatisch in Szene gesetzt.

Stilisierte Portraitaufnahmen werden ebenfalls gerne im High-Key Stil aufgenommen, mit reichlichem Aufhellicht von vorne, ohne Nasenschatten und dem obligatorischen Gegenlicht. Dieser Stil war über Jahre prägend für eine Vielzahl von Spielfilmproduktionen.

♦ *Abstrakt* In diesem Fall werden Licht und Schatten nur für visuelle Effekte eingesetzt, d.h. ohne die Absicht reale Effekte zu imitieren. Die Wirkung kann rein dekorativ sein, um Aufmerksamkeit auf sich zu ziehen, um zu schockieren, zu stimulieren etc. Dennoch sollte man die Effekthascherei nicht zu weit treiben. Einige Beispiele für abstrakte Stileffekte:

- Dekorativ - zufällige, von bunter Metallfolie erzeugte Farbreflexe; projizierte Schattenmuster; vielfarbige Lichtsprenkel.
- Phantasiehaft - ein sich vor einem Scheinwerfer drehendes Farbrad zur Ausleuchtung einer aufregenden Tanzsequenz oder ein projizierter Flammeneffekt mit grün-magentafarbenem Licht; desgl. Lasereffekte, bunter Rauch etc.
- Bizarr - die Projektion des Titelblatts einer Zeitung auf ein Gesicht oder ein Stroboskoplicht, das Bewegungen in eine schnelle Abfolge von Einzelbildern zerhackt.

Natürliche Ausleuchtung

Der natürliche Ansatz ist vermutlich der Schwierigste und Widersprüchlichste.

Die klassisch-perfekte und immer nach dem gleichen Muster erfolgende Ausleuchtung von Szenen und Portraits mit Führungs-, Aufhell- und Gegenlicht kann auf die Dauer ermüdend und langweilig wirken. Aus diesem Grund verteidigen einige Kritiker die naturalistische Ausleuchtung. Sie machen geltend, daß das vorhandene Licht (natürliches und künstliches) in seinen vielfältigen Erscheinungsformen unsere Erfahrungen und Erwartungshaltungen prägt und daß stilisierte Ausleuchtungsansätze den Realitätsgehalt einer Szene herabsetzen.

Man kann dagegenhalten, daß Film und Fernsehen von Grund auf unnatürlich und künstlich sind; daß es zur Natur einer jeden Abbildung gehört, die Realität zu verändern. Mit jedem Beobachtungsstandpunkt, jeder Einstellungsgröße und jedem Bildausschnitt wird die Realität begrenzt. Da das natürliche Licht nicht immer schön ist, hat man

Ausleuchtungstechniken entwickelt, die das Ab-Bild der Realität besser als diese Realität aussehen lassen.

Bemüht man sich um eine Imitation des natürlichen Lichts, riskiert man unberechenbare und inkonsequente Bilderergebnisse. Im besten Fall sind sie exzellent, in der Regel wirken sie jedoch wie mittelmäßige Nachahmungen.

Die von uns wahrgenommene Realität wird ständig von unseren Augen und unserem Gehirn interpretiert. Auf dem Monitor und der Leinwand nehmen wir sie wesentlich konzentrierter wahr und viele unangenehme Effekte, die wir normalerweise überhaupt nicht beachtet hätten, fallen uns plötzlich auf und lenken uns ab.

Eigenschaften des natürlichen Lichts

Werfen wir einen kritischen Blick auf Bilder, die vor Ort und nur mit dem vorhandenen Licht aufgenommen wurden. Ist ein Portrait zum Beispiel schmeichelhaft, attraktiv, unfreundlich oder häßlich? Man wird zu helle obere Kopfhälften, zu dunkle Augenhöhlen und nur von einer Seite beleuchtete Gesichtshälften entdecken. Und während eine Person mit halb geschlossenen Augen in die Sonne blinzelt, wird eine zweite, ihr gegenüberstehende Person mit von hinten beleuchtenden Ohren und überstrahlten, fusseligen Haaren abgebildet sein. Einige Dinge im Hintergrund erscheinen ebenfalls überstrahlt und andere sind kaum zu erkennen oder verschmelzen mit der Umgebung.

Es ist eine gute Übung, sich mit äußerst kritischem Blick in vertrauten Umgebungen umzusehen: in Geschäften, im Bus, im eigenen Wohnzimmer und anderen Räumlichkeiten, auf der Straße etc. Wie sehen die Menschen und ihre Umgebung beim vorhandenen Licht wirklich aus? Das Licht in einem Raum kann zur Ausleuchtung des Raums sehr effektiv sein, aber ganz grauenhaft für Gesichter. Speziell auf die häßlichen Effekte muß man sich konzentrieren, denn wir neigen dazu, genau diese zu ignorieren. Erst unter dem prüfenden Blick der Kamera, speziell bei Nahaufnahmen, werden sie für jedermann sichtbar.

Stellen Sie sich immer wieder die folgende Frage: wenn die Lichteffekte, die Sie in der Realität und auch auf dem Monitor sehen, das Ergebnis Ihrer Studio-Ausleuchtung wären, - würden Sie damit zufrieden sein oder hätten Sie lieber das Führungslicht noch ein wenig verschoben oder das Aufhellicht ein wenig verstärkt? Oder würden Sie wirklich den natürlichen Effekt so, wie Sie ihn wahrnehmen, unverändert lassen oder nachahmen wollen?

Natürliche Lichtverhältnisse und Lichtquellen im Studio einfach mit Scheinwerfern nachzustellen ist nicht immer eine verläßliche Lösung. Die folgenden Beispiele werden zeigen, warum.

Sonnenlicht

Nehmen wir einmal an, daß wir in einem im Studio gebauten Raum aufnehmen, der von Tageslicht beleuchtet sein soll. Es liegt nahe, hinter dem Fenster einen kräftigen Scheinwerfer aufzustellen, der das Sonnenlicht repräsentiert. Aber würde dies den gewünschten natürlichen Effekt ergeben?

Wenn ein realer Innenraum nur von der Sonne erhellt wird, wird deren Licht wahllos vom Boden, der Decke und den Wänden in alle Richtungen reflektiert. Im Studio haben Räume nur selten eine Decke und meist auch keine vierte Wand. Die Lichtstreuung wird entsprechend geringer sein und der Innenraum dunkler.

Die Ausleuchtung im Studio ist in der Regel auch kontrastreicher. Aufnahmen von Personen gegen ein Fenster zeigen nur deren Silhouette, da zu wenig Licht reflektiert wird. Bei Positionen nahe des Fensters wird eine Gesichtshälfte erhellt, die andere nicht.

Auch die Verteilung der Lichtintensitäten über den Raum ist sehr unterschiedlich und die Helligkeit nimmt in Festernähe sehr rapide zu. Beim Zusammenschnitt von Einstellungen aus verschiedenen Kamerastandpunkten würden die unterschiedlichen Belichtungswerte ins Auge fallen. Womit sich die Frage stellt, ob dies akzeptabel ist. Reduziert man für die Aufnahme einer Person am Fenster die Lichtintensität der Studiosonne, hat dies sofort Auswirkungen auf die gesamte Raumausleuchtung.

In diesem Fall wird der Oberbeleuchter sehr schnell das natürliche Licht durch weitere Lichtquellen ergänzen, die das bildwichtige Objekt für Kamerastandpunkte, aus denen es nur schlecht oder gar nicht zur Geltung kommt, aufhellen. Hiermit tauchen neue Fragen auf: paßt die zusätzliche Ausleuchtung mit dem realen Effekt zusammen? Zerstört sie die geschaffene Atmosphäre? Sieht das Gesamtergebnis überzeugend aus? Selbst ein realer Drehort kann durch unsachgemäße Zusatzausleuchtung falsch und unecht erscheinen!

Mit zusätzlichem Licht für gleichbleibende Belichtungswerte und gute Bildergebnisse aus verschiedenen Kamerapositionen entfernt man sich Schritt für Schritt vom ursprünglichen natürlichen Effekt. Und zuletzt hat man möglicherweise unterschiedliche, nicht zusammenpassende Lichtrichtungen und Schattenwürfe in Hülle und Fülle.

Weiches von oben kommendes Licht

Ein anderer Ansatz ist die gleichmäßige Ausleuchtung mit weichem, von oben kommendem und großflächig gestreutem Licht (mit Flächenleuchten, Lichtwannen, Mehrfachflutern etc.). Diese Ausleuchtung ist hervorragend wenn man beabsichtigt, Himmelslicht zu simulieren oder große Bereiche zu erhellen. Für Innenräume ist sie eher fragwürdig und nur in ganz speziellen Umgebungen empfehlenswert: für Räume mit Glasdächern oder extensiver Deckenbeleuchtung. In kleinen Räumen werden bei stark gestreutem Licht die oberen Bereiche der Wände vergleichsweise hell und schattenlos und es entsteht der Eindruck, als ob man sich im Freien befinde.

Wirkungsbezogene Ausleuchtung

Lichtintensitäten

Die Lichtverhältnisse in unserer Umgebung haben großen Einfluß auf unsere Stimmungen und Gefühle.

- Sonnenlicht steht für Leichtigkeit und Offenheit und kann hart, kräftigend, belebend aber auch anstrengend, strapaziös und ermüdend wirken.
- Dunkelheit verbirgt und verschleiert und wirkt mysteriös, trügerisch etc.

Abb. 8.3 Aufmerksamkeit lenken

Das Verhältnis der Helligkeitswerte und die Klarheit von Details lenkt die Aufmerksamkeit auf den gewünschten Bildausschnitt.

1. Isolierter Helligkeitswert.
2. Tonale Abstufungen.
3. Kompositorische Linien.
4. Scharfe Details vor unscharfem Hintergrund.

Schon das Licht in einem leeren Raum weckt, je nach Lichtstimmung, Assoziationen. Helle Wände wirken kalt, unfreundlich und grob - oder vermitteln ein Gefühl von Weitläufigkeit. Dunkle Wände wirken stumpf und düster oder auch kultiviert bis raffiniert. Eine schwache Grundausleuchtung mit gezielten Lichtpunkten kann Assoziationen von Gemütlichkeit und Geborgenheit wecken (Lagerfeueratmosphäre).

Lichtrichtungen

Mit Hilfe der Lichtrichtung kann man das Auge des Zuschauers in gewünschte Richtungen und seine Aufmerksamkeit auf bestimmte Eigenschaften lenken; zum Beispiel:

- Ein kleiner Lichtfleck oder eine hellere Tönung in einer dunklen Umgebung.
- Angrenzende Flächen mit hohen Kontrastunterschieden (Schwarz und Weiß).
- Farben von hoher Sättigung. Helle Tönungen ziehen das Auge stärker an als pastellfarbene.
- Bereichen mit scharfen Details schenken wir ebenfalls mehr Aufmerksamkeit als den unscharfen Bereichen, es sei denn, daß sich in der Unschärfe etwas bewegt oder von intensiver Färbung ist.
- Bei Tonabstufungen wandert unser Auge in der Regel von den dunkleren zu den helleren Tönungen.
- Auch zusammenlaufende Linien führen unsere Aufmerksamkeit.
- Um die Aufmerksamkeit auf eine Sache zu lenken, muß man auch die Ausleuchtung des Hintergrunds mit berücksichtigen. Ein dunkler Hintergrund rückt beleuchtete Objekte noch mehr in den Vordergrund - und umgekehrt. Auch Schatten und begrenzte Lichtpunkte hinter einem Objekt beeinflussen und führen unsere Wahrnehmung.

1

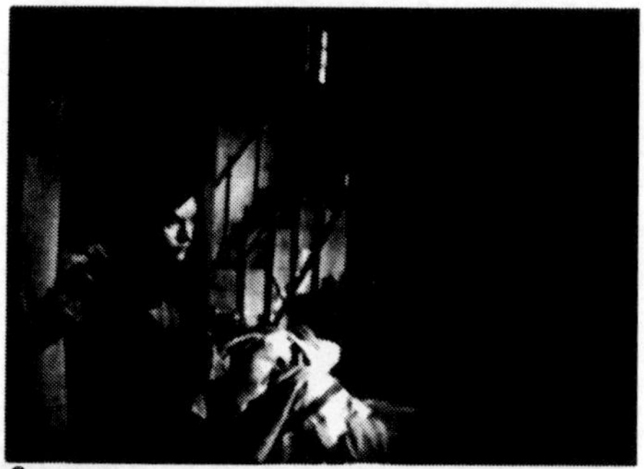

2

3

Konzentration der Aufmerksamkeit durch die Lichtführung

Diese drei Abbildungen zeigen, wie man mit Licht die Aufmerksamkeit führt:

1. Die Lichtverteilung erzeugt ein Gefühl von räumlicher Tiefe und wirkt geheimnisvoll.
2. Die Aufmerksamkeit wird auf den unteren Bereich des Treppenhauses gelenkt. Der im Dunkeln liegende obere Bereich kann die Erwartung wecken, daß gleich jemand herunterkommen wird.
3. Die Konzentration wird auf die Person im Bildzentrum und ihre Reaktion auf auf die silhouettenhafte Aktion im Vordergrund gelenkt.

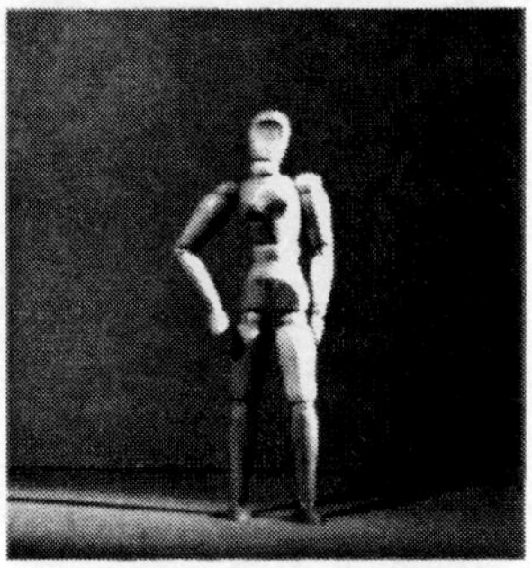

1

2

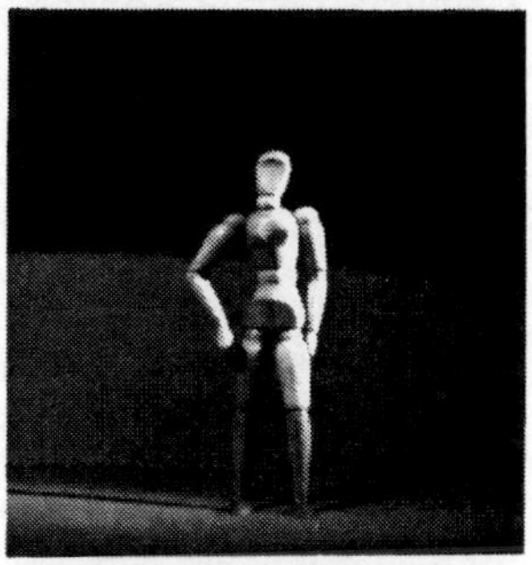

3

Hintergrundschattierungen

Die Tönung des Hintergrunds beeinflußt nicht nur die Präsenz des Objekts im Vordergrund sondern auch die allgemeine Raumempfindung und Stimmung. Helle Töne stehen für offene Räume und dunklere Töne für geschlossene Räume.

1. Ein Hintergrund von mittlerer Tönung verhält sich weitgehend neutral. Sind auch die Objekte von mittlerer Tönung, tendieren sie dazu, im Hintergrund aufzugehen, es sei denn, sie werden durch die Ausleuchtung deutlich von ihm getrennt bzw. hervorgehoben.
2. Dunklere Hintergründe lassen Objekte von mittleren bis hellen Tönungen reliefartig zu Geltung kommen.
3. Schattierungen im Hintergrund teilen und begrenzen den Raum. Scharfe Übergänge wirken hart, manchmal auch grob.
4. Weiche Übergänge wirken subtil, delikat und unbestimmt.
5. Je tiefer die untere Grenze des Hintergrundschattens, desto stärker wird das Gefühl der Begrenzung. Objekte, die in verschattete Hintergrundbereiche hineinragen, wirken stark und eindringlich.

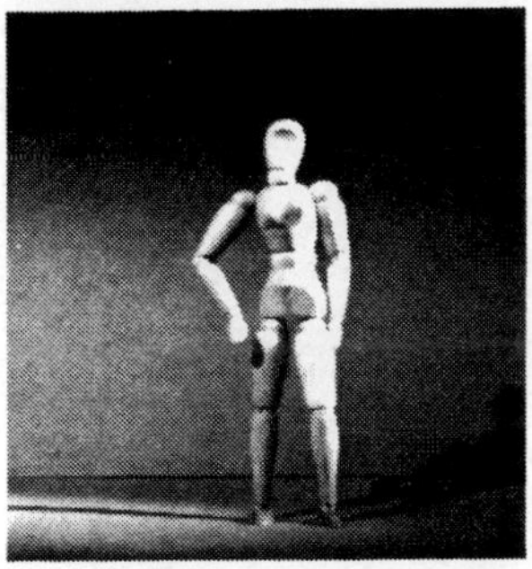

4

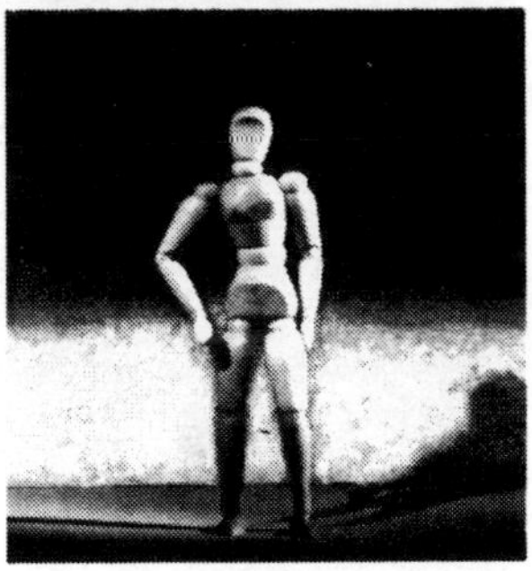

5

Enthüllen

Hit Hilfe der Lichtführung kann man Bildinhalte selektiv bzw. schrittweise enthüllen.

- Einige Details einer Person oder Szene werden beleuchtet, andere läßt man im Dunkeln.
- Man kann auch bewußt irreführen, indem man z.B. zwei unterschiedliche Flächen ähnlich ausleuchtet, so daß sie selbst bei unterschiedlicher Entfernung von der Kamera annähernd gleich entfernt zu sein scheinen.
- Je nach Ausleuchtungswinkel werden Formen und Strukturen hervorgehoben oder unterdrückt.
- Licht kann eine Sache plötzlich oder nur für einen Augenblick enthüllen: ein nächtlicher Herumtreiber zündet sich eine Zigarette an und die Flamme läßt uns sein Gesicht erkennen; ein Blitz oder die Scheinwerfer eines Fahrzeugs beleuchten für einen Augenblick die Szenerie (sehr geeignet für dramatische Höhepunkte).

Verbergen

Durch ein entsprechendes Arrangement des Lichts kann man dem Zuschauer auch Informationen vorenthalten. Werden Dinge nur andeutungsweise bzw. unvollständig gezeigt, ist dies für das Auge und die Phantasie des Zuschauers sehr anregend.

- Eine Person ist im Gegenlicht der Sonne nur als Silhouette zu erkennen und kann nicht identifiziert werden.
- Schatten verbergen die entlarvende Narbe auf dem Gesicht eines Darstellers.

Gemusterter/gesprenkelter Hintergrund

Unregelmäßige Schattenformationen oder Lichtmuster verändern einen flachen Hintergrund.

1. Das scharf auf dem Hintergrund projizierte Muster wirkt grob, unpassend und nicht sehr überzeugend.
2. Ein unscharfes Muster sieht in der Regel besser aus.
3. Unaufdringliche und lokal begrenzte Muster haben ebenfalls meist eine bessere Wirkung. Je schärfer das Muster, desto mehr Aufmerksamkeit zieht es auf sich und desto dramatischer ist sein Effekt.
4. Verschwommene und weiche Muster wirken attraktiv und angenehm.

1

2

3

4

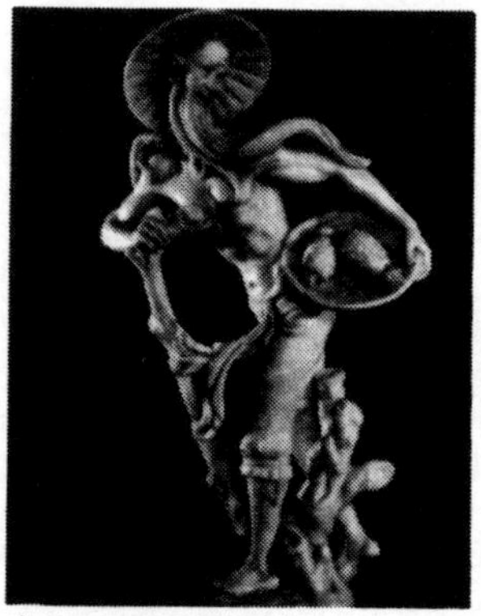
1

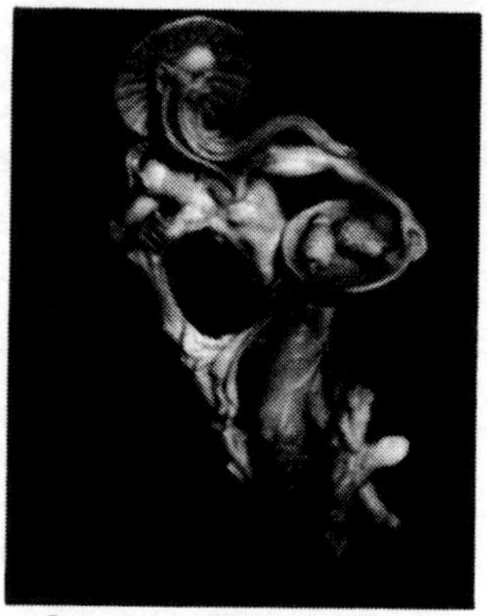
2

3

Scheckiges/gesprenkeltes Führungslicht

1. Ungebrochenes Führungslicht arbeitet das Objekt klar heraus.
2. Von einer Schattenschablone schwach gebrochenes Führungslicht kann eine angenehme atmosphärische Stimmung erzeugen. Aufhellicht schwächt die Schattenstrukturen ab. Kräftige Muster wirken dramatisch (besonders bei low-Key-Aufnahmen) oder suggerieren z.B. unsichtbare Zweige.
3. Starke Begrenzungen des Lichtstrahls (z.B. durch eine Lichtschablone oder Metallfolie mit kleinen Ausschnitt) isolieren und betonen bestimmte Objektbereiche und lenken die Aufmerksamkeit auf Details.

1 2 3

Gebrochene Führungs- und Hintergrundausleuchtung

1. Erscheint nur der Hintergrund gesprenkelt bzw. gemustert, steht das Objekt oder die Handlung im Vordergrund.
2. Werden der Hintergrund *und* die Objekte mit Schattenmustern überzogen, wird das Gefühl der Zusammengehörigkeit von Vordergrund und Hintergrund verstärkt: zum Beispiel, daß sich eine Person *im* Wald aufhält.
3. Sehr dichte Schattenmuster lassen üppiges Blattwerk oder eine dunkle Umgebung vermuten.

- Während eines Kampfes geht das Licht aus und es ist nicht zu erkennen, wer diesen Kampf gewinnt.
- Ein Objekt wird von Schattenmustern überlagert, die eine genaue Wahrnehmung seiner Form verhindern.

Licht-Assoziationen

Mit Hilfe des Lichts lassen sich Stimmungen erzeugen, das Gefühl für eine bestimmte Tageszeit oder Umgebung, etc.

- Von unten nach oben gerichtetes Licht wirkt unheimlich.
- Steil von oben kommendes Licht suggeriert Mittagszeit; ein niedriger Lichtwinkel Sonnenaufgang oder -untergang.
- Rhythmisch vorbeiziehende Lichteffekte auf de Gesicht einer Person auf dem Bahnsteig lassen einen vorbeifahrenden Zug vermuten.
- Wechselnde Lichteffekte auf den Gesichtern eines Publikums verweisen auf eine Kinovorführung.
- Schattenbewegungen auf den Gesichtern von Personen in einem Fahrzeug assoziieren wir u.U. mit Bäumen entlang der Straße.

Schatten-Assoziationen

Die unterschiedlichen Tonabstufungen haben ebenfalls erheblichen Einfluß auf unsere Einschätzung von Bildern. Scharf abgegrenzte oder hervorstechende Tönungen isolieren den entsprechenden Bereich und bringen ihn verstärkt zur Geltung. Hohe Kontraste geben den Dingen einen härteren, eckigeren Ausdruck und dem gesamten Bild mehr Frische, Klarheit und Lebendigkeit.

Auf der anderen Seite wirken feine Abstufungen mit geringen Kontrastunterschieden, die zu verschmelzen scheinen, weich und fließend und vermitteln ein Gefühl der Kontinuität. Das Ergebnis empfinden wir meist als ausgewogen und subtil und es suggeriert Schönheit, Ruhe, Ungewißheit, Geheimnis oder auch Kraftlosigkeit.

Schatten

Ohne Schatten hätten wir große Schwierigkeiten, die Welt um uns herum richtig zu interpretieren. Bei der Einschätzung und Beurteilung der dreidimensionalen Szenerie vor der Kamera verlassen wir uns zu einem guten Teil auf die Schattenbereiche. Eine Ausleuchtung, die alle Schatten auslöscht, produziert unklare Bilder und erschwert die genaue Einschätzung von Dimensionen und Entfernungen in der zweidimensionalen Abbildung.

Steht eine Person vor einem passenden Foto-Hintergrund, wird es so aussehen, als stünde die Person in der auf dem Foto dargestellten Szene - vorausgesetzt, es fällt kein Schatten auf den Hintergrund. Ein Schatten auf dem Foto macht jedem Betrachter unweigerlich bewußt, daß der Hintergrund nur ein Foto ist. Dies zeigt die wichtige Funktion, die Schatten bei der Interpretation von Bildern bzw. Abbildungen haben.

- Strukturierende Schatten auf Flächen arbeiten deren Formen, Strukturen und Konturen heraus. Sie können auch den Umriß oder die Struktur von Dingen zeigen, die vom Beobachtungsstandpunkt selbst überhaupt nicht zu sehen sind (Abbildung 4.17).
- Lokal begrenzte Schatten können Hinweise auf die Tageszeit, das Wetter und Eigenschaften der Umgebung geben: der Schatten von blätterlosen Zweigen auf einer Wand läßt vermuten, daß es sich um einen sonnigen Tag im Winter handelt.
- Symbolische Schatten, zum Beispiel von einem Kruzifix oder einem Hakenkreuz, erzeugen unverzüglich die gewünschte Assoziation.
- Atmosphärische Schatten werden auf sehr vielfältige Weise eingesetzt: für dramatische Effekte (der Schatten des Mörders, der seinem Opfer auflauert); komische und groteske Effekte (im Schattenwurf eines runden Fensters, der wie eine Spinnenwebe aussieht, sitzt eine wachsame Katze) und viele weitere Effekte (ein Schattenwurf auf einer blinden Scheibe zeigt silhouettenhaft einen Kampf o.ä.).
- Abstrakte Schatten werden hauptsächlich für dramatische, dekorative und Umgebungs-Effekte eingesetzt. Hierzu gehören Schatten von Gittern, Gartenzäunen, Flechtwerk und Schablonen.

Atmosphärische Ausleuchtungsansätze

Es kommt immer wieder vor, daß man von der Atmosphäre einer Einstellung begeistert ist. Solche Bilder besitzen eine außerordentlich große emotionale Schlagkraft. Sie können uns glücklich machen, Ahnungen heraufbeschwören oder das gewisse Kribbeln in der Magengegend erzeugen.

Ein Teil dieser Wirkung ist auf die szenische Ausstattung, deren Umgebung und die Komposition der Einstellung zurückzuführen. Überflutet man jedoch die gleiche Szene mit weichem Licht, wird der letzte Rest an Atmosphäre aus dem Bild verschwinden und wir sehen nur noch kalte und unpersönlich wirkende Wände, Fenster und Einrichtungsgegenstände.

Wie baut man eine emotional wirkungsvolle Atmosphäre auf? Ihr Ursprung liegt immer in der Vorstellungskraft des Filmschaffenden und findet ihren Höhepunkt in der Vorstellungskraft des Zuschauers.

Es wurden bereits vielzählige Möglichkeiten vorgestellt, mit Licht und Schatten auf die Atmosphäre Einfluß zu nehmen. Eine genaue Analyse der Abbildungen in diesem Buch zeigt Ergebnisse der Umsetzung atmosphärischer Vorstellungen: den subtilen Einfluß der Tönungen, Kontraste und Schatten auf den Gesamteindruck eines Bildes; die Betonung oder Unterdrückung von Details durch die Lichtführung etc. Mit den beschriebenen Ausleuchtungstechniken lassen sich auch die atmosphärischen Ideen umsetzen.

Die Interpretation eines Bildes hängt natürlich zu einem gewissen Teil vom Wissen und dem Erfahrungsschatz des Beobachters ab. Ein besonderer Effekt kann von einer Person als ungewöhnlich und von einer anderen Person als ganz normal wahrgenommen werden, je nach Erfahrungshintergrund. Und normale Effekte können seltsam erscheinen, wenn man auf sie zuvor noch nicht geachtet hat:

- Der Schatten eines Fensters auf der Zimmerdecke, der von einer Straßenlaterne unterhalb des Fensters verursacht wird;
- Ein Raum, der durch das von Schnee reflektierte Sonnenlicht ungewöhnlich hell wirkt;
- Ein vertrauter Raum bei Kerzenlicht.

Visuelle Eindrücke, die uns normal erscheinen, empfinden wir auch als natürlich. Ist irgend etwas ungewöhnlich, unerklärbar oder nicht unseren Erwartungen entsprechend, werden wir unruhig und haben das Gefühl, daß etwas nicht stimmt. Wir sehen einen Schatten und fragen uns, was er verbirgt...

Atmosphäre entsteht, wie gesagt, in der Vorstellungskraft. Im folgenden Beispiel soll gezeigt werden, wie man die Atmosphäre einer Szene vor dem inneren Auge entwickeln kann.

♦ *Ruhe und Entspannung* Ein gemütliches Wohnzimmer bei Nacht. Eine Person hört ruhige Musik. Unsere Aufmerksamkeit wird auf den Bereich gelenkt, der von einer Tischlampe erhellt und vom Rest des dunklen Raumes hervorgehoben wird. Ein Teil des Lichts wird von der polierten Tischoberfläche reflektiert. Auf dem Boden in der Nähe des Tisches erkennen wir einen orientalischen Teppich. Weiteres Licht trifft auf eine geschnitzte Figur. Wir sehen ihre Silhouette und dahinter einem verblaßten Wandbehang. Schon beim Lesen dieser Zeilen entwickelt sich ein inneres Bild der Situation.

Im nächsten Schritt muß diese Vorstellung in die Realität umgesetzt werden. Welche Ausrüstung wird benötigt und wie muß man das Licht einrichten? Zunächst zur Tischlampe: mit einer starken Glühbirne läßt sich auch die nächste Umgebung der Lampe aufhellen. Wird dieses Licht unkontrollierbar auf angrenzende Bereiche streuen oder zu einer unerwünschten Überstrahlung des Tisches führen? Vielleicht wäre es besser, nur eine schwache Birne in die Lampe einzusetzen und den umliegenden Bereich mit einem zusätzlichen, exakt justierbaren Scheinwerfer aufzuhellen.

Straßenszene

1. Tageslicht: Ein starkes Führungslicht wird unterstützt von einer weichen Grundbeleuchtung

2. *Nacht:* Eine sehr schwache Grundausleuchtung wird ergänzt durch begrenzete Lichtflecke, die von Gaslaternen stammen könnten.

3. *Geheimnisvolle Nacht:* Sehr dunkle Schattenbereiche lassen die Szene bedrohlich und düster aussehen.

Höhle

Die Szenerie besteht nur aus ein paar Kunststoff-Felsen und einem mit Stroh bedeckten Boden.

1. Weiches, gleichmäßig gestreutes Licht läßt die Szene flach und künstlich erscheinen.

2. Das Licht eines 10kW Scheinwerfers schafft den Eindruck einer Außenszene.

3. Mehrere begrenzte Lichtpunkte vermitteln ein überzeugendes Höhlen-Gefühl: als ob die Höhle von Petroleumlampen beleuchtet würde.

4. Stark begrenztes Licht erzeugt den Eindruck einer dunklen Höhle.

Krankensaal

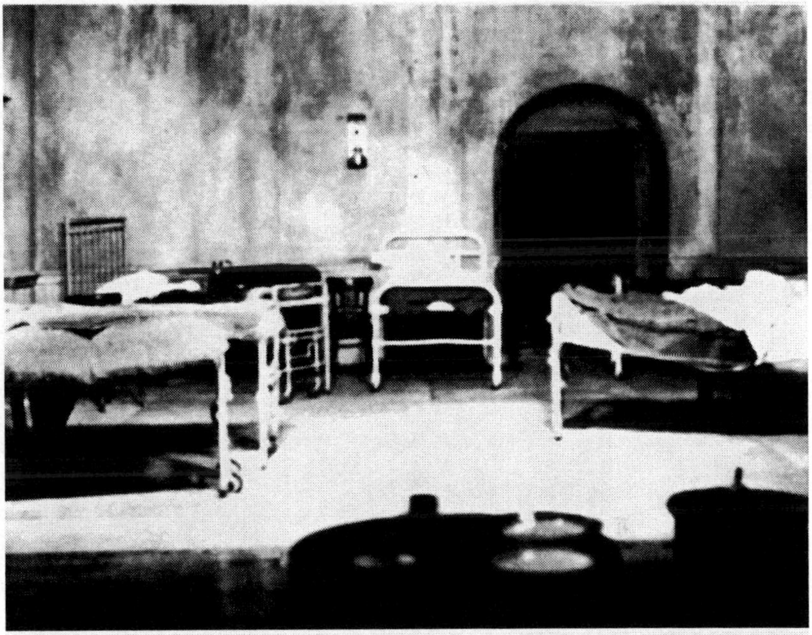

1. Überflutet man den Saal mit kräftigem, weichem Aufhellicht, geht das Innenraumgefühl verloren und auch die Wandbemalung des Szenenbildners, die Unregelmäßigkeiten und Schatten vortäuschen soll, wird als solche sichtbar.

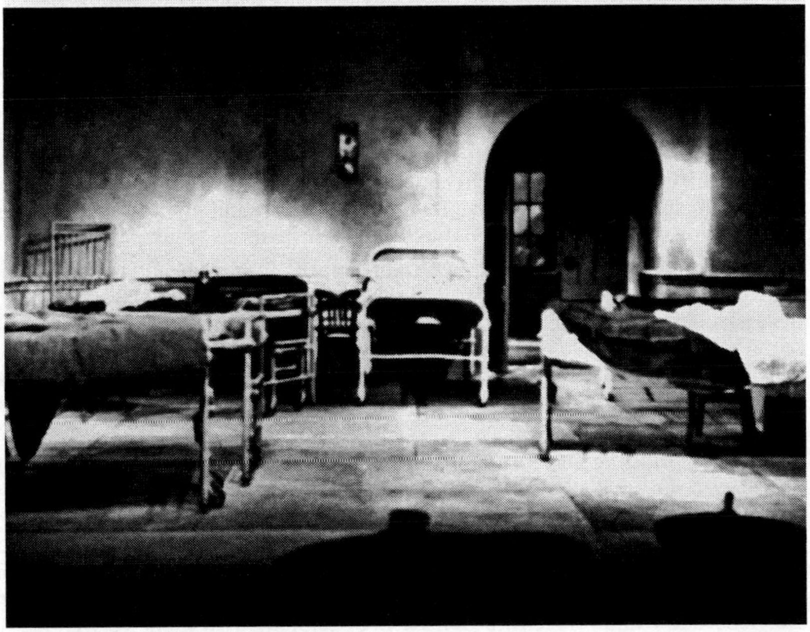

2. Begrenztes hartes Licht, unterstützt von einem weichen, relativ schwachen Aufhellicht, suggeriert die Stimmung Innenraum bei Tag.

3. Nur begrenztes hartes Licht erzeugt eine geschlossene Atmosphäre.

Mit stark gestreutem Licht von Spots (um harte Schatten zu vermeiden) lassen sich einzelne Gegenstände und andere Materialien hervorheben, die den Eindruck von Reichtum und Gediegenheit unterstützen: Stickereien auf Stuhlbezügen; der Glanz vom polierten Holz eines Möbelstücks; ein wertvoller Teppich; der elegant geschwungene Fuß der Tischlampe; ein silberner Kerzenständer; der Faltenwurf der Vorhänge usf; Blumen in einer Keramikvase werden unaufdringlich von der Seite aufgehellt, so daß Details zwar sichtbar werden, aber nicht zu dominant erscheinen. Mit einem sehr eng begrenzten Gegenlicht wird die Schönheit einer Kristallschale betont. Die Grundausleuchtung sollte gerade hell genug sein, um die Form von Gegenständen in den dunkleren Bereichen noch erkennbar werden zu lassen.

♦ *Romantik* Um eine romantische Atmosphäre zu vermitteln, werden die Umgebung und ihre Details weniger betont. Zwei Liebende in diesem Raum beleuchtet man zum Beispiel mit dem schwachen Licht eines Kaminfeuers. Das Licht der Tischlampe darf auf keinen Fall zu dominant sein sonder nur noch als schwaches Gegenlicht dienen, mit dem das Paar von der dunklen Umgebung abgehoben wird.

♦ *Tragischer Tod* Hier dürfen die Schatten noch dichter sein und verbergen möglicherweise einen Bösewicht. Details des Raums sind fast gar nicht mehr zu erkennen. Das Licht der Tischlampe scheint schwach auf den Körper des Opfers. Sein Kopf bleibt im Dunkeln, so daß wir die Person nicht identifizieren können. Je weniger zu sehen ist, desto mehr wird die Phantasie des Zuschauers angeregt. Es darf aber auch nicht zu wenig zu sehen sein, - sonst reagiert man nicht gefesselt sondern nur verwirrt. Zu viele Eindrücke hingegen würden die mysteriöse Atmosphäre zerstören.

♦ *Verwahrlosung* Das Zimmer ist lange vernachlässigt worden. Das Licht ist dürftig und was zu sehen ist, erscheint kahl. Das Grundlicht sollte weich und gleichmäßig sein, die restliche Ausleuchtung hart und grob und in einem größeren Winkel zur Kamera stehen, so daß Unregelmäßigkeiten stark hervorgehoben werden. Hartes, sehr schräg einfallendes Licht auf den Wänden offenbart jeden Fehler. Die Schatten von Wandbefestigungen und Bildern werden lang und häßlich nach unten geworfen und einige Bereiche der Wände liegen im Schatten. Gegenlicht wird nicht verwendet. Vorhänge werden sehr flach oder sehr plump ausgeleuchtet. Auf Sonnenlichteffekte verzichtet man ebenfalls und die Ecken des Raumes sollten schäbig aussehen.

Diese eher zufällig gewählten Beispiele für atmosphärisches Denken zeigen, wie ein Raum durch selektiven Einsatz von Ausleuchtungstechniken auf vielfältige Weise und überzeugend gestaltet werden kann. Natürlich gibt es eine Menge weiterer Möglichkeiten.

Dunkelheit

Eine dunkle Leinwand und ein dunkler Bildschirm haben nichts zu erzählen. Sie zeigen in der Regel nur ablenkende Materialfehler wie Filmkratzer oder Schmutz bzw. das elektronische Grundrauschen. In einigen seltenen Fällen zeigen Regisseure für wenige Augenblicke Nichts und vermitteln dem Zuschauer nur über den fortlaufenden Ton, wie es weitergeht. Lange ist das Interesse mit einem Stück Schwarzfilm oder einem schwarzen Videobild jedoch nicht aufrechtzuerhalten.

Wenn der Handlungsablauf Dunkelheit vorschreibt empfiehlt es sich dennoch, mit ein klein wenig Licht zu arbeiten. Erwähnt ein Darsteller wie dunkel es ist, muß das Licht auf ein Minimum begrenzt werden. Andernfalls wirkt seine Aussage lächerlich! Eine sehr geringe Lichtmenge wirkt meist noch glaubhaft.

Bei einer Szene, die für mehrere Minuten im Dunkeln spielt, ist es ratsam, sich eine Ausrede bzw. einen Grund für ein schwaches Umgebungslicht einfallen zu lassen: eine Straßenlampe, eine blinkende Leuchtschrift, ein durch das Fenster scheinender Mond etc. Vielleicht kann man einem Darsteller eine Taschenlampe oder eine Kerze in die Hand drücken oder ihn ein Feuer machen lassen. Auf jeden Fall ist es wichtig, Dunkelheit auf irgendeine Art und Weise zu durchbrechen. Eine gut gestaltete Dunkelheit wirkt sehr aufregend und aufreizend.

Totale Dunkelheit

Auch in vollständiger Dunkelheit muß man für eine Ahnung von Licht sorgen, um ein Mindestmaß an Orientierung bzw. Umgebungsgefühl zu gewährleisten. Ein Beispiel aus einer Inszenierung: ein Mann gräbt einen Brunnen und wird verschüttet. Immer wieder zündet er ein Streichholz an, um auf seine Uhr zu schauen. Hätte man ihn schwach ausgeleuchtet und den Hintergrund völlig im Dunkeln absaufen lassen, wäre seine Umgebung nur dunkel, - mehr nicht. Das helle Aufleuchten der Zündhölzer zeigt dagegen auch den Schutt um ihn herum und macht deutlich, daß er gefangen ist. Der Unterschied in der dramatischen Wirkung ist beträchtlich.

Unter Umständen kann man in solchen Situationen auch mit einem sehr begrenzten und gebrochenen Kantenlicht arbeiten. Seitenlicht würde zu viel zeigen. Setzt man von vorne kommendes Licht ein, sollte es äußerst schwach und von unregelmäßigen Schattenmustern durchzogen sein. Je weniger Fragmente sichtbar werden, desto dunkler wird die Umgebung empfunden. Wenn möglich, sollten auch keinerlei Schatten sichtbar sein.

Mit weiteren fragmentarischen Lichtpunkten kann man dem Publikum Anhaltspunkte für Entfernungen, Größenordnungen und Verhältnisse geben. Ein unbeleuchtetes Detail ist für die Kamera als solches nicht existent. Schon ein winziger Lichtstrahl kann helfen, einen Raum einzuschätzen. Sonderbare und zufällige Lichtpunkte hingegen lenken nur ab und sagen nichts aus.

Einsatzmöglichkeiten von Dunkelheit

Dunkelheit kann sowohl aus dramatischen wie aus praktischen Gründen eingesetzt werden.

- *Verbergen* Sie kann den Zuschauer daran hindern die Umgebung deutlich zu erkennen. Sind ein oder zwei Büsche zu sehen, wird das Publikum in der Dunkelheit einen Wald vermuten, auch wenn dieser (z.B. im Studio) überhaupt nicht existiert.
- *Informationen vorenthalten* In einem dunklen Flur sehen wir nur die Füße einer uns unbekannten Person. Der Rest des Körpers verbirgt sich im Schatten.

- *Neugierde wecken* Die Kamera schwenkt über ein dunkles Kinderzimmer im viktorianischen Stil. Ein Huf eines hölzernen Schaukelpferdes sieht im Halbdunkel aus wie eine tastende Hand, der Pferdeschwanz wie die Haare einer am Boden kauernden Person.
- Mystifizieren Ein Dieb flüchtet nachts in ein Kaufhaus. In der Dunkelheit sehen wir zunächst nur Bruchstücke der Umgebung und wundern uns, was dies für ein Ort ist.
- *Verstärken* Ein schwaches Gegenlicht kann Objekten in dunkler Umgebung eine mystische Qualität verleihen. Bäume und Pflanzen mit einem von einer versteckten Lichtquelle verursachten Lichtkranz kommen sehr verfremdet zur Geltung. Das Gegenlicht glänzt und reflektiert in den Blättern.
- *Furchterregen* Gebrochene Schatten, schroffe Lichtstrahlen, grobe Modellierung und in tiefen Schatten verborgene Bereiche schaffen eine Umgebung, in der Gefahr zu lauern scheint.

Mondlicht

Mondlicht ist für das Auge etwas anderes als für die Kamera. Im Prinzip ist es ganz einfach reflektiertes Sonnenlicht: eine sehr schwache und harte Lichtquelle von einer sehr ähnlichen Farbtemperatur. (Theoretisch würde man mit extrem langen Belichtungszeiten Abbildungen in Tageslichtqualität bekommen. Tatsächlich verändert sich jedoch auf Grund gewisser Eigenschaften des Filmmaterials bei sehr langen Belichtungszeiten die Farbbalance.)

Bei sehr geringen Lichtintensitäten verändert sich auch die Farbwahrnehmung unserer Augen (Purkinje-Effekt). Bei Tageslicht sind sie besonders empfindlich für den gelbgrünen Bereich; bei schwachem Licht für den blauen Bereich. Deshalb empfinden wir Mondlicht als bläulich und sehen in einer mondbeschienenen Landschaft so gut wie keine Farben.

Entsprechend wird zur Simulation des Mondlichts blaues Licht verwendet, das auch den anderen szenischen Objekten ihre Eigenfarbe nimmt. (Zur Erinnerung: farbige Oberflächen reflektieren nur den spektralen Anteil des Lichts, der auf sie trifft.) Viele Regisseure bevorzugen für Mondstimmungen ein helles Blau und/oder ein schwaches Grün. Verwendet man sehr blaues Licht oder dunkelblaue Filter vor den Scheinwerfern oder dem Objektiv, wird das Ergebnis unecht wirken, speziell bei Portraits.

Bei Mondlicht-Szenen werden Objekte vorzugsweise von hinten angestrahlt, um ihre Begrenzungen und Kanten zu betonen. Bei Gesichtern kann man Schattenpartien mit einem schwachen Aufhellicht von der Seite oder von vorne vorsichtig aufhellen. Ein steil angesetztes Aufhellicht betont die Modellierung und verstärkt die Kontraste. Größere Hintergrundbereiche läßt man normalerweise im Dunkeln oder man hebt nur einige wenige Punkte selektiv hervor. Auch der Himmel bleibt normalerweise fast oder ganz dunkel.

Fällt bei Handlungen im Freien warmes, gelb-orangefarbenes Licht aus Fenstern oder Türen von benachbarten Gebäuden auf Teile der nächtlichen Szenerie, wirkt das kalte Mondlicht noch kälter.

Wenn nur die Kanten von Objekten betont werden sollen, kann man ausnahmsweise auch weißes Licht einsetzen. Bei wechselnden Kamerastandpunkten läuft man hierbei jedoch Gefahr, daß die Lichtkontinuität von einer Einstellung zur nächsten zerstört wird (Abbildung 6.17).

Aus dramatischer Sicht gibt es mehrere Mondlicht-Varianten: den romantischen Mondlichteffekt bei tiefblauem Himmel, den sichtbaren Mond, den Mond als Gegenlicht ... bis hin zur beängstigenden Dunkelheit einer mondlosen Nacht (weitgehender Verzicht auf Füllicht), z.B. bei einer Schmuggelszene oder kriminellen Handlungen.

Gebrochenes/ gesprenkeltes Licht in Innenräumen

1. Eine gleichmäßige Grundausleuchtung macht alles deutlich sichtbar, schafft aber wenig Atmosphäre..

2. Licht- und Schattenmuster verringern den künstlichen Eindruck und erzeugen eine wohnlichere Atmosphäre

Low-Key Einstellungen

Für low-Key-Aufnahmen wird mit sehr begrenztem Licht und dichten Schatten gearbeitet.

1. Die sehr unterschiedlichen Helligkeitswerte in dieser Einstellung vermitteln das Gefühl, daß die Person in nächster Nähe zu einer Lichtquelle sitzt: z.B nachts, vor einem Fenster oder bei einem Lagerfeuer. Diese Ausleuchtung wird auch gerne für (Nacht-)Aufnahmen von Personen in Fahrzeugen eingesetzt, die von vorbeiziehenden Straßenlampen oder den Scheinwerfern anderer Fahrzeuge erhellt werden.
2. Die helle Tönung des Fußbodens zerstört den nächtlichen Low-Key-Effekt (ist aber kaum zu vermeiden, wenn mit von der Decke hängenden Scheinwerfern gearbeitet wird).
3. Mit einem dunklen Fußboden kommt der gewünschte Effekt wesentlich besser zur Geltung. Leider reflektieren die meisten Fußböden zu viel Licht.
4. Ziemlich tief stehende Scheinwerfer, deren Lichtstrahl zum Boden hin abgeschattet wird, verbessern den nächtlichen Low-Key-Effekt erheblich.

1

2

3

4

1

2

3

Extreme Low-Key Einstellungen

Bei extremen low-Key-Aufnahmen dienen sehr begrenzte Lichtpunkte zur visuellen Orientierung in der Dunkelheit. (Zu wenig Licht bei der Darstellung von Dunkelheit führt schlicht und einfach zu unterbelichteten Bildern, in denen nichts mehr zu erkennen ist. Zu viel Licht zerstört die Illusion der Dunkelheit.)

1. Ein eng begrenzter Lichtstrahl zeigt nur die äußern Umrisse der Person und kaum etwas von ihrer Umgebung. Es entsteht ein Gefühl von Geheimnis und Spannung.
2. Stärkere Lichtmuster auf dem Hintergrund schaffen eine Erwartungshaltung und wirken dekorativ.
3. Zu viele unterschiedliche Licht- und Schattenmuster auf Objekt und Hintergrund erschweren eine klare Bilderfassung.

Kräftige Licht- und Schattenmuster

1. Stark gebrochenes Licht wirkt dramatisch, muß aber vorsichtig eingesetzt werden, damit der Raum nicht grob und manieriert erscheint..

2. Sehr stark begrenzte Lichtflecken eignen sich besonders für Low-Key-Stimmungen

Dämmerung und Sonnenuntergang

Dämmerung und Sonnenuntergang können leicht verwechselt werden, wenn es keine anderen Anhaltspunkte für die Tageszeit gibt, wie zum Beispiel ein Hahnenschrei für den Tagesanbruch oder den Ruf einer Eule für die einbrechende Nacht.

Bei Außenaufnahmen

Am frühen Morgen und am späten Nachmittag wechseln die Lichtverhältnisse recht schnell. Sowohl die Lichtintensität, der Sonnenstand, die Farbtemperatur, das Aussehen des Himmels und die Aufhellichtqualitäten des Himmelslichts ändern sich kontinuierlich. Bei allen Einstellungen, die einen weiten Überblick vermitteln, muß man sich mit den Aufnahmen beeilen, damit es beim Schnitt keine Probleme mit der (Farb-)Anpassung der verschiedenen Einstellungen gibt. Nahaufnahmen sind in dieser Hinsicht nicht so kritisch und können nachträglich aufgezeichnet werden, da sie problemlos durch geeignete Filterung und das Aufhellicht den totalen und halbtotalen Einstellungen angeglichen werden können.

Sonnenaufgangs- und -untergangsstimmungen lassen sich auch bei Tageslicht mit entsprechenden Filtern vor der Kamera und anderen Mitteln künstlich simulieren, zum Beispiel mit Farb- und Grauverlaufsfiltern, goldenen und silberblauen Reflektoren und großflächigen Diffusionsmaterialien zur Abschwächung der Kontraste.

Im Studio

Bei Studioaufnahmen sind Sonnenaufgang und Abenddämmerung meist außerhalb eines Fensters oder einer Tür zu sehen. Der anbrechende Tag läßt sich mit einem himmelsfarbenen Tuch oder einem hellblau angestrahlten Hintergrund mit einem gelben Streifen andeuten. Mit zunehmendem Gelb-Anteil wird auch das Hellblau des Himmels intensiver. Schließlich überstrahlt und verdrängt der hellblaue Himmel das Gelb. Es ist Tag geworden.

Die Abenddämmerung vollzieht sich (in umgekehrter Weise) ähnlich. Der blaue Himmel wird dunkler und im unteren Bereich Rot-Orange. Dieser rot-orange farbene Streifen wird immer schmaler, bis er ganz verschwindet. Jetzt ist die Nacht angebrochen. Ist der Horizont im Bild nicht zu sehen, wirkt der entsprechende Lichteffekt überzeugender, wenn er nur auf einer Seite der Szenerie angedeutet wird.

Obgleich diese Ansätze sehr stereotypisch sind wird man, wenn man sich um subtilere und realistischere Effekte bemüht hat, spätestens im Aufzeichnungsergebnis feststellen müssen, daß sich der zusätzliche Aufwand kaum gelohnt hat.

Sonnenlicht

Ist real (gut) genug?

Beim Versuch, den natürlichen Lichteindruck künstlich nachzustellen, wird man oft hin- und hergerissen zwischen dem Realitätsanspruch und dem Wunsch nach schönen Bildern. Steiles tropisches Sonnenlicht zum Beispiel verursacht harte Schatten und eine grobe Modellierung. Mit zusätzlichem Aufhellicht und einem niedrigeren Führungslicht sieht auch in den Tropen eine Portraitaufnahme wesentlich attraktiver aus. Aber der tropische Sonnenlichteffekt geht verloren!

Ein einziger Schatten

Die Sonne wirft immer nur einen einzigen Schatten. Wenn uns die Ausleuchtung von Objekten durch die Sonne nicht gefällt, helfen wir uns mit Reflektoren oder zusätzlichen Lichtquellen. Diese verbessern zwar die Ausleuchtung, werfen aber zusätzliche Schatten. Außenaufnahmen (real oder im Studio) von Personen vor einem Hintergrund, auf den ein halbes Dutzend Schatten fallen, sind unglaubwürdig. Selbst ein unaufmerksamer Zuschauer wird spüren, daß hier etwas nicht stimmt.

Jede Studioszene, die bei Tageslicht spielt, sollte strenggenommen nur von einem einzigen Führungslicht angestrahlt werden, da der realistische Anspruch nur einen Schatten erlaubt. Aber selbst wenn es technisch machbar sein sollte, die ganze Szenerie mit nur einem Führungslicht auszuleuchten, wird dies die gestalterischen Möglichkeiten beträchtlich beschneiden.

So versucht man zumindest pro Einstellung nur einen Primärschatten zu erzeugen. Daß in der nächsten Einstellung der Primärschatten eine ganz andere Richtung hat wird niemandem auffallen, besonders wenn er auf einen dunklen oder sehr unregelmäßigen Hintergrund trifft.

Visuelle Kontinuität

Im täglichen Leben ändert sich unsere Blickweise relativ langsam, da wir uns ständig und unbewußt den Veränderungen der Umgebungsverhältnisse anpassen. Hier finden wir es ganz normal, wenn ein Objekt von einem Beobachtungsstandpunkt stark erleuchtet und vom gegenüberliegenden Standpunkt als Silhouette erscheint. Schneidet man im Film Einstellungen von diesen beiden Standpunkten zusammen, empfinden wir diesen plötzlichen Wechsel als Irritation, verlieren kurzfristig die Orientierung und reagieren verstört. Es dauert einen Augenblick bis wir begreifen, was passiert ist.

- Folglich funktioniert bei Aufnahmen mit einer dominante Ausleuchtungsrichtung die Anpassung nur dann problemlos, wenn beim Einstellungswechsel:
- der Kamerastandpunkt sich nicht allzu drastisch ändert oder

die Kamera von einem Standpunkt zum nächsten fährt (auf Schienen oder einem Dolly).

Andernfalls sollte man vermeiden, solche Einstellungen direkt hintereinander zu schneiden.

Licht aus mehreren Richtungen

Mit Ausnahme von hochdramatischen Situationen sind Regisseure nicht sonderlich erfreut, wenn bei einer Nahaufnahme ein Gesicht im Schatten liegt oder nur halbseitig erleuchtet ist. Wenn eine Person ihren Kopf vom Licht bzw. der Sonne wegdreht, bleibt kaum eine andere Möglichkeit, als ein zusätzliches Führungs- oder Aufhellicht einzusetzen, um den Kopf auch in seiner neuen Ausrichtung akzeptabel auszuleuchten. Diese künstliche Lösung ist zwar nicht durch die vorherrschenden Lichtverhältnisse gerechtfertigt, aber aus kreativen Gründen nötig, solange sie im Bildergebnis nicht übertrieben erscheint.

Innenaufnahmen sind in diesem Punkt vergleichsweise unkritisch. Bewegt sich eine Person vom Sonnenlicht am Fenster zu einem anderen Ort im Raum mit Licht aus einer anderen Richtung, wird ein Zuschauer kaum Anstoß daran nehmen. Vielleicht vermutet er ein zweites Fenster im Raum. Wechselnde Lichtrichtungen werden bei Innenaufnahmen im Gegensatz zu Außenaufnahmen sehr selten zu einem Orientierungsverlust führen.

Wechselnde Lichtverhältnisse in Innenräumen

Von natürlichem Licht erhellte Innenräume verändern ihr Aussehen mit dem Wechsel der Tageszeiten sehr langsam und auf kaum wahrnehmbare Weise. Obgleich sich nur in wenig dramatischen Produktionen eine fortlaufende Handlung über mehrere Stunden hinzieht, gibt es Handlungsabschnitte, die zu unterschiedlichen Tageszeiten spielen. Zwischen den Extremen Tag und Nacht existieren viele subtile Abstufungen, deren Differenzierung für atmosphärische Wechsel sehr wichtig sein kann.

Stellen wir uns einen Raum und seine Veränderungen bei Tagesanbruch vor.

Es ist Nacht. Durch das Fenster sehen wir vage die Silhouette von Bäumen vor einem dunklem Himmel. Kurz vor Sonnenaufgang wird es vor dem Fenster ein wenig heller; der Raum bleibt noch dunkel; Einrichtungsgegenstände sind kaum voneinander zu unterscheiden.

Mit dem Sonnenaufgang zeichnet sich die Silhouette der Bäume scharf vom heller werdenden Horizont ab und auch der Raum wird heller. Die helleren Gegenstände im Raum werden erkennbar.

Nach Sonnenaufgang wird die dem Fenster gegenüberliegende Wand erhellt und die dunkleren Objekte im Raum werden sichtbar; desgleichen Details in den schattigen Bereichen.

Mit steigender Sonne wird auch der Lichteinfallswinkel steiler. Das in den Raum dringende Licht wird von verschiedenen Gegenständen reflektiert und die Gesamthelligkeit nimmt zu. Auch die Wand auf der Fensterseite wird erhellt. Objekte im Raum werfen deutliche Schatten. Sonnenreflexe von spiegelnden Oberflächen erzeugen Lichtpunkte.

Steigt die Sonne noch höher, kann es sein, daß ihr Licht nicht mehr direkt in den Raum fällt. Die Wände werden wieder dunkler und die Gesamthelligkeit im Raum nimmt (mit zunehmendem Abstand vom Fenster) wieder ab.

Die Effekte verändern sich natürlich je nach Wetterlage, der Ausrichtung des Raumes, der Anzahl der Fenster, der Inneneinrichtung etc. Um die eigene Aufmerksamkeit zu schulen, fängt man am besten damit an, sich genaue Notizen über die Lichtveränderungen während des Tagesablaufs in den eigenen vier Wänden zu machen.

Lichtveränderungen

Einer der faszinierenden Aspekte bei der Ausleuchtung einer Szene ist die Leichtigkeit, mit der allein durch Lichtwechsel das Erscheinungsbild einer Szene grundlegend verändert werden kann. Solche Veränderungen können vorgenommen werden:

- bei abgeschalteter Kamera, d.h. durch Lichtveränderungen während der Drehpausen und
- bei laufender Kamera, innerhalb der Inszenierung, so daß die Lichtveränderungen im Handlungsablauf sichtbar sind.

Es gibt gute und weniger gute Augenblicke für Lichtveränderungen. Bei Musikveranstaltungen sollten sie, wenn möglich, auf die Musik und die Einstellungswechsel abgestimmt werden. Verändert man während eines Zwischenschnitts auf die Großaufnahme eines Darstellers die Hintergrundfarbe von Grün zu Rot, wird das Publikum bei der nächsten Totalen irritiert sein.

Andererseits kann bei durchlaufenden Handlungen eine Nahaufnahme die passende Gelegenheit sein, das Licht für einen neuen Handlungsbereich unauffällig anzupassen: so kann man zum Beispiel während der Nahaufnahme einer Person an der Tür das Licht am (gerade nicht sichtbaren) Tisch verändern, wo die Handlung in der nächsten Einstellung fortgesetzt wird.

Atmosphärische Veränderungen

Wenden wir unsere Aufmerksamkeit auf die Möglichkeiten, mit Licht eine Produktion aussagekräftiger und dynamischer zu machen. Die folgenden Beispiele zeigen ein paar Verfahren, die für diesen Zweck in Betracht gezogen werden können.

Schneller, totaler Wechsel

Eine plötzlicher Lichtwechsel verändert das gesamte Erscheinungsbild einer Szene und kann für überraschende Entdeckungen bzw. Enthüllungen genutzt werden:

- Jemand öffnet den Vorhang vor dem Schlafzimmerfenster und wir realisieren, daß es bereits Tag ist. Die Sonne bricht durch das Fenster, überflutet das Schlafzimmer mit Licht und wirft den Schatten des Fensterrahmens auf die Bettdecke.
- Jemand wandert nachts durch eine Heidelandschaft. Die Wolkendecke, die den Mond verbirgt, bricht für einen Augenblick auf und wir sehen ein Schild, das vor einem Minenfeld warnt.

Atmosphärische Veränderungen (1)

1. Gleichmäßiges, weiches Grundlicht zeigt alles in aller Deutlichkeit, schafft aber keine Atmosphäre.

2. ***Früh am Morgen*** Das Hauptlicht kommt durch ein imaginäres Fenster von rechts und regt durch seine partielle Beleuchtung von Teilen der Einrichtung die Phantasie an.

Atmosphärische Veränderungen (2)

1. ***Früher Nachmittag*** Das Zimmer ist bis auf wenige Bereiche vollständig ausgeleuchtet und alle Details sind klar zu erkennen. Durch das Fenster dringendes Licht vermittelt den Eindruck von Himmelslicht.

2. ***Später Nachmittag*** Durch das Fenster einfallendes Sonnenlicht trifft hauptsächlich auf Einrichtungsgegenstände in Fensternähe. Der restliche Raum liegt weitgehend im Schatten und der Gesamteindruck wirkt geschlossen bis eng.

Atmosphärische Veränderungen (3)

1. ***Abend*** Der Raum wird von niedrig einfallendem Abendlicht erhellt. (Der Schattenwurf des Fensters wird durch die vielen Raumdetails aufgebrochen.)

2. ***Nacht/ Mondlicht*** Der Charakter des Raums wird durch die von Deckenlampen erzeugten Lichtzonen bestimmt. Die dunklen Schattenbereiche verbergen sehr viel und wecken Neugierde. Möbelstücke sind nur undeutlich zu erkennen. Das Zimmer wirkt insgesamt recht gemütlich.

Atmosphärische Veränderungen (4)

1. ***Grob und schäbig wirkende Nachtstimmung*** Der Raum ist heller als im letzten Beispiel, aber die harten Kontraste erzeugen ein Gefühl von Unruhe und Unordnung.

2. ***Verlassener und unbeleuchteter Raum bei Nacht***

   Das Zimmer wirkt dunkel, verlassen und geheimnisvoll.

♦ *Verbergen* Ein schneller Lichtwechsel kann dazu dienen, dem Zuschauer weitere Informationen vorzuenthalten. Ein Schütze feuert auf eine Lampe und das Zimmer wird dunkel.

♦ *Stimmungswechsel* Die Stimmung einer Szene verändert sich auf einen Schlag, wenn zum Beispiel in einem von Kerzenlicht sehr verträumt ausgeleuchteten Raum plötzlich die Deckenlampe eingeschaltet wird.

♦ *Lichtveränderungen* müssen nicht immer durch Lichtwechsel erzeugt werden. Eine Person, die vom weichen, diffusen Licht einer Tischlampe angestrahlt wird, macht einen Schritt nach vorne und gerät in den harten, bedrohlich wirkenden Lichtstrahl eines Bodenscheinwerfers.

♦ *Raumlicht* Die bekannteste Form des schnellen Lichtwechsels passiert immer dann, wenn eine Person einen dunklen Raum betritt und das Licht anschaltet. Hier wird auf eine vollständig neue Ausleuchtung gewechselt. Die beste Methode für diese Lichtveränderung ist eine direkte Verbindung vom Lichtschalter an der Tür mit dem Lichtstellpult. Nur in Live-Übertragungen sollte man auf diese Methode verzichten da es schon vorgekommen ist, daß Darsteller vergessen haben den Lichtschalter zu betätigen und es sich im Dunkeln in einem Stuhl bequem gemacht haben. Wenn das Raumlicht bei einer solchen Panne von der Beleuchtungstechnik langsam aufgezogen werden muß, wirkt dieser Lichtwechsel peinlich! Aus diesem Grund sollte man Lichtwechsel in Live-Sendungen nur direkt vom Lichtstellpult steuern. Hier muß der Darsteller jedoch darauf achten, daß seine Hand so lange auf dem Schalter ruht, bis das Raumlicht auch wirklich eingeschaltet wurde!

Übergänge

Atmosphärische Lichtwechsel lassen sich auf zwei verschiedene Weisen durchführen:

- *Hinzufügen von Scheinwerfern* Eine Gruppe von Scheinwerfern ist für die Grundausleuchtung zuständig; eine zweite Gruppe wird hinzugeschaltet. Diese Methode hat den Vorteil, daß die Schaltleistung sich in Grenzen hält und eine gewisse Lichtkontinuität gewahrt bleibt.
- *Wechsel von Scheinwerfergruppen* Hier wird die Szene mit zwei unterschiedlichen Scheinwerfergruppen ausgeleuchtet und von einer Gruppe auf die andere umgeschaltet. Manchmal kann diese Methode jedoch merkwürdige Effekte mit sich bringen: wenn zum Beispiel in einem Schlafzimmer die Nachttischlampen ausgeschaltet werden und plötzlich ein Mondlichteffekt auf der Schlafzimmerwand erscheint. Darüberhinaus kann der Lichtwechsel ein wenig ruppig aussehen, da Lampen von unterschiedlicher Leistung nicht immer gleichzeitig ihre maximale Intensität erreichen sondern unterschiedliche Aufwärmzeiten haben können.

♦ *Feuer anzünden* Wenn der Lichteinsatz exakt mit der Handlung einer Person abgestimmt werden muß, zum Beispiel beim Anzünden oder Ausblasen einer Öllampe, sollte man bedenken, daß sich dieser Vorgang in mehreren Schritten vollzieh, die beim Lichtwechsel entsprechend nachvollzogen werden müssen: ein Streichholz wird angezündet; der Docht beginnt zu brennen; das Glas wird auf die Lampe gesetzt. Man kann zwar den ganzen Vorgang durch ein langsam zunehmendes Licht unterstützen aber es sieh besser aus, wenn auch der Lichteffekt zumindest in zwei Schritte zerlegt wird, z.B. Streichholz anzünden und Docht beginnt zu brennen.

Wenn jemand eine Kerze ausbläst ist es schwierig, den Lichteffekt mit der Handlung zu synchronisieren. Wird die Kerze mit angefeuchteten Fingern gelöscht, hat man einen besseren Bezugspunkt für den Einsatz.

- *In einem Fahrzeug* Mit bewegten Licht- und Schattenmustern, die von Projektoren erzeugt und ständig umgeschaltet bzw. überblendet werden, läßt sich auch in einem stehenden Fahrzeug ein guter nächtlicher Fahreffekt herstellen. Der alte Trick, mit einem kleinen Ast vor einem Scheinwerfer hin- und herzuwedeln, ist ebenfalls ganz brauchbar (wenn man es richtig macht).

Schneller Wechsel in begrenzten Bereichen

Hier wird nur in einem begrenzten Bereich der Szene Licht hinzugefügt oder reduziert: wenn zum Beispiel ein Darsteller eine Tischlampe anschaltet oder eine Kerze löscht. Die erfolgreiche Wirkung eines solchen Lichtwechsels hängt nicht nur von seiner Synchronität mit der Handlung sondern auch von seiner genauen Abstimmung mit dem szenischen Umfeld ab.

♦ *Realismus* Schaltet jemand eine zusätzliche Lichtquelle ein, muß man darauf achten, daß:

- ihre Intensität und ihre Richtung überzeugend wirken und
- ihr Effekt auf die angrenzende Umgebung angemessen ist.

♦ *Bewegte Lichtquellen* Bewegt sich eine Person mit einer Lampe in der Hand durch einen Raum, wird das Licht auf der Person weitgehend gleichmäßig und auf ihrer Umgebung, je nach Bewegungsablauf, heller und dunkler erscheinen.

Graduelle Lichtveränderungen über die gesamte Szene

Im Theater hat das Publikum den gesamten Handlungsablauf ständig im Blick und schon feine Veränderungen der Ausleuchtung könnensehr wirkungsvoll sein. Im Film und im Fernsehen wirken fein abgestufte Lichtveränderungen nur in längeren, (halb-)totalen Einstellungen. Bei schnellen Einstellungswechseln und Nahaufnahmen, die u.U. nicht chronologisch aufgezeichnet werden, sind geringfüge Lichtveränderungen wenig empfehlenswert. In diesem Fall sollten die Lichtveränderungen zwischen den Einstellungen deutlicher sein.

♦ *Schwächer werdendes Licht* Um die Veränderung der Lichtstimmung am Abend oder vor einem aufziehenden Gewitter zu simulieren, ist es wenig ratsam die Grundausleuchtung zu verringern. Die Zurücknahme der Lichtintensität führt zu schwachen, unterbelichteten Bildern; desgl. eine kleinere Blendenöffnung.

Um bei einem aufziehenden Gewitter die entsprechende Stimmungsveränderung anzudeuten ist es besser, das Führungslicht so zu belassen wie es ist, und stattdessen die Intensität des Aufhell- und des Gegenlichts herabzusetzen und vielleicht noch die

Wirkung von Schatten auf die Umgebung

Der Schattenwurf von zwei Männern am Amboß einer Schmiede wirkt äußerst dramatisch und ist mit einfachsten Mitteln herzustellen. Man benötigt für den Effekt nur die Holzwand und eine einzige Lampe.

Angedeutetes Licht

Die Laterne des Jungen beleuchtet sein Gesicht und nur sehr wenig von der Umgebung. Der Gesamteffekt wurde mit zusätzlichem Licht sehr vorsichtig und sorgfältig aufgebaut.

Dekorative Schatten

Dies ist eine gelungene Mischung von natürlichen und dekorativen Effekten. Besonders die Schatten sind sehr wirkungsvoll. Wenn man die Ausleuchtung auf ihren Realitätsgehalt hin überprüfen möchte, muß man sich die Verbindungslinien zwischen den Schatten und den Objekten, die sie verursachen, vorstellen. Das steil von oben kommende Licht auf der Türe, der von einer Bodenlampe erzeugte Schatten des Treppengeländers und die gute Ausleuchtung auf dem Bild an der Wand passen zwar rational nicht zusammen, ergeben jedoch ein hervorragendes Bild.

Verstrichene Zeit

1. In dieser sehr sensibel ausgeleuchteten Szene wurde viel Aufmerksamkeit auf die Details gelegt: die Tiefenschärfe und die Balance der Helligkeitsabstufungen, der Schattenwurf vom Fensterkreuz und die abgedunkelten Wandbereiche schaffen eine überzeugende Tageslichtstimmung.

2. Der gleiche Raum einige Stunden später. Die Lichtveränderungen machen nicht nur deutlich, daß Zeit verstrichen ist, sondern unterstreichen auch die bedrückte und depressive Stimmung der Darsteller. Im Raum selbst sind keine (dekorative) Lichtquellen zu sehen. Der nach oben gerichtete Schattenwurf am Kamin verweist auf einen Bodenscheinwerfer.

Helligkeit der Wände. Der gewünschte Effekt läßt sich noch verstärken, wenn man die Intensität sichtbarer Lichtquellen, wie z.B. einer Laterne oder eines Feuers, mit schwindendem Tageslicht anhebt.

♦ *Stimmungsentwicklungen* Mit langsamen Lichtwechseln läßt sich die gesamte Stimmung einer Szene verändern. Ein Beispiel:

> zu Beginn einer Szene treffen sich zwei Liebende. Sie sind im High-Key -Stil ausgeleuchtet, mit niedrigem Führungslicht, reichlichem Aufhellicht, Sonnenlichteffekten und glamourösem Gegenlicht. Während des Gesprächs zwischen den beiden Personen kommt Spannung auf. Die Ausleuchtung wird gröber (weniger Aufhellicht), eine Reduzierung der Sonnenlichteffekte läßt den Raum unfreundlicher erscheinen und steileres Führungslicht (und der Verzicht auf ein Augenlicht) nimmt den Gesichtern ihre Attraktivität und macht sie härter.

♦ *Schwerpunkte verändern* Durch die langsame Intensivierung des Lichts in einem szenischen Bereich und eine geringfügige Abschwächung in den anderen Bereichen läßt sich ebenfalls die Aufmerksamkeit beeinflussen. Auch hierfür ein Beispiel:

> mehrere junge Mädchen sitzen zu Beginn einer Tanzstunde nebeneinander auf Stühlen und warten darauf, von einem Tanzpartner aufgefordert zu werden. Eines der Mädchen wird nicht aufgefordert. Reduziert man langsam die gleichmäßige Ausleuchtung auf der Wand hinter der Stuhlreihe auf einen Lichtpunkt, wird das Mädchen auch optisch isoliert.

♦ *Effekte verstärken* Im fortschreitenden Handlungsablauf wird ein Effekt zunehmend verstärkt. Zum Beispiel: es ist Nacht und ein Feuereffekt außerhalb eines Fensters wird stärker. Natürlich muß man darauf achten, daß der Effekt dem simulierten Ereignis angemessen ist und das Lagerfeuer einer lustigen Gesellschaft nicht den Eindruck vermittelt, als würde eine Scheune abbrennen.

Graduelle Lichtveränderungen in Teilbereichen der Szene

Punktuelle Lichtwechsel müssen sehr sorgfältig gehandhabt werden. Eine Szene spielt zum Beispiel in einem abgedunkelten Raum. Langsam öffnet sich die Tür und Licht fällt auf einen Stuhl.

Dieser Effekt läßt sich auf verschiedene Weise herstellen. Die nächstliegende Lösung wäre, einen Scheinwerfer hinter der Tür aufzustellen. In einer durchlaufenden Szene könnte es jedoch passieren, daß die Lampe hinter der Tür in das Blickfeld der Kamera gerät. In diesem Fall muß man mogeln und mit zwei Scheinwerfern arbeiten: ein Scheinwerfer steht - für die Kamera unsichtbar - hinter der Tür und ein zweiter Spotscheinwerfer wird direkt auf den Stuhl ausgerichtet. Beim Öffnen der Tür wird das Spotlicht für den Stuhl vorsichtig aufgezogen.

Dekorative Ausleuchtung

Dekoratives Licht hat sich bei Pop-, Musik- und Tanzveranstaltungen in einem Maße etabliert, daß es schwierig ist, sich etwas neues einfallen zu lassen. Eine Vielzahl dekorativer und effektvoller Ausleuchtungstechniken hat sich über die Jahre regelrecht abgenutzt. Speziell beim Fernsehen greift man für die optische Abwechslung auch immer stärker auf Video-Effekte zurück mit dem Ergebnis, daß in manchen Fällen die Effekte das eigentliche Ereignis vollständig überlagern und in den Schatten stellen!

Dekoratives Licht wird meist für den Hintergrund, den Boden und szenische Details eingesetzt und manchmal auch für die Darsteller. Die folgende Auflistung soll noch einmal einige der vielfältigen Möglichkeiten in Erinnerung rufen.

- Szenisches Licht:: durchscheinende, von hinten erleuchtete Materialien; von vorne beleuchtete Flächen; Streiflichter, Spots, Beleuchtung der Bühnenbegrenzungen etc.
- *Hintergrund*: Farben und Farbschattierungen; verschiedenfarbige Tönungen, Muster und Punkte; beleuchtete Säulen und Bögen; Lichtstreifen und Reflexionen.

Abb. 8.4 Lichtveränderungen

1. Durch Ausleuchtungsveränderungen kann man die Aufmerksamkeit auf andere Bereiche lenken.

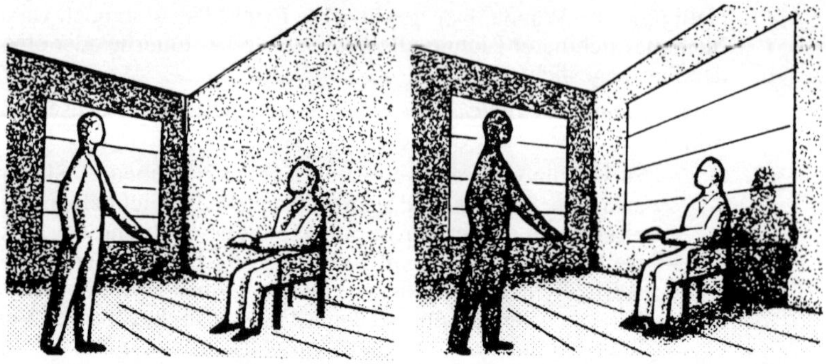

2. Lichtwechsel ermöglichen auch eine Veränderung der Helligkeitsabstufungen und der Stimmung.

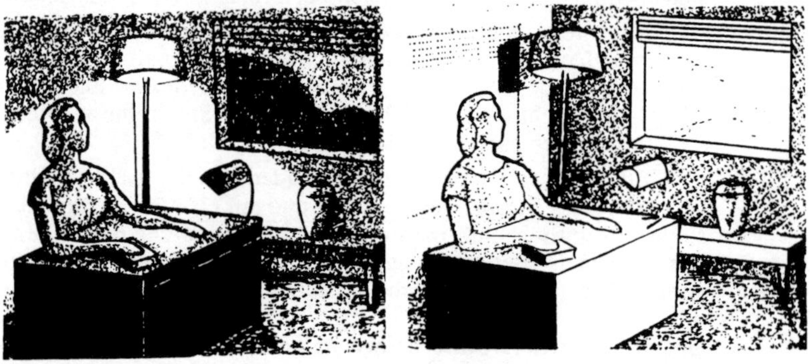

3. Durch verschiedene Kombinationen punktueller Ausleuchtung kann man die Gewichtung von Zonen und Raumverhältnissen variieren und Einfluß auf Formen, Strukturen und die Perspektive nehmen.

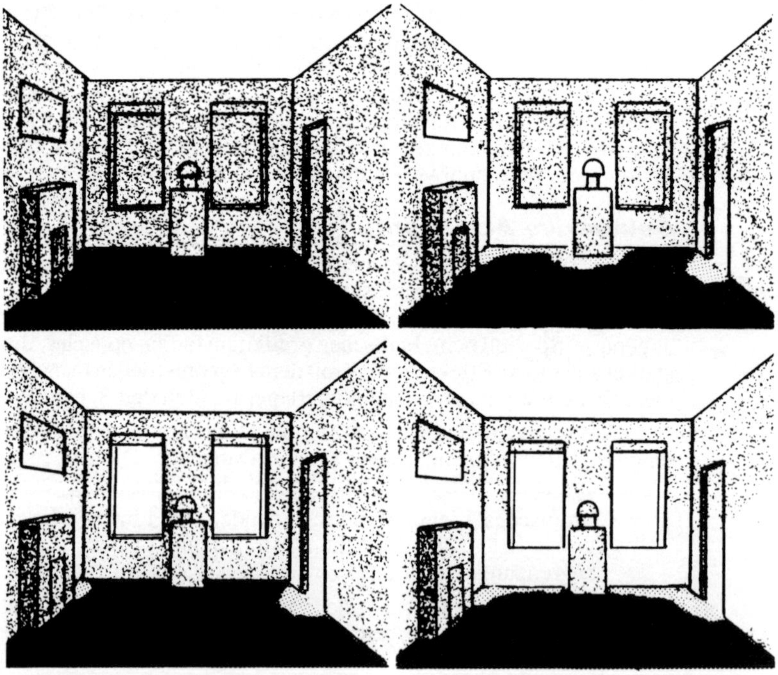

Abb. 8.5 Dekorative Licht-Effekte

In diesem Beispiel finden sich folgende dekorative Lichteffekte:

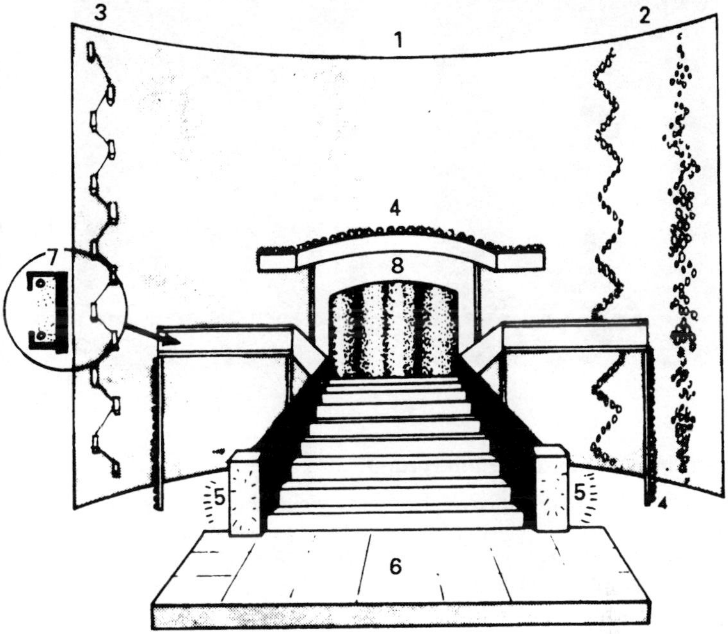

1. Vom Boden nach oben gerichtete Spotscheinwerfer beleuchten den Rundhorizont strahlenförmig.
2. Girlandenförmige Lichterketten.
3. Zickzackförmige Metallschiene mit Lampenfassungen.
4. An den Dekorationskanten befestigte Lampen.
5. Reflektierende Verkleidungen (gehämmerte Metallflächen, bearbeitete Kunststoffmaterialien, Pailletten, usf.).
6. Von innen bzw. hinten beleuchtete Treppen und Böden (Glas- oder Kunststoffplatten).
7. In der Dekoration verborgene Lampen, die deren Kanten betonen.
8. Geschlitzte/streifenförmige Vorhänge aus reflektierendem Material; Lametta; Glitzerschmuck usf.

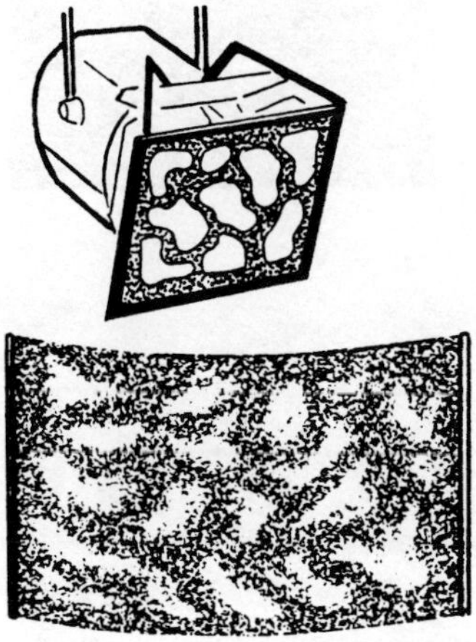

Abb. 8.6 Hintergrundmuster

Zufällige Licht- und Schattenmuster auf dem Hintergrund erzeugen interessante abstrakte Effekte und eignen sich für die verschiedensten Produktionen. Am einfachsten lassen sie sich mit durchbrochenen oder gestanzten, vor den Scheinwerfern befestigten Schablonen erzeugen (sogenannten Gobos bzw. Cookies). Unscharfe Licht- und Schattenmuster sind in der Regel wirkungsvoller.

1

2

3

Lichtmuster auf dem Hintergrund

1. Ein Lichtmuster auf dem Hintergrund kann die Aufmerksamkeit auf ein Objekt oder einen Objektausschnitt lenken. (Das Führungslicht auf dem Objekt und das Lichtmuster auf dem Hintergrund stammen von verschiedenen Scheinwerfern.)
2. Projizierte Muster auf dekorativen Hintergrundmaterialien sind weniger wirkungsvoll.
3. Auf einem gleichmäßigen Hintergrund kommen Licht- und Schattenmuster am besten zur Geltung.

1

2

3

Schärfe von Mustern

1. Schräg auf den Hintergrund projizierte Muster wirken verzerrt und in einigen Bereichen unscharf. Die Aufmerksamkeit richtet sich auf den schärferen Bereich.
2. Scharfe, kontrastreiche Muster vermitteln einen dynamischen und kräftigen Eindruck.
3. Unscharfe Muster wirken vage, verschwommen oder delikat.

1

2

Extreme Hintergrundmuster

1. Das projizierte Muster dominiert die Szene und fesselt die Aufmerksamkeit.
2. Die Muster auf dem Boden und der Wand sind ein äußerst dekorativer Hintergrund für die Aktion im Vordergrund.
3. In diesem Bild erzeugt das gleiche Muster in Verbindung mit dem Schatten der Person einen bedrohlichen Effekt.

3

- *Projizierte Muster:* realistische Projektionen (Bäume, Skyline); dekorative Formen (Blumen, Sonnenstrahlen, Schachbrettmuster etc.); abstrakte Motive.
- *Schatten:* von verschiedenartigen Schattenschablonen, Netzen, Gittern etc.
- *Lichtmuster:* weiße oder vielfarbig blinkende Lampen, - aufgereiht, girlandenartig, traubenförmig, die gesamte Bühne umrahmend etc.
- *Lichtbewegungen:* Verfolgerspots; unterschiedlichste Bewegungsmuster - rotierend, umherwirbelnd, nervös blinkend, glitzernd, flackernd, explodierend etc.

Manche dekorativen Lichteffekte lassen sich manuell herstellen, andere können vom Lichtstellpult, automatisch oder akustisch ausgelöst werden.

Lebendiges Licht

Lichtbewegungen und bewegtes Licht erfüllen Szenen mit Leben, z.B. die Reflexionen einer Wasseroberfläche auf eine Person, die sich über die Reling eines Schiffes beugt. Bewegte Lichteffekte eignen sich auch hervorragend für dramatische Zwecke, um Spannung und Unruhe zu erzeugen und das Tempo zu steigern: z.B. blinkende Lichteffekte und über den Handlungsraum schweifende Suchscheinwerfer. Lebendiges Licht kann eingesetzt werden für:

- Dekorative Effekte - schnell umherschwirrende Lichtpunkte einer verspiegelten, sich drehenden Kugel; rotierende und flackernde Farben.
- Umgebungseffekte - flackerndes Herdfeuer; fließende, streifenartige Schatten auf einer Wand, verursacht von Regen, der in Strömen an einer Scheibe abläuft; rhythmisch blinkendes Licht einer Ampel oder einer Leuchtreklame; vorbeiziehendes Licht aus den Fenstern eines Zuges, der selbst nicht zu sehen ist.
- Durch die Handlung verursachte Effekte - eine in einem Kampf angestoßene, hin- und herschwingende Deckenlampe.

Inzwischen wissen Sie einiges über den kreativen Umgang mit Licht, aber noch recht wenig über die spezifischen Eigenschaften der verschiedenen Lichtquellen. Um diese wirklich effektiv einsetzen zu können, muß man jedoch auch mit deren Möglichkeiten und Grenzen vertraut sein.

Die verschiedenen Lichtquellen

- Beim Film und beim Fernsehen kommen folgende Lichtquellen zum Einsatz:
- Normale Glühbirnen/Glühfadenlampen.
- Spezielle Glühlampen für Foto- und Filmaufnahmen.
- Verspiegelte Glühlampen.
- Halogen-Glühlampen.
- Halogen-Metalldampflampen/Entladungslampen.
- Leuchtstofflampen.

Zunächst einmal ist es wichtig, für jeden Scheinwerfer die geeignete Lampe mit der entsprechenden Lampenfassung zu verwenden. Es gibt Dutzende von Lampenfassungen und verschiedene Anordnungen der Glühfäden, je nach Verwendungszweck und Konstruktion der Scheinwerfer. Manche Lampen können in jeder Position betrieben werden, andere nur waagrecht, senkrecht oder in einem bestimmten Toleranzbereich. Mit dem aus drei Buchstaben bestehenden ANSI-Code (American National Standards Institute) werden die wichtigsten Eigenschaften der Lampen beschrieben: Form und Größe, Sockel bzw. Fassung und Wirkungsbereich. Darüber hinaus haben die meisten Lampenhersteller ihre eigenen Typenbezeichnungen.

Normale Glühlampen

Am weitesten verbreitet sind Glühbirnen mit einem Glühfaden aus Wolfram (auch der Glühfaden von Halogenlampen ist aus Wolfram!). Die klassische, noch immer für viele Ausleuchtungszwecke eingesetzte Glühbirne wird jedoch mehr und mehr von Halogen-Glühlampen und Entladungslampen abgelöst. Die großen Vorzüge der normalen Glühlampe sind ihr geringer Preis, ihre lange Lebensdauer und Zuverlässigkeit, die enorme Bandbreite an verfügbaren Leistungen (von ein paar Watt bis 20kW) und ihre normalen Lampenfassungen.

Der meist spiralförmige und von feinen Drähten gestützte Glühfaden aus Wolframdraht befindet sich in einem mit Argon Stickstoff oder einem anderen Edelgas gefüllten Glaskolben. Fließt Strom durch den Glühfaden, erhitzt er sich und und beginnt zu leuchten. Mit wachsender Spannung steigen seine Temperatur und seine Helligkeit. Bei Überschreitung der zulässigen Spannung wird der Glühfaden zerstört (ca. bei 3400°C). Hierauf muß man besonders achten, wenn Batterien neu, Akkus frisch geladen oder die Regelung der Stromzufuhr ungenügend ist. Auch eine nur kurzfristige Überschreitung der vorgeschriebenen Spannung reduziert die Brenndauer der Lampe beträchtlich. (Um Beschädigungen durch Überspannung zu vermeiden, haben manche Lampen eine vorgeschaltete Sicherung.)

Die Glaskolben haben unterschiedliche Formen und sind in der Regel klar. Opal- oder Mattglas wird meist nur bei Lampen von geringer Leistung verwendet.

Nachteile

Normale Glühlampen haben eine Reihe von Nachteilen:

- Sie wandeln einen großen Teil der elektrischen Energie in Wärme um.

- Ihre Farbtemperatur ist vergleichsweise gering und nimmt mit der Brenndauer ab. Es fehlen besonders die blauen Anteile des Spektrums.
- Der Wolframdraht ist relativ groß und erlaubt keine optimale optische Bündelung des Lichts. (Streulichtverluste und keine klar begrenzten Schatten.)
- Mit der Zeit verdunsten trotz der Edelgasfüllung Teile des Glühfadens und schlagen sich im Inneren des Glaskolbens nieder. Der Glühfaden wird durch die Verdunstung immer dünner und geht ohne jede Vorwarnung kaputt.

Für Aufnahmen mit Filmmaterial, das auf 3.200°K abgestimmt ist, gibt es Glühlampen mit entsprechender Farbtemperatur. Ihre Lebensdauer beträgt etwa 100 Stunden und mit zunehmender Betriebsdauer verringert sich ihre Farbtemperatur. Fällt diese auf ca. 3.050°K - 3.000°K, sollte die Glühlampe nur noch für unwichtige Szenenbereiche oder zur Hintergrundausleuchtung eingesetzt werden.

Was bei der Arbeit mit Glühlampen beachtet werden muß

Um dem schwarzen Niederschlag im Glaskolben entgegenzuwirken, wird bei stärkeren Lampen in der Größenordnung von 5kW und 10kW feines Wolframschrot in den Kolben mit eingeschlossen. Von Zeit zu Zeit sollte man solche Glühbirnen aus dem Scheinwerfer nehmen, den Kolben nach unten halten und ihn kreisförmig umherschwenken. Hierdurch werden die schwarzen Ablagerungen weggeputzt. Bei diesem Vorgang muß man darauf achten, daß die Wolframpartikel nicht auf den Glühfaden fallen.

Ist der Beleuchtungswinkel steiler als für den Glühlampentyp angegeben, besteht die Gefahr, daß die Lampe vorzeitig ausfällt. Der Glühwendel kann sich überhitzen und verformen, wodurch sich die optischen Eigenschaften verändern. Punktuelle Überhitzung kann auch den Kolben verformen und zerstören oder die Anschlüsse im Sockel korrodieren und schmelzen lassen.

Auch Stöße und Erschütterungen reduzieren die Lebensdauer einer Lampe beträchtlich, besonders wenn sie brennt bzw. noch heiß ist. Deshalb sollte man jeden rauhen Umgang mit Glühlampen vermeiden. Es empfiehlt sich auch, an kalte Glühlampen nicht abrupt die volle Spannung anzulegen, sondern, wenn möglich, die Spannung langsam hochzufahren. Bereits nicht mehr ganz einwandfreie Glühwendel gehen bei einer schlagartigen Belastung noch schneller in die Knie. Hat ein Glaskolben Risse (z.B durch Spritzwasser), kann Luft in den Kolben dringen. Dies kann nicht nur zu einem vorzeitigen Ausfall sondern schlimmstenfalls auch zu einer Explosion der Lampe führen, sowohl während des Betriebs als auch beim Einschalten.

Umgang mit Glühlampen

Abbildung 9.1 zeigt die Veränderung verschiedener Eigenschaften von Glühlampen, wenn die anliegende Spannung langsam von 20% unter dem normalen Wert auf 20% über dem normalen Wert erhöht wird:

- Der Lichtstrom wird stärker.
- Der Stromverbrauch nimmt zu (höhere Stromstärke).
- Der Wirkungsgrad verbessert sich.
- Die Farbtemperatur steigt; d.h. der Blauanteil wird größer.
- Die Lebensdauer reduziert sich drastisch.

Die Grafik zeigt auch, daß sich schon mit einer geringfügigen Verringerung der Spannung die Lebenserwartung der Glühlampe deutlich erhöhen läßt. Besonders in großen Fernsehstudios, in denen die Grundausleuchtung über sehr lange Zeiten eingeschaltet bleibt, ist eine geringfügig niedrigere Spannung unter mehreren Gesichtpunkten vorteilhaft. Die geringere Beleuchtungsstärke und die niedrigere Farbtemperatur (z.B. 2.950°K) lassen sich durch eine Anpassung der Kameras kompensieren. Auf der anderen Seite bringt eine höhere Spannung (z.B. 10-15%) größere Beleuchtungsstärken und eine höhere Farbtemperatur mit sich, aber die Lebensdauer der Lampen wird geringer.

Foto- und Filmaufnahmelampen

Die Glühwendel besonders leistungsstarker Filmaufnahmelampen haben eine deutlich höhere Lichtausbeute und Farbtemperatur als normale Studio-Aufnahmelampen - um den Preis einer deutlich geringeren Lebensdauer. Diese Lampen sind auch in der Fotografie weit verbreitet. Eine kleine 275W Fotolampe dieser Art hat die Lichtausbeute einer normalen Lampe von 500-750 W. Dafür beträgt ihre Lebensdauer nur ca. 2-3 Stunden.

Glüh- und Halogenaufnahmelampen mit besonders hoher Lichtausbeute werden dort eingesetzt, wo die Vorteile der hohen Lichtleistung und der hohen Farbtemperatur (3.400-3.500°K) den Nachteil der kurzen Lebensdauer aufwiegen. Es gibt sie auch mit blau eingefärbtem Glaskolben und einer Farbtemperatur von 4.800°K für Aufnahmen bei Tageslicht.

Ihr vorwiegender Einsatzbereich sind Aufnahmen vor Ort, wenn eine leistungsfähige Lichtausrüstung benötigt wird, aber die verfügbare Stromleistung begrenzt ist. Eine kompakte 3kW Lichtausrüstung mit speziellen Filmaufnahmelampen hat die gleiche Lichtausbeute wie ein 10kW Ausrüstung mit konventionellen Aufnahmelampen. Sogar aus einem Batteriegürtel gespeiste Handscheinwerfer erzeugen mit leistungsstarken Fotolampen ein äußerst intensives Licht. Wegen der geringen Lebensdauer und der schneller abnehmenden Lichtausbeute und Farbtemperatur muß man unbedingt genügend Ersatzlampen vorrätig haben!

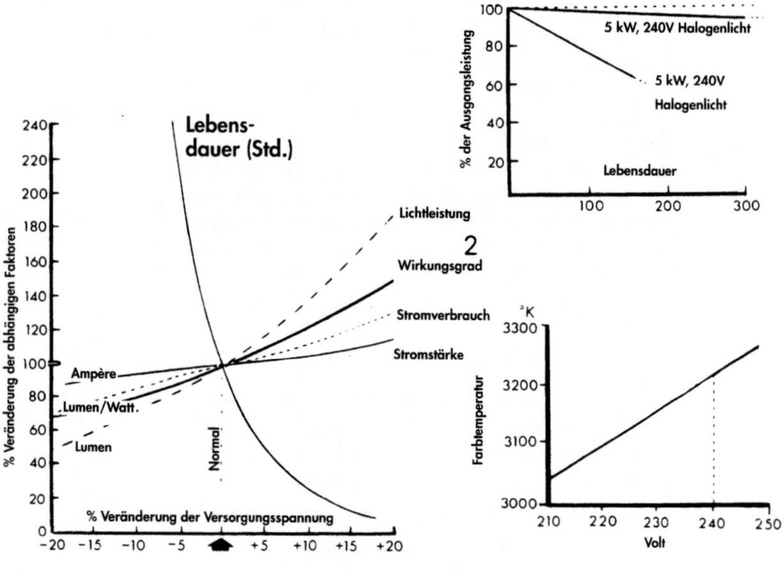

1 3

Abb. 9.1 Eigenschaften von Glühlampen

1. Weicht die Versorgungsspannung von der angegebenen Betriebsspannung ab, verändern sich einige Faktoren:

Lichtleistung (lm)

Lebensdauer (t)

Wirkungsgrad (lm/W)

Stromverbrauch in Watt (W)

Stromstärke (I)

Farbtemperatur *(siehe auch Kapitel 11)*

2. Das Verhältnis von Ausgangsleistung und Lebensdauer einer konventionellen 5kW Glühlampe und einer 5kW Halogenglühlampe.
3. Die Farbtemperaturen einer Glühlampe (3.200° K bei 240 V) bei Spannungsveränderungen.

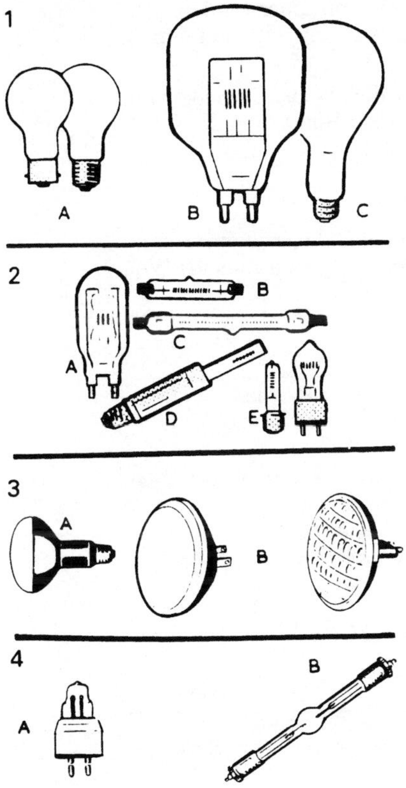

Abb. 9.2 Typische Lampen

1. Glühlampen

Sie sind vergleichsweise billig, aber ihre Ausgangsleistung und Farbtemperatur verringern sich deutlich mit zunehmender Betriebszeit.

(A) Normale Glühbirnen und Fotolampen

Typische Studiolampen:

(B) Glühlampe für Stufenlinsenscheinwerfer

(C) Mattierte Fotolampe

2. Halogen-Glühlampen

Diese sehr kompakten Lampen haben eine gleichbleibende Ausgangsleistung und Farbtemperatur.

(A) Halogenlampe für Stufenlinsenscheinwerfer.

(B, C u. D) Lampen für Aufhell- und Hintergrundleuchten, Spots ohne Vorsatzlinse usf.

(E) Lampen für Effektprojektoren und Verfolgerscheinwerfer.

3. Lampen mit eingebautem Reflektor

Der innen verspiegelte Glaskolben fokussiert das Licht.

(A) Normale Reflektorlampe

(B) PAR-Typ

4. Metallhalogen-Lampen

Diese Lampen haben einen sehr guten Wirkungsgrad und eine hohe Lichtleistung. Zu ihrem Betrieb braucht man ein Vorschaltgerät.

(A) CSI-Typ; (B) HMI-Typ

Die geringe Lebenserwartung von Fotolampen läßt sich verlängern, indem man das Licht mit reduzierter Spannung einrichtet und diese erst bei der Aufnahme hochfährt. Mit einem Dimmer oder einem regelbaren Transformator läßt sich auch der extreme, für die Lampen schädliche Spannungsstoß beim Einschalten vermeiden.

Fotolampen lassen sich gut hinter Möbeln und anderen Gegenständen verstecken und strahlen, wenn sie mit einem einfachen Reflektor versehen werden, recht breit gestreutes Licht auf den Hintergrund. Normalerweise werden auch alle Glühbirnen in szenischen Beleuchtungskörpern wie Schreibtisch-, Wand und Deckenlampen durch Fotolampen ersetzt, da normale Glühbirnen bei der hellen Studioausleuchtung zu schwach sind, um angemessen zur Geltung kommen.

Reflektorlampen

Die meisten Lampen benötigen zur Fokussierung und gezielten Ausrichtung des Lichts eine Fassung mit Reflektor. Es gibt aber auch Reflektor- und PAR-Lampen (parabolic aluminized reflector) mit einem innen verspiegelten, parabolförmigen Glaskolben. Diese Reflektorlampen fokussieren das Licht ohne ein zusätzliches Reflektorgehäuse. Es ist höchstens noch eine Fassung mit Befestigungsvorrichtungen für Zubehörteile und vielleicht ein Gehäuse zum Schutz der Lampe notwendig. Reflektorlampen gibt es ebenfalls in konventioneller Ausführung und als Foto- und Filmaufnahmelampen.

- Innen verspiegelte Lampen sind relativ billig und speziell in räumlich engen Umgebungen flexibel einsetzbar:
- Sie können mit der Hand gehalten werden.
- Mit geeigneten Halterungen oder Zwingen lassen sie sich sehr einfach an Möbeln, Türen und anderen Ausstattungsgegenständen befestigen.
- Auf einem flachen Befestigungsblech montierte Reflektorlampen lassen sich mit Klebeband an Wänden und anderen Flächen fixieren.
- Sie können auf sehr leichten Teleskopstativen angebracht werden.
- Wenn man sie an einer langen Stange befestigt, kann man sehr unzugängliche Bereiche ausleuchten bzw. steil von oben kommendes Licht erzeugen.

Die Kombination mehrerer Reflektorlampen ergibt ein gutes Flutlicht.

Reflektorlampen gibt es für hartes, fokussiertes und weich gestreutes Licht und mit Befestigungsvorrichtungen für Zubehör (Tore, Abdeckplatten etc.).

PAR-Lampen gibt es mit geriffeltem Frontglas (als Spot oder mit einer mittleren bis breiten Streuung), mit klarem Glas (Fluter), als Tageslichtversion mit integriertem Blaufilter und mit aufsteckbaren Streulinsen, Filtern etc.

Mit breit streuenden Reflektorlampen kann man größere Bereiche der Szene von nur einem Standpunkt ausleuchten. Reflektorlampen mit einer starker Bündelung des Lichtstrahls eignen sich gut zum Ausleuchten weit entfernter Objekte.

Halogen-Glühlampe/Quarz-Jod-Lampe

Die Nachteile von Glühlampen - der Verlust an Lichtausbeute und Farbtemperatur im Verlauf der Betriebszeit - wurden mit der Halogen-Glühlampe weitgehend aus der Welt geschafft.

Tabelle 9.1 Lampen

Normale Glühlampen	Für Beleuchtungskörper innerhalb der Dekoration (z.B. Wand- und Tischlampen) und lokal begrenztes Licht. Ca. 60-150 Watt; 2.600°-2.900°K; Lebensdauer ca. 1.000 Stunden.
Fotoglühlampen	Zur Verstärkung der Lichtintensität von bereits in der Szene vorhandenen Beleuchtungskörpern und für leichte, tragbare Fluter. Typischerweise 275/500/1.000 W; (mit einer vergleichbaren Ausgangsleistung von normalen Glühlampen mit 800/1.600/3.000W); Lebensdauer ca. 2/6/10 Stunden; 3.400°K
Studio-Glühlampen	Für Stufenlinsenscheinwerfer: von 100-10000 W; 3.200°K; 25-100 Stunden. Für Aufhelleuchten: 1.000-2.000 W; 3.200°K; 500-1.000 Stunden.
Halogen-Glühlampen	Für Stufenlinsenscheinwerfer: 1/2/5/10kW; 3.200°K; 150-750 Stunden; mit Hartglas- und Quarzglaskolben; (z.T. mit zwei getrennt schaltbaren Glühwendeln). Für Spots mit Reflektor (ohne Linse): Typischerweise 250 W/30 V oder 650 W/120 V bzw. 220 V; 3.200°/3.400°K; 15-75 Stunden. Für die Hintergrundausleuchtung und weiche Lichtquellen: Halogenstäbe mit 300-1.500 Watt; klar und matt; 2.950°- 3.350°K; 100-2.000 Stunden. Für Effektprojektoren und Verfolgerspots: 1.000°- 3.000°W; 3.200°K; 200-500 Stunden.
Innen verspiegelte Glühlampen	Für Lichtquellen innerhalb der szenischen Ausstattung (z.B. 60W), leichte Lampenbefestigungen und für mit mehreren Lampen bestückte Fluter; 100/300/500 W; 3.200°K; 100 Stunden; oder verspiegelte Fotolampen mit 275/375/500 W; 3.400°K; 3/4/6 Stunden; in Ausführungen mit fokussiertem und gestreutem Licht. Sollten im Freien nicht ohne Schutzgehäuse eingesetzt werden.
PAR-Lampen (Parabolic aluminized reflector)	Speziell für leichte Befestigungsvorrichtungen und mit mehreren Lampen bestückte Fluter; 75/150/200/300/500/650/1.000 W; verschiedene Typen mit hitzebeständigem optischem oder klarem Glas (fokussiert und gestreut) und verschiedenen elliptischen Lichtkegeln; Tageslichtausführungen (5.200°K) mit integriertem Filter und Ausführungen mit 3.200°K; 30/100/200/400 Stunden. Auch für den Einsatz im Freien geeignet.
Metallhalogen-Lampen	Kompakte CSI- und CDI-Typen mit sehr hoher Lichtausgangsleistung für Stufenlinsenscheinwerfer, Effektprojektoren, Verfolgerspots usf.; 1, 21/2kW; 5.500°K; 500 Stunden.

HMI-Lampen,	hauptsächlich für den Einsatz in Stufenlinsen- und Verfolgerscheinwerfern. Alle Metallhalogenlampen brauchen ein Vorschaltgerät! 200/575/1.200/2.500/4.000/5.500 W; 5.500°K; 300-750 Stunden. 6.000/8.000/12.000 W; 3.200°K.
Kohlebogenscheinwerfer	Außerordentlich hohe Lichtausgangsleistung zur Ausleuchtung großer Bereiche und für Außenaufnahmen: vom großen 225 Ampère-Brute bis zum kleineren 65 Ampère Stufenlinsen- und Verfolgerspot; 6.000/3.350°K; bis 1 Stunde.

Halogene wie Jod, Brom, Chlor und Fluor haben die Eigenschaft, mit Wolfram eine reversible, von der Temperatur abhängige Reaktion einzugehen. Die Halogene führen in einem thermischen Kreisprozeß verdampftes Wolfram zum Glühwendel zurück und verhindern somit die Schwärzung des Glaskolbens und verlangsamen auch die Verdünnung des Glühwendels. Da bei diesem Kreisprozeß Wolfram nicht gleichmäßig zum Glühwendel zurückkehrt, sondern sich vorzugsweise in kühleren Zonen niederläßt, wird die heiße Zone des Wendels immer dünner und bricht irgendwann: meist durch einen mechanischen Stoß bei eingeschalteter Lampe oder beim Einschalten selbst.

Verdunstetes Wolfram geht mit Halogen bei Temperaturen zwischen 250° und 800°C eine Verbindung ein. Kehrt diese Verbindung durch Strömungen innerhalb des Glaskolbens zum heißen Glühfaden zurück, wird sie von dessen Hitze (ca. 1.250°C) wieder in Halogen und Wolfram aufgespalten. Das Wolfram lagert sich am Glühfaden ab, das Halogen wird frei, und der Kreisprozeß kann von vorne beginnen. Am Anfang ist die Lichtausbeute einer Halogen-Glühlampe identisch mit der Lichtausbeute einer gleichstarken Glühlampe. Sie bleibt jedoch bei der Halogen-Glühlampe über eine wesentlich längere Zeit in etwa konstant. Den Quarzglaskolben darf man nicht mit den Händen, sondern nur mit Handschuhen, einem Tuch oder einem Stück Papier anfassen! In der Haut enthaltene Säuren können das Quarzglas trüben und an dieser Stelle schwächen. Sollte man das Quarzglas doch einmal aus Versehen berührt haben, muß man es sofort mit Alkohol reinigen. Halogen-Glühlampen mit Hartglaskolben sind zwar billiger, aber auch größer und haben eine geringere Lebensdauer.

Quarz-Halogenlampen haben nicht nur eine deutlich höhere Farbtemperatur als normale Glühlampen, sondern auch einen wesentlich kompakteren Ausstrahlungsbereich und erlauben somit eine effektivere Lichtführung im Scheinwerfer und durch die Scheinwerferlinse.

Lampen mit zwei Glühfäden

Einige Halogen-Glühlampen für Doppelleistungs-Scheinwerfer haben zwei Glühwendel (2,5 + 2,5kW oder 2,5 + 1,25kW), die einzeln oder gemeinsam geschaltet werden können. Das heißt, daß ein und derselbe Scheinwerfer auf unterschiedliche Leistungen umgeschaltet werden kann. Ist die Lichtintensität mit beiden Glühfäden zu groß, muß sie nicht gedimmt werden, sondern man schaltet einfach einen der beiden Glühwendel ab, ohne eine Veränderung der Farbtemperatur zu riskieren.

In Studios mit einer gesättigten Bestückung von baugleichen Scheinwerfern ermöglichen Doppelleistungsscheinwerfer eine gleichmäßig hohe und konstante Farbtemperatur.

Kohlebogenscheinwerfer

Kohlebogenscheinwerfer, die mit niedriger Spannung und hoher Stromstärke betrieben werden, waren auf Grund ihrer hohen Beleuchtungsstärke und Farbtemperatur die klassischen Lichtquellen der Filmstudios. Ein Kohlebogen ist eine sehr konzentrierte, punktförmige Lichtquelle, die sich wegen ihres harten und scharfen Lichts hervorragend zur Modellierung und Herausarbeitung von Strukturen eignet. Mit der Entwicklung von neuen, ebenfalls sehr starken aber wesentlich kleineren und wartungsfreudlicheren

Scheinwerfern, sind die Kohlebogenscheinwerfer in den Film- und Fernsehstudios so gut wie ausgestorben.

Wenn jedochextreme Beleuchtungsstärken erforderlich sind, zum Beispiel bei sehr großräumigen Handlungen, wird immer noch auf Kohlebogenscheinwerfer zurückgegriffen (die sogenannten Brutes mit einer Stromaufnahme von 225 Ampere). Desgleichen werden sie noch als Zusatzaufhellung bei intensiver Sonneneinstrahlung eingesetzt oder als Sonnenlichtersatz, wenn man mit anderen Scheinwerfern nicht mehr weiterkommt.

Kohlebogenscheinwerfer und der zu ihrem Betrieb erforderliche Vorschaltwidersand sind schwer und klobig und die Stromkabel extrem stark. Jede Einheit braucht ständig die Aufmerksamkeit eines Elektrikers oder Beleuchters, da die Kohlestäbe schnell abbrennen und ständig kontrolliert bzw. erneuert werden müssen. Dementsprechend kann man diese Scheinwerfer auch nicht in unzugänglichen Positionen befestigen oder aufhängen.

Normalerweise werden Kohlebogenscheinwerfer mit 110 oder 220 Volt Gleichstrom betrieben und brauchen - wenn kein Gleichstrom zur Verfügung steht ein Gleichstromaggregat. Ein Vorshaltwiderstand begrenzt die an den Kohlen anliegende Spannung auf 73 Volt. Wenn man die im Winkel von 45° dicht gegenüberliegenden Kohlestäbe kurz zusammenbringt und wieder auseinanderzieht, bildet sich zwischen ihnen ein Lichtbogen.

Die Farbtemperatur des Lichtbogens ist abhängig von chemischen Zusätzen, die dem als positive Elektrode verwendeten Kohlestab beigemengt werden. Es gibt Kohlestäbe für weißes Licht (6.000°K) und für gelbes Licht 4.000°K).

An der Spitze der glühenden Kohlestäbe bilden sich Krater und die Stäbe brennen relativ schnell ab. Eine automatisch gesteuerte Vorrichtung dreht die positive Kohle, um die Symmetrie des Kraters zu gewährleisten, und führt die Kohle gleichzeitig nach. Das (Abstands-)Verhältnis der beiden Kohlestäbe zueinander bleibt somit weitgehend konstant.

Kohlebogenscheinwerfer müssen ständig fachmännisch justiert und gewartet werden. Die Brenndauer ist abhängig von der Stromstärke und der Länge der Elektroden. Typische Verbrauchswerte für eine Stunde sind zwei positive Elektroden und eine negative Elektrode. Wegen der extremen Hitzeentwicklung muß man, wenn eine neue Justierung oder ein Wechsel der Kohlestäbe erforderlich ist, die Scheinwerfer zunächst einige Zeit abkühlen lassen.

Um den hohen UV-Anteil des Lichtbogens zu reduzieren und um seine Farbtemperatur dem vorherrschenden Licht anzugleichen, werden vor Kohlebogenscheinwerfern in der Regel Filter angebracht (Kapitel 12).

Halogen-Metalldampflampen/Gasentladungslampen

Moderne Halogen-Metalldampflampen sind sehr kompakt, haben eine sehr hohe Lichtausbeute und strahlen vergleichsweise wenig Wärme ab. HMI-Lampen eignen sich besonders gut zur Aufhellung von Schattenpartien bei Außenaufnahmen und als Zusatzlicht in bereits von Tageslicht erhellten Innenräumen, da ihre Farbtemperatur der des Tageslichts sehr ähnlich ist.

HMI-Lampen sind punktförmige Lichtquellen und erzeugen einhartes Licht mit klar definierten Schatten. Zur schattenlosen Ausleuchtung muß man HMI-Licht mit Diffusionsfiltern streuen oder die Lampe auf eine weiße Reflexionsfläche, eine Wand, eine Zimmerdecke oder ein weißes Tuch richten.

HMI-Lampen haben im Vergleich zu herkömmlichen Glüh- und Halogenlampen bei gleichem Stromverbrauch eine drei- bis fünffach so große Lichtausbeute und eine bis zu 80% geringere Wärmeentwicklung. D. h. der Stromverbrauch für Licht und Lüftung beträgt bei gleicher Lichtleistung nur ca. 20% Prozent des Stromverbrauchs von Halogenglühlicht.

De typischen Anschlußleistungen von HMI-Lampen liegen zwischen 200 Watt (mit der gleichen Lichtausbeute wie eine 1kW Halogenglühlampe) und 1200 Watt (vergleichbar mit 6kW Halogenglühlicht) und können vom normalen Stromnetz versorgt werden.

Noch größere HMI-Lampen mit z.B. 2,5 oder 4kW eignen sich vorzüglich für großflächige Ausleuchtungen mit nur einer Lichtquelle, besonders bei Nacht.

Entladungslampen erzeugen zwischen zwei Wolframelektroden, die in einem mit Gas gefüllten Quarzglaskolben eingeschlossen sind, einen Lichtbogen. Im Gegensatz zu Glühlampen produzieren sie kein kontinuierliches Spektrum. Das Spektrum der ersten Entladungslampen beschränkte sich zum Teil auf einige wenige Bereiche. Da Lichtquellen dieser Art nur Oberflächen von entsprechender Farbe hell und farbig wiedergeben werden und alle anderen Flächen dunkel bleiben, waren diese Lampen für fotografische Zwecke zunächst völlig ungeeignet.

Bei modernen HMI-Lampen ist dieses Farb-Problem weitgehend gelöst. Durch die Beimischung verschiedener Halogenide der Seltenen Erden konnte die Ausgangsleistung über das gesamte sichtbare Spektrum soweit verbessert werden, daß HMI-Lampen annähernd Tageslichtqualität haben (5.600-6.000°K) und auch zusammen mit Kunstlicht (3.200°K) eingesetzt werden können. Weitere Halogenide verhindern die Verdunstung des Wolframs der Elektroden und somit die Schwärzung des Kolbens.

Das Licht von Entladungslampen hat einen hohen UV-Anteil, besonders während der ersten 250 Betriebsstunden. (Manche HMI-Scheinwerfer haben einen Betriebsstundenzähler.) Aus diesem Grund sollte man sich ihrem Licht nicht zu lange aussetzen (Bindehautentzündung) und UV-Filter vor den Scheinwerfern anbringen. Ansonsten neigen auch für UV-Strahlung empfindliche Filmmaterialien und Aufzeichnungssysteme zur Überbelichtungen.

Die für Aufzeichnungszwecke gebräuchlichen Typen sind:

HMI- bzw. Halogen-Metalldampflampen (hydrargyrum medium arc-length iodide/ halogen metal iodide) mit einer Farbtemperatur von 5.600 bzw. 3.200°K.

- CSI-Lampen (compact source iodide) mit 4.000°K.
- CDI-Lampen (compact iodide daylight) mit 5.500°K.
- Xenon-Lampen mit 6.000°K - meist für den Einsatz in Projektoren.
- (Je nach Lampenhersteller können die Bezeichnungen variieren.)

Metallhalogen-Entladungslampen gibt es in kugel- und stabförmiger Ausführung sowie mit integriertem Reflektor in PAR-Ausführung. Sie werden für die verschiedensten Zwecke eingesetzt: zur Ausleuchtung großer Flächen, in Effekt-Projektoren, Spots und in Tageslichtscheinwerfern.

Die normalerweise verwendeten Metallhalogen-Lampen haben eine nicht ganz gleichmäßige Spektralverteilung, was zu falschen Farbtemperaturberechnungen führen kann, die jedoch kaum ins Auge fallen. Den HMI-Typ gibt es in Leistungsgrößen bis 18kW. Seine Farbtemperatur von ca. 5.600°K verträgt sich hervorragend mit Tageslicht. Eine einzige 2,5kW HMI-Lampe produziert genausoviel Licht wie zwei 10kW Halogenscheinwerfer mit Konversionsfiltern. Eine 6kW HMI-Lampe hat eine ähnliche Lichtleistung wie ein 225 Ampere Kohlebogenscheinwerfer, benötigt hierfür aber nur ein Viertel der Leistung. Speziell die leichten, von einer Batterie gespeisten 200W Versionen mit Reflektorgehäuse kommen immer häufiger bei mobilen Produktionen zum Einsatz. Bei Dreharbeiten mit beschränkter Stromversorgung kann die große Lichtausbeute bei vergleichsweise geringem Verbrauch von unschätzbarem Wert sein.

Der kompakte CSI-Typ ist einseitig gesockelt und hat eine Farbtemperatur von 4.000°K, wodurch man ihn sehr schnell mit nur geringfügigen Filterkorrekturen sowohl an Tageslicht als ach an Kunstlicht anpassen kann. Kompakte, wasserdichte Strahler können bei Wind und Wetter zum Einsatz kommen und, wenn man sie in Gruppen zusammenfaßt, große Außenbereiche ins Licht setzen. Eine 1kW Version hat die fünffache Lichtintensität einer Glühfadenlampe und eine Lebensdauer von ca. 1.000 Stunden.

Den ebenfalls kompakten CDI-Typ gibt es als einseitig gesockelten Brenner und in PAR-Ausführung mit 1kW und 2,5kW, Farbtemperaturen von 5.500°K (± 400) und in normaler oder Heißstart-Ausführung. Seine Lebensdauer beträgt ungefähr 500-1.000 Stunden.

Entladungslampen haben auch eine Reihe von Nachteilen. Auf Grund ihrer hohen Farbtemperatur sind sie nicht sonderlich für den kombinierten Einsatz mit Halogenlicht geeignet. Filterkorrekturen würden ihre hohe Effizienz wieder zunichte machen.

Um eine Metallhalogen-Lampe zu zünden, benötigt man ein Vorschaltgerät mit einer Zündspannung von 20-50 kV. Eine Drossel begrenzt und reguliert den Stromfluß nach der Zündung der Lampe. Da HMI-Lampen eine Spannungsversorgung von 230 Volt benötigen, braucht man in Ländern mit einer geringeren Spannung (z.B. 120V) einen entsprechenden Transformator im Vorschaltgerät. Der Leistungsverbrauch einer sogenannten Ballasteinheit kann etwa 10-15% der angegebenen Lampenleistung betragen und deren tatsächlich verfügbare Lichtleistung (etwa 85-108 Lumen/Watt) beeinträchtigen.

Bis die volle Lichtintensität zur Verfügung steht, braucht eine HMI-Lampe eine Aufwärmzeit von 11/2 - 3 Minuten, eine CSI-Lampe ca. eine halbe Minute und eine CDI-Lampe etwa 11/2 Minuten. In der Aufwärmphase verändern sich noch die Form des Lichtbogens und die Ausgangsleistung.

Ein Problem von Metalldampflampen ist, daß sie im Rhythmus der Netzfrequenz flimmern und Film- bzw. Videokameras ebenfalls mit dieser Frequenz synchronisiert werden müssen. Ansonsten können Lichtschwebungen bzw. flackernde Stroboskop-Effekte auftreten. Beim Fernsehsystemen treten diese Störungen nicht so stark in Erscheinung.

Bei Filmaufzeichnungen kann man dem Problem auf folgende Weisen begegnen:

- Durch eine präzise Anpassung des Öffnungswinkels der Umlaufblende bzw. der Aufnahmefrequenz.
- Durch Versorgung der Lampen aus verschiedenen Netzphasen,
- Mit Vorschaltgeräten, die eine Rechteckspannung erzeugen (die sich auch dimmen läßt).
- Durch Versorgung mit hochfrequentem Wechselstrom.

Wenn sich die Versorgungsspannung einer Metalldampflampe verringert oder wenn es sehr kalt ist, d.h. wenn die Betriebstemperatur der Lampe abnimmt, werden weniger Halogenide ionisiert und die Farbtemperatur nimmt zu. Gleichzeitig nimmt der (farb-)ausgleichende Effekt der Seltenen Erden ab, die spektrale Verteilung wird unregelmäßiger und einige Anteile nehmen im Vergleich zu anderen Anteilen unverhältnismäßig zu. Unterhalb einer gewissen Spannung bricht der Lichtbogen zusammen.

Wird die Versorgungsspannung zu hoch oder wird die Lampe aus anderen Gründen zu heiß, dann nimmt die Farbtemperatur ab, der Elektrodenverschleiß wird größer, die erneute Zündung der Lampe wird schwieriger und ihre Lebensdauer verringert sich.

Metalldampflampen lassen sich nur in einem begrenzten Bereich dimmen (max. 30-40%) und nur bei anliegender Rechteckspannung oder mit einem sogenannten Variac-Transformator (variable frequency). Normale Dimmer sind für Metalldampflampen nicht geeignet. Die Lichtausgangsleistung kann aber auch mit verstellbaren Jalousien oder Irisblenden geregelt werden. Die präzise Farbabstimmung des Lichts erfolgt mit Farbfiltern.

Einige HMI-Lampen lassen sich auch in heißem Zustand wieder zünden, wenn z.B. der Lichtbogen durch eine Unterbrechung der Stromversorgung oder aus anderen Gründen zusammenbricht. (Dieser Heißstart kann einen Zündimpuls von 30.000 Volt und mehr erfordern.) Die Aufwärmphase beträgt in diesem Fall noch bis zu 45 Sekunden.) Konventionelle HMI-Lampen müssen sich erst 10-15 Minuten abkühlen, bevor sie erneut gezündet werden können.

Für HMI Lampen in PAR-Ausführung gibt es Vorsatzlinsen zur Bündelung oder Streuung des Lichtstrahls.

Auch der Glaskolben von HMI-Lampen sollte vor Gebrauch mit Alkohol gereinigt und nur mit nicht fusselnden Handschuhen angefaßt werden.

Leuchtstofflampen

Eine Leuchtstofflampe hat etwa die dreifache Lichtausbeute einer Glühlampe mit vergleichbarem Stromverbrauch. Im Prinzip ist eine Leuchtstofflampe eine geschlossene, mit dem Edelgas Argon und einer geringen Menge Quecksilber gefüllte Glasröhre. Beim Einschalten trifft vom Quecksilberdampf verursachte ultraviolette Strahlung auf die mit Phosphor beschichtete Innenseite der Glasröhre und bringt die Phosphorschicht zum Leuchten (Fluoreszenz). Die Farbe des Lichts hängt von der Zusammensetzung des Phosphors ab.

Beim Einschalten werden normalerweise zwei Wolframelektroden an beiden Enden des Glaskörpers erhitzt, die einen Elektronenfluß erzeugen. Zunächst erwärmt ein Glimmzünder einen Bimetallschalter, der sich durch die Erwärmung krümmt und die Glimmlampe kurzschließt. Die Glühwendel werden jetzt von einem starken Strom durchflossen und glühen auf. Inzwischen ist der Glimmzünder wieder erkaltet, der Bimetallschalter öffnet den Stromkreis und in einer Drosselspule entsteht ein hoher Spannungsstoß, der zur Gasentladung führt. Die Lichtausgangsleistung von Leuchtstofflampen läßt während der ersten 150-200 Betriebsstunden nach, - anschließend kaum noch.

Da die anliegende Wechselspannung 50 bzw. 60 mal in der Sekunde ihre Richtung ändert, pulsiert das Licht. Zwischen zwei Impulsen wird die Leuchtkraft geringer und es entsteht ein Flacker-Effekt, den wir mit unseren Augen nicht wahrnehmen. Bei Filmaufnahmen kann dieser pulsierende Effekt jedoch zu Problemen führen, wenn nicht die Filmgeschwindigkeit und der Öffnungswinkel der Umlaufblende genau angepaßt werden.

Die Farbqualität von Leuchtstoffröhren ist mit Blick auf eine saubere Farbreproduktion nicht sonderlich zufriedenstellend. Die Füllung mit Quecksilberdampf verursacht im Spektralverlauf einige Spitzen und die Phosphorbeschichtung einige Einbrüche. Die annäherungsweisen Farbtemperaturangaben zu Leuchtstofflampen taugen zur Filterkorrektur des typischen Grünstichs nur als grobe Richtlinien. Die Klassifikationen der Leuchtstoffröhren sind insgesamt recht uneinheitlich und gehen über warmes Weiß (3.000°K), kaltes Weiß (4.800°K) bis hin zu Tageslicht (6.500°K). Die Meinungen über die richtige Filterung gehen auseinander und sind sehr subjektiv.

10 Scheinwerfer und Zubehör

Mit den Jahren wurden viele verschiedene Scheinwerfersysteme für die unterschiedlichsten Anforderungen entwickelt: von leichten, tragbaren Einheiten für die aktuelle Berichterstattung bis hin zu großen, robusten und schweren Geräten, die auch harten Belastungen im Studiobetrieb und bei Außenaufnahmen standhalten.

Beurteilungskriterien für die Ausrüstung

Bei einer Lichtausrüstung sollte man folgende Punkte beachten:

- *Qualität des Lichts* Ob die Lichtquelle hartes, weiches oder diffuses Licht erzeugt.
- *Intensität* Welche Ausgangsleistung ein Scheinwerfer hat.
- Wirkungsgrad Das Verhältnis von Ausgangsleistung und Stromverbrauch.
- *Ausstrahlungswinkel* Den Bereich, den eine Lichtquelle maximal abdecken kann.
- *Kontrolle* Ob sich das Licht schnell verändern und begrenzen läßt.
- *Größe und Gewicht* Wie schwer oder beschwerlich Ausrüstungsteile und deren Handhabung sind. Ihre Stabilität, Sperrigkeit, Transport- und Lagerfähigkeit.
- *Befestigungsmöglichkeiten* Ob ein Scheinwerfer auf den Boden gestellt, an Deckenbefestigungen gehängt oder auf ein Stativ montiert werden kann.
- *Anpassungsfähigkeit* Ob ein Scheinwerfer nur für einen Zweck oder verschiedene Zwecke eingesetzt werden kann.
- *Zubehör* Lassen sich Diffusoren, Farbfilter und andere Zubehörteile ohne allzu großen Aufwand befestigen?
- *Zuverlässigkeit* Dauerbelastbarkeit, Lebensdauer von Lampen, Abnutzung.
- *Robustheit* Gibt es Teile, die leicht beschädigt werden können oder schlecht zu handhaben sind. Wird die Ausrüstung auch einer rauhen Behandlung oder schlechten Wetterverhältnissen standhalten?
- *Zusatzgeräte* Sind zusätzliche Ausrüstungsgegenstände erforderlich (Vorschaltgeräte etc.)
- *Lampen* Die Funktions- und Leistungsfähigkeit eines Scheinwerfers hängt ganz wesentlich vom richtigen Lampentyp ab.

Beim Durchblättern von Katalogen wird man nicht nur mit einer überraschenden Typenvielfalt an Scheinwerfern und Zubehörteilen konfrontiert, sondern auch mit recht unterschiedlichen und eigenwilligen Namengebungen. Das heißt, daß die Eigenschaften und Bezeichnungen der gebräuchlichen Ausrüstungsgegenstände, die im weiteren beschrieben werden, von Hersteller zu Hersteller verschieden sein können. Die meisten Beleuchter oder für das Licht verantwortlichen Kameraleute haben je nach Aufgabenstellung eine Vorliebe für die eine oder andere Gerätekonfiguration.

Der wichtigste Faktor bei der Zusammenstellung einer Lichtausrüstung sind immer die Rahmenbedingungen der Dreharbeiten. In engen, begrenzten Räumen braucht man idealerweise eine kleine Ausrüstung, die wiederum bei großräumigen Handlungen kaum von Nutzen sein wird. Und großkalibrige Scheinwerfer für Außenaufnahmen wirken in kleinen Räumen nur überdimensioniert und womöglich lächerlich.

Lampenreflektoren

Eine nackte Glühbirne strahlt ihr Licht in alle Richtungen aus. Gelegentlich wird man auch einmal mit einfachen Glühbirnen arbeiten, aber normalerweise ist ihr Licht zu ungerichtet und ihr Stromverbrauch zu verschwenderisch. Für filmische Zwecke muß man meist nur einen ganz bestimmten, begrenzten Bereiche ausleuchten. Die einfachste Lösung hierfür ist ein Reflektor. Er lenkt einen Teil des in alle Richtungen strahlenden Lichts um und verstärkt die nutzbare Lichtintensität. Wenn das von der Lampe nach vorne abgestrahlte Licht nicht von einer sogenannten Spiegelkappe abgeschirmt wird, steht mit einem einfachen Reflektor eine Mischung aus direktem und reflektiertem Licht zur Verfügung.

Die Beschaffenheit der Reflektoroberfläche ist ausschlaggebend für die Art des reflektierten Lichts (siehe auch Abbildung 10.1).

- *Gerichtete Reflexion* Um die größtmögliche Menge des nach hinten abgestrahlten Lichts einer Lampe gezielt auszurichten, verwendet man auf Hochglanz polierte Metallreflektoren. Solche Reflektoren werden zum Beispiel in Spotscheinwerfern verwendet.
- *Breite Reflexion* Hier haben Reflektoren eine vergleichsweise matte, zum Beispiel geätzte oder weiß emaillierte Oberfläche, je nach gewünschter Lichtstreuung. Reflektoren für weiches Licht werden hauptsächlich in Aufhelleuchten und Flutern eingesetzt.
- *Diffuse Reflexion* Reflektoren mit einer groben, unregelmäßigen, z.B. gehämmerten Oberfläche streuen das reflektierte Licht über einen sehr weiten Bereich.

Es muß an diesem Punkt unbedingt darauf hingewiesen werden, daß sich die Eigenschaften von Reflektoren verändern. Ein neuer Reflektor mit einem Reflexionsfaktor von 80% wird durch Staub, Schmutz, Beschädigungen und Alterungsprozesse im Laufe der Zeit bis zur Hälfte seiner Reflexionskraft einbüßen und die Lichtcharakteristik des Scheinwerfers verändern. Nicht nur die Ausgangsleistung wird geringer, sondern auch ein ursprünglich schattenfreies Licht kann sichtbar härter werden.

Reflektorformen

Abbildung 10.1 zeigt, daß durch verschiedene Reflektorformen die Lichtstrahlen gebündelt oder gestreut werden können, je nach Verwendungszweck eines Scheinwerfers. Die häufigsten Reflektorformen sind:

- Sphärisch/kugelförmig (4)
- Parabolisch (5)
- Elliptisch (6)

Die Wirkung gekrümmter Reflektoren hängt von der Position der Lampe im Reflektor ab. Normalerweise wird die Lampe im Brennpunkt des Reflektors positioniert. Andere Scheinwerfer erlauben eine Verschiebung der Lampe im Verhältnis zum Reflektor und somit eine Veränderung der Lichtqualität. Mit fokussierbaren Lampen wird es möglich, den Lichtstrahl zu zentrieren oder zu streuen, um ihn den jeweiligen Verhältnissen anzupassen. Ein Problem dieser einfachen Methode der Lichtanpassung ist eine meist ungleichmäßige Verteilung des Lichts.

Scheinwerferlinsen

Die meisten Scheinwerferlinsen sind plankonvex, d.h. sie haben eine glatte und eine sphärisch gekrümmte Seite. Aus Abbildung 10.1 läßt sich auch ableiten, daß parallele Lichtstrahlen, die auf ein plankonvexes Scheinwerferglas treffen, ebenfalls unterschiedlich abgelenkt werden und im Brennpunkt der Krümmung zusammentreffen. Kehrt man diesen Vorgang um und setzt man eine Lampe genau in den Brennpunkt der Linse, wird ihr Licht von der Linse parallel ausgerichtet.

Eine plankonvexe Scheinwerferlinse aus Glas wäre sehr dick und schwer und würde zu einem nicht unbedeutenden Lichtverlust führen. Ihr Lichtstrahl hätte zwar sehr klare Begrenzungen, u.U. aber auch einen leichten Grünstich d einen farbigen Lichtsaum. Zudem könnte das dicke Glas durch die große Hitzeentwicklung starker Lampen brechen.

Aus diesen Gründen setzt man sogenannte Fresnellinsen ein, die wesentlich dünner und leichter sind und geringere Lichtverluste mit sich bringen. Diese für Filmscheinwerfer sehr gebräuchliche Linsenart hält auch großen Hitzebelastungen stand. Sie bestehtaus prismenförmigen, konzentrisch angeordneten Ringen. Nur der mittlere Bereich weist eine grobe, unregelmäßige Struktur auf, um eine scharfe Projektion des Glühwendels zu

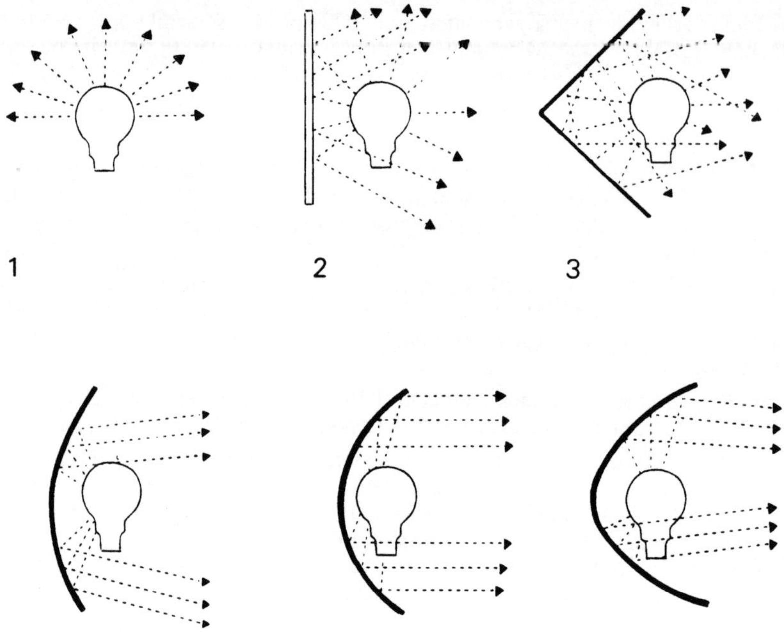

1 2 3

4 5 6

Abb. 10.1 Reflektortypen

Mit einem Reflektor läßt sich das von einer Lampe in alle Richtungen ausgestrahlte Licht bündeln und gezielter einsetzen. Die Wirkung eines Reflektors hängt von seiner Größe und seiner Form ab. Die meisten Reflektoren sind so geformt, daß sie das Licht in einem bestimmten Punkt fokussieren. Das ausgestrahlte Licht ist eine Mischung aus direktem und reflektiertem Licht. Manche Reflektoren haben eine mattierte oder unregelmäßig strukturierte Oberfläche, um das Licht weicher abzustrahlen.

1. Eine nackte Glühbirne stahlt ihr Licht in alle Richtungen aus.
2. Das von einer glatten, verspiegelten Fläche reflektierte Licht verbreitet sich gemeinsam mit dem direkt von der Lampe ausgestrahlten Licht ebenfalls sehr unregelmäßig.
3. Ein konischer Reflektor begrenzt den Ausbreitungswinkel des Lichts und verstärkt durch Mehrfach-Reflexionen zwischen den Flächen die Lichtausgangsleistung in eine Richtung.
4. Sphärisch geformte Reflektoren kommen hauptsächlich in Fresnel- bzw. Stufenlinsenscheinwerfern und Aufhelleuchten zum Einsatz. Befindet sich die Lampe vor dem Brennpunkt (d.h. weiter vom Reflektor entfernt), wird ihr Licht breit gestreut. Befindet sich die Lampe zwischen dem Brennpunkt und dem Reflektor, wird ihr Licht gebündelt. Bei fokussierbaren Aufhelleuchten kann die Lampenposition entsprechend verschoben werden.
5. Parabolförmige Reflektoren reflektieren die Lichtstrahlen parallel. Sie werden zur Ausleuchtung begrenzter Bereiche und von Objekten in größerer Entfernung eingesetzt. Desgleichen zur gleichmäßigen Ausrichtung des Lichts in Verbindung mit Linsensystemen. Die Parallelität der Lichtstrahlen ist abhängig von der exakten Justierung der Lampe im Brennpunkt des Reflektors. Zu diesem Typ gehören auch die innen verspiegelten Reflektorlampen und PAR-Lampen. In einigen weichen Lichtquellen werden zur genaueren Lichtkontrolle Reflektoren mit sphärischen und parabolförmigen Eigenschaften verwendet.
6. Elliptische bzw. ellipsoide Reflektoren haben zwei Brennpunkte. Die Lampe befindet sich im ersten Brennpunkt und ihr Licht wird in einem zweiten Brennpunkt gebündelt. Nach diesem zweiten Brennpunkt laufen die Lichtstrahlen wieder auseinander. Speziell in Spotleuchten ohne optisches Linsensystem kann das Licht durch Verschieben der Lampe sehr eng gebündelt oder breit abgestrahlt werden. Beim Einsatz elliptischer Reflektoren in Projektoren läßt sich der Lichtstrahl präzise auf einen sehr kleinen Bereich (ein Dia oder eine Schattenmaske) konzentrieren und über ein optisches Linsensystem projizieren. Dieses Prinzip wird auch in elliptischen Spotscheinwerfern angewendet.

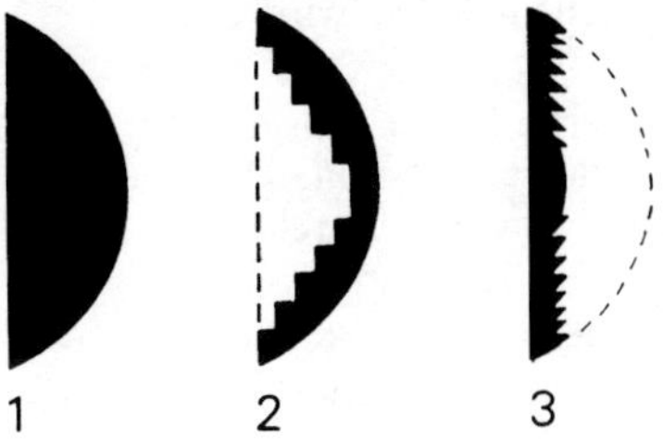

Abb. 10.2 Scheinwerferlinsen

1. *Plankonvexe Linse* Diese einfache Linsenkonstruktion hat eine flache und eine konvexe bzw. kugelförmige Seite. Je kürzer der Brennpunkt, desto dicker und schwerer ist die Linse und desto breiter die Streuung des hindurchdringenden Lichtstrahls. Im Zentrum kann das Licht vergleichsweise zu hell sein und die Randbereiche können farbige Lichtränder aufweisen. Plankonvexe Linsen werden in Spots, Verfolgerscheinwerfern und Effektprojektoren eingesetzt.
2. *Stufenlinsen* Sie sind im Aufbau einer plankonvexen Linse ähnlich mit dem Unterschied, daß die eigentlich plane Seite sich stufenförmig nach innen verjüngt. Hierdurch wird die Linse, die ebenfalls in Spotscheinwerfern eingesetzt wird, wesentlich leichter und effizienter.
3. *Fresnellinsen* Hier wird die konvexe Seite in konzentrische, prismenförmige Ringe aufgeteilt, die zum Rand hin kleiner werden. Nur in der Mitte bleibt ein plankonvexer Bereich bestehen. Fresnellinsen erzeugen ein sehr gleichmäßiges Licht mit weichen Übergängen an den äußeren Begrenzungen.

vermeiden und auch in der Mitte eine gleichemäßige Lichtverteilung zu gewährleisten. Um Streulichteffekte zu reduzieren, werden die Abstufungen der Ringe werden manchmal dunkler getönt oder mattiert.

Eine Stufenlinse ist einer plankonvexen Linse etwas ähnlicher und hat auf der flachen Linsenseite konzentrische, stufenförmige Vertiefungen. Ihr fokussiertes Licht ist härter als das einer Fresnellinse und hat eine nicht ganz so gleichmäßige Verteilung.

Leuchten/Scheinwerfer

Die einfachste Lichtquelle ist eine nackte Glühbirne in einer gewöhnlichen Lampenfassung. Das in alle Richtungen streuende Licht ist in dieser Form für Aufnahmen kaum brauchbar. Manche Lampen haben einen integrierten Reflektor (wie z.B. PAR-Lampen), der den Lichtstrahl in eine Richtung lenkt. In der Regel werden jedoch Lampen in Scheinwerergehäuse eingesetzt, die eine wesentlich bessere Kontrolle und Beeinflussung des Lichts erlauben.

Es gibt zwei grundlegende Typen von Lampengehäusen:

- Offene Typen mit halbkugel- oder wannenförmigen Lampengehäusen, die in Ausstrahlungsrichtung offen sind.
- Geschlossene Typen, die Lampen auch in Ausstrahlungsrichtung mit einem Linsensystem umschließen.

Die Gehäuse haben, je nach Ausführung, unterschiedliche Reflektoren und Linsensysteme. Die Ausgangsleistung einiger Typen kann durch internes Umschalten zwischen zwei Lampen und der Ausstrahlungswinkel durch Fokussiereinrichtungen verändert werden.

An den meisten Gehäusen läßt sich Zubehör befestigen, mit dessen Hilfe der Lichtstrahl zusätzlich begrenzt werden kann: Jalousien, Blenden, Tore, Abdeckplatten etc. Diese Zusatzvorrichtungen sind besonders bei hartem Licht sehr wirkungsvoll. Bei weichem Licht ist die Wirkung von Toren schwächer, selbst wenn sie relativ groß sind.

Spezielle Halterungen vor manchen Scheinwerfern ermöglichen eine einfache Befestigung von Farbfolien und Diffussionsmaterialien. Mit Ausnahme von Bodenscheinwerfern haben fast alle Gehäuse einen beweglichen Befestigungsbügel mit einem Metallzapfen. Dieser Zapfen paßt in die entsprechenden Befestigungshülsen von Zwingen, Deckenaufhängungen und Stativen.

Justierung von Scheinwerfern

Zur genauen Ausrichtung und Feineinstellung von Scheinwerfern gibt es verschiedene Techniken:

- Manuell Lockert man die Befestigungsschrauben am Bügel und am Zapfen, läßt sich die Ausrichtung des Scheinwerfers sowohl vertikal als auch horizontal justieren. Hierfür muß der Scheinwerfer zugänglich sein. An der Studiodecke hängende Scheinwerfer müssen zu diesem Zweck entweder abgesenkt oder von einer Leiter bzw. einer fahrbaren Arbeitsplattform aus eingerichtet werden. Hängt ein Scheinwerfer an einer unzugänglichen Stelle, wird es schwierig.

- Mit einer Bedienstange Entsprechend ausgerüstete Scheinwerfer lassen sich auch in hohen Positionen vom Boden aus mit einer Bedienstange justieren. Das Einrichten mit diesen zum Teil teleskopartig ausziehbaren Stangen ist relativ einfach.
- Ferngesteuert Fernsteuerbare Scheinwerfer (über Kabel oder drahtlos) können auch im unzugänglichsten Winkel justiert werden. Diese Methode hat natürlich ihren Preis!

Scheinwerfer für weiches Licht

In natürlicher Umgebung wird gestreutes, weiches und schattenloses Licht vom bedeckten oder wolkenverhangenen Himmel oder vom reflektierten Licht grob strukturierter Flächen verursacht. Scheinwerfer mit einer ähnlichen Lichtqualität können folgendermaßen aufgebaut sein:

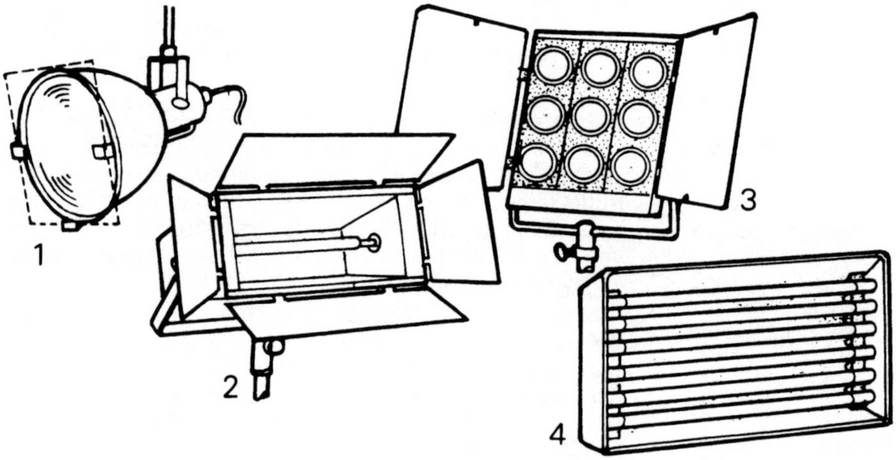

Abb. 10.3/1 Weiche Lichtquellen mit offenem Gehäuse

1. Einfache Fluter (1-1 1/2kW) mit halbkugelförmigem, mattiertem Aluminiumreflektor von ca. 30-46 cm Durchmesser. Ihr Licht ist nicht besonders weich und nicht immer justierbar. Am Filterrahmen befestigte Diffussionsmaterialien ermöglichen eine zusätzliche Streuung des Lichts. Bei einigen Ausführungen läßt sich die Lampenposition und die Lichtstreuung verändern und das direkt von der Lampe abgestrahlte Licht mit einer Abschirmkappe zurückhalten.
2. Kleine Breitstrahler (1/2 -1kW) werden mit stabförmigen Halogenlampen betrieben. Mit Klappen oder Toren läßt sich der Lichtstrahl begrenzen. Das vom Halogenstab direkt abgestrahlte Licht ist relativ hart. Ausführungen mit abgeschirmter Lampe strahlen das Licht weicher ab. Größere Breitstrahler haben Leistungen von 1, 2 oder 5kW.
3. Große Flächenleuchten/Fluter bestehen aus mehreren innenverspiegelten Lampen mit 650-1000 W. Durch die Überlappung der verschiedenen Lichtkegel ist ihr Licht relativ weich. Bei einigen Typen sind einzelne Lampengruppen getrennt schaltbar. Flächenleuchten werden häufig zur großflächigen, weichen Ausleuchtung von Außenaufnahmen eingesetzt.
4. Fluter mit Leuchtstoffröhren.

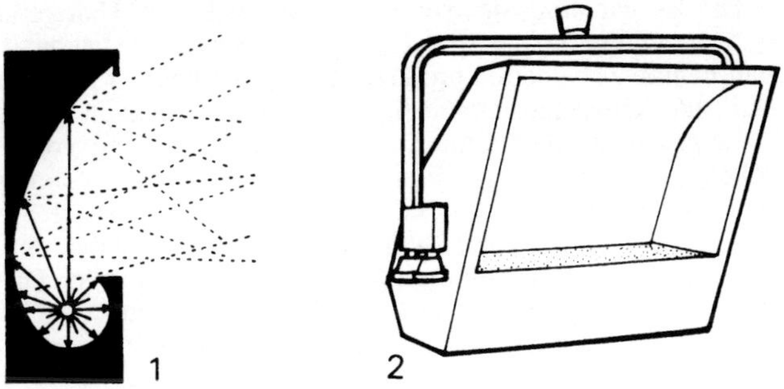

Abb. 10.3/2 Weiche Lichtquellen mit indirekt abgestrahltem Licht

1. Der Halogenstab ist im Lampengehäuse verborgen, so daß nur reflektiertes, sehr diffuses und weiches Licht nach außen abgestrahlt wird.
2. Große indirekte Breitstrahler (1 - 6kW) arbeiten nach diesem System. Die Lichtstreuung läßt sich mit einem Diffusionsvorsatz noch weiter verbessern.

- Großdimensionierte Breitstrahler mit indirekt reflektiertem Licht.
- Flächenleuchten, z.B. mit mehreren Lampen bestückte Fluter.
- Scheinwerfer mit starken Diffusionsfiltern.
- Hartes, von großen weißen Flächen (Decken, Wände) oder Reflektoren zurückgeworfenes Licht.

Eine wirklich schattenfreie Ausleuchtung läßt sich nur mit einer diffusen und ungerichteten Lichtquelle erzeugen, die deutlich größer ist als das auszuleuchtende Objekt. Je größer die weiche Lichtquelle, desto besser. Natürlich streut ihr Licht unkontrollierbar über die gesamte Szenerie.

Jeder normale Scheinwerfer kann für diesen Zweck nur eine Kompromißlösung sein. Das Licht kleiner Scheinwerfer ist immer gerichtet, nur in Maßen justierbar und wird selbst bei starker Streuung noch sichtbare Schatten erzeugen. (Eine weiche Fokussierung des Lichtstrahls bringt oft bessere Ergebnisse als eine Streuung des Lichts mit Filtern.)

Im Prinzip braucht man zur schattenlosen Ausleuchtung einer Person eine Lichtquelle von mindestens einem Quadratmeter. Eine brauchbarer Behelf ist der Einsatz mehrerer weicher Lichtquellen, die ihre Schatten gegenseitig abschwächen.

Weiche Lichtquellen mit offenem Gehäuse

Einfache Fluter mit habkugelförmigen Reflektoren (Schüsseln)

Eine weiche, außerordentlich vielseitig einsetzbare Lichtquelle ist der einfache Fluter. Er ist preiswert, einfach zu handhaben, robust und leicht, aber sein Licht kann nur in sehr bescheidenem Maße beeinflußt werden. Einfache Fluter haben einen schüsselförmigen, mattierten Aluminiumreflektor mit einem Durchmesser von etwa 30-46 cm und einer Lampe mit 1, 11/2 oder 2kW. Ursprünglich wurden Fluter dieser Art mit großen, mattierten Fotolampen bestückt, die ein brauchbares diffuses Licht erzeugten. Zur weichen Ausleuchtung größerer Bereiche lassen sich mehrere dieser Fluter zusammenfassen.

Bei einfachen Flutern ist die Lampe leicht vor dem Brennpunkt angebracht, so daß ihr Licht vom Reflektor gestreut wird.

Bei fokussierbaren Flutern läßt sich die Lampenposition verändern. Bei einer Lampenposition dicht vor dem Reflektor wird das Licht gebündelt (Spot). Befindet sich die Lampe im Brennpunkt des Reflektors, wird das weich reflektierte Licht gleichmäßig nach vorne abgestrahlt. Bei einem noch größeren Abstand zum Reflektor wird das Licht sehr breit gestreut (Flood).

Die Entwicklung der wesentlich kompakteren Halogenlampen und ihr Einsatz in einfachen Flutern ohne Spiegelkappe vor der Lampe hat dazu geführt, daß diese deutlich wahrnehmbare Schatten produzieren. Da sie keine Vorrichtung haben, mit der sich ihr Lichtstahl zufriedenstellend beeinflussen läßt, neigen sie dazu, die Szenerie und den Hintergrund zu überstrahlen und deutliche Schatten von Tonangeln zu werfen. Die Fokussierbarkeit mancher Fluter (z.B. 27-50°) ist nur von geringem Nutzen, da sie weit über diesen angegebenen Bereich hinaus - u.U. bis zu 35° - zusätzliches Streulicht abstrahlen (ca. 10% ihrer Lichtintensität) und ihr Lichtstrahl im mittleren Bereich eine ungleichmäßige Verteilung aufweist. Die Befestigung von Diffusionsmaterialien an einer Halterung vor dem Reflektor macht die Ausleuchtung zwar weicher und gleichmäßiger, jedoch auf Kosten der Ausgangsleistung (ca. 40-60% Verlust) und der Sicherheit (durch Überhitzung kann die Lampe platzen).

Breitstrahler (Wannen)

Kleine Breitstrahler haben einen rechteckigen oder wannenförmigen Reflektor und sind mit Halogenstäben von 1/2-1kW bestückt. Bei manchen Breitstrahlern wird die Lampe von einer Spiegelkappe verdeckt; bei anderen liegt sie offen. Bei einigen Modellen sind zusätzlich am Reflektorgehäuse zwei- oder auch vierflügelige Tore befestigt, mit denen sich der Lichtstrahl abschatten läßt. Dieser Scheinwerfertyp ist sehr leicht und kann für die verschiedensten Zwecke eingesetzt werden. Er hat sich als außerordentlich flexible Lichtquelle bei Außenaufnahmen und als weiche Zusatzlichtquelle im Studio bewährt (auch wenn sein Licht nicht so weich ist, wie man zunächst vermuten möchte). Breitstrahler eignen sich zur Ausleuchtung begrenzter Bereiche und von Hintergrundflächen. Es gibt sie in sehr kleinen Ausführungen für enge Schlupfwinkel, großen Ausführungen für Lampen mit 2-5kW und als Doppelleistungsscheinwerfer mit zwei separat schaltbaren Lampen.

Indirekte Breitstrahler

Bei diesem sehr beliebten Scheinwerfertyp mit hervorragender Lichtstreuung ist der Halogenstab im Lampengehäuse verborgen, so daß ausschließlich reflektiertes Licht austreten kann. Diese Breitstrahler gibt es in Ausführungen zwischen 750 und 4.000W bis hin zu 8.000 W. Bei einigen Versionen können ebenfalls mehrere 1kW Halogenstäbe getrennt geschaltet und die Ausgangsleistung exakt den Erfordernissen angepaßt werden.

Das gestreute Licht ist über einen weiten Bereich fast schattenlos. Indirekte Breitstrahler sind ziemlich klobig und können von der Decke abgehängt oder auf Stativen befestigt werden. Ihre Ausgangsleistung ist im Vergleich zu anderen Scheinwerfern recht gering. Es gibt auch kleinere indirekte Breitstrahler, deren Licht jedoch stärker gerichtet und nicht so diffus ist.

Nach dem gleichen Prinzip arbeiten auch zusammenfaltbare Schirmreflektoren mit einer Lampe im Zentrum des Schirms, die von einer Spiegelkappe verdeckt ist. Somit wird nur das weiche, vom aluminiumbeschichteten Schirm reflektierte Licht abgestrahlt. Ein Schirmreflektor mit einer 600W Lampe erzeugt im Abstand von 2,5 m eine Beleuchtungsstärke von 1940 Lux (180 fc) und leuchtet eine Fläche von 7,4 m″ aus, ähnlich wie ein normaler indirekter Breitstrahler. Schirmreflektoren sind eine hervorragende Ergänzung tragbarer Lichtausrüstungen.

Mehrfachfluter/Flächenleuchten

Hier werden zum Beispiel mehrere PAR-Lampen des gleichen Typs zu einer Flächenleuchte zusammengefaßt. PAR-Lampen gibt es mit engem (Spot), mittlerem und weitem (Flood) Strahlungswinkel. In Flächenleuchten wird meist die mittlere Version mit 650W und 3.200-3.400°K eingesetzt. Für den Tageslichteinsatz gibt es PAR-Lampen mit 5.000°K. Ansonsten lassen sich vor den Lampen auch entsprechende Konversionsfolien befestigen.

Es gibt Flächenleuchten für drei, vier, sechs, acht und zwölf Lampen. Noch größere Typen sind für 24 PAR-Lampen mit jeweils 1.000W ausgelegt.

Die Lampen lassen sich normalerweise einzeln oder in vertikalen Reihen schalten, um die Lichtintensität ohne Beeinflussung der Farbtemperatur verändern zu können. Die vertikal zusammengefaßten Gruppen sind bei einigen Ausführungen drehbar aufgehängt, um den horizontalen Ausleuchtungswinkel verändern zu können. Hierdurch kann die Lichtintensität auf einen bestimmten Bereich konzentriert oder über eine größere Fläche gestreut werden. Aus mehreren Scheinwerfern bestehende Flächenleuchten, die für 220 oder 240 Volt ausgelegt sind, können auch mit in Serie geschalteten Pärchen von 120 V bestückt werden.

Jede Lampe einer solchen Lichteinheit wirft einen Schatten, der jedoch vom Licht der benachbarten Lampe wieder aufgehellt wird. Je mehr Lampen zusammengefaßt sind, desto stärker wird die Lichtintensität und desto weicher die Gesamtausleuchtung. Schaltet man, um die Ausgangsleistung zu reduzieren, einige Lampen bzw. Lampengruppen ab, können Mehrfachschatten sichtbar werden.

Flutlichteinheiten werden meist nach der Anzahl ihrer Lampen bezeichnet, z.B. als Neuner oder Zwölfer, - oder als Mini-Brute bzw. Maxi-Brute (24 Lampen).

- Sie kommen vorzugsweise in folgenden Situationen zum Einsatz:
- Als weiche Grundausleuchtung für sehr großflächige Bereiche.
- Als kräftiges, breit strahlendes Aufhellicht für Schattenbereiche bei starker Sonneneinstrahlung.
- Als zusätzliches Grundlicht bei Außenaufnahmen an trüben Tagen.
- Zur Simulation durchs Fenster scheinenden Tageslichts.
- Zur weichen Grundausleuchtung begrenzter Bereiche.

Große Flächenleuchten werden normalerweise auf Stative, niedrige Bodenbefestigungsplatten, hoch ausfahrbare Kurbelstative und manchmal auch auf hydraulische Hebebühnen montiert. Zum wichtigsten Zubehör zählen große, seitliche Abdeckplatten (um eine unerwünschte Lichtstreuung zur Seite hin abzuhalten) und Rahmenhalterungen für Diffusionsmaterial.

Weiches Grundlicht

Normalerweise versucht man ein zu weiches Grundlicht um jeden Preis zu vermeiden. Trotzdem gibt es immer im Studio immer wieder Situationen, die eine gleichmäßig diffuse Ausleuchtung erfordern:

- Straßenszenen und andere Handlungen, die so aussehen sollen als ob sie im Freien spielen.
- Simulation von Räumen mit heller Zimmerdecke oder einer gleichmäßigen Ausleuchtung mit Leuchtstofflampen.
- Simulation des Himmelslichts über einem Glasdach.
- High-Key Ausleuchtung von Tanz- oder Ballettdarbietungen.

Für die weiche, sehr diffuse Ausleuchtung werden u.a. folgende Techniken eingesetzt:

- Von großflächigen Materialien oder Reflektoren zurückgeworfenes Licht.
- Große Flutlichteinheiten mit starken Diffusionsvorsätzen.
- Von hinten angestrahlte lichtdurchlässige Materialien.
- Direkte Ausleuchtung von vorne mit kleinen, in Gruppen zusammengefaßten Glühlampen, die über Kopfhöhe befestigt und mit weißen bzw. netzartigen, das Licht streuenden Materialien umgeben werden.
- Indirekte, über Kopfhöhe montierte und leicht nach unten gerichtete Breitstrahler.

Hintergrundausleuchtung

Bei vielen Gelegenheiten braucht man im Studio sehr breit gestreutes Licht von leicht nach oben geneigten Bodenscheinwerfern, um den Hintergrund, Teile der szenischen Ausstattung, Rampen und strukturierte Flächen auszuleuchten. Das Licht von Bodenflu-

Abb. 10.4 Hintergrundausleuchtung

Für die gleichmäßige Ausleuchtung von Hintergrundmaterialien und vertikalen Flächen gibt es spezielle, aus mehreren Lampeneinheiten bestehende Hintergrundscheinwerfer bzw. Horizontfluter. Jede Einheit läßt sich für Farbmischungen mit verschiedenartigen Farbfiltern bestücken.

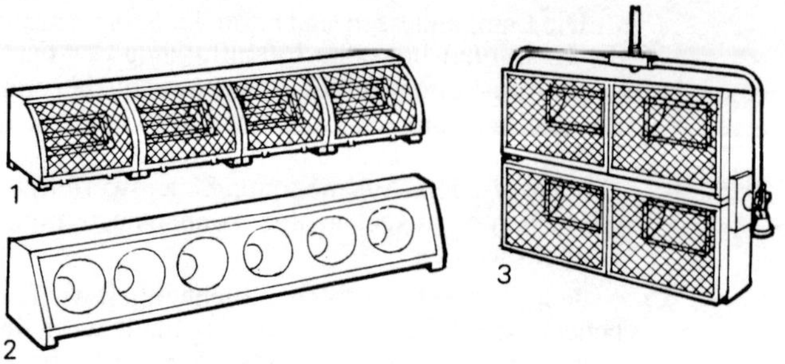

1. Bodenfluter mit vier Halogeneinheiten (je 625 - 1.500W).
2. Rampenlicht mit innenverspiegelten Glühlampen.
3. Horizontfluter mit vier Halogeneinheiten in 2x2 Anordnung.

tern nimmt nach oben hin ab und kann sehr dekorative Effekte erzeugen. Diese Art von Bodenscheinwerfern nennt man auch Rampenlicht oder Bodenfluter.

Die einfachste Form ist eine auf dem Studioboden bzw. der Bühne verlegte Leiste mit normalen Glühlampen, die zur Kamera hin abgeschirmt sind. Alternativ kann man auch innenverspiegelte Glühlampen einsetzen. Rampenlicht läßt sich nicht kontrollieren. In Bodennähe ist es relativ hell. Noch oben verliert es sehr schnell an Intensität. Je weiter es vom Hintergrund entfernt ist, desto gleichmäßiger wird dieser beleuchtet, natürlich mit geringerer Intensität.

Die beste Lösung sind Einheiten indirekter Breitstrahler, die nur das reflektierte Licht der im Gehäuse verborgenen Halogenstäbe abstrahlen. Mit asymmetrischen Reflektoren lassen sich auch große senkrechte Flächen äußerst gleichmäßig und ohne nennenswerten Lichtabfall nach oben hin ausleuchten. Reflektoren mit verstellbarem Neigungswinkel ermöglichen eine sehr genaue Ausrichtung.

Indirekte Breitstrahler gibt es auch als Einheiten mit zwei, drei und vier Kammern. (Ebenfalls verfügbare Sechsereinheiten sind meist zu klobig.) Solche Einheiten mit Leistungen von 500, 650, 1.000 oder 1250W pro Kammer haben normalerweise einen gemeinsamen Stromanschluß und werden gemeinsam geschaltet bzw. gedimmt.

Getrennte Filterhalterungen erlauben die Kombination verschiedener Filter, um eine größere Bandbreite an Farbnuancen herstellen zu können. Im unteren Bereich des Hintergrunds können verschiedene Farben noch als solche wahrnehmbar sein.

Wird das Licht von Bodenscheinwerfen nach oben hin zu schwach, müssen zusätzliche, von oben kommende Flutereinheiten eingerichtet werden. Auch diese können einzeln oder in zusammengefaßten Einheiten von zwei, drei oder vier Flutern eingesetzt werden. Vierer-Einheiten gibt es in Reihe und in 2x2-Ausführung. Die 2x2 Anordnung eignet sich besonders für Farbmischungen.

Deckenfluter haben ebenfalls zum Teil asymmetrische Reflektoren, um eine gleichmäßige Hintergrundausleuchtung auch nur mit von der Decke hängenden Flutern zu ermöglichen. Bei einem Hintergrundabstand von 3 m und einem Abstand zwischen den Flutern von 2,5 m läßt sich bei sorgfältiger Ausrichtung ein Hintergrund sehr gleichmäßig ausleuchten.

Leuchtstofflampen

Leuchtstofflampen haben einen größeren Wirkungsgrad als Glühlampen und sind auf Grund ihrer langen Lebensdauer recht ökonomische Lichtquellen. In kleinen Studios findet man sie immer noch in Leuchtwannen zusammengefaßt als Aufhelleuchten. Zu ihren Nachteilen zählen ihre (im Vergleich zu Halogenlampen) geringe Ausgangsleistung, ihre Größe und die Schwierigkeit, ihr Licht zu begrenzen. Das größte Problem ist jedoch ihr unverläßliches und schwer kontrollierbares Farbverhalten.

Es gibt zwar Leuchtstoffröhren mit vergleichbaren bzw. ähnlichen Farbtemperaturen von Glühlampen (z.B. 3.700-3.800°K), aber ihre spektrale Verteilung ist sehr unregelmäßig und kann zu irritierenden Farbverschiebungen führen.

Auch mit Filtern ist ihre unberechenbare Farbwiedergabe nicht immer in den Griff zu bekommen. Aus diesem Grund versuchen die meisten Kameraleute und Beleuchter, vorhandene Leuchtstoffröhren - wenn möglich - abzuschalten oder mit eigenem Licht zu überfahren. Für den Fall, daß Aufnahmen mit dem vor Ort vorhandenen Leuchtstoffröhrenlicht gemacht werden müssen, gibt es zumindest portable Leuchtstoffröhren-Fluter zum Aufhellen und spezielle Objektivfilter zur Kompensation der für Leuchtstoffröhren typischen Farbstiche.

Scheinwerfer für hartes Licht

Kleine Lichtquellen erzeugen ein hartes Licht. Je konzentrierter der Ausstrahlungspunkt ist, um so härter ist das Licht und um so schärfer die Begrenzungen der von ihm verursachten Schatten. Glühlampen mit einem großdimensionierten Wendel produzieren einen vergleichsweise unscharfen, weichen Lichtstrahl, während der kurze Lichtbogen eines Kohlebogenscheinwerfers ein extrem hart und scharf konturiertes Licht ausstrahlt. Bei Scheinwerfern für hartes Licht wird das von einer Lichtquelle abgestrahlte Licht vom Reflektor gebündelt, in eine Richtung gelenkt und die Ausgangsleistung der Lichtquelle auf größtmögliche Weise genutzt. Mit einer Plankonvex- oder Fresnellinse läßt sich der Lichtstrahl zusätzlich bündeln bzw. fokussieren.

Einige harte Scheinwerfer (Spotscheinwerfer ohne Linse, Stufenlinsenscheinwerfer u.a.) lassen sich für vielfältige Zwecke einsetzen wie zum Beispiel als Führungslicht und Gegenlicht, Effektlicht und Hintergrundlicht etc.; andere harte Scheinwerfer nur für bestimmte Anwendungsbereiche (ellipsoide Spots und Verfolgerspots, Handlampen).

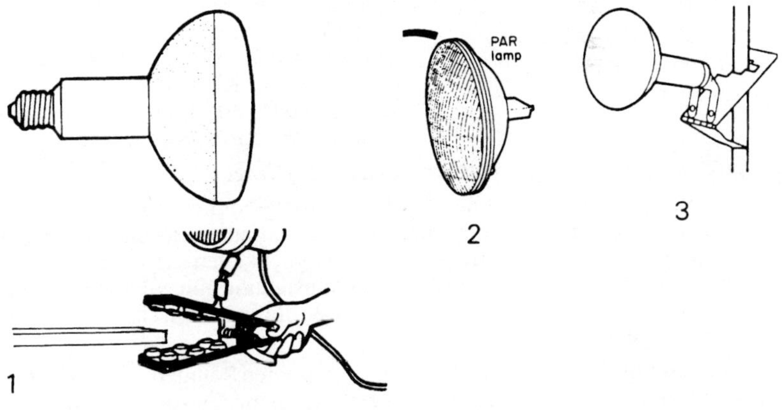

Abb. 10.5 Innenverspiegelte Reflektorlampen und PAR-Lampen

Reflektorlampen gibt es als normale Glüh- und Fotolampen und als Halogenglühlampen. Sie lassen sich mit entsprechenden Befestigungsvorrichtungen einzeln oder auch in größeren Einheiten einsetzen.

1. Die Vorderseite des Glaskolbens ist - je nach Verwendungszweck - klar, geriffelt oder matt; der Lichtstrahl eng gebündelt (Spot), mittel oder weit gestreut (Flood). Mit einem intrigierten oder vor der Lampe befestigten Konversionsfilter läßt sich die Farbtemperatur der des Tageslichts angleichen.
2. PAR-Lampen haben einen integrierten parabolförmigen Aluminiumreflektor (650-1000 W, 3200 K).
3. Mit speziellen Befestigungsplatten lassen sich Reflektorlampen an glatten Flächen bzw. an Rohren und Stäben befestigen.

Lampen mit integriertem Reflektor

Reflektorlampen sind ein preiswertes, vielseitiges, in sich geschlossenes hartes Lichtsystem, speziell die Typen mit einer in den Glaskolben eingeschmolzenen Frontlinse. Einige dieser PAR-Lampen haben ein klares oder geriffeltes Frontglas; andere haben eine eingegossene Linse für Spotlicht, Flutlicht oder auch einen elliptischen Lichtstrahl mit einem Winkel von z.B. 6° x 12° oder 30° x 40°.

Innen verspiegelte Glühlampen und PAR-Lampen gibt es in normaler Ausführung und als Fotolampen. Die Fotolampen mit höherer Farbtemperatur haben eine vergleichsweise kurze Lebensdauer von 2, 6, oder 10 Stunden und Anschlußwerte von 275, 500 oder 1.000 W. Ihre Ausgangsleistung entspricht normalen Ausführungen mit 800, 1600 oder 3.000 W. Mit einfachen Befestigungsplatten für Wände und Stangen oder mit Krokodilklemmen lassen sie sich fast überall anbringen. Das Licht dieser Lampen läßt sich zwar nicht weiter justieren (man muß für jeden Zweck den richtigen Typ aussuchen), kann aber mit Abdeckplatten in seiner Ausdehnung lokal begrenzt werden.

Lampen in einfachen Fassungen können sehr schnell beschädigt werden und sind völlig ungeschützt für der Fall, daß sie platzen oder explodieren sollten. Aus diesen Gründen empfiehlt es sich, auch Reflektorlampen mit einem schützenden Gehäuse zu umgeben. PAR-Lampen sind weitgehend wetterfest undkönnen mit entsprechend geschützten Fassungen auch im Freien eingesetzt werden.

Abb. 10.6 Spotscheinwerfer ohne Linsensystem

Eine sehr leistungsfähige und tragbare Lampe mit einem Ausstrahlungswinkel von z.B. 44 - 82°

Typische Werte:

250 W, 30 V (ca. 12 Std. Lebensdauer)

650 W, 120 V (100 h)

800 W, 220 V (75 h).

Spotscheinwerfer ohne Linse

Solche Spots kommen sehr häufig bei Außenaufnahmen zum Einsatz. Es gibt sie in einer kaum noch überschaubaren Typenvielfalt und mit den unterschiedlichsten Namen. Viele Beleuchter und Kameraleute bezeichnen sie einfach nach dem Namen bzw. der Typenbezeichnung des Herstellers oder nach Leistungsgrößen (850-ziger, 1 K).

Im Lampengehäuse aus verstärktem Kunststoff befinden sich ein kompakter, verstellbarer Reflektor und eine stabförmige Halogenlampe. Durch den Verzicht auf eine Linse sind diese Scheinwerfer äußerst leicht (ca. 1,5-4 kg) und lichtstark (keine Lichtverluste durch die Linse). Der Ausstrahlungswinkel und die Lichtintensität lassen sich durch Veränderung der Lampenposition mit einem Drehknopf oder Hebel an der Rückseite des Gehäuses verändern. Kleinere Spots haben Lampen mit 250, 650 oder 800 Watt, stärkere Spots mit 1kW und 2kW. Zum Standardzubehör gehören Konversionsfilter, verschiedene Drahtgazen und Tore.

Das geringe Gewicht und die flexiblen Einsatzmöglichkeiten haben diese Spots zu einem beliebten Lichtwerkzeug für die Ausleuchtung gemacht, besonders wenn die Stromversorgung begrenzt und die Lüftungsmöglichkeiten eingeschränkt sind. Mit einem 800W -Spot ohne Linse muß man (in Spoteinstellung) die Blende nur um etwa einen halben Wert weiter öffnen als mit einem 2kW Stufenlinsenscheinwerfer (bei gleichem Ausleuchtungsbereich).

Hinzu kommt, besonders bei Aufnahmen in kleinen Räumen, der große Ausstrahlungswinkel von bis zu 80° - im Vergleich zu einem maximalen Ausstrahlungswinkel von 60° bei Stufenlinsenscheinwerfern. Speziell bei einem seh geringen Abstand zwischen Lampe und Objekt kann es sehr frustrierend sein, wenn das Führungslicht nur einen Teilbereich ausleuchtet und durch andere Lichtquellen ergänzt werden muß.

Auf der anderen Seite sind kleine Spots ohne Linsensystem immer auch eine Kompromißlösung, da sich ihre Lichtverteilung in Abhängigkeit von der Fokussierung ungleichmäßig verändert. Je nach Lampentyp gibt es große Unterschiede. In vielen Fällen ist die

Lichtintensität in der Mitte schwächer als am Rand oder - in Spoteinstellung - auch stärker. Auch der Lichtabfall am Rand ist von Typ zu Typ verschieden.

In vielen Situationen sind die Tore an Spots ohne Linse ziemlich ineffektiv. Sie reduzieren das zur Seite hin abgestrahlte Licht nur graduell und nicht scharf genug, um eine Überstrahlung in Schattenbereichen oder bereits zu hellen Zonen zufriedenstellend zu verhindern. Für eine klar definierte Begrenzung des Lichtstrahls müßten die Abdeckplatten in ein bis zwei Meter Entfernung angebracht werden.

Zur Befestigung von Spotscheinwerfern ohne Linse genügen starke Krokodilklemmen oder Befestigungsplatten bzw. leichte Stative und Aufhängungen.

Fresnel- und Stufenlinsenscheinwerfer

In Film- und Fernsehstudios sind Scheinwerfer meist relativ weit entfernt von den auszuleuchtenden Objekten angebracht (z.B. über 6 m). Aus diesem Grund kommen hier hauptsächlich schwere, an Deckenaufhängungen und Stativen befestigte Stufen- oder Stufenlinsenscheinwerfer zum Einsatz. Während bei Außenaufnahmen Scheinwerfer dieser Größenordnung u.U. schwierig zu handhaben sind, spielt ihr Gewicht im Studio

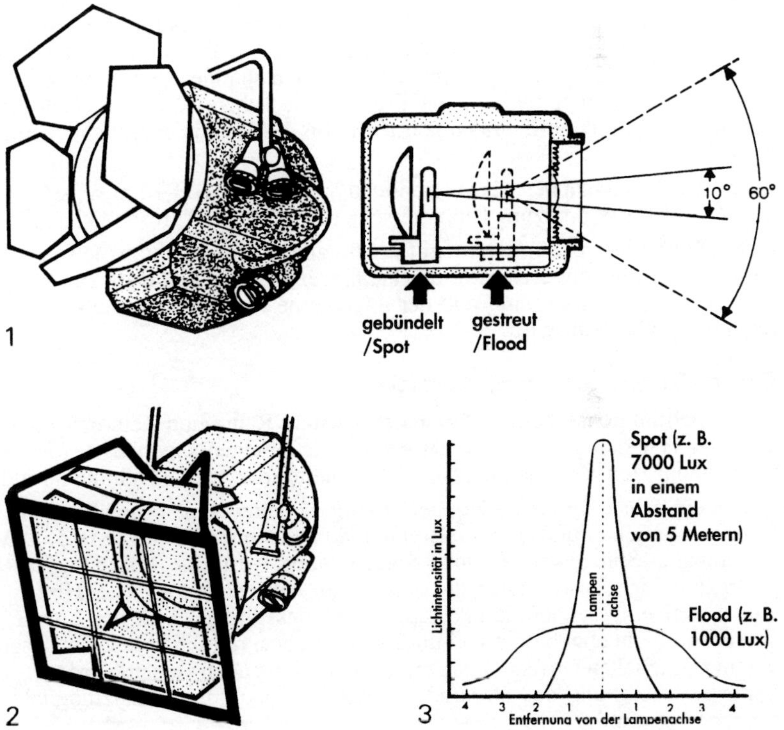

Abb. 10.7 Spotscheinwerfer mit Fresnellinse

Diese gibt es in Ausführungen von 100W bis 10kW und Linsendurchmessern von 8-38 cm.

1. Die Lampe ist zusammen mit dem Reflektor auf einem beweglichen Schlitten befestigt. Durch Verschiebung des Lampen-Reflektor-Systems nach vorne bzw. nach hinten wird der Lichtstrahl von der Fresnellinse gestreut bzw. gebündelt. Der Schlitten kann, je nach Scheinwerfer, manuell, mit eine Bedienstange oder über eine Fernbedienung verschoben werden. Desgleichen die Ausrichtung, die Neigung und - bei Doppelleistungsscheinwerfern - der Umschalter. Die Tore sind in der Regel fest mit dem Scheinwerfer verbunden.
2. Spezielle Aufhängungen für Filterrahmen erlauben weiterhin die freie Beweglichkeit der Tore. Bei anderen Scheinwerfertypen können Filter zwischen Fresnellinse und Torrahmen eingeschoben werden. (Die Gefahr einer Überhitzung der Filter ist hier größer.)
3. Mit der Veränderung des Ausstrahlungswinkels ändert sich auch die Ausgangsleistung.

kaum eine Rolle. Mit der Fresnellinse läßt sich der Lichtstrahl auf bestmögliche Weise beeinflussen und justieren, eine unverzichtbare Voraussetzung für die präzise und kreative Ausleuchtung. Im Studio sind Fresnelscheinwerfer in der Regel mit (Halogen-)Glühlampen bestückt. Für Außenaufnahmen kommen meist Metallhalogen- oder Kohlebogenscheinwerfer zum Einsatz.

Die Lampe befindet sich im Brennpunkt eines sphärisch gekrümmten Reflektors, der ihre Lichtstrahlen parallel auf das Linsensystem ausrichtet. Lampe und Reflektor sind fest auf einen Schlitten montiert, der sich mit einem Drehknopf oder Hebel verschieben läßt. Bei einer Verschiebung des Lampen-Reflektor-Systems in Richtung der Linse wird deren Licht von der Linse immer stärker gestreut (bis zu einem Winkel von ca. 60°); bei einer Verschiebung in die entgegengesetzte Richtung wird der Lichtstrahl von der Linse immer stärker gebündelt (bis auf ca. 10°).

Die Ausgangsleistung ist abhängig vom Grad der Fokussierung und kann in Spot-Stellung fünf- bis dreißigmal so stark sein wie bei maximaler Streuung (je nach Bauart). Somit läßt sich die Lichtintensität von Stufenlinsenscheinwerfern auch ohne Diffusionsmaterialen bzw. Dimmer (und ohne Veränderung der Farbtemperatur) regulieren. Der Nachteil dieser Methode ist, daß sich gleichzeitig der Ausleuchtungswinkel verändert!

Die meisten Fresnellinsen sind so konstruiert, daß ihr Lichtstrahl am äußeren Rand diffus wird und an Intensität verliert. Diese weichen Kanten ermöglichen eine geringfügige Überlappung angrenzender Ausleuchtungszonen und kaum wahrnehmbare Übergänge bzw. eine gleichmäßige, fast nahtlose Ausleuchtung größerer Bereiche mit mehreren Scheinwerfern. Der mit einem Zapfen versehene Befestigungsbügel erlaubt es, den Scheinwerfer in verschiedene Richtungen zu drehen. Trotzdem sollte man ihn nicht zu steil nach unten neigen, da dies unter Umständen zu einer Überhitzung und vorzeitigen Zerstörung der Lampe führen kann. Fresnellinsenscheinwerfer mit (Halogen-)Glühlampen gibt es in Größenordnungen von 100W bis 10kW. Die gebräuchlichen Typen haben meist 1-5kW.

Mit HMI-Lampen bestückte Versionen haben meist 200-1200 W; stärkere Typen 21/2, 4, 6, und 12kW und zum Teil unterschiedliche Linsen (Fresnel, klar, geriffelt).

Für Stufenlinsenscheinwerfer gilt wie für alle anderen Lichtquellen, daß die maximale Ausgangsleistung nur erzielt werden kann, wenn Linsen und Reflektoren sauber und die Lampen richtig justiert sind und der allgemeine technische Zustand der Scheinwerfer regelmäßig überprüft wird.

Doppelfunktionsscheinwerfer

Doppelfunktionsscheinwerfer sparen Kosten, Raum und Zeit, besonders in Studios, deren Ausleuchtung ständig neuen Aufgabenstellungen angepaßt werden muß. Mit ein paar Handgriffen wird aus einer harte Lichtquelle eine weiche Lichtquelle und umgekehrt.

Der einfachste Typ eines Doppelfunktionsscheinwerfers besteht aus einem schüsselförmigen Reflektor und einer im Brennpunkt befestigten Lampe (z.B. 5.000W) mit einer entfernbaren Spiegelkappe. Ohne Spiegelkappe wird eine Mischung aus hartem und gestreutem Licht ausgestrahlt, die sich gut zur Ausleuchtung großer Hintergrundflächen eignet. Bei eingesetzter Spiegelkappe wird das direkte, von der Lampe nach vorne strahlende Licht abgeblockt und nur noch weiches, reflektiertes Licht ausgestrahlt. Mit einem zusätzlichen Diffusor kann die Lichtstreuung noch verstärkt erden. Die unkontrollierbare Ausbreitung des Streulichts schränkt jedoch die Einsatzmöglichkeiten dieses Lampentyps ein.

Auch einfache fokussierbare Scheinwerfer erfüllen im Prinzip zwei Funktionen. Befindet sich de Lampe im Brennpunkt des kugelförmigen Reflektors, werden die Lichtstrahlen parallel ausgerichtet und das Licht ist hart. Verschiebt man die Lampe weiter in Richtung des Reflektors, wird das Licht weich.

Doppelfunktonsscheinwerfer für Fernsehstudios haben auf einer Seite einen Stufenlinsenscheinwerfer für gerichtetes Licht und auf der anderen Seite einen weichen Fluter.

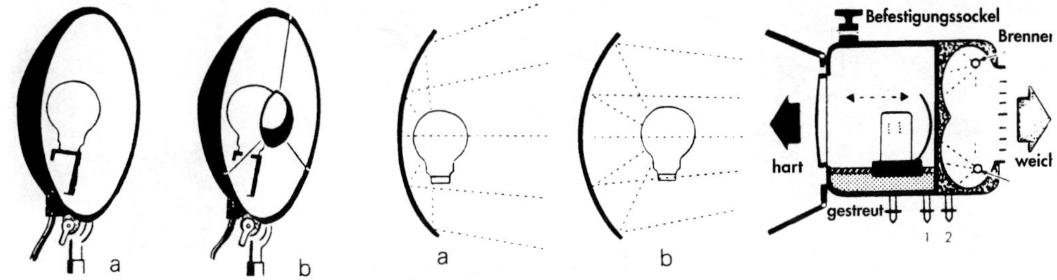

1 2 3

Abb. 10.8 Doppelfunktionsscheinwerfer

1. *Schüssel-Reflektor (Lichtpfanne)* Für breit gestreutes Licht auf Hintergrundflächen. (a) Der Lichtstrahl setzt sich zusammen aus hartem, direkt von der Lampe abgestrahlten Licht und weichem, reflektiertem Licht. (b) Durch die Spiegelkappe vor der Lampe wird nur noch weich reflektiertes Licht abgestrahlt.
2. *Fokussierbarer Fluter* Durch Veränderung der Entfernung zwischen der Lampe und dem sphärischen Reflektor wird das weich reflektierte Licht (a) gestreut oder (b) gebündelt.
3. *Doppelfunktionsscheinwerfer* Bei diesem Typ sind im gleichen Gehäuse ein Stufenlinsenscheinwerfer und ein indirekter Breitstrahler untergebracht. Bei einigen Modellen hat man es geschafft, durch verstellbare Reflektoren mit nur einer Lampe auszukommen, aber die gebräuchlichen Typen bestehen aus zwei eigenständigen Einheiten. Mit einer Bedienstange kann man von einer Funktion auf die andere schalten, die Stufenlinseneinheit fokussieren und die Ausgangsleistung verändern. Die vierflügelige Torblende ist meist fest montiert. Am Gehäuse befinden sich weitere Befestigungsvorrichtungen für Abdeckplatten und Filterrahmen.

- Der Stufenlinsenscheinwerfer hat fest installierte Lampentore und Halterungen für Filter und Abdeckplatten.
- Die weiche Seite ist meist ein indirekter Breitstrahler, dessen Halogenstäbe vom Gehäuse verdeckt sind, so daß nur das von den mattierten Aluminiumreflektoren sehr weich gestreute Licht austreten kann. Eine wabenartige Rasterblende begrenzt den Lichtstrahl in einem gewissen Umfang.

Es gab mehrere interessante Versuche, Doppelfunktionsscheinwerfer mit nur einer Lampe zu konstruieren, aber am weitesten verbreitet sind die Konstruktionen mit zwei getrennten Einheiten. Mit einer Bedienstange lassen sich folgende Funktionen schalten:

- Der Wechsel von der harten auf die weiche Einheit.
- Bei harten Einheiten mit Doppelleistungslampe die einzelne oder gemeinsame Schaltung der Glühwendel (z.B. 21/2 + 21/2kW); desgleichen bei weichen Einheiten mit zwei Halogenstäben.
- Die übliche Verstellung des Stufenlinsenscheinwerfers für gerichtetes und gestreutes Licht.

In Studios, die mit solchen Doppelfunktionsscheinwerfern ausgestattet sind, läßt sich die Ausleuchtung und die Lichtqualität in kürzester Zeit verändern. Aus räumlichen und/ oder ökonomischen Gründen werden sie auch mit konventionellen Scheinwerfertypen kombiniert.

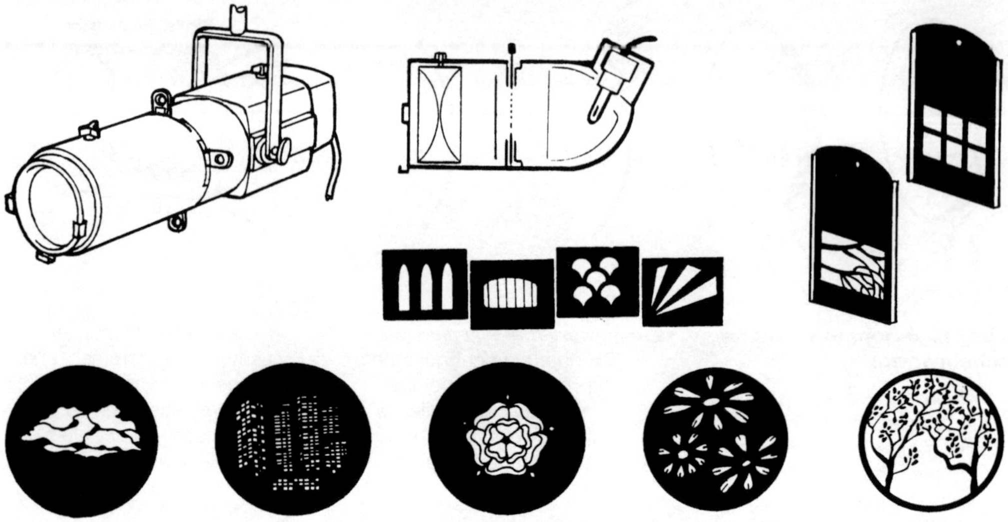

Abb. 10.9 Profilscheinwerfer und ellipsoide Spots

Diese Scheinwerfer haben einen sehr harten und scharf begrenzten Lichtstrahl, dessen Ausdehnung mit Irisblenden und Blendenschiebern präzise beeinflußt werden kann. Mit einem Einschub für Schattenmasken/ Gobos eignen sie sich auch hervorragend zur Projektion von Mustern. (Typische Größenordnungen: 500, 750 und 2.000 W.)

Spotscheinwerfer für spezielle Anwendungen

Mit den beschriebenen Scheinwerfertypen lassen sich fast alle Beleuchtungsprobleme meistern. Es gibt jedoch immer wieder spezielle Anforderungen, die Spezialscheinwerfern erfordern.

Profilscheinwerfer/elliptische Spots

Profilscheinwerfer erzeugen einen sehr starken, gleichmäßigen und harten Lichtstrahl mit scharfen Begrenzungen. Mit ihm lassen sich z.B. Personen und Objekte aus ihrer Umgebung hervorheben. (Bei dieser Anwendung wird normalerweise die harte Begrenzung des Lichtstrahls durch eine geringfügige Verstellung der Vorsatzlinse ein wenig abgeschwächt.) Profilscheinwerfer haben in der Regel Blendenschieber, mit denen sich der Lichtstrahl formen läßt, und Einschübe für Projektionsmasken bzw. Schattenschablonen.

Die einfachste Version ist eine aus zwei Elementen bestehende Vorsatzlinse, die sich vor einem normalen Fresnel- oder Stufenlinsenscheinwerfer (200-2.000W) befestigen läßt. Die aufwendigsten Ausführungen sind elliptische Spots (750, 1.000, 1.500 und 2.000W). Der ellipsoide Reflektor hat - wie schon beschrieben - zwei Brennpunkte (Abb. 10.1). Die Lampe sitzt im inneren der beiden Brennpunkte. Der äußere Brennpunkt ist von integrierten Blendenschiebern umgeben, mit denen sich der austretende Lichtstrahl in seiner Form verändern läßt (z.B. als Quadrat, Dreieck, Rechteck etc.). Sie ermöglichen in gewissem Umfang auch Korrekturen optischer Verzerrungen bei schräger Projektion quadratischer oder rechtwinkliger Lichtflecke.

Um die Größe des ausgeleuchteten Bereichs zu verändern, muß man die Projektionslinse gegen eine andere mit engerem oder weiterem Projektionswinkelaustauschen.

Einige Profilscheinwerfer haben Linsen, deren Position verändert werden kann oder Zoomlinsen für Lichtwinkel von ca. 10-50°.

Bei vielen elliptischen Spotscheinwerfern ist auf Höhe des zweiten Brennpunkts, knapp vor de Blendenschiebern, ein Schlitz, in den man zum Beispiel Irisblenden mit kreisförmiger, variabler Blendenöffnung und andere vorgefertigte oder selbst hergestellte Masken einschieben kann. Diese Masken erlauben eine selektive Beeinflussung des Lichtstrahls, um Objekte präzise von ihrer Umgebung zu isolieren oder um begrenzte Details hervorzuheben, - z.B. mit einer Schlitzmaske nur die Augenpartie einer Person.

Mit elliptischen Spotscheinwerfer lassen sich auch scharf begrenzte Muster auf den Hintergrund projizieren, von einfachen geometrischen Formen bis hin zu aufwendigen Formen wie Fenster, Zweige und andere dekorative Strukturen. Solche in Stahlblech gestanzte Formen nennt man auch Gobos oder Cookies. Um Schattenmasken mit sehr empfindlichen Mustern vor Beschädigungen zu schützen, kann man sie mit einem sehr feinen Drahtgaze stabilisieren.

Die Größe eines projizierten Musters hängt von der Entfernung des Scheinwerfers zur Projektionsfläche, dem Projektionswinkel der Linse (5-40°) und der Größe der Schablone ab. Bei großen Projektionsentfernungen ist das Risiko, daß unerwünschte Hindernisse den Lichtstrahl geraten, ebenfalls recht groß (z.B. Deckenlampen oder andere Teile der szenischen Ausstattung). Mit einer weitwinkeligen Projektionslinse kann die gleiche Abbildungsgröße auch bei einem kleineren Projektionsabstand erzielt werden. Dafür nimmt das Risiko geometrischer Verzeichnungen und einer ungleichmäßigen Schärfeverteilung zu.

Auch Masken mit extrem kleinen Mustern können Probleme bereiten. Die Maske für eine Sternenhimmel-Projektion mit nur nadelstichgroßen Löchern läßt kaum noch Licht hindurch und der Projektionseffekt ist entsprechend schwach. Bei feinen Mustern können an den Rändern und Übergängen Farbsäume und andere optische Unregelmäßigkeiten auftreten (Aberrationen).

Für sehr große Muster oder aufwendige Projektionen auf großen Flächen empfiehlt es sich, mit mehreren Projektoren zu arbeiten. Speziell für diesen Zweck gibt es entsprechende Schattenmuster-Sets. Überlagerungen verschiedener Muster in unterschiedlichen Farben ermöglichen weitere äußerst reizvolle Effekte (Kirchenfenster; blinkende Leuchtreklame).

Die Übergänge der Ausleuchtungsbereiche elliptischer Spotscheinwerfer lassen sich nicht so fließend gestalten wie mit Stufenlinsenscheinwerfern. Die harten Begrenzungen des Lichtstrahls führen zu sichtbaren Überlappungen oder Zwischenräumen. Mit Hilfe der Blendeneinschübe kann man jedoch versuchen, die Begrenzungen so weit wie möglich anzugleichen.

Spotscheinwerfer für spezielle Anwendungen lassen sich im Prinzip auch als Führungslicht einsetzen, um zum Beispiel eine Person aus einer Gruppe hervorzuheben. Die scharfen Begrenzungen des Lichtstrahls wirken jedoch nicht so gut wie die weichen Begrenzungen des Lichts von Stufenlinsenscheinwerfern.

Bühnenprojektoren

Diese Projektoren sind speziell für die Großprojektion von Glasdias oder auf Glas gemalten Objekten und eine differenzierte Wiedergabe von Tönungen und Farbnuancen ausgelegt. (An Effektprojektoren für Schattenmasken werden in diesen beiden Punkten keine so großen Anforderungen gestellt.) Im besten Fall können projizierte Bilder außerordentlich effektvoll sein. In Film- und Fernsehstudios besteht jedoch immer die Gefahr, daß durch das Streulicht anderer Lichtquellen die Projektion verwässert wird, es sei denn, daß man die Projektionsfläche ausreichend vor unerwünschtem Streulicht abschirmen kann.

Mit rotierenden Trickscheiben können auch bewegte Effekte simuliert werden wie zum Beispiel Feuer, Regen und Schnee, Wolken, fließendes Wasser etc. Die Geschwindigkeit rotierender Masken läßt sich zur präzisen Steuerung der Bewegungseffekte verändern.

Verfolgerspots

Mit diesen Spotscheinwerfern kann man Personenbewegungen (Sänger, Tänzer, Schlittschuhläufer etc.) ständig mit einem klar begrenzten Lichtkreis folgen. Die relativ großen Verfolgerscheinwerfer müssen auf stabilen Befestigungsvorrichtungen montiert und sorgfältig ausbalanciert werden, damit sie sich weich und präzise führen lassen.

Verfolgerscheinwerfer brauchen einen günstigen, meist höher gelegenen und vom Geschehen weit entfernten Standpunkt, so daß keine Hindernisse den Lichtstrahl unterbrechen können und sie selbst auch nicht im Weg stehen. Zur Überbrückung großer Entfernungen brauchen sie sehr leistungsstarke Lichtquellen und Linsensysteme. Im Prinzip werden alle Lampentypen eingesetzt, von der leistungsstarken Glühlampe bis zur Kohlebogeneinheit. HMI-Lampen (1-4kW) eignen sich wegen ihrer hohen Ausgangsleistung und geringeren Hitzeentwicklung natürlich besonders gut für diesen Zweck.

Verfolgerspots können folgende Bedienmöglichkeiten aufweisen:

- Eine eingebaute Irisblende, um den Durchmesser des Lichtstrahls vergrößern oder verkleinern zu können.
- Eine zweite Irisblende zur Beeinflussung der Lichtintensität.
- Eine Abdeckplatte, die vor den Lichtstrahl geschwenkt werden kann, um den Lichtstrahl schnell und vollständig abblocken oder freigeben zu können.
- Zwei Blendenschieber, mit denen sich der Lichtstrahl nach oben und nach unten begrenzen läßt.
- Halterungen für Farbfilter zur Anpassung der Farbtemperatur. Farb- und Effektfilter werden bei Verfolgerspots relativ selten eingesetzt.

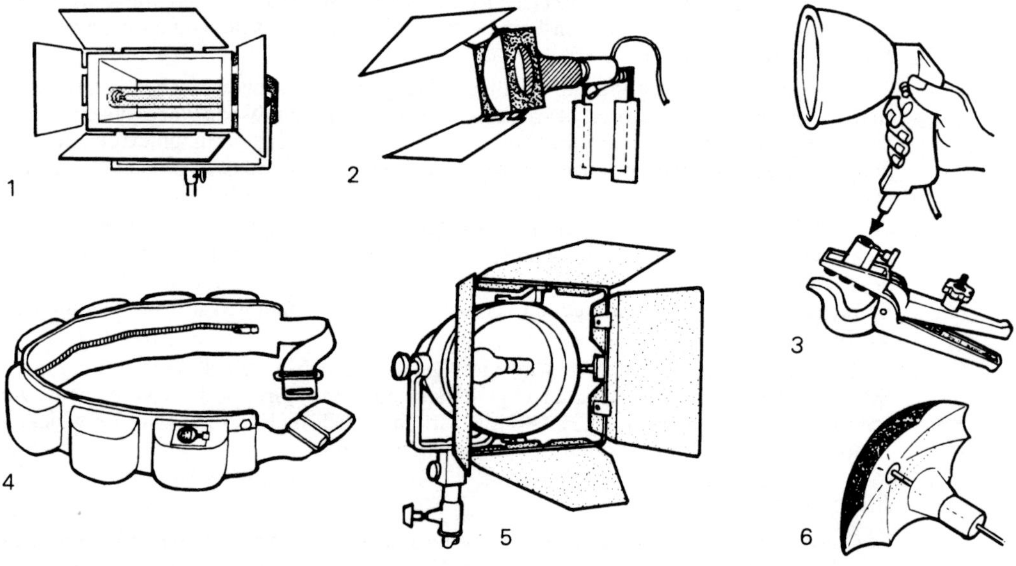

Abb. 10.10 Handlampen und Reportageleuchten

1. Kleiner Breitstrahler (600-1.000W).
2. Innenverspiegelte Lampe mit Befestigungsplatte, die mit Klebeband an Wänden, Stangen und anderen Gegenständen befestigt werden kann.
3. Handlampe (250W) mit Befestigungszapfen für Krokodilklemmen u.a.; mit Netz- oder Batterieanschluß.
4. Batteriegürtel mit 30 Volt.
5. Handlampe mit Reflektorgehäuse; ohne Linse.
6. Zusammenfaltbarer, weiß beschichteter Schirmreflektor.

- Die harten Lichtgrenzen lassen sich durch eine Dejustierung des Linsensystems weicher machen.
- Bei manchen Verfolgerscheinwerfern kann der Lichtstrahl durch Maskeneinschübe beeinflußt und gestaltet werden (z.B. muschelförmig, gezackt, etc.).
- Verschiedene Arten von Zielvorrichtungen erlauben eine exakte Ausrichtung des Verfolgerspots bevor der Lichtstrahl freigegeben wird.

Handlampen/Reportageleuchten

Im Englischen werden Handlampen nach einem ehemals sehr populären Typ gerne als sun guns bezeichnet. Es gibt eine Vielzahl verschiedener Ausführungen von Handlampen: kompakte und leichte Spots, Typen mit PAR-Lampen und auch Miniaturausführungen von Stufenlinsenscheinwerfern mit einem eher begrenzten Lichtwinkel.

Bei Außenaufnahmen kommen hauptsächlich Modelle mit Halogenlampen zum Einsatz, die entweder in der Hand gehalten oder auf der Kamera befestigt werden. Ihr Lichtstrahl ist mit einem Fokussierknopf auf der hinteren Seite des Lampengehäuses regelbar. Einige Typen sind mit einem Gebläse ausgestattet. Ansonsten kann es passieren, daß sich Handlampen, wenn sie für längere Zeit eingeschaltet bleiben, überhitzen. Viele Handlampen haben Filterhalter, die bei Bedarf in den Lichtstrahl geschwenkt werden können, sowie Lampentore.

Die Größe und Leistung von Einheiten, die sich auch längere Zeit in der Hand halten lassen, ist natürlich beschränkt. Typische Größenordnungen sind:

- Reportageleuchten mit (Halogen-)Glühlampen mit 100, 250, 300 und 650 Watt und
- HMI-Lampen mit 125, 270, 575 und 1.200 Watt.

30 Volt Lampen können aus einem Batteriegürtel oder aus einer an einem Schulterriemen befestigten Batterie gespeist werden. Die an Schulterriemen getragenen Batterien sind in der Regel wesentlich größer und schwerer und haben im Vergleich zu Batteriegürteln etwa die 11/2-4 -fache Kapazität. Tragbares Licht gibt auch dem Kameramann einen wesentlich größeren Bewegungsspielraum. Man darf jedoch nie die beschränkte Kapazität der Batterie aus den Augen verlieren. Für eine 30 V Lampe mit 250W beträgt sie ca. 30 Minuten; für eine 30 V Lampe mit 350W Lampe etwa 20 Minuten.

Ist eine Steckdose verfügbar, kann die 30 V Lampe z.T. gegen eine passende 120 V bzw. 220/240 V Lampe ausgetauscht oder über ein Netzteil betrieben werden.

Die Einsatzmöglichkeiten und Probleme bei der Arbeit mit Handlampen wurden bereits in Kapitel 7 vorgestellt.

Reflektoreinheiten

Große reflektierende Flächen sind bei Außenaufnahmen eine nützliche, von der Stromversorgung unabhängige (Zusatz-)Lichtquelle. Durch Umlenkung des Sonnenlichts können Reflektoren:

- Führungs-, Aufhell- oder Gegenlicht bereitstellen;
- Schattenbereiche aufhellen;
- Tageslicht unter überdachte Bereiche und durch Fenster und Türen lenken;
- Kontraste abschwächen.

Reflektierende Materialien

Im Prinzip kann jedes reflektierende Material als Reflektor verwendet werden, wobei man natürlich bedenken muß, daß die Qualität des reflektierten Lichts von der Farbe und Oberflächenbeschaffenheit des Materials abhängt. Die typischen Materialien für hart reflektiertes Licht sind weiße oder silbern beschichtete Kunststoffolien, Metallfolien, mit

Aluminiumfolie bespannte Bretter etc. Gute Reflexionsmaterialien für weiches Licht sind weiße Stoffe, Styroporplatten, weißer Karton und matt-weiß gestrichene Flächen. Reflektoren mit einer harten und einer weichen Seite erlauben schnelle Veränderungen der Qualität des reflektierten Lichts. Hart reflektiertes Licht hat eine größere Reichweite, läßt sich gezielter ausrichten und eignet sich gut zur Modellierung. Weich reflektiertes Licht verliert sehr schnell an Intensität und läßt sich kaum kontrollieren. Mit flexiblen Metallreflektoren läßt sich die Ausbreitung des reflektierten Lichts in gewissem Umfang beeinflussen, d.h. je nach Biegung der Metallfläche bündeln oder streuen.

Der vom reflektierten Licht erfaßte Bereich ist abhängig von der Größe und dem Abstand des Reflektors zum Objekt. Reflektoren mit mehr als einem Quadratmeter Fläche sind nicht immer einfach zu handhaben. Bei Nahaufnahmen kann schon ein kleiner, in der Hand gehaltener Reflektor eine große Wirkung zeigen.

Einschränkungen

Die Arbeit mit Reflektoren hat natürlich auch ihre Schattenseiten. Man ist voll und ganz vom Stand der Sonne und ihrer Intensität abhängig. Im folgenden einige Tricks, wie man zumindest einigen Problemen begegnen kann:

- Steht die Sonne nicht im richtigen Winkel, kann man ihr Licht über einem sogenannten Relais-Reflektor auf einen zweiten Reflektor mit der gewünschten Ausrichtung (um-)lenken.
- Ist das von einem Reflektor zurückgeworfene Licht zu hell, kann man seine Oberfläche mit gazeartigen Materialien abdecken.
- In der Regel wird Sonnenlicht reflektiert, das im Verhältnis zum Himmelslicht warm erscheint. Um unterschiedliche Farbtemperaturen zu vermeiden, sollte man Reflexionsmaterialien mit einer kalten Blautönung verwenden - besonders bei Aufnahmen am frühen Morgen und kurz vor Sonnenuntergang.

Befestigungsvorrichtungen für Reflektoren

Große Reflektoren sind unhandlich und sperrig und können sowohl beim Einsatz wie auch beim Transport Probleme aufwerfen. Leichtgewichtige Reflektoren lassen sich zwar einfach transportieren, werden aber schnell beschädigt und flattern schon beim kleinsten Windhauch. Unruhige Lichtreflexe ziehen jedoch sofort die Aufmerksamkeit auf sich und machen für jedermann den Einsatz des Reflektors spürbar.

Die einfachste Lösung ist es, den Reflektor auf den Boden zu stellen, - vorausgesetzt, daß er in dieser Position das Licht auch in die gewünschte Richtung lenken kann. Oder man befestigt ihn in einer gewissen Höhe an einem Stativ (wenn der Wind dies zuläßt!). Von einer kleinen Leiter oder Kiste aus läßt er sich auch in erhöhter Position noch gut drehen und neigen. Die Beine des Reflektorstativs sollten unbedingt mit Sandsäcken oder anderen Gewichten beschwert werden.

Reflexionsmaterialien

Es gibt eine ganze Reihe unterschiedlicher Reflexionsfolien, die auf Platten, an Wänden oder an Decken befestigen werden können. Mit ihnen läßt sich die Lichtqualität auf vielfältige Weise beeinflussen.

Verspiegelt Das Licht wird von der hart spiegelnden Oberfläche sehr stark reflektiert, - auch über größere Entfernungen. Helles, sonnenloses Tageslicht kann zumindest über kleinere Entfernungen reflektiert werden. Hart spiegelnde Folien eignen sich auch als Relais-Reflektoren.

Hart Dieser Folientyp eignet sich als Reflektor für harte, gerichtete Lichtquellen. Seine reflektierende Wirkung ist nicht ganz so stark und intensiv wie die einer verspiegelten Folie.

Weich Für eine nur schwach gerichtete, leicht diffuse Reflexion.

Extrem weich Reflektiert sehr weich gestreutes Licht über einen großen Bereich. Sehr gut als Reflektor für Aufhellicht geeignet.

- *Goldton* Eine Folie für Reflexionen mit warmer Lichtqualität, speziell für atmosphärische Stimmungen wie früh morgens oder spät am Nachmittag.
- *Blauton* Reflektiert Kunstlicht (3.200°K) mit einer dem Tageslicht ähnlichen Farbtemperatur. (Der Lichtverlust ist geringer als beim Einsatz einer Konversionsfolie vor Kunstlichtlampen.)
- *Kalte Blautönung* Der leichte Blauanteil gleicht die Farbtemperatur reflektierten Sonnenlichts der Farbtemperatur des Himmelslichts an. Mit dieser Reflexionsfolie wird ein zu warmer Eindruck beim Aufhellen von Schattenbereichen mit reflektiertem Sonnenlicht vermieden.
- *Flex* Eine hauchdünne, sehr leichte und dennoch widerstandsfähige Folie, die sich auch in unzugänglichen Bereichen anbringen läßt.

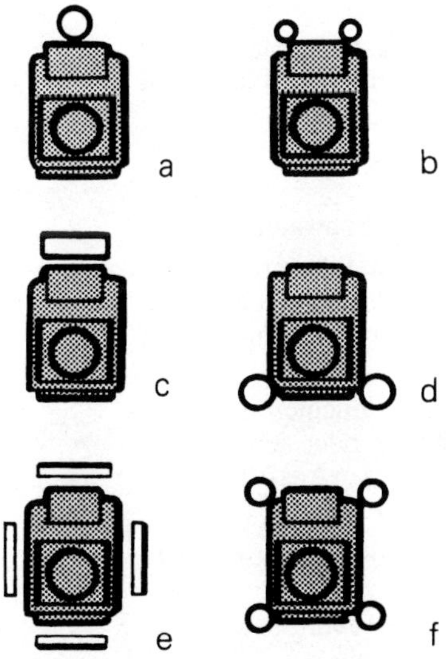

Abb. 10.11 Kameraleuchten

(a) Kleiner Spot; (b) Befestigungsschiene mit zwei Spots; (c) Breitstrahler/Fluter; (d) Vier Breitstrahler/Aufheller; (e) Zwei unterhalb des Objektivs befestigte Fotolampen/Aufheller; (f) Befestigungsrahmen mit vier Fotolampen.

Kameraleuchten

Auf der Kamera befestigte Leuchten sind für Filmaufnahmen eine unentbehrliche Hilfe. Sie können als Augen-, Kopf- und Aufhellicht eingesetzt werden und gehören zum gängigen Standardzubehör von Film- und Videokameras.

Verschiedene Typen von Kameraleuchten

Kameraleuchten gibt es in unterschiedlichen Ausführungen: als kleine Fresnel-Spots, als Breitstrahler und fokussierbare Fluter und auch in Ausführungen mit mehreren Lampen (z.B. 3 x 650W). Für die aktuelle Berichterstattung und bei Außenaufnahmen werden die Kameras meist mit Spots in Größenordnungen von 75-200W ausgerüstet, besonders wenn es sich um Ein-Mann-Teams handelt. Die Lichtintensität einfacher Kameraleuchten läßt sich kaum kontrollieren, - höchstens mit einer Drahtgaze oder einem Diffusor.

Bei Studioaufzeichnungen werden meist auch Kameralampen mit dem Lichtstellpult verbunden. So kann vom Regieraum aus die Intensität der Kameraleuchten bei Einstellungswechseln ständig nachgeregelt werden.

Beim Film werden zur Beeinflussung der Lichtqualität normalerweise Drahtgaze oder Diffusionsfolien verwendet. Für einige Kameraleuchten gibt es Vorsätze mit einschwenkbaren Filtern, die eine sehr schnelle Anpassung des Lichts ohne Beeinflussung der Farbtemperatur erlauben.

Flexibilität

Kameraleuchten lassen sich für viele verschiedene Funktionen einsetzen:

- Als Augenlicht - für den gewissen Glanz in den Augen eines Darstellers - genügt schon eine schwache Lampe. Dieser kleine Reflex läßt Augen lebendig und lebhaft erscheinen bis hin zu einem glamourösen Effekt. Augen ohne einen solchen Lichtreflex sehen stumpf, müde und unheimlich aus.
- Eine unterhalb der Kamera befestigte Lampe hellt verschattete Augenhöhlen und Nackenbereiche auf.

- Auch die zu starke Modellierung eines Gesichts (deutlich sichtbare Falten und Tränensäcke) können mit Kameraleuchten abgeschwächt werden.
- Desgleichen die häßliche Modellierung bei zu steil von oben kommendem Licht bzw. bei nach unten geneigtem Kopf.
- Wenn überhaupt kein Führungslicht vorhanden ist oder das vorhandene Licht das bildwichtige Objekt nicht ausreichend aufhellt, wird die Kameralampe zum Führungslicht-Ersatz.
- Kameraleuchten eignen sich auch zur Ausleuchtung sehr kurzer Einstellungen, für die eine aufwendige Ausleuchtung zu zeitraubend und umständlich wäre - bzw. für Objekte, die nur kurzfristig zu sehen sind und für die sich eine aufwendige Ausleuchtung ebenfalls nicht lohnt.
- Oder als mitschwenkendes Führungslicht, wenn die Kamera bei bewegten Objekten ebenfalls ständig in Bewegung ist.
- Oder als Aufhellicht bei Nahaufnahmen und als Lückenfüller, wenn eine Person kurzfristig, in einer bestimmten Handlungsposition, in einem schlechten Licht steht.

Beschränkungen

Bei aller Flexibilität hat die Arbeit mit Kameraleuchten auch ihre Schwachstellen.

- Das Licht einer Kameraleuchte wird von allen glänzenden Flächen, die der Kamera gegenüberliegen, reflektiert. Speziell in Brillengläsern wirken diese Reflexe äußerst ablenkend. Beim Einsatz mehrerer Kameraleuchten können entsprechend häßliche Mehrfachreflexe entstehen.
- Die Lichtintensität und der Ausstrahlungswinkel von Kameraleuchten ist relativ begrenzt. Dies wird besonders bei Einstellungen mit langen oder sehr kurzen Brennweiten spürbar. Mit einem Diffusionsfilter kann man zwar den Ausstrahlungswinkel vergrößern, jedoch auf Kosten der Lichtintensität.
- Für Aufnahmen mit sehr langen Telebrennweiten sind Kameraleuchten so gut wie unbrauchbar.
- Bei Kamerabewegungen werden möglicherweise die gleichzeitig von der Kameralampe im Hintergrund verursachten Lichtveränderungen sichtbar.
- Bei Kamerafahrten nimmt auch die Beleuchtungsstärke auf den Objekten ab oder zu. Befinden sich zwei gleichzeitig aufnehmende Kameras in nächster Nähe zu einem Gegenstand, sind bei der klassischen Ausleuchtung Kameraschatten auf dem Objekt unvermeidlich. In diesem Fall können Kameraleuchten auf beiden Kameras eine brauchbare Kompromißlösung darstellen. Bewegt sich jedoch eine der beiden Kameras, wird die hierdurch entstehende Lichtveränderung auf dem Objekt für die andere Kamera sichtbar!
- Fällt das Licht einer Kamera auf ein Objekt im Bildfeld einer zweiten Kamera, wird es einen Seitenlichteffekt erzeugen.
- Bei geringem Abstand zwischen Kamera und Objekt (bei Weitwinkelaufnahmen) werden schon kleine Veränderungen der Kameraposition durch Lichtveränderungen auf dem Objekt sichtbar. Speziell bei Kamerafahrten in nächster Nähe zu einem Objekt wird es sehr schwierig, das Licht auf dem Objekt konstant zu halten.
- Kameraleuchten neigen dazu, nicht nur das gewünschte Objekt auszuleuchten, sondern auch die nächste Umgebung mit Streulicht aufzuhellen. Helle Objekte zwischen der Kamera und dem aufzunehmenden Gegenstand werden überstrahlt.
- Dimmbare Kameralampen verändern beim Dimmen ihre Farbtemperatur, so daß bei Aufnahmen von Objekten aus nächster Nähe das gedimmte Licht einen rötlichen Farbstich aufweist. (Bei Glühlampen wird dieser Effekt besonders deutlich sichtbar.)

Befestigungssysteme für Scheinwerfer

Um Licht präzise einrichten zu können, müssen die Scheinwerfer auf alle gewünschten Positionen gebracht und in diesen Positionen sicher fixiert werden können. Zu diesen Zweck gibt es verschiedenartige Befestigungssysteme, wobei jedes System seine Vorteile und seine Nachteile hat.

Die verfügbaren Befestigungssysteme haben nicht nur direkten Einfluß auf die Gestaltungsmöglichkeiten, sondern auch auf den für den Aufbau des Lichts und den zum Ausleuchten erforderlichen Zeitaufwand. Zu den elementaren Systemen zählen:

- Niedrige Bodenstative und Bodenscheinwerfer
- Stative
- Stativausleger
- Zusatzbefestigungen
- Befestigungsstangen
- Aufhängevorrichtungen

Bodenscheinwerfer

Entweder stellt man einen Scheinwerfer - wenn dies möglich ist - ganz einfach auf den Boden oder man montiert ihn auf eine sehr niedrige Befestigungsvorrichtung (z.B. eine passende Bodenhalterung bzw. Bodenplatte oder ein sogenanntes Tischstativ). Je nach Situation kann ein auf dem Boden stehender Scheinwerfer auch hinter Ausstattungsgegenständen versteckt werden.

- Sehr niedrig angebrachte Lichtquellen werden für folgende Zwecke benötigt:
- Als Rampenlicht oder zur Ausleuchtung von Hintergrundflächen.
- Als verstecktes Führungs- oder Aufhellicht für Decken, Bögen oder überhängende Flächen.
- Zur lokal begrenzten Ausleuchtung von Ausstattungsgegenständen in höher gelegenen Bereichen einer Szene.
- Zur Ausleuchtung von Objekten auf Bodenhöhe für eine ebenfalls auf Bodenhöhe positionierte Kamera.
- Für spezielle Lichteffekte, zum Beispiel zur Simulation eines Feuers.
- Für dramatische Effekte.

Eine Ausleuchtung mit am Boden befestigten Scheinwerfern kann folgende Probleme aufwerfen:

- Die Richtung des Lichts wirkt unnatürlich.
- Es fallen nach oben gerichtete Schatten auf den Hintergrund.
- Auf dem Boden sind Lichtstreifen zu sehen.
- Die untere Körperhälfte einer Person, die sich in nächster Nähe zu einem Bodenscheinwerfer aufhält, erscheint übermäßig hell!

Stative

Die meisten Scheinwerfer haben einen Befestigungsbügel mit einem Zapfen, der in alle Stative mit entsprechender Hülse paßt. Die üblichen Zapfen- und Hülsengrößen sind 16 mm für kleinere Typen und 28 mm für schwere Geräte. Zur Anpassung unterschiedlicher Zapfen- und Hülsengrößen gibt es Adapter.

Stative haben drei spreizbare Beine und eine teleskopartig ausziehbare Mittelsäule. Am oberen Ende befindet sich die Befestigungshülse mit Fixierschraube für den Scheinwerferzapfen. (Um den Scheinwerfer drehen zu können, muß die Schraube kurzfristig gelockert werden.) Die Mittelsäule hat in der Regel ein bis drei Auszüge, die sich ebenfalls in der gewünschten Höhe mit Schrauben fixieren lassen. Die Standbeine können, je nach

Abb. 10.12/1 Befestigungssysteme

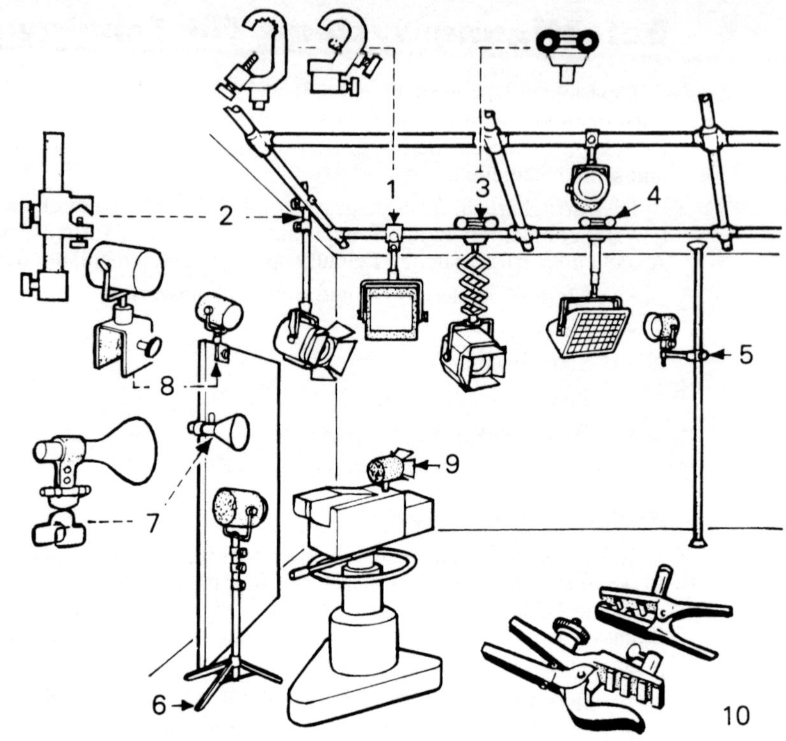

Im Studio werden meist Deckenbefestigungen eingesetzt, - in diesem Beispiel ein Stangensystem.

1. Direkte Befestigung mit einer Rohrklammer.
2. Rohrklammer mit einer in der Höhe verstellbaren Befestigungsstange.
3. Ein an einem Laufwagen hängender Pantograph (z.B. mit einem Auszug von 0,5-3,6 m).
4. Teleskop-Hänger mit Laufwagen.
5. Teleskopstab.
6. Bodenstativ mit Teleskopauszug (0,5-2,7 m).
7. Einfache Klemmlampe, die sich auch an Ausstattungsgegenständen befestigen läßt.
8. Befestigungszwinge für Stellwände.
9. Kameraleuchte für Augenlicht und punktuelle Ausleuchtung.
10. Befestigungszwinge und Krokodilklemme.

Alle hängenden Scheinwerfer und Zubehörteile müssen mit Stahlseilen gesichert werden!

Ausführung, beim Transport demontiert oder zusammengeklappt werden. (Um Bodenunebenheiten auszugleichen, lassen sich bei manchen Stativen auch Beine einzeln verstellen.)

Die klassischen Scheinwerferstative sind recht schwer und haben Laufrollen mit Feststellern. Mit Sandsäcken und Bremskeilen läßt sich ihre Stabilität noch weiter verbessern. Auch wenn Stative Rollen haben, sollte man mit ihnen die Scheinwerfer nicht allzuviel herumfahren, da heftige Stöße beim Überfahren am Boden verlegter Kabel und anderer Hindernisse die Lebensdauer der Lampen deutlich verkürzen können.

Speziell für Außenaufnahmen empfehlen sich leichtere Stative, die sich sehr kompakt zusammenklappen und wesentlich einfacher transportieren lassen. Auch hier gibt es Typen mit einem maximalen Auszug von bis zu 3,6 m. Ab einer Auszugshöhe von ca. 2 m muß man jedoch besondere Vorsicht walten lassen, da mit dem Auszug auch das Risiko steigt, daß die Scheinwerferposition versehentlich verändert oder das Stativ umgestoßen wird.

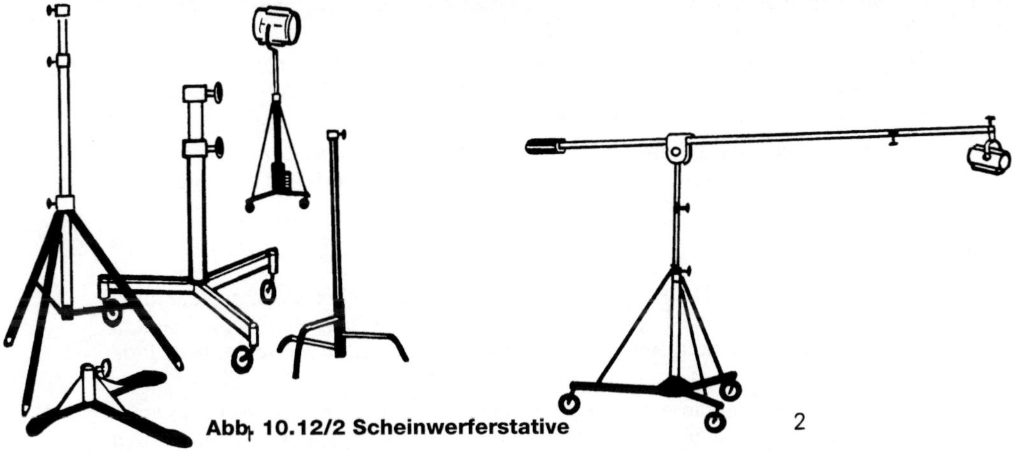

Abb. 10.12/2 Scheinwerferstative 2

1. Verschiedene Stative
2. Stativ-Galgen

Für sehr große und schwere Scheinwerfer (10kWs, Flutereinheiten etc.) gibt es sogenannte Kurbelstative, deren Mittelsäule mit einer Handkurbel verstellt wird. Noch größere Stativtypen (u.U. mit einem Auszug von mehr als 4 m) lassen sich zum Teil motorisch oder hydraulisch verstellen. Für extrem niedrige Scheinwerferpositionen gibt es entsprechend niedriger Stativtypen mit Befestigungshöhen bis ca. 60 cm.

An Stativen können eine Reihe weiterer Zusatzteile befestigt werden, z.B. Verlängerungs- und Querstangen, Träger für mehrere Scheinwerfer, Halterungen für Abdeckplatten, zusätzliche Adapterhülsen etc.

Licht-Galgen

Für große Dreibeinstative gibt es auch Ausleger. Befestigt man am Ende eines solchen Lichtgalgens einen kleineren, durch ein Gegengewicht ausbalancierten Scheinwerfer, dann kann diese auf Positionen gebracht werden, die mit Stativ- und Deckenscheinwerfern nie erreichbar wären. Lichtgalgen mit einer Länge von ca. 2,5-4,5 Meter bieten in schwieriger Umgebung sehr viel Flexibilität, müssen aber mitgroßem Fingerspitzengefühl bedient werden!

Weitere Befestigungssysteme

Mit geeigneten Befestigungsvorrichtungen kann man Scheinwerfer fast überall anbringen. Hierbei muß in manchen Fällen besonderes Augenmerk auf die Sicherheitsvorkehrungen gelegt werden. Und es muß darauf geachtet werden, daß bei der Montage und beim Entfernen nichts beschädigt wird. Zu den zusätzlichen Befestigungssystemen zählen:

- Halterungen und Klammern für die Wand- oder Deckenmontage.
- Haken zur Befestigung von Scheinwerfern an den Oberkanten der im Studio aufgestellten Wände.
- Klemmen und Zangen mit Hülsen oder Zapfen, die an fast jedem hervorspringenden Detail angebracht werden können: an Rohren und Stäben, Möbeln, Fenstern und Türen, etc. Hierzu zählen Krokodilklemmen und Schraubzangen, Mauer-, Rohr- und Dekorationsklammern.
- Befestigungszapfen, die direkt in Holz geschraubt werden können und Befestigungsplatten, die sich ebenfalls auf Flächen schrauben oder nageln lassen.

- Befestigungsplatten mit Aussparungen, die an senkrechte Rohre gehängt werden können.
- Saugbefestigungen für glatte Flächen, zur vorrübergehenden Befestigung leichter Scheinwerfer (oder auch Kameras) auf Glas, Metall, Kunststoff, poliertem Marmor, glatten Flächen von Fahrzeugen etc.
- Klebeband (Gaffer Tape) mit großer Klebekraft (ca. 5 cm breit) ist eine beliebte Vielzweckbefestigung, mit der sich auch kleinere Scheinwerfer an verschiedenartige Flächen kleben lassen.

Teleskopstangen

Zwischen Fußboden und Decke oder zwei senkrechten Flächen (Wände, Tür- und Fensterrahmen) verspannte Teleskopstangen bieten weitere Befestigungsmöglichkeiten. Die nötige Befestigungsspannung wird mit einer starken Feder oder über Schraubgewinde erzielt.

Die Scheinwerfer werden an den Teleskopstangen mit Rohrschellen, Befestigungszwingen, für Rohre geeigneten Befestigungsplatten oder einfach nur mit Stahlseilen befestigt. Bei manchen Teleskop-Systemen lassen sich mehrere Stangen über Verbindungsstücke kombinieren.

Teleskopstangen sind äußerst schnell auf- und auch wieder abgebaut und eignen sich gut zum Improvisieren. Damit an empfindlichen Befestigungspunkten keine bleibenden Druckstellen zurückbleiben, müssen zwischen Stange und Befestigungspunkt geeignete Schutzflächen eingefügt werden.

Hängende Systeme

In Studios werden Scheinwerfer vorzugsweise von der Decke abgehängt. Dies bringt einige Vorteile mit sich:

- Weder der Handlungsablauf noch die Kamera- und die Tonarbeiten werden durch Scheinwerfer und Stative behindert.
- Die Scheinwerfer stehen nicht im Bild.
- In größerer Entfernung hängende Scheinwerfer können einen vergleichsweise großen Handlungsbereich ausleuchten.
- Es werden meist weniger, dafür aber leistungsstärkere Scheinwerfer benötigt.
- Hängen Scheinwerfer außerhalb des Handlungsbereichs, lassen sie sich in den meisten Fällen ohne eine Störung des Handlungsablaufs justieren.

Einzelpunktaufhängung

Diese Methode bietet auf den ersten Blick viel Flexibilität und wurde über Jahre hinweg in vielen Film- und Fernsehstudios eingesetzt. In der Praxis hat sich jedoch gezeigt, daß sie keine sonderlich schnellen Umrüstungen erlaubt. Trotzdem sind Einzelpunktaufhängungen in Verbindung mit anderen Befestigungssystemen immer noch vorzufinden. Die Scheinwerferbefestigungen hängen mit Laufwägen oder Laufrollen in Deckenschienen und können über Zugvorrichtungen sehr genau positioniert werden.

Traditionellerweise haben viele Studios eine Galerie oder Beleuchterbrücke (in großen Studios in einer Höhe von ca. 6 m) mit zusätzlichen Befestigungsmöglichkeiten, z.B. für Spots, Verfolgerscheinwerfer und schwere Kohlebogenscheinwerfer. Diese Befestigungsmöglichkeiten werden jedoch nur selten genutzt, da von diesen Punkten aus der Lichtwinkel meist viel zu steil ist und die in nächster Nähe hängenden Scheinwerfer hochgezogen werden müßten, um keine Schatten werfen.

Für Scheinwerferpositionen hinter dem Bühnenbild gibt es Podeste, verstellbare Hebebühnen und fahrbare Arbeitsplattformen; zur Montage von Scheinwerfern an Stellwänden entsprechende Befestigungsvorrichtungen; und für weitere Ausleuchtungszwekke Stative mit Höhen vonwenigen Zentimetern bis zu 4-5 m.

In Fernsehstudios für einfache und ständig wechselnde Produktionen wird normalerweise mit anderen Techniken gearbeitet.

Festes Stangensystem

Kleinere Studios mit niedrigen Decken (3,6-5,5 m) erlauben in vielen Fällen nur die feste Installation eines sogenannten Rohrraster-Systems. Dieses vergleichsweise preiswerte System besteht in seiner einfachsten Form aus einigen parallel verlaufenden Stangen bzw. einem gitter- oder leiterförmigen Rohrraster, das einen guten halben Meter unterhalb der Decke hängt. Der Abstand zwischen den Stangen beträgt etwa 1,2-1,8 m; ihre Rohrstärke etwa 37-50 mm. In höheren Studios ist der verbleibende Raum oberhalb eines Rohrrasters oft begehbar und ermöglicht die Montage und Einrichtung zusätzlicher Vorrichtungen von oben.

Die Scheinwerfer können direkt an den Rohren mit Rohrklemmen (sogenannte C-Klammern) befestigt werden. Diese Technik ist simpel, aber arbeitsintensiv (man braucht eine Leiter) und erlaubt keine Veränderung der Scheinwerferhöhe. Um eine zu steile Ausleuchtung zu vermeiden, müssen direkt am Stangensystem befestigte Scheinwerfer in größerer Entfernung von Personen oder Objekten montiert werden. Für höhenverstellbare Scheinwerferbefestigungen bleibt bei niedrigen Decken kaum Spielraum. Auch die Befestigung großer Breitstrahler kann (Höhen-)Probleme aufwerfen und den Rückgriff auf kleinere, nicht so leistungsfähige Breitstrahler erforderlich machen. Die oberen Leistungsgrenzen für die an solchen Rohrsysteme montierbaren Stufenlinsenscheinwerfer liegen bei 1-2kW und für Aufhelleuchten bei ca. 2-3kW. Belüftungsprobleme bei zu niedrigen Studiodecken begrenzen ebenfalls die Anzahl und die maximalen Leistungsgrößen der einsetzbaren Scheinwerfer.

Absenkbare Befestigungsrohre

Andere Studios haben in Abständen von etwa 3 Meter über die gesamte Studiobreite einzeln absenkbare Befestigungsrohre. Jedes Rohr verfügt über eigene Stromanschlüsse und läßt sich mit einer Handkurbel, einem Motor oder mit Gegengewichten herablassen. (Absenkvorrichtungen mit Gegengewichten sind nicht ungefährlich und erfordern bei der Gewichtung viel Fingerspitzengefühl.)

Der große Vorteil absenkbarer Befestigungssysteme ist, daß Scheinwerfer und Zubehör vom Boden aus montiert und entfernt werden können, vorausgesetzt, daß keine Studiodekorationen oder sonstige Hindernisse im Weg sind. Ansonsten muß man wieder auf die Leiter steigen.

Andere Rohrbefestigungs-Systeme

Speziell für größere Studios gibt es auch absenkbare Systeme mit kürzeren Rohren (ca. 1,2-1,8 m), die einzeln oder in Gruppen herabgelassen werden können, - meist mit Elektromooren, die von einem Schaltkasten aus bedient werden. Auch hier hat jedes Rohr eigene Stromanschlüsse und ist n der Regel für die Befestigung von zwei Scheinwerfern ausgelegt.

Ein Problem bei diesen Rohrsystemenist die Befestigung von Scheinwerfern auf Positionen zwischen zwei Rohren. Die Montage von Querstangen ist nicht immer eine glückliche Lösung. Wird das Absenken eines Rohrs zum Einrichten oder Justieren eines Scheinwerfers durch hohe Bühnenbauten behindert, ist davon gleichzeitig auch das zweite Rohr betroffen. Bei Scheinwerfern, die sich mit Bedienstangen justieren lassen, erübrigt sich dieses Problem. Insgesamt haben sich absenkbare Befestigungssysteme bei schwierigen und unter hohem Zeitdruck stehenden Arbeitbedingungen bewährt.

Traversen-System

An parallelen Führungsschienen mit Laufrollen befestigte Querträger lassen sich beliebig hin- und herschieben, erlauben eine genaue Positionierung der Scheinwerfer und schnelle Veränderungen der Bestückungsdichte.

Begehbare Gitterdecken

Bei begehbaren Gitterdecken sind die an verschiebbaren Teleskopstangen oder anderen Systemen befestigten Scheinwerfer durch Aussparungen in den Gitterrosten zugänglich. Durch diese Schlitze mit einer Breitevon ca. 50-60 cm lassen sich die Scheinwerfer sehr gut einrichten.

Die Verschiebung von Laufwägen und die Höhenverstellung der Teleskopstangen kann manuell - von der begehbaren Gitterdecke aus - oder mit fernbedienbaren Elektromotoren erfolgen. Bei einer gesättigten Bestückung kann es vorkommen, daß zur Befestigung neuer Scheinwerfer andere, bereits montierte Scheinwerfer entfernt werden müssen.

Weitere Befestigungsvorrichtungen

Jedes Befestigungssystem hat, je nach Art der Produktion, seine Vor- und Nachteile. Zur Ausleuchtung einer Großveranstaltung braucht man eine völlig andere Ausrüstung als für einen Spielfilm. Und eine Spielshow bringt andere Probleme mit sich als ein Musikprogramm oder ein Interview. Um jeder Situation gerecht werden zu können, müssen die Ausleuchtungsmöglichkeiten im Studio außerordentlich flexibel sein.

Die einfachste Vorrichtung zur Montage von Scheinwerfern an Rohren, Stangen und Traversen ist die Rohr-bzw. C-Klemme mit einer Hülse und einer kräftigen Fixierschraube für die 16- und 28mm starken Befestigungszapfen. Bei einigen Typen bleibt der Scheinwerfer(-bügel) frei drehbar.

In vielen Fällen möchte man auch die Höhe der Scheinwerfer individuell verändern können. Bei Stativen ist dies kein Problem. Bei mehreren, an ein und demselben Deckenrohr befestigten Scheinwerfern schon eher. Verschiedene Hängesysteme erlauben auch hier ein präzises Absenken der Scheinwerfer. Die einfachsten variablen Hängevorrichtungen sind Stangen (drop arm) mit fixer Länge (kurz oder lang) und n der Länge veränderbare Teleskopstangen.

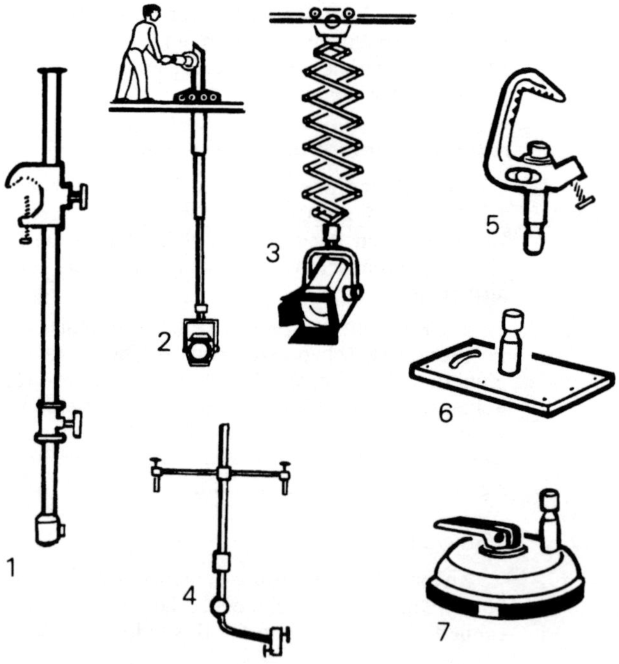

Abb. 10.12/3 Befestigungssysteme

1. Teleskophänger
2. Höhenverstellbare Stange/ Teleskop
3. Pantograph/Scherenhänger
4. Ausleger
5. Rohr- bzw. C-Klemme
6. Wandbefestigungsplatte
7. Saughalter

Bei einfachen Stangen erfolgt die Höhenverstellung durch Verschiebung und Fixierung der Stange n einer für diesen Zweck konzipierten Rohrklemme. (Ein Sicherungsbolzen am oberen Stangenende verhindert, daß die Stange nach unten herausrutschen kann.) Einfache Stangen gibt es in Längen von ca. 1-5 m.

Ausziehbare Teleskopstangen sind schwerer und werden dort eingesetzt, wo oberhalb des Deckenbefestigungs-Systems nicht genügen Spielraum für eine Verschiebung fester Stangen bleibt. Das verschiebbare Innenrohr wird in der eingestellten Höhe ebenfalls mit einer starken Schraube oder einem Bolzen gesichert.

Die Arbeit mit diesen sehr einfachen, billigen Systemen ist nicht ungefährlich und alle Teile, die herabfallen könnten, müssen mit Sicherungsstiften und Sicherungsseilen versehen werden.

Zur Höhenverstellung (z.B. von einer Leiter aus) muß man mit einer Hand den Scheinwerfer halten, mit der anderen Hand die Befestigungsschraube lösen und n der neuen Position die Schraube wieder festziehen. Bei schweren oder an unzugänglichen Stellen hängenden Scheinwerfern kann diese Prozedur recht beschwerlich sein.

In vielen Studios arbeitet man mit Pantographen. Diese Scherenhänger erlauben eine flexible Höhenverstellung von etwazwei Meter.

Pantographen gibt es in zwei Ausführungen: als einfachen, sehr leichten Typ mit nur einer Schere (die aber nicht sonderlich stabil ist) und in großer, recht schwerer Ausführung mit Gegengewichten. An einem Pantographen mit genau abgestimmtem Gegengewicht befestigte Scheinwerfer lassen sich spielend leicht mit einer Bedienstange nach oben und unten bewegen und verbleiben in der eingestellten Position.

Manche Beleuchter schätzen die Flexibilität von Motorteleskopen. Solche Teleskope bestehen aus mehreren ineinandergeschobenen Rohren. Mit einer am oberen Teil der Teleskope befestigten Seilwinde können die Rohre über ein intern verlaufendes Seil abgesenkt oder hochgezogen werden. Die Winde kann von einem Elektromotor angetrieben oder - von einer Gitterdecke aus - mit einem Elektroschrauber bzw. einer Kurbel bedient werden. An Laufwagen abgehängte Pantographen und Motorteleskope lassen sich auf beliebige Positionen bringen. Die Stromanschlüsse befinden sich oberhalb der Laufschienen.

Scheinwerfer-Zubehör

Ist ein Scheinwerfer auf seiner richtigen Position, muß im nächsten Schritt der von ihm erfaßte Ausstrahlungsbereich eingerichtet werden. Bei fokussierbaren Spots und Stufenlinsenscheinwerfern kann die Bündelung bzw. Streuung des Lichtstrahls in einem gewissen Umfang am Scheinwerfer verstellt werden. Wie schon dargestellt, ändert sich beim Fokussieren gleichzeitig die Lichtausgangsleistung Wird zur Begrenzung des Lichtstrahls die Fokussierung in Spot-Richtung verschoben, kann das bildwichtige Objekt zu hell werden. Dimmt man das zu helle Licht, sinkt die Farbtemperatur. Setzt man für den gleichen Zweck einen Diffusor vor den Scheinwerfer, wird das Licht sehr weich und gestreut.

Mit der Zeit wurden einige sehr brauchbare Vorrichtungen entwickelt, die dem Lichtspezialisten eine wesentlich differenziertere Beeinflussung des Lichts erlauben.

Scheinwerfertore

Tore sind ohne Zweifel das am häufigsten eingesetzte Mittel zur Lichtbegrenzung - speziell bei harten Lichtquellen. Sie bestehen aus einem Befestigungsrahmen mit zwei oder vier beweglichen schwarzen Metallflügeln. Diese sind einzeln justierbar und begrenzen den Lichtstrahl. Der Torrahmen wird entweder nur bei Bedarf an einer entsprechenden Halterung des Scheinwerfers befestigt oder ist fest mit dem Lampengehäuse verbunden. In vielen Fällen kann der Torrahmen auch gedreht werden.

Tore werden für folgende Zwecke eingesetzt:

- Um das Scheinwerferlicht von bestimmten Handlungsbereichen fernzuhalten.

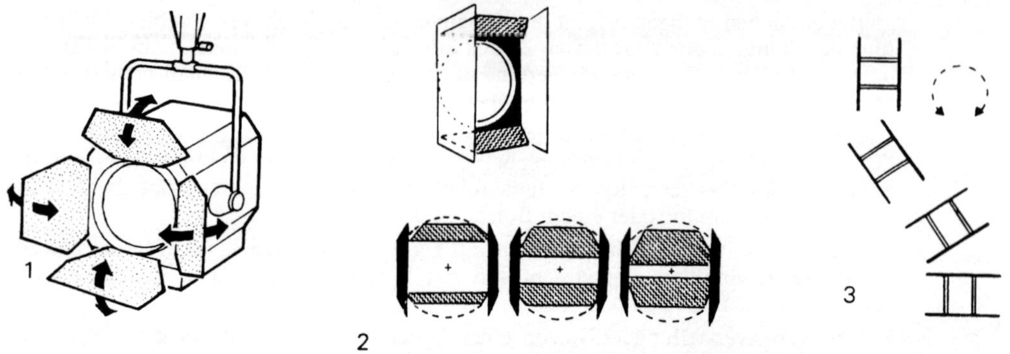

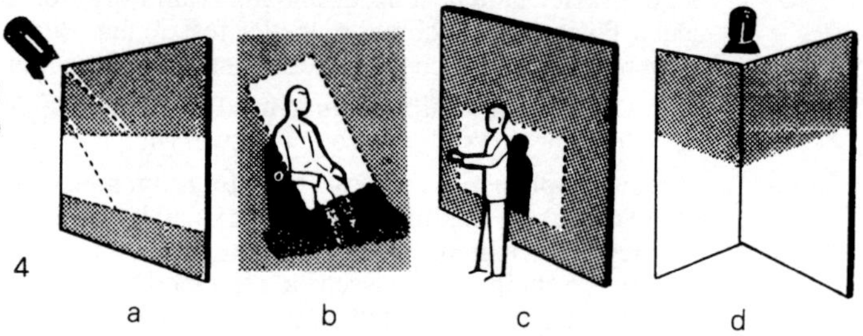

Abb. 10.13 Lampentore

1. An einem drehbaren Torrahmen sind vier (manchmal auch nur zwei) bewegliche Tore befestigt, in der Regel zwei längere und zwei kürzere.
2. Je nach Stellung der Tore kann der Lichtstrahl zunehmend eingeengt bzw. lokal begrenzt werden.
3. Ein drehbarer Torrahmen erlaubt auch diagonale Abschattungen.
4. Typische Beispiele für den Einsatz der Tore: (a) Horizontale Begrenzung des Lichts (hierfür sind große Tore erforderlich). (b) Begrenzung des Lichtstrahls auf eine Person (zwischen den Torflügeln darf kein Licht entwischen). (c) Lokal begrenzter Schattenwurf. (d) Auf schrägen Flächen und in Ecken erscheinen auch die Lichtbegrenzungen verzerrt.

- Zur gezielten Ausleuchtung einer Person oder eines Objekts ohne Beeinflussung der Umgebung.
- Zur Ausleuchtung von Personen bei abgeschattetem Hintergrund.
- Zur Ausleuchtung des Hintergrunds ohne Beeinflussung der Personen im Vordergrund.
- Zur Abschattung von Objekten, die einen häßlichen Schatten auf den Hintergrund werfen könnten (Personen, Ausstattungsgegenstände, Tonangeln, von der Decke hängende Lampen etc.).
- Um nur kleine Bereich hervorzuheben, z.B. die nächste Umgebung einer Schreibtischlampe.
- Für atmosphärische und dekorative Effekte, zum Beispiel Lichtstreifen auf einer Wand oder säulenförmige Lichtformationen auf einem Hintergrund.
- Um gezielt einige Bereiche der Szenerie im Schatten zu lassen.
- Um eine Überschneidung der Ausleuchtungsbereiche verschiedener Scheinwerfer zu verhindern.
- Um eine Überstrahlung heller Flächen zu vermeiden.
- Um unerwünschtes Streiflicht auf parallel zum Lichtstrahl stehenden Flächen zu unterdrücken.
- Um das Kameraobjektiv vor einstrahlendem Gegenlicht zu schützen.

Es gibt jedoch auch bei Toren gewisse Einschränkungen, die man bei der Licht-Arbeit berücksichtigen muß. Sie begrenzen einen Lichtstrahl nur geradlinig bzw. rechtwinkelig und schatten unter Umständen auch Dinge ab, die eigentlich sichtbar, d.h. im Licht bleiben sollen.

Die Schärfe der Begrenzung ist abhängig von der Größe der Tore. Je größer das Tor, desto härter der Übergang. Zu große Tore können aber auch lästig sein. Bei dicht zusammenstehenden Scheinwerfern können die Tore eines Scheinwerfers den Lichtstrahl des anderen Scheinwerfers behindern und deren exakte Positionierung erschweren. Die Begrenzung des Lichts auf sehr kleine Bereiche ist ebenfalls schwierig. Kleinere Tore

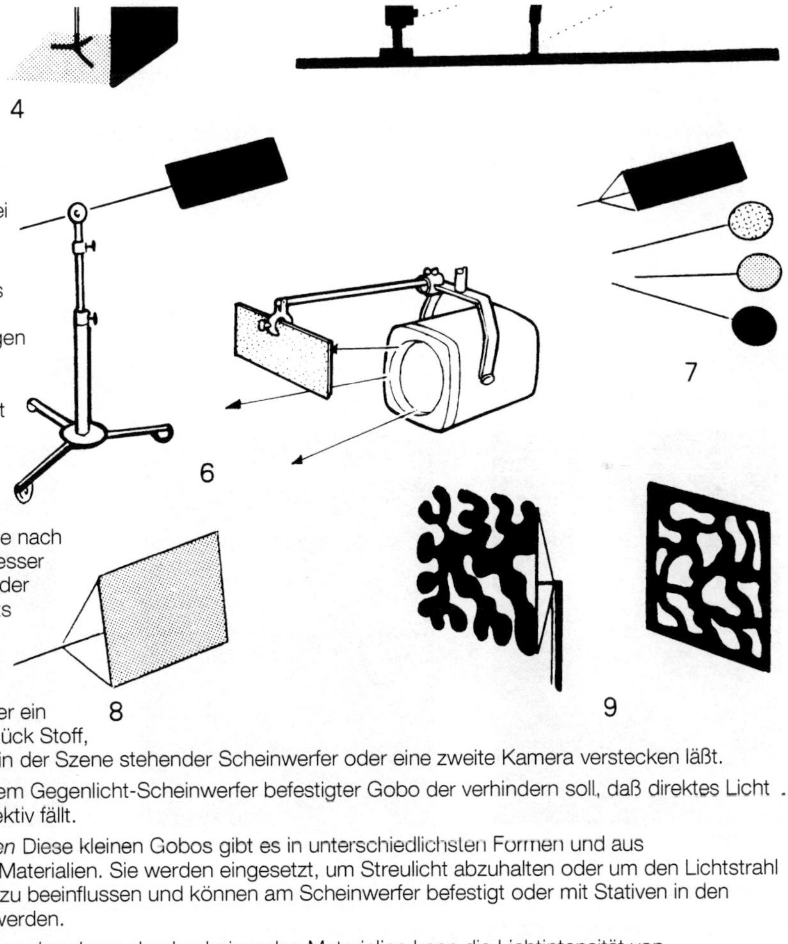

Abb. 10.14 Weitere Techniken zur Lichtbegrenzung

1. *Rasterblende* Vorsatzrahmen mit wabenartigen Lamellen zur Reduzierung von Streulichteffekten bei Breit- und Weichstrahlern.
2. *Ringblende* Eine aus mehreren konzentrischen Ringen bestehende Blende, die direkt vor bzw. an Lampen befestigt werden kann.
3. *Tute* Zylindrischer bzw. konischer Vorsatz für Spotscheinwerfer. Je nach Länge und Durchmesser solcher Tuten kann der Lichtstrahl von Spots weiter begrenzt werden.
4. *Gobo* Eine schwarze Wand oder ein undurchsichtiges Stück Stoff, hinter dem sich ein in der Szene stehender Scheinwerfer oder eine zweite Kamera verstecken läßt.
5. *Teaser* Ein über einem Gegenlicht-Scheinwerfer befestigter Gobo der verhindern soll, daß direktes Licht auf das Kameraobjektiv fällt.
6. u. 7. *Abschirmplatten* Diese kleinen Gobos gibt es in unterschiedlichsten Formen und aus verschiedenartigen Materialien. Sie werden eingesetzt, um Streulicht abzuhalten oder um den Lichtstrahl zu begrenzen bzw. zu beeinflussen und können am Scheinwerfer befestigt oder mit Stativen in den Lichtstrahl gestellt werden.
8. *Gaze* Mit Drahtgaze und anderen durchscheinenden Materialien kann die Lichtintensität von Scheinwerfern teilweise (halbe Gazen) oder vollständig abschwächt werden. Bei Außenaufnahmen verwendet man auch sehr großflächige Gazen.
9. *Schattenmasken* Mit diesen meist aus Stahlblech gestanzten Schablonen können unterschiedlichste Licht- und Schattenmuster auf Hintergrundflächen projiziert werden.

ermöglichen zwar eine enge Begrenzung des Lichts, sind aber ansonsten recht ineffektiv und die von ihnen erzeugten Übergänge vergleichsweise weich.

Je mehr die Tore geschlossen werden, desto geringer wird die verfügbare Ausgangsleistung des Scheinwerfers. Auch die Übergänge werden immer weicher und es kann an den Rändern zu Lichtbeugungen kommen. Ein Scheinwerfer, dessen vier Tore fast geschlossen sind, produziert einen kleinen Lichtpunkt mit weichen Übergängen, u.U. zur Simulation des Lichtflecks einer in der Szene sichtbaren Wandlampe.

Mit zweiflügeligen Toren (Tore mit ausfaltbaren Flügeln) lassen sich Schattenzonen wesentlich variabler gestalteten, vorausgesetzt, daß zwischen den Flügeln kein unkontrolliertes Licht entweicht. Auch bei Scheinwerfern mit vier Toren können - wenn die Tore das Licht nicht lückenlos begrenzen - sogenannte Lichtohren auf dem Hintergrund sichtbar werden.

Weitere Möglichkeiten zur Begrenzung des Lichts

Es gibt noch eine Reihe weiterer Möglichkeiten, den Lichtstrahl von Scheinwerfern zu beeinflussen. Diese Vorrichtungen werden normalerweise am Scheinwerfergehäuse befestigt.

♦ *Abdeckplatte* Die den Toren recht ähnlichen Abdeckplatten werden am Scheinwerfergehäuse oder an biegsamen Befestigungsarmen montiert und meist zur seitlichen Begrenzung des Lichts von Flutern und Lichtwannen eingesetzt.

♦ *Abschirmhaube* Diese schachtelförmigen Vorsätze haben Ähnlichkeit mit Objektiv-Sonnenblende und werden hauptsächlich vor weichen Lichtquellen befestigt.

♦ *Rasterblende* Ein wabenförmiger Blendenvorsatz, ebenfalls für weiche Lichtquellen aller Art.

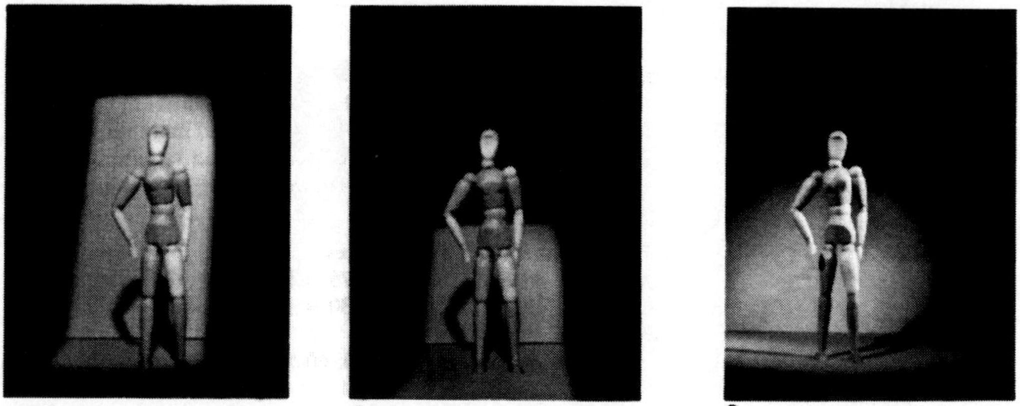

1 2 3

Lichtbegrenzung

Die Begrenzungen des Lichtstrahls auf dem Hintergrund haben auch begrenzenden Einfluß auf Personen und Objekte. Dieser Eindruck ist bei Lichtzonen mit scharfen Begrenzungen am stärksten.

1. Der Lichteffekt auf dem Hintergrund umrahmt die Figur und schränkt sie ein.
2. Die Figur durchbricht die begrenzte Lichtzone und wirkt stark und vordergründig.
3. Weiche Lichtkanten schwächen diese Wirkung wieder ab.

♦ *Ringblende* Im Prinzip ähnlich wie die Rasterblende, jedoch mit mehreren konzentrisch angeordneten Blendenringen; als Vorsatz für innenverspiegelte Lampen und nicht fokussierbare Scheinwerfer.

♦ *Tute* Ein konisch geformter Tubus, der sich speziell zur Begrenzung des Lichtstrahls von Spotsheinwerfern eignet, z.B. um eine Person aus einer Gruppe hervorzuheben oder einen kleinen Gegenstand mit einem begrenzten Lichtfleck anzustrahlen. Tuten beschneiden den Lichtstrahl erheblich und verringern somit drastisch die Ausgangsleistung. Bei einem Spotscheinwerfer mit Tute hat eine Veränderung der Fokussierung zwar keinen Einfluß auf den Ausstrahlungswinkel, bewirkt aber eine Verstärkung bzw. Abschwächung des von der Tute begrenzten Lichts und dessen Randschärfe. Der Ausleuchtungsbereich ist abhängig von der Größe der Tute und der Entfernung des Scheinwerfers zum Objekt. Trifft das Licht in einem schrägen Winkel auf eine Fläche, wird der Lichtpunkt entsprechend verzerrt. Bei der Arbeit mit Tuten wird man immer ein wenig experimentieren müssen, um das gewünschte Ergebnis zu erzielen.

♦ *Gobo/Neger* Der englische Begriff Gobo (go-betwen) ist eine sehr allgemeine Bezeichnung für alle schwarzen Materialien (Metall- und Holzplatten, Stoffe uva.), mit denen sich Lichtstrahlen beeinflussen bzw. abschatten lassen oder hinter denen Gegenstände versteckt werden können. Auch Aufnahmemasken für Kameras und Schattenmasken für Spotscheinwerfer fallen unter die Kategorie Gobo. Dies kann hin und wieder zu Verständigungsschwierigkeiten führen.

Große Gobos werden u.a. für folgende Zwecke eingesetzt:

Scheinwerfer verbergen Mit schwarzen Flächen oder Stoffen können Scheinwerfer, die im Aufnahmebereich der Kamera stehen, versteckt werden.

- *Licht begrenzen* Speziell bei Gegenlichtquellen läßt sich der obere Bereich des Lichtstrahls mit schwarzen Platten abblocken, damit das Gegenlicht keine Reflexe und Geisterbilder im Kameraobjektiv verursachen kann. Diese Abdeckplatten sind hilfreich bei allen Aufnahmen gegen weiche Lichtquellen.
- *Streulicht verhindern* Mit schwarzen Abdeckplatten können auch unerwünschte, von weichen Lichtquellen verursachte Streulichteffekte auf Hintergrundflächen und sonstigen szenischen Bereichen begrenzt werden.
- *Als Kameraversteck* Bei Aufnahmen mit mehreren Kameras können diese hinter schwarzen Flächen versteckt werden, damit sie sich nicht gegenseitig ins Bild kommen.

Kleinere Gobos von unterschiedlicher Form und Größe werden meist zur Lichtbegrenzung von Scheinwerfern und für Schattenprojektionen eingesetzt. Sie bestehen z.B. aus dünnen, schwarzen Metall- oder Sperrholzplatten oder aus schwarzem, an einem Metallrahmen befestigten Stoff. Abdeckplatten sind wesentlich effektiver und vielfältiger einsetzbar als Scheinwerfertore. Sie erfordern jedoch auch zusätzliche Befestigungsvorrichtungen und sind nicht immer einfach zu justieren. Die (Un-)Schärfe der Lichtbegrenzung läßt sich durch Veränderung des Abstands zwischen Abdeckplatte und Scheinwerfer verändern.

Abdeckplatten gibt es in den unterschiedlichsten Ausführungen. Kleine Abdeckplatten haben etwa DIN A4 Format; große Abdeckplatten eine Fläche von einem Quadratmeter und mehr. Es gibt auch runde Typen mit unterschiedlichen Durchmessern und schmale Ausführungen zur punktuellen, lokal begrenzten Abschattung.

Schattenmasken eignen sich besonders gut für die atmosphärische Lichtgestaltung und können selbst hergestellt werden. Manche haben nur unregelmäßige Muster; andere sehr fein ausgearbeitete Strukturen und gegenständliche Motive. Auch Schattenmasken gibt es in unterschiedlichen Größen und Formen - von kleinen, runden Masken mit nur einigen Zentimetern Durchmesser bis hin zu großen, rechteckigen und quadratischen Masken mit einer Kantenlänge von mehr als einem Meter.

Die meisten Schattenmasken werden aus Stahlblech angefertigt, - manche auch aus Sperrholz, Aluminiumfolie, durchsichtigen Kunststoffplatten oder Acetatfolie. Befestigt man eine Schattenmaske vor einer harten Lichtquelle, wird ihr Schattenmuster auf die gegenüberliegende Fläche projiziert. Die Abbildungsschärfe ist abhängig von der Maskengröße, vom Abstand der Maske zur Lichtquelle und vom Abstand des Scheinwerfers zum Hintergrund.

Mit Schattenmasken lassen sich eine Vielzahl interessanter Effekte erzeugen:

- Suggestion von Zweigen und Blättern.
- Flache, langweilig erscheinende Flächen und Wände können aufgebrochen und gestaltet werden. Bei geschickter Anwendung wirken die Effekte sehr natürlich; - andernfalls auch grotesk.
- Schattenmasken werden sehr häufig zur Projektion dekorativer Effekte auf (vorzugsweise dunklen) Hintergrundflächen eingesetzt, vielfach in Kombination mit Farbfolien.
- Ein zu hartes Führungslicht kann durch Schattenmasken mit diffuser Wirkung abgeschwächt werden. Desgleichen auch andere zu hart wirkende Lichtquellen.
- Für eine Szene, die in dichtem Unterholz spielt, kann man zum Beispiel eine Schattenmaske verwenden, die im Randbereich unregelmäßig durchbrochen und in der Mitte offen ist.
- Für eine im Dunkeln spielende Szene (im einem Keller oder einem Bergwerk) setzt man gerne eine in der Mitte geschlossene und nur zum Rand hin durchbrochene Schattenmaske vor den Scheinwerfer.
- Für kleine, exakt auf die Handlung abgestimmte Lichtflecke schneidet man in Aluminiumfolie genau die gewünschten Öffnungen. Mit dieser Methode lassen sich mit nur einem Scheinwerfer mehrere gezielte Lichtpunkte auf ein Objekt oder eine Szene werfen.
- Mit Schattenmasken können eine Vielzahl ganz spezifischer und realer Effekte hergestellt werden wie zum Beispiel der Schattenwurf eines Fensters, einer Jalousie etc.

Halterungen für Zubehör

Viele Scheinwerfer haben an ihrer Vorderseite Halterungen für Filter, Diffusoren und Schattenmasken. Andere Zubehörteile wie Abdeckplatten müssen meist separat befestigt werden. Die übliche Halterung für Abdeckplatten besteht aus einem Stab bzw. Ausleger und einer Klemmvorrichtung, mit der sich der Auszug und die Neigung des Stabs in beliebigen Positionen fixieren lassen. Die Klemme selbst hat einen Befestigungszapfen, mit der man sie an jedem Stativ (bzw. jedem Adapter) mit entsprechender Hülse anbringen kann; - entweder am gleichen Stativ, auf dem auch der betreffende Scheinwerfer befestigt ist, oder auf einem eigenen, meist kleineren (Zubehör-)Stativ.

Außerdem gibt es Gelenkarme und Schwanenhälse, die sich ebenfalls an Stativen und Adaptern oder auch am Ende von Auslegern befestigen lassen. Mit diesen sehr biegsamen, ca. 50 cm langen Befestigungsarmen können Abdeckplatten und andere Zubehörteile sehr genau in Position gebracht werden.

Diffusionsmaterialien

Zur Streuung des Lichts werden ebenfalls recht verschiedenartige Materialien eingesetzt, z.B. Glasfasergewebe, Drahtgaze, Stoffgaze und Kunststoffolien. Früher gebräuchliche Materialien wie Opalglasscheiben, geölte Seide u.ä. werden heute seltener verwendet. Auch Pauspapier und manche Stoffe sind gute Diffusionsmaterialien, fangen aber leicht Feuer und werden schnell spröde.

Ein Diffusor bewirkt zweierlei: er reduziert die Lichtintensität und macht das Licht durch Streuung weicher. Je nach Diffusionsmaterial wird das Licht:

- gestreut, ohne allzu großen Intensitätsverlust (Seide) oder
- abgeschwächt, ohne allzu große Streuung (Drahtgaze).

Die Diffusionswirkung hängt von mehreren Faktoren ab. Die Modellierung und die Schattenbegrenzungen eines Stufenlinsenscheinwerfers werden mit starken Diffusionsmaterialien zwar deutlich weicher, aber nie schattenfrei. Mit zunehmender Entfernung des Diffusors von der Lichtquelle verstärkt sich sein Effekt.

Im Gegensatz zu Dimmern erlauben Diffusoren eine Reduzierung der Ausgangsleistung eines Scheinwerfers ohne Beeinflussung der Farbtemperatur, - d.h. daß beim Einsatz mehrerer Scheinwerfer deren relative Lichtintensität auch ohne Dimmer angeglichen werden kann. Dies ist besonders bei Außenaufnahmen üblich.

Heutzutage gibt es Diffusionsfolien aus Polymer, hitzebeständigem Polyester und Acetat mit einer großen Palette an Abstufungen. Auch mit den dünnen und flexiblen Polymerfolien läßt sich sehr effektiv arbeiten mit der Einschränkung, daß sie schneller verschleißen und nicht direkt vor dem Scheinwerfer befestigt werden sollten.

Der sehr angenehme Streueffekt von geölter Seide (silk), die früher recht häufig verwendet wurde, läßt sich heute mit anderen Materialien herstellen, zum Beispiel mit einem als white china silk oder cornflower-silk bezeichneten Baumwoll- oder Kunststoffgewebe bzw. mit sogenannten silk-Folien.

Vor heißen Lichtquellen (Spots ohne Linse) und bei längeren Einschaltzeiten eines Scheinwerfers werden vorzugsweise Drahtgaze oder besonders hitzebeständige Folien eingesetzt. Gewebe sind für diesen Zweck meist zu empfindlich.

Die Absorptions- und Diffusionseigenschaften von Materialien mit Gewebe-Struktur sind abhängig von:

- Gewebe- bzw. Strukturverlauf (regelmäßig oder unregelmäßig).
- Gewebedichte (eng oder weit).

Tönung und Eigenfarbe des Materials. Schwarze Gewebe absorbieren viel Licht und streuen wenig. Weiße Gewebe absorbieren wenig Licht und streuen stärker. Leicht getönte (oder von der Scheinwerferhitze gebräunte) Materialien verändern die Farbqualität des Lichts.

Werden mehrere Filter mit Gewebestruktur (hierzu gehören auch die sogenannten scrims) übereinandergelegt, muß für optimale Ergebnisse der Gewebeverlauf berücksichtigt werden.

Die Typenvielfalt der Diffusionsfolien ist mit der Zeit ständig erweitert worden. (Ein Großteil der im deutschsprachigen Raum erhältlichen Filter kommt aus England und den USA und wird unter den englischen Bezeichnungen vertrieben.) Mattierte Folien (frosted, in den Ausführungen tough frost und light tough frost) machen das Licht bei nur geringfügiger Streuung gleichmäßig weicher. Silk-Folien haben einen größeren und zu Teil deutlich gerichteten Streueffekt (tough silk) im Winkel von 90° zur eingearbeiteten Materialstruktur. Das heißt, daß sie bei entsprechender Befestigung vor dem Scheinwerfer dessen Licht in die Breite streuen, aber kaum nach oben und unten bzw. auf Zimmerdecken und Fußböden. Diese Eigenschaft ist sehr vorteilhaft beim Ausleuchten kleiner Räume, wenn die Scheinwerfer relativ nahe vor Personen oder Objekten aufgesellt werden müssen.

Die gleichzeitige Verwendung von Diffussionsfolien und Farbkonversionsfiltern kann zu einer Reduzierung der Lichtausgangsleistung in Größenordnungen von 75-90% führen! Um diese Verluste so niedrig wie möglich zu halten, gibt es sogenannte booster-Folien, die beide Eigenschaften in sich vereinigen (z.B. tough booster frost und tough booster silk).

Arbeit mit Diffusionsmaterialien

Diffusionsmaterialien werden hauptsächlich eingesetzt:

- Zur Reduzierung der Lichtausgangsleistung (partiell oder vollständig).
- Als Weichmacher für hartes Licht und harte Schattenränder.

- Um die gleichmäßige Lichtverteilung von Scheinwerfern mit ungleichmäßiger Ausstrahlung, zu harten Lichtkanten und zu geringem Ausstrahlungswinkel zu verbessern.
- Um das weiche Licht von Breitstrahlern und Flächenleuchten noch weicher und schattenloser zu machen.

Ein typischer Diffusionsfilter mit gewebeartiger Struktur (scrim) reduziert die Lichtintensität etwa um ein Drittel; - und in doppelter Ausführung (double scrim) etwa um die Hälfte. (Die genauen Anteile sind je nach Materialbeschaffenheit und Materialdichte verschieden.)

Natürlich kann auch nur ein Teil des Lichtstrahls beeinflußt werden. Für diesen Zweck gibt es horizontal und vertikal einsetzbare halbe Diffusoren (half scrims). Mit ein wenig Geschick kann man Diffusoren mit graduell abgestufter Dichte ach selbst herstellen. Solche Techniken erlauben eine sehr selektive Beeinflussung des Lichtstrahls.

Bewegt sich eine Person in Richtung eines Stufenlinsenscheinwerfers, wird sie langsam aber sicher überstrahlt. Mit einem halben Diffusor in der unteren Hälfte des Lichtstrahls läßt sich dieser unerwünschte Effekt zumindest abschwächen. In größerer Entfernung wird die Person noch vom oberen, ungefilterten Lichtstrahl erreicht. Wenn sie sich dem Scheinwerfer nähert, wird sie nur noch vom unteren, abgeschwächten Teil des Lichtstrahls getroffen. Auf ähnliche Weise läßt sich ein zu hoher Kontrastumfang zwischen dem sehr hellen Gesicht einer Person und ihrer dunklen Kleidung mit einem nur im oberen Bereich abgeschwächten Lichtstrahl verringern.

Für diesen Zweck arbeitet man am häufigsten mit Drahtgaze, da sie der großen Hitzeentwicklung länger standhält als Filterfolien und der Übegang vom hellen zum abgeschwächten Bereich weicher ist.

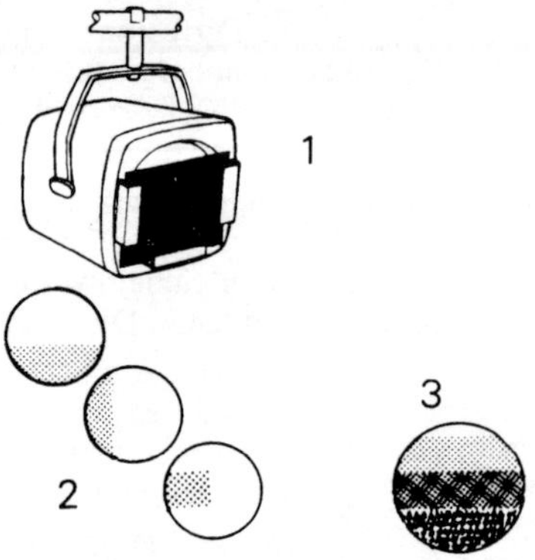

Abb. 10.15 Diffusoren/Gaze

Vor einem Scheinwerfer angebrachtes Diffusionsmaterial reduziert die Lichtintensität und macht das Licht weicher.

1. Eine volle Drahtgaze reduziert die Intensität des gesamten Lichtstrahls.
2. Mit einer Teilgaze kann der Lichtstrahl partiell abgeschwächt und gestreut werden, - um zum Beispiel Überstrahlungen in kleineren, begrenzten Bereichen zu vermeiden.
3. Eine Stufengaze besteht aus zwei oder drei stufenweise übereinanderliegenden Gazeschichten und erlaubt eine abgestufte Abschwächung der Lichtintensität, - z.B. um das Licht eines an der Decke hängenden Scheinwerfers auf unterschiedliche Entfernungen konstant zu halten.

Lokal begrenzte Beeinflussung des Lichts

In Entsprechung zu den vielfältigen Formen undurchsichtiger Abdeckplatten zur lokalen Abschattung des Lichts (punktförmige dots, länglich-schmale blades und cutters, rechteckige und quadratische flags etc.) gibt es zur lokalen Beeinflussung der Lichtintensität unterschiedlichst geformte Diffusoren. Hierzu wird das Diffusionsmaterial in ein oder zwei Lagen auf Drahtbügeln befestigt (single-scrim target, double-scrim target).

Um zu starkes und hartes Sonnenlicht bei Außenaufnahmen abzuschwächen und weicher zu machen und um übermäßige Lichtreflexe zu vermeiden (z.B. bei Studioaufnahmen von Glas- und Metallgegenständen) werden sehr großflächige Diffusionsmaterialien eingesetzt - mit etwa einem bis mehr als zehn Quadratmeter Fläche.

Lichtsteuerung

Inzwischen wurden schon eine ganze Reihe an Möglichkeiten zur Beeinflussung des Lichts vorgestellt. Beim Ausleuchten statischer Objekte und weitgehend unbewegter Personen wird man mit diesen Mitteln das Licht fast immer auf die gewünschte Art und Weise und mit zufriedenstellenden Ergebnissen einrichten können.

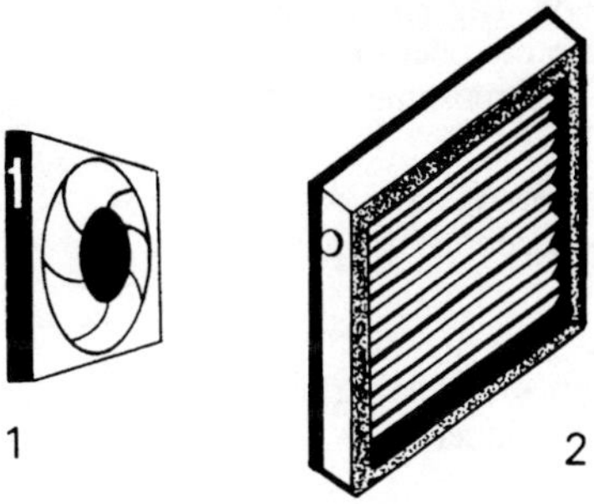

Abb. 10.16 Mechanische Blenden

1. *Irisblende* In Spotscheinwerfern sind häufig verstellbare Irisblenden eingebaut oder nachträglich integrierbar. Mit ihnen läßt sich die Ausbreitung des Lichtstrahls begrenzen (speziell bei Verfolgerspots) oder die Lichtintensität variieren, je nach Position der Irisblende innerhalb des Scheinwerfersystems.
2. *Jalousieblende* Die Lamellen von Jalousieblenden lassen sich manuell oder motorisch verstellen und werden meist zur Lichtbegrenzung vor HMI- und Kohlebogenscheinwerfern eingesetzt.

Es gibt aber auch sehr häufig Situationen, die Licht- und Intensitätsveränderungen bei laufender Kamera verlangen. Solche Veränderungen erfordern weitere Kontroll- und Steuermöglichkeiten.

Einfache Methoden der Lichtsteuerung

Die einfachste Lichtsteuerung ist der Schalter am Lampengehäuse oder am Stromkabel. Den Stecker herausziehen ist keine empfehlenswerte Methode, da hierbei ein Funkensprung entstehen kann, der mit der Zeit die Kontakte in Mitleidenschaft zieht!

Wenn eine größere Anzahl von Lampen u.U. gemeinsam geschaltet werden müssen, sollten für diesen Zweck alle Anschlüsse über einen Lichtschalt- bzw. Lichtstellverteiler laufen. Solche Schalteinheiten, die auf mehrere hundert Ampere ausgelegt sein können, haben außerordentlich belastbare, zum Teil relaisgesteuerte Schalter. Relaisverteiler können auch ferngesteuert werden, so daß ein Darsteller an einem einfachen Wandschalter die gesamte Raumbeleuchtung ein- und ausschalten kann, selbst wenn deren Anschlußleistung einige tausend Watt beträgt.

Bei einigen Scheinwerfern läßt sich die Lichtausgangsleistung auch rein mechanisch regeln:

Bei Verfolgerspots mit einer eingebauten Irisblende.

Bei Kohlebogenscheinwerfern und Entladungslampen, die sich nicht dimmen lassen, mit Jalousieblenden, deren Lamellen sich von Hand oder motorisch verstellen lassen. Mit Lamellenblenden kann man auch Gewitter- und Explosionseffekte erzeugen.

Wozu sind Lichtsteuerungen nötig?

Speziell bei Fernsehproduktionen werden Lichtstellanlagen für folgende Zwecke eingesetzt:

- Zur Grobeinstellung der Lichtbalance vor Probenbeginn.
- Für Lichtkorrekturen und Feinabstimmungen der Lichtbalance während der Proben - mit Blick auf das Ergebnis im Monitor.
- Zur Veränderung der Lichtverhältnisse bei laufender Aufzeichnung, wenn wechselnde Handlungs- oder Kamerapositionen dies erfordern.
- Für Lichtwechsel auf Stichworte.

Einige Situationen, die während eines Produktionsablaufs bzw. innerhalb einer Szene die Möglichkeit einer flexiblen Lichtsteuerung erforderlich machen, sollen ein wenig genauer vorgestellt werden.

- Wenn die Intensitäten einiger Scheinwerfer von einer Szene zur nächsten verändert werden müssen, ist es speziell unter Zeitdruck kaum möglich, Filter und Diffusionsmaterialien auszuwechseln. Für schnelle Lichtveränderungen werden fast immer Dimmer eingesetzt - zumindest so lange, wie dies keine unakzeptablen Verschiebungen der Farbtemperatur mit sich bringt.
- Wechselnde Kamerastandpunkte und Einstellungsgrößen können ebenfalls eine schnelle Anpassung der Ausleuchtungsstärke erforderlich machen, da sich der Helligkeitseindruck von Flächen und Materialien je nach Blickwinkel und Betrachtungsabstand verändert.
- Auch eine dekorative Hintergrundausleuchtung lebt u.a. von wechselnden Lichteffekten, Farben und projizierten Mustern.

- Weitere typische Lichtveränderungen: Szenenwechsel von Tag zu Nacht; ein Darsteller schaltet die Raumbeleuchtung bzw. eine Lampe ein oder zieht einen Vorhang zu; Veränderungen der gesamten szenischen Lichtatmosphäre; Effekte wie z.B. Feuerschein oder Sonnenuntergang etc.
- Zu den Routine-Schaltungen gehört auch - am Ende einer Vorstellung - das Licht im Zuschauerraum, damit die Kamera zum Schluß noch schöne Bilder vom applaudierenden Publikum aufzeichnen kann.
- Nicht zuletzt wird mit Lichtsteuerungen die Verteilung der verfügbaren Stromleistung geregelt und kontrolliert, so daß keine Schäden durch Überlastung, Überhitzung oder sonstige technischen Probleme auftreten können.

Anforderungen an Lichtsteuergeräte

Beim Film wurden schon immer tragbare Dimmereinheiten eingesetzt. In seiner Anfangszeit hat auch das Fernsehen mit diesen Geräten gearbeitet, in Kombination mit stationären Dimmereinheiten, wie sie in Theatern verwendet werden. Mit der raschen Weiterentwicklung fernsehspezifischer Produktionstechniken wurden neue, wesentlich flexiblere Geräte zur Lichtsteuerung entwickelt. Heutzutage verfügt das Fernsehen über außerordentlich hoch entwickelte und für seine Arbeit maßgeschneiderte Lichtsteueranlagen. Natürlich haben auch Theater- und traditionelle Filmproduktionen von dieser Entwicklung profitiert.

Zu den wichtigsten Funktionen, die mit Lichtsteueranlagen geregelt werden, gehören:

- Einzelne Scheinwerfer ein- und ausschalten.
- Alle Scheinwerfer gemeinsam schalten.
- Verschiedene Scheinwerfergruppen getrennt schalten
- Relative Lichtintensitäten anpassen.
- Lichtintensitäten einzelner Scheinwerfer (oder Gruppen) stufenlos anheben und absenken.
- Lichtintensitäten verschiedener Scheinwerfer (oder Gruppen) unabhängig voneinander, d.h. auch gegenläufig verändern.

Auch bei ausgeschalteten Scheinwerfern und Scheinwerfergruppen sieht man immer mit einem Blick auf die Reglerposition die eingestellten Intensitäten. Da es sehr umständlich und zeitaufwendig ist, jede Lichtveränderung manuell zu regeln, sind heute fast alle professionellen Lichtstellpulte mit leistungsfähigen, computergesteuerten Memory-Systemen ausgestattet, in denen sich Voreinstellungen abspeichern und auf Knopfdruck automatisch abrufen lassen. Je nach Programm lassen sich nicht nur Ein-/Ausschaltvorgänge und voreingestellte Intensitäten, sondern auch Auf-, Ab- und Überblendungen mit unterschiedlichen Zeiten und Spezialeffekte programmieren.

Dimmer

Dimmer regeln über die Stromzufuhr die Ausgangsleistung von Lichtquellen. Im Laufe der technischen Entwicklung wurden verschiedene Typen entwickelt.

Idealerweise sollte sich die Lichtintensität einer Lampe beim Dimmen gleichmäßig verändern (unabhängig von der maximalen Ausgangsleistung der angesteuerten Lampe). Da wir Helligkeitsveränderungen nicht linear sondern in Form einer logarithmische Funktion wahrnehmen, müßte bei einer gleichmäßigen Verschiebung des Reglers die Ausgangsleistung in einem quadratischen Verhältnis angehoben oder abgesenkt werden. Ansonsten empfinden wir die Lichtveränderung nicht als gleichmäßig. Technisch ist dieses Ideal nicht ganz einfach umzusetzen. In Tabelle 10.1 werden verschiedene Ausführungen vorgestellt.

Tabelle. 10.1 Verschiedene Dimmertypen

Widerstandsdimmer Die Spannung wird mit einem regelbaren Widerstand verändert.	Widerstandsdimmer sind einfach aufgebaut, robust und zuverlässig und regeln Gleich- und Wechselstrom.	Zu ihren Nachteilen zählen: am Widerstand wird ein Großteil der elektrischen Energie in Hitze umgewandelt; sie sind sehr klobig; Widerstandsdimmer, die zur Regelung hoher Leistungen ausgelegt sind, eignen sich nur bedingt zur Regelung schwacher Lampen.
Regelbare Transformatoren	Dieser Typ ist ebenfalls sehr zuverlässig, vergleichsweise kompakt, entwickelt kaum Wärme und erlaubt eine sehr gleichmäßige Regelung.	Regelbare Transformatoren eignen sich nur für Wechselstrom, sind schwer und vergleichsweise teuer.
Drossel-Widerstand Die Lampenhelligkeit wird durch eine mit der Lampe in Serie geschaltete Wechselstromdrossel reduziert. Mit einer zweiten von Gleichstrom durchflossenen Wicklung kann der induktive Widerstand der Wechselstromdrossel verändert werden.	Dies erlaubt eine Fernbedienung größerer Lasten über einen kleinen Gleichstromregler.	Es können ebenfalls nur Wechselstromverbraucher angeschlossen werden und das Regelverhalten kann, je nach Last, sehr unterschiedlich sein.
Magnetverstärker Auch hier erfolgt die Regelung über den induktiven Widerstand einer Wechsel-Stromdrossel.	Zusätzliche Regelkreise ermöglichen eine weitgehend von der Last unabhängige Steuerung.	Der induktive Widerstand wird jedoch durch eine Gleichstromvormagnetisierung verändert.
Elektronische Dimmer Siliziumgleichrichterzellen (Thyristoren) regeln die Spannung über die zeitliche Abfolge von Steuerimpulsen (Anschnittsteuerung).	Elektronische Dimmer sind kompakt und leicht, relativ preiswert und regeln auch unterschiedliche Lasten (ebenfalls nur Wechselstrom) sehr gleichmäßig.	Ein Nachteil der Anschnittsteuerung ist, daß sie ein akustisches Brummen von Glühwendeln und auch störende elektrische Einstreuungen in Tonleitungen verursachen kann.

Dimmer mit veränderbarem Widerstand

Dimmer mit veränderbarem Stromwiderstand können sowohl zur Regelung von Gleichstrom (DC - direct current) als auch von Wechselstrom (AC - alternating current) eingesetzt werden. Sie sind einfach aufgebaut robust, vergleichsweise billig und zuverlässig - aber auch klobig und sehr verschwenderisch, da sie einen Großteil der Energie in Wärme umwandeln. Beim Film sieht man sie auch heute noch bei Außenaufnahmen.

Ein auf eine Leistung von 2.000W ausgelegter Widerstandsdimmer regelt deutlich geringere Anschlußleistungen (Lampen von 150-500W) nur noch ungleichmäßig. Diese negative Eigenschaft haben neuere Dimmertypen, wie zum Beispiel regelbare Transformatoren, nicht mehr.

Elektronische Dimmer

Inzwischen haben sich zunehmend elektronische, von sogenannten Thyristoren bzw. TRIACs gesteuerte Geräte durchgesetzt. Ein großer Vorteil dieser elektronischen Dimmer ist, daß die Regler von den Dimmern getrennt und in sehr kompakten, mobilen Steuerpulten zusammengefaßt werden können. Mit solchen transportablen Steuerpulten läßt sich die gesamte Lichtsteuerung - schon beim Einrichten der Scheinwerfer - mitten im Studio vornehmen. Erst bei den Proben bzw. der Aufzeichnung wird man sich mit dem Steuerpult in den Regieraum zurückziehen.

Stromversorgung

Der sichere Umgang mit Strom erfordert Wissen und Erfahrung. Ansonsten kann es außerordentlich schnell passieren, daß Leitungen und Versorgungseinheiten überlastet werden und gefährliche Situationen entstehen. Hier sollen zunächst einmal nur die wichtigsten Grundlagen vorgestellt werden, ohne auf praktische Details einzugehen.

- Außerhalb der Studios kommen bei Film- und Fernsehproduktionen verschiedene Stromquellen zum Einsatz:
- Batterien (bzw. Akkus): Autobatterien; tragbare Batterieeinheiten; Batteriegürtel; - meist für Handlampen.
- Kleinere Stromgeneratoren, die mit Fahrzeugen oder Anhängern transportiert werden (ca. 4,5-6,5kW).
- Haushaltssteckdosen mit einer Belastbarkeit von meist unter 3kW.
- Hauptanschlüsse von größeren Gebäuden, Umspannstationen.
- Große, auf Lastwagen installierte Generatoren mit Anschlußwerten bis zu 1.000 A, in Form von Wechselstrom oder auch Gleichstrom (werden meist gemietet).

Verkabelung bei Aufnahmen vor Ort

Beim Einsatz einiger vergleichsweise schwacher Scheinwerfer braucht man nicht unbedingt eine zusätzliche Lichtverteilereinheit. In manchen Fällen genügt ein direkter Anschluß der Scheinwerferkabel an die vorhandenen Steckdosen, - bei größeren Entfernungen über ein Verlängerungskabel. Verteilt man den Strom über zwischengeschaltete Mehrfachsteckdosen, muß man unbedingt darauf achten, daß der maximal zulässige Anschlußwert der Steckdosen nicht überschritten wird.

Die meisten Aufnahmen vor Ort erfordern jedoch recht viel Licht und eine entsprechend leistungsstarke und aufwendige Stromversorgung mit Verteilereinheiten, - speziell wenn auch Dreiphasen- bzw. Drehstrom mit im Spiel ist und die unterschiedlichen Versorgungssysteme sorgfältig auseinandergehalten werden müssen.

Stromkabel bestehen normalerweise aus drei Leitungen: zwei Leitungen für den Stromkreislauf und einer dritten, geerdeten Leitung, die mit den Gehäusen der Geräte verbunden ist. Dieser sogenannte Schutzkontakt sorgt dafür, daß die Gehäuse nicht durch schlecht isolierte Kabel oder durch von Feuchtigkeit verursachte Kriechströme unter Strom stehen und bei Berührung zu einen Stromschlag führen können.

Die Verkabelung beginnt an einem bereits vorhandenen oder z.B. von den Stromversorgungswerken zur Verfügung gestellten Netzanschluß. Von diesem Anschluß wird zunächst ein Hauptverbindungskabel bis zur Verteilereinheit gelegt. Vom Verteiler wird der Strom über abgesicherte Anschlüsse und sekundäre Verbindungs- bzw. Verlängerungskabel an die Scheinwerfer weitergeführt.

Sind die Scheinwerfer über eine größere Fläche verteilt, müssen die Verbindungskabel sicher und mit größter Sorgfalt verlegt werden. Am besten hängt man sie ab oder verlegt sie dicht an Wänden. In befahrbaren Bereichen legt man an den kritischen Stellen Holzrampen über die Kabel,

Abb. 10.17/1 Einfache Form der Verkabelung und Lichtkontrolle

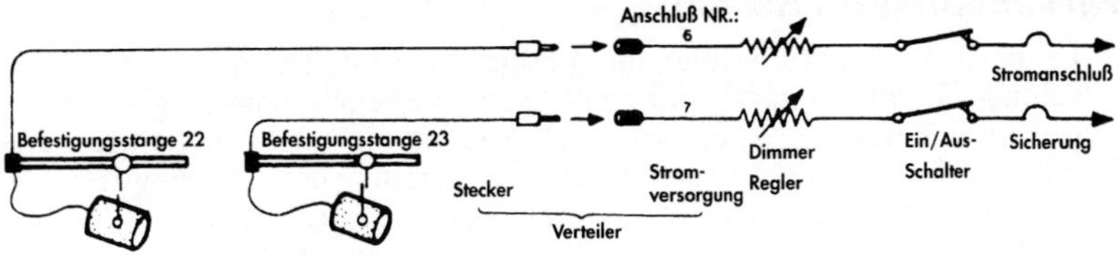

Der an Befestigungsstange oder Traverse Nr. 22 hängende Scheinwerfer wird an einen Stromanschluß des Befestigungssystems angeschlossen. Diese Stromanschlüsse sind fest mit der Verteilereinheit verkabelt. Hier werden sie über steckbare Verbindungskabel einem ebenfalls mit dem Verteiler verbundenen Dimmer- bzw. Reglerkanal und einem Ein-/Ausschalter zugeordnet (in diesem Fall Dimmer Nr. 6). Der Scheinwerfer an Stange Nr. 23 ist über den Verteiler an Dimmer Nr. 7 angeschlossen; usf.

Das heißt: daß alle Scheinwerfer unabhängig voneinander geregelt und ein-/ausgeschaltet werden können. Es ist wichtig darauf zu achten, daß die maximale Belastbarkeit der Anschlüsse (z.B. 2kW) nicht überschritten wird und daß die Anschlüsse beim Verkabeln nicht unter Strom stehen.

Bei einigen Verteilern sind die Zuordnungen der Anschlüsse und Dimmer frei veränderbar; andere (einfache) Verteiler haben feste Zuordnungen.

Abb. 10.17/2 Schnurverteiler

Jede Anschlußbuchse im Studio ist mit einem identisch numerierten Verteileranschluß verbunden und wird am Steckfeld über ein kurzes Verbindungskabel auf einen der ebenfalls numerierten Dimmeranschlüsse gelegt.

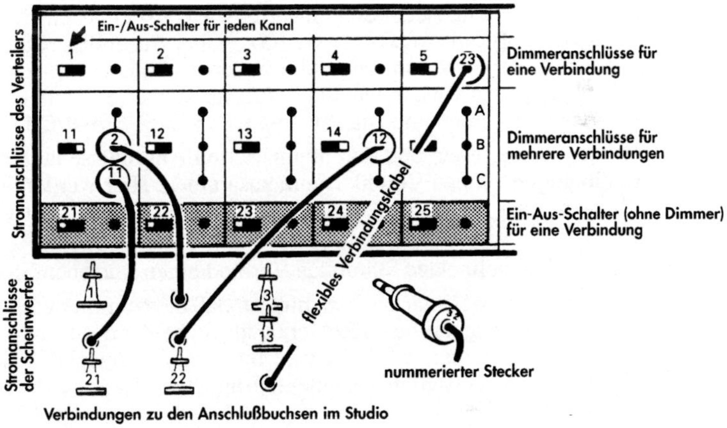

Abb. 10.17/3 Lichtstellanlagen mit Gruppendimmern

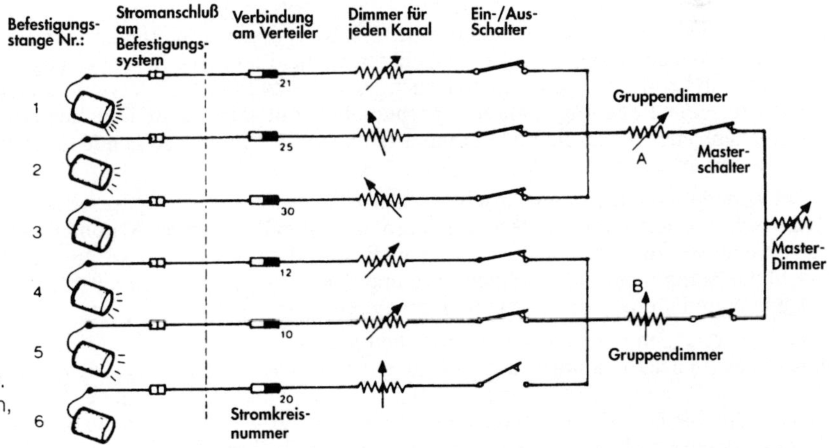

Mehrere mit Dimmern bereits voreingestellte Scheinwerfer werden zu Gruppen zusammengefaßt und können gemeinsam geregelt bzw. geschaltet werden, - z.B. mehrere Scheinwerfer für die Hintergrundausleuchtung. Die Abbildung zeigt ein typisches Beispiel: Grupperegler A ist voll aufgezogen; die mit ihm verbundenen Scheinwerfer 1, 2 und 3 sind hell, mittel und schwach (vor-)eingestellt. Gruppenregler B steht auf Mitte und reduziert die Ausgangsleistung aller an ihn angeschlossenen Scheinwerfer (4, 5 und 6). Scheinwerfer Nr. 6 ist ganz ausgeschaltet.

Verkabelung im Studio

In manchen Studios erfolgt die Verkabelung auf ähnliche Weise. Von zentralen Anschlußstellen wird der Strom zunächst zu Verteilereinheiten geführt - und von den Verteilern weiter zu den Scheinwerfern. In Studios, die ständig für Fernsehaufzeichnungen genutzt werden, bemüht man sich bei der Verkabelung um größtmögliche Flexibilität bei geringstem Arbeitsaufwand. In der Regel gibt es hier schon eine größere Zahl fest installierter Anschlüsse: am Boden, den Wänden, den Deckenbefestigungssystemen, an Beleuchterbrücken etc. Hierdurch läßt sich der Einsatz von störenden Verlängerungskabeln auf ein Minimum reduzieren.

Glühlampen können sowohl mit Wechselstrom als auch mit Gleichstrom betrieben werden; Halogen-Metalldampflampen (HMIs u.ä.) nur mit Wechselstrom. Soweit in Studios noch mit Kohlebogenscheinwerfern gearbeitet wird, sind in der Regel auch geeignete Gleichstromanschlüsse vorhanden.

Anschlußsysteme

Manchen Menschen ist das Verkabelungssystem und die Zuordnung von Anschlüssen ein Buch mit sieben Siegeln. Es ist aber nicht ganz so kompliziert, wie es auf den ersten Blick aussehen mag; das zugrundeliegende Prinzip ist eigentlich ganz einfach:

- Jede Lichtquelle und jeder Scheinwerfer wird mit dem nächstliegenden Anschluß verbunden, z.B. mit Anschluß Nr. 100, wobei Anschlüsse auf Studioebene u.U. mit Einhunderter-Nummern und Deckenanschlüsse mit Zweihundertern gekennzeichnet werden können. Für Stangensysteme verwendet man gerne Kombinationen von Zahlen und Buchstaben, z.B. Stange 5-A/B/C/D.
- Alle fest installierten und durchnumerierten Anschlüsse laufen in einem an das Studio angrenzenden Verteilerraum zusammen. Hier werden über einen Kreuzschienen- oder Schnurverteiler die Anschlüsse mit der Lichtstellanlage verbunden.
- Die zur Lichtstellanlage führenden Verbindungen sind ebenfalls durchnumeriert.

Der Punkt, den man sich klarmachen muß ist: daß die Nummern der Studioanschlüsse und die Nummern der zugeordneten Reglerkanäle nicht identisch sind! Der im Studio mit dem Anschluß Nr. 100 verbundene Scheinwerfer wird zum Beispiel über den Verteiler auf den Regler Nr. 23 der Lichtstellanlage gelegt. In anderen Worten: jeder Stromanschluß im Studio kann mit jedem Kanal des Lichtstellpults verbunden werden. Somit ist es möglich, Scheinwerfer, die an den unterschiedlichsten Stellen im Studio angeschlossen sind, auf nebeneinanderliegenden Dimmern zusammenzufassen.

Wenn für jeden Dimmerkanal nur ein Anschluß vorgesehen ist, kann es z.B. bei einer dekorativen Ausleuchtung mit einer Vielzahl schwacher Lampen sehr schnell eng werden. In diesem Fall behilft man sich mit zwischengeschalteten Mehrfach-Verteilerkabeln, die gleichzeitig eine Regelung mehrerer Lichtquellen mit nur einem Dimmer erlauben. (Hiermit kann auch die an einem Dimmeranschluß zur Verfügung stehende Leistung - z.. 2kW - besser ausgenutzt werden!)

Bei Verteilern mit mehreren Anschlüssen pro Dimmerkanal erübrigt sich der Aufwand mit zwischengeschalteten Verkabelungen. In diesem Fall stehen pro Dimmer zwei oder vier Anschlüsse zur Verfügung. Hierbei muß man darauf achten, daß die verfügbare Anschlußleistung nicht überschritten wird und daß zwei Lampen von unterschiedlicher Leistung beim Dimmen unterschiedlich reagieren.

Manche Anlagen haben aus ökonomischen und platzsparenden Gründen einige Anschlüsse, die sich nicht dimmen, sondern nur ein- und ausschalten lassen. Diese Anschlüsse sind für Lichtquellen gedacht, die während der gesamten Produktion ohne Veränderung eingeschaltet bleiben. Die Intensität dieser Scheinwerfer wird, wenn sie zu hell sind, mit den beschriebenen Mitteln direkt am Scheinwerfer reduziert.

Die Arbeit mit Kreuzschienen- zw. Schnurverteilern ist im Prinzip sehr einfach, auch wenn sie in der Regel mit einem gewissen Zeitaufwand verbunden ist. Immerhin müssen vielleicht 150 oder auch wesentlich mehr Verbindungen hergestellt oder verändert werden.

Um die potentielle Unübersichtlichkeit der unzähligen Verbindungskabel von Schnurverteilern zu vermeiden, hat man Kreuzschienenverteiler entwickelt. Hier liegen z.B. alle vom Lichtstellpult kommenden Anschlüsse auf der horizontalen Schiene und alle vom Studio kommenden Anschlüsse auf der vertikalen Schiene. Die gewünschte Verbindung wird mit einen kleinen Stecker im Kreuzungspunkt hergestellt. Die Positionen der Stecker auf dem Verteilerfeld erlauben einen hervorragenden Überblick und schnelle Veränderungen der Verbindungen.

Man muß unbedingt darauf achten, keine heißen Verbindungen herzustellen. Steht die Schnittstelle unter Strom, kann Funkensprung im Lauf der Zeit die Verteilerkontakte ruinieren. Deshalb muß vor jeder Verbindung am Schaltpult oder am Scheinwerfer der Stromkreislauf zum Verteiler unterbrochen werden. Bei jeder Steckverbindung muß unbedingt geprüft werden, ob sie gut sitzt.

Lichtstellsysteme

Lichtsteuerungen (Dimmer, stationäre und mobile Steuerpulte) gibt es vom einfachen, zweikanaligen Dimmer bis hin zu aufwendigen, computergesteuerten Systemen mit allem Drum und Dran. Inzwischen werden sogar personal-computers (PCs) zur Lichtsteuerung eingesetzt.

Noch weit verbreitet sind voreinstellbare Steuerpulte. Sie eignen sich bestenfür kleinere Produktionen wie Interviews, Nachrichtensendungen, Talk-Shows, Demonstrationen etc. Solange diese einfachen Systeme ihren Zweck erfüllen, gibt es keinen zwingenden Grund für den Einsatz aufwendigerer Geräte.

Einfache Lichtsteuerungen

Die einfachste Variante einer Lichtsteuerung ist das in Abbildung 10.17/1 gezeigte Gerät. Jeder Scheinwerfer ist an einem separaten Dimmer angeschlossen. Verschiebt man den Regler zwischen den Werten 1-10 , läßt sich die Scheinwerferhelligkeit stufenlos

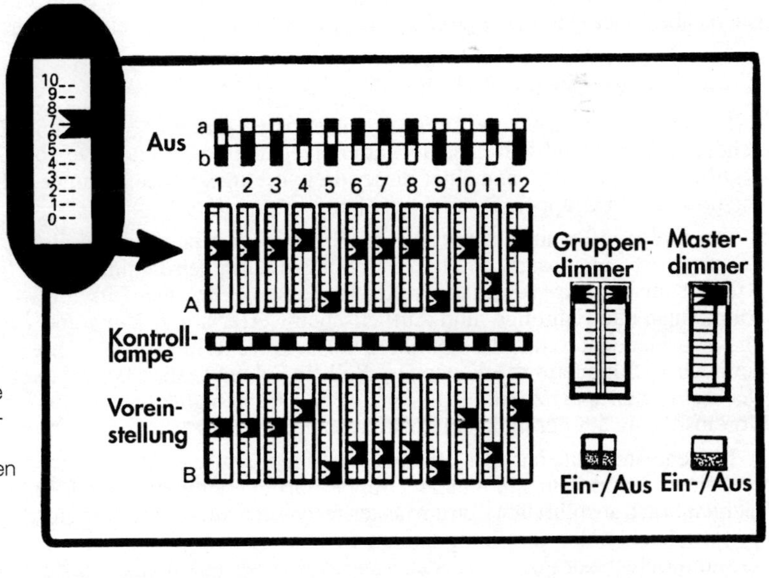

Abb. 10.18 Lichtstellsystem mit zwei voreinstellbaren Gruppen

Jeder Scheinwerfer kann einer der beiden Gruppen (A/B) zugeordnet werden und läßt sich für jede der beiden Gruppen individuell voreinstellen. Mit dem Gruppendimmer werden alle der jeweiligen Gruppe zugeordneten Scheinwerfer gemeinsam geregelt. Manche Steuerpulte haben einen zusätzlichen Überblendregler, so daß mit nur einem Regler von einer Gruppe auf die andere überblendet werden kann. Alle Gruppen sind wiederum auf einem master-Dimmer und master-blackout-Schalter zusammengefaßt, mit denen sich *alle* am Schaltpult liegenden Scheinwerfer auf- und abblenden bzw. ein-/ausschalten lassen.

zwischen dunkel und maximaler Ausgangsleistung verändern. Ein Schalter pro Anschluß ermöglicht es, jeden Scheinwerfer in der vorgewählten Dimmerstellung ein- und auszuschalten. Steuerungen mit zusätzlichen Gruppen- bzw. master-Dimmern erlauben die gemeinsame Regelung mehrerer bzw. aller bereits voreingestellten Scheinwerfer. Hinter den Gruppen- und master-Dimmern angeordnete blackout- bzw. Hauptschalter ermöglichen zusätzlich das gleichzeitige Ein-/Ausschalten der anliegenden Scheinwerfergruppen bzw. der gesamten Ausleuchtung.

In Fernsehstudios wird meist mit Dimmerstellungen um 7 gearbeitet. Dies schon einerseits die Lampen und bietet andererseits - wenn nötig - eine gewisse Lichtreserve. Die geringere Farbtemperatur (ca. 2.950°K anstatt 3.200°K) läßt sich, wenn alle Scheinwerfer auf 7 einjustiert werden, über den Weißabgleich elektronischer Kameras problemlos kompensieren.

Bei Reglern mit einer im Verhältnis zum Regelweg quadratisch ansteigenden Ausgangsleistung verstärkt sich die Farbtemperatur im Regelbereich von 7-10 um ca. + 150° bzw. verringert sich im Bereich von 7-5 um ca. -150°. Innerhalb von diesen in der Praxis üblichen Regelbereichen nehmen wir Verschiebungen der Farbtemperatur kaum wahr.

Lichtsteuerung mit Voreinstellung

Ein einfaches Lichtsteuerpult hat - wie beschrieben - pro Kanal einen Dimmer mit Ein-/Ausschalter und vielleicht noch einen master-Regler mit blackout-Schalter. Diese Technik erlaubt die gezielte Schaltung und Intensitätsanpassung einzelner Scheinwerfer. Spätestens wenn gleichzeitig mehrere Reglerstellungen und Schaltungen verändert werden müssen, stößt man bei diesen Geräten an bedienungstechnische Grenzen. In vielen Situationen müssen z.B.:

- Mehrere Scheinwerfer gleichzeitig ein- und ausgeblendet werden.
- Die relativen Intensitäten verschiedener Scheinwerfer verändert werden.
- Zwei oder mehrere Lichtstimmungen bzw. Scheinwerfergruppen gegenläufig überblendet werden

In solchen Fällen bieten voreinstellbare Steuerungssysteme eine wesentliche Arbeitserleichterung und mehr Flexibilität. Im Prinzip sind voreinstellbare Systeme nur eine Kombination mehrerer Einzelsysteme (meist zwei bis fünf). Jede Gruppe ist durch einen Buchstaben oder eine Farbe gekennzeichnet und verfügt über einen eigenen:

- Gruppen-Dimmer und einen
- Gruppen-Schalter.

Bei einem Steuerpult mit drei voreinstellbaren Gruppen (A, B und C) wird jeder Scheinwerferanschluß zunächst drei getrennt regelbaren Dimmern zugeordnet. Mit einem Wahlschalter läßt sich dann einer dieser drei voreingestellten Dimmer (z.B. C) auf den entsprechenden Gruppen-Dimmer schalten.

Der Gruppen-Dimmer regelt alle mit ihm verbundenen und bereits voreingestellten Scheinwerfer gemeinsam, d.h. daß sich mit drei Gruppen-Dimmern drei Scheinwerfergruppen unabhängig voneinander steuern lassen. Für eine Talk-Show zum Beispiel könnte man alle Führungs- und Aufhellscheinwerfer auf A legen und zum Schluß der Show ausblenden, so daß das Publikum vor dem weiterhin ausgeleuchteten Hintergrund nur noch als Silhouette zu erkennen ist. Soll ein Scheinwerfer über die gesamte Zeit, trotz wechselnder Gruppenzuordnungen, gleich hell bleiben, müssen alle drei Regler für seine Voreinstellung auf der gleichen Position stehen.

Manche Stellpulte haben auch einen Überblendregler für den nahtlosen Lichtwechsel von einer Gruppe auf eine ander Gruppe. Ob ein Stellpult eine Überblendung ohne Lichteinbruch ausführt läßt sich am besten feststellen, indem man die gleichen Scheinwerfer mit gleicher Voreinstellung beiden Gruppen zuordnet und dann die Überblendung vornimmt. Noch komfortablere Steuerungen erlauben automatisch gesteuerte Überblendvorgänge mit variabel einstellbaren Zeiten.

Der master-Dimmer und der blackout-Schalter ermöglichen das Auf- und Abblenden bzw. das Ein- und Ausschalten aller am Lichtstellpult angeschlossenen Scheinwerfer, z.B. am Anfang und am Ende einer Show. Es empfiehlt sich, zum Einstieg immer den master-Dimmer zu benutzen. Hierdurch vermeidet man die beim abrupten Einschalen aller noch kalten Scheinwerfer entstehende Spannungsspitze, die schlimmstenfalls die Stromversorgung über die Grenzen ihrer Leistunsfähigkeit belasten und auch zur Zerstörung von Glühfäden führen kann.

- Voreinstellbare Lichtsteuersysteme haben eine Reihe von Vorzügen:
- Jeder Kanal läßt sichschnell nachregeln und zuordnen.
- Die Reglerpositionen zeigen alle Eistellungen auf einen Blick.
- Auch die Veränderung einer größeren Anzahl von Einstellungen ist relativ schnell durchführbar (z.B. die Abschwächung mehrerer Hintergrundscheinwerfer, wenn sich eine Person dem Hintergrund nähert).
- Während eine Gruppe geschaltet ist, können die Voreinstellungen einer anderen, gerade nicht geschalteten Gruppe, verändert werden.
- Zu den Nachteilen zählen:
- Zum Beispiel zu viele Regler! Ein Stellpult mit 50 Anschlüssen und drei voreinstellbaren Reglern pro Anschluß hat schon die stattliche Anzahl von 150 Reglern, - Gruppenregler und Masterregler noch nicht mitgezählt. Dies erfordert nicht zuletzt auch eine ganze Menge Platz.
- Es kann immer nur eine begrenzte Zahl von Reglern gleichzeitig bedient erden.
- Auch die gegenläufige Verschiebung von nebeneinaderliegenden Reglern (1, 3 und 5 nach oben; 2, 4 und 6 nach unten) ist schwierig.
- Veränderungen vieler Regler kosten Zeit und führen häufig zu ungenauen Einstellungen.
- Bei schnell aufeinanderfolgenden Lichtwechseln muß man sich parallel zu den Änderungen der Voreinstellungen und Gruppenzuordnungen auch noch auf den Einsatz für den nächsten Lichtwechsel konzentrieren.
- Jeder einzelne Arbeitsschritt muß schriftlich auf einem Plan festgehalten werden.

Andere Arten der Voreinstellung

Um die Anzahl der Regler auf de Steuerpult wieder zu verringern, hat man ökonomischere Lösungen entwickelt. Bei diesen Systemen gibt es nur noch einen voreinstellbaren Regler pro Anschluß, der ebenfalls verschiedenen Gruppen-Dimmern zugeordnet werden kann. Die gleichzeitige Einbindung eines Scheinwerfers in die Überblendung von zwei Gruppen geht jedoch verloren.

Manche Steuerpulte verfügen auch über sogenannte Blitztasten zur kurzfristigen Überbrückung der Voreinstellung eines jeden Scheinwerfers, meist zu deren Kontrolle, zur Überprüfung des Ausstrahlungsbereichs oder für Effekte.

Eingebaute Trickfunktionen ermöglichen u.U. Blinklichteffekte mit unterschiedlichen Blinkzeiten, Lauflichteffekte in verschiedenen Richtungen uva.

Moderne Lichtstellanlagen

In großen Studios, wo gleichzeitig mehrere hundert Scheinwerfer und ständige Lichtwechsel gesteuert werden müssen, stoßen die beschriebenen, manuell voreinstellbaren Lichtsteuerungen sehr schnell an ihre Grenzen. Für solche Zwecke gibt es inzwischen computergesteuerte Systeme, mit deren Hilfe sich die Anzahl der Bedienelemente und die Pultgröße auf das Nötigste reduzieren läßt. Leider sind die Ausführungen computergesteuerter Systeme so unterschiedlich, daß sie hier nicht ausführlich vorgestellt werden können.

Einige dieser Systeme haben eine numerische Tastatur, mit der jeder gewünschte Anschluß aufgerufen und mit einem für mehrere Funktionen ausgelegten Regler eingestellt werden kann. Bei anderen Systemen lassen sich die Einstellungen mit einem elektronischen Stift oder auf einem touch-screen-Monitor eingeben und abrufen.

Alle Angaben und Daten werden auf einer Diskette, einer Festplatte oder einem anderen Datenträger gespeichert. Auf Knopfdruck können die unterschiedlichsten Effekte angewählt und eingegeben werden, wie zum Beispiel harte oder weiche Überblendungen, unterschiedliche Überblendzeiten, Spezialeffekte etc.

Zu manchen Lichtsteuerungen gibt es ein sogenanntes Leuchttableau, auf dem der Betriebszustand aller im Studio angeschlossenen Scheinwerfer durch Leuchtdioden dargestellt wird.

Immer größer, immer besser ...

Wie umfanreich und aufwendig eine Lichtsteuerung sein muß, hängt je nach Produktion davon ab:

- Wie groß das Studio ist.
- Welchen Umfang die szenische Ausstattung und die Handlung hat.
- Wie großräumig Aktionen sind.
- Ob Lichtveränderungen in den Drehpausen oder während der laufenden Handlung vorgenommen werden müssen.
- Wie umfangreich der gesamte Ausleuchtungsaufwand ist.
- Ob die Ausleuchtung auf Stichworte oder in Orientierung an Handlungspositionen geändert werden muß.
- Ob für ein und denselben Bereich verschiedene Ausleuchtungsstile vorgesehen sind.
- Ob es sich um die Live-Übertragung einer rasanten Show mit sehr schnellen Szenenübergängen und Lichtwechseln handelt.
- Ob die Planung nur in groben Zügen oder bis ins Detail vorgenommen werden muß.
- Ob geprobt werden kann oder aus dem Handgelenk ausgeleuchtet wird.
- Zumindest theoretisch ist man mit einer größeren Lichtsteueranlage besser auf unerwartete Zusatzanforderungen vorbereitet.

Schalt- bzw. Verteilerplan

Es ist gewiß kein Fehler, sich schon beim Zeichnen des Lichtplans auch Gedanken über die verfügbaren Anschlüsse und deren Zuordnung zu den Dimmerkanälen zu machen. Die Lampensymbole auf dem Studioplan einzeichnen ist eine Sache; - festzustellen, daß für diese Lampen nicht genügend Studioanschlüsse vorhanden sind, eine andere Sache. Solche Fragen sollten unbedingt schon in der Planungsphase geklärt werden!

Scheinwerfer werden in der Regel mit dem nächstliegenden Anschluß verbunden und auf einem Schaltplan entsprechend gekennzeichnet (12B z.B. für Anschluß B an Deckentraverse Nr.12). Dann wird jeder Studioanschluß über den Verteiler einem Dimmer des Lichtstellpults zugeordnet. Wenn man schon in diesem Augenblick weiß, daß man z.B. mehrere für die Hintergrundausleuchtung zuständige Scheinwerfer, die an unterschiedlichsten Stellen im Studio angeschlossen sind, auf dem Stellpult gemeinsam im Griff haben möchte, ordnet man sie schon auf dem Verteilerplan entsprechend zu. Wenn man sich auf der anderen Seite dazu entschließt, alle zur szenischen Ausstattung gehörende Lichtquellen auf einen Anschluß zu legen, muß man sich rechtzeitig darüber im klaren sein, daß diese Lichtquellen nicht mehr individuell angesteuert werden können.

Tabelle 10.2 Anschlußplan

Studio:	A	Produktion: THE BIG SHOW
Aufbau:	5. März	Chefbeleuchter: John Doe
Proben/Aufnahmen	6. März	Mitarbeiter: 3

Regler Nr.(a)	Anschluß Nr.(b)	Reglerpos.(c)	Zuordnung (d)
1	3a	7	A
2	3b	8	B
3	7	7	B
4	10	4	B
5	12	5	B
6	9	5	A
usw...			

(a) Dimmerkanal auf dem Lichtstellpult
(b) Anschluß im Studio
(c) Voreinstellung des Reglers
(d) Zuordnung des Reglerkanals zu einem Gruppendimmer (A/B)

Sind in einem Bereich des Studios bzw. der Studiodecke schon alle Anschlüsse belegt, müssen für weitere Scheinwerfer im gleichen Bereich Verlängerungskabel zu anderen Anschlüssen gelegt werden. Solche Details können den Arbeits- und Zeitaufwand bei der Installation deutlich nach oben treiben.

Notizen zu den Lichtwechseln

Auf einem weiteren Blatt Papier werden alle Lichtwechsel und Lichtveränderungen im Ablauf der Produktion festgehalten: zu welchem Zeitpunkt eine Lampe ein- oder ausgeschaltet bzw. auf- oder abgeblendet werden muß; Farbwechsel auf dem Hintergrund; Veränderungen der gesamten Lichtstimmung; Wechsel von Tag zu Nacht; Lichteffekte etc. Diese Notizen können entweder in einfacher chronologischer Reihenfolge aufgelistet oder in einen vorliegenden Drehplan mit bereits durchnumerierten Einstellungsfolgen eingetragen werden.

Wie kompliziert dieser Plan wird, hängt hauptsächlich von den Möglichkeiten der verfügbaren Lichtsteuerung ab. Bei einfachen Systemen müssen für jeden Lichtwechsel alle Scheinwerferkombinationen und ihre Dimmerstellungen festgehalten und die Veränderungen bei laufender Show mit Blick auf diese Notizen manuell geregelt werden. Bei computerunterstützten Steuerungen genügt es, die abgespeicherten Voreinstellungen zum rechten Zeitpunkt abzurufen. Aber auch bei diesen Steuerungen sind meist noch manuelle Regelungen möglich, - wenn zum Beispiel die Intensität eines Scheinwerfers auf die Handlung eines Darstellers abgestimmt werden muß, der sich langsam diesem Scheinwerfer nähert.

11 Farbtemperatur

Wenn die Farbtemperatur des Lichts und die Farbaufzeichnungscharakteristik des Filmmaterials bzw. der Fernsehkamera nicht aufeinander abgestimmt sind, führt dies im Ergebnis zu einem Farbstich. I diesem Kapitel werden sowohl die theoretischen als auch die praktischen Zusammenhänge erörtert.

Analyse von Farben

Es gibt verschiedene Methoden zur präzisen Bestimmung von Farben:

- Eine Spektralanalyse zeigt die genauen Farbanteile über das gesamte Spektrum. Ihre Durchführung ist jedoch äußerst aufwendig und ihr Ergebnis sagt wenig darüber aus, wie die Zusammensetzung der analysierten Farbanteile subjektiv empfunden wird.
- Eine Kurve mit der relativen Farbdichteverteilung (Abbildung 12.1) kann für die praktische Arbeit zumindest ein brauchbarer Anhaltspunkt sein.
- Weitere Möglichkeiten zur Farbbestimmung sind das in Abbildung 2.20 beschriebene Farbdiagramm und das ebenfalls in Kapitel 2 beschriebene Munsell-System.

Zur schnellen Farbbestimmung sind diese Methoden in der Alltagspraxis weitgehend ungeeignet. Eine für diesen Zweck wesentlich brauchbarere Methode hat der Physiker Kelvin mit seinem Konzept der Farbtemperatur entwickelt.

Farbtemperatur

Kelvin hat herausgefunden, daß ein sogenannter schwarzer Strahler (ein idealer Temperaturstrahler) mit zunehmender Erhitzung seine Farbe von einem schwach glühenden Rot über ein starkes Gelb-Weiß bis hin zu einem grellen bläulichen Weiß verändert, das in seiner spektralen Zusammensetzung dem Tageslicht sehr ähnlich ist. Diese Farbveränderungen kann man auch bei der Erhitzung von Eisen beobachten.

Das Wichtige an Kelvins Entdeckung war, daß die Farbveränderung in direktem Zusammenhang mit der Temperatur eines schwarzen Strahlers steht. So entstand die Idee, auch die Farbqualität anderer Lichtquellen zur Farbe eines auf eine bestimmte Temperatur erhitzten schwarzen Strahlers in Beziehung zu setzen.

Die Rechnung in Kelvingraden beginnt beim absoluten Nullpunkt von -273° Celsius, d.h. Kelvin = °Celsius + 273.

Vergleicht man zum Beispiel das rötlich-gelbe Licht einer Glühlampe mit den Farben eines schwarzen Strahlers, wird seine visuelle Übereinstimmung mit der Farbtemperatur des schwarzen Strahlers bei etwa 2.000°K am größten sein. Diese Zuordnung bedeutet nicht, daß die Glühlampe eine reale Farbtemperatur von 2.000°K hat, sondern nur, daß ihre Farbe für uns so ähnlich aussieht wie die Farbe eines auf 2.000°K erhitzten schwarzen Strahlers. (Ein Wolframdraht schmilzt bei etwa 3.650°K und hat hierbei eine Farbtemperatur von 3.600°K.) Abbildung 11.1 zeigt das Verhältnis von Farbtemperatur und spektraler Verteilung.

Tabelle 11.1 Typische Farbtemperaturen (K)

Normale Kerze	1.930
Haushalts-Glühbirnen (25-250W)	2.600 - 2.900
Projektorlampen	3.200
Studio-Lampen (500-1.000W)	3.000
Studio-Lampen (2.000W)	3.275
Studio-Lampen (5kW u. 10kW)	3.380
Halogenglühlampen	3.200
Fotolampen	3.400-3.500
Leuchtstofflampen	3.200-7.500
Kohlebogenlampe	6.000
Sonnenaufgang und Sonnenuntergang	2.000-3.000
Morgen; Mittag (ohne Sonne); Nachmittag	4.500-4.800
Mittagssonne	5.000-5.400
Sonne im Sommer mit blauem Himmel	5.500-6.500
Bedeckter Himmel	6.800-7.500
Xenon-Lampe	6.000
Dunstiger Himmel	8.000
Klarer, blauer Nordhimmel	10.000-20.000

Alle Angaben zu den Lampen beziehen auf die volle Betriebsspannung.

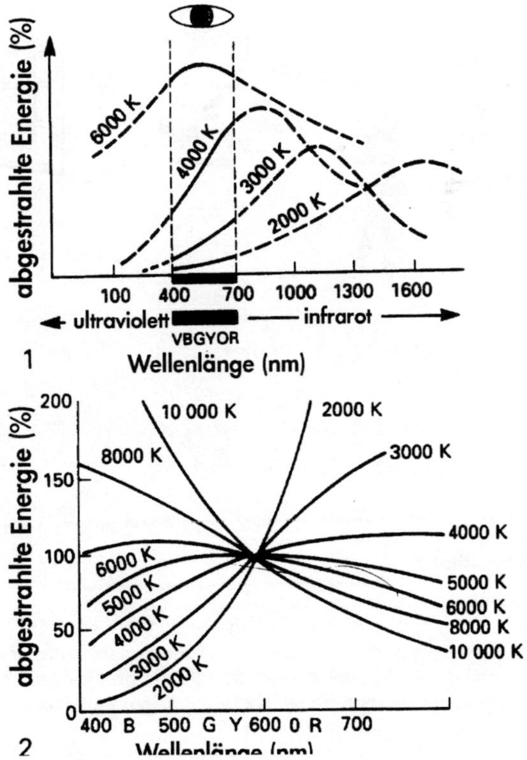

Abb. 11.1 Farbtemperatur

Die Farbtemperatur einer Lichtquelle wird bestimmt durch ihre Ähnlichkeit mit der Farbtemperatur eines schwarzen Strahlers. Mit zunehmender Erhitzung verändert sich die spektrale Verteilung. Die Farbtemperatur wird in Grad Kelvin (K) gemessen, - die Erhitzung eines schwarzen Strahlers bezogen auf den absoluten Nullpunkt. Obgleich sich die Energieanteile mit der spektralen Verteilung ändern (1), werden üblicherweise die Kurven zum besseren Vergleich durch einen gemeinsamen Schnittpunkt (bei ca. 580 nm) geführt (2).

Abb. 11.2 Mischlicht

Eine optimale Farbwiedergabe wird nur dann erreicht, wenn das Aufzeichnungssystem auf die Farbtemperatur des Lichts abgestimmt wird, d.h. bei Tageslicht (A) auf etwa 5500 K und bei Kunstlicht (B) auf etwa 3200 K. Eine Mischung aus Tages- und Kunstlicht (C) führt unabhängig von der Systemanpassung zu Farbfehlern. In diesem Fall muß man entweder die Farbtemperatur des Tageslichts mit einer vor dem Fenster befestigten Farbfolie an das Kunstlicht anpassen (D) oder mit einem Farbfilter vor dem Scheinwerfer dessen Farbtemperatur an das Tageslicht angleichen (E).

Lichtquellen

Die spektrale Verteilung des Lichts von Glühlampen kommt einem theoretisch optimalen Kurvenverlauf ziemlich nahe. Bei vielen anderen Lichtquellen und auch dem natürlichen Tageslicht entspricht die Farbverteilung nur in etwa dem Idealverlauf. Wenn wir ihnen trotzdem eine Farbtemperatur zuordnen, ist dies eine eher subjektive Klassifikation; d.h., daß wir ihre Farbabweichungen vom idealen Farbverlauf als solche (noch) nicht wahrnehmen. In Abbildung 11.2 werden Ausleuchtungssituationen mit Lichtquellen von unterschiedlicher Farbtemperatur vorgestellt.

Eine genaue Analyse des Lichts von Halogen-Entladungslampen und Leuchtstofflampen zeigt, daß deren spektrale Verteilung sehr unregelmäßig ist und deutliche Spitzen und Einbrüche aufweist. Ist zum Beispiel die Intensität im blauen Bereich deutlich stärker als im roten Bereich, erscheinen blaue Flächen heller und rote Flächen dunkler als normal. Da exakte Zuordnungen in manchen Fällen irreführend wären, spricht man bei größeren Abweichungen vom Idealverlauf häufig nur von einer vergleichbaren oder ähnlichen Farbtemperatur.

Tabelle 11.2 Standard-Lichtquellen (CIE)

Klassifikationen für Berechnungen		
Typ A	2865 K	Glühlampe
Typ B	4874 K	Direktes Sonnenlicht (selten gebraucht)
Typ C	6774 K	Bedeckter Himmel (Farbbildröhre)
Durchschnittliches Tageslicht		
Typ D 55	5.500°K	Sonnen- plus Himmelslicht
Typ D 65	6.500°K	Standard für durchschnittliches Tageslicht
Typ D 75	7.500°K	Himmelslicht der nördlichen Hemisphäre
Typ E		Hypothetischer Wert für eine gleichmäßige spektrale Energieverteilung

A und D 65 sind die am häufigsten verwendeten Standards

Bezugswerte/Standards

Film

Aufnahmematerial für Foto- und Filmkameras ist auf zwei verschiedene Farbtemperaturen abgestimmt:

- Tageslichtfilm auf 5.500°K (Sonnenlicht am Mittag) und
- Kunstlichtfilm auf 3.200 oder 3.400°K.

Weicht bei der Aufnahme die Farbtemperatur des Lichts nicht mehr als ± 100°K vom Bezugswert des Filmmaterials ab, sollte dessen Farbwiedergabe optimal sein. Bei größeren Abweichungen muß mit Farbkorrekturfiltern gearbeitet werden. Die Arbeit mit Filtern bringt immer einen Lichtverlust mit sich. Der entsprechende Verlängerungsfaktor für die Filmbelichtung wird bei manchen Filtern mit angegeben.

Bei Tageslichtaufnahmen mit Tageslichtfilm werden normalerweise alle Farbwerte zufriedenstellend aufgezeichnet. Abweichungen durch Veränderungen der Tageslichtqualität können bei der Entwicklung im Labor in einem gewissen Umfang kompensiert werden. Das gleiche gilt für Kunstlichtaufnahmen mit Kunstlichtfilm.

Filmt man mit Kunstlichtmaterial bei Tageslicht, kann der hohe Blauanteil des Tageslichts mit einem gelb-orange farbenen Konversionsfilter (85 oder 85B) kompensiert werden. Filmt man mit Tageslichtmaterial bei Kunstlicht, läßt sich der für den Tageslichtfilm zu hohe Rotanteil mit blauen Konversionsfiltern (80A oder 80B) kompensieren. (In beiden Fällen reduziert sich natürlich die verfügbare Aufnahmeempfindlichkeit.)

Videokameras sind ebenfalls auf die Standardwerte für Tageslicht und Kunstlicht einjustiert. In Fernsehstudios werden jedoch normalerweise alle Scheinwerfer ein wenig gedimmt, z.B. auf eine Farbtemperatur von 2.950°K, um die Lebensdauer der Lampen zu erhöhen und um eine Reserve zur eventuellen Verstärkung der Lichtintensität verfügbar zu haben. Die Anpassung einer Videokamera an Farbtemperaturen, die von den voreingestellten Standardwerten abweichen, erfolgt entweder:

- *manuell*, indem man die Kamera auf eine Testkarte richtet und das Videosignal auf die gewünschten Werte einjustiert oder
- *automatisch*, mit der Taste für den automatischen Weißabgleich.

Für den automatischen Weißabgleich hält man entweder eine weiße Fläche vor die Kamera oder man setzt einen weißen, transparenten Kunststoffdeckel vor das Objektiv und richtet die Kamera gegen das Licht. Ist die Kamera an eine Fernbedienung angeschlossen, können vom Kontrollpult aus die drei Farbsignale (Rot, Grün und Blau) in einem Bereich von z.B. ± 500°K nachjustiert werden.

Bei einem Wechsel von Tageslicht zu Kunstlicht (und umgekehrt) kann man an der Videokamera den Farbtemperaturwechsel entweder

- mit einem eingebauten Filterrad kompensieren (ohne die Kamera neu abzugleichen) und/oder
- einen neuen automatischen Weißabgleich vornehmen.

Gleichmäßige Farbtemperatur/Farbverschiebungen

Die Farbtemperatur einer Glühlampe ändert sich mit der Spannung. Bei voller Spannung ist die Farbtemperatur am größten - je nach Lampe zwischen 2.600-3.500°K. Lampen, die für eine Betriebsspannung von 120 V ausgelegt sind, haben im Schnitt bei voller Spannung eine um 100°K höhere Farbtemperatur als Lampen für 240 V.

Beim Dimmen reduziert sich die Farbtemperatur von Glühlampen (Foto- und Halogenglühlampen) um ca. 10°K pro Volt, d.h. bei einer 220 V Lampe (mit 3.200°K bei voller Spannung) fällt die Farbtemperatur bei 200 V auf 3.000°K ab.

Wie schon erwähnt, arbeitet man in Fernsehstudios meist mit einer Standard-Farbtemperatur von 2.950°K. Zu diesen Zweck werden die Regler für alle Scheinwerfer etwa auf Stellung 7 gebracht, was einer Leistungsverringerung von ca. 50% entspricht (Bei der Reglerstellung 10 liegen 100% der Leistung an und die Farbtemperatur beträgt ca. 3.200K.) In der Praxis wird jedoch auch bei voll aufgezogenem Regler nur selten die maximale Farbtemperatur erreicht. Alterungsprozesse der Glühlampen sowie Spannungsverluste im Dimmer und den Verbindungskabeln führen bei maximaler Reglerstellung zu typischen Farbtemperaturen von etwa 3.100K.

Die subjektive Empfindung von Farbverschiebungen hängt stark vom Gegenstand ab. Bei der szenischen Ausstattung, auf Hintergrundflächen und sogar auf Gesichtern kann der warme Effekt einer zu niedrigen Farbtemperatur durchaus angenehm wirken. Um jedoch bunt wirkende Bildeffekte zu vermeiden, sollten die Farbtemperaturen verschiedener Lichtquellen nicht mehr als ± 100°K voneinander abweichen. Bei größeren, hellen und weitgehend neutralen Flächen sind schon Farbabweichungen von ± 50°K wahrnehmbar.

Leuchtet man einen großen Hintergrund oder Rundhorizont mit mehreren Scheinwerfern des gleichen Typs aus, wird man - um eine gleichmäßige Ausleuchtung zu erzielen - die näher stehenden Scheinwerfer dimmen und die weiter entfernt aufgebauten Scheinwerfer voll aufziehen müssen. Eine Schwarzweiß Aufnahme würde jetzt den Hintergrund mit gleichmäßiger Helligkeit abbilden. Bei einer Farbaufnahme können die rötlichen und bläulichen Farbverschiebungen deutlich sichtbar werden. Als Faustregel für die Beleuchtungspraxis gilt, daß Farbabweichungen von ± 150°K vom Standardwert 2.950°K noch nicht als störend empfunden werden. Diesem Bereich von 2.800 bis 3.100°K entsprechen Dimmerstellungen zwischen 5 und 10 (25-100% Ausgangsleistung).

Farbtemperaturmessungen

Wozu?

Fernseh- und Videoaufzeichnungssysteme haben den großen Vorzug, daß sie eine umgehende (elektronische) Anpassung an alle Farbtemperaturveränderungen des Aufnahmelichts erlauben. Zur Anpassung von Filmmaterial an einen anderen Aufnahmelicht-Standard gibt es entsprechend standardisierte Konversionsfilter. Weitere Farbabweichungen lassen sich in gewissem Umfang im Entwicklungslabor kompensieren.

In vielen Fällen entspricht das vorhandene Licht nicht dem Standard; - speziell die Farbtemperatur des Tageslichts kann sehr verschieden sein. Um Farbunterschiede bei Aufnahmen, die zu unterschiedlichen Tageszeiten aufgenommen werden, zu vermeiden, gibt es Methoden zur genauen Bestimmung der Farbtemperatur und der erforderlichen Konversionsfilter. Farbtemperaturmessungen braucht man für folgende Zwecke:

- Um festzustellen, ob das vorhandene Licht in seiner Farbtemperatur nicht mehr als ± 100°K vom Wert, auf den das Aufzeichnungssystem ingestellt ist, abweicht.
- Um die richtige Filterung für Lichtquellen zu ermitteln (z.B. Leuchtstofflampen), deren Farbtemperatur keinem Standard entspricht.
- Um sicherzugehen, daß alle für eine Aufnahme eingesetzten Lichtquellen eine ähnliche Farbtemperatur haben. Ist die Farbqualität der Lichtquellen unterschiedlich, werden einzelne Bereiche der Szene rötlich und andere bläulich erscheinen. Wenn dieser Effekt nicht beabsichtigt ist, muß man versuchen, alle Lampen auf die gleich Farbtemperatur zu bringen.
- Speziell bei Tageslichtaufnahmen ermöglichen Farbtemperaturmessungen eine regelmäßige Kontrolle, ob sich die Qualität des natürlichen Lichts verändert hat.
- Auch bei Aufnahmen, die zu unterschiedlichen Zeiten oder an auseinanderliegenden Tagen gemacht werden, ist die Farbkontinuität nur über Messungen sicherzustellen.
- Messungen helfen auch bei der Entscheidung, ob man die Farbtemperatur des Lichts korrigieren soll oder ob man besser ein Korrekturfilter vor dem Kameraobjektiv anbringt.

Farbtemperaturmesser

Es gibt verschiedene Geräte zur Messung der Farbtemperatur. Meßgeräte für zwei Farben (Zweikomponentenmeßgeräte) erfassen nur das Verhältnis der roten und der blauen Anteile des Lichts. Die einfachste Ausführung hat zwei Farbfilter. Zunächst wir der rote Farbanteil gemessen und die Skala beim gemessenen Wert auf Null gestellt. Nach einer zweiten Messung des blauen Anteils läßt sich auf der Skala die Farbtemperatur ablesen. Andere Zweikomponentenmeßgeräte haben zwei Fotozellen und ermöglichen eine schnellere Bestimmung der Farbtemperatur mit nur einer Messung.

Zweikomponentenmeßgeräte eignen sich bestens zur Farbtemperaturbestimmung von Glühlampen- und Halogenglühlicht. Zur Messung der Farbtemperatur von Leuchtstoff- und Metalldampflampen (HMIs, CSIs etc.) sind sie nicht geeignet, da deren ungleichmäßige spektrale Verteilung zu falschen Ergebnissen führen würde. Für diese Art von Lichtquellen benötigt man Dreikomponenten-Meßgeräte, mit denen sich auch das Verhältnis der rot-grünen und blau-grünen Farbanteile bestimmen läßt.

Mired-Einheiten

Mired-Einheiten (micro reciprocal degree bzw. reziproke Megakelvin) vereinfachen die Berechnung der erforderlichen Farbfilterung. Mired-Einheiten erhält man, indem man den reziproken Wert der Farbtemperatur mit einer Million multipliziert: 5.000° Kelvin entsprechen demnach 1/5.000°K x 1 Million = 200 Mired.

Nimmt man zum Beispiel mit einem auf 3.200°K abgestimmten Film bei Tageslicht mit einer Farbtemperatur von 5.000°K auf, läßt sich der Wert für die Filterung aus der Mired-

Differenz des Films und des Tageslichts bestimmen: 5.000° Kelvin entsprechen 200 Mired; 3.200°K entsprechen 312 Mired (Tabelle 11.3); die Differenz und somit der erforderliche Filterfaktor sind 112 Mireds. (Manchmal wird auch mit Dekamireds bzw. 1/10 Mireds gerechnet.) Ein Wratten 85 Konversionsfilter hat z.B. 112 Mired.

Der Grund für die Umrechnung von Kelvin- in Mired-Einheiten ist, daß die Wirkung eines Filters von der Farbtemperatur des Lichts abhängt. Mit steigenden Kelvingraden steigt auch die Filterwirkung.

Ein 50-Mired Filter vor einer Lichtquelle mit 4.000K erhöht deren Farbtemperatur auf 5.000°K. (4.000°K = 250 Mired; 250 - 50 = 200; 200 Mired = 5.000K). Der gleiche 50-Mired Filter vor einer Lampe mit 3.000°K erhöht deren Farbtemperatur nur um 500°K auf 3.500K (3.000K = 333 Mired; 333 - 50 = 283; 283 Mired = 3.500K).

Gelb-orange farbene Konversionsfilter haben positive Mired-Werte; bläuliche bis blaue Konversionsfilter negative Mired-Werte. Kombiniert man zwei Filter, addieren sich deren Mired-Werte. Ein Wratten 82B Filter mit -331/2 Mired und ein Wratten 82C Filter mit -441/2 Mired bewirken eine Farbverschiebung von -76 Mired und erhöhen z.B. eine Farbtemperatur von 2.700°K auf 3.400°K.

Farbkonversionsfilter ermöglichen dem Filmkameramann, mit ein und demselben - auf eine ganz bestimmte Farbtemperatur abgestimmten - Filmmaterial auch bei unterschiedlichsten Lichtverhältnissen Aufnahmen von gleichbleibender Farbqualität zu machen.

Mischlicht

Tageslichtaufnahmen mit einem auf Kunstlicht abgestimmten Aufnahmesystem haben einen starken Blaustich; - und Kunstlichtaufnahmen mit einem auf Tageslicht abgestimmten System einen gelb-orange farbenen Stich. Beim Film könnte man, um den Farbstich zu vermeiden, das Filmmaterial wechseln; bei Videoaufnahmen macht man einen neuen Weißabgleich. Oder man befestigt einen Konversionsfilter vor dem Kameraobjektiv bzw. der Lichtquelle.

Tabelle 11.3 Umrechnungstabellen Kelvin/Mired

von Kelvin nach Mired

Kelvin	0	100	200	300	400	500	600	700	800	900
2000	500	476	455	435	417	400	385	370	357	345
3000	333	323	312	303	294	286	278	270	263	256
4000	250	244	238	233	227	222	217	213	208	204
5000	200	196	192	189	185	182	179	175	172	169
6000	167	164	161	159	156	154	152	149	147	145
7000	143	140	139	137	135	133	132	130	128	126
8000	125	123	122	120	119	118	116	115	114	112
9000	111	110	109	108	106	105	104	103	102	101

Beispiel: 4500° Kelvin entsprechen 222 Mired

von Mired nach Kelvin

Mired	0	10	20	30	40	50	60	70	80	90
100	10000	9090	8333	7692	7143	6667	6250	5882	5556	5263
200	5000	4762	4546	4347	4167	4000	3846	3703	3571	3448
300	3333	3226	3125	3030	2941	2857	2778	2703	2631	2564

Beispiel: 250 Mired entsprechen 4.000°K

Mired = 1.000.000 : Kelvin; Dekamired = 100.000 : Kelvin = Mired : 10

Bei sogenanntem Mischlicht, das heißt bei einer Ausleuchtung mit Tages- und Kunstlicht, wird die Abstimmung schwieriger.

- Ist das Aufzeichnungssystem auf Tageslicht eingestellt, werden die vom Tageslicht beleuchteten Bereiche natürlich wiedergegeben und die vom Kunstlicht beleuchteten Bereiche haben einen orange-gelben Farbstich. Wie störend der Farbstich ins Auge fällt, hängt zum Teil von den Objekten ab, die von Kunstlicht getroffen werden, und vom Intensitätsverhältnis des Kunstlichts zum Tageslicht.
- Ist die Kamera auf Kunstlicht abgestimmt, werden die Farben in den vom Kunstlicht erhellten Bereichen natürlich wiedergegeben, aber die vom Tageslicht getroffenen Bereiche erscheinen unnatürlich blau.

In solchen Mischlichtsituationen ziehen es einige Kameraleute und Beleuchter vor, das Aufzeichnungssystem auf Kunstlicht einzustellen und das Tageslicht zu konvertieren, zum Beispiel durch Filterfolien vor den Fenstern. Ihre Begründung für diese Methode wird sein, daß durch eine Filterung des Kunstlichts ein Teil der verfügbaren Lichtleistung vergeudet würde. Andere Kameraleute und Beleuchter bevorzugen die Anpassung des Kunstlichts an das Tageslicht mit blauen Filterfolien vor den Scheinwerfern, da dies in der Regel einfacher und schneller geht. Bei geringen Abständen zwischen Führungslicht-Scheinwerfer und Objekt sind die Lichtverluste in der Regel noch vertretbar. (Filter vor Führungslicht-Scheinwerfern reduzieren die Lichtintensität, je nach Farbe und Dichte, um 1/3 - 3 Blendenstufen.)

12 Filter

Filter sind ein außerordentlich wichtiges Hilfsmittel zur kreativen Lichtgestaltung. In diesem Kapitel sollen verschiedene Möglichkeiten vorgestellt werden, Licht mit Filtern zu beeinflussen, zu verändern und zu gestalten.

Filtermaterialien

Filter gibt es in unterschiedlichen Ausführungen. Einige entsprechen genauen Spezifikationen. Andere sind in ihrer Einfärbung bzw. Farbe nicht so präzise und eher für allgemeine Anwendungen gedacht.

Glasfilter

Glasfilter (oberflächenbeschichtet oder in der Glasmasse gefärbt) sind vergleichsweise teuer und zerbrechlich und es gibt sie auch nur in einer begrenzten Anzahl von Farben. Schwache Glühbirnen (bis 40 Watt) lassen sich für dekorative Zwecke auch mit speziellen (Sprüh-)Farben einfärben. Diese Farbbeschichtung verblaßt natürlich mit der Zeit.

Gelatinefilter

Filter aus Gelatine sind am billigsten. Ihr geringer Preis und ihre vielfältigen Anwendungsmöglichkeiten sind sicherlich ihre größten Vorzüge. Gelatinefilter sind ein echter Verbrauchsartikel. Die dünnen Folien lassen sich einfach schneiden und werden normalerweise an Filterrahmen befestigt oder vor Öffnungen geklebt bzw. geklammert. Sie halten auch auf angefeuchtetem Glas. Zu den Nachteilen von Gelatinefiltern zählen ihre Hitzeempfindlichkeit und ihre Farbveränderungen. Vor heißen Scheinwerfern werden sie brüchig, können schmelzen oder sich sogar in ihre Bestandteile auflösen (eine potentielle Feuergefahr). Spritzt Wasser auf einen heißen Gelatinefilter, können sich Bläschen bilden.

Kunststoffolien

Kunstoffolien gibt es in sehr vielen Farbtönungen und Farbdichten. Das dünne Filtermaterial besteht aus Acetat, Polyester, Polycarbonat und anderen Materialien und wird in Rollen und Bögen geliefert. Es gibt eine ganze Reihe verschiedener Produkte wie zum Beispiel (in alphabetischer Reihenfolge) Chromoid, Cinemoid, Dura, Gelatran, Lee, Mole-Richardson, Roscolene, Supergel.

Kunststoffolien sind zwar teurer als Gelatinefilter, haben sich aber auf Grund ihrer Vorzüge bei Film und Fernsehen weitgehend durchgesetzt. Sie sind robust, lassen sich ebenfalls einfach schneiden und können häufig wiederverwendet werden. Alterungsprozesse und Farbveränderungen treten erst nach längerem Gebrauch auf und auch Wasser kann ihnen nichts anhaben. Darüber hinaus sind einige Folientypen sehr hitzebeständig, selbstlöschend und formstabil.

Filterplatten

Filterplatten aus Acetat, Acryl oder Polyester sind typischerweise etwa 1,20 x 2,40 m groß und ca. 3-6 mm stark. Sie haben im Gegensatz zu Folien eine gute Eigenstabilität und eignen sich besonders als absolut flache und stabile Filterflächen vor Fenstern und anderen Öffnungen. Unter dem Einfluß starken Sonnenlichts werden ihre Farben mit der Zeit ein wenig blasser, - aber insgesamt sind sie recht haltbar und lassen sich viele Male wiederverwenden.

Dichroitische Filter

Solche Filter bestehen aus mehreren, extrem dünnen und halb-transparenten Beschichtungen auf hitzebeständigem Glas. Jede der Schichten hat einen anderen Brechungsindex und es entstehen Interferenz-Effekte. Dies führt zu einer Farbselektion, d.h. der Filter läßt einen Teil des Spektrums hindurch (z.B. Blau-Grün) und reflektiert einen anderen Teil (z.B. Rot-Orange). Dichroitische Filter werden eingesetzt als:

- Konversionsfilter für Kunstlicht.
- UV-Filter, um zum Beispiel den hohen ultravioletten Anteil des Lichts von Kohlebogenscheinwerfern zu reduzieren.
- Infrarotfilter zur Verminderung infraroter Strahlung (und Hitze).

Abb. 12.1 Absorptionskurven von Farbfiltern

Diese typischen Kurven basieren auf den Eigenschaften von Cinemoid-Filtern des Herstellers Strand. Der helle Bereich beschreibt die spektrale Durchlässigkeit; der dunkle Bereich die absorbierten Anteile.

6 Rot
39 Grün
20 Blau
14 Rubinrot
48 Hellrosa
13 Magentarot
5 Orange
33 Dunkelgelb/Bernstein
1 Gelb
4 Mittleres Gelb
23 Hellgrün
21 Erbsengrün
24 Dunkelgrün
16 Blau-Grün
15 Pfauenblau
18 Hellblau
19 Dunkelblau
25 Purpur
26 Malvenfarben
42 Schwaches Violett

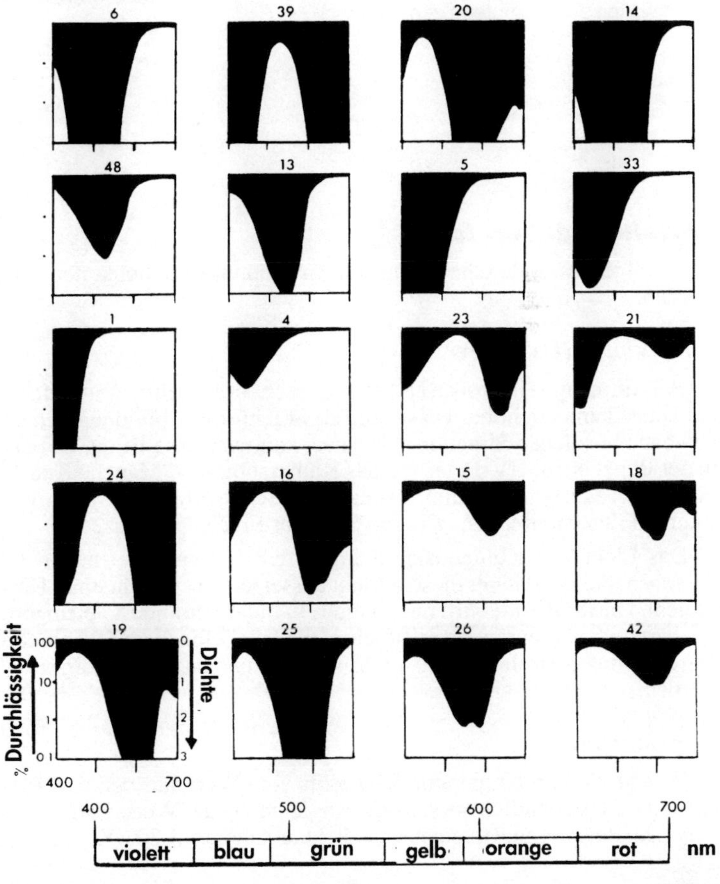

1

2

3

Filter für den Himmel

1. Ist ein Himmel zu hell, erscheint er nur leer und undifferenziert.
2. Mit einem Grauverlaufsfilter kann die Helligkeit des Himmels ohne Beeinflussung der anderen Bereiche reduziert werden. Bei Schwarzweiß-Aufnahmen und zum Teil auch bei Farbaufnahmen läßt sich der Himmel mit Farbfiltern sehr dramatisch gestalten (z.B. ein Pseudo-Sonnenuntergang).
3. Schließt man die Blende ein wenig, werden Details des Himmels sichtbar, - aber gleichzeitig wird die Helligkeit der gesamten Szene reduziert.

Anwendungsbereiche

Im folgenden sollen die häufigsten Anwendungsmöglichkeiten von Filtern vorgestellt werden.

Ultra-Violett (UV) Filter

Bei Aufnahmen in großen Höhen, Landschaftsaufnahmen, am Meer, in den Bergen und bei Dunst kann ein hoher UV-Anteil des Lichts die Abbildungsschärfe beeinträchtigen. Um auch in solchen Situationen scharfe, kontrastreiche Bilder zu bekommen, setzt man in der Regel einen UV-Filter vor das Kameraobjektiv. Manche Kameraleute lassen UV-Filter bei Tageslichtaufnahmen ständig als Schutz vor dem Objektiv, da der Lichtverlust solcher Filter minimal ist (z.B. ein Skylight-Filter 1 A oder 2 B).

Das Licht von Kohlebogenscheinwerfern hat einen so hohen UV-Anteil, daß für Personen, die sich länger diesem Licht aussetzen, die Gefahr einer Bindehautentzündung besteht. Dieses Risiko wird mit einem UV-Filter zumindest verringert. Auch wenn man, um härtere Schattenränder zu erzielen, die Fresnellinse eines Kohlebogenscheinwerfers entfernt, muß diese unbedingt durch ein klares und hitzebeständiges UV-Filterglas ersetzt werden.

Korrekturfilter

Weicht die Farbtemperatur des Lichts vom Wert, auf den das Aufzeichnungssystem abgestimmt ist, deutlich ab, sind zur Angleichung der Werte Farbkorrekturfilter erforderlich. Zum Beispiel muß man bei Kunstlichtaufnahmen (3.200°K; 312 Mired) mit Tageslichtfilm (5.500°K; 182 Mired) einen Wratten 80 A Filter (-130 Mired) vor dem Objektiv anbringen.

Das andere schon beschriebene Problem ist Mischlicht, d.h. die gleichzeitige Ausleuchtung einer Szene sowohl mit Tageslicht als auch mit Kunstlicht. Ist durch das Fenster dringendes Licht nicht stark genug, um einen Raum zufriedenstellend aufzuhellen, muß dieser zusätzlich mit Kunstlicht ausgeleuchtet werden. Auch wenn das Tageslicht aus der falschen Richtung kommt oder wenn es zu hohe Kontraste erzeugt, wird man zusätzliches Kunstlicht einsetzen müssen.

Sehen durch das Mischlicht einige Bildbereiche unangenehm blau oder gelb-orange farben aus, dann läßt sich dieser Farbstich entweder mit Filterfolien vor den Fenstern korrigieren oder mit Korrekturfiltern vor den Scheinwerfern.

Konversion von Tageslicht auf Kunstlicht

Für die Konversion von Tageslicht zu Kunstlicht gibt es eine ganze Reihe unterschiedlicher Filter. Die am häufigsten eingesetzten orangefarbenen Tageslicht-Konversionsfilter in den Abstufungen 1, 1/2 und ¨ konvertieren Tageslicht mit einer Farbtemperatur von:

- 6.500°K zu 3.200, 3.800 und 4.600°Kelvin (-159, -109 und -64 Mired); bzw.
- 5.500°K zu 3.200, 3.800 und 4.500/4.600°Kelvin (-131, -81 und -35/40 Mired).

Die gelb-orange farbene Wratten 85-Filterserie zur Konvertierung von Tageslicht zu Kunstlicht hat die Mired-Werte + 131, + 112 und + 81.

Auf Rollen erhältliche gelb-orange farbene Gelatine- und Kunststoffolien können vor Fenster geheftet, an Rahmen befestigt oder auf angefeuchtete Glasflächen geklebt werden. Ein Nachteil dieser Folien ist, daß sie hinter Fenstern sichtbare Dinge verzerren. Darüber hinaus kann jede Unebenheit und jeder Knick in der Folie zu Reflexionen und punktuellen Überstrahlungen führen. Große Folien fangen schon beim geringsten Windhauch an zu flattern und verursachen störende Geräusche.

Mit robusten 85-zigern Acrylplatten lassen sich diese Probleme vermeiden. Ihr Einsatz ist immer dann empfehlenswert, wenn die Kamera ein Fenster direkt im Bildfeld hat. Acrylplatten kann man auf die Größe der (Fenster)-Öffnung zusammensägen und mit starkem (Doppel-)Klebeband fixieren. Ihre Eigenstabilität erlaubt auch, sie zu neigen bzw. schräg zu befestigen, um Lichtreflexe zu vermeiden.

Neutraldichtefilter (NDs)

Das Licht außerhalb eines Fensters oder einer Tür kann 4-5 Blendenstufen heller sein als das Licht in einem Innenraum. Hat die Kamera gleichzeitig den Innenraum und das Fenster bzw. die Türe im Blick, erscheint alles, was außerhalb des Fensters liegt, völlig überstrahlt - oder der Innenraum viel zu dunkel.

Filmmaterial verarbeitet Abweichungen von 2-3 Blendenstufen; bei Videokameras kann schon eine Helligkeitsdifferenz von mehr als 1-11/2 Blenden zu überbelichteten Aufnahmen führen. Um Überbelichtungen der Bereiche außerhalb eines Fenster zu vermeiden, befestigt man vor der Fensteröffnung ein Neutraldichtefilter.

Grau eingefärbte Neutraldichtefilter reduzieren die Lichtintensität ohne Beeinflussung der Farben und ermöglichen so den Intensitätsausgleich zwischen Innen und Außen.

Neutralgraue Filter gibt es, je nach Material, in unterschiedlichen Dichten. Gelatinefilter haben Durchlässigkeiten von 0,01-80 %. (N4 -N1); Polyester- und Acetatfilter meist eine Durchlässigkeit von 12,5, 25 oder 50 % (N3, N6, N9). Bei Veränderungen der Tageslichtintensität und für Zwischenwerte können die Filter kombiniert werden. Einige Konversionsfilter sind bereits neutralgrau eingefärbt wie zum Beispiel die Typen 85N3, 85N6 und 85N9.

Tabelle 12.1 Filterfaktoren von ND-Filtern

ND	0,1	0,2	0,3	0,4	0,5	0,6	0,7	0,8	0,9	1,0	2,0
N	N1	N2	N3	N4	N5	N6	N7	N(	N)	N10	N20
Lichtdurchlaß	80%	63%	50%	450%	32%	25%	20%	16%	13%	10%	1%
Lichtreduktion	20%	37%	50%	60%	68%	75%	80%	84%	87%	90%	99%
Filterfaktor	1,3	1,6	20,	2,5	3,1	4,0	5,0	6,3	7,7	10	100
Blende öffnen um	0,25	0,5	1,0	1,25	1,5	2,0	2,25	2,5	3,0	3,25	6,75

Konversion von Kunstlicht auf Tageslicht

In vielen Fällen ist es einfacher und schneller, das Kunstlicht mit blau eingefärbten Gelatine- oder Kunststoffolien dem Tageslicht anzupassen. Sie reduzieren den Rotanteil des Kunstlichts und verringern seine Lichtintensität um bis zu 50% bzw. um eine Blende. Blaue Konversionsfolien gibt es ebenfalls in unterschiedlichen Ausführungen. Die am häufigsten eingesetzten Folien haben die Korrekturfaktoren 1, 1/2 und ¨ konvertieren:

- 3.200°K auf 5.700, 4.300, 3.600 und 3.400°K (137, 78, 35, 18 Mired).

Es gibt auch kombinierte Konversions-/Diffusionsfolien.

Die blaue 80-ziger Wratten-Serie konvertiert niedrige Farbtemperaturen von 3.200, 3.400, 3.800 und 4.200°K auf Tageslichtqualität von 5.500°K. PAR-Lampen mit eingebautem oder aufsteckbarem Konversionsfilter haben typischerweise 5.000 - 5.200°K.

Filter für Leuchtstofflampen

Für die gängigsten Leuchtstofflampen (Tageslicht: (5.600°K) Warmes Weiß: 3.600°K; Weiß: 4.300°K oder Kaltes Weiß: 5.700°K) gibt es eigene Konversionsfilter, zum Teil für die kombinierte Verwendung mit Wratten 85 Objektivfiltern. Verschiedene Leuchtstoffspezifikationen in den USA und Europa erfordern entsprechend unterschiedliche Filtertypen. Mit verschiedenen grün- (und orange-) farbenen Filtern lassen sich folgende Konvertierungen vornehmen:

- Leuchtstofflicht zu Tages- oder Kunstlicht.
- Kunst- und Tageslicht zur Tageslichtspezifikation von Leuchtstofflicht.

Zur Beseitigung spezieller Farbstiche oder zur gezielten Beeinflussung der gesamten Farbbalance gibt es weitere Farbkorrekturfilter (CC Color-Compensating Filter) für die Primärfarben (Rot, Grün und Blau) und die Sekundärfarben (Magenta, Cyan und Gelb). Auch mit diesen Filtern kann man Farbabweichungen von Leuchtstofflicht zum normalem Tages- oder Kunstlicht korrigieren (z.B. CC30M/Magenta + CC20Y/Gelb zur Korrektur des Lichts einer warm-weißen Leuchtstofflampe).

Filter für Kohlebogenscheinwerfer

Die Farbtemperatur eines Kohlebogenscheinwerfers hängt vom Typ des verwendeten Kohlestabs ab (z.B. Stäbe für weißes Kohlebogenlicht: 6.000°K; Stäbe für gelbes Kohlebogenlicht: 3.350°K). Zusätzlich zu dem meist obligatorischen UV-Schutz werden bei Kohlebogenscheinwerfern folgende Filter eingesetzt:

- Beim gemischten Einsatz von Kohlebogen- und Kunstlicht ein gelb-orange farbener Konversionsfilter vor weißem Kohlebogenlicht oder ein leichter Grünfilter vor gelbem Kohlebogenlicht.
- Beim Einsatz von Kohlebogenscheinwerfern bei Tageslicht die entsprechenden Konversionsfilter zur Anpassung des weißen und gelben Kohlebogenlichts an die vorherrschende Tageslichttemperatur.

Diffusions-Filter

Damit nicht gleichzeitig Farb- und Diffusionsfilter vor einem Scheinwerfer befestigt werden müssen, gibt es auch kombinierte Filter (sogenannte booster-Filter). Am häufigsten wird der blaue booster zur Anpassung von Kunstlichtquellen an Tageslicht verwendet. Der Verlust an Lichtintensität ist jedoch nicht unbeträchtlich und beträgt durchaus 75-90 %.

Arbeit mit Filtern

Die beste Befestigungsmöglichkeit für Filterfolien sind Filterrahmen, die einen gewissen Abstand zum Scheinwerfer haben. Befestigt man Filter direkt vor einem Scheinwerfer, der länger eingeschaltet bleibt, wird die Luftzirkulation behindert. Die Überhitzung reduziert die Lebensdauer der Lampen, die Fresnellinse kann springen und selbst starke Filterfolien verformen sich.

Wenn es schnell gehen muß, kann man dünne Farbfolien oder Diffusionsfilter auch an die Scheinwerfertore klammern. Der Nachteil dieser Methode ist, daß auf den Seiten Licht entweichen und in die Szene streuen kann.

Bei einer Kombination mehrerer Filter addieren sich deren Filtereigenschaften. Erhöht ein Blaufilter die Farbtemperatur um 300°K, bewirkt eine doppelte Lage Filterfolie eine Erhöhung um 600°K. Durch Filterkombinationen lassen sich die Möglichkeiten mit den verfügbaren Filtern beträchtlich erweitern, - natürlich auf Kosten der Lichtintensität (besonders bei dunkelblauen und dunkelgrünen Filtern).

Wenn das Licht einer Lampe gedimmt ist oder die Versorgungsspannung durch Verlängerungskabel bzw. durch zu hohe Anschlußleistungen abfällt, kann die verringerte Farbtemperatur ebenfalls mit Konversionsfiltern auf den erforderlichen Wert gebracht werden; desgleichen eine durch Alterungsprozesse von Lampen verringerte Farbtemperatur (z.B. mit 1/2- oder 1/4- Konversionsfiltern).

Filter-Wirkungen

Die Wirkung eines jeden Filters hängt von mehreren Faktoren ab:

- Der spezifischen Farbschattierung. Die meisten Filtermaterialien gibt es in einer Vielzahl verschiedener Farben.
- Der Farbtemperatur des Lichts. Mit der Veränderung der Farbtemperatur eines Scheinwerfers (z.B. durch Dimmen) verändert sich auch die Wirkung eines Filters. Das rot-orange farbene Licht gedimmter Lampen hat eine deutlich andere Farbzusammensetzung, speziell im blau-grünen Bereich.
- Die Wirkung eines Filters verändert sich auch mit der Ausgangsleistung von Lampen, selbst wenn diese ähnliche Farbtemperaturen haben.
- Und auch mit der Farbe der Flächen, die angestrahlt werden (Abb. 2.15).
- Ein weiterer Grund für unterschiedliche Filterwirkungen ist die Farbcharakteristik und Farbbalance des Aufzeichnungssystems.

Die Farbe eines Filters läßt sich bestimmen, indem man ihn gegen das Licht hält oder mit den Musterfiltern des Herstellers vergleicht. Den besten Eindruck erhält man jedoch, wen man eine Filterfolie vor einen Scheinwerfer hält und das Ergebnis auf einer repräsentativen Oberfläche begutachtet.

Praktische Arbeit mit Filtern

Wenn die Proben und die Aufzeichnungen am gleiche Tag stattfinden, kann besonders die Verwendung neuer Filtermaterialien Probleme mit sich bringen. Sind mehrere Scheinwerfer mit gleichfarbigen Filtern bestückt, ist es immer ratsam zu überprüfen, ob deren Qualität identisch ist. Wird z.B. ein Hintergrund von mehreren Bodenscheinwerfern ausgeleuchtet, so wird es auffallen, wenn auch nur eine der Folien ein wenig heller oder dunkler ist als die Folien vor den benachbarten Scheinwerfern.

Folien lassen sich nicht beliebig lange einsetzen. Speziell die blauen und grünen Filterfolien absorbieren viel Hitze und altern wesentlich schneller als z.B. gelbe, orangefarbene oder rote Folien. Der tagtägliche Einsatz von Filtern in ständig genutzten Studios kann immer wieder dazu führen, daß allmähliche Alterungsprozesse bzw. sich abschwächende Filterfarben zunächst garnicht wahrgenommen werden.

Beim Einsatz verschiedenfarbiger Filter bei der Ausleuchtung großer Bereiche, z.B einem Rundhorizont, sollte man sich in Erinnerung rufen, daß sich in überlappenden Bereichen die Farben additiv mischen. Blaues und grünes Licht produzieren in sich überlagernden Zonen eine Art Cyan. Weißes Licht verwässert farbiges Licht: dies passiert z.B., wenn der auf einen Darsteller gerichtete Verfolgerspot den mit buntem Licht angestrahlten Hintergrund streift oder sein hartes Licht von einem weißen Flügel oder einer weißen Türe auf den Hintergrund reflektiert wird.

Farbiges Licht

Farbiges Licht wird für unterschiedlichste Zwecke verwendet wie z.B.:

- Zur Simulation realistischer Effekte wie Feuer, Mondlicht, Sonnenuntergang etc.
- Zur Farbgestaltung oder für farbige Muster auf neutralen Hintergrundflächen.
- Zur dekorativen Ausleuchtung von Handlungsbereichen.

Über die Schönheit und die Wirkung farbigen Lichts läßt sich vortrefflich streiten. Was eine Person als subtile Farbgestaltung empfindet, ist in den Augen einer anderen Person geschmacklos oder undifferenziert. Desgleichen kann ein und derselbe Farbeffekt stark und vibrierend oder grell und protzig wirken. Zur Simulation eines Feuers kann man rotorange farbenes oder auch gelbes Licht einsetzen. Beim Einsatz von farbigem Licht sollte man immer überlegen, ob bzw. wie diese Farben mit den Farben der Ausstattung, der Kostüme, des Makeup etc. harmonieren.

Besonders den Farben von Kleidern muß man in diesem Zusammenhang besondere Aufmerksamkeit schenken. Ansonsten kann es passieren, daß wunderschöne Kostüme vor einem Hintergrund in ähnlicher Farbtönung untergehen oder sich mit völlig gegensätzlichen Hintergrundfarben beißen.

Verschiedene Lichtfarben in der Szene können beim Zusammenschnitt von Einstellungen aus unterschiedlichen Kameraperspektiven zu Farb-(Anschluß-)Problemen führen: wenn zum Beispiel eine Kamera nur den gelb angestrahlten Bereich und die andere Kamera nur den grün angestrahlten Bereich erfaßt.

Manche Hintergrundfarben können Hauttönungen negativ beeinflussen. Mit stroh- und bernsteinfarbenem Licht ist man immer auf der sicheren (und u.U. langweiligen) Seite. Manche Beleuchter setzen diese Farben auch für Gegenlichtquellen ein; - ebenfalls eine Frage des Geschmacks. Leichte Blautönungen eignen sich recht gut für Hintergrundflächen, die neutral wirken sollen. Grüne Tönungen sollte man mit Vorsicht einsetzen.

Zu kräftige Farben wie grelles Rot oder Gelb sollte man vermeiden, da sie nicht zuletzt bei Videoaufzeichnungen ein stärkeres Bildrauschen verursachen können. Magenta und Violett können von Kameras, die nicht exakt aufeinander abgestimmt sind, unterschiedlich wiedergegeben werden. Für dekorative Ausleuchtungen eignen sich als Grundfarben für weitere Farbzusammenstellungen kräftiges Blau oder auch Grün.

Die Ausleuchtung eines Darstellers mit farbigem Licht sollte man sich immer zweimal überlegen. Farben, die im Hintergrund sehr gut wirken, können auf einem Gesicht sehr merkwürdig aussehen. Natürlich gibt es auch Situationen, in denen die Farbgebungen nicht wild und schockierend genug sein können. Aber dies ist die Ausnahme!

13 Bildkontrolle

In diesem Kapitel sollen verschiedene Möglichkeiten vorgestellt werden, die Bildqualität und Bildaussage kameratechnisch zu beeinflussen.

Kontrastverarbeitung

Übertragungskurve/Gamma

Jedes Aufzeichnungssystem kann nur einen begrenzten Helligkeitsumfang verarbeiten. Innerhalb dieses Bereichs werden Tonabstufungen in etwa proportional zu den realen Abstufungen wiedergegeben. Zu dunkle Bereiche verlieren sich zunehmend in einem undifferenzierten Schwarz; zu helle Tönungen im Weiß. Die für Filmmaterial typische graduelle Abschwächung der Übertragungskurve im oberen und unteren Bereich (die sogenannten Kurvenschultern) ermöglichen eine durchaus noch zufriedenstellende Abbildung sehr heller Details.

Elektronische Aufzeichnungssysteme haben im Vergleich zum Film eine andere Aufzeichnungscharakteristik. Je nach Helligkeitswert verändert sich die Stärke des Videosignals. In dunklen Bereichen kann es so schwach sein, daß es im Grundrauschen

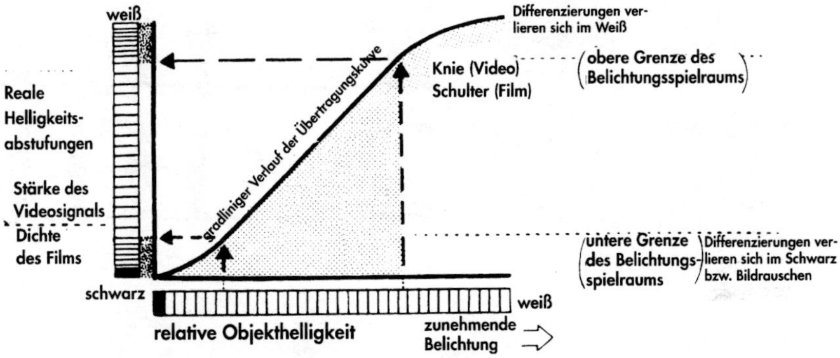

Abb. 13.1 Übertragungskurven

Diese Abbildung zeigt eine typische Übertragungskurve, d.h. das Verhältnis der realen Helligkeitsabstufungen zu den aufgezeichneten Helligkeitsabstufungen. Am unteren Ende der Kurve wird die Differenzierung der realen Abstufungen in der Aufzeichnung zunehmend geringer. Feine Unterschiede in sehr dunklen Bereichen werden überhaupt nicht mehr abgebildet sondern verlieren sich im Schwarz (bzw. im Bildrauschen). Am oberen Ende der Kurve (beim Film die sogenannte Schulter; bei der elektronischen Aufzeichnung das Knie) verlieren sich die realen Differenzierungen entsprechend im Weiß. Im geraden Verlauf ist das Verhältnis von realer und aufgezeichneter Helligkeit weitgehend proportional. Je länger diese gerade Strecke ist, desto größer ist auch der nutzbare Belichtungsspielraum des Aufzeichnungsmaterials.

Bildröhren von Fernsehkameras haben einen ziemlich geradlinigen Kurvenverlauf und reproduzieren in diesem Bereich die realen Helligkeitsdifferenzen sehr genau, - doch bricht diese Kurve im Gegensatz zu photografischen Aufnahmematerialien sehr abrupt ab. Dieser Knick in der Übertragungskurve (im unteren Bereich spricht man vom Absaufen und im oberen Bereich vom Ausfressen) läßt sich mit einer elektronischen Knie-Funktion in gewissem Umfang kompensieren (d.h. das Knie bewirkt wie beim Film eine *graduelle* Abschwächung am unteren und oberen Ende der Übertragungskurve).

des Systems untergeht und man nur noch dieses elektronische Rauschen (Schnee) und möglicherweise auch Farbschlieren u.ä. sieht.

Bei der Aufzeichnung sehr heller Bereiche hat das Videosignal keine sich langsam abschwächende Übertragungscharakteristik wie die Schulter des Films. Der Übergang zu Weiß am oberen Ende der Übertragungskurve ist relativ abrupt, so daß zu helle Bereiche nicht mehr graduell abgeschwächt sondern nur noch weiß wiedergegeben werden. Auf Fernsehbildern mit weißen Objekten wie z.B. T-Shirts und weißem Papier bzw. Gegenlicht, Reflexionen etc. wird dieser clipping-Effekt sofort sichtbar. Darüber hinaus haben zu helle Bereiche die Neigung auszufransen und bei aufeinanderstoßenden Flächen mit großen Kontrasten können unsaubere, z.T. schwarz umrandete Übergänge und andere Störungen auftauchen.

Dank des technischen Fortschritts gibt es inzwischen auch bei Videokameras eine sogenannte Knie-Funktion, die ähnlich wie die Schulter eine differenziert abflachende Kontrastwiedergabe im oberen Grenzbereich der Übertragungscharakteristik erlaubt. Mit einer solchen Knie-Funktion ausgestattete Videokameras haben somit filmähnliche Aufzeichnungseigenschaften.

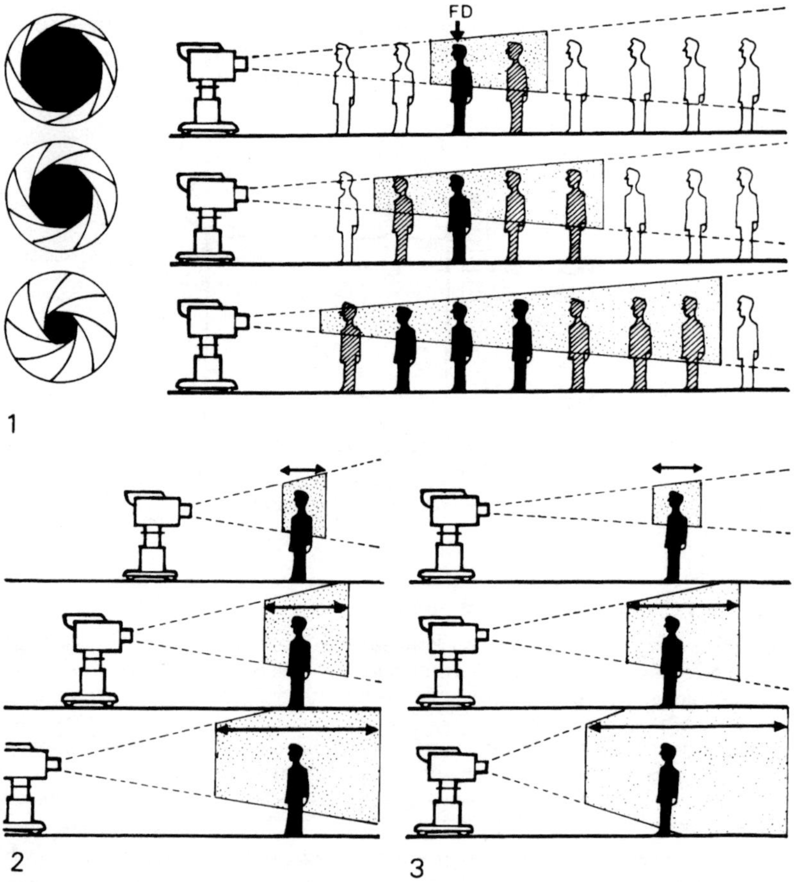

Abb. 13.2/1 Blendenöffnung

Eine Veränderung der Blendenöffnung regelt die Belichtung und beeinflußt die Tiefenschärfe.

1. *Verhältnis von Blendenöffnung und Tiefenschärfe* Bei gleicher Brennweite und gleichem Abstand zwischen Kamera und Objekt wird die Tiefenschärfe mit kleineren Blendenöffnungen größer.
2. *Verhältnis von Aufnahmeentfernung und Tiefenschärfe* Bei gleicher Brennweite und gleicher Blendenöffnung nimmt die Tiefenschärfe mit zunehmendem Abstand zwischen Kamera und Objekt zu.
3. *Verhältnis von Brennweite und Tiefenschärfe* Bei gleicher Blendenöffnung und gleichem Abstand zwischen Kamera und Objekt nimmt die Tiefenschärfe mit abnehmender Brennweite zu (und die Abbildungsgröße nimmt ab).

Kontraste

Bildkontraste sind abhängig von den:

- Helligkeitswerten der Objekte; den
- Ausleuchtungsintensitäten und der
- Übertragungscharakteristik des Aufzeichnungssystems.

Die typischen Kontrastverhältnisse für Portraits und Nahaufnahmen liegen im Bereich von 11/2 : 1 bis 3 : 1. Für dramatischere Szenen bevorzugt man Kontrastverhältnisse bis 5:1 oder auch 6:1.

Für die szenische Ausleuchtung haben sich ebenfalls Werte bis 5:1 oder sogar bis 8:1 bewährt. Da die Ausleuchtungskontraste stark von den Kontrasten der auszuleuchtenden Objekte, der Lichtrichtung und der allgemeinen Lichtverteilung abhängen, darf man diese Werte nicht dogmatisch verstehen.

Eine ungleichmäßige Ausleuchtung verstärkt Kontraste, d.h. die nicht vom Licht getroffenen dunklen Bereiche erscheinen noch dunkler und die vom Licht erfaßten hellen Bereiche noch heller. Haben die Objekte in einer Szene einen Kontrastumfang von 10:1 und die Ausleuchtung ein Kontrastverhältnis von 3:1, kann dies zu einem maximalen Kontrast von 30:1 führen - d.h. bis an die Leistungsgrenze elektronischer Aufzeichnungssysteme.

Auch das Kameraobjektiv kann den Kontrastumfang beeinträchtigen. Selbst in mehrfachvergüteten Objektiven können noch Lichtstreuungen im Linsensystem auftreten, die speziell in Schattenbereichen den Objektkontrast abschwächen. Von einem Szenenkontrast in der Größenordnung 130:1 kommt möglicherweise nur noch ein Kontrast von 30:1 auf den Film oder den Bildwandler. Auf diesen Kontrastverlust darf man sich jedoch bei der Aufzeichnung kontrastreicher Szenen auf keinen Fall verlassen.

Kameraobjektiv

Blendenwerte

Jedes Kameraobjektiv hat eine eingebaute Blende. Eine Veränderung der Blende bewirkt folgendes:

Die durch das Objektiv auf den Film oder das Aufnahmeelement (Röhre bzw. CCD-Chip) fallende Lichtmenge wird reduziert und dem Empfindlichkeitsbereich des Aufnahmeelements angeglichen.

- Mit einer Veränderung der Blendenöffnung verändert sich auch die Tiefenschärfe, d.h. der Bereich, in dem Objekte scharf abgebildet werden. (Die Tiefenschärfe ist auch abhängig von der eingestellten Entfernung und der Brennweite des Objektivs.)
- Beim Einrichten der Kamera und des Lichts muß man immer folgendes bedenken:
- Den erforderlichen Tiefenschärfebereich und die hierfür benötigte Blendenöffnung.
- Die erforderliche Lichtintensität, die das Aufzeichnungssystem - je nach seiner Empfindlichkeit und der gewünschten Blendenöffnung - für gut belichtete Abbildungen braucht.

Tiefenschärfe

Es wird häufig davon ausgegangen, daß sich nur Kameraleute mit den Zusammenhängen von Lichtempfindlichkeit und Tiefenschärfe zu befassen hätten. Je geringer die Tiefenschärfe, desto schwieriger wird die Scharfeinstellung, vor allem bei Nahaufnahmen. Dies hat jedoch auch Einfluß auf die Arbeit anderer Teammitglieder.

Tiefenschärfe

Der von einer Szene scharf abgebildete Bereich ist abhängig von der Blendenöffnung, der Aufnahmeentfernung und der Objektivbrennweite.

1. Bei Blende f 22 reicht die Tiefenschärfe vom Vordergrund bis zum Hintergrund. Diese kleine Blendenöffnung erfordert jedoch eine sehr starke Ausleuchtungsintensität.
2. Bei Blende f 3,5 ist die Tiefenschärfe sehr gering und und man kann (bzw. muß) bei der Scharfeinstellung sehr selektiv arbeiten.

1

2

Tiefenschärfe und Hintergrund

Ist der Hintergrund zu vordergründig und lenkt die Aufmerksamkeit vom Objekt ab (1), kann man ihn durch eine Reduzierung der Tiefenschärfe (d.h. eine größere Blendenöffnung) unscharf machen (2).

1

2

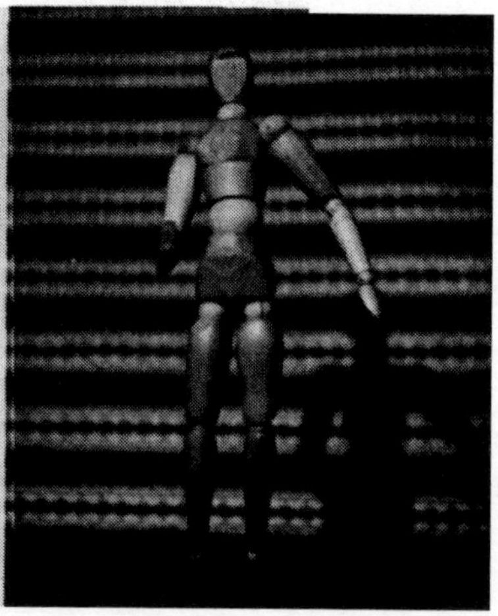

Lassen sich mehrere szenische Elemente wegen einer zu geringen Tiefenschärfe nicht mehr wie gewünscht gleichzeitig scharf abbilden, wird der Regisseur deren Anordnung verändern müssen. Auf der anderen Seite kann bei zu großer Tiefenschärfe auch der Hintergrund schärfer als beabsichtigt zur Geltung kommen und von der vordergründigen Handlung ablenken.

Das heißt, daß neben der Aufzeichnungs- bzw. Übertragungscharakteristik auch die Tiefenschärfe die Wirkung und Effektivität der Ausleuchtung, des Bühnenbilds, der Kostüme, des Makeup etc. direkt beeinflußt. Ist die Tiefenschärfe zu gering, zerfließen die Helligkeitsabstufungen in den unscharfen Bereichen und die in der Szene gut herausgearbeiteten Strukturen, Details und Modellierungen werden abgeschwächt.

Wenn man schon vorab weiß, daß der Hintergrund nur unscharf abgebildet wird, muß man den Szenenbildner rechtzeitig bitten, zu kräftigeren Mitteln zu greifen, damit der Hintergrund nicht belanglos erscheint. Ist vorgesehen, daß auch der Hintergrund immer scharf aufgezeichnet wird, muß er u.U. zurückhaltend und subtil gestaltet werden.

Bestimmen der Tiefenschärfe

Tiefenschärfe bei Aufnahmen mit vorhandenem Licht

Steht bei den Aufnahmen nur das am Drehort vorhandene Licht zur Verfügung, wird man die zur korrekten Belichtung erforderliche Blende wählen und die Tiefenschärfe so, wie sie ist, akzeptieren. Bei schwachen Lichtverhältnissen und voll geöffneter Blende ist die Tiefenschärfe - speziell bei Nahaufnahmen - sehr gering.

Ist das Licht bei maximaler Blendenöffnung noch immer zu schwach, kann man entweder den Film forciert entwickeln lassen bzw. das Videosignal verstärken.

Anpassung der Tiefenschärfe

Eine unangemessene Tiefenschärfe kann zu enttäuschenden Bildergebnissen führen.

- Soll ein Objekt oder eine Person isoliert werden und der Hintergrund entsprechend unscharf sein, erreicht man dies mit einer relativ großen Blendenöffnung. Zu diesem Zweck muß die Lichtintensität beschränkt oder ein Neutralgraufilter vor das Objektiv gesetzt werden.
- Soll eine sehr große Tiefenschärfe erzielt werden, um den gesamten Bereich vom Vordergrund bis zum Hintergrund scharf abzubilden, muß die Blendenöffnung deutlich verkleinert und die Ausleuchtungsintensität drastisch verstärkt werden.

Belichtung

Was ist Belichtung?

Die Belichtung ist die Manipulation der auf den Film bzw. das Aufnahmeelement fallenden Lichtmenge. Die Beeinflussung der Lichtmenge ist notwendig:

- um die Helligkeitsabstufungen in der Szene dem optimalen Arbeitsbereich des Aufzeichnungssystems anzupassen,
- damit diese Abstufungen in der Aufzeichnung so überzeugend (bzw. realistisch) wie möglich wiedergegeben werden.
- Belichtungsveränderungen können entweder über die Blendenöffnung oder durch eine Veränderung der Lichtintensität erfolgen.

Was eine richtige Belichtung ist, läßt sich nur schwer definieren und hängt von einer Vielzahl von Faktoren ab.

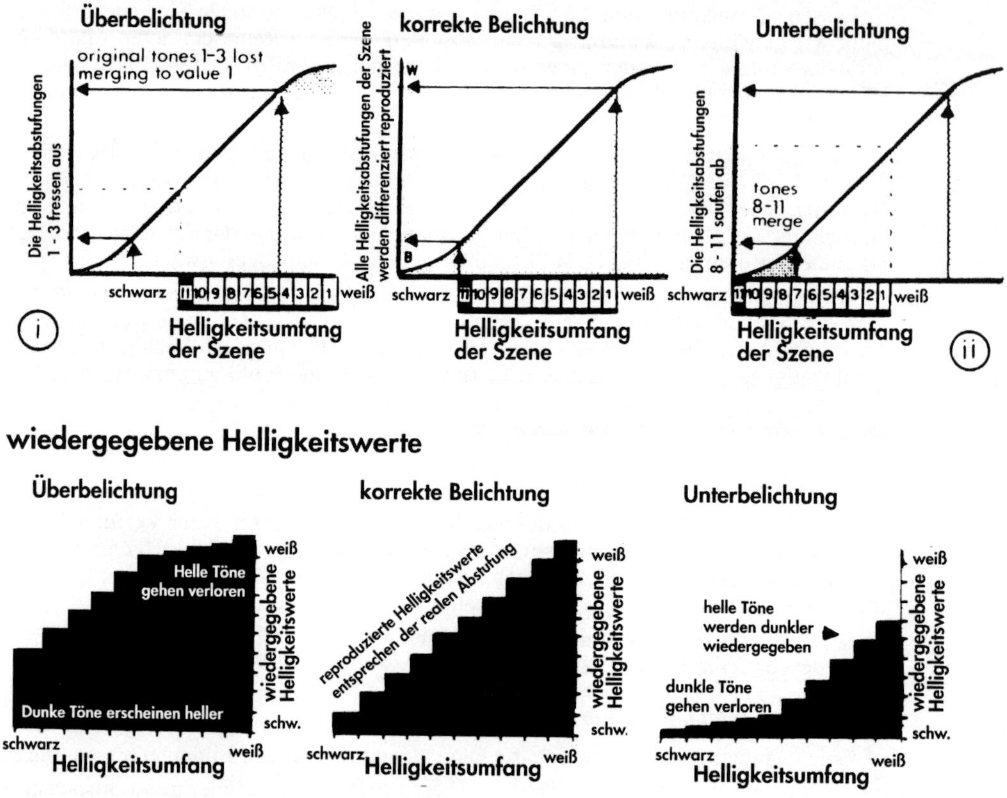

Abb. 13.2/2 Blendenöffnung und Belichtung

Je größer die Blendenöffnung, desto mehr Licht fällt auf den Film bzw. das Aufnahmeelement (Röhre/Chip). Die Objekte werden heller abgebildet und sehr helle Tönungen können in der Abbildung im Weiß verloren gehen (ausfressen). Man benötigt zwar nur wenig Licht, - jedoch auf Kosten der Tiefenschärfe.

Verringert man die Blendenöffnung (z.B. auf Blende f 11), fällt weniger Licht auf das Aufnahmeelement bzw. den Film und die Abbildung der Szene wird dunkler. Sehr dunkle Tönungen können in der Abbildung im Schwarz absaufen. Kleine Blendenöffnungen erfordern eine starke Ausleuchtung und bieten einen großen Tiefenschärfebereich. Je heller die Ausleuchtung, desto stärker muß abgeblendet werden.

Die Belichtung einstellen

Eine stufenweise Öffnung der Blende bewirkt folgendes:

- Die gesamte Abbildung wird heller.
- Sehr helle Bildbereiche werden zunehmend überbelichtet, verlieren an Modellierung und verschwinden irgendwann im Weiß (fressen aus).
- Die Details und Modellierungen in dunklen Bildbereichen werden deutlicher.
- Farben verlieren an Kraft und erscheinen desaturiert.

Entsprechend bewirkt eine stufenweise Abblendung:

- Alle Tönungen werden dunkler.
- Dunkle Bildbereiche werden unterbelichtet, ihre Modellierung geht verloren und sie verschwinden im Schwarz (saufen ab).
- Details in hellen Bildbereichen werden deutlicher herausgearbeitet.

- Farben kommen kräftiger (gesättigter) zur Geltung.

Schon eine Veränderung der Blende um ± 1/2 Stufe hat deutlich sichtbare Auswirkungen auf die Abbildung der Helligkeitsabstufungen.

Filmkameras haben eine Bildfrequenz von 24 Bildern pro Sekunde. Eine rotierende Umlaufblende belichtet normalerweise jedes Einzelbild mit einer 1/50 Sekunde. Diese vergleichsweise lange Belichtungszeit führt zu gewissen Bewegungsunschärfen bei der Aufnahme bewegter Objekte. Manche Kameras haben Umlaufblenden, deren Öffnungswinkel sich zwischen 50° und 200° verändern läßt.

Während eine Veränderung der Objektivblende gleichzeitig die Belichtung und die Tiefenschärfe beeinflußt, hat eine Veränderung des Hellsektors der Umlaufblende keinen Einfluß auf die Tiefenschärfe. Bei kleineren Öffnungswinkeln und entsprechend kürzeren Belichtungszeiten werden jedoch Bewegungen schärfer abgebildet. Bei einer 200° Öffnung wirken die Speichen eines sich drehenden Rades verwischt; bei einer 50° Öffnung werden sie schon wesentlich schärfer abgebildet. Ein Nachteil dieser schärferen Bewegungsabbildung ist, daß sehr schnelle Bewegungen zerhackt bzw. stroboskopartig erscheinen können. Aus diesem Grund empfiehlt es sich, bei der Aufnahme schneller Bewegungen die maximale Öffnung der Umlaufblende beizubehalten und zu große Lichtintensitäten mit Graufiltern vor dem Objektiv zu reduzieren. Inzwischen sind auch viele Videokameras mit einer shutter-Funktion für kürzere Belichtungszeiten ausgestattet.

Wenn man bei Filmkameras bereits die größte Blendenöffnung und den größten Öffnungswinkel der Umlaufblende gewählt hat - und die Lichtverhältnisse für akzeptable Aufzeichnungen trotzdem noch zu dunkel sind - kann man unter Umständen noch die Aufnahmegeschwindigkeit verringern. Der entstehende Zeitraffereffekt begrenzt jedoch die Anwendungsbereiche dieser Methode.

Im Kopierwerk gibt es eine Reihe weiterer Möglichkeiten, Filmaufnahmen, für die zur korrekten Belichtung nicht genügend Licht zur Verfügung stand, zu retten oder nachträglich die Kontraste zu beeinflussen.

Automatische Blendenregelung

Automatische Blendenregelungen, wie sie in vielen Film- und Videokameras zu finden sind, messen die durchs Objektiv fallende Lichtmenge und regeln die Blende selbständig nach. Beim Wechsel von einer sonnenbeschienenen Außenszene in einen Innenraum wird die Irisblende automatisch den neuen Lichtverhältnissen angepaßt und die Blende zum Beispiel von f/16 auf f/2 geöffnet.

Diese automatische Regelung arbeitet in vielen Fällen recht willkürlich. Sie kann nicht zwischen wichtigen und unwichtigen Bereichen unterscheiden und wird, wenn ein Stück Himmel, eine Zeitung oder ein weißes Hemd ins Bild kommt, die Blende weiter schließen bzw. - wenn hellere Objekte wieder aus dem Bildfeld verschwinden - die Blende wieder ein wenig öffnen. Entsprechend wird sich die Helligkeit des bildwichtigen Objekts, die eigentlich konstant bleiben sollte, mit jeder Helligkeitsveränderung in unwichtigen Bildbereichen ebenfalls verändern.

Jeder zu helle Bereich und jede Reflexion führt zu einer potentiellen Unterbelichtung dunklerer Bereiche. Um diesen unerwünschten Effekt zu kompensieren, haben einige Videokameras eine Gegenlichttaste, mit der sich die automatisch eingestellte Blende um etwa eine Stufe öffnen läßt. Aber auch diese Funktion ist recht willkürlich und führt leicht zu Überbelichtungen in den zu hellen Bereichen.

Trotz der genannten Nachteile kann die automatische Blendensteuerung speziell unter schwierigen, schnell wechselnden Arbeitsbedingungen, z.B. bei der aktuellen Berichterstattung, für den Kameramann eine große Arbeitserleichterung sein.

Gleichmäßige Belichtung

Bei ungleichmäßigen Lichtverhältnissen und wechselnden Kamerastandpunkten wird man ständig die Blende nachregeln müssen. Das heißt jedoch nicht, daß die Ausleuchtung flach sein sollte! Kontrast- und Lichtveränderungen sind durchaus sinnvoll, solange die Belichtung des wichtigsten Objekts in etwa konstant bleibt.

Wechsel zwischen helleren und dunkleren Einstellungen steigern, ähnlich wie bei der Musik, die Dynamik, wecken Interesse, und sollten auf keinen Fall ausgebügelt werden. Gleichmäßiges und ausgeglichenes Licht ermöglicht zwar eine gleichbleibende Belichtung, führt aber schnell zu seichten, spannungslosen Ergebnissen. Kräftige Schattenzonen können durchaus wirkungsvoll sein.

Partielle Unterbelichtungen - wenn zum Beispiel eine Person kurzfristig im Dunkel eines Hauseingangs verschwindet - werden meist als dramatisch und spannungssteigernd empfunden. Allgemeine Unterbelichtungen und größere undifferenzierte Schattenbereiche sind jedoch kaum geeignet, Interesse aufrecht zu erhalten. Starke Überbelichtungen sind genausowenig akzeptabel, es sei denn, es handelt sich um besondere Effekte wie Explosionen, einen Blitz oder die Scheinwerfer eines Autos.

Belichtungsmessung

Da sich unsere Augen sehr schnell an die vorherrschenden Lichtverhältnisse anpassen, sind sie zur Einschätzung korrekter Belichtungswerte kaum geeignet.

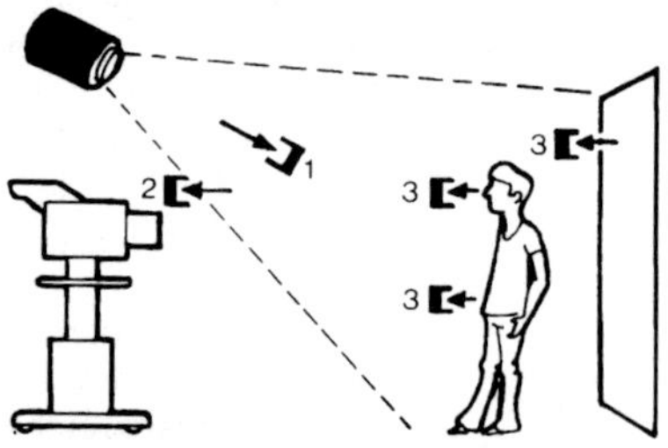

Abb. 13.3 Lichtmessung

Durch Lichtmessungen lassen sich Über- und Unterbelichtungen vermeiden. Die grundlegenden Meßmethoden sind:

1. Messung der Lichtintensität, die auf die Person bzw. die Szene fällt.
2. Messung des gesamten von der Szene in Kamerarichtung reflektierten Lichts.
3. Mehrere punktuelle Messungen des reflektierten Lichts zur Bestimmung des Kontrastumfangs.

Daumen mal Pi

Ein erfahrener Kameramann kann u.U. im Laufe der Zeit Belichtungswerte für unterschiedliche Lichtsituationen mit erstaunlicher Genauigkeit schätzen. Wenn er sein Führungslicht kennt, weiß er, welche Beleuchtungsstärke es in einem bestimmten Abstand erzeugt. Solche Daumen mal Pi Einschätzungen setzen jedoch eine äußerst genaue Kenntnis der technischen Parameter der verwendeten Geräte voraus. Kleinere Belichtungsfehler können im Kopierwerk kompensiert werden.

Belichtungstabellen

Bei einer vorgegebenen Filmempfindlichkeit lassen sich Belichtungswerte auch mit Belichtungstabellen bestimmen. Diese Werte sind brauchbare Anhaltspunkte für normale Situationen, aber auch hier wird man hin und wieder bei der Filmentwicklung eine wenig nachbessern müssen. Um solche Nachbesserungen falsch belichteter Filme zu vermeiden, sollte man mit verläßlicheren Belichtungsmeßmethoden arbeiten.

Lichtmessung

Die meisten Filmkameraleute messen das auf eine Szene oder ein Objekt fallende Licht und passen entweder dessen Intensität unter Berücksichtigung der Filmempfindlichkeit der gewünschten Blendenöffnung an oder sie passen den Blendenwert der ermittelten Beleuchtungsstärke an.

Der Belichtungsmesser ermittelt die auf seine Meßzelle fallende Lichtmenge. Eine weiße Diffusorscheibe oder ein sphärischer Diffusor verringert die Richtwirkung der Meßzelle. Man begibt sich mit dem Belichtungsmesser auf die Position des bildwichtigen Objekts und richtet die Meßzelle in Richtung des Führungslichts, des Aufhellichts und des Gegenlichts. Mit dieser Methode lassen sich die unterschiedlichen auf ein Objekt auftreffenden Beleuchtungsstärken und deren Verhältnisse ermitteln. Die Tönungen der Objekte selbst bleiben bei dieser Methode unberücksichtigt. Für sehr helle Objekte wird

Tabelle 13.1 Lichtmeßmethoden

Messung des auffallenden Lichts	*Messung des reflektierten Lichts*	*Messung der Oberflächenhelligkeit aus der Nähe*
Der Belichtungsmesser wird auf Höhe des Objekts gegen die Lichtquelle gerichtet.	Der Belichtungsmesser wird vom Kamerastandpunkt aus auf das Objekt bzw. die Szene gerichtet.	Der Belichtungsmesser wird ebenfalls aus der Kamerarichtung, aber in näherer Entfernung auf das auszumessende Objekt gerichtet.
Mit dieser Lichtmessung läßt sich die Lichtintensität feststellen, die auf ein Objekt trifft - und auch das Verhältnis der auftreffenden Lichtintensitäten mehrerer Lichtquellen.	Diese Objektmessung erfaßt die vom Objekt oder der Szene in Richtung der Kamera reflektierte Lichtmenge.	Diese selektive Objektmessung erfaßt nur einen begrenzten Bereich des vom Objekt reflektierten Lichts.
Diese Methode eignet zur Bestimmung der Belichtungswerte für Objekte mit mittleren, in ihrem Kontrastumfang begrenzten Tönungen. Mit ihr lassen sich auch sehr gut die Beleuchtungsstärken und Intensitätsverhältnisse von Führungslicht, Aufhellicht und Gegenlicht bestimmen und einrichten.	Die Messung liefert unter Berücksichtigung der Filmempfindlichkeit den mittleren Belichtungswert. Dieser Mittelwert kann auch durch eine selektive Messung der hellsten und dunkelsten szenischen Bereiche ermittelt werden.	Es ist eine brauchbare Meßmethode zur Bestimmung der Belichtungswerte und der erforderlichen Beleuchtungsintensitäten für Objekte mit bekannten Reflexionsfaktoren (Haut, normales Weiß und Schwarz). Mehrere solcher Messungen geben Aufschuß über den Kontrastumfang des von der Szene reflektierten Lichts und helfen, eine zu kontrastreiche Ausleuchtung, Überstrahlungen und undifferenzierte Schattenbereiche zu vermeiden.
Die Lichtmessung ist einfach, erfordert keine aufwendige Berechnung von Zwischenwerten und liefert verläßliche Ergebnisse. Es ist die übliche Meßmethode bei Filmaufnahmen. Die ermittelten Beleuchtungsintensitäten der Scheinwerfer erlauben bei späteren Wiederholungen von Szenen eine schnelle Reproduktion der Ausleuchtungsverhältnisse.	Die Objektmessung ist ebenfalls recht einfach durchzuführen, erfordert aber eine genaue Ausrichtung des Belichtungsmessers und setzt eine gewisse Erfahrung bei der Beurteilung szenischer Kontraste voraus. Sehr dunkle oder sehr helle Bildbereiche können die Messung beeinträchtigen und zu Über- bzw. Unterbelichtungen führen.	Die zur Bestimmung der richtigen Belichtung entscheidende Auswahl der auszumessenden Bereiche setzt jedoch eine gewisse Erfahrung voraus.
Zu den Nachteilen der Messung des auffallenden Lichts zählen, daß die Tönungen, die Helligkeitsabstufungen und der Kontrastumfang der Objekte selbst unberücksichtigt bleiben. D. h. die effektiven, für eine gleichmäßige Belichtung erforderlichen Beleuchtungsstärken für Objekte mit unterschiedlichen Oberflächeneigenschaften lassen sich nicht feststellen. Aus diesem Grund ist die Messung des auffallenden Lichts für sehr helle, sehr dunkle und sehr kontrastreiche Objekte bzw. Szenen weniger geeignet.	Es ist die schnellste Methode zur Bestimmung der durchschnittlichen Lichtverhältnisse. Der ermittelte Durchschnittswert sagt jedoch nichts über den Kontrastumfang einer Szene und ihrer Ausleuchtung aus. Auch der Meßwinkel ist normalerweise nicht mit dem Bildwinkel der Objektivbrennweite identisch. Liegt das Hauptaugenmerk auf dem Gesicht einer Person, ergeben sich bei unterschiedlichen Helligkeiten im Hintergrund Helligkeitsschwankungen in den Aufnahmen des Gesichts.	Die ermittelten Helligkeitswerte erlauben eine sehr genaue Beurteilung des Kontrasts. Es sind jedoch mehrere Messungen und Meßwertvergleiche nötig. Der Stellenwert der ausgemessenen Bereiche innerhalb der gesamten Abbildung muß ebenfalls berücksichtigt werden.

der ermittelte Belichtungswert zu hoch und für sehr dunkle Objekte zu niedrig sein. Zur Ermittlung der Belichtungswerte für Objekte mit mittleren Tönungen und Gesichter ist diese schnell durchführbare Lichtmeßmethode sehr verläßlich. Für szenische Objekte mit großen Helligkeitsdifferenzen ist sie weniger geeignet.

Andere Meßmethoden

Es gibt noch einige andere Methoden der Belichtungsmessung:

♦ *Objekt- bzw. Integralmessung* Bei dieser Methode wird der Belichtungsmesser vom Kamerastandpunkt auf die Szene gerichtet, um den Durchschnittswert des gesamten von der Szene in Kamerarichtung reflektierten Lichts zu ermitteln. Dies ist die in der Fotografie am weitesten verbreitete Meßmethode.

♦ *Kontrastmessung* Hier wird selektiv das von den hellsten und dunkelsten Bereiche einer Szene reflektierte Licht ausgemessen (z.B. Blende f/5,6 und f/3,5) und die Belichtung auf Mittelwert eingestellt. Eine Blendendifferenz von 2 Stufen entspricht einem Kontrastverhältnis von 1:4 (3 Stufen 8:1; 4 Stufen 16:1; 5 Stufen 32:1).

♦ *Spotmessung* Mit einem Spot-Belichtungsmesser lassen sich auch die Helligkeitswerte sehr kleiner Bereiche bestimmen, z.B. von einem recht weit von der Kamera entfernten Gesicht. Gleichzeitig kann man - zur Ermittlung des Kontrastumfangs - gezielt die hellsten und dunkelsten Punkte ausmessen.

♦ *Graukartenmessung* Richtet man einen Belichtungsmesser auf eine Graukarte mit einem Reflexionsfaktor von 18%, die auf Höhe der Objektposition gehalten wird, ergibt die Messung einen guten Mittelwert für alle mittleren Tönungen. Zur Bestimmung der Belichtungswerte für helle Objekte kann man anstelle der Graukarte ein weiße Karte verwenden.

Berechnung der Beleuchtungsstärke

Eine Berechnung der Beleuchtungsstärke ist über folgende Formel möglich:

Beleuchtungsstärke (in footcandles) = (25 x f x f) : (0.02 x ASA)

Möchte man zum Beispiel einen Film mit einer Empfindlichkeit von 100 ASA bei Blende f/8 mit 1/50 Sekunde (0.02 sec) belichten, ist eine Beleuchtungsstärke von (25 x 8 x 8) : (0.02 x 100) = 800 footcandles erforderlich.

Bei einem gewünschten Kontrastverhältnis von 3:1 benötigt man eine Führungslichtstärke von ca. 520 fc und und eine Aufhellichtstärke von ca. 280 fc.

Beleuchtungsstärken von Scheinwerfern

Die Ermittlung der Beleuchtungsstärke ist eine Sache; die Auswahl der passenden Scheinwerfer eine andere. Die Datenblätter der Scheinwerferhersteller sind hierfür eine brauchbare Richtlinie. Typische Beleuchtungsstärken für einen 800W Spotscheinwerfer (3.200°K) ohne Linse sind beispielsweise:

Entfernung (Meter)		2	3	4	5
Spot	(Lux)	8.750	3.888	2.187	1.400
	(fc)	813	361	203	130
Flood	(Lux)	2500	1.111	625	400
	(fc)	232	103	58	37

(1 footcandle = 10,76 Lux; 1 Lux = 0,09 footcandles)

In der Praxis spielen natürlich auch das Alter der Lampe, der Reflektor, die Gleichmäßigkeit der Lichtverteilung und die Justierung des Scheinwerfers eine wichtige Rolle, so daß das Ergebnis von den Herstellerangaben durchaus abweichen kann. Am sichersten ist es, die Beleuchtungsstärken der verwendeten Scheinwerfer selbst auszumessen.

Empfindlichkeit

Die erforderlichen Beleuchtungsstärken für Film- und Videokameras sind abhängig von der Empfindlichkeit des Films bzw. des Aufnahmeelements, der Blendenöffnung und den Lichtverlusten durch Filter. Ist das Licht für die gewünschte Blendenöffnung zu stark, kann ein Graufilter vor dem Objektiv Abhilfe schaffen. Alles in allem ist zu viel Licht immer besser als zu wenig Licht.

Film

Farbfilme benötigen im Durchschnitt dreimal soviel Licht wie Schwarzweißfilme. Auch wenn neue Filmemulsionen wesentlich empfindlicher sind, muß man für die gesteigerte Empfindlichkeit meist grobkörnigere Abbildungen in Kauf nehmen. Bei vorgegebenen Beleuchtungsstärken ist die Arbeitsblende direkt von der Filmempfindlichkeit abhängig, z.B.:

ASA	25	64	100	160	200
Blende	2.8	4.0	5.6	6.3	8.0

Bei Aufnahmen mit Filmmaterial von 100 ASA Empfindlichkeit ergibt sich bei einem Führungslicht mit einer Beleuchtungsstärke von ca. 300 fc (3230 Lux) eine Arbeitsblende von ca. f/4,5. Bei größeren Blendenöffnungen braucht man entsprechend weniger Licht.

Durch eine forcierte Entwicklung des Filmmaterials (eine längere Entwicklungszeit oder/und eine höhere Entwicklungstemperatur) läßt sich, wenn erforderlich, die Empfindlichkeit des Filmmaterials erhöhen. Diese Forcierung verschlechtert jedoch den reproduzierten Kontrastumfang, die Farbwiedergabe und die Körnigkeit des Materials. Ein Farbnegativfilm verarbeitet einen Kontrastumfang von etwa 30:1; Umkehrmaterial etwas weniger.

Video

Die Empfindlichkeit einer Videokamera hängt vom Aufnahmelement ab, d.h. von der Bildröhre oder vom CCD-Chip sowie der maximal verfügbaren Blendenöffnung und der elektronischen Signalverarbeitung. Filter und tele-prompter reduzieren die Lichtstärke des Objektivs. Bei einer typischen Arbeitsblende f/4 benötigt man Beleuchtungsstärken von ca. 75-250 fc bzw. 800-2700 Lux. Die erforderlichen Beleuchtungsstärken in Abhängigkeit von der Blendenöffnung betragen (bei Blende f/4 als Bezugswert):

f/	1,4	2,0	2,8	4,0	4,5	5,0	5,6	6,3	8,0
	1/8	1/4	1/2	1	1 1/4	1 1/2	2	2 1/2	4

← heller Dunkler→

Tabelle 13.2 Typische Empfindlichkeiten von Videokameras

Aufnahmeelement	Typische Beleuchtungsstärken		bei Blende:
Plumbicon-Röhren			
1 1/4 in 32 mm	116-150 fc	1250-1600 Lux	f/4,0*
1 in 25 mm	75 fc	800 Lux	f/2,8*
2/3 in 18 mm	56-70 fc	600-750 Lux	f/2,0*
CCD-Chips			
2/3 in 18 mm	30-47 fc	325-500 Lux	f/2,0*
1/2 in 13 mm	56 fc	600 Lux	f/2,0

* Der Tiefenschärfebereich ist bei diesen Blendenwerten ähnlich.

Bildkontrolle beim Film

Es wurde gezeigt, wie Beleuchter und Kameraleute über Messungen und Erfahrungswerte eine gleichmäßige Belichtung und eine gleichbleibende Farbqualität des Filmmaterials erzielen können. Beim Film darf in diesem Punkt nichts schiefgehen, da Korrekturen im Entwicklungslabor nur in begrenztem Maß möglich sind.

Besonders bei Aufnahmen außerhalb des Studios gibt es zahlreiche Faktoren, die sich nicht vorhersehen lassen. Auch das Filmmaterial selbst kann trotz der engen Herstellungstoleranzen geringe Abweichungen aufweisen, jedoch selten innerhalb einer Charge.

Eine Videoausspiegelung erlaubt die sofortige Bildkontrolle auf einem Monitor und/oder die Aufzeichnung des Videosignals und ist sicherlich in vielen Fällen eine nützliche Hilfe. Die tatsächliche Bildqualität, d.h. die vom Filmmaterial reproduzierten Farbwerte, Helligkeitsabstufungen und andere Feinheiten werden aber erst in der Musterkopie sichtbar. Die erste Mustervorführung ist immer ein Augenblick der Wahrheit.

Im folgenden ein kurzer Abriß der Phasen, die ein Film von seiner Belichtung in der Kamera bis zur Projektion auf die Leinwand durchläuft.

Vom Negativ bis zur Aufführungskopie

Die mit Rohfilm geladenen Filmkassetten werden an der Kamera befestigt. Nach der Belichtung kommen die Filmrollen sofort ins Entwicklungslabor.

♦ *Entwicklung* Im Labor werden die Filme nach den Anweisungen des Herstellers entwickelt. Die Entwicklungsprozesse können je nach Filmmaterial unterschiedlich sein. Bei Umkehrfilmen steht sofort ein projizierbares Positiv zur Verfügung. Von Negativ-Material muß in einem zweiten Arbeitsgang eine Vorführkopie gezogen werden.

♦ *Materialprüfung* Für Prüfzwecke wird von jeder Szene ein kleines Filmstück abgetrennt und vom Entwicklungslabor mit einem sogenannten Befund an den Kameramann weitergegeben. Diese Teststreifen ermöglichen es ihm zu entscheiden, ob verschiedene Faktoren beim Kopierprozeß beeinflußt werden sollen, wie z.B.:

- Korrekturen von Unter- und Überbelichtungen;
- Angleichungen abweichender Helligkeitswerte von Einstellungen einer Szene;
- Bildeffekte wie zum Beispiel eine High-Key oder Low-Key Atmosphäre; etc.

Mustervorführung Zusammen mit dem Kameramann, dem Beleuchter und anderen wichtigen Beteiligten schaut sich der Regisseur jeden Tag Kopien an, um einen ersten Eindruck vom Ergebnis der Dreharbeiten und der Qualität des Materials zu bekommen. Diese erste Kopie ist noch nicht korrigiert und zeigt das Aufnahmeergebnis so, wie es von der Kamera aufgezeichnet wurde, einschließlich aller Klappen, Fehler, Versprecher und Wiederholungen. Häufig wird für die Mustervorführung aus ökonomischen Gründen eine Schwarzweiß-Kopie gezogen (die u.U. durch Farbkopien einiger ausgewählter Szenen ergänzt wird).

♦ *Filmschnitt* Im nächsten Schritt beginnt der Cutter mit dem Rohschnitt, d.h. er fügt die bei der Mustervorführung für gut befundenen Einstellungen des kopierten Materials in der gewünschten Reihenfolge zusammen. Dieser Rohschnitt vermittelt einen ersten Eindruck des Films. Beim Rohschnitt werden auch die verschiedenen Tonspuren (Dialoge, Geräusche, Musik etc.) synchron zum Bildmaterial angelegt.

♦ *Kennzeichnung des Materials* Der Rohfilm wird vom Hersteller mit einer Randkennzeichnung versehen, die nach Fertigstellung der Schnittkopie einen absolut identischen Schnitt des Originalmaterials (Negativschnitt) erlaubt, inklusive aller vom Cutter vorgegebenen Überblendungen und Tricks. Inzwischen wird zur Kennzeichnung immer häufiger ein Timecode verwendet, - eine exakte Zeitmarkierung, die bei der Aufnahme direkt mit aufgezeichnet wird.

♦ *Lichtbestimmung* Bei der Lichtbestimmung werden alle Einstellungen des geschnittenen Films genauestens auf Helligkeitsabweichungen und Farbverschiebungen geprüft und Korrekturwerte bestimmt, um bei der Kopie des Originals alle Belichtungs- und Farbfehler ausgleichen zu können. Diese Lichtbestimmung kann visuell oder automatisch erfolgen. Bei Aufnahmen auf Umkehrmaterial sind die Korrekturmöglichkeiten im Vergleich zu Negativmaterial geringer.

Die Korrekturdaten werden dann z.B. auf ein Lichtsteuerband übertragen, das im Kopierprozeß die genaue Zusammensetzung des Kopierlichts regelt. Die korrigierte Kopie wird von den Produktionsverantwortlichen geprüft. Wenn nötig, werden die Korrekturwerte für eine zweite oder auch dritte Kopierfassung erneut verändert.

♦ *Aufführungs- bzw. Sendekopie* Die endgültige Kopie sollte eine optimale Farbqualität und Farbkontinuität aufweisen. Der Ton wird entweder als Licht- oder Randspurton mit auf die Kopie übertragen oder liegt auf einem separaten Magnetband vor, das synchron zum Film abgespielt wird.

Wenn man mit bereits kopiertem Material arbeitet (weil zum Beispiel das Negativ nicht zur Verfügung steht) bzw. mit Umkehrmaterial, braucht für weitere Kopien zunächst ein Duplikatnegativ des Positiv-Materials. Diese weitere Kopiergeneration bringt natürlich sichtbare Qualitätsverluste mit sich, - ist aber kaum vermeidbar, wenn z.B. auf Archivmaterial zurückgegriffen werden muß.

Film für Fernsehübertragungen

Wenn feststeht, daß Filmmaterial nur im Fernsehen gesendet wird, können - aus ökonomischen Gründen - einige Schritte der Filmbearbeitung wie z.B. die Lichtkorrekturen eingespart und erst nach der Überspielung des Originalmaterials auf Magnetband elektronisch vorgenommen werden. Durch eine Negativ-Positiv Konversion im Filmabtaster können Originalnegative auch direkt gesendet werden.

Bildkontrolle bei der elektronischen Aufzeichnung

Das Fernsehsystem

Die Videokamera

Fernseh- und Videokameras gibt es in vielen verschiedenen Ausführungen: angefangen bei den großen Studiokameras über tragbare Kameras mit separatem Recorder bis hin zu den sogenannten Camcordern, den Kameras mit integriertem Rekorderteil, die gleichzeitig Bild und Ton aufzeichnen und eine sofortige Wiedergabe der Aufzeichnung ermöglichen.

Es gibt auch sogenannte elektronische Filmkameras, d.h. Videokameras, deren Handhabung und Aufzeichnungscharakteristik Filmkameras sehr ähnlich ist. Diese Kameras werden im Zusammenhang mit Filmproduktionen eingesetzt, wenn Videoaufnahmen auf Filmmaterial überspielt bzw. in Filmaufnahmen integriert werden sollen.

Das Fernsehbild

Ein kurzer Blick auf den Prozeß der elektronischen Bildverarbeitung ist hilfreich, um die Rahmenbedingungen der Bildkontrolle bei Videoaufzeichnungen zu verstehen.

Hinter dem Kameraobjektiv liegt ein Prismenblock bzw. ein Strahlenteiler, der den drei Aufnahmeröhren oder CCD-Chips jeweils die gleiche Bildinformation zuordnet. Von diesen Aufnahmeelementen wird die Bildinformation Punkt für Punkt abgetastet bzw. ausgelesen und in elektrische Signale umgewandelt. Je nach Helligkeitswert der abgetasteten Punkte verändert sich auch die Signalspannung. Die sich ergebende Spannungskurve ist das Videosignal.

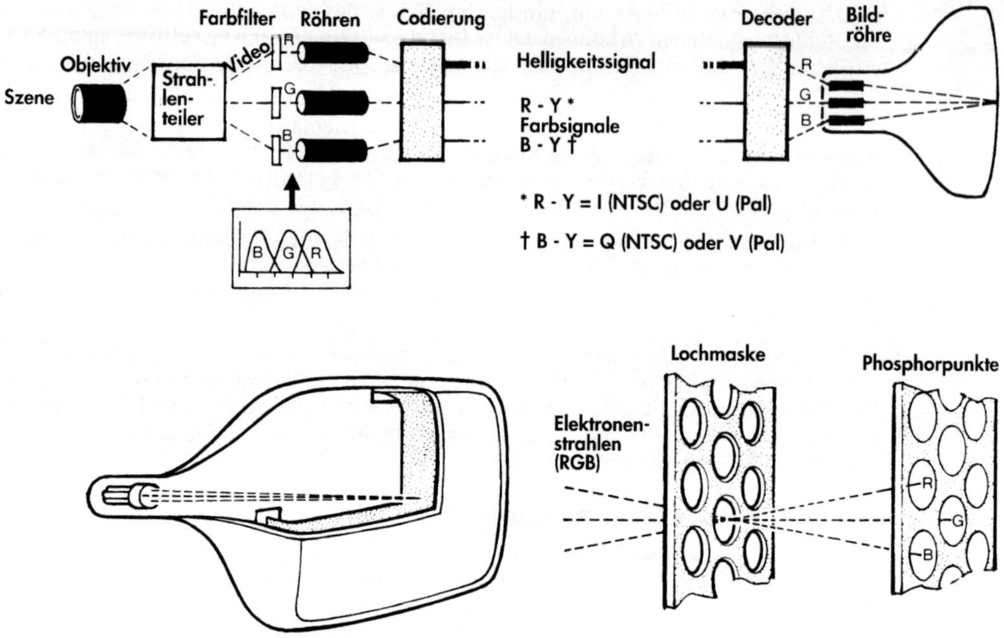

Abb. 13.4 Grundprinzipien des Farbfernsehens

Das fokussierte Bild wird über einen Prismenblock bzw. Strahlenteiler an drei Aufnahmeröhren oder CCD-Chips weitergeleitet und von diesen in Videosignale umgewandelt. Vor den Bildwandlern befinden sich rote, blaue und grüne Farbfilter. Das erzeugte Videosignal eines jeden Bildwandlers repräsentiert somit nur die Helligkeitswerte des entsprechenden RGB-Farbanteils. (Manche Kameras haben nur zwei oder nur einen Bildwandler.) Im Prinzip könnte man die RGB-Signale in dieser Form übertragen und im Empfänger wieder zu einem Farbbild zusammenfügen. Sie müssen jedoch - damit das Farbsignal auch von Schwarzweißempfängern wiedergegeben werden kann - verschlüsselt werden (je nach Übertragungssystem PAL, SECAM oder NTSC). Das codierte Signal enthält getrennte Informationen über die Helligkeitswerte (Luminanz) und die Farbwerte (Chrominanz).

Im Empfänger wird das codierte Signal wieder entschlüsselt. (Schwarzweißempfänger geben nur das Helligkeitssignal wieder.) Farbempfänger leiten die decodierten RGB-Anteile an die entsprechenden Bildröhren weiter.

Die Elektronenstrahlen der drei Bildröhren werden auf Phosphorpunkte oder Phosphorstreifen des Bildschirms gelenkt, die beim Auftreffen der Elektronen rot, grün oder blau aufleuchten. Bei einem gewissen Beobachtungsabstand verschmelzen die kleinen Farbpunkte für das Auge des Betrachters. Drei gleich helle Farbpunkte werden als Weiß oder Grau wahrgenommen.

Vor jedem Bildwandler befindet sich zusätzlich ein roter, grüner und blauer Filter, so daß das Videosignal eines Aufnahmeelements nur die Helligkeitswerte des entsprechenden Farbauszugs repräsentiert. Die Gesamthelligkeit eines jeden Bildpunkts ist die Summe der Helligkeitsanteile der Farbauszüge (R + G + B = Weiß). Diese Signalanteile enthalten folgende Informationen:

- Helligkeitswerte (Licht und Schatten);
- Gesamthelligkeit des Bildes;

Abb. 13.5 Bild und Videosignal

Diese Abbildung zeigt das Videosignal einer abgetasteten Bildzeile.

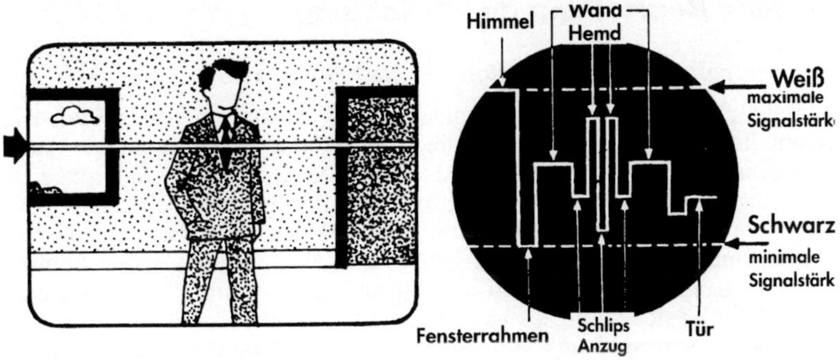

- Sättigungswerte der Farben;
- Details und Strukturen der abgebildeten Objekte.

Das Videosignal enthält noch eine Reihe weiterer Komponenten, z.B. zur Synchronisation und Signalverschlüsselung für die Übertragung, die je nach Systemstandard (PAL, NTSC, SECAM) verschieden sind.

Um das Videosignal in ein Farbbild zurückzuverwandeln, muß es wieder entschlüsselt und in seine roten, grünen und blauen Signalbestandteile zerlegt werden. Diese Signalanteile werden an die drei Elektronenröhren im Fernseher weitergeleitet. Auf dem Bildschirm befinden sich punkt- oder streifenförmig angeordnete Farbleuchtelemente für Rot, Grün und Blau. Jede der drei Elektronenröhren ist einer Farbgruppe zugeordnet. Trifft ein Elektronenstrahl auf eines dieser Phosphorelemente, leuchtet es in seiner Farbe und entsprechend der anliegenden Videosignalstärke mehr oder weniger stark auf. Werden drei für einen Bildpunkt zuständige RGB-Elemente (ein sogenanntes Farbtripel) von den drei auf sie treffenden Elektronenstrahlen auf gleiche Leuchtwerte angeregt, erscheint diese Dreiergruppe aus einem gewissen Abstand als weißer oder grauer Punkt. Werden nur das rote und das grüne Element angeregt, erscheint das Tripel Gelb; etc. (additive Farbmischung).

Abgleich der Videokamera

Um eine gleichbleibend gute Bildqualität zu erzielen, müssen die Signalstärken und andere Werte sehr präzise aufeinander abgestimmt werden. Alle Teile der elektronischen Ausrüstung neigen dazu, vom eingemessenen Wert abzuweichen und müssen täglich, wöchentlich oder monatlich Routineprüfungen unterzogen werden. Diese Überprüfungen gewährleisten unter anderem, daß die Reproduktion der Graustufen, die Farbbalance, die Kontrastverarbeitung und die Auflösung innerhalb der Norm bzw. der für das Gerät vorgegebenen Spezifikationen bleiben. Manche Werte können mit Testkarten und Meßgeräten überprüft werden; für andere gibt es eingebaute Testschaltungen.

In Fernsehstudios werden normalerweise alle Aufzeichnungsgeräte beim Einrichten nochmals aufeinander abgestimmt, um bei der Aufzeichnung von Szenen mit durchschnittlichen Helligkeits- und Farbabstufungen und einer Standard-Ausleuchtung von z.B. 75 fc bzw. 800 Lux korrekt Bildergebnisse zu erzielen. Die typische Arbeitsblende liegt etwa bei f/4,5. Kleinere Blendenöffnungen, z.B. f/8, sind nicht sehr praktikabel, da in diesem Fall eine entsprechend stärkere Grundausleuchtung erforderlich wäre.

Ist die Studioausleuchtung weitgehend ausgewogen und von gleichmäßiger Farbqualität, wird man zur Kompensation kleinerer Helligkeitsabweichungen die Blende selten um mehr als eine halbe Stufe öffnen oder schließen müssen.

Bildkontrolle auf dem Monitor

Beleuchter beim Fernsehen müssen im Vergleich zu ihren Film-Kollegen einige Nachteile in Kauf nehmen. Die gleichzeitige und ununterbrochene Aufzeichnung mit mehreren Kameras beschränkt die Möglichkeiten für Lichtveränderungen und Ausleuchtungskorrekturen erheblich. Eine individuelle Ausleuchtung einzelner bzw. aufeinanderfolgender Einstellungen ist hier nur selten machbar. Dafür hat man bei der elektronischen Aufzeichnung im Studio den unschätzbaren Vorteil, die Ausleuchtung und das Aufzeichnungsergebnis sofort und ständig auf dem Monitor beurteilen zu können. Dies ermöglicht Ausleuchtungsexperimente und Versuche mit alternativen Lichtsituationen. Lichtmessungen sind nur von untergeordneter Bedeutung und dienen höchstens als Richtlinie. Das Aufzeichnungsergebnis auf dem Monitor zeigt sofort, ob die Belichtung, die Ausleuchtungsbalance, die Farbtemperatur und die Farbabstufungen in Ordnung sind.

Bildqualität

Video ermöglicht Aufzeichnungen von hervorragender Farbqualität. Im Gegensatz zum Film können die Farben zu jedem Zeitpunkt beurteilt und verändert werden, - an der Kamera oder an anderen Punkten der Aufzeichnungskette. Aber auch hier sind Fehleinschätzungen möglich. Die Kamera selbst hat meist nur ein schwarzweißes Sucherbild. Die Farbwiedergabe eines Kontrollmonitors kann falsch eingestellt sein, desgl. die Kamera. Auch darüber was korrekt ist, können die Meinungen auseinandergehen, speziell wenn man nur mit einer Kamera und einem Monitor arbeitet und keine Vergleichswerte zur Verfügung stehen.

Bei der Arbeit mit mehreren Kameras müssen deren Abbildungsqualitäten immer so identisch wie möglich sein, damit die Einstellungen problemlos zusammenpassen. Der ständige Bildvergleich läßt auch geringe Abweichungen und Abbildungsfehler schnell sichtbar werden. Bei der Arbeit mit nur einer Kamera gewöhnt sich das Auge sehr schnell an Abweichungen. Dennoch darf auch hier die Qualität von Einstellungen, die zu unterschiedlichen Zeiten aufgenommenen wurden, beim Zusammenschnitt nicht voneinander abweichen, besonders wenn bei der Nachbearbeitung des Materials die Möglichkeiten für Bildkorrekturen beschränkt sind.

Bildkontrolle bei der elektronischen Aufzeichnung

Der Aufgabenbereich des Bildingenieurs beim Fernsehen ist im Prinzip vergleichbar mit dem des Kopiermeisters oder Lichtbestimmers beim Film .

Kontrollmöglichkeiten

Die Beurteilung der Bildqualität ist eine sehr subjektive Angelegenheit. Richtet man eine Film- oder Videokamera auf eine Szene und überläßt alles weitere den automatischen Funktionen, können durchaus gute und zufriedenstellende Aufnahmen zustande kommen. Viele Filmer machen genau das. Aber sind die Ergebnisse wirklich zufriedenstellend?

Die Antwort auf diese Frage wird vom künstlerischen Urteilsvermögen des Betrachters abhängen. Vergleicht man zwei Abbildungen des gleichen Objekts, wovon eine ohne jeden zusätzliche Aufwand abgelichtet und die andere mit viel Mühe und Geschick für den bestmöglichen Effekt aufgenommen wurde, wird man in der Regel feststellen müssen, daß das gestaltete Bild:

- interessanter aussieht;
- die Aufmerksamkeit wesentlich stärker und länger auf sich zieht und
- beim Betrachten Freude bereitet oder sonstige Emotionen auslöst.

Für die Bildkontrolle bei Fernsehaufzeichnungen gibt es drei grundlegende Ansätze:

1. *Feste Standardeinstellungen* Alle Aufzeichnungsgeräte werden auf Standard-Werte einjustiert (Blende, Farbtemperatur und Lichtintensität). Auch Beleuchter, Szenen- und Kostümbildner etc. müssen bei ihrer Arbeit diese Vorgaben mit berücksichtigen.

2. *Automatische Bildkontrolle* Nach einem Geräteabgleich werden alle Kameras auf die automatische Betriebsart umgeschaltet. Die automatische Blendenkontrolle vermeidet Über- und Unterbelichtungen. Eine automatische Schwarzwertbegrenzung sorgt dafür, daß der dunkelste Bereich der Szene schwarz wiedergegeben wird, - unabhängig davon, ob dies angemessen ist. Die automatische Bildkontrolle vermeidet größere Fehler, läßt sich aber, wie schon gezeigt, auch täuschen. Beim Zusammenschnitt verschiedener Einstellungen können die jeweils abgebildeten Helligkeitswerte recht unterschiedlich ausfallen. Eine automatische Kompression zu hoher Szenenkontraste läßt zwar in sehr hellen und sehr dunklen Bereichen noch Differenzierungen erkennen, beeinflußt jedoch auf unkontrollierbare Weise die Abstufung aller anderen Tönungen.

3. *Manuelle Bildkontrolle* Diese Methode erlaubt die größtmögliche Flexibilität. Ein Bildtechniker überwacht auf Kontrollmonitoren alle Bildquellen (Fernsehkameras, Filmzuspielungen, Dias etc.) und kümmert sich um eine einheitliche, gleichbleibende Bildqualität.

Kontrolltechniken

Zur manuellen Bildkontrolle und Bildbeeinflussung gibt es zwei grundlegende Verfahren: die externe/ferngesteuerte Bildkontrolle jeder Kamera oder die zuammengefaßte Steuerung aller Bildsignale.

Kamerakontrolleinheit

Ein Bildtechniker regelt über Kontrolleinheiten, mit denen sich alle wichtigen Parameter des Videosignals beeinflussen lassen, die Bildqualität der einzelnen Kameras. Die Kontrolleinheiten sind mit den Kameras über lange Kabel verbunden. Zu den wichtigsten regelbaren Parametern gehören:

- Blendenöffnung (fernbedienbar)
- Schwarzabgleich
- Signalverstärkung
- Farbbalance
- Kontrastverarbeitung/Gamma.

Zusammengefaßte Steuerung aller Videosignale

Hier sind die Kontrollfunktionen für alle Kameras auf einem zentralen Stellpult zusammengefaßt. Diese Kontrolleinheit steht vorzugsweise direkt neben dem Lichtstellpult.

- Mehrere Vorschau-Monitore zeigen die Bilder aller angeschlossenen Videoquellen.
- Ein Ausgangsmonitor zeigt das Ausgangssignal, das auf Magnetband aufgezeichnet wird bzw. live auf Sendung geht.
- Direkt neben dem Ausgangsmonitor steht ein weiterer Monitor, auf den alle Vorschau-Signale aufgeschaltet werden können, so daß ein direkter visueller Qualitätsvergleich zwischen dem Ausgangsbild und einem Vorschaubild möglich ist.
- Oszilloskope bzw. Vektorskope erlauben eine grafische Darstellung und Überprüfung der Videosignale (Signalstärke, Schwarz- und Weißpegel etc.).

Jeder Kamera sind mehrere Kontrollfunktionen zugeordnet, von denen die wichtigsten auf einem Kontrollhebel zusammengefaßt sind:

Abb. 13.6 Bildkontrolle

Die wichtigsten Funktionen jeder Kamera können auf einem Kontrollhebel zusammengefaßt werden:

Belichtung Eine Veränderung der Blende um ± ´ Stufen.

Schwarzabgleich Eine Drehung des Hebels verstärkt bzw. verringert gleichzeitig alle reproduzierten Helligkeitswerte.

Vorschau Ein Druck auf den Hebel erlaubt einen (Qualitäts-) Vergleich des Bildes der am Regler liegenden Kamera mit dem Bild der Kamera, das gerade aufgezeichnet oder gesendet wird.

- Schiebt man diesen Hebel nach vorne oder nach hinten, wird die Objektivblende z.B. um eine halbe Stufe geöffnet oder geschlossen. Dies ermöglicht eine Feinanpassung der Blende an leicht abweichende Beleuchtungsverhältnisse. (Ein zusätzlicher Drehknopf erlaubt, wenn nötig, eine Veränderung der Blende über den gesamten Arbeitsbereich.)
- Eine Drehung am Kontrollhebel beeinflußt den Schwarzpegel des Videosignals, d.h. die Untergrenze der Wiedergabe szenischer Differenzierungen in dunklen Bereichen.
- Ein Druck auf den Kontrollhebel schaltet das am Ausgang liegende Bild auf den Monitor und ermöglicht einen schnellen Qualitätsvergleich der beiden Signale.

Zusätzlich gibt es Regler für folgende Funktionen:

- *Verstärkung des Videosignals* Normalerweise läßt sich das Videosignal in Abstufungen von 3, 6 und 12 dB verstärken. Die Verstärkung sollte nur bei sehr schwachen Lichtverhältnissen genutzt werden, da sie gleichzeitig das Bildrauschen verstärkt.
- *Veränderung der einzelnen Farbsignale* Die selektive Beeinflussung bzw. Verstärkung der roten, blauen oder grünen Farbanteile erlaubt eine schnelle Kompensation von Farbtemperaturschwankungen und ist besonders bei Außenübertragungen wichtig. Eine Veränderung der Farbbalance ermöglicht spezielle Farbeffekte. Anstelle von drei getrennt einstellbaren Reglern gibt es auch Joysticks, durch deren kreisförmige Drehung und Auslenkung sich alle Farbanteile stufenlos verändern lassen. Um z.B. den blauen Anteil abzuschwächen, schiebt man den Joystick in Richtung Gelb.
- *Schwarzabgleich für jedes Farbsignal* Auch dieser Abgleich wird entweder mit drei getrennten Reglern für jede Grundfarbe oder einem Joystick vorgenommen.
- *Gamma-Kontrolle* Das Gamma ist das Maß bzw. die Kennlinie für die Kontrastwiedergabe. Eine Gamma-Veränderung bewirkt eine Kompression oder Expansion des szenischen Kontrastumfangs in der Aufzeichnung. Gamma-Korrekturen verstärken ebenfalls das Bildrauschen.

- *Filter* Ein direkt hinter dem Objektivanschluß von Studiokameras integriertes Filterrad mit Konversions-, Neutralgrau- und Effektfiltern kann vom Kameramann oder ebenfalls von der Kontrolleinheit aus bedient werden.
- *Detailverstärkung* Einige Systeme erlauben eine elektronische Beeinflussung der Detailschärfe, d.h. eine Verstärkung oder Abschwächung von Konturen und Strukturen. Eine Verringerung der Detailschärfe macht den gesamten Bildeindruck weicher und kann entsprechende Objektivfilter ersetzen. Eine übermäßige Verstärkung der Detailschärfe wird jedoch einen sehr künstlichen Bildeindruck hervorrufen und wirkt besonders bei Portraits nicht immer vorteilhaft. Auch hier verstärkt sich das Bildrauschen z.T. recht deutlich.

Weitere Möglichkeiten der Signalbeeinflussung

Die sorgfältigen Bildkorrekturen bei Videoproduktionen und die Lichtbestimmung beim Film haben gemeinsam, daß sie von Außenstehenden kaum beachtet werden. Der Stellenwert dieser Prozesse wird nur im Vergleich Vorher-Nachher richtig bewußt, -

Abb. 13.7 Verstärkung des Videosignals

Eine Anpassung der Videosignalverstärkung ermöglicht einen Angleich des Videosignals an die vorherrschenden Lichtverhältnisse. (*Links*) Unzureichende Verstärkung nimmt den Bildern ihren Biß. Hellere Tönungen wirken schwach; dunklere Tönungen verlieren sich im Schwarz. (*Rechts*) Bei einer zu großen Verstärkung verlieren sich die helleren Tönungen im Weiß und wirken überstrahlt; die dunkleren Tönungen werden besser differenziert, aber auch das Bildrauschen nimmt zu.

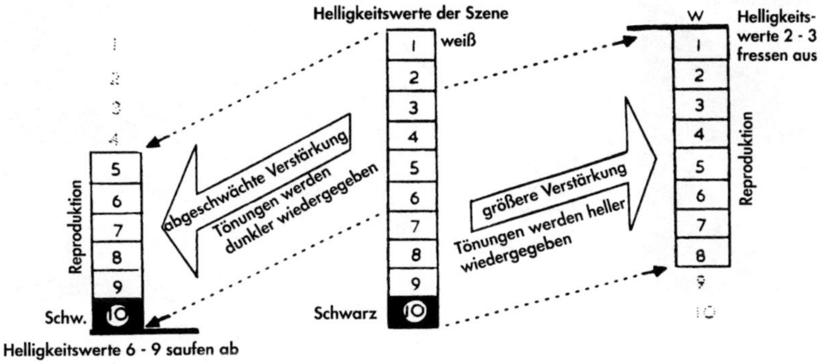

genauso wie erst der Bildvergleich eines automatisch abgezogenen Fotos mit einem Handabzug vom Spezialisten die unterschiedlichen Ergebnisse der beiden Verfahren für jedermann sichtbar macht.

Beeinflussung der Helligkeitswerte

Zu den wichtigsten Kontrollfunktionen gehören die genaue Belichtungsregelung, der Abgleich der Videosignale verschiedener Kameras und anderer Signalquellen und die elektronische Anpassung an die Lichtqualität der Ausleuchtung. Bei einer Szene mit vergleichsweise geringen Kontrastabstufungen bereitet die Reproduktion dieser Abstufungen in der Regel keine Schwierigkeiten. Sind die szenischen Kontrastverhältnisse jedoch größer als der Kontrastumfang, den das Aufzeichnungssystem verarbeiten kann, wird man entscheiden müssen, welche Helligkeitsbereiche für die Aufzeichnung wichtiger sind. In diesem Fall ist es nicht möglich, gleichzeitig alle feinen Differenzierungen in den hellen und dunklen Zonen angemessen abzubilden. Entweder wird man zugunsten einer differenzierten Wiedergabe der Strukturen in den hellen Bereichen die Abstufungen

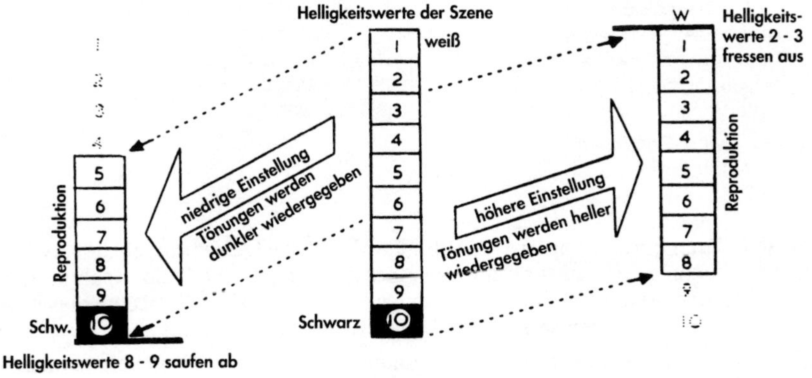

Abb. 13.8 Schwarzabgleich

Der Schwarzabgleich des Videosignals ist wichtig für eine saubere Differenzierung der Tönungen in dunklen Bildbereichen. (*Links*) Bei einer zu niedrigen Einstellung verschwinden Differenzierungen in den dunkleren Bereichen im Schwarz und Differenzierungen in helleren Bereichen gehen ebenfalls verloren. (*Mitte*) Normale Einstellung. (*Rechts*) Bei einer zu hohen Einstellung werden dunkle Tönungen zu hell reproduziert; hellere Tönungen verschmelzen bzw. fressen aus.

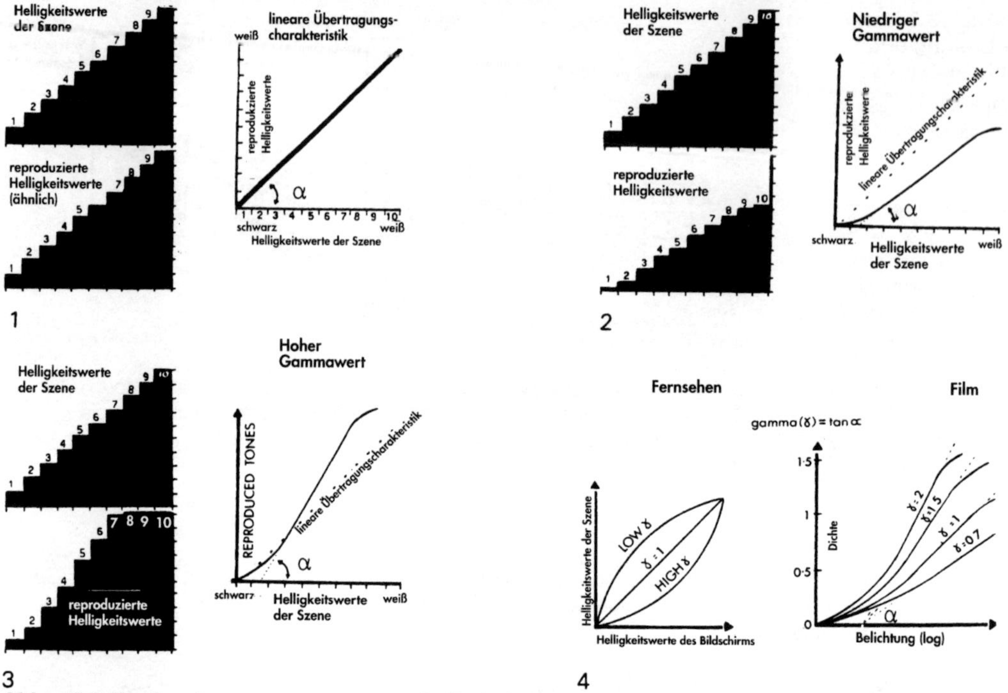

Abb. 13.9 Kontrastwiedergabe/Gamma

1. Der sogenannte Gamma-Wert ist ein Maß für die Charakteristik der Kontrastreproduktion. Entsprechen die Kontrastabstufungen in der Abbildung den Kontrastabstufungen der realen Szene, dann ist die Übertragungscharakteristik linear und der Gamma-Wert = 1. Filmemulsionen und elektronische Bildwandler haben normalerweise keine lineare Aufzeichnungs- bzw. Übertragungscharakteristik.
2. Ein kleiner Gamma-Wert steht für Aufzeichnungssysteme, die einen hohen Kontrastumfang verarbeiten können, - aber zu diesem Zweck den Kontrastumfang der Realität komprimieren müssen, um ihn den technischen Grenzen des Aufzeichnungssystems anzupassen. Im Bildergebnis erscheinen die realen Kontrastabstufungen abgeschwächt.
3. Ein großer Gamma-Wert steht für Aufzeichnungssysteme, die einen geringen realen Kontrastumfang verstärken und überbetonen.
4. Die Gamma-Charakteristiken verschiedener Glieder in der Übertragungskette multiplizieren sich. Der hohe Gamma-Wert einer Bildröhre (z.B. 2,2) kann durch entsprechende elektronische Schaltungen kompensiert werden. Bei einer schwarzweißen Bildwiedergabe gleicht ein Gamma-Wert von ca. 1,5 den subjektiv empfundenen Unterschied gegenüber einer Farbwiedergabe aus. Zu hohe Gamma-Abweichungen können bei Farbsystemen zu Farbstörungen führen.

der dunkleren Bereiche opfern (das übliche Verfahren) - oder umgekehrt. Jede Über- und Unterbelichtung führt zwangsläufig zu einer falschen, d.h. nicht der Realität entsprechenden Wiedergabe des betroffenen szenischen Bereichs, auch wenn dieser begrenzte Bereich selbst nur einen sehr beschränkten Kontrastumfang aufweist.

In manchen Situationen ist ein Zusammenfließen von Details in Schattenbereichen aus dramatischen Gründen sogar erwünscht; desgleichen bei High-Key Aufnahmen ein Abkippen von Differenzierungen heller Hintergrundbereiche ins Weiß, so daß ein Objekt oder eine Handlung scheinbar im endlosen Raum schwebt. Solche Effekte sind jedoch die Ausnahme.

Tabelle 13.3 Relative Belichtungsfaktoren bei unterschiedlichen Blendenöffnungen

	Blende	rel. Belichtungsfaktor
1		1
	1,2	1 1/2
1,4		2
	1,6	3
2		4
	2,2	6
2,8		8
	3,2	10
4		15
	4,5	20
5,6		30
	6,3	40
8		60
	9	90
11		120
	12,5	180
16		240
	18	320
22		510
	25	640
32		1040

Eine Veränderung der Blendenöffnung um eine Stufe nach oben oder unten halbiert bzw. verdoppelt die durchgelassene Lichtmenge.
Eine Verringerung der Blendenöffnung um zwei Stufen, z.B. von Blende 4 auf Blende 8, reduziert die durchgelassene Lichtmenge auf ¨. (f/4 = 15; f/8 = 60; 15/60 = ˙).

Die wichtigsten Tönungen

Bei Nah- oder Großaufnahmen von Personen orientiert man sich bei der Bestimmung der genauen Belichtungswerte normalerweise an den Tönungen des Gesichts. Bei halbtotalen und totalen Einstellungen liegt das Hauptgewicht meist auf der Umgebung.

- Wird der Blendenwert für die korrekte Belichtung an den Hauttönen eines Gesichts ausgerichtet, so daß diese natürlich abgebildet werden (d.h. nicht zu hell und nicht zu dunkel), dann muß man u.U. in Kauf nehmen, daß andere Helligkeitswerte der Szene in die eine oder andere Richtung ausreißen und sich im Extremfall im Schwarz oder im Weiß verlieren.
- Wird der Blendenwert auf die Tönungen der wichtigsten szenischen Bereiche abgestimmt, wird man – bei zu großen Abweichungen – Gesichter zusätzlich aufhellen oder abschatten müssen, um ihre Helligkeit an den für die Umgebung gewählten Blendenwert anzugleichen.

Hat man die Blende und/oder die Ausleuchtung so gut wie möglich eingerichtet und entdeckt dennoch Bildbereiche, die zu dunkel sind, gibt es weitere Einflußmöglichkeiten:

- Die zusätzliche Aufhellung der zu dunklen Bereiche mit Scheinwerfern oder Reflektoren.
- Eine Anpassung der Übertragungskurve/des Gamma-Werts des Aufzeichnungssystems zur besseren Wiedergabe der Details in den zu dunklen Bereichen. (Diese Gamma-Veränderung beeinflußt jedoch auch die Kontrastabstufungen aller anderen Bildbereiche und führt zu einem verstärkten Bildrauschen.)

Eine Veränderung der Kameraeinstellung, in der die zu dunklen Bereiche im Bild nicht mehr sichtbar sind.

- Oder man akzeptiert die Situation.
- Sind trotz optimal eingestellter Blende einige Bildbereich zu hell, kann man:
- Die Ausleuchtung in diesen Bereichen, sofern dies möglich ist, abschwächen, indem man die entsprechenden Scheinwerfer dimmt oder ihre Ausgangsleistung mit Gaze abschwächt.
- Den Gamma-Wert dahingehend verändern, daß auch Details in den hellen Bereichen sichtbar bleiben. (Auch in diesem Fall wird die Reproduktion aller anderen Helligkeitsabstufungen verändert.)
- Die Kameraeinstellung so verändern, daß die zu hellen Bereiche nicht mehr im Bild zu sehen sind.
- Ebenfalls die Situation so, wie sie ist, akzeptieren.

Korrekturen

Das Videosignal kann zur Verbesserung der Bildqualität auf verschiedene Art und Weise korrigiert werden. Einige Korrekturmöglichkeiten liegen auf der Hand; andere sind sehr subtil:

♦ *Kontrastumfang* Videosysteme verarbeiten einen maximalen Weißwert und einen maximalen Schwarzwert. Ist der Kontrastumfang der Szene nicht größer als die Kontrastverarbeitung des Aufzeichnungssystems, kann es alle tonalen Abstufungen verarbeiten. Bildbereiche, deren Helligkeit oder Dunkelheit jenseits dieser Maximalwerte liegen, werden von der Elektronik abgeschnitten und verschwinden undifferenziert im Schwarz oder im Weiß.

♦ *Ungleichmäßige Ausleuchtung* Licht und Schatten wirken interessant und erzeugen eine Illusion von Räumlichkeit und Tiefe. Die hohen Kontraste und ungleichmäßigen Lichtverhältnisse können in einem gewissen Umfang durch vorsichtige Beeinflussung des Aufzeichnungssystems kompensiert werden.

♦ *Wechselnde Oberflächenhelligkeit* Die Helligkeit ein und derselben Fläche kann von verschiedenen Kamerastandorten sehr unterschiedlich aussehen. Beim Zusammenschnitt der Bilder verschiedener Kameras können diese Unterschiede deutlich sichtbar werden. In diesem Fall müssen die Blendenwerte oder der Schwarzpegel geringfügig verändert werden.

♦ *Konturenschärfe* Um auch Details und Differenzierungen in sehr dunklen oder sehr hellen Bereichen sichtbar zu machen, kann man ebenfalls mit der Blende oder über eine Justierung der elektronischen Aufzeichnungsparameter korrigierend eingreifen. Typische Beispiele hierfür sind Nahaufnahmen von Büchern oder Briefen, die ohne korrigierenden Eingriff nur Weiß aussehen würden.

♦ *Unerwünschte Tönungen* Wenn Helligkeitswerte von ausgeliehenen Kostümen, Möbeln, Vorhängen etc. sich als zu hell oder auch zu flach erweisen ist es meist einfacher und billiger die Blende, den Gamma-Wert oder den Schwarzabgleich neu zu justieren - als das Kostüm oder Ausstattungsdetail auszutauschen.

♦ *Positionsveränderungen* Verläßt ein Darsteller in einer laufenden Aufzeichnung, die nicht unterbrochen werden kann, seinen Ausleuchtungsbereich, wird man zwangsläufig die Blende weiter öffnen müssen.

♦ *Subjektive Effekte* Durch eine Veränderung der eingestellten Werte kann man auch subjektive Bildwirkungen kompensieren. Vor einem abwechselnd hellen und dunklen Hintergrund wird eine Person ein wenig dunkler bzw. heller aussehen. Dies kann beim Zusammenschnitt der Einstellungen störend wirken. Kleine Korrekturen der Helligkeitswiedergabe werden den Bildwechsel unauffälliger machen. In ähnlicher Weise beeinflussen Hintergrundmaterialien mit kräftigen Farben die subjektive Empfindung der Hautfarben von Personen. Diesem subjektiven Effekt kann man durch leichte Korrekturen der Farbbalance entgegentreten.

♦ *Einstellungsgrößen* Speziell bei sehr weiten, totalen Einstellungsgrößen läßt sich ein zu schwacher Kontrasteindruck durch eine geringfügige Veränderung des Schwarzwerts verbessern. In umgekehrter Weise kann auch ein zu starker Kontrasteindruck bei Naheinstellungen abgeschwächt werden. Bei Aufzeichnungen mit mehreren Kameras ist es in der Regel nicht möglich, die Lichtbalance für Einstellungen aus verschiedenen Entfernungen anzugleichen. Gesichter, die aus einer größeren Entfernung gut aussehen, können bei geringerem Aufnahmeabstand zu hell wirken. In diesem Fall wird man durch selektive Veränderung der Blendenwerte der Kameras deren Bildergebnisse einander angleichen müssen. Schwarze Bereiche können in weiten Einstellungen die Bildkomposition angenehm unterstützen und in nahen Einstellungen auf den Rest des Bildes erschlagend wirken. Hier hilft eine leichte Anhebung der Schwarzwertbegrenzung, um den dunklen Bereichen ihre Schwere zu nehmen.

♦ *Unterstützung der Ausleuchtung* Eine Verstärkung oder Verringerung der Wirkung von Schattenbereichen oder sehr heller Bereiche über die Kameraeinstellung kann ein unterstützender Faktor für die Ausleuchtung sein und bietet eine potentielle Erweiterung der Einflußnahme auf die gesamte Lichtbalance.

♦ *Visuelle Effekte* Über die Kontroll- und Beeinflussungsmöglichkeiten des Videosignals lassen sich auch visuelle Effekte erzeugen oder unterstützen:

- Bewußte Überbelichtung - um zum Beispiel den Eindruck überstrahlenden Sonnenlichts zu erwecken.
- Bewußte Unterbelichtung - zur Unterstützung von Low-Key Szenen; zur Abschwächung dominanter heller Tönungen; zur Betonung schlechten Wetters oder oder der Stimmung eines trüben Tages.
- Kontrastverstärkung - zur Steigerung dramatischer Effekte.
- Kontrastabschwächung - zur Unterstützung von High-Key Szenen.
- Verringerung der Weißwertbegrenzung - um helle Flächen gänzlich weiß erscheinen zu lassen.
- Anhebung der Schwarzwertbegrenzung - um Differenzierungen in dunklen Bereichen ganz im Schwarz absaufen zu lassen. (Das übliche Verfahren, um einen Hintergrund oder Titelvorlagen völlig schwarz erscheinen zu lassen.)
- Eingriff in die Farbabstimmung - um spezielle Lichtstimmungen wie Mondlicht, Feuer, Gasbeleuchtung etc. besser herauszuarbeiten.

Farbkontrolle

Farbkontinuität

Das Auge ist nicht sonderlich dazu geeignet, Farben genau einzuschätzen und zu beurteilen. In vielen Fällen neigen wir sogar dazu, eine genaue Farbreproduktion nicht zu mögen. Blättern wir durch ein Hochglanz-Magazin, dann sind wir mit den Farben der Abbildungen meist zufrieden - bis wir eine der Abbildungen auch in einer anderen Zeitschrift entdecken und uns die Unterschiede ins Auge fallen. Auf einer Abbildung können die Haare einer Frau rötlich und auf der anderen Abbildung z.B. kastanienbraun aussehen. Oder ihr Gesicht erscheint auf einem Bild sonnengebräunt und auf dem anderen Bild eher blaß. Desgleichen kann Gras einmal grün-gelblich und auf einer anderen Reproduktion grün-bläulich abgebildet werden. An die hohe Qualität der Farbreproduktionen, mit denen wir tagtäglich konfrontiert werden, haben wir uns inzwischen gewöhnt. Geringe Unterschiede und Abweichungen fallen uns kaum auf bzw. nur noch im direkten Vergleich. Selbst wenn uns beide Abbildungen gefallen ist es wahrscheinlich, daß keine der beiden wirklich genau ist. Auch an der Farbqualität ihres Fernsehempfängers werden die wenigsten Personen etwas auszusetzen haben, es sei denn, mehrere Fernsehgeräte stehen gleichzeitig nebeneinander. Dann sieht man plötzlich deutliche Unterschiede.

Ähnlich ist es beim Betrachten der ständig wechselnden Film- und Fernsehbilder. Hier werden besonders hohe Anforderungen an eine gleichbleibende Farbqualität gestellt. Farbunterschiede und Farbabweichungen können folgende Ursachen haben:

- Veränderungen der technischen Parameter des Aufzeichnungssystems - z.B. eine Veränderung des Weißabgleichs bei einer Videokamera oder Qualitätsunterschiede beim verwendeten Filmmaterial.
- Veränderungen der Farbqualitäten des natürlichen Lichts.
- Von farbigen Flächen reflektiertes Licht kann ebenfalls zu Farbstichen führen.
- Unterschiedliche Farbtemperaturen der verwendeten Scheinwerfer.

Bei jedem Schnitt auf eine andere Einstellung des gleichen Objekts vergleichen wir unwillkürlich. Wenn bei einem Gespräch zwischen einem Jungen und einem Mädchen bei den Einstellungen des Jungen die Sonne scheint und beim Gegenschuß auf das Mädchen der Himmel bedeckt ist, ändern sich beim Einstellungswechsel auf das Mädchen die Helligkeit, der Kontrast und die Farbtemperatur. Diese Unterschiede werden beim Zusammenschnitt deutlich sichtbar. Um einen unvermeidbaren Qualitätssprung zwischen zwei Einstellungen abzuschwächen, kann man zumindest die Einstellung eines anderen Objekts dazwischen schneiden. Ein solcher Zwischenschnitt verhindert den direkten Vergleich zwei nicht zusammenpassender Einstellungen und kann sogar größere Qualitätssprünge vertuschen.

Unsere Augen und unser Gehirn sind nämlich nicht in der Lage, auseinanderliegende Veränderungen der Farbqualität wahrzunehmen; d.h. sie werden nur beim direkten Zusammenschnitt sichtbar. Das Problem taucht hauptsächlich bei Film- und Videoproduktionen mit nur einer Kamera auf. Bei Fernsehproduktionen mit mehreren Kameras, deren Bilder sofort zusammengeschnitten bzw. abgemischt werden, fallen schon kleine Unterschiede direkt im Produktionsprozeß auf. Zum Glück lassen sich Qualitätsabweichungen auch nachträglich im Kopierwerk oder elektronisch in erstaunlichem Umfang kompensieren.

Farbmonitore

Um eine gleichbleibende Farbqualität von der Kamera über den Bildmischer und den Monitor bis hin zum Aufzeichnungsgerät zu gewährleisten, müssen alle Geräte sorgfältig auf die üblichen Standards abgestimmt werden. Von diesem Augenblick an wird man sich bei der Einschätzung der Bildqualität auf den Monitor verlassen müssen (und vielleicht noch auf ein Oszilloskop bzw. ein Vektorskop).

Zu diesen Zweck werden Monitore normalerweise auf einen maximalen Weißpegel und eine Farbtemperatur einjustiert. Der EBU-Standard (D) beträgt 6.405°K, der NTSC-Standard (C) 6.774°K.

Mit einem Graukeil oder einer Graukarte läßt sich die Wiedergabe der Helligkeitsabstufungen überprüfen. Ohne diese Überprüfung kann es passieren, daß die Szene eines vom Kaminfeuer erhellten Innenraums auf einem Monitor warm und gemütlich aussieht und auf einem anderen Monitor zu hell, kalt und ungemütlich.

Natürlich kann die Wiedergabe auf dem Fernseher zu Hause noch einmal ganz anders aussehen; desgl. bei wechselndem Umgebungslicht. Überprüfungen haben ergeben, daß viele Fernsehempfänger auf Farbtemperaturwerte zwischen 9.000 und 12.000°K eingestellt sind. Dies wiederum zeigt, wie schnell wir bereit sind Farben zu akzeptieren, die wenig Ähnlichkeiten mit denen des Originals haben!

Farbunterschiede

Alle Farbwiedergabesysteme haben immanente Grenzen und verändern bzw. beeinflussen die Farben mehr oder weniger. Farbstoffe, Farbpigmente, Druckfarben etc. absorbieren immer einen Teil der Farbe, die sie eigentlich wiedergeben sollen, d.h. jede Farbe gibt die Helligkeit und die Farbsättigung des Originals fehlerhaft wieder. Manche

Farben werden dunkler reproduziert und andere mit abweichenden Sättigungswerten. Normalerweise sehen jedoch Farbreproduktionen trotz dieser Verschiebungen gut aus.

Die meisten Farbaufzeichnungssysteme sind darauf abgestimmt, speziell Hauttöne korrekt wiederzugeben, da wir deren Reproduktion besonders kritisch beurteilen. Dies kann in manchen Fällen zu leichten Farbstichen in den Grautönen führen. Im Zweifelsfall bevorzugen wir Hauttöne, die ein wenig wärmer und gelblicher sind als in der Realität.

In Tabelle 13.4 sind typische Verschiebungen von Farbreproduktionen aufgeführt. In einigen Fällen können diese Verschiebungen sehr deutlich zu sehen sein. Ein und dasselbe Kleid kann auf Video violett und auf Film pflaumenfarben reproduziert werden.

Das Übertragungssystem selbst kann ebenfalls unerwartete Nebeneffekte produzieren. Beim NTSC-System verändert sich die Farbsättigung mit der Objekthelligkeit, d.h. eine gesättigte, nur schwach beleuchtete Farbe wirkt heller, als sie eigentlich ist. Dieser Effekt ist darauf zurückzuführen, daß die bei schwacher Beleuchtung kaum differenzierten Details vom elektronischen Bildrauschen überlagert werden und dadurch heller erscheinen.

Tabelle 13.4 Typische Farbdiskrepanzen bzw. Verschiebungen

	Farbfilm	Farbfernsehen	
	mögliche Abweichung:	*Abweichungen:*	
Rot	in Richtung Orange	Dunkelrot	zu dunkel
Rosa	zu bläulich	Grün	entsättigt; dunkler
Rot-Orange	zu hell	Blau	zu gesättigt
Gelb	desgl.; entsättigt	Blau-Grün/Cyan	zu Blau
Blau, Cyan, Grün	zu dunkel; entsättigt	Purpur	zu Blau
Cyan, Grüntöne	in Richtung Blau		
Magenta	in Richtung Rot		
Purpur	rötlich		

Sehr schwache Farben werden meist noch schwächer abgebildet und erscheinen fast monochrom. Sehr gesättigte Farben werden meist nicht mit einer dem Original entsprechenden Sättigung reproduziert. Gesättigtes Blau-Grün, Jade-Grün und Purpur sollte man, wenn möglich, vermeiden.

Farbe und Schwarzweiß

Es gibt kein verbindliches Verhältnis zwischen den Farben und den Abstufungen einer Grauskala, so daß die Wiedergabe einer in Farbe aufgezeichneten Szene auf einem Schwarzweiß-Monitor zu unliebsamen Überraschungen führen kann:

Unterschiedliche Farben von gleicher Helligkeit fließen ineinander über.

Die Helligkeitsabstufungen gesättigter Farben, besonders von Rot und Blau, werden zu dunkel wiedergegeben.

Farben, denen wir eine ganz bestimmte emotionale oder psychologische Wirkung zuschreiben, verlieren bei der monochromen Wiedergabe ihre visuelle Bedeutung. Eine aufreizende Farbe ist dann nur noch ein Grauton unter anderen Grautönen.

Beim Blick auf den schwarzweißen Suchermonitor einer Videokamera kann es in umgekehrter Weise passieren, daß man Farben, die das Bildergebnis ganz wesentlich beeinflussen oder sogar prägen werden, einfach übersieht.

Wiedergabe von Filmaufzeichnungen im Fernsehen

Sieht man sich einen Film auf der großen Leinwand im abgedunkelten Kino an, wird man Farbabweichungen als solche kaum wahrnehmen. Betrachtet man den gleichen Film auf einem Fernsehmonitor in einem hellen Raum, fallen Ungenauigkeiten in der Farbreproduktion sofort ins Auge. Die Umgebungs- bzw. Betrachtungsbedingungen haben einen nicht zu unterschätzenden Einfluß auf unsere Beurteilung der Farben und der Helligkeitsabstufungen. In einer annähernd dunklen Umgebung paßt sich das Auge sehr schnell an, das Gehirn interpretiert, - und wir akzeptieren in der Regel die Farben, die wir sehen, als richtig. In einer beleuchteten Umgebung ziehen wir sofort Vergleiche und Farbverschiebungen oder Farbstiche fallen uns viel schneller auf. In einigen Vorführräumen für Filme, die im Fernsehen gesendet werden sollen, hat die Leinwand einen breiten weißen Rand, um die Möglichkeit der Augen-Adaption zu verringern.

Fällt Licht auf einen Fernsehmonitor, erscheinen dunkle Tönungen nur noch grau, Abstufungen wirken dünner und die Farben verlieren an Sättigung. Auf der Kinoleinwand kann ein Kontrastumfang bis zu 160:1 erzielt werden; auf dem häuslichen Fernsehmonitor ist der typische Wert 30:1. Es gibt zwar inzwischen Bildröhren, die Kontraste in der Größenordnung 100:1 wiedergeben können, aber ebenfalls nur bei stark abgedunkelter Umgebung.

Die Wiedergabe von Filmen im Fernsehen erfolgt entweder über einen Filmprojektor mit intrigiertem Bildwandler oder über eine elektronische Filmabtastung (flying spot). Die elektronische Filmabtastung ermöglicht nicht nur nachträgliche Korrekturen des Bildsignals sondern auch eine Unterdrückung von Materialfehlern (z.B. Kratzer) auf der Filmemulsion.

Korrekturen können auch in diesem Fall Nebeneffekte mit sich bringen. Eine Signalverstärkung oder Gamma-Korrektur verstärkt das Bildrauschen. Hat der Film einen hohen Kontrastumfang, kann die Gamma-Korrektur auch zu sichtbaren Veränderungen der Farbsättigung und der Farben selbst führen, speziell bei Grün und Blau.

Bei Umkehrfilmen sind die Möglichkeiten, Belichtungsfehler nachträglich im Labor zu korrigieren, vergleichsweise gering. Aus Kosten- und Zeitgründen erfolgen hier die erforderlichen Korrekturen vorzugsweise elektronisch, - auf Grundlage genauer Kenntnis der spezifischen Farbeigenschaften des verwendeten Filmmaterials und mit Hilfe von im Vorspann aufgezeichneter Grau- bzw. Farbtafeln. Alle weiteren Korrekturen müssen empirisch beim Betrachten des Films vorgenommen werden.

Videokorrektur TARIF

Die Lichtbestimmung für den Kopierprozeß eines Films wird mit zunehmender Helligkeit und Farbsättigung immer kritischer. In dunklen Bereichen fallen dem Auge Fehler und Abweichungen nicht so stark auf. Bei der Lichtbestimmung wird die Farbmischung für das Kopierlicht festgelegt, um den Gesamteindruck der Farbwiedergabe zu verbessern.

Ein spezielles, präzise arbeitendes System für elektronische Bildkorrekturen (TARIF) kann die herkömmliche Art der Lichtbestimmung ergänzen oder auch ersetzen. Bei diesem Verfahren können verschiedene Faktoren der roten, grünen und blauen Bildanteile unabhängig voneinander beeinflußt und verändert werden:

- Die Signalverstärkung - das Verhältnis der Grundfarben zueinander.
- Der Schwarzwert - und die Schattendichte.
- Die Gamma-Werte - d.h. die Reproduktion der Grauabstufungen.

Somit lassen sich Farbwerte und Farbstimmungen sowie die Differenzierungen der hellen und dunklen Bildbereiche in recht großem Umfang beeinflussen. Diese Korrekturen können von einem Videotechniker während einer laufenden Übertragung vorgenommen werden oder zunächst ausprobiert, abgespeichert und solange verändert werden, bis er mit dem Ergebnis zufrieden ist und die abgespeicherten Korrekturwerte bei der Übertragung abruft.

Film-Fehler

Die Ursachen von (Farb-)Anschlußfehlern beim Film können auch auf eine abweichende Dichte und auf Gammaunterschiede der drei Farbschichten zurückzuführen sein.

Auch solche Fehler lassen sich z.T. elektronisch korrigieren. Ein rosafarbener Stich in hellen Bildbereichen läßt sich z.B. durch eine Verstärkung des blauen und grünen Videosignals neutralisieren. Bläuliche Schatten kann man durch eine Gamma-Veränderung und eine Verstärkung des Gelb-Anteils abschwächen.

Farbemulsionen können sich ebenfalls gegenseitig beeinflussen, so daß trotz der Farbmaskierung des Filmmaterials einige gesättigte Farben an Intensität verlieren. Eine elektronisch schaltbare Maskierung beeinflußt den Gamma-Wert und die Signalstärke der Farbanteile und kann Fehler im roten und blauen Bereich recht effektiv kompensieren. Zur Korrektur von Fehlern im blau-grünen Bereich ist sie weniger geeignet, aber die meisten Szenen haben in diesem Spektralbereich nur selten gesättigte Farben. Auch anderen Film-Fehlern kann man mit der elektronischen Maskierung entgegenwirken.

Die optische Projektion eines Films ist ein subtraktiver Prozeß. Das vom Filmabtaster für den Fernsehmonitor erzeugte elektronische Bild ist das Ergebnis eines additiven Prozesses. Diese Übersetzung kann zu Fehlern in den Grauabstufungen führen, zum Beispiel einem magentafarbenen Farbstich in dunklen Bildbereichen. Die Maskierung zur Korrektur von Grauabstufungen eignet sich jedoch nicht zur Korrektur von Helligkeits- oder Sättigungsfehlern.

14 Bühnenbild und Ausstattung

Die Kunst der szenischen Gestaltung hat ihren Ursprung im Theater und wurde im Lauf der Zeit durch die sich ständig weiterentwickelnde Bühnentechnik immer raffinierter. In diesem Kapitel werden einige Aspekte der szenischen Gestaltung und ihr Einfluß auf die Lichtgestaltung vorgestellt.

Die Funktion des Bühnenbilds

Szenische Gestaltung beim Film und beim Fernsehen

Die Formen und die Funktionen der szenischen Gestaltung hängen im wesentlichen von der jeweiligen Produktion ab. Viele Film- und Fernsehproduktionen haben alltägliche bzw. in der Gegenwart spielende Geschichten zum Gegenstand, so daß auch die szenische Ausstattung in den meisten Fällen eine realistische ist. Zudem werden immer mehr Filme an realen Schauplätzen gedreht, die gezielt ausgesucht, verändert und den Anforderungen der Produktion entsprechend ausgestattet werden. Die oftmals sehr abstrakten und rein dekorativen Bühnenbilder großer Musicals gehören weitgehend der Vergangenheit an.

Die unterschiedlichen Ausstattungsarten für Fernseh- und Videoproduktionen lassen sich folgendermaßen zusammenfassen:

- *Neutrale Ausstattung* - Ein Hintergrund, der weder repräsentativ noch dekorativ ist und sich gleichermaßen für Talk-Shows, Interviews, Nachrichten etc. eignet.
- *Dekorative Ausstattung* - Stilisierte Umgebungen in einem Design, das ganz einfach schön sein und unseren Augen gefallen soll; für Spiel-Shows, Kindersendungen, Tanz- und Musikveranstaltungen, etc.
- *Realistische Ausstattung* - Hier versucht man, typische Umgebungen und Orte täuschend echt nachzubauen; speziell bei Familienserien, soap-operas und traditionellen Dramen.
- *Video-Effekte* - In diesem Fall wird fast die gesamte Umgebung bzw. der Hintergrund elektronisch eingefügt bzw. eingestanzt, angefangen bei Grafiken, Fotos, etc.
- *Reale Schauplätze* - Reale Drehorte werden mehr (oder weniger) nach den Vorgaben der Produktion modifiziert.

Funktion der Ausstattung

Gelegentlich kommt es vor, daß überhaupt keine Ausstattung vorgesehen ist und nur die Studiowände attraktiv ausgeleuchtet werden. Normalerweise befindet sich jedoch auf der Bühne zumindest ein graues Podest und/oder ein Stuhl für den Darsteller (z.B. einen Gitarristen) oder ein flacher Hintergrund bzw. Rundhorizont (z.B. für eine Tanzgruppe). In anderen Fällen füllen Bühnenbild und szenische Ausstattung das Studio bis in den letzten Winkel aus.

Ein Bühnenbild ist in der Regel die komplett ausgestattete Umgebung einer Szene oder Show:

- Schauspiel - Ein komplett möbliertes und eingerichtetes Zimmer mit drei Wänden.
- Spielshow - Gruppierte Sitzmöbel, Stehpulte o.ä. vor einem dekorativen oder szenischen Hintergrund.
- Tanzaufführungen - Eine Aufführungsfläche, begrenzt von Ausstattungsdetails.

In den meisten Fällen entwirft der Szenenbildner eine Umgebung, die dem Regisseur mehrere visuelle Zugangsmöglichkeiten offenhält, d.h. eine Umgebung, die genügend Spielraum für unterschiedliche Kamerastandpunkte und Einstellungen bietet, so daß die Qualitäten der Ausstattung auch voll zur Geltung gebracht werden können. In anderen Fällen bereitet der Regisseur ein Storyboard vor, in dem die von ihm gewünschten

Einstellungen der Szene bereits festgelegt sind. Diese Vorgaben wird der Szenenbildner bei seinem Entwurf berücksichtigen müssen. Sind nur Nahaufnahmen vorgesehen, muß nicht unbedingt ein komplettes Bühnenbild gebaut werden sondern es genügen die für die Einstellung erforderlichen Ausschnitte. Eine Tür und ein Stück Außenwand kann für den Eindruck eines Hauses vollständig ausreichen. Wird mit Chroma-Key-Effekten gearbeitet, wird sich der Szenenbildner ebenfalls nur um Ausstattungsdetails kümmern müssen, die zur Ergänzung des elektronisch eingestanzten Hintergrunds nötig sind.

Bühnenbild und Einstellungsgröße

Auch ein absolut hervorragendes Bühnenbild ist in seiner Wirkung abhängig von den vom Regisseur gewählten Kameraeinstellungen. Je weiter bzw. totaler eine Einstellung ist, desto besser kommt das Bühnenbild und seine Ausleuchtung zur Geltung. Bei sehr nahen Einstellungen ist von der szenischen Ausstattung und ihrer Ausleuchtung u.U. nicht mehr allzu viel zu sehen. Bei Einstellungen mit geringer Tiefenschärfe kann es passieren, daß manche Bereiche des Bühnenbilds nur noch schemenhaft erkennbar sind. Von einem hervorragend gestalteten Säulengang bleibt vielleicht nur noch ein unscharfer Pfosten übrig, der einem Darsteller aus dem Kopf zu wachsen scheint; - aber die Aufmerksamkeit richtet sich dann nur noch auf dessen Gesicht.

Der Stellenwert der Ausleuchtung

Auch der Stellenwert der Ausleuchtung verändert sich von einer Produktion zur anderen. In den meisten - wenn auch nicht in allen - Fällen steht zunächst die angemessene Ausleuchtung der Portraits im Vordergrund.

♦ *Erster Stellenwert* Bei manchen Produktionen spielt die Ausleuchtung die wichtigste Rolle und das Bühnenbild hat nur eine untergeordnete Bedeutung, wenn z.B.:

- Die Handlung vor einem gänzlich weißen oder schwarzen Hintergrund spielt;
- Glatte Hintergrundflächen mit Licht gestaltet werden - buntem Licht, projizierten Mustern bzw. Schatten etc.;
- Einige elementare Ausstattungsdetails hauptsächlich durch das Spiel mit Licht und Schatten hervorgehoben werden, - z.B. eine von hinten angestrahlte Säule vor einem Rundhorizont.

♦ *Verstärkende Funktion* Bei einem neutralen bzw. dekorativen Bühnenbild hat die Ausleuchtung eine unterstützende und ergänzende Funktion. Der szenische Effekt ist hier gleichermaßen von der Ausstattung und vom Licht abhängig. Durch Schatten, die unterschiedliche Betonung szenischer Bereiche und Lichtmuster bekommt die Szene Form, Räumlichkeit und Perspektive.

♦ *Ergänzende Rolle* Auch ein realistisches Bühnenbild gewinnt erst durch eine natürliche Ausleuchtung die Lebendigkeit, die den Zuschauer die Ausstattung als real empfinden läßt.

Ausstattungselemente

Das Bühnenbild wird zum Teil aus vorgefertigten und wiederverwendbaren Standardelementen zusammengefügt, die man den jeweiligen Anforderungen entsprechend arrangiert und dekoriert. Es soll hier nur auf die Details der szenischen Gestaltung und des Bühnenbaus eingegangen werden, die auch für die Arbeit des Beleuchters wichtig sind.

In diesem Zusammenhang ist es sinnvoll, folgende Differenzierungen vorzunehmen:

♦ *Standardelement* Bretter aus Sperrholz oder Holzrahmen, die sich zu Wänden zusammenfügen lassen. In kleineren Studios sind diese Elemente 2,5 - 3 m hoch; in größeren Studios 3 -3,6 m oder sogar bis zu 4,6 m.

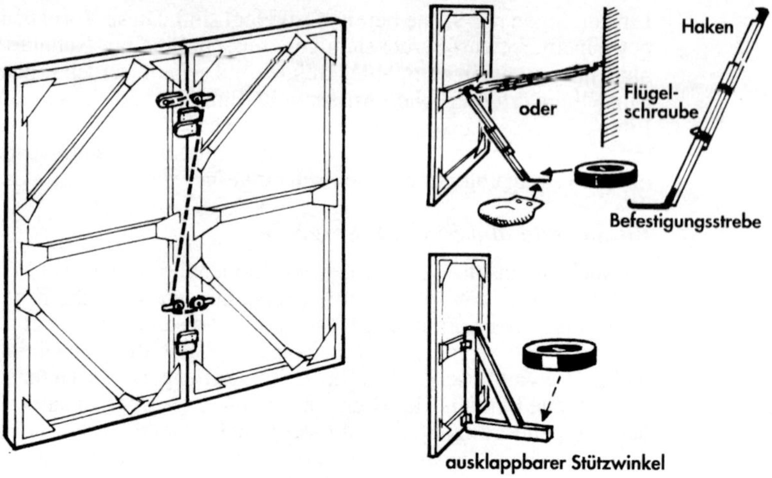

Abb. 14.1 Standardelemente

Einzelelemente lassen sich zu Wänden und anderen Raumelementen zusammenfügen und werden mit verstellbaren Befestigungsstreben oder von anderen Stützvorrichtungen stabilisiert.

♦ *Profilelemente* Solche Elemente haben je nach Verwendungszweck unregelmäßige Umrisse, z.B. den eines Felsens. Mit Profilelementen kann man einen Horizont simulieren, eine vor dem Horizont liegende hügelige Landschaft oder die Skyline einer Stadt.

♦ *Raumelemente* Hierzu gehören z.B. architektonische Standardelemente mit integrierten Türen und Fenstern. Oder auch räumliche Elemente wie vorgefertigte Kamineinheiten, Säulen, Bögen, Treppen etc. Im weiteren unterschiedliche, zum Teil in der Höhe verstellbare Podeste zur Anhebung der Grundfläche (ca. 15 cm bis 1,8 m).

• Textilien/Stoffe Große, auf Rahmen gespannte Stoffe für einen glatten Hintergrund, Vorhangstoffe für Fenster und andere dekorative Zwecke.

♦ *Dekorative Flächen* Mit Ornamenten bemalte oder dekorierte Flächenelemente; auf Holz- oder Metallrahmen gespanntes Flechtwerk, durchscheinende Materialien, etc.

♦ Hintergrundelemente Flache, gleichmäßige Hintergrundmaterialien, die hinter Türen und Fenstern befestigt werden können, um hinter diesen Öffnungen einen fortlaufenden Raum vorzutäuschen oder um Studioeinrichtungen zu verbergen; bzw. große, bildhafte oder dekorative Hintergrundflächen.

♦ *Studioboden* Auch der Studioboden kann, wenn erforderlich, bemalt oder dekoriert werden.

Durchführbarkeit

Wie aufwendig und einfallsreich der szenische Entwurf auch sein mag: entscheidend sind letztendlich die Möglichkeiten und der Aufwand zu seiner Realisierung. Zur Erzeugung atmosphärischer Effekte müssen auch die Positionen und die Ausrichtungsmöglichkeiten der Scheinwerfer bedacht werden. Die Oberflächen und Strukturen der verwendeten Ausstattungsmaterialien können die Wirkung der Ausleuchtung unterstützen oder verschlechtern, je nach Materialbeschaffenheit und Arrangement.

Szenische Kontraste

Es ist immer von Vorteil, bei der Materialauswahl für die szenische Ausstattung allzu große Helligkeitsunterschiede zu vermeiden. Bei Fernsehproduktionen werden normalerweise keine hellen Dekorationsmaterialien mit einem Reflexionsfaktor von mehr als 60% und keine dunklen Materialien mit einem Reflexionsfaktor von weniger als 3% verwendet.

Abb. 14.2 Profilelemente

1. Mit niedrigen Profilelementen kann man Landschaften suggerieren. Sie eignen sich darüber hinaus gut als Versteck für Bodenscheinwerfer.
2. Mit großen Profilelementen kann man auch Felsen, Gebüsch, verfallenes Mauerwerk usf. imitieren.

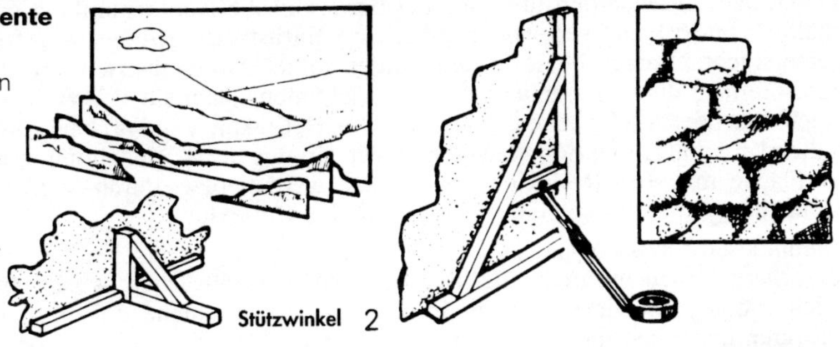

Abb. 14.3 Architektonische Raumelemente

Vorgefertigte Raumelemente lassen sich auf vielfältige Weise kombinieren.

1. Wandfläche mit Türausschnitt.
2. Türeinsatz.
3. Kamineinsatz.
4. Wand mit Fenster. (Die abgebildete Wand eignet sich - im Gegensatz zu den anderen gezeigten Elementen - für Aufnahmen von beiden Seiten.)

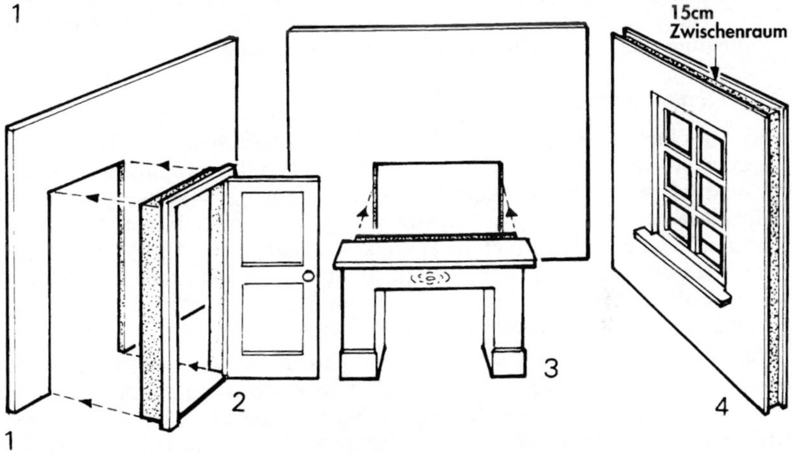

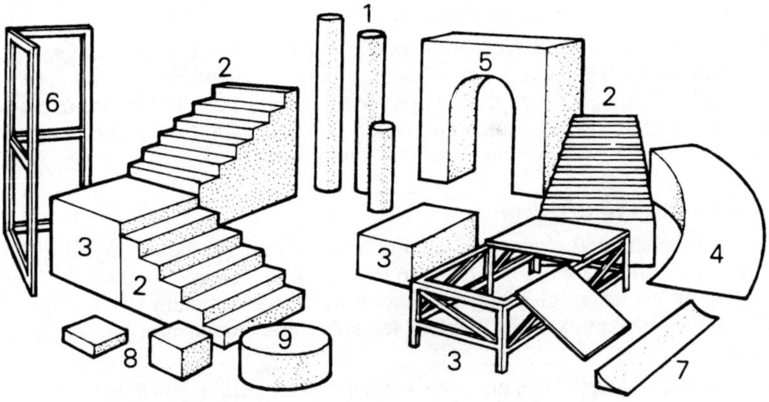

Abb. 14.4 Andere vorgefertigte Elemente

1. Säulen und Pfosten, halbrund oder ganz rund, mit einem Durchmesser von ca. 15-60 cm und einer Höhe von bis zu 4,5 m.
2. Treppen, mit einer unterschiedlichen Anzahl von Stufen. (Die Maße sind meist so gewählt, daß Stufen und Podeste kombiniert werden können.)
3. Begehbare Bühnenelemente und Podeste in unterschiedliche Größen, zum Teil mit zerlegbarer Rahmenkonstruktion.
4. Rampen; langsam ansteigende Flächen.
5. Bögen.
6. Rahmen für Stoffe und andere Dekorationsmaterialien, u.U. mit Stützgerüst.
7. Gewölbte Elemente, um harte Kanten und Ecken optisch abzuschwächen und um Bodenscheinwerfer zu verbergen.
8. Kleine Raumelemente für vielfältige Zwecke (etwa 15-60 cm hoch).
9. Runde Podeste.

Durch die Ausleuchtung überschreitet der szenische Kontrastumfang spielend das Verhältnis von 30:1, das wegen der begrenzten Kontrastverarbeitung der Aufzeichnungssysteme eigentlich nicht überschritten werden sollte. Am einfachsten könnte man den Kontrastumfang durch Veränderungen der Lichtintensitäten auf den zu hellen oder zu dunklen Flächen abschwächen. Die effektive Helligkeit einer Fläche, die 30% des auffallenden Lichts reflektiert, kann durch Verstärkung der Ausleuchtung der Helligkeit einer Fläche mit 90% Reflexion angeglichen werden bzw. durch Verringerung der Ausleuchtung der Helligkeit einer Fläche mit 10% Reflexion.

Zumindest theoretisch wäre es somit möglich, zu großen szenischen Kontrasten durch eine stärkere Ausleuchtung dunkler Bereiche und eine schwächere Ausleuchtung heller Bereiche entgegenzuwirken. In der Praxis sind jedoch solche differenzierten Lichtkorrekturen nur selten machbar. Aus diesem Grund ist es besser, den Kontrastumfang einer Szene schon bei der Auswahl der Ausstattungsmaterialien bzw. durch eine geeignete Bearbeitung problematischer Oberflächen in Grenzen zu halten.

Oberflächenkontraste

Die wichtigsten Objekte sind in der Regel Menschen, die sich - ganz allgemein gesprochen - von ihrem Hintergrund abheben sollen. Der wichtigste Helligkeitswert, an dem normalerweise alle weiteren Helligkeitswerte ausgerichtet werden, ist die Hautfarbe. Helle Haut hat einen Reflexionsfaktor von 30-40%, mittelbraune Haut etwa 20% und schwarze Haut ca. 10%. Zu große Helligkeitsunterschiede des Hintergrunds lassen sich zwar, wie beschrieben, über die Ausleuchtung ausgleichen, aber auch hier ist es besser - wenn die Möglichkeit dazu besteht - den Kontrastumfang schon im Vorfeld auf ein für das Aufzeichnungssystem verträgliches Maß zu beschränken.

Normalerweise sollten Hauttönungen eineinhalb bis zweimal so hell wie der Hintergrund sein. In dramatischen Situationen darf der Kontrastumfang auch ein Verhältnis von 3:1 oder mehr haben. Ist der Hintergrund sehr viel heller als ein Gesicht, z.B. für einen High-Key Effekt, wirkt eine längere Betrachtung der Einstellung ermüdend und die Tönung des Gesichts erscheint dunkler.

Bei einer Schwarzweiß-Aufnahme bzw. -Wiedergabe sind deutliche Kontraste wichtig, damit der Helligkeitswert eines Gesichts nicht mit dem Hintergrund verschmilzt. Bei Farbaufnahmen unterstützen die unterschiedlichen Farben die Differenzierung von Gesicht und Hintergrund, aber auch hier ist ein gewisser Kontrast empfehlenswert, um den Eindruck von Räumlichkeit und Tiefe zu verstärken.

Oberflächenbeschaffenheit

Matte Flächen sind zwar - aufzeichnungstechnisch gesehen - unproblematischer als glänzende Flächen, aber es fehlt ihnen das gewisse Etwas. Objekte ohne jeden Glanz wirken stumpf und vergleichsweise undefiniert und undynamisch. Schon ein leichter Reflex oder Glanzpunkt läßt Flächen lebhafter erscheinen und weckt Neugierde und Interesse.

Glänzende Flächen bringen dafür oftmals Aufzeichnungsprobleme mit sich, da sie häufig störende Reflexe verursachen. Bei Kamerabewegungen wandern auch die Reflexe, was bei Röhrenkameras zu Nachzieheffekten und Lichtfahnen führen kann..

Bei statischen Schwarzweiß-Aufnahmen können auch größere glänzende Flächen gut oder sogar attraktiv aussehen. Bei Farbaufnahmen wirken zu große weiße strahlende Glanzbereiche auf farbigen Flächen eher störend bis ablenkend. Dimmt man die entsprechende Lichtquelle, bis der Glanz unauffällig wird, reduziert sich gleichzeitig die Lichtmenge auf ein meist uneffektives Maß.

Eine glänzende, reflektierende Oberfläche erscheint insgesamt dunkler als eine gleichhelle matte Fläche. Auch ein Spiegel sieht dunkel aus - bis wir einen reflektierten Gegenstand in ihm sehen. Eine mit Goldfolie abgehängte Wand wirkt ebenfalls aus einigen Blickwinkeln schwarz und unauffällig und aus anderen Blickwinkeln stark glänzend.

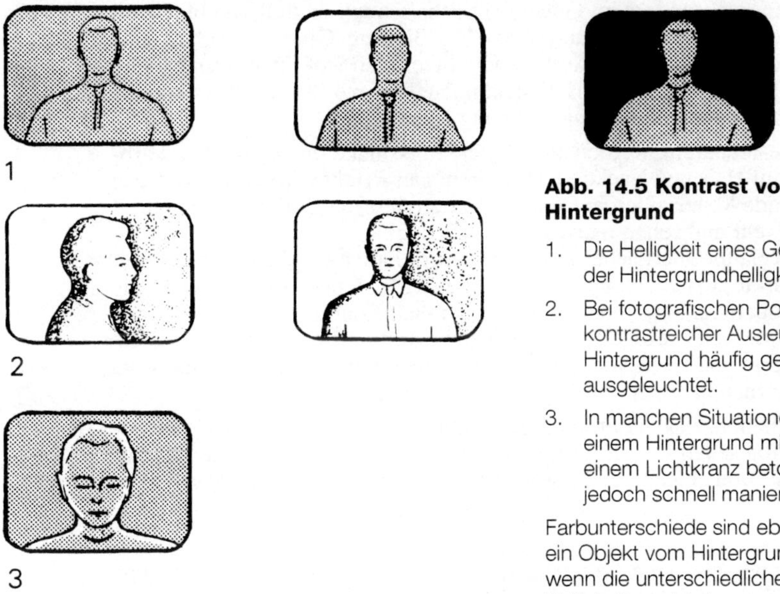

Abb. 14.5 Kontrast von Gesicht und Hintergrund

1. Die Helligkeit eines Gesichts sollte sich von der Hintergrundhelligkeit deutlich abheben.
2. Bei fotografischen Portraitaufnahmen mit kontrastreicher Ausleuchtung wird der Hintergrund häufig genau gegenläufig ausgeleuchtet.
3. In manchen Situationen kann ein Kopf vor einem Hintergrund mit gleicher Tönung durch einem Lichtkranz betont werden. Dies wirkt jedoch schnell manieriert.

Farbunterschiede sind ebenfalls gut geeignet, um ein Objekt vom Hintergrund abzuheben, selbst wenn die unterschiedlichen Farben den gleichen Helligkeitswert haben.

Wie man diese Probleme in den Griff bekommt

Am schnellsten kann man unerwünschte Glanzpunkte und Reflexionen durch eine leichte Neigung des Gegenstands reduzieren (indem man z.B. zusammengeknülltes Papier hinter ein Bild oder einen Spiegel klemmt). Auch eine geringfügige Veränderung des Kamerastandpunkts kann hilfreich sein. In manchen Fällen wird man den störenden Bereich jedoch neu ausleuchten müssen.

Weitere Hilfsmittel zur Abschwächung von Reflexen sind Anti-Reflex-Sprays, Nylon-Gewebe etc., - aber all diese Mittel verändern auch die charakteristische Erscheinung der jeweiligen Fläche und der abschwächende Effekt kann je nach Kamerastandpunkt verschieden sein. Bei einer ablenkenden Überstrahlung, z.B. auf einem Tisch, versucht man am besten, diese Überstrahlung mit einem anderen Gegenstand zu verbergen. Oder man beseitigt das Problem mit einem nicht glänzenden Tischtuch.

Spiegelnde Flächen

Von metallischen und anderen hochglänzenden Materialien reflektiertes Licht kann äußerst unangenehme Effekte produzieren, die nur schwer zu beseitigen sind. Problematisch sind:

- Schmuck am Hals einer Person, der Reflexe auf Nacken und Kinn wirft.
- Tischbesteck, Silber, Chrom- und Glasgefäße.
- Lichtreflexe eines auf Hochglanz polierten Klaviers auf einem abgedunkelten Hintergrund.

Stoffe

Gewebe und Textilien können ebenfalls Probleme aufwerfen, sowohl bei der Kleidung als auch bei Dekorationsstoffen wie Vorhängen etc. Hierbei ist es wichtig, zwischen der Helligkeit und Beschaffenheit des Materials zu unterscheiden.

Helle Stoffe erscheinen besonders im Gegenlicht sehr schnell zu hell und blaß (mit Ausnahme von sehr dichten Materialien) und ohne Modellierung. Glatte oder glänzende Oberflächen wie z.B. von Satin, Kunststoffasern oder glitzernden Stoffen bringen weitere Probleme mit sich. Selbst dunkle Materialien können Reflexe verursachen und zu unerwünschten Überstrahlungen in der Aufzeichnung führen.

Bei einer starken Ausleuchtung werden sogar Kleidungsstücke mit schwachen Farbtönen ihre Eigenfarbe auf Hals und Nacken reflektieren. Der Effekt wird verstärkt durch eine glatte oder glänzende Materialbeschaffenheit. Andere Stoffe wie Samt oder Velour absorbieren sehr viel Licht und sehen meist wesentlich dunkler und entsättigter aus als gleichfarbene Stoffe mit glatter Oberfläche. Versucht man den Faltenwurf lichtschluckender Stoffe durch eine verstärkte Ausleuchtung herauszuarbeiten, läuft man immer Gefahr, die nächste Umgebung zu überstrahlen. Versucht man den hohen Kontrast eines dunkelroten Samtvorhangs zu einer weißen Gardine in den Griff zu bekommen, indem man das Licht auf den Vorhang verstärkt und Licht von der Gardine abhält bzw. abschirmt, dann wird dies einige Zeit in Anspruch nehmen.

Andere Materialien haben je nach Betrachtungsrichtung eine sich verändernde Eigenfarbe. Aus einer Richtung sehen sie z.B. grünlich und aus einer anderen Richtung graubläulich aus. Moiré-Taft und changierende Stoffe sind bekannt für diese Eigenschaft.

Horizontale Flächen

Horizontale Flächen wie Tische, Arbeitsflächen und Papiere neigen alle dazu, auftreffendes Gegenlicht übermäßig hell in Richtung der Kamera zu reflektieren. Auch hier kann man versuchen, das Problem durch einen veränderten Neigungswinkel der Fläche zu beseitigen bzw. durch eine Abdunkelung, Mattierung oder Abdeckung der Fläche mit anderen Materialien. Zu helle Tischdecken kann man einfärben oder mit auswaschbarer schwarzer Farbe besprühen. Bei glatten Oberflächen kann man ebenfalls versuchen, Reflexe mit einem schwarzen, netzartigen Gewebe zu vermindern, - oder man tauscht den problematischen Gegenstand aus. Eine Veränderung der Ausleuchtung ist meist die letzte Möglichkeit, auf die man zurückgreift.

Farbwiedergabe

Die Farben der Szene und die Farben ihrer Abbildung können deutlich voneinander abweichen, je nach Aufzeichnungs- und Weiterverarbeitungsprozeß. Darüber hinaus beeinflussen auch physische und psychische Faktoren unsere Farbinterpretation. Die Kamera bildet immer nur einen begrenzten Ausschnitt der Szene ab, setzt ihn in einen schwarzen Rahmen und reduziert ihn auf zwei Dimensionen. Eine Abbildung sieht immer etwas anders aus als das, was wir mit eigenen Augen gesehen hätten, d.h. wir sehen auf Bildern Verhältnisse von Linien, Helligkeitswerten und Formen, die so in der Realität nicht existieren.

In diesem Zusammenhang ist auch die Auswahl der Hintergrundfarben von Bedeutung. Entsättigte Farben lassen die Objekte im Vordergrund dominanter erscheinen. Hautfarben heben sich z.B. gut von einem blaßblauen oder blaßgrünen Hintergrund ab. Mit Beige, Gelb oder entsättigtem Orange scheinen sie zu verschmelzen.

Wenn Farbaufzeichnungen möglicherweise auch schwarzweiß wiedergegeben werden, muß dies bei den Aufnahmen berücksichtigt werden. Man übersieht sehr schnell, daß die Dinge in Farbe und in Schwarzweiß sehr unterschiedlich zur Geltung kommen. Verschiedenfarbige Flächen können exakt die gleichen Helligkeitswerte haben und erscheinen bei einer schwarzweißen Wiedergabe wie eine undifferenzierte graue Fläche! Eine Aufnahme gelber Narzissen vor einem blaugrauen Himmel sieht in Farbe sehr kontrastreich und in Schwarzweiß vermutlich nur flau aus. Auch eine sehr detaillierte farbige Landkarte, deren Farben alle gleich hell sind, wird auf einer schwarzweißen Reproduktion gleichmäßig grau erscheinen.

Manchmal kommt es vor, daß eine Farbaufnahme wegen zu greller oder nicht zusammenpassender Farben regelrecht häßlich aussieht und dafür der schwarzweiße

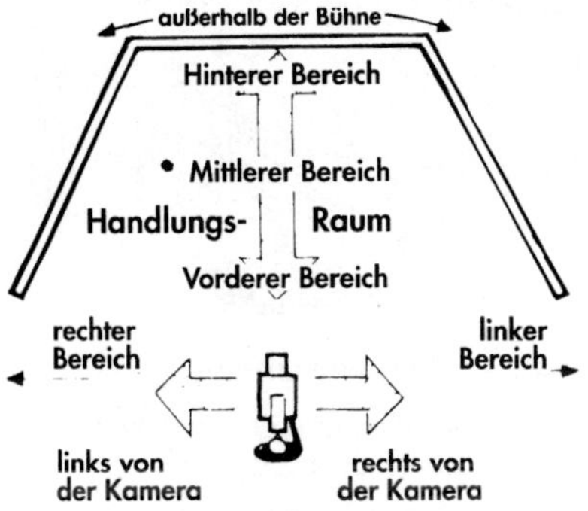

Abb. 14.6 Der Bühnenraum

Der Bühnenraum wird normalerweise in Bezug auf den Kamerastandpunkt beschrieben.

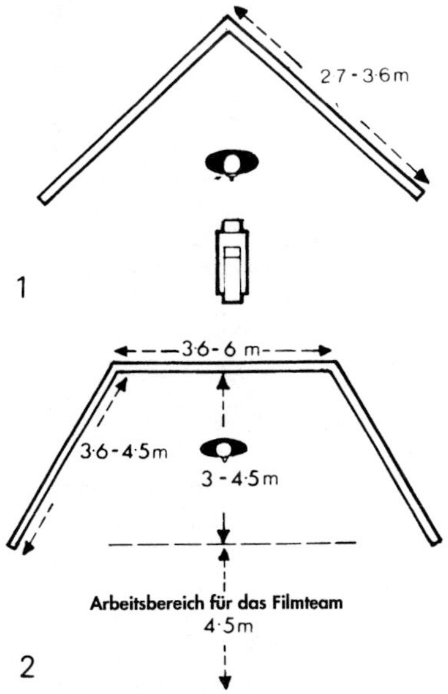

Abb. 14.7 Typischer Aufbau von Bühnenräumen

1. Zweiflügelig.
2. Dreiflügelig - Guckkastenbühne

Abzug des gleichen Bildes sehr zufriedenstellend ist. Bei schwarzweißen Bildern empfinden wir Helligkeitsunterschiede ganz einfach als heller oder dunkler. Bei Farbbildern beeinflussen die Helligkeitswerte darüber hinaus unsere Wahrnehmung der Farben und der Farbsättigung. Zunehmendes Licht auf einer farbigen Oberfläche läßt deren Farbe immer entsättigter erscheinen bis hin zu Weiß. Einen unscharfen Bereich auf einem Schwarzweiß-Bild ignorieren wir. Hat der unscharfe Bereich eine auffallende Farbe, wird er unser Auge beschäftigen, auch wenn wir ihn nicht genau erkennen können, - speziell wenn es eine grelle Farbe ist und das unscharfe Objekt sich auch noch bewegt! Ob uns dies nur ablenkt oder sogar frustriert, hängt von den Umständen ab.

Szenische Ausstattung

Verschiedene Aspekte der szenischen Ausstattung haben direkten Einfluß auf die Ausleuchtungsmöglichkeiten und auf Beleuchtungsprobleme. Im folgenden eine Zusammenfassung typischer Situationen, die man im Auge behalten sollte.

Verschiedene Formen szenischer Ausstattung

Beim Fernsehen gibt es unterschiedliche Ausstattungstechniken.

♦ *Komplett wechselnde Studioausstattungen* Für die meisten Fernsehshows wird normalerweise die gesamte Ausstattung auf einen Rutsch neu aufgebaut und nach Abschluß der Aufzeichnung bzw. der Sendung wieder komplett abgebaut. In diesem Fall empfiehlt es sich, die Montage und Einrichtung der Ausleuchtung für das gesamte Studio noch vor Beginn der Kameraproben fertigzustellen. Dies erfordert einen großen Aufwand, viel Arbeitskraft und eine sehr genaue Zeitplanung.

♦ *Stehende/permanente Ausstattungen* Die Ausstattungen für Sendungen, die sich tagtäglich oder wöchentlich wiederholen wie zum Beispiel Nachrichten, Talk-Shows oder Kochkurse, bleibt normalerweise stehen. Die restliche Studiofläche kann in den Zwischenzeiten für andere Produktionen genutzt werden. Stehende Ausstattungen haben eine fest eingerichtete Standardausleuchtung für die Dekoration und die wichtigsten Handlungspositionen, die nur bei Bedarf geringfügig verändert oder angepaßt wird.

Aus Sicht der Beleuchtung kann es ein großer Nachteil sein, daß alle für diese Dekoration genutzten Scheinwerfer gebunden und nicht für andere Zwecke verfügbar sind.

Abb. 14.8 Szenischer Hintergrund

Eine glatte oder dekorierte Fläche, die Vergrößerung eines Fotos oder ein gemalter Hintergrund können bei sehr begrenzten Handlungen ebenfalls einen brauchbaren Hintergrund abgeben. Es wird jedoch schwierig sein, Schattenwürfe der Darsteller auf dem Hintergrund zu vermeiden.

Werden bei einer anderen Produktion die Scheinwerfer knapp, wird man sich schnell dabei ertappen, daß man sich von einer permanenten Ausstattung Scheinwerfer ausleiht, die anschließend natürlich wieder befestigt, angeschlossen und neu eingerichtet werden müssen.

Große Umbauten Wenn es die verfügbare Studiofläche bzw. Studiokapazität nicht erlaubt, ein umfangreiches Bühnenbild mit mehreren szenischen Handlungsbereichen komplett aufzubauen, können auch innerhalb einer Produktion größere Umbauten erforderlich werden. Das heißt: es wird immer nur ein szenischer Teilbereich aufgebaut und ausgeleuchtet. Sind alle Einstellungen zu diesem Szenenbild abgedreht, wird es wieder vollständig abgebaut (manchmal nachts) und sofort der nächste Teilbereich aufgebaut und ausgeleuchtet.

Abb. 14.9 Offene Bühne

Dieses sehr ökonomische und flexibel veränderbare Bühnenbild eignet sich als stilisierter und auch als realistischer Hintergrund.

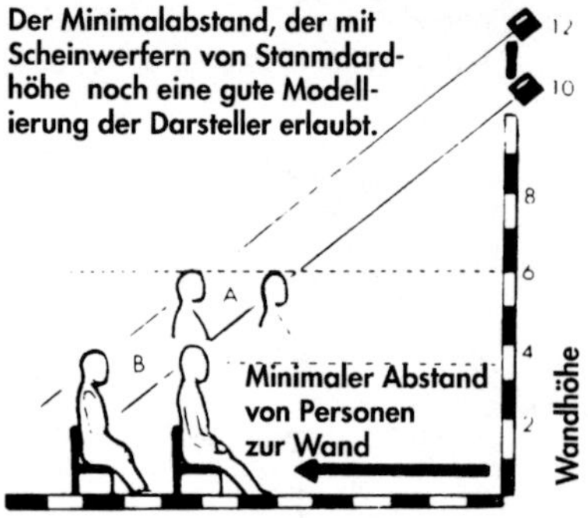

1

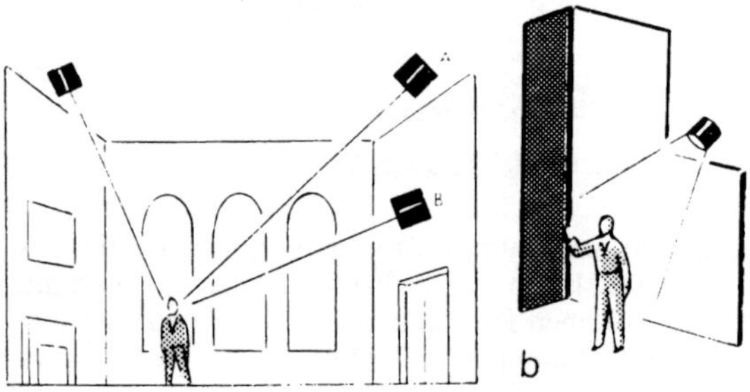

2 a

b

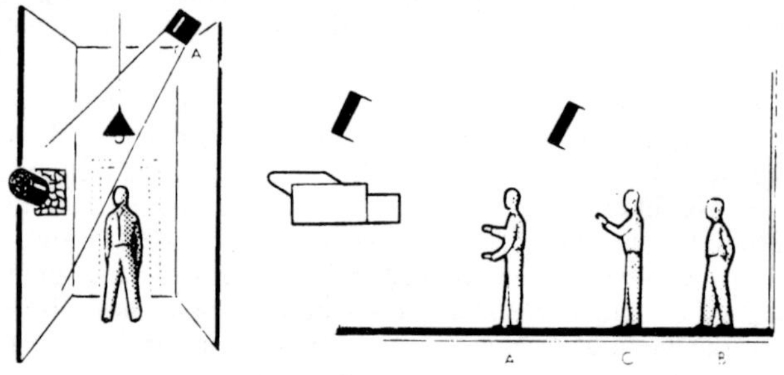

3

4

Abb. 14.10 Dimensionen der Bühnenausstattung

1. *Optimale Ausleuchtungshöhe* Für einen optimalen vertikalen (Portrait-) Ausleuchtungswinkel von 40° (der auch bei Kopfbewegungen von 10 - 20° noch zu keiner übermäßig steilen Ausleuchtung führt), sollte der Scheinwerferwinkel für stehende Personen die Linie A und für sitzende Personen die Linie B nicht unterschreiten.
2. *Hohe Dekorationen* Sehr hohe Dekorationen (a) erlauben oft nur eine sehr steile Ausleuchtung (A), es sei denn, daß man die Scheinwerfer in die Dekoration absenken kann (B) und für totale bzw. nach oben gerichtete Kameraeinstellungen wieder hochzieht. Beschränkt man die hohe Dekoration auf den bildwichtigen Bereich (b), erlaubt dies in den anderen Dekorationsbereichen die Einrichtung von Scheinwerfern mit weniger steilem Ausleuchtungswinkel.
3. *Enge Dekorationen* In sehr engen Dekorationen wie z.B. Korridoren ist eine steile Ausleuchtung (A) meist kaum zu vermeiden. Ein von vorne kommendes Führungslicht führt schnell zu flachen Einstellungen ohne Atmosphäre und wirft möglicherweise Kamera- und Mikrofonschatten auf die Szene. Mit stark gebrochenem Licht läßt sich die Ausleuchtung u.U. verbessern.
4. *Tiefe Dekorationen* Für den Vordergrund eingerichtetes Aufhellicht (A) ist zur Aufhellung weiter entfernter Bereiche völlig ungeeignet (B). Man wird zwangsläufig auch im mittleren szenischen Bereich Aufhelleuchten installieren müssen, auch wenn deren niedrige Höhe zu Einstellungsproblemen und potentiellen Überstrahlungen im Szenenbereich (C) führen kann.

♦ *Kleinere Umbauten* Bei Produktionen mit einer Abfolge kleinerer Sequenzen (z.B. verschiedene Sketche) und nur geringfügigen Bühnenbildveränderungen werden die wechselnden Ausstattungsdetails zur Vereinfachung des Produktionsablaufs meist im gleichen Bühnenbereich aufgebaut. Häufig bleibt die Ausleuchtung unverändert oder man schaltet bzw. blendet zwischen bereits ausgerichteten Scheinwer-fergruppen um.

Grundriß und Proportionen

Der szenische Grundriß eines Bühnenbilds beeinflußt auch die Ausleuchtungsmöglichkeiten.

♦ *Szenischer Hintergrund* Manchmal genügt für eine räumlich begrenzte Handlung eine einfache oder dekorierte Hintergrundfläche, ein vergrößertes Foto oder ein gemaltes Szenenbild. Die Größe der Hintergrundfläche ist abhängig von der gewünschten Einstellungsgröße, d.h. für weite Einstellungen muß der Hintergrund entsprechend größer sein. Das größte Problem sind Schatten auf dem Hintergrund, besonders wenn ihm Personen zu nahe kommen. Auf einem realistischen Hintergrund, z.B. einer naturalistisch gemalten Landschaft, wird die Illusion durch den geringsten Schattenwurf sofort wieder zerstört. Die Lichtrichtung und die Lichtqualität auf den Objekten im Vordergrund muß ebenfalls sehr präzise auf den Hintergrund abgestimmt werden. Die beiden üblichen Ausleuchtungsrisiken sind:

- Zu steil von oben kommendes Führungslicht (in der guten Absicht eingerichtet, Schatten auf dem Hintergrund zu vermeiden).
- Zu steiles Gegenlicht, wenn sich Personen in nächster Nähe zum Hintergrund aufhalten.

♦ *Offener Rundhorizont* Hier wird die Ausstattung vor einem offenen, freistehenden oder von Gerüsten gestützten Rundhorizont eingerichtet. Die Ausführung kann rein dekorativ oder halbrealistisch sein. Mit ein paar Möbeln und architektonischen Elementen (Fenster, Türen etc.) läßt sich bereits ein recht überzeugender Raum für eine Diskussionsgruppe einrichten. Diese ökonomische und durchaus wirkungsvolle Ausstattung eignet sich für viele Situationen, hat aber auch ihre Beschränkungen. Es ist nicht immer einfach, solche in sich abgegrenzten szenischen Einheiten ohne Schattenwurf oder Streulicht auf angrenzende Flächen auszuleuchten, speziell in der Nähe eines hellen Rundhorizonts. Am problematischsten sind Verfolgerspots auf Personen, die hin und her laufen!

♦ *Dekorationen ohne räumliche Tiefe* In Räumen von geringer Tiefe ist es äußerst schwierig, Vordergrund und Hintergrund getrennt auszuleuchten. Normalerweise genügt hier das Führungslicht für die Personen auch zur Aufhellung des Hintergrunds.

♦ *Enge Dekorationen* In engen Umgebungen wie z.B. Treppenhäusern und Korridoren kann man die Deckenbeleuchtung nutzen bzw. simulieren. Durch eine zusätzliche Aufhellung aus Richtung der Kamera läßt sich die unschöne Modellierung des von oben kommenden Lichts abschwächen. Muß aus dramaturgischen Gründen auf Oberlicht verzichtet werden (ein Korridor im Dunkeln), wird die Ausleuchtung speziell bei weiten Einstellungen, in denen die Decke zu sehen ist, sehr schwierig. Ein Ausweg aus diesem Dilemma können angrenzende Türen sein, durch die Licht in den Korridor gerichtet werden kann. Hat eine enge Dekoration keine Decke, kann man von oben mit einem Spotlicht begrenztes Licht auf die Wände fallen lassen. Bei Aufnahmen in engen Räumen vor Ort besteht manchmal die Möglichkeit, kleine Spots hinter Raumvorsprüngen zu verstecken oder an Teleskopstangen, die zwischen den Wänden verspannt werden, zu befestigen. Ansonsten lassen sich auch mit stark gebrochenem Licht aus Richtung der Kamera durchaus brauchbare Ergebnisse erzielen.

♦ *Tiefe Dekorationen* Sind die Entfernungen zwischen Vorder- und Hintergrund beträchtlich (z.B. mehr als 9 m), wird das Aufhellicht auf dem vorderen Bereich im Hintergrund keinerlei Wirkung mehr zeigen. Man könnte zwar seine Intensität verstärken, aber dann würde der Vordergrund zu hell. Am besten ist es, im mittleren Bereich der Dekoration eine zweite Gruppe von Aufhelleuchten zu installieren, die sich bei Handlungen im mittleren und hinteren Bereich zusätzlich einblenden lassen.

Störende Konstruktionselemente

Es gibt immer wieder Ausstattungsteile, die der Ausleuchtung im Weg sind. Man kann vielleicht um sie herum oder unter ihnen durch ausleuchten; - aber sie behindern in jedem Fall die optimale Positionierung der Scheinwerfer. Die Anpassung der Ausleuchtung an diese Hindernisse geht u.U. auf Kosten der Handlung und anderen Erfordernissen der Produktion. Typische Ausstattungshindernisse dieser Art sind Decken, hohe Zwischenwände und größere überhängende Strukturen.

Ein dekorativer Baldachin über einem Orchester kann aus der Ferne sehr gut aussehen, erschwert aber eine schattenfreie Ausleuchtung näherer Einstellungen der Orchestermusiker erheblich.

Durch rechtzeitige Abstimmung mit dem Bühnenbildner ist es in vielen Fällen möglich, ein für die Ausleuchtung besseres Ausstattungskonzept zu entwickeln. Oder man muß sich anderweitig zu helfen wissen. Indem man zum Beispiel einen mächtigen Kronleuchter an der Decke eines Ballsaals nur für die weiten Einstellungen aufhängt und zur ungehinderten Ausleuchtung der Nahaufnahmen von Tänzern wieder entfernt.

Wechselnde Kamerastandorte

Um Aufnahmen aus einer größeren Anzahl von Blickwinkeln zu ermöglichen, kann man räumliche Teilelemente so konstruieren, daß sie sich kurzfristig entfernen lassen, - so daß zum Beispiel Wände zur Seite geschoben, weggeklappt oder hochgezogen werden können. Solche Veränderungen erfordern vom Beleuchter Flexibilität und Kompromißbereitschaft:

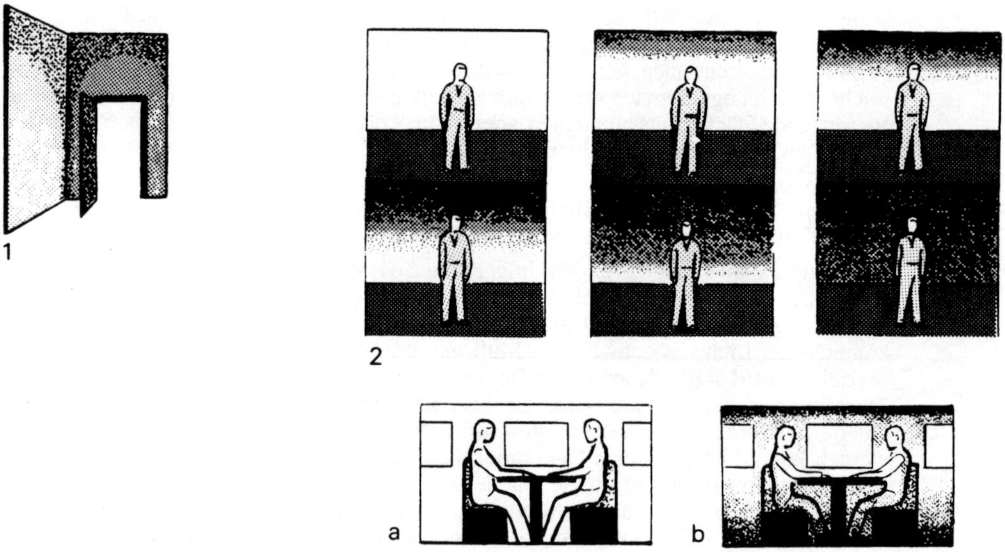

Abb. 14.11 Schattierung von Wänden

1. Durch die sorgfältige Abdunkelung der oberen und seitlichen Bereiche von Dekorationswänden (z.B. mit Sprühfarbe) kann die von der Ausleuchtung erzeugte Schattierung wirkungsvoll unterstützt bzw. verstärkt werden.
2. Die zunehmende Hintergrundschattierung erzeugt ein gleichermaßen zunehmendes Raumgefühl. Eine starke Schattierung wirkt intim und gemütlich; eine sehr starke Schattierung u.U. auch bedrückend.
3. Ein von Natur aus sehr enger Raum wie z.B. eine Boots- oder Flugzeugkabine, ein Zugabteil oder ein Zelt (a) läßt sich am überzeugendsten mit Schattierungen im oberen *und* unteren Bereich imitieren (b).

- Die Funktionen der für einen Kamerastandpunkt eingerichteten Scheinwerfer verändern sich. Ein weiches, von vorne auf die Szene gerichtetes Aufhellicht wird zum Beispiel für einen neuen Kamerastandort zum Seiten- oder Gegenlicht.
- Unter Umständen müssen zusätzliche Scheinwerfer aufgebaut werden (was bei einer begrenzten Ausrüstung zu Nachschubproblemen führen kann).
- Die Zeit, neue Positionen auszuleuchten, ist in der Regel sehr knapp bemessen.
- Steht die Kamera hinter einem Guckloch oder einem schmalen Ausschnitt zwischen zwei Wandelementen, ist eine Ausleuchtung für diesen versteckten Standort meist nur mit großen Zugeständnissen möglich.

Wände

Wände werden in den seltensten Fällen gleichmäßig ausgeleuchtet (höchstens bei Szenen, die im Freien spielen). Innenwände werden normalerweise unregelmäßig ausgeleuchtet bzw. mit Schattenmustern überzogen. Sind die Wände im oberen Bereich abgeschattet, kommen Gesichter der Darsteller besser zur Geltung, das Raumgefühl wirkt geschlossener und es entsteht ein Eindruck räumlicher Tiefe. Ein angenehmer Nebeneffekt ist, daß das Risiko von Tonangelschatten im oberen Raumbereich deutlich geringer ist. Beim Ausleuchten von Wänden muß man immer darauf achten, ob Dekorationselemente (Wandlampen, Spiegel, Bilder etc.) unerwünschte Reflexionen und Überstrahlungen verursachen.

Wandhöhe

Blicken die Darsteller hauptsächlich nach vorne, sollte eigentlich auch das Führungslicht in etwa von vorne kommen. Bei vielen Fernsehaufzeichnungen stehen jedoch zwei Kameras auf den gegenüberliegenden Seiten der Dekoration und nehmen die Handlung von schräg links und schräg rechts auf. Konsequenterweise liegen dann auch die besten Führungs- und Gegenlichtpositionen für diese beiden Kameras über den Seitenwänden. Sind die Seitenwände sehr hoch (z.B. 3,6 - 4,5 m), führt dies zu einer sehr steilen Ausleuchtung, besonders wenn sich Darsteller in nächster Nähe zu einer Wand aufhalten. Man kann natürlich auch an der Decke befestigte Scheinwerfer niedriger in die Szene hängen, vorausgesetzt, sie kommen nicht ins Bild, werfen keine unerwünschten Schatten und erzeugen kein Streulicht im Kameraobjektiv. In diesem Fall stellt sich natürlich die Frage, warum die Wände überhaupt so hoch gebaut wurden.

In kleineren Studios wird die Dekorationshöhe von der Studiohöhe bzw. vom Deckenbefestigungssystem für die Scheinwerfer begrenzt. Dies sind meist ca. 3 - 3,5 m.

Normalerweise nutzt man die maximal verfügbare Höhe um zu vermeiden, daß Kameras über die Dekoration hinausschießen und Oberkanten der Wände, Teile der Studiodecke und Scheinwerfer ins Bild kommen. Der Bühnenbildner muß deshalb folgendes berücksichtigen:

Die weiteste/totalste Kameraeinstellung.

- Ob Kameras in großer Entfernung zum hinteren Bereich des Bühnenbilds aufgebaut werden. (In diesem Fall kann der kleinste Schwenk nach oben die Studiodecke sichtbar werden lassen.)
- Den maximalen Aufnahmewinkel des Objektivs. (Der Einsatz von Weitwinkelobjektiven kann für das Bühnenbild erhebliche Probleme aufwerfen.)
- Ob schräg nach oben gerichtete Kameraeinstellungen aus niedrigen Kamerapositionen vorgesehen sind.
- Ob einige Handlungsbereiche höher liegen (Treppen, Podeste etc.).

Fenster

Fenster sind ein unverzichtbarer Bestandteil (fast) aller im Studio gebauten Innenräume:

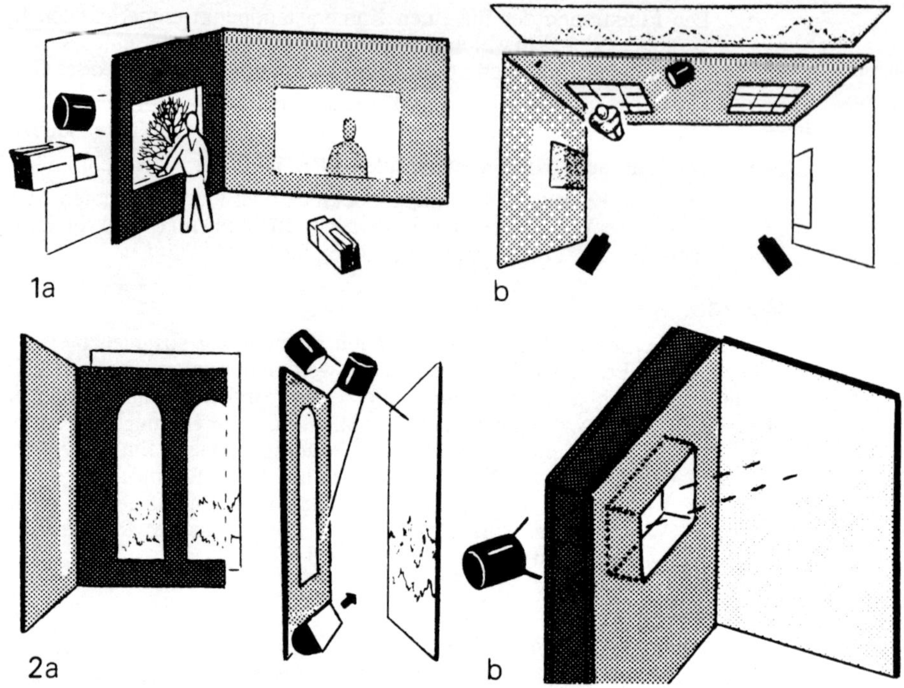

Abb. 14.12 Fenster

1. *Fensterposition* (a) Ein Fenster in der seitlichen Wand einer Dekoration bietet einige Vorteile: Menschen können herausschauen; Kameras können hineinschauen; der Fensterhintergrund ist deutlich zu sehen; Tageszeiten (Tag/Nacht) und der Außen-Bezug lassen sich schnell verändern. Auch Sonnen- und Mondlicht können durch das seitliche Fenster auf den Raumhintergrund und die Personen im Raum projiziert werden. (b) Fenster im Hintergrund des Raums erlauben nur eine sehr schräge Positionierung des von außen in den Raum fallenden Lichts und bieten kaum eine Möglichkeit, Licht direkt auf Personen oder den Hintergrund zu projizieren.
2. *Fenstergröße* (a) Große Fenster können eine Reihe von Problemen aufwerfen: befindet sich der Fensterhintergrund nicht in ausreichendem Abstand zum Fenster, kann es schwierig bis unmöglich werden, ihn gleichmäßig auszuleuchten. Es ist auch wenig praktikabel, eine entsprechend große Projektion des Fensters auf den Raumhintergrund zu werfen. Ist der Innenraum sehr hell ausgeleuchtet und der Fensterhintergrund vergleichsweise dunkel, kann das Licht des Innenraums unecht wirkende Lichtflecke und Schatten auf dem Fensterhintergrund erzeugen. (b) Durch kleine und/oder sehr tief liegende Fenster (von alten Burgen oder Gefängniszellen) kann nur sehr wenig Licht von außen in den Raum eingebracht werden und die projizierten Fensterumrisse sind für gestalterische Zwecke meist zu klein.

- Sie helfen uns, den Handlungsort einzuordnen, indem sie z.B. den Blick auf die Dächer einer Stadt oder eine Landschaft freigeben. Selbst ein einfacher Stoff-Himmel oder Zweig hinter dem Fenster läßt ein Bühnenbild wesentlich realistischer erscheinen.
- Der Fensterhintergrund kann darüber hinaus Hinweise auf die Tageszeit, die Wetterverhältnisse oder auch die Jahreszeit geben.

♦ *Größe und Form von Fenstern* Die Größe und die Form von Fenstern hat wesentlichen Einfluß auf das Verhältnis von Innen und Außen. Durch ein Fenster dringendes Licht beeinflußt ganz entscheidend die Atmosphäre und Stimmung eines Innenraums.

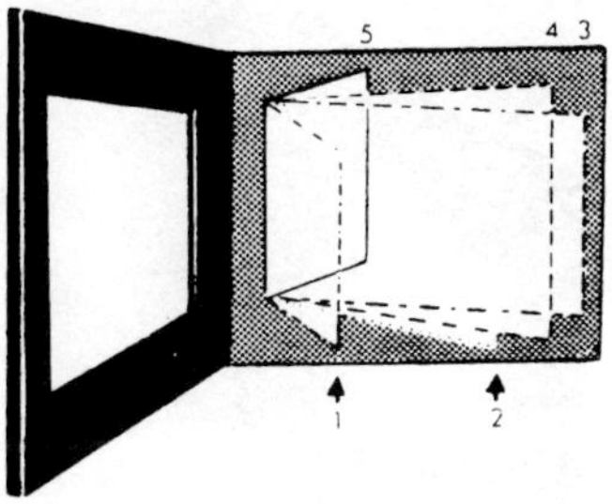

1

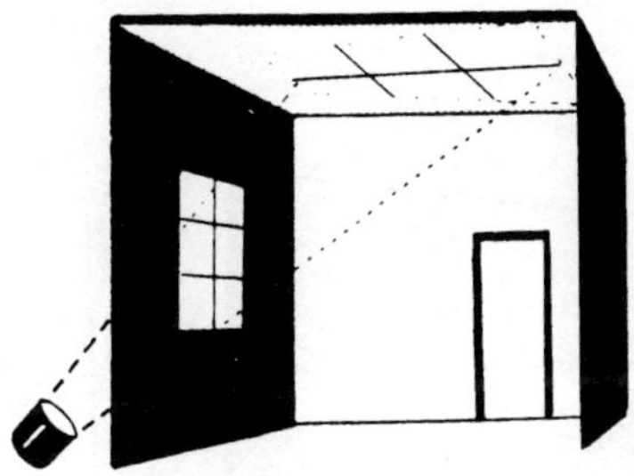

2

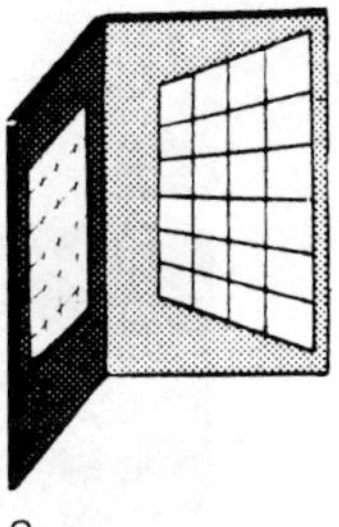

3

Abb. 14.13 Die Form projizierter Muster

1. Auch die Größe und Form von projizierten Fensterumrissen beeinflußt unsere Wahrnehmung und Empfindung eines Raums. (1) Eine in ihrer Ausdehnung sehr begrenzte oder schwache Projektion ist weitgehend wirkungslos und sieht ärmlich und beschränkend aus. Entsprechend eignet sie sich für schäbige und gefängnisartige Innenräume. (2) Starkes Tages- oder Sonnenlicht. (3) Großflächiger, heller, sehr feiner und luftiger Effekt. (4) Sehr ausgedehnter Effekt eines nahe vor dem Fenster stehenden Scheinwerfers. (5) Zu niedrige Scheinwerferposition für einen Sonneneffekt.
2. *Lichtmuster auf der Zimmerdecke* Das Deckenmuster (von einer auf dem Boden unterhalb des Fensters positionierten Lampe) vermittelt das Gefühl einer unterhalb des Fensters stehenden Straßenlaterne. (Dieser Effekt kann auch ablenkend wirken.)
3. *Auseinanderstrebende Licht- und Schattenmuster* Steht ein Scheinwerfer sehr dicht vor dem Fenster, werden die von ihm projizierten Muster unnatürlich auseinanderstreben.

Abb. 14.14 Fensterformen

Um scharfe und klar definierte Fenstermuster zu projizieren, muß die Lichtquelle unbedingt in einem größeren Abstand zum Fenster aufgestellt werden, - speziell für Effekte wie Regen auf einer Fensterscheibe, Fensterbeschriftungen, sich aufbauschende Vorhänge, usw. Je näher der Scheinwerfer am Fenster steht, desto größer wird die Projektion und desto geringer die Definition der Schatteneffekte.

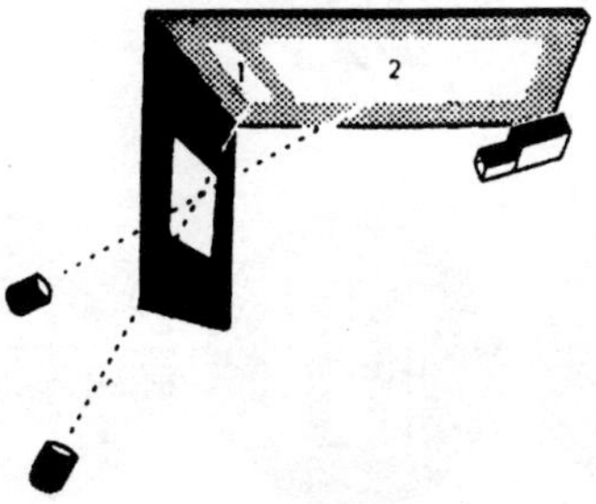

1

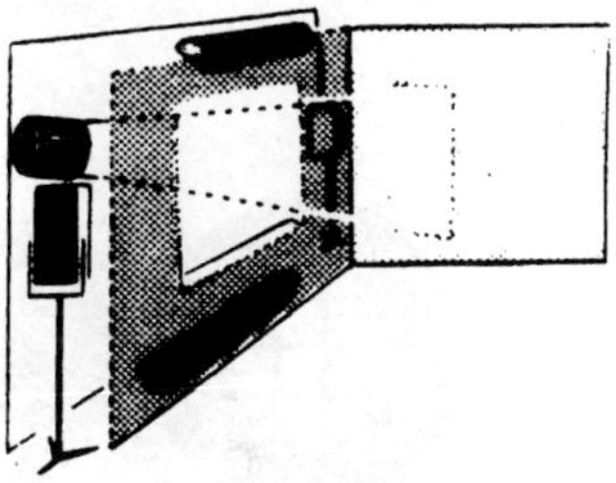

2

1. *Sehr begrenzte Umrisse* Je spitzer der Lichteinfallswinkel, desto kleiner ist der projizierte Umriß (1). Von der zweiten Scheinwerferposition ist der Lichteffekt wesentlich effektiver, aber die Gefahr, daß der Scheinwerfer ins Blickfeld einer gegenüberliegenden Kamera kommt, wird größer.
2. *Sehr begrenzte Ausleuchtungsmöglichkeiten* Ist hinter der Bühnenwand nur sehr wenig Platz, wird es kaum möglich sein, einen Scheinwerfer in eine geeignete Position für Sonnen-licht-Effekte zu bringen oder mit ihm den Fensterhintergrund gleichmäßig auszuleuchten.
3. *Gebrochene Fenstermuster* Auf Wänden, die gemustert, dunkel oder glänzend sind, ist eine Projektion von Fenstermustern relativ wirkungslos. Das gleiche gilt für Lichtmuster, die von Einrichtungsgegenständen (a) oder unregelmäßigen Raumstrukturen (b) unterbrochen werden; oder durch Ausstattungsdetails an den Wänden wie z.B. Vorhänge, Spiegel bzw. durch architektonische Details wie Bögen, Türen, usf.

3 a

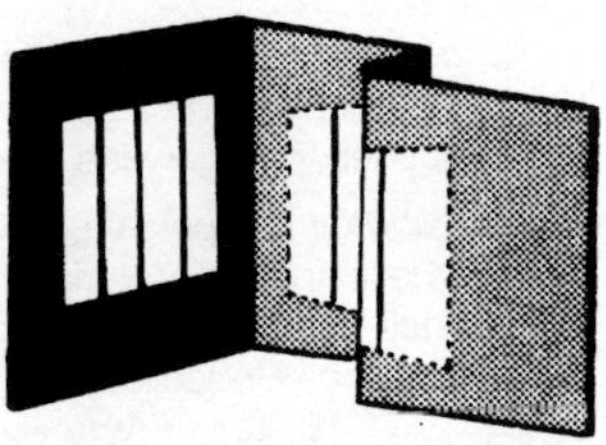

b

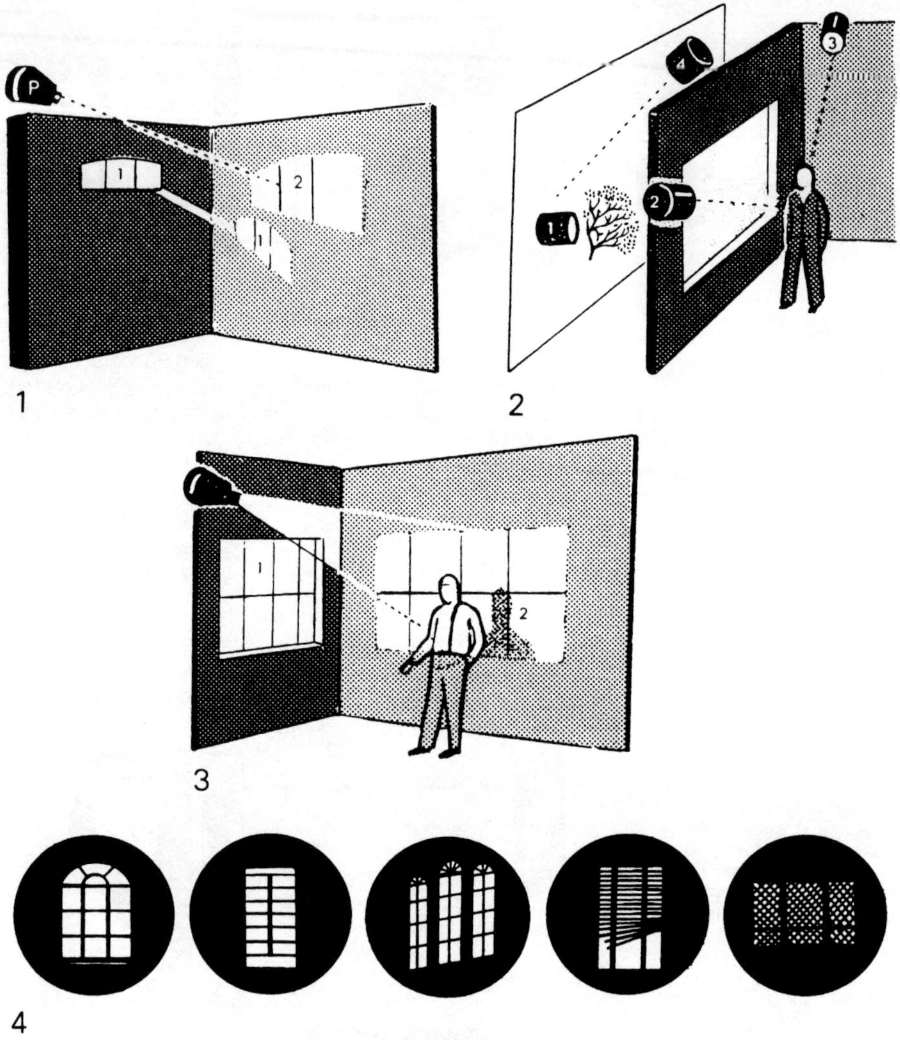

Abb. 14.15/1

1. *Ungeeignete Projektionseffekte* Wenn der Effekt eines Scheinwerfers, der hinter dem Fenster steht, unzufriedenstellend ist (1) - z.B. zu klein, schlecht geformt oder nicht attraktiv genug -, kann man versuchen, den gewünschten Effekt mit einem Projektor zu imitieren (2).
2. *Verhängte Fenster* Hängen vor einem Fenster Vorhänge oder andere Materialien, kann man: das durchscheinende Material separat anstrahlen, u.U. mit dem Schattenmuster eines Zweigs (1); den Darsteller bzw. die Handlung mit einem im Raum aufgestellten Führungslicht ausleuchten (2); ein zusätzliches Gegenlicht einsetzen (3); die Lichtintensität auf dem Fensterhintergrund verstärken (4).

Es sollte dabei kein Licht von Scheinwerfern, die innerhalb des Raums stehen, auf den Fensterbereich fallen, da ansonsten das Fenster blind und sein Hintergrund undeutlich bis unkenntlich wird.

3. *Fenster-Projektionen* Wird der Projektionseffekt imitiert, kann es passieren, daß der Trick als solcher auffällt. Die Lichtrichtung auf der Person und der Schattenwurf des Fensters stimmen nicht mit der tatsächlichen Fensterposition überein (1). Der Schatten der Person auf dem Hintergrund fällt im falschen Winkel und hat nicht die richtige Größe (2).
4. *Typische Projektionsmuster* Projektoren müssen sehr stabil aufgebaut werden, damit sich der Effekt bei Erschütterungen u.ä. nicht bewegt.

Abb. 14.15/2 Künstliche Schatten

Ist eine zufriedenstellende Hintergrundprojektion nicht möglich (zu wenig Raum hinter der Dekoration; ungeeigneter Projektionswinkel), kann eine gemalte Hintergrundprojektion die bessere Lösung sein.

Kleine, tiefliegende Fenster geben wenig Aufschluß über die Außenwelt und begrenzen auch die von außen in den Raum projizierbare Lichtmenge. Große Fenster dagegen vermitteln viel Außengefühl. Um die Umrisse eines großen Fensters scharf und vollständig auf die gegenüberliegende Zimmerwand zu projizieren, benötigt man einen starken, in einiger Entfernung hinter dem Fenster stehenden Spotscheinwerfer (z.B. einen 10kW Stufenlinsen- oder einen 250 A Kohlebogenscheinwerfer im Abstand von mindestens 6 m). Bei zu geringem Abstand wird das projizierte Licht- bzw. Schattenmuster zu groß und zu undifferenziert. In den meisten Studios bleibt hinter der Dekoration jedoch zu wenig Platz.

♦ *Ausleuchtung durch Fenster* Auch Sonnenlicht- und Straßenbeleuchtungseffekte in Innenräumen werden normalerweise mit Spotscheinwerfern hinter Fenstern erzeugt. Damit der Scheinwerfer für die Kamera unsichtbar bleibt, muß er bei seitlichen Fenstern in der Regel schräg hinter dem vorderen Fensterrahmen aufgestellt werden. Durch den spitzen Einfallswinkel wird die effektive Ausbreitung des einfallenden Lichtstrahls beträchtlich reduziert. Bei relativ kleinen Fenstern ist schräg einfallendes Licht für szenische Ausleuchtungszwecke kaum brauchbar.

♦ *Fensterdekoration* Die Fensterdekoration beeinflußt ebenfalls die Ausleuchtungsmöglichkeiten:

- Vorhänge auf beiden Seiten des Fensters begrenzen die einfallende Lichtmenge.
- Helle Vorhänge oder Stoffe erscheinen sehr schnell überstrahlt, selbst wenn sie zur Seite gezogen sind.
- Sehr dünne, netzartige oder gemusterte Materialien verhindern die Projektion klar definierter Licht- und Schattenmuster. Hier ist es oft besser, auf Licht- und Ausleuchtungseffekte durch das Fenster zu verzichten und stattdessen den Fensterhintergrund stärker zu betonen.

♦ *Nacht-Probleme* Innenräume mit großen Fenstern ohne Vorhänge werfen bei Nacht zwei typische Probleme auf:

- Die Raumausleuchtung wirft den Schatten des Fensterrahmens auf den Fensterhintergrund, speziell wenn sich von einem Führungslicht angestrahlte Personen in Fensternähe aufhalten.
- Starkes, von außen kommendes Licht, das Mondschein oder Straßenbeleuchtung simulieren soll, wird von der Rückwand des Fensters auf den Fensterhintergrund zurückgeworfen, so daß dieser eigenartig hell erscheint. Eine gezielte Beschränkung des Lichtstrahls mit Scheinwerfertoren oder eine schwarze, auf der Rückseite der Fensterwand befestigte Stoffbespannung beseitigt in der Regel dieses Problem.

Hintergrund hinter Raumöffnungen

Jede Fläche hinter Öffnungen des Bühnenbilds (Fenster, Türen, Torbögen) ist ebenfalls ein Hintergrund. Auch für diese Hintergrundflächen werden die unterschiedlichsten Materialien verwendet wie z.B. Segeltuch, bemalter Stoff oder Holzplatten, große Photos oder auch ein Rundhorizont. (Der Begriff Hintergrund ist sehr allgemein und steht eigentlich für alle dekorativen Flächen hinter Personen und szenischen Objekten.)

Wenn man nur den Durchblick verhindern möchte, genügt es, hinter einer Öffnung ein einfaches Stück Stoff zu befestigen bzw. eine mattierte oder strukturierte Glasfläche. Ein szenisch gestalteter Hintergrund hinter Fenstern und Türen erweitert das Raumgefühl durch die Illusion einer äußeren Welt.

♦ *Hintergrundausleuchtung* Auf der Hintergrundfläche einer Zimmertür genügt manchmal schon ein Lichtfleck um das Gefühl zu vermitteln, daß sich der Raum hinter der Tür fortsetzt. Hintergrundflächen, die eine konkrete Außenszene darstellen, müssen dagegen sehr sorgfältig ausgeleuchtet werden, um überzeugend zu wirken. In der Regel werden solche Hintergrundflächen gleichmäßig mit weichem, von oben und unten oder von beiden Seiten kommendem Licht angestrahlt. Hierfür sollte der Hintergrund mindestens 2 m vom Fenster oder der Tür entfernt sein. Ist der Abstand zu gering, werden die Randbereiche zu hell und der mittlere Bereich zu dunkel ausgeleuchtet. Kommt die Hintergrundausleuchtung nur von oben, wirkt z.B. der Himmel einer gemalten Landschaft überstrahlt; kommt sie nur von unten, sieht er verschattet bis bizarr aus.

♦ *Mehrfachverwendung von Hintergrundflächen* Aus ökonomischen Gründen wird oftmals der gleiche Hintergrund sowohl für Tag- als auch für Nachtszenen eingesetzt, indem man ihn mit schwarzer Gaze abdunkelt oder unbeleuchtet läßt. Das Ergebnis ist jedoch nur selten überzeugend.

Insgesamt sollte man sich keine allzu großen Hoffnungen machen, das Erscheinungsbild von Hintergrundflächen mit Hilfe der Ausleuchtung grundlegend verändern zu können. Mit ein wenig Glück wird man es vielleicht schaffen, einem Schwarzweißbild mit weißem Licht den Eindruck einer Schneelandschaft zu entlocken und mit farbigem Licht den Eindruck eines blauen Himmels oder einer grünen Wiese. Aber Versuche dieser Art sind selten von Erfolg gekrönt.

Rundhorizont

Ein Rundhorizont ist sehr vielseitig verwendbar. Er kann eingesetzt werden:

- Als Hintergrund für die gesamte Handlung.
- In Kombination mit anderen Raumelementen.
- Als Hintergrund von Fenstern, Türen etc.

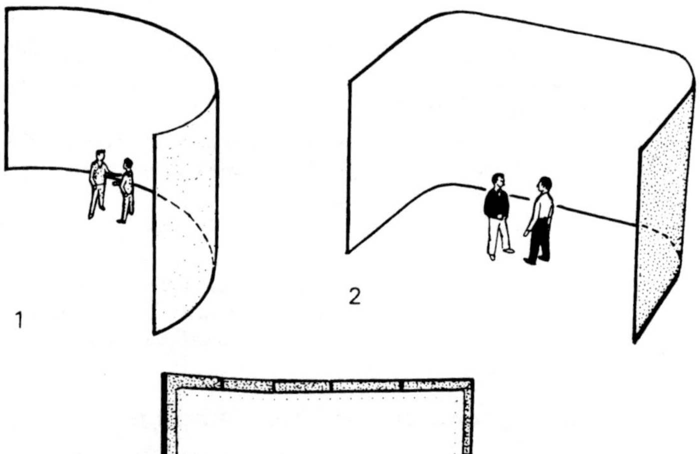

Abb. 14.16 Rundhorizont

1. *Gleichmäßig gebogener Rundhorizont* Ein leicht C-förmig abgehängter Stoffhintergrund.
2. *Buchrückenförmiger Rundhorizont* Diese weit verbreitete Form hat sanft abgerundeten Ecken und einem Radius von z.B. 2,5 - 3 Metern.
3. *Papierverkleidung* Eine aus mehreren Szenenelementen halbrund gebaute Hintergrundfläche wird mit Papier verkleidet, das auch die Übergänge zwischen den Elementen kaschiert.
4. *Abgeschrägte Bodenelemente* Mit ihnen lassen sich die Übergänge zwischen Hintergrund und Studioboden abschwächen bzw. verbergen.
5. Schräge Bodenelemente eignen sich auch als Versteck für Boden- und Hintergrundscheinwerfer.

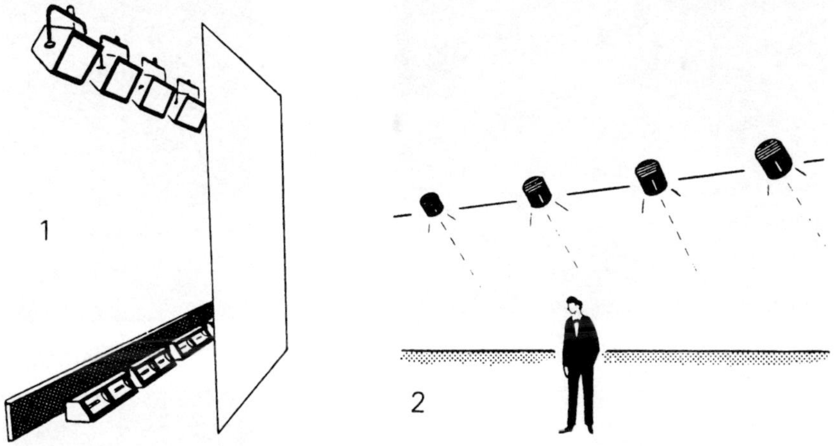

Abb. 14.17 Ausleuchtung des Rundhorizonts

1. *Gleichmäßig weiche Ausleuchtung* Die Kombination von Boden- und Deckenflutern erzeugt eine sehr gleichmäßige Hintergrundausleuchtung.
2. *Sich überschneidende Lichtkegel* Auch mehrere Spotscheinwerfer mit weichen Lichtübergängen eignen für eine einigermaßen gleichmäßige Hintergrundausleuchtung. Mit Schattenschablonen vor den Scheinwerfern kann man die Hintergrundfläche mit unregelmäßigen Mustern überziehen, eine Fokussierung der Scheinwerfer ermöglicht die Gliederung der Hintergrundfläche in Lichtzonen und mit den Scheinwerfertoren lassen sich darüber hinaus streifenförmige, säulenartige oder auch quadratische Lichteffekte erzeugen.

♦ Formen Ein Rundhorizont kann aus einem einfachen Stück Stoff bestehen, das an einer gebogenen Metallschiene befestigt wird und ein oder auch zwei Studiowände verdeckt. Er kann frei hängen oder straff gespannt werden; - mit kreisförmiger Krümmung oder in Form eines Buchrückens. Je nach Studiogröße ist ein Rundhorizont 3-6 m hoch und 6-18 m breit.

♦ *Materialien* Häufig verwendete Materialien sind Segeltuch, Musselin, dichte Gaze, Filz, Velour etc. In kleinen Studios befestigt man manchmal auch auf mehreren zusammengestellten Wandelementen einen großen Papierbogen. Die üblichen Farben eines Rundhorizonts sind: gebrochenes Weiß (mit ca. 60% Reflexion); helles, mittleres und dunkles Grau; Schwarz; Hellblau und Dunkelblau; - und Kobaltblau bzw. Grün für Chroma-Key Effekte.

♦ *Ausleuchtung des Rundhorizonts* Wie schon beschrieben, können Hintergrundmaterialien in fast unendlich vielen Variationen ausgeleuchtet werden. Früher hat man zu diesem Zweck häufig Lampen mit großen, offenen Reflektoren, Lichtwannen oder mehrere Stufenlinsenscheinwerfer eingesetzt; - und auch heute noch arbeiten einige Beleuchter gerne mit diesen Lampen. Deren z.T. ungleichmäßigen Ausleuchtungseigenschaften und Streulichtprobleme haben jedoch zur Entwicklung moderner Hintergrundleuchten mit asymmetrischen Reflektoren geführt, die eine bemerkenswert gleichmäßige Ausleuchtung über die gesamte Hintergrundhöhe erlauben.

Mit kombinierten Bodenflutern dieser Art kann man Hintergrundflächen entweder gleichmäßig ausleuchten oder den oberen Bereich leicht abschatten, indem man ihren Abstand zum Hintergrund verringert bzw. ihren Neigungswinkel ein wenig verändert. Häufig werden Bodenscheinwerfer hinter kleinen, abgeschrägten Bodenelementen versteckt. Einige Studios haben für diesen Zweck vor dem Rundhorizont eine Grube bzw. Vertiefung im Studioboden.

1

Szenische Gaze

1. Von vorne beleuchtete Gaze erscheint wie eine undurchsichtige Fläche.
2. Wird nur die Person hinter der Gaze beleuchtet, wirkt die Gaze selbst fast durchsichtig.
3. Bei der gleichen Ausleuchtung der Person und zusätzlichem, von hinten auf die Gaze fallendem Licht erscheint die Person wie im Dunst oder im Nebel.

2

3

Um den Hintergrund dekorativ zu gestalten, kann man ihn mit Licht- und Schattenmustern ausleuchten oder selektiv mit Lichtpunkten, strahlenförmigen Lichteffekten, unterschiedlich gefärbtem Licht etc. Vorausgesetzt, man hat die Zeit und die Möglichkeiten, kann man auf Hintergrundflächen alle Effekte vom Sonnenaufgang bis zum Sonnenuntergang, Wolken-, Sonnen-, Mondeffekte etc. erscheinen lassen!

Beim Einsatz gesättigter Farben sollte man sich folgendes in Erinnerung rufen:

- Die Lichtintensität wird durch kräftige Farbfilter drastisch reduziert (u.U auf 20-10%), so daß die verwendeten Lichtquellen wesentlich stärker sein müssen bzw. mehr Scheinwerfer benötigt werden.
- Die Lichtintensität fällt sehr schnell ab und erfaßt nur noch einen begrenzteren Bereich; u.U. entstehen auch punktuelle Überstrahlungen.

Szenische Gaze

Der Begriff Gaze wird - wie andere Begriffe - beim Film sehr vielfältig verwendet. Er bezieht sich meist auf zweierlei:

- Auf Diffusionsmaterial für Scheinwerfer, das deren Licht weicher macht oder die Lichtintensität reduziert.
- Auf Materialien für szenische Zwecke, zum Beispiel dünne Baumwolle oder synthetische, netzartige Materialien mit einer Maschenweite von ca. 1,5-3 mm; - in Schwarz, Grau oder Weiß.

Gaze für szenische Zwecke wird entweder lose gehängt oder gespannt:

- Vor Hintergrundflächen oder vor schwarzen Hintergrundmaterialien.

- Vor Hintergrundflächen hinter Fenstern, Türen etc., - um Umrisse abzuschwächen, Kontraste zu reduzieren und um Farben weicher erscheinen zu lassen. Gaze reduziert auch den künstlichen Eindruck bemalter Flächen.
- Vor Fenstern schwächt Gaze die Szene jenseits des Fensters ab und verstärkt den Eindruck räumlicher Tiefe.
- Gaze kann auch an Stelle von Glas verwendet werden; - sie erzeugt keine Reflexe und kann beschriftet bzw. mit Buchstaben u.ä. beklebt werden.
- Sie vermittelt eine dunstige, neblige Atmosphäre.
- Für spezielle szenische Effekte kann man Hintergrunddetails auch auf Gaze malen (siehe auch Abb. 15.14).
- Gaze kann auch anderweitig als Dekorationsmaterial und als Vorhangstoff verwendet werden.
- • Sehr straff über einen hellblauen oder grauen Hintergrund gespannte Gaze kaschiert sehr effektiv Beschädigungen und Unebenheiten.

Manchmal wird die Gaze auch im unteren Bereich der Hintergrundfläche nach vorne gezogen, so daß sich die Bodenscheinwerfer zwischen Gaze und Hintergrund befinden . Man kann darüber streiten, wie wirkungsvoll dieses Verfahren ist, da in diesem Fall die Bodenscheinwerfer relativ dicht vor dem Hintergrund stehen müssen und dessen Unregelmäßigkeiten stärker betonen.

Wird die Gaze mit geringem Abstand zum Hintergrund befestigt, lassen sich verwischte oder auch doppelte Schattenmuster erzeugen, d.h. sowohl auf der Gaze als auch auf dem Hintergrund. Diese Technik läßt Schatten weicher erscheinen und gibt ihnen Tiefe. Durch Mehrfachschatten von Zweigen kann man u.U. einen Wald suggerieren. Auf ähnliche Weise lassen sich auch mehrere Wolken oder ein Mond mit Hof darstellen. Sind Doppelungseffekte dieser Art unerwünscht, muß die Gaze dicht auf der Hintergrundfläche verspannt werden. Bemalt man schwarze Gaze oder befestigt an ihr dekorative Elemente, bleibt die von Licht angestrahlte Gaze fast unsichtbar, aber die Zusätze sind deutlich sichtbar.

Weiße Gaze wirkt, wenn man sie von vorne beleuchtet, undurchsichtig und wird aus diesem Grund gerne in Holzrahmen gespannt und als Zimmerdecke verwendet. Von oben kommendes Licht läßt diese Konstruktion jedoch mehr wie eine transparente Täfelung und nicht wie eine normale Zimmerdecke aussehen. Die Lichtdurchlässigkeit ist für eine zufriedenstellende Ausleuchtung von Objekten oder Personen unterhalb der (Decken-)Verspannung zu gering. Eine Verstärkung der Lichtintensität würde zu einer Überstrahlung der Gaze-Verspannung führen. Befinden sich alle Lichtquellen unterhalb der Gaze-Decke, sieht sie wie eine ganz normale Zimmerdecke aus.

Studioboden

♦ *Böden in Filmstudios* In Film-Studios werden Ausstattungsgegenstände zur Stabilisierung häufig am Boden festgenagelt. Die Bühnendekorationen sind meist sehr umfangreich, aufwendig und vergleichsweise stabil. Bleibt die Kamera statisch oder werden für Kamerabewegungen Schienen verlegt, dann kann der Bühnenbildner, mit unterschiedlichen Bodenbelägen arbeiten, d.h. auch mit Teppichen, Pflastersteinen, Dielen etc.

♦ *Böden in Fernsehstudios* Fernsehstudios haben in der Regel einen glatten Boden, der ungehinderte und erschütterungsfreie Fahrten mit dem Kameradolly erlaubt. Die szenischen Ausstattungsteile werden normalerweise mit Drahtseilen, Gewichten oder Verstrebungen fixiert, - aber niemals direkt am Boden montiert. Die Möglichkeiten des Bühnenbildners beschränken sich auf die dekorative Gestaltung des flachen Bodens mit Farben, Klebefolien und anderen glatten Materialien.

Da die Bewegungsfreiheit der Fernsehkameras nicht behindert werden darf, ist die Bodengestaltung mit Teppichen und anderen unebenen Materialien eingeschränkt. Zum Teil lassen sich aber auch am Boden verspannte Stoffe und andere flache, unterschiedlich gestaltete Bodenbeläge verwenden. Die beste Lösung zur Vermeidung von Boden-

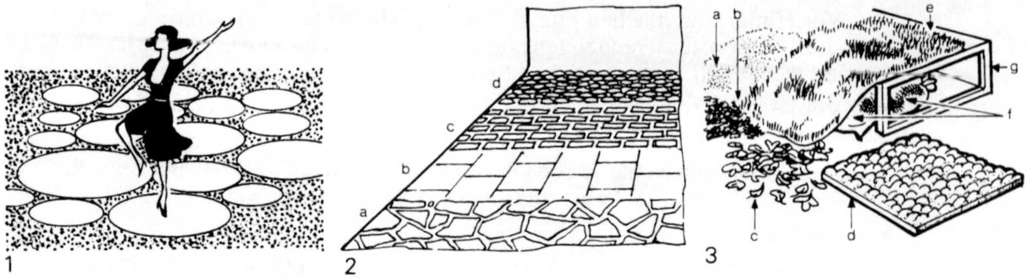

Abb. 14.18 Bodendekoration

1. Auch der Studioboden läßt sich dekorativ gestalten: bemalen, bekleben oder mit verschiedenen Lichtmustern anstrahlen.
2. Die Simulation von Oberflächenstrukturen durch Bemalung (a: unregelmäßiges Pflaster; b: Holzdielen; c: regelmäßiges Pflaster; d: Kopfsteinpflaster) ist einerseits ökonomisch und erlaubt weiterhin gleichmäßige Kamerafahrten.
3. Natürlich können Bodenflächen auch mit anderen Materialien gestaltet werden, z.B. a: Sägemehl; b: Torf; c: Laub; d: Kunststoffplatten mit unterschiedlich strukturierten Oberflächen; e: Imitationen von Grasflächen, die sich mit f: Sägemehlsäcken und/oder g: kleinen Holzpodesten verschiedenartig formen lassen.

unebenheiten ist jedoch die Imitation verschiedener Materialstrukturen mit wasserlöslichen Farben und entsprechenden Farbrollern. Damit lassen sich die unterschiedlichsten Strukturen wie Steinbeläge, Holzdielen, Parkett, Erde, Gras etc. recht brauchbar nachahmen.

♦ *Beleuchtungsprobleme* Gemalte Bodenstrukturen sind billig, einfach herzustellen und aus einer gewissen Entfernung weitgehend überzeugend. Dafür ist ihre Ausleuchtung nicht unproblematisch. Der bemalte Boden ist nach wie vor flach, d.h. er hat keinerlei Oberflächenstruktur. Reflektiertes Gegenlicht verursacht Lichtflecken und die gemalte Struktur verschwindet! Auch bei einer Tarnung mit dunkler Rinde, Sägemehl u.a. kann die glänzende glatte Bodenfläche durchschimmern. (Hinzu kommt, daß sich solche Materialien sehr schnell über das gesamte Studio verbreiten und an den Schuhen und den Rädern der Ausrüstungsgegenstände haften bleiben.)

Ein schwarz-glänzender Boden für eine Tanzveranstaltung reflektiert nicht nur sehr eindrucksvoll die Tänzer und die Szenerie, sondern auch das Licht eines jeden Scheinwerfers! (Er offenbart darüber hinaus jeden Fußabdruck und muß ständig gesäubert und poliert werden, um seinen Glanz zu behalten.) Wird die Szene nur von den Seiten ausgeleuchtet, vermeidet man zwar die starken Spiegelungen von Gegenlicht; - trotzdem wird man sich mehr mit Überstrahlungen und Glanzpunkten auseinandersetzen müssen als mit der Ausleuchtung der bildwichtigen Objekte oder Darsteller. Einige Beleuchter versuchen solche Situationen zu bewältigen, indem sie ausschließlich mit sehr weichem Licht arbeiten, so daß die Glanzflächen recht großflächig werden. Aber auch dies wirkt bestenfalls nur beschönigend.

Pflanzen

Im Studio wird zur Dekoration gerne mit Pflanzen gearbeitet: mit Baumästen, kleinen Bäumen, Büschen, Hecken, Gestrüpp etc.

♦ *Probleme* In vielen Fällen ist es äußerst schwierig Pflanzen so auszuleuchten, daß sie natürlich aussehen. Da Glühlampen geringe Spektralanteile im grünblauen Bereich haben, braucht man entsprechend viel Licht, um Pflanzen für die Kamera wirkungsvoll aufzuhellen. Natürlich ist die Bildwirkung auch von der Pflanzenart abhängig, aber bei Pflanzen mit dunklem Blattwerk, Nadelgewächsen und Bäumen kann es schnell nötig sein, sie für eine Studio-Außenszene mit 50kW und mehr anszustrahlen, um ihnen die

Abb. 14.19 Szenische Lichtquellen

1. *Unattraktive Lichteffekte* (A) Nach oben ausdringendes Licht kann mit einem Stück Diffusionsmaterial begrenzt werden. (B) Die Glühlampe kann trotz des Lampenschirms eine punktuelle Überstrahlung erzeugen (siehe auch 3.).
2. *Ungenügende Lichtintensität* Ist die Lichtausbeute schwacher Glühbirnen zu gering, müssen die Lichtpunkte an der Wand mit einem Spotscheinwerfer oder einem Projektor simuliert werden. (a) Falsche Imitation. (b) Richtige Imitation.
3. *Zu helle Lichtquellen* In diesem Fall kann man die zur Kamera gerichtete Seite der Glühbirne dunkel anmalen oder mit anderen Mitteln abdecken, so daß ihr Licht nur noch in Richtung der Wand abstrahlt. (a) Vor der Bemalung/Abdeckung. (b) Nach der Bemalung/Abdeckung.
4. *Falsche Lichtrichtung* Die Ausleuchtung der Person stimmt nicht mit dem Licht der Kerze überein.
5. *Schatten von Lampen* können (a) unnatürlich oder (b) häßlich aussehen.
6. *Deckenlampen* können ebenfalls unerwünschte Schatten auf die Handlung und die Szene werfen. Kann die Position der Lampe nicht verändert und ihr Licht auch nicht mit Toren begrenzt werden, wird man versuchen müssen, den Scheinwerfer auf eine andere Position zu bringen, d.h. ihn ein wenig zur Seite stellen (a) oder ihn ein wenig höher oder niedriger hängen (b).

Deckenlampen werden, um störende Scheinwerfer- oder Mikrofonschatten zu vermeiden, normalerweise über dem Handlungsbereich aufgehängt.

Lange Verbindungskabel an Deckenlampen können bei nach oben gerichteten Kameraeinstellungen sehr unrealistisch aussehen. Starke Lüftungsanlagen können eine Stabilisierung von Deckenlampen erforderlich machen.

Die Schatten niedrig hängender Deckenlampen lassen sich verbergen, indem man sie auf den Boden, auf dunkle, unregelmäßige Flächen oder aus dem Bild fallen läßt.

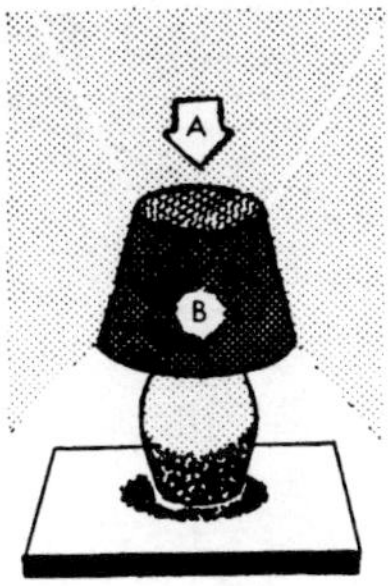

1

2

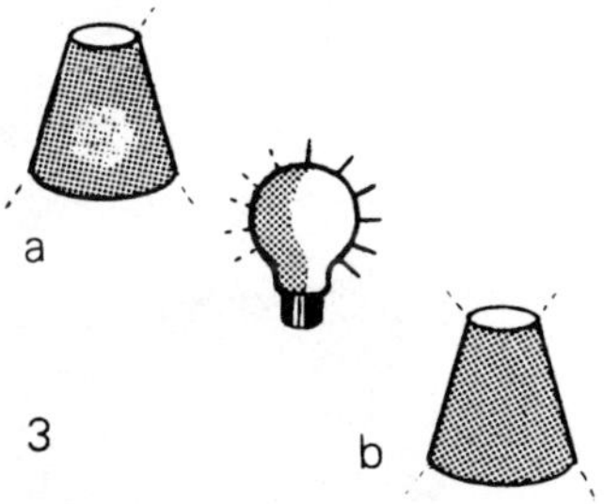

3

4

5a

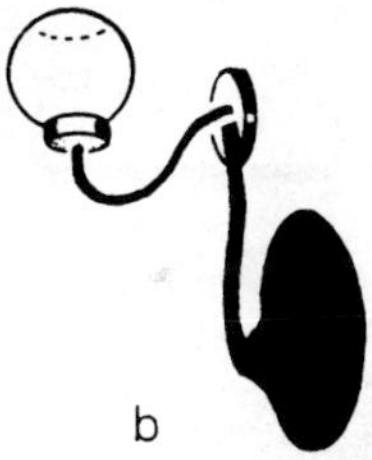

b

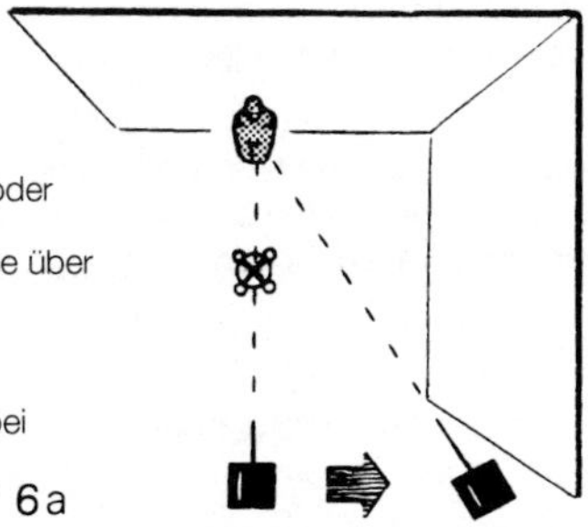

6a

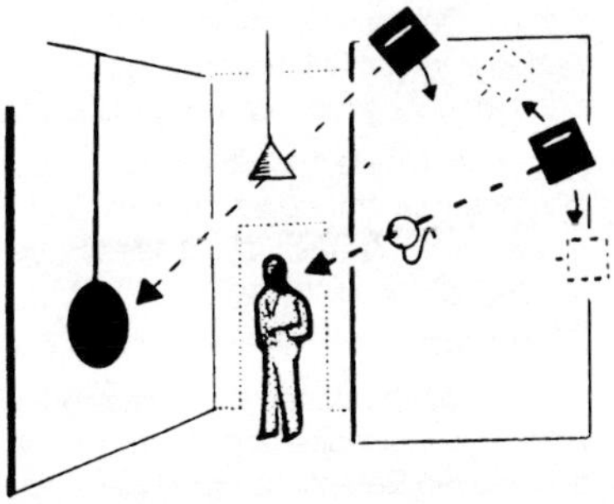

b

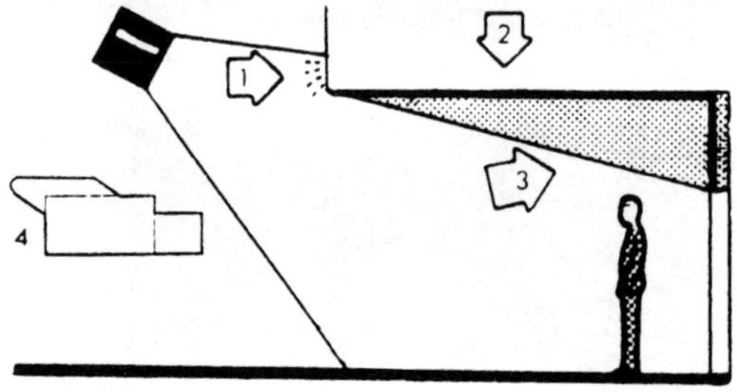

1a

b

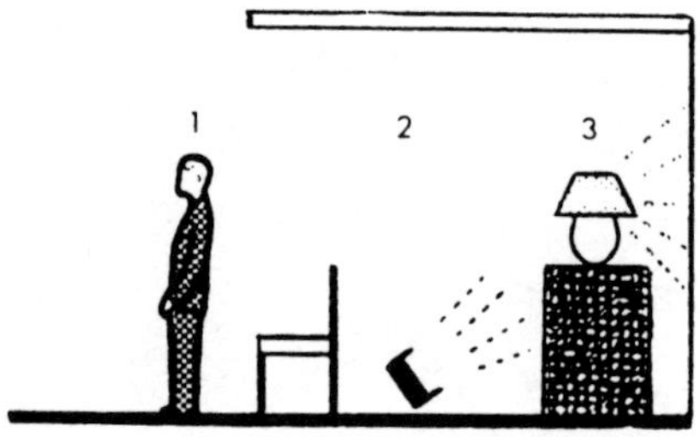

2a

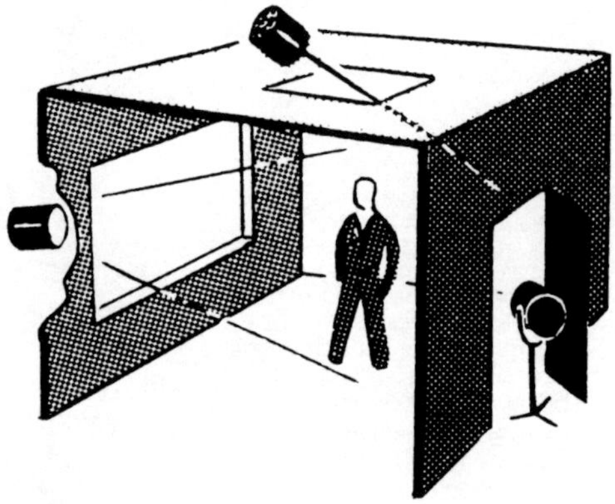

b

Abb. 14.20/1 Decken

Studiodekorationen ohne Decke geben viel Spielraum beim Ausleuchten und auch beim Angeln der Töne. In manchen Fällen kann jedoch auf eine Decke nicht verzichtet werden: damit Kameras in niedrigen Positionen nicht die obere Kante der Dekoration ins Bild bekommen bzw. für atmosphärische und realistische Effekte.

1. Decken können die Ausleuchtung auf verschiedene Weise behindern: (a) (1) Streulicht an senkrechten Grenzflächen. (2) Werden die Scheinwerfer, damit sie die Kameraarbeit nicht behindern, höher gehängt, liegt die Decke u.U. im Schatten. (3) In diesem Fall kann die Decke auch einen Schatten auf die Wand werfen und ein Teil des Hintergrunds bleibt unbeleuchtet. (4) Die Möglichkeiten zur Portraitausleuchtung sind eingeschränkt (nur frontal und seitlich).

(b) (1) Bereits ein kleines Stück Decke kann die optimale Positionierung der Scheinwerfer zur Portraitausleuchtung verhindern. (2) Diese Scheinwerferposition an der Deckenkante ist schon zu nah und zu steil. (3) Das Licht dieses Scheinwerfers hat zwar die richtige Höhe, kommt aber aus einer ungeschickten Richtung.

2. Lösungen

(a) In Studiodekorationen mit Decke oder Teil-Decke kann man versuchen: (1) Die Handlung nach vorne zu verlagern. (2) Decke und Wände mit versteckten Scheinwerfern ausleuchten. (3) Das Licht von dekorativen Beleuchtungskörpern nutzen.

(b) Man kann auch versuchen, die Handlung bzw. die Szene durch Raumöffnungen wie Türen, Fenster, Oberlichter usf. auszuleuchten.

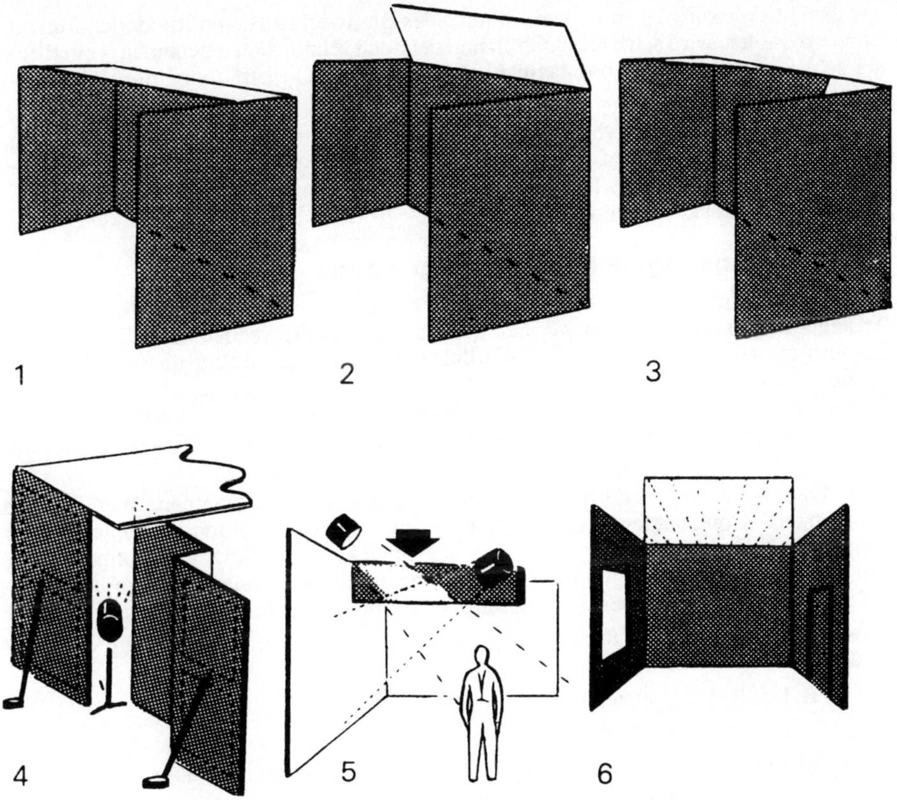

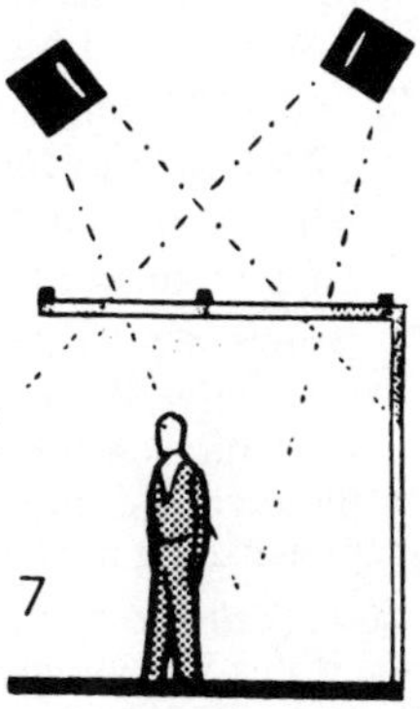

Abb. 14.20/2 Bühnenbild

Das Bühnenbild kann auch so gestaltet werden, daß die Deckenkonstruktion für die Kameraeinstellungen gerade noch ausreicht, aber ansonsten auf ein Minimum begrenzt wird.

1. Die Decke ist auf den von der Kamera erfaßten Bereich reduziert.
2. Geneigte/angewinkelte Decke.
3. Auf die Raumecken beschränkte Deckenkonstruktion.
4. Ein leichter Versatz von Dekorationwänden bleibt aus bestimmten Kameraperspektiven unsichtbar und erlaubt den Aufbau versteckter Scheinwerfer.
5. Ein Deckenbalken o.ä. verbirgt die fehlende Raumdecke und eignet sich ebenfalls als Scheinwerfer-Versteck.
6. Erfaßt eine Kameraeinstellung auch den oberen Bereich einer Dekorationwand oder schießt über ihn hinaus, kann man sich mit einem hinter der Wand abgehängten Stoff oder Zusatzflächen behelfen.
7. Durchscheinende Deckenmaterialien ermöglichen eine Ausleuchtung von oben, aber: das Material selbst sieht meist unangemessen hell beleuchtet aus und die Lichtdurchlässigkeit kann für eine zufriedenstellende Ausleuchtung von Personen und szenischen Bereichen zu gering sein. Unter Umständen wird auch die tragende Konstruktion der durchscheinenden Decke sichtbar.

Weitere Möglichkeiten zur Simulation von Raumdecken bieten die filmischen und elektronischen Stanz-Techniken.

gewünschte Wirkung zu entlocken. Glänzendes Blattwerk, z.B. von Rhododendron oder Lorbeerbäumen, wird stark reflektieren und dennoch sehr dunkel erscheinen, - ein Effekt, der sehr unnatürlich wirkt und beim Ausleuchten einige Frustrationen mit sich bringen kann.

♦ *Position* Beim intensiven Lichteinsatz zur Ausleuchtung dunkler Pflanzen muß man sorgfältig darauf achten, daß angrenzende szenische Bereiche nicht überstrahlt werden. Pflanzen direkt vor einem Fenster sollten nicht zu üppig sein; ansonsten wirken sie insgesamt zu dunkel und undefinierbar.

Beleuchtungskörper innerhalb der Szene

Szenische Lichtquellen haben zum einen dekorative Funktion, können aber auch in die Ausleuchtung mit einbezogen werden. Sie unterstützen den realistischen Eindruck und das gesamte Ambiente einer Szene und sollten deshalb sehr gezielt und überlegt eingesetzt werden. Schon in der Planungsphase der Ausleuchtung ist es wichtig, alle Positionen und Typen der zur szenischen Ausstattung gehörenden Lichtquellen zu kennen, besonders wenn diese selbst eine wichtige Ausleuchtungsfunktion haben bzw. es so aussehen soll, als ob.

♦ *Vielfalt* Es gibt unzählige szenische Lichtquellen: Tischlampen, Wandlampen, Stehlampen, Kronleuchter, verspiegelte Lampen, Leuchtstoffröhren, einfache Deckenlampen, in die Decke integrierte Lampen etc. Hinzu kommen Kerzen, Öllampen, Laternen, Fackeln, Gaslampen, blinkende Schriften etc. Jede Lampe beleuchtet ihre Umgebung auf eine andere Art und Weise und erzeugt eine ganz spezifische Atmosphäre.

♦ *Formen* Die Wirkung und die Effektivität einer jeden Lampe ist abhängig von ihrem Design.

- Bei einigen Lampen ist die Glühbirne sichtbar.
- Bei anderen ist sie verdeckt.
- Manche Lampen sind rein dekorativ und strahlen wenig Licht ab.
- Andere sind sehr hell und beleuchten einen größeren Umgebungsbereich.

All diese Eigenschaften müssen bei der Ausleuchtung mit berücksichtigt werden, d.h. bei jeder szenischen Lichtquelle sollte man sich folgendes überlegen:

Wie hell ist die Lampe? Ist sie hell genug, um als eigenständige Lichtquelle genutzt zu werden? Muß sie u.U. für diesen Zweck umgebaut werden? Muß ihr Lichteffekt auf die Umgebung von zusätzlichen Scheinwerfern unterstützt/imitiert werden?

- Ist die Lampe für die Kamera zu hell oder zu unbedeutend?
- Bringt die Lampe praktische Probleme mit sich? Wenn zum Beispiel eine dekorative Wandlampe einen Lichtfleck auf die Wand wirft: wird dieser Lichtfleck für die Kamera auch noch bei voller Studioausleuchtung sichtbar sein? Ist es möglich, diesen Lichtfleck mit einem anderen Scheinwerfer zu simulieren, ohne gleichzeitig neue unerwünschte Schatteneffekte auf der Wand zu erzeugen?

♦ *Helligkeit* Die Helligkeit jeder dekorativen Lichtquelle hängt immer auch von der Helligkeit des Umgebungslichts ab. Bei einer Beleuchtungsintensität von über 300 fc sehen szenische Lichtquellen in der Regel schwach- bis unbeleuchtet aus. Bei einem Umgebungslicht von weniger als 30 fc erscheinen sie außerordentlich hell.

Ein wichtiger Erfahrungswert ist, daß offene bzw. nicht abgedeckte Lichtquellen wie z.B. Gaslaternen oder nackte Glühbirnen hell genug sind, um auch die nähere Umgebung zufriedenstellend aufzuhellen, aber gleichzeitig sehr stark ablenken. Bei Videoaufnahmen können sie auch zu elektronischen Aufzeichnungsproblemen führen. Reduziert man die Intensität auf das für die Aufzeichnung erträgliche Maß, geht der Ausleuchtungseffekt auf der näheren Umgebung verloren!

♦ *Verstärkte Lichtquellen* Erscheint eine szenische Lichtquelle zu dunkel, läßt sich das Problem in vielen Fällen dadurch lösen, daß man die normale Glühbirne durch eine stärkere bzw. eine spezielle Fotolampe ersetzt. Wenn man Glück hat, entspricht die

Wirkung des stärkeren Lichts auf seine nähere Umgebung genau den Erwartungen. Man läuft jedoch Gefahr, die Lampenfassung und/oder den Lampenschirm zu überhitzen. In manchen Fällen sind auch die Lampenfassungen szenischer Lichtquellen für Fotolampen zu klein. in einigen wenigen Fällen läßt sich auch die Versorgungsspannung um 5-10% erhöhen; - aber diese Methode ist nicht sonderlich empfehlenswert.

♦ *Mogeln* Manchmal ist auch eine Modifizierung der Lampen möglich, indem man zum Beispiel die hintere Hälfte eines Lampenschirms abschneidet und somit das zur Wand hin abgestrahlte Licht verstärkt. Lampen, die zu brennen scheinen, aber selbst keinen erkennbaren Lichteffekt auf ihre Umgebung werfen, wirken merkwürdig.

- Mit folgenden Tricks kann die Wirkung szenischer Lichtquellen überzeugend verbessert werden:
- Eine stärkere Lampe.
- Eine Imitation des auf die nächste Umgebung gestreuten Lichts (durch zusätzliche Spotscheinwerfer).
- Unregelmäßige Lichtpunkte auf der Wand (u.U. von einem Projektor mit Schattenmaske).
- Eine Abschirmung der Glühlampe (mit aufsteckbaren Diffusoren, Abdeckkappen etc.), um Überstrahlungen zu vermeiden.

Mit den richtigen Mitteln bringt man jede Lampe zum Leuchten, ohne daß sie selbst leuchten muß; indem man z.b. den Glaskolben einer Gaslampe mit einem kleinen versteckten Spotlicht anstrahlt, daß die Lampe so aussieht, als ob sie selbst leuchten würde. Eine einfachere Methode ist, die Gaslampe mit einer elektrischen Glühbirne zu bestücken.

♦ *Übliche Probleme* Durchscheinende Lampenschirme und weißes Opalglas haben die unangenehme Eigenschaft auch dann beleuchtet auszusehen, wenn die Lampe gar nicht eingeschaltet ist, aber das Studiolicht auf den Lampenschirm fällt.

- Dunkle Lampenschirme schirmen zwar die Lichtquelle vor der Kamera ab, aber die Strukturen des Schirms sind möglicherweise deutlich zu sehen.
- Das von einigen Lampen erzeugte Lichtmuster ist häßlich und ablenkend. Mit einem geschickt befestigten Stück Diffussionsmaterial läßt sich dieser Effekt meist abschwächen oder ganz unterdrücken.

15 Visuelle Effekte

Visuelle Effekte sind ein wichtiger Bestandteil der Magie des Films und des Fernsehens. Sie schaffen Illusionen, die - wenn sie gut gemacht sind - selbst von kritischen Zuschauern als real empfunden werden. Die im folgenden beschriebenen Effekte werden bei Studioproduktionen recht häufig verwendet und stehen im direkten Zusammenhang mit der Ausleuchtung.

Lichteffekte

Feuer

Feuer hat einen starken emotionalen Effekt, angefangen beim ruhigen, romantischen Reiz eines Kaminfeuers bis hin zur erschreckenden und aufwühlenden Wirkung einer Feuersbrunst. Die symbolischen Qualitäten des Feuers haben immer einen großen Einfluß auf die Atmosphäre einer Szene. Damit eine Imitation von Feuer gut wirkt, muß sie glaubwürdig erscheinen.

Bei genauer Beobachtung eines realen Feuers kann man zwei grundlegende Bestandteile unterscheiden: die gleichbleibende Glut und das Flackern der Flammen. Je heftiger ein Feuer, desto größer und stärker ist auch der Anteil an züngelnden und zuckenden Flammen. Bei der Simulation eines Feuers sollte man in der Regel immer ein wenig übertreiben. Ein normales häusliches Kaminfeuer hat kaum Einfluß auf die Helligkeit des Raums, es sei denn, er ist dunkel.

♦ *Gleichmäßige Glut* Zur Imitation eines schwach glühenden Feuers genügt eine rot-orange farbene Lichtquelle, deren gleichmäßiges Licht u.U. mit schwarzen, unregelmäßig auf dem Leuchtkörper verteilten Farbflecken gebrochen werden kann. Auch künstliche, mit farbigem Licht angestrahlte Glas-Kohlen sehen gut aus. Den Spotscheinwerfer, der die Glaskohlen zum Glühen bringt, stellt man auf ein niedriges Bodenstativ und befestigt vor ihm einen rot-orange farbenen Filter und einen Diffusor. Das Licht sollte recht schwach, sehr weich und relativ begrenzt sein.

Über die richtigen Farben für Feuereffekt-Licht gehen die Meinungen auseinander. Recht wirkungsvoll ist gebrochenes orange- oder bernsteinfarbenes Licht, auch wenn es nicht ganz so realistisch aussieht wie ungebrochenes Licht. Intensives Rot sollte man auf jeden Fall vermeiden.

♦ *Flackereffekt* Zur Simulation von Feuerflackern gibt es ebenfalls verschiedene Techniken. Das beste Ergebnis erzielt man mit dem Flackerstab (Abb. 15.1), an dem eine Vielzahl schmaler, durchscheinender Stoffstreifen befestigt sind. Man hält diesen Flakkerstab vor einen Scheinwerfer mit rot-orange farbenem Filter und bewegt ihn leicht und ruckartig hin und her. Diese Bewegungen sollten nicht rhythmisch sondern unregelmäßig sein. Zu heftige Bewegungen lassen den Effekt übertrieben erscheinen. Richtig ausgeführt, u.U. in Verbindung mit Intensitätsveränderungen des Lichts über einen Dimmer, wirkt das simulierte Feuerflackern absolut überzeugend.

- Manche Beleuchter bevorzugen auch dünne, verschiedenfarbige Streifen (Rot, Orange, Gelb etc.), die jedoch eher zu schweben scheinen als zu tanzen und - je nach verwendetem Material - bei sehr ruhigen Umgebungsbedingungen auch rascheln.

Flackereffekte lassen sich auch noch mit anderen Mitteln herstellen wie z.B.:

- Gegenläufig rotierenden Scheiben, spiegelnden Trommeln mit welliger Oberfläche oder projizierten Rauch- bzw. Flammeneffekten. Aber die Ergebnisse dieser Methoden sehen meist etwas mechanisch aus.

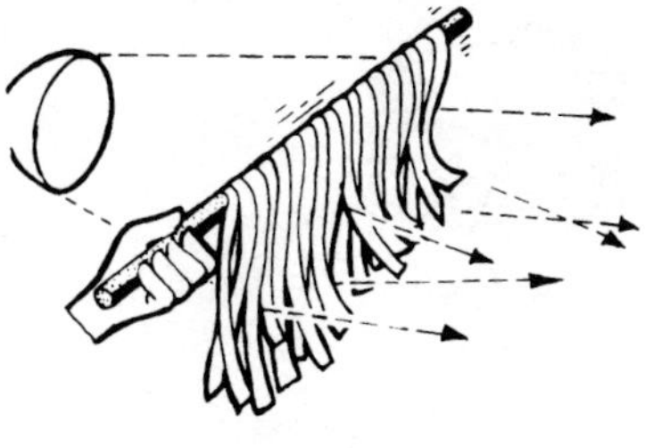

Abb. 15.1 Feuerflackern

An einem Stab werden schmale Stoffstreifen befestigt und vorsichtig vor dem Scheinwerfer hin- und herbewegt.

Abb. 15.2. Verspiegelte Kugel

Eine mit vielen kleinen Spiegeln bestückte, sich drehende Kugel wird von einem starken Spotlicht angestrahlt und reflektiert unzählige sich bewegende Lichtpunkte über die gesamte Szenerie.

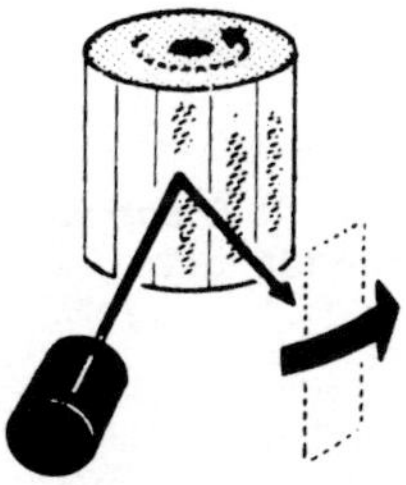

Abb. 15.3 Spiegeltrommel

Eine mit rechteckigen Spiegeln versehene Trommel reflektiert regelmäßige längliche Lichtstreifen und eignet sich z.B. zur Simulation von Licht aus den Fenstern eines vorbeifahrenden Zugs.

- Direkt vor einem Scheinwerfer mit einem glimmenden Docht, einer Räucherkerze erzeugter Rauch oder eine Gasflamme eignen sich ebenfalls zur unregelmäßigen Ablenkung der Lichtstrahlen. Bei genügend starker Rauchentwicklung entsteht ein ganz brauchbarer bewegter Schatteneffekt, dem jedoch das für ein Feuer spezifische Flackern fehlt.
- Farbiges, von einer silberbeschichteten Folie reflektiertes Licht wirkt eher wie rieselndes Wasser als wie ein flackerndes Feuer.

Lichtstrahlen

Lichtstrahlen haben ebenfalls eine starke emotionale Wirkung. Ein Sonnenstrahl, der durch die Wolken, ein Kirchenfenster oder in einen dunklen Kellerraum dringt, ist immer sehr beeindruckend. Aus diesem Grund sind dramatisch wirkende Lichtstrahlen bei Regisseuren und Bühnenbildnern sehr beliebt. Da ein Lichtstrahl eigentlich unsichtbar ist, kann dieser Effekt nur in Verbindung mit einer dunstigen oder rauchigen Atmosphäre hergestellt werden. Sind jedoch der Rauch, Dunst oder Nebel zu dicht, wird der Lichtstrahl übermäßig gestreut und erscheint nicht mehr klar und scharf. Problematisch sind in diesem Zusammenhang Entlüftungssysteme, die gleichzeitig mit der Scheinwerferhitze den künstlich erzeugten Rauch schnell und wirkungsvoll absaugen; - desgleichen sollte man die Sensibilität von Rauchmeldern nicht unterschätzen!

Gute Techniken zur Erzeugung von Lichtstrahlen sind:

- Ein sorgfältig für diesen Zweck eingerichteter Scheinwerfer, dessen Lichtwirkung im betreffenden Bereich von keiner anderen Lichtquelle verwässert oder abgeschwächt wird. Weiches Licht ist völlig ungeeignet. Man schaltet die Lüftungsanlage ab, erzeugt mit einer Nebelmaschine eine geringe Menge Kunstnebel und verteilt diesen so gut wie irgend möglich.
- Eine weitere Möglichkeit ist, einen von der Seite auf ein Stück Gaze projizierten Lichtstrahl (bzw. eine grafische Darstellung) leicht unscharf aufzuzeichnen und kopiertechnisch oder elektronisch der gewünschten Szene zu überlagern.

Vorüberziehende Lichter

♦ *Verspiegelte Kugel* (Abb. 15.2) Eine verspiegelte, sich drehende Kugel, wie sie uns aus Tanzsälen und Diskotheken vertraut ist, reflektiert über den gesamten Raum ein wanderndes Muster winzig kleiner Lichtpunkte. Sie wird von einem oder mehreren, in etwa auf gleicher Höhe befestigten Spotscheinwerfern angestrahlt, wobei man darauf achten muß, daß die Lichtkegel sehr begrenzt sind und kein Streulicht auf die Umgebung fällt. Die Umdrehungsgeschwindigkeit ist normalerweise veränderbar. Langsame Drehungen der Kugel bringen in der Regel den besten Effekt.

♦ *Rotierende Trommel* (Abb. 15.3) Eine mit Spiegelflächen aus Glas, Metall oder reflektierender Folie versehene Trommel eignet sich ebenfalls zur Erzeugung durch den Raum schweifender Lichteffekte. Im Gegensatz zur verspiegelten Kugel

Abb. 15.4 Vorbeiziehende Licht- und Schattenmuster

1. Befestigt man über einem Scheinwerfer einen runden, drehbar gelagerten Rahmen und hängt an diesen Rahmen z.B. ausgeschnittene Strukturen von Zweigen und Ästen, kann man durch Drehung des Rahmens den Effekt vorbeiziehender Bäume simulieren. Die einzelnen Schattenmuster sollten nicht identisch sein.
2. Richtet man ein Spotlicht auf eine innen verspiegelte Trommel mit unregelmäßig durchbrochener Oberfläche, kann man u.a. vorbeiziehende Lichteffekte im Inneren eines Fahrzeugs simulieren.

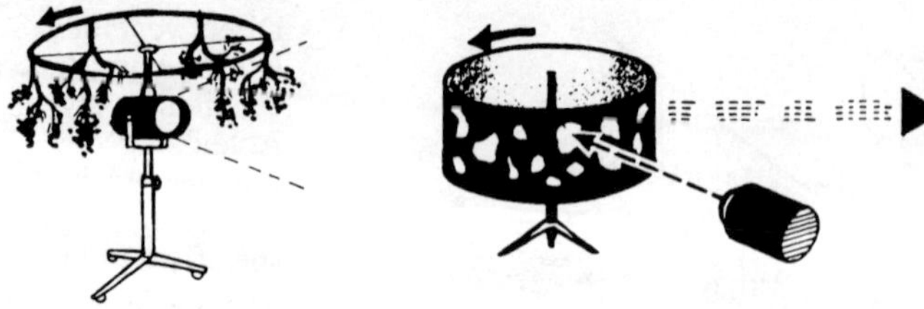

1 2

sind die Lichtreflexe eines sich drehenden Zylinders streifenförmig bzw. rechtwinkelig und können zum Beispiel den Eindruck eines vorbeifahrenden Zuges erzeugen. Mit ähnlichen, an einem Scheinwerfer drehbar befestigten oder von einem Scheinwerfer angestrahlten Vorrichtungen (Abb. 15.4) lassen sich:

- Vorbeiziehende Schattenmuster bzw.
- Vorbeiziehende Lichtpunkte herstellen.

Am häufigsten werden bewegt Lichteffekte in Verbindung mit simulierten Fahraufnahmen angewendet; tagsüber unterstützt man den Fahreffekt vorzugsweise mit bewegten Schatten und nachts mit vorüberziehenden Lichtreflexen.

♦ *Flacker-Scheibe* (Abb. 15.5) Eine weitere, sehr einfache Möglichkeit zur Erzeugung von Lichtbewegungen sind große, rotierende Scheiben. Dreht man eine durchbrochene oder durchsichtige, farbig bemalte Scheibe vor einem Scheinwerfer, entstehen ebenfalls bewegte, pulsierende bzw. sich in ihrer Farbe verändernde Lichteffekte. Dreht man die Scheibe sehr langsam und verändert gleichzeitig die Lichtintensität des Scheinwerfers, dann wirkt dieser Effekt - z.B. bei Aufnahmen in einem Fahrzeug - wie die vorbeiziehenden Licht- und Schattenbewegungen von anderen Fahrzeugen, Straßenlampen oder Schaufensterbeleuchtungen.

Schwingendes Licht (Abb. 15.6)

Befestigt man einen Scheinwerfer an einem ausbalancierten Stativgalgen und richtet ihn mit schwingenden Auf- und Abbewegungen auf das Bullauge einer Schiffskabine, dann entsteht in der Kabine der Eindruck, als würde das Schiff rollen und schlingern. Durch entsprechende rhythmische Kamerabewegungen und eine hin- und herschwingende Kabinenlampe läßt sich der Effekt noch verstärken. Eine Alternative zum schwingenden Stativgalgen sind motorisch verstellbare Teleskophänger.

Stroboskop-Licht

Stroboskopartige Lichteffekte zerhacken Bewegungen von Maschinen und Menschen, je nach Geschwindigkeit, in Standbilder, einzelne Bewegungsphasen bzw. eine Abfolge von Momentaufnahmen. Es muß jedoch darauf hingewiesen werden, daß der Stroboskop-Effekt für Darsteller nicht ganz ungefährlich ist. Langsame Stroboskopeffekte können bei empfindlichen

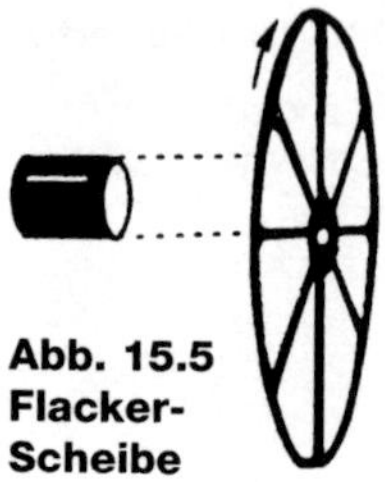

Abb. 15.5 Flacker-Scheibe

Sich drehende Speichenräder unterbrechen den Lichtstrahl des Scheinwerfers und erzeugen einen Flacker-Effekt. Mit unterschiedlichen Farbfolien in den einzelnen Segmenten lassen sich dekorative Farbeffekte erzeugen.

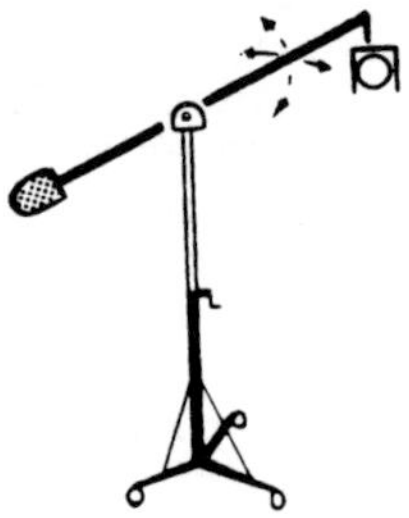

Abb. 15.6 Schwingendes Licht

Ein an einem Lichtgalgen hängender Spotscheinwerfer läßt sich sehr gleichmäßig hin- und herschwingen und eignet sich für Effekte wie Schiff auf unruhiger See usf. Solche gleichmäßigen Höhenveränderungen kann auch mit einem Motorteleskop erzeugen.

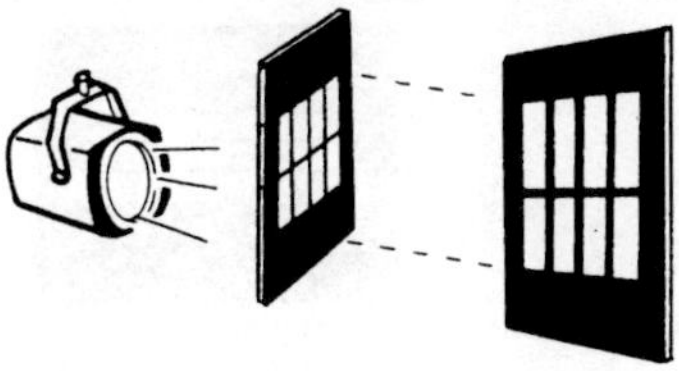

Abb. 15.7 Schattenwürfe

Stellt man Gegenstände vor einen Scheinwerfer, wird ihr Schatten auf den Hintergrund geworfen. Die Schattenbegrenzungen sind am schärfsten, wenn die Ausdehnung der Lichtquelle sehr gering ist und die Abstände zwischen Scheinwerfer und Objekt sowie zwischen Objekt und Hintergrund recht groß sind.

Menschen physische Krämpfe auslösen (epileptische Anfälle, Kopfschmerzen, Schwindelgefühle u.a.). Es ist auch bekannt, daß es beim Einfrieren von Maschinenbewegungen schon zu Unfällen gekommen ist, da Personen versehentlich dem Eindruck erlegen sind, die Maschine würde sich wirklich nicht bewegen.

Lasereffekte

Ein Laserstrahl ist scharf gebündeltes, monochromatisches Licht von hoher Intensität (0,3-30 Bogenminuten). Durch Kombinationen von Argon- und Kryptonlasern läßt sich rotes, blaues, blaugrünes, purpurfarbenes, goldenes und weißes Licht erzeugen.

Laser für dekorative Effekte auf Popkonzerten, Tanzveranstaltungen und andere Zwecke werden normalerweise gemietet. Genauso wie normale Lichtstrahlen braucht Laserlicht, um gut erkennbar zu sein, eine dunstige oder rauchige Atmosphäre. Über eine (programmierbare) Beeinflussung der horizontalen und vertikalen Ablenkung sowie der Intensität lassen sich aufregende Wirkungen erzielen.

Autoscheinwerfer

Am einfachsten simuliert man Autoscheinwerfer mit einen Spotscheinwerfer, den man langsam über die Szene schwenkt. Mit Scheinwerfertoren kann der Lichtstrahl nach oben und unten ein wenig begrenzt werden. Eine alternative, realistischer wirkende Lösung sind zwei kleine Spotscheinwerfer, die an beiden Enden eines in der Mitte drehbar gelagerten Stabs befestigt werden.

Dekorative Lichtquellen innerhalb der Szene

Wie schon in Kapitel 14 beschrieben, bringt auch die Arbeit mit szenischen Lichtquellen ihre ganz spezifischen Probleme mit sich. Ist eine Lampe hell genug, um auch ihre nähere Umgebung überzeugend ins Licht zu setzen, ist die Lichtquelle selbst für die Kamera meist zu hell. Schwache Lichtquellen wie z.B. ein Streichholz oder eine Kerze sind dagegen für brauchbare Lichteffekte in der näheren Umgebung meist viel zu schwach.

Eine geschickte Lösung ist in diesem Fall ein kleines, lichtstarkes Lämpchen, das sich z.B. zur Simulation des aufflackernden Lichts eines Streichholzes sehr gut in der Handfläche verstecken läßt bzw. in einer Kerzenimitation oder auch in einer schwachen Laterne. Somit läßt sich das Gesicht der Person, die das Streichholz anzündet, eine Kerze in der Hand hält oder eine Laterne trägt, recht realistisch aufhellen. Die Mutmaßung, daß Kerzenlicht weich sei, ist zwar falsch. Trotzdem sollte man dieser subjektiven Erwartung bei der Simulation von Kerzenlicht entgegenkommen und den Lichtstrahl des Lämpchens mit Diffusionsmaterial ein wenig streuen. Für mystische Effekte empfiehlt sich sogar ein Weichzeichner vor dem Kameraobjektiv.

Die Arbeit mit echten Kerzen hat ihre Tücken, da sich ihr Licht kaum kontrollieren läßt und sie bei großer Beanspruchung recht schnell abbrennen. Man muß ständig auf die Kontinuität achten, denn es sieht nicht sonderlich überzeugend aus, wenn in einer Einstellung die Kerze sehr kurz und in der nächsten Einstellung sehr lang ist. Bei Videoaufnahmen können auch Nachzieheffekte und störende Lichtstreifen auftreten.

Blitze

Zuckende Blitze werden oftmals mit Hilfe elektrischer Entladungen oder mit Videoeffekten imitiert. Diese Imitationen wirken jedoch bei weitem nicht so gut wie reale, mit der Filmkamera aufgezeichnete Blitze. Dennoch lassen sich auch künstlich ganz brauch-

Abb. 15.8 Verzeichnete Projektionsmuster

Projektionen aus einem schrägen Winkel zur Projektionsfläche erscheinen verzerrt. In vielen Fällen sieht die Verzeichnung ganz natürlich aus. Es gibt sogar Schattenschablonen mit verzerrten Mustern zur Kompensation der durch schräge Projektionswinkel verursachten Verzeichnungen.
Eine Projektion der Maske E aus Richtung B ergibt ein unverzerrtes Projektionsbild, ähnlich wie C.

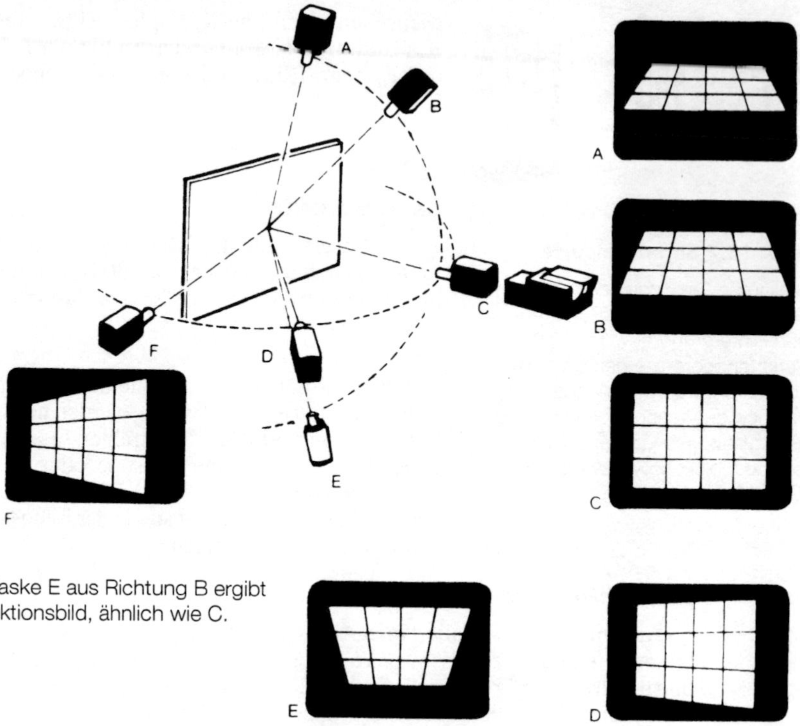

bare Blitze erzeugen, solange man darauf achtet, daß sie keine Schatten auf den Hintergrund werfen oder überbelichtet erscheinen.

Die üblichen Methoden zur Erzeugung künstlicher Blitze sind:

- Ein kurzer Funkensprung von Xenon- oder Kohlebogenscheinwerfern.
- Sehr ruckhaftes Öffnen und Schließen einer Jalousie bzw. von Blendenlamellen.
- Sehr schnelles Ein- und Ausschalten von Fotolampen.

Erzeugt man den Blitzeffekt mit Glühlampen von etwa 2kW, beeinträchtigt die Aufwärmphase des Glühfadens dessen Konturenschärfe. Manchmal kann es schon genügen, den Lichtstrahl eines Scheinwerfers abzudecken und für den kürzesten möglichen Augenblick freizugeben.

Ob die Blitzfolgen sehr schnell aufeinander folgen sollen oder in gewissen Abständen, hängt von der Intention ab; desgleichen die beste Richtung für den gewünschten dramatischen Effekt:

- Frontal - für plötzliche, überraschende Enthüllungen, kurz vor einem Sturm.
- Als Gegenlicht - hier enthüllt der Blitz nur Umrisse; meist ein bedrohlicher und Angst einflößender Effekt.
- Außerhalb eines Fensters - der Blitz ist draußen; wir sind drinnen und fühlen uns sicher.

Bei leicht bläulich ausgeleuchteten Nachtaufnahmen ist ein weißer Blitz mit hoher Farbtemperatur am wirkungsvollsten. Blitze außerhalb eines Zimmerfensters sollten vorzugsweise hellblau oder stahlblau sein, um sich überzeugend von der Farbtemperatur des Innenraums abzuheben.

Projizierte Lichtmuster

Am einfachsten erzeugt man Lichtmuster auf großen Hintergrundflächen mit einer großen ausgestanzten Schablone vor einer sogenannten Punktlichtquelle. Je kleiner die Ausdehnung der Lichtquelle ist, desto schärfer sind die Schattenbegrenzungen. Stufenlinsenscheinwerfer erzeugen Licht- und Schattenmuster von geringerer Konturenschärfe als offene Scheinwerfer mit kleinem Brenner. Entfernt man die Stufenlinse, verbessert sich zwar die Kantenschärfe, aber die Ausgangsleistung wird geringer. Um Muster mit weichen Übergängen zu erzielen - z.B. einen blauen Himmel mit weißen Wolken - schneidet man in eine blaue Filterfolie entsprechende Löcher und befestigt die Folie vor einem Stufenlinsenscheinwerfer.

Für interessante mehrfarbige Projektionseffekte schneidet man aus zwei bis drei verschiedenfarbigen Folien unterschiedliche Formen aus und legt die Folien übereinander. Durch die Überlagerung einer blauen und einer gelben Folie bekommt man somit blaue, gelbe und grüne Muster. Die ausgeschnittenen Folienmuster kann man weiterverwerten und wiederum auf andere Folien kleben.

Spotscheinwerfer mit ellipsoidem Reflektor (Profilscheinwerfer und Verfolgerscheinwerfer) eignen sich speziell zur Projektion vorgefertigter, aus Stahlblech gestanzter Schattenschablonen. Solche Gobos kann man aus dünnem Aluminium bzw. aus Aluminiumfolie auch selbst herstellen. Einige der käuflichen Schattenschablonen haben äußerst hübsche Muster von Pflanzen und Bäumen, geometrische Formen, Wolken, Sterne, Landschaften, Skylines, Fenster, Rollostrukturen, Embleme, Symbole, abstrakte Formen etc. Komplexe und komplizierte Strukturen werden zur Stabilisierung auf ein sehr feines Drahtgeflecht aufgebracht. Für fotografische Halbton- und Negativbilder sowie fein detaillierte Objekte verwendet man als Grundlage hitzebeständiges Glas.

Mit mehreren Projektoren kann man verschiedene Schattenmuster überlagern und mehrfarbige Projektionen herstellen, z.B bunte Reklameschilder, Feuerwerk, vielfarbige Kirchenfenster etc. In Verbindung mit einem Motor lassen sich speziell für diese Funktion angefertigte Schattenmasken auch in Bewegung setzen um Regen, Schnee, Flammen, Regenwasser, bewegte Zweige und andere Effekte zu simulieren. Einige dieser Bewegungseffekte wirken realistisch, - andere weniger. Aber in manchen Fällen sind sie hilfreich, um den Eindruck ganz bestimmter Umgebungsverhältnisse zumindest zu unterstützen.

Die Größe der Projektion ist abhängig vom Abstand des Projektors zur Projektionsfläche und seiner Objektivbrennweite. Weitwinkelobjektive ermöglichen große Projektionsbilder schon auf geringe Entfernungen, aber die Lichtausgangsleistung ist geringer und die Gefahr von Abbildungsverzerrungen größer. Projektoren mit langen (Tele-)Brennweiten sind für großen Projektionsentfernungen ausgelegt und haben in der Regel eine bessere Abbildungsschärfe über das gesamte Bildfeld.

Die häufigsten Probleme bei der Projektion von Licht- und Schattenmustern sind:

- Eine Abschwächung des Effekts durch Streulicht von anderen Lichtquellen auf dem Projektionshintergrund.
- Die Projektion ist nicht hell genug.
- Kleine Details kommen nicht wie gewünscht zur Geltung.
- Ein schiefer Projektionswinkel führt zu Bildverzerrungen und teilweise unscharfen Projektionsbildern.

Schatteneffekte von Regentropfen, die eine Fensterscheibe hinunterlaufen oder von Vorhängen, die sich im Wind bewegen sollte man jedoch real mit der Kamera aufzeichnen und mit einem lichtstarken Projektor wiedergeben.

Blinkende Lichtzeichen und Schriften

Blinkende Zeichen können von einem elektrischen Bimetallkontakt oder einer elektronischen Intervallschaltung gesteuert werden, wie sie z.T. auch in Lichtsteuerpulte integriert ist. Soll der blinkende Lichteffekt gleichzeitig seine Umgebung erhellen, müssen für die Aufhellung weitere Scheinwerfer eingerichtet und ebenfalls an diese Schaltung angeschlossen werden.

Eine blinkende Leuchtschrift kann man auch vortäuschen, indem man weiße oder reflektierende Buchstaben auf einem schwarzen Hintergrund befestigt und mit blinkendem, u.U. farbigem Licht anstrahlt. In der Regel wirkt die Täuschung überzeugend echt.

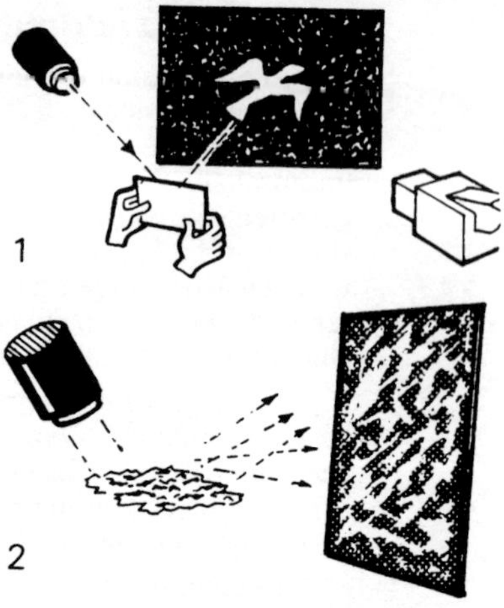

Abb. 15.9 Reflektierte Formen

1. Hält man reflektierende Materialien (Metallfolie, spiegelnde Kunststoffolie) in einen scharf gebündelten Lichtstrahl, kann man auf näherliegende Flächen die unterschiedlichsten Effekte projizieren. Mit flexiblen Reflektoren lassen sich die Formen der projizierten Effekte zusätzlich verzerren.
2. Die reflektierten Materialstrukturen eignen sich auch zur Gestaltung von Hintergrundflächen, z.B. die von zerknitterter Aluminiumfolie unregelmäßig in alle Richtungen gestreuten Lichtpunkte.

Abbildungsfehler

♦ *Lichtstreuungen im Objektiv* Sehr helles Licht wird unter Umständen innerhalb des Objektivs reflektiert und gestreut. Dies führt zu Überstrahlungen in Form der Blendenlamellen, zu Lichtschlieren, einer grauen Wiedergabe schwarzer Bildbereiche, verringerten Kontrasten und entsättigten Farben. Moderne, mehrfachbeschichtete Objektive und Sonnenblenden reduzieren Lichtstreuungen im Objektiv. Einige Videokameras haben elektronische Schaltungen, um Streueffekte in einem gewissen Umfang abzuschwächen.

Die häufigsten Ursachen für Lichtstreuungen im Objektiv sind zu niedriges Gegenlicht, Oberflächenreflexionen oder Lichtquellen innerhalb der Einstellung. Die üblichen Mittel zur Verringerung dieser Effekte sind Scheinwerfertore, die ins Objektiv strahlendes Gegenlicht abhalten, höhere Scheinwerferpositionen oder Abdeckplatten über dem Kameraobjektiv.

Sind Streulichteffekte vom Regisseur aus atmosphärischen Gründen erwünscht, richtet man am besten ein niedrig positioniertes Gegenlicht direkt auf die Kamera und entfernt deren Gegenlichtblende. Das Ergebnis ist nicht immer kalkulierbar und sehr schwierig reproduzierbar; d.h. trotz einer geglückten Gegenlichtprobe kann der gewollte Streulichteffekt in der Aufzeichnung ganz anders zur Geltung kommen.

♦ *Flimmernde Bilder* Wird der Lichtstrahl eines Scheinwerfers durch Flammen oder Rauch projiziert, entstehen durch Beugung des Lichts eigenartige Lichtschwebungen, - ähnlich dem Hitzeflimmern über heißem Asphalt. Dieses Flimmern stört besonders bei Aufnahmen flacher Abbildungen und Grafiken, da es deren Oberfläche verzerrt und fast dramatisch wiedergibt. Um ein effektvolles Flimmern gezielt zu erzeugen, brennt man vor einem Scheinwerfer z.B. Wachs, Feueranzünder, einen ölgetränkten Lappen oder Weihrauch ab.

♦ *Diffuse Abbildungen* Um die Detailwiedergabe und Detailkontraste abzuschwächen, kann man verschiedene Materialien vor dem Objektiv befestigen:

- Eine dünn mit Öl oder Fett beschmierte Glasscheibe.
- Einen Weichzeichner - d.h. eine plane Glasscheibe mit sehr feinen konzentrischen Ringen.
- Gaze, netzartige Materialien, Chiffon.
- Dunstfilter - Diese gibt es mit unterschiedlicher Dichte: vom leichten Diffusionseffekt bis hin zu einer deutlichen Reduzierung des gesamten Kontrastumfangs.

♦ *Farbfilter* Wenn keine drastischen Farbveränderungen für Traumsequenzen oder abstrakte Effekte erwünscht sind, ist die Zahl der verwendbaren Objektivfilter sehr begrenzt. Geringfügige Beeinflussungen der Farbstimmung (z.B. die Simulation von Mondlicht) sind mit Objektivfiltern wesentlich schneller und ökonomischer zu realisieren als durch eine zeitaufwendige Befestigung von Farbfilterfolien vor allen Studioscheinwerfern.

Reflektierte Formen Reflektierende Materialien bieten eine Vielfalt interessanter visueller Gestaltungsmöglichkeiten. Mit ein wenig Übung und Erfahrung lassen sich statische und bewegte Effekte herstellen wie zum Beispiel Titelanimationen, reflektierte Formen und verwischte Lichtmuster; - darüber hinaus auch gespenstisch, geisterhaft, magisch und übernatürlich wirkende Effekte für Traumsequenzen bis hin zu Bildern, die einen Zustand geistiger Verwirrung darstellen sollen.

Bemalt man Metallfolien, flexible Kunststoffspiegel oder andere hochglänzende, biegsame Materialien mit Figuren bzw. Schriften und reflektiert mit ihnen einen Lichtstrahl auf den Hintergrund (von vorne oder als Rückprojektion), dann läßt sich der projizierte Effekt verzerren, krümmen, komprimieren, strecken etc. Zwei auf den gegenüberliegenden Seiten einer flexiblen Projektionsfläche aufgebrachte Muster können sogar überlagert werden. Oberflächenbehandlungen mit Fett oder Lack ermöglichen zusätzliche Manipulationen der reflektierenden Eigenschaften, z.B. die (partielle) Beeinflussung von deren Helligkeit und Struktur.

Eine durchscheinende Fläche oder ein glatter Hintergrund läßt sich dekorativ gestalten, indem man auf ihn mit einer zerknitterten Aluminiumfolie farbiges, aus unterschiedlichen Richtungen kommendes Licht reflektiert. Die unregelmäßigen und verschiedenfarbigen Lichtpunkte verschmelzen zu interessanten abstrakten Formen.

Wasserbewegungen

Dieser Effekt wird überall dort gebraucht, wo sich Personen an einem Fluß aufhalten, sich über die Reeling eines Schiffes beugen oder durch ein Bullauge auf das Meer blicken. Die beste Methode zur Imitation von Wasserbewegungen ist, Spiegelplättchen in ein flaches Wasserbecken zu legen (ca. 0,6 x 1,2 m groß mit 5 cm Wasserhöhe). Mit einen im geeigneten Winkel auf die Wasseroberfläche gerichteten Spotscheinwerfer bekommt man eine überzeugende Wasserspiegelung. Um gute Ergebnisse zu erzielen, sollte man folgendes berücksichtigen:

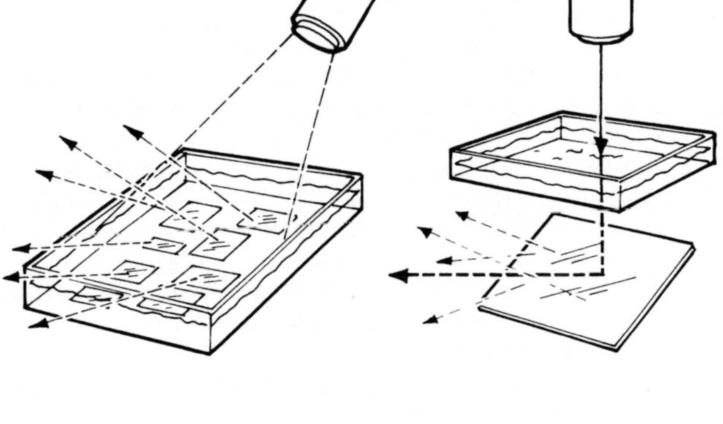

Abb. 15.10 Wasserbewegungen

Bodenschale Die kleinen, von einem Scheinwerfer angestrahlten Spiegel in der Wasserschale reflektieren die Wasserbewegungen.

An einen Stativ befestigte Glasschale Das Licht des auf die Glasschale gerichteten Scheinwerfers trifft auf einen unterhalb der Schale befestigten Spiegel. Der in seinem Neigungswinkel verstellbare Spiegel reflektiert die Wasserbewegungen in die Szene.

- Mit einem Stufenlinsenscheinwerfer auf einem Bodenstativ läßt sich die gewünschte Wirkung einfacher und meist mit einem besseren Welleneffekt einrichten als mit Scheinwerfern, die an der Studiodecke befestigt sind. Der Abstand zwischen Scheinwerfer und Wasserbecken sollte etwa einen Meter betragen.
- Die reflektierenden Spiegelplättchen dürfen weder zu klein noch groß sein; - am besten etwa so groß wie eine Handfläche.
- Für den Welleneffekt bewegt man langsam einen Finger durch das Wasser. Zu schnelle Bewegungen sind nicht empfehlenswert. Eine Bewegung der Wasserschale wäre schwieriger und das Wasser könnte überschwappen.

Eine gefüllte Wasserschale ist sehr schwer und nicht gerade einfach herumzutransportieren. Die alternative Kompakt-Lösung ist eine Glasschale, die direkt an einem rollbaren Lampenstativ befestigt wird. Unterhalb der Glasschale wird ein in seiner Neigung verstellbarer Spiegel montiert. Richtet man den Lichtstrahl des Scheinwerfers von oben auf die Glasschale. dann läßt sich durch Justieren des Spiegels die Ausrichtung der Wasserreflexion sehr einfach verändern. Auch hier erzeugt man die Wellenbewegungen mit dem Finger oder durch schwache Stöße an die Glasschale. Die Ausdehnung der Reflexion ist jedoch geringer als beim vorigen Beispiel.

Regen, Dunst, Nebel, Rauch

♦ *Regen und Dunst* Tropft Wasser auf eine Fensterscheibe oder läuft an ihr herunter, als Nieselregen oder als heftiger Regenguß, leuchtet man die Scheibe am besten von der Seite oder mit einem schräg versetzten Gegenlicht aus. Hierbei ist es wichtig, die Wassertropfen nicht zu überstrahlen, da sie ansonsten unnatürlich hell wirken. Bei langen Belichtungszeiten kann Regen ein wenig streifenförmig aussehen.

Studioregen wird ganz einfach mit einem Wassersprüher oder einer Gießkanne erzeugt. Sehr fein gestreutes Wasser wirkt wie Dunst.

Man muß natürlich peinlichst darauf achten, daß kein Wasser und auch kein Sprühnebel mit elektrischen Geräten in Berührung kommt, d.h. weder mit in der Nähe stehenden oder von der Decke hängenden Scheinwerfern noch mit Kabelverbindungen oder Stromanschlüssen. Wasser kann nicht nur einen elektrischen Kurzschluß oder einen Stromschlag verursachen, sondern heiße Lampen auch explodieren lassen. Windmaschinen lassen Regen noch realistischer erscheinen, aber die entstehenden Sprühnebel vergrößern die genannten Gefährdungen.

♦ *Nebel und Rauch* Dunst, Nebel und Rauch sind in ihrer Wirkung prinzipiell ähnlich. Sie lassen sich mit unterschiedlichen Typen von Rauch- oder Nebelmaschinen erzeugen. Einige Typen arbeiten mit einer ungiftigen Flüssigkeit auf Wasserbasis - geruchslos oder mit Duftstoffen wie Freesien-, Rum- und Erdbeergeruch! - und sind z.T. für schwache oder starke Nebeleffekte ausgelegt. Die Nebelflüssigkeit wird in eine erhitzte Kammer geleitet und bildet hier ein dichtes, weißes Dampfgemisch. Über ein regelbares Auslaßventil läßt sich die gewünschte Nebeldichte steuern. Andere Typen arbeiten mit Trockeneis, das in heißem Wasser erhitzt wird und dichte Nebelschwaden bildet, die sich vorzugsweise wolkenartig über dem Boden ausbreiten (etwa bis Bauchhöhe).

Je intensiver der Nebel- oder Raucheffekt, desto sorgfältiger muß das Licht positioniert werden.

- Gerichtete Lichtstrahlen werden bei Rauch und Nebel deutlich sichtbar.
- Bei dichtem Nebel ist das Licht in Scheinwerfernähe sehr hell und verliert mit zunehmender Entfernung sehr schnell an Intensität.
- Bei nächtlichen Szenen kann man auch mit zusätzlichem Gegenlicht arbeiten; in Verbindung mit Tageslicht ist es ungeeignet und wirkt höchstens flach.
- Seitenlicht eignet sich vorzugsweise für nächtliche, neblige Straßenszenen mit beleuchteter Umgebung.
- Weiches, von vorne kommendes Licht sieht gut aus, ohne jedoch Einzelheiten hervorzuheben oder zu betonen.

- Jedes frontale Licht trifft direkt auf den Nebel oder den Rauch und läßt ihn massiv erscheinen (ein ähnlicher Effekt wie bei frontaler Ausleuchtung von Gaze).

Dunst und Nebeleffekte lassen das Bild gräulicher erscheinen, entsättigen die Farben und reduzieren den Kontrastumfang, indem sie dunkle Tönungen aufhellen. Bei Tageslicht sollte die Ausleuchtung flach und nicht zu hell sein. Bei nächtlichen Szenen kann zu dichter Nebel oder Dunst Schwierigkeiten mit sich bringen. Nahaufnahmen erscheinen häufig wie Aufnahmen bei schwachem Tageslicht und auf größere Entfernungen können die Lichtstrahlen der Scheinwerfer stärker als gewünscht bewußt werden.

Manchmal ist es besser, den Nebeleffekt durch Nebelfilter vor dem Kameraobjektiv zu erzeugen, u. U. in Verbindung mit sehr schwachem Dunst. Gelegentlich reicht zur Vortäuschung des Effekts schon ein vor die szenische Handlung gespannter Gazestoff.

Fotografische Hintergrundsimulation

Anstatt vor Ort zu drehen oder ein Bühnenbild zu bauen ist es oftmals billiger und einfacher, die Handlung im Studio vor einem realistischen Fotohintergrund aufzunehmen. Auch hier haben die verschiedenen Methoden ihre spezifischen Vor- und Nachteile, aber bestenfalls läßt sich mit jeder Technik die völlig überzeugende Illusion herstellen, daß sich die Darsteller mitten in der fotografierten Umgebung bewegen. Zu den beim Film und beim Fernsehen gebräuchlichen Techniken gehören:

- Foto-Hintergrund - die Vergrößerung eines Fotos
- Rückprojektion
- Projektion von vorne/Aufprojektion
- Wandermasken (travelling matte)
- Elektronische Maskenverfahren/Einstanzung/Chroma Key

Vordergrund und Hintergrund müssen im Maßstab, ihren Proportionen, der Perspektive und den Farben übereinstimmen, d.h. bei der Ausleuchtung des Vordergrunds muß man sicherstellen, daß die Lichtrichtung, die Lichtintensität und die Ausleuchtungskontraste im Studio mit dem Foto einigermaßen harmonieren. Bei zu großen Abweichungen wirkt das Ergebnis nicht überzeugend. Hintergrundfotos können eingesetzt werden:

- Als totaler Handlungshintergrund.
- Als Fensterhintergrund.
- Zur Erweiterung des szenischen Raumgefühls durch Ausblicke auf eine Umgebung hinter einem Torbogen oder einer Türe.

Bei einigen Fernsehsendungen (z.B. Nachrichten) wird mit großen, von hinten beleuchteten Dias der Blick durch ein Fenster auf ein Stadtpanorama simuliert. Bei einer präzisen Abstimmung des Hintergrundlichts für das Dia mit der Studioausleuchtung wirkt das Dia täuschend echt. Ansonsten muß man eigentlich nur darauf achten, daß kein Studiolicht auf das Dia fällt.

Foto-Hintergrund

Eine bewährte Methode für realistische Hintergrunddarstellungen sind auf Segeltuch oder Wandelementen befestigte Fotovergrößerungen. Viele Bühnenbildner ziehen leicht kolorierte Schwarzweiß-Fotos den wesentlich teureren Farbfotos vor, die manchmal auch zu bunt wirken. Es ist außerordentlich wichtig, den Foto-Hintergrund sehr gleichmäßig auszuleuchten, so daß keine Unregelmäßigkeiten der Oberfläche sichtbar werden; - und daß keine Darstellerschatten auf das Foto fallen.

Rückprojektion

Hier wird ein Dia oder Filmausschnitt auf die Rückseite einer großen durchscheinenden Projektionsfläche projiziert. Die Handlung spielt vor der Fläche. Diese früher bei

Abb. 15.11 Rückprojektion

1. Auf die Rückseite einer durchscheinenden Projektionswand wird ein Dia oder ein Film projiziert. Für die Kamera auf der gegenüberliegenden Seite liefert die Rückprojektion den szenischen Handlungs-hintergrund.
2. In Verbindung mit weiteren szenischen Ausstattungs-gegenständen kann ein vollständiger Handlungsraum gestaltet werden.
3. Die Rückprojektion kann auch als Ergänzung eines bereits komplett ausgestatteten Raums eingesetzt werden, z.B. als Fensterhintergrund.
4. Desgl. als räumliche Fortsetzung eines Bühnenbilds.

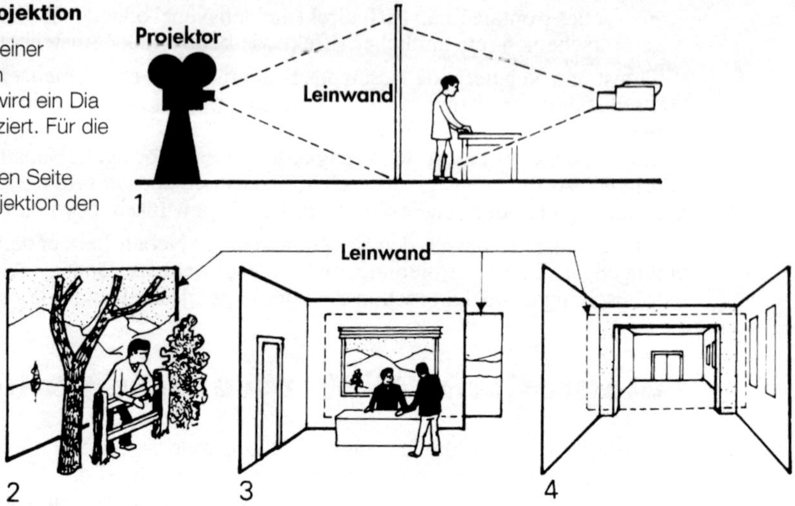

vielen Filmproduktionen und beim Schwarzweiß-Fernsehen eingesetzte Methode wurde im Laufe der Zeit weitgehend durch die Aufprojektion, kopiertechnische Überlagerungen und beim Farbfernsehen durch elektronische Einstanzung ersetzt.

Ein Schwachpunkt des Rückprojektionssystems ist, daß häufig Streulicht von der Vordergrundhandlung auf die Projektionswand fällt und den Kontrast- und Farbumfang der Rückprojektion abschwächt. Mit einem schwarzen, gazeartigen Stoff vor der Rückprojektionsfläche und anderen Mitteln kann man diesen Effekt zumindest in einem gewissen Umfang verringern. Um zu vermeiden, daß Licht- und Schatten der Szene auf die Vorderseite der Projektionsfläche fallen, müssen folgende Punkte berücksichtigt werden:

- Objekte und Personen sollten einen Mindestabstand von 2-2,5 m zur Projektionsfläche haben.
- Weiches Licht darf nur, wenn unbedingt nötig und nur äußerst sparsam eingesetzt werden.
- Frontales Licht muß vergleichsweise steil von oben kommen, der Lichtstrahl von Spotscheinwerfern muß mit Toren zur Rückprojektionsfläche hin abgeschattet werden und Lichtreflexionen vom Boden auf die Projektionsfläche sind so weit wie irgend möglich zu vermeiden.
- Auch das Gegenlicht muß entsprechend schräg nach vorne ausgerichtet werden.
- Sehr häufig werden Szenen vor einer Rückprojektion von der Seite ausgeleuchtet und Streulicht mit Toren von der Projektionswand abgehalten.

Es ist auch nicht gerade einfach, eine Rückprojektion mit gleichmäßiger Helligkeitsverteilung und Schärfe einzurichten. Projektoren neigen zu Überstrahlungen in der Mitte, die sich, je nach Kamerastandpunkt, verschieben. Auch die Helligkeit des projizierten Bildes verändert sich, wenn eine Kamera seitlich der Projektionsachse steht. Das heißt: wenn gleichzeitig zwei Kameras die Handlung aus unterschiedlichen Aufnahmewinkeln in Bezug auf die Projektionsfläche aufzeichnen, ändert sich beim Schnitt die relative Hintergrundhelligkeit.

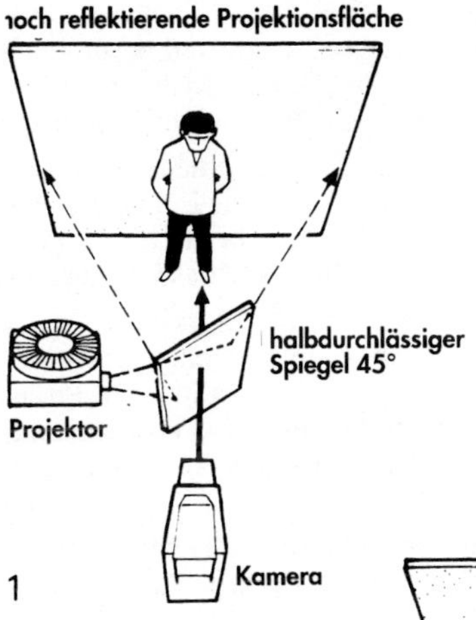

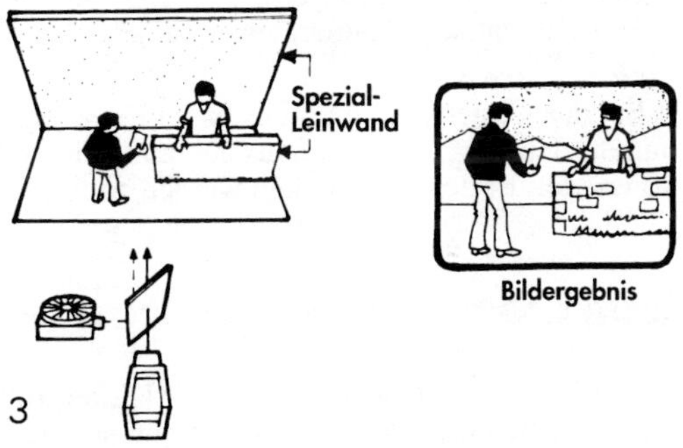

Abb. 15.12
Aufprojektion

1. Über einen halbdurchlässigen Spiegel wird das Projektionsbild in Richtung der optischen Achse auf die hoch reflektierende Spezialleinwand projiziert. Von dieser Leinwand wird das Projektionsbild fast ohne Streuverluste zur Kamera zurückgeworfen. Das auf Darsteller fallende Projektionslicht wird von der szenischen Ausleuchtung vollständig überlagert.
2. Personen *vor* einem aufprojizierten Hintergrund.
3. Werden Ausstattungselemente mit der Spezialleinwand verkleidet, können sich Darsteller sogar *hinter* aufprojizierten Szenendetails (z.B. einer Mauer) aufhalten.

Beim Fernsehen wird die Rückprojektion nur noch sehr begrenzt, z.B. für kleinflächige Projektionen, als Hintergrund eines Autofensters oder zur Wiedergabe von Diapositiven eingesetzt.

Projektion von vorne

Bei der frontalen Projektion steht der Projektor auf der gleichen Seite der Projektionsfläche wie die Kamera. Die frontale Projektion von Licht- und Schattenmustern zur dekorativen Gestaltung von Hintergrundflächen wurden bereits vorgestellt.

Diese Projektionsart kann für viele Zwecke und die unterschiedlichsten Produktionen eingesetzt werden. Zu ihren Nachteilen zählen:

- Verzeichnungen bzw. Bildverzerrungen bei einer schrägen Ausrichtung des Projektors auf die Projektionsfläche.
- Unscharfe Bildbereiche bei schräger Projektion (begrenzte Tiefenschärfe).
- Ungenaue Wiedergabe kleiner Details durch Lichtbeugungen im Projektionsobjektiv.
- Die Struktur der Projektionsfläche kann im projizierten Bild weiterhin sichtbar bleiben.
- Streulichteffekte können das Projektionsbild verwässern.

Aufprojektion

Das Herzstück der sogenannten Aufprojektion ist eine speziell beschichtete Aufpro-Leinwand, die ca. 92% des auffallenden Lichts in Projektionsrichtung zurückreflektiert. Die Wirkungsweise ist im Prinzip ähnlich wie bei reflektierenden Verkehrsschildern.

Das Bild wird über einen halbdurchlässigen Spiegel, der in einem Winkel von 45° zum Projektor und zur Kamera angeordnet ist, auf die reflektierende Leinwand projiziert. Die Film- oder Fernsehkamera steht hinter dem Spiegel, ist direkt auf die Projektionsfläche ausgerichtet und sieht gleichzeitig die szenische Handlung und das von der Aufpro-Wand in Kamerarichtung zurückreflektierte Projektionsbild.

Durch die extrem gerichtete Reflexion haben Lichtquellen, sofern sie nicht aus Richtung der Kamera kommen, keinen Einfluß auf die Qualität der Projektion. Das projizierte Bild fällt zwar auch auf die Objekte und Personen im Vordergrund, wird aber von diesen in alle Richtungen gestreut und von der szenischen Ausleuchtung vollständig überlagert.

Das Aufpro-Verfahren erfordert eine äußerst präzise Ausrichtung der Geräte und erlaubt nur statische Kameraeinstellungen. Dafür sind die Ergebnisse absolut überzeugend.

Bei der Ausleuchtung gibt es kaum Einschränkungen - bis auf die üblichen Anforderungen, daß die szenische Ausleuchtung der Lichtrichtung und der Lichtqualität des projizierten Bildes angeglichen werden sollte.

Elektronisch eingestanzte Bilder

Es gibt verschiedene Verfahren, den Hintergrund einer Szene über einen optischen oder elektronischen Prozeß auszustanzen und stattdessen ein anderes Hintergrundbild einzufügen. Im Gegensatz zu den bisher beschriebenen Techniken, bei denen die Hintergrundschärfe von der Kameraeinstellung abhängt, bleiben eingestanzte Hintergrundbereiche immer scharf. Dafür kommen Unverträglichkeiten zwischen Vorder- und Hintergrund entsprechend deutlicher zur Geltung.

Elektronische Masken/Inlay-Verfahren

Beim sogenannten Inlay-Verfahren wird ein durch eine Maske definierter Bereich im Hintergrundbild elektronisch ausgestanzt und an dieser Stelle eine andere Bildinformation - meist die Studioaufzeichnung einer Handlung - eingestanzt. (Die Farben von Vorder- und Hintergrund spielen bei diesem Verfahren unter stanztechnischen Gesichtspunkten keine Rolle.)

Die Stanzvorlage für den Trickmischer kann eine handgefertigte Schablone sein, die von einer mit dem Mischer verbundenen Kamera aufgenommen wird. Immer häufiger werden jedoch zum gleichen Zweck Effektgeneratoren verwendet, die ebenfalls eine Vielzahl unterschiedlicher Masken erzeugen können. Diese von einer Kameravorlage oder einem Effektgenerator gelieferten Masken sind die Vorlage für den Bildaustausch, d.h. an ihrer Stelle wird in den Hintergrund ein neuer Vordergrund eingefügt. Diese Technik bringt bis auf die übliche Anpassung der Bildqualität von Vorder- und Hintergrund keinerlei Einschränkungen für die szenische Ausleuchtung mit sich.

Chroma-Key Verfahren

Hier erfolgt der Bildaustausch nicht über die von einer Kamera aufgezeichnete oder einem Effektgenerator erzeugte Maske sondern über die Hintergrundfarbe. Spielt eine Handlung vor einem blauen Hintergrund (z.B. Kobaltblau; u.U. auch Grün), dann wird beim Chroma-Key Verfahren das Blau ausgestanzt und das Bild der zweiten anliegenden Signalquelle als Hintergrund eingefügt. D. h. eine Studioaufnahme kann mit jedem beliebigen Hintergrund kombiniert werden. Während die Farben des eingestanzten

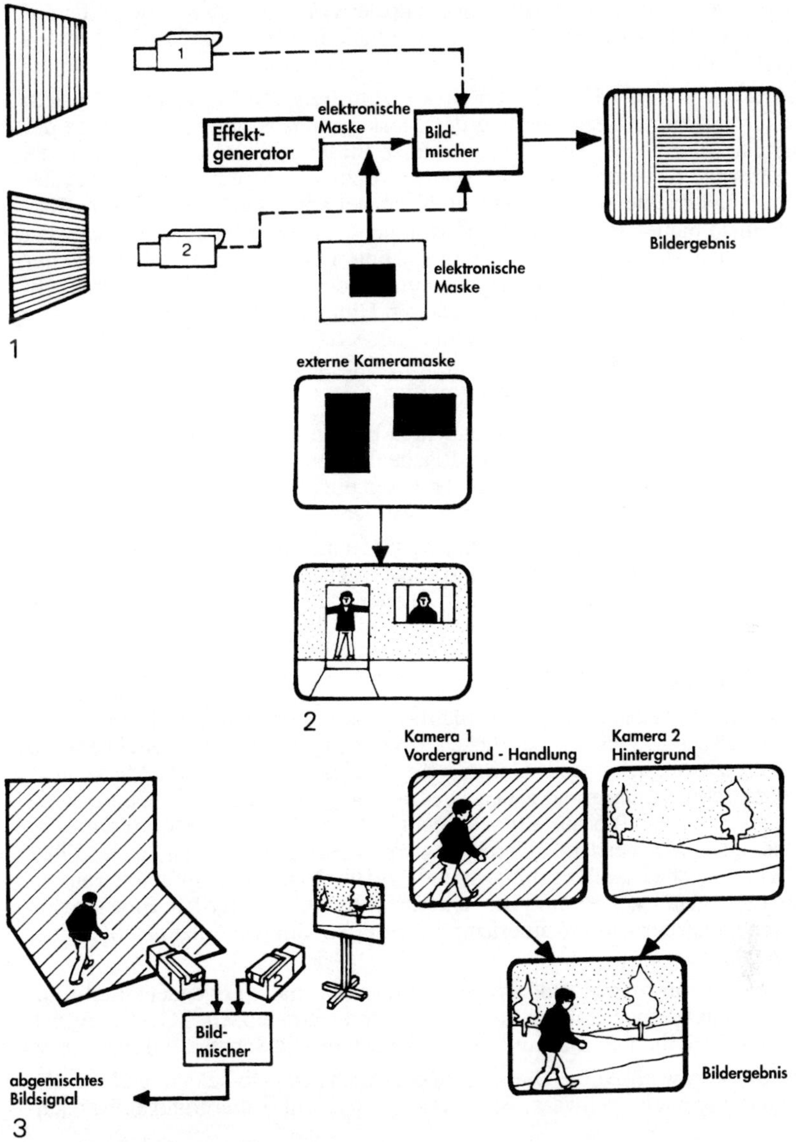

Abb. 15.13 Elektronische Bildeinstanzung

1. Mit *Effekt- bzw. Trickgeneratoren* werden Masken elektronisch erzeugt. Diesen Masken legen den Bereich fest, in dem der Hintergrund einer Aufzeichnung ausgestanzt und durch ein neues, elektronisch eingestanztes Bild ersetzt wird.
2. *Externe-/Kameramaske* Hier ist die Stanzvorlage eine grafisch gezeichnete bzw. genau auf den gewünschten Hintergrundbereich zugeschnittene Maske, die von einer zweiten Kamera aufgezeichnet wird.
3. *Chroma-Key* Beim Chroma-Key Verfahren ist die Stanzvorlage eine Farbe bzw. ein farbiger Hintergrund (meist Blau, manchmal auch Grün u.a.). Die Handlung wird vor dem gleichmäßig blauen (bzw. der Stanzfarbe entsprechenden) Hintergrund arrangiert. Das Hintergrund-Blau wird elektronisch ausgestanzt und stattdessen das Hintergrundmotiv einer anderen Bildquelle eingefügt. Bei diesem Verfahren muß man darauf achten, daß Objekte und Personen im Vordergrund selbst keine Farbanteile der Stanzfarbe aufweisen. Ansonsten könnte man an diesen Stellen durch sie hindurch den eingestanzten Hintergrund sehen. (Die Farben des eingestanzten Hintergrunds spielen keine Rolle.)

Hintergrunds keine Rolle spielen, muß man innerhalb der Vordergrundszene genau darauf achten, daß sie keine der Stanzfarbe ähnliche Farbe enthält. In dieser Zone würde ebenfalls der Hintergrund sichtbar.

Weiterentwickelte Chroma-Key Verfahren wie zum Beispiel das Ultimatte-System erlauben eine differenzierte Beeinflussung des Masken-Signals und sind sogar in der Lage, transparente Materialien, Schatten, sehr feine Strukturen und Umrisse (z.B. die einer Feder, netzartige Strukturen, Rauch) problemlos zu verarbeiten. Einfachen Systemen bereiten solche Objekte Schwierigkeiten. Normalerweise wird beim Chroma-Key Verfahren mit einem blauen Hintergrund und vielleicht auch einem blauen Bodenbelag gearbeitet. Man könnte stattdessen einen neutralen Hintergrund blau anstrahlen, aber nur mit dem Risiko, daß auch Objekte und Personen im Vordergrund von blauem Streulicht getroffen und die Übergänge zwischen Vorder- und Hintergrund ungenau werden. Die häufigsten Beleuchtungsprobleme beim Chroma-Key Verfahren sind:

Viele Systeme sind nicht in der Lage, Schatten zu reproduzieren, so daß Personen und Objekte schattenlos im Raum zu schweben scheinen.

Jeder Schatten und jede Überstrahlung auf dem blauen Hintergrund kann zu Störeffekten führen. Deshalb muß die Hintergrundfläche für Chroma-Key Effekte besonders gleichmäßig ausgeleuchtet werden. Manchmal müssen dunkle Schatten auf dem Hintergrund mit zusätzlichen Scheinwerfern aufgehellt werden.

Bei Systemen, die auch Schatten reproduzieren, wird man um so genauer darauf achten müssen, daß der Hintergrund völlig eben ist und keine eigenen Schatten erzeugt. Auch die von der Szene auf den Hintergrund geworfenen Schatten müssen genauer ins Auge gefaßt werden.

Wandermasken beim Film

Mit den sogenannten Wandermasken wurden auch beim Film erstaunliche bis legendäre Stanzeffekte erzeugt. Der am häufigsten eingesetzte Natriumdampflicht-Prozeß funktioniert im Prinzip ähnlich wie das Chroma-Key Verfahren, d.h. über die Maskenherstellung mit spezifischen Hintergrundfarben. Die Handlung leuchtet man ganz normal mit einer Farbtemperatur von 3.250°K aus. Ein sehr enger Spektralbereich (monochromatisches Gelb - 589 Nanometer) wird bei der Aufzeichnung von einem speziell beschichteten Filter unterdrückt. Der szenische Handlungshintergrund wird mit Natriumdampflampen ausgeleuchtet, deren Licht genau diese vom Filter unterdrückte Wellenlänge hat. Eine speziell für diesen Zweck konstruierte Filmkamera mit integriertem Strahlenteiler macht gleichzeitig zwei Aufnahmen:

Eine Farbaufzeichnung der Vordergrundhandlung. Da das verwendete Farbfilmmaterial nur eine sehr geringe Empfindlichkeit für monochromatisches Gelb aufweist, wird die Handlung in all ihren Farben und der gelbe Hintergrund Schwarz aufgezeichnet.

Eine zweite Schwarzweiß-Aufzeichnung, bei der durch den gelb-selektiven Filter die Vordergrundhandlung nur als schwarze Silhouette vor weißem Hintergrund aufgezeichnet wird.

Beim Kopierprozeß wird das Filmmaterial mit der Hintergrundszenerie von der schwarzweißen Wandermaske überlagert, so daß der Handlungsbereich in der kopierten Hintergrundszenerie dunkel bleibt. In diesen aus dem Hintergrund ausgestanzten Bereich wird die Farbaufzeichnung der Vordergrundhandlung (mit ihrem in exakter Entsprechung schwarz ausgestanzten Hintergrund) einkopiert.

Stoffe und szenische Gaze

In Kapitel 14 wurden schon einige der vielfältigen Anwendungsmöglichkeiten von Gaze- und Stoffmaterialien vorgestellt.

Weiße Stoffe

Weiße, auf einen Rahmen gespannte und von vorne beleuchtete Stoffe erscheinen undurchsichtig wie eine Wand. Bemalungen und Beschriftungen der Stoffoberfläche

Abb. 15.14 Stoffe und szenische Gaze

Bei einer Ausleuchtung von vorne (1) sehen gazeartige Stoffe wie eine massive, undurchsichtige Fläche aus. Dekorative Oberflächenbemalungen und Beschriftungen heben sich deutlich vom weißen oder schwarzen Stoff ab. Unbeleuchtete Personen und Objekte hinter der Stoffverspannung bleiben unsichtbar.

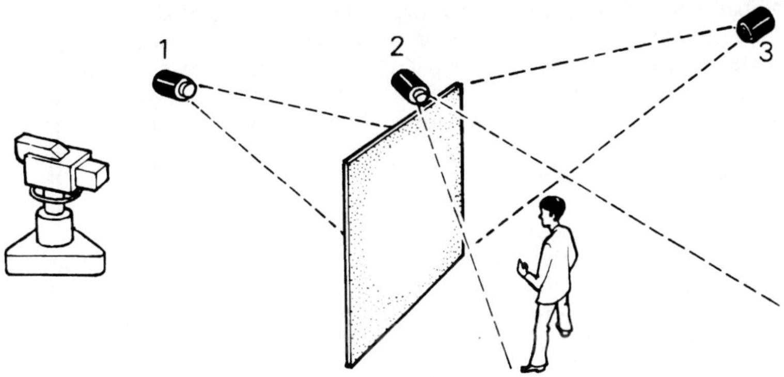

Reduziert man die Lichtintensität der frontalen Ausleuchtung (1) und leuchtet die Person hinter der Stoffverspannung aus (2), werden für die Kamera die Person und andere szenische Details hinter der Verspannung sichtbar, wenn auch mit abgeschwächten Umrissen und Kontrasten. Bemalungen und Beschriftungen der Stoffoberfläche verschwinden weitgehend.

Ein dritter Scheinwerfer (3), dessen Licht von schräg hinten auf die Stoffverspannung fällt, verstärkt den Dunsteffekt der Szene und arbeitet dekorative Bemalungen auf der Stoffoberfläche als Silhouette heraus.

heben sich deutlich vom hellen Stoff ab. Die Lichtdurchlässigkeit der meisten Stoffe ist so gering, daß bei einer frontalen Ausleuchtung Objekte hinter dem Stoff nicht sichtbar werden, selbst wenn man diese Objekte sehr stark anstrahlt. Sie werden erst dann für die Kamera sichtbar, wenn man das von vorne auf den Stoff fallende Licht deutlich abschwächt. In diesem Fall wirkt der Stoff wie eine große Diffusionsfläche.

Kommt nur Licht direkt von hinten, erscheinen Stoffbemalungen silhouettenhaft und Objekte hinter dem Stoff diffus. Werden Objekte hinter der Stoffverspannung direkt angestrahlt, ohne daß Licht auf den Stoff fällt, wird der Stoff fast unsichtbar. Auf diese Weise kann man durch einen Beleuchtungswechsel in ein und derselben Einstellung von einer auf den Stoff gemalten Hausfassade in den Innenraum des Hauses überblenden.

Schwarze Stoffe

Schwarze, von vorne beleuchtete Stoffe sind kaum sichtbar, aber Bemalungen in mittleren bis hellen Tönungen heben sich deutlich vom dunklen Stoffhintergrund ab. Dieser Effekt kann für dekorative szenische Zwecke genutzt werden, z.B. zur Simulation beleuchteter Straßenschilder, von Leuchtschriften etc. Die Intensität des von vorne kommenden Lichts wird von schwarzen, gazeartigen Stoffen zwar abgeschwächt, aber das hindurchscheinende Licht kann ausreichend sein, Objekte hinter dem Stoff aufzuhellen. Die Objekte erscheinen ein wenig diffus, sind aber für die Kamera deutlich zu erkennen.

Die üblichen Probleme beim Ausleuchten szenischer Stoffverspannungen sind:

- Die Handlung und die szenische Ausstattung haben einen zu geringen Abstand zur Stoffverspannung und stehen einer gleichmäßigen Ausleuchtung der Verspannung im Weg. Überstrahlungen und zu dunkle Bereiche können den gewünschten Hintergrundeffekt zerstören.
- Licht dringt durch die Stoffverspannung und läßt versehentlich auch Dinge hinter der Verspannung sichtbar bzw. ahnbar werden.

Halbdurchlässige Spiegel

Mit halbdurchlässigen Spiegeln wird relativ selten gearbeitet. Es ist eine Spielerei, die verschiedene technische Probleme aufwerfen kann. Eine Glasfläche mit sehr dünner

Silber- oder Aluminiumbeschichtung sieht vor einem dunklen Hintergrund wie ein ganz normaler Spiegel aus. Von der anderen Seite erscheint sie transparent. So kann zum Beispiel eine Kamera zeigen, wie ein Künstler sich vor dem Spiegel schminkt, während eine zweite, hinter dem halbdurchlässigen Spiegel stehende Kamera sein Gesicht von vorne zeigt. Das Geheimnis des Spiegeltricks liegt in den unterschiedlichen Helligkeiten auf den beiden Seiten des Spiegels. Auf der Rückseite muß es sehr dunkel sein und auf der Vorderseite sehr hell, um den Lichtverlust beim Blick durch den Spiegel auszugleichen. Für die Kamera hinter dem Spiegel reduziert sich die Lichtmenge auf ein Viertel oder noch weniger und durch das Glas kann eine leichte Farbverschiebung auftreten. Für optimale Aufzeichnungsergebnisse muß deshalb der Handlungsbereich sehr hell ausgeleuchtet werden. Bei der Kamera vor dem Spiegel muß wegen der stärkeren Ausleuchtung ein Neutralgrau-Filter vor das Objektiv gesetzt oder die Blendenöffnung deutlich verringert werden.

Das typische Problem bei der Ausleuchtung von Personen vor Spiegeln ist, daß frontales Licht auf dem Gesicht für die zweite Kamera zum unattraktiven Seitenlicht wird und von oben kommendes Licht die obere Kopfhälfte überbetont. Eine Alternative ist ein recht niedrig in der Szene aufgestelltes Spotlicht, das direkt auf den Spiegel gerichtet wird und gleichzeitig als Führungslicht (durch seine Spiegelung) und als Gegenlicht dient.

Abb. 15.15 Halbdurchlässige Spiegel

Eine sehr dünne reflektierende Beschichtung ermöglicht es, mit einer Kamera durch die Rückseite des Spiegels (1) hindurchzufilmen (der Lichtverlust ist jedoch beträchtlich). Von vorne bzw. von Kameraposition (2) sieht der Spiegel bei heller Raumausleuchtung wie ein ganz normaler Spiegel aus.

Geisterbilder

Bei diesem sehr einfachen Trick wird eine Person oder ein Objekt direkt von vorne, d.h. aus Richtung der optischen Achse angestrahlt, um Oberflächenstrukturen, Modellierungen und Schatten so weit wie irgend möglich zu unterdrücken. Das Grundprinzip ähnelt dem der Aufprojektion.

Vor der Kamera befindet sich eine um 45° zur optischen Achse angewinkelte Glasscheibe, über die eine zweite Person oder ein anderes Objekt eingespiegelt werden kann. Es gibt zwar einen beträchtlichen Lichtverlust, aber die Methode eignet sich bestens für Bildüberlagerungen, z.B. von Grafiken und Schriften mit partiellen Bewegungseffekten und auch andere real oder geisterhaft wirkende Tricks.

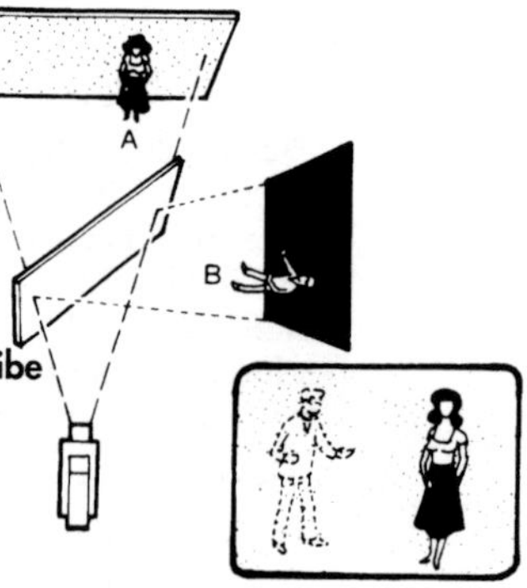

Abb. 15.16 Geisterbilder

Person B wird über die Glasscheibe in die Aufzeichnung von Person A eingespiegelt. Je nach Ausleuchtung der Personen sieht man nur A, nur B oder beide Personen.

Verfolgerspots

Spotscheinwerfer sind ein hervorragendes Mittel, um Personen aus ihrer Umgebung hervorzuheben bzw. von ihrer Umgebung zu isolieren; - und sie sind sehr hilfreich, wenn eine gleichmäßige Grundausleuchtung nicht praktikabel ist. Beim weitverbreiteten Einsatz in großen Stadien und bei großen Bühnenereignissen müssen Verfolgerspots sehr präzise geführt werden, um wirklich wirkungsvoll zu sein. Verliert ein Spot seinen Darsteller und muß ihn wieder einfangen, kann dies gänzlich unerwünschte Lacher provozieren.

Auf folgende Punkte sollte man beim Umgang mit Verfolgerspots achten:

- Sowohl bei horizontalen als auch bei vertikalen Bewegungen sollte ein gewisser Widerstand vorhanden sein. Eine zu leichtgängige Aufhängung erschwert die präzise Führung. Auf größere Beleuchtungsentfernungen von zum Beispiel 10 Metern und mehr werden schon die geringfügigsten Bewegungen enorm vergrößert.
- Alle Einstellvorrichtungen (Irisblende, Fokussierung etc.) müssen vorab auf ihre Leichtgängigkeit überprüft werden.
- Es muß möglich sein, den Spot schnell und präzise auf jeden Punkt des Handlungsbereichs auszurichten, bevor man ihn auf Stichwort aufzieht, - entweder mit einer optischen, u.U auch selbstgebastelten Zielvorrichtung (z.B. aus Draht) oder mit Hilfe eines kleinen Lichtpunkts.
- Der Lichtstrahl darf bei seinen Bewegungen nicht unterbrochen werden, weder von Deckenlampen noch durch andere Ausstattungsdetails.
- Die Person, die den Spotscheinwerfer bedient, muß genau darüber informiert sein, ob zum Beispiel ein Darsteller vollständig, bis zum Bauch oder nur bis zu den Schultern vom Spot erfaßt werden soll. Der maximal erfaßbare Ausstrahlungsbereich hängt von der Brennweite der Scheinwerferlinse ab. Zu einer gut vorbereiteten Show gehört, daß das Bedienpersonal Gelegenheit zum Üben hat und genau weiß, wann der Lichtstrahl vergrößert oder verkleinert werden muß und welchem Tänzer sie bei einem Paartanz folgen müssen, wenn das Paar sich kurzfristig trennt.
- Bei der vollständigen Ausleuchtung eines Darstellers sollte über seinem Schattenwurf und der oberen Begrenzung des Spotlichts ein wenig Spielraum bzw. Luft bleiben. Werden Mikrofonangeln eingesetzt, muß man genau darauf achten, daß keine Mikrofone von oben in den Lichtstrahl eintauchen.
- Befinden sich Darsteller in nächster Nähe zu glänzenden Flächen, z.B. auf einem polierten Fußboden oder dicht bei einem Klavier, können durch das auf sie gerichtete Spotlicht auch Reflexe der glänzenden Oberflächen auf den Hintergrund fallen. Im Grunde kann man nichts dagegen tun, es sei denn, man verändert die Position der Darsteller.

Der von einem Spotscheinwerfer auf den Boden projizierte Lichtfleck wird nur auf hellen Böden deutlich sichtbar. Auf schwarzen, glänzenden oder gemusterten Bodenmaterialien ist er weitgehend ohne Bedeutung.

Nahaufnahmen von Personen, die mit einem Spotscheinwerfer angestrahlt werden, wirken relativ flach und zu kontrastreich. Starkes Gegenlicht verstärkt diesen Effekt noch. Durch Aufhellicht könnte man ihn abschwächen, aber jede ergänzende Ausleuchtung verringert wiederum die spezifisch dramatische Wirkung des Spots.

Bewegte Lichtquellen

In dramatischen Stücken gibt es immer wieder Charaktere, die sich im Dunkeln bewegen und nur eine Kerze, eine Laterne oder eine Taschenlampe bei sich haben. Wie schon beschrieben kann man sich nicht darauf verlassen, daß szenische Lichtquellen dieser Art ausreichendes Licht auf den Darsteller und seine Umgebung werfen. Aus diesem Grund braucht man andere überzeugende Beleuchtungstechniken zur Simulation des gewünschten Effekts.

Wenn möglich, sollte eine Lichtquelle zumindest hell genug sein, um auch den Darsteller, der sie in der Hand hält, ausreichend aufzuhellen, z.B. durch eine in der Kerze oder der Lampe verborgene kleine Glühbirne. Es gibt aber auch andere Möglichkeiten, das Problem zu lösen. Die einfachste Methode ist, daß sich eine zweite Person dicht vor dem Darsteller bewegt und ihn mit einer Lampe anstrahlt, ohne daß sie selbst ins Bild kommt. Oder man verfolgt den Darsteller mit einem kleinen, auf einem Stativ befestigten Spotscheinwerfer.

Bei diesen einfachen und meist recht praktikablen Methoden muß man auf folgendes achten:

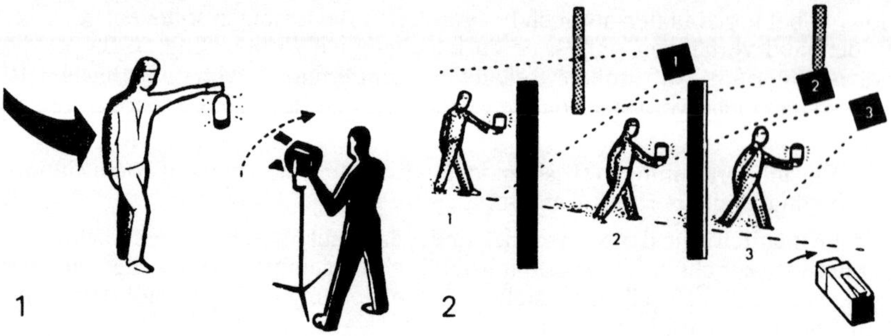

Abb. 15.17 Sich im Dunkeln bewegende Personen mit Lampe

Bewegt sich eine Person mit einer Lampe in der Hand im Dunkeln, kann man sie und ihre Umgebung ausleuchten:

1. Mit einem beweglichen Führungslicht.
2. Mit mehreren, auf begrenzte Bereiche ausgerichteten Scheinwerfern, die nacheinander auf- und wieder abgeblendet werden.

- Eine präzise Ausrichtung des Lichts.
- Vom Darsteller zu niedrig gehaltene Lampen können unattraktive Lampenschatten auf das Gesicht des Darstellers werfen.
- Das auf die Umgebung fallende Licht verändert sich mit der Bewegung des Darstellers nicht immer in gewünschter Weise.
- Kommt irgendein Hindernis zwischen den Darsteller und eine zweite Person, die ihn ausleuchtet (z.B. ein Pfosten), würde das Licht für einen kurzen Augenblick nicht auf den Darsteller sondern auf das Hindernis fallen. In diesem Fall muß man das Licht kurz abdecken oder ausschalten.

Die effektivste Methode ist, die Strecke, die ein Darsteller zurücklegt, mit mehreren Scheinwerfern auszuleuchten und diese nacheinander, wenn sich die Person dem entsprechenden Beleuchtungsbereich nähert, aufzuziehen und gleich danach wieder abzublenden. Hiermit lassen sich auch die wechselnden Lichtverhältnisse auf dem Hintergrund recht überzeugend imitieren. Diese Methode setzt natürlich voraus, daß genügend Platz für eine genaue Positionierung und Ausrichtung dieser Scheinwerfer vorhanden ist. In kleinen Räumen ist dies schwierig bis unmöglich.

Schließlich kann man - sofern genügend Raum und Mitarbeiter verfügbar sind - die Veränderungen der Lichtverhältnisse während des Bewegungsablaufs auch mit Hilfe von drei Beleuchtungsassistenten simulieren: einer kümmert sich um eine gleichbleibende Ausleuchtung des Darstellers vom Kopf bis zur Brust; zwei weitere um das Licht vor und hinter dem Darsteller. Auf diese Weise lassen sich hervorragende Ergebnisse erzielen - aber drei Lichtassistenten und ein Kameradolly brauchen sehr viel Bewegungsspielraum!

16 Sicherheit!

Auf den ersten Blick erscheint eine Auflistung von Sicherheitsvorkehrungen immer langweilig. Sie werden häufig als übervorsichtige Reglementierung bzw. als Beschränkung empfunden - und erfordern nicht zuletzt einen zusätzlichen Zeitaufwand. Doch spätestens nach dem ersten persönlichen Kontakt mit Strom oder den glühend heißen, rasiermesserscharfen Splittern einer explodierenden Lampe; - dem ersten Erlebnis mit einem Feuer, das ein Bodenscheinwerfer an einem Vorhang entfacht hat - oder der Verletzung eines Kollegen durch einen herabfallenden Schraubenschlüssel, ... spätestens dann bekommen die lästigen Sicherheitsmaßnahmen eine ganz andere Bedeutung.

Einige dieser Sicherheitsmaßnahmen sind ganz einfach eine Sache des gesunden Menschenverstands. Von den vielen du sollst und du sollst nicht -Regeln kann schließlich auch das eigene Leben und die eigene Gesundheit abhängen

Belastbarkeit von Stromanschlüssen

Bevor man Scheinwerfer anschließt, muß man unbedingt den Leistungsverbrauch der Lampen addieren um sicherzustellen, daß der Stromanschluß nicht überlastet wird. Speziell beim Anschluß mehrerer Scheinwerfer an nur einer Steckdose ist deren maximale Belastbarkeit schnell überschritten.

Bei Außenaufnahmen darf man nicht vergessen, daß die Scheinwerfer in der Regel nicht die einzigen Verbraucher sind, die an das Stromnetz angeschlossen sind. Es ist immer ratsam, sich zuerst mit den Bewohnern oder dem Hausmeister in Verbindung zu setzen, bevor man in fremden Wohnungen und Räumen die eigene Ausrüstung anschließt.

Sicherungen

Am besten ist es, wenn jeder Scheinwerfer seine eigene Sicherung hat oder über den Stromverteiler einzeln abgesichert ist. Vor jedem Aufbau sollte es zur Routine werden, daß man zunächst feststellt, wo der Sicherungskasten ist und ob es Ersatzsicherungen gibt bzw. wo sie am schnellsten zu bekommen sind. Es dürfen unter keinen Umständen Sicherungen von höherer Belastbarkeit eingesetzt werden, aber auch keine von geringerer Belastbarkeit.

In den meisten Fällen ist die Ursache für eine durchgebrannte Sicherung beim Scheinwerfer oder beim Verbindungskabel zu suchen, d.h. man sollte zuerst die angeschlossenen Geräte und Kabelverbindungen überprüfen, bevor man eine Sicherung auswechselt.

Unter Strom

Bei der Fehlersuche, aber auch während der Scheinwerfermontage, beim Lampenwechsel und beim Verkabeln muß die Stromzufuhr abgeschaltet sein. Handschuhe und Schuhe mit dicken Gummisohlen bieten keinen ausreichenden Schutz vor Stromschlägen. Defekte Kabel mit brüchigen bzw. durchgeschmorten Isolationsmaterialien müssen ersetzt und leitende Oberflächen abgeschirmt werden.

Der elektrische Strom fließt von der spannungsführenden Leitung durch die Lampe und über den neutralen Leiter (Masse) wieder zurück. Berührt man eine dieser beiden Leitungen, wird man selbst zum neutralen Leiter, denn dem Strom ist jeder Weg recht, seine Spannung loszuwerden und zur Masse (Erde) zurückzukehren. Diese Masse kann der Fußboden sein und jeder andere leitende Gegenstand, der mit dem Boden bzw. der Erde in Verbindung steht: Metallrohre, Zäune, Gerüste, Wasser- und Gasleitungen. Feuchte Haut verbessert unsere leitenden Eigenschaften.

Auch wenn wir nur einen kleinen elektrischen Schlag bekommen, kann dies ausreichen, daß wir alles, was wir in den Händen halten, fallen lassen, - oder einen Satz machen und uns möglicherweise an Gegenständen in nächster Nähe verletzen. Muskelreaktionen können manchmal auch dazu führen, daß unsere Hände den unter Spannung stehenden Gegenstand noch fester anpacken. Im schlimmsten Fall werden Opfer eines Stromschlags ohnmächtig und müssen künstlich beatmet werden.

Einige Geräte arbeiten mit besonders hohen und somit noch gefährlicheren Stromspannungen, z.B. Vorschaltgeräte von Entladungslampen und Fernsehmonitore.

Phasenlage

Arbeitet man mit Wechselstrom aus dem öffentlichen Netz, besteht u.U. eine weitere Gefährdung durch die Mischung von Stromquellen mit verschiedenen Phasenlagen. Wechselstromgeneratoren erzeugen einen sogenannten Dreiphasenstrom, d.h. es werden drei gleichgroße Spannungen erzeugt, die sich jedoch durch ihre Phasenlage unterscheiden. Einige technische Geräte (z.B. Drehstrom-Motoren) müssen mit allen drei Phasen verbunden werden.

Für den Betrieb von Scheinwerfern wird nur einphasiger Strom benötigt. Die drei von einem Stromgenerator produzierten Phasen werden unterschiedlichen Verbrauchern zugeordnet, d.h. ein Haus wird von einer Phase und das Nachbarhaus möglicherweise von einer anderen Phase versorgt. Dies ist soweit eine absolut sichere Angelegenheit. Aber: Geräte, die von unterschiedlichen Phasen versorgt werden, dürfen nicht so nahe beieinander stehen, daß sie gleichzeitig berührt werden können. Sonst kann man einen doppelt starken Stromschlag bekommen!

Bei Aufnahmen vor Ort mit kleiner Lichtausrüstung schließt man die Scheinwerfer meist an die nächstliegende Haushalts-Steckdose an. Holt man sich, um die Stromversorgung des Hauses nicht zu überlasten, über Verlängerungskabel noch Strom vom Nachbarn, kann dessen Phasenlage eine andere sein. Dies ist schon vorgekommen!

Schutzkontakt/Erdung

Jedes Teil der Ausrüstung muß mit einem zusätzlichen Schutzleiter verbunden sein. Kommt aus irgend einem Grund Spannung auf das Gerätegehäuse (durch eine lockere Verbindung oder durch Feuchtigkeit im Gerät), wird die Spannung über den Schutzleiter abgeführt und die Sicherung brennt durch. Alle Metallteile der Ausrüstung sollten in dieser Form geerdet sein, d.h. auch die Befestigungsstangen und Metallgerüste für Scheinwerfer, szenische Metallkonstruktionen, an denen Scheinwerfer befestigt sind; - desgl. alle dekorativen Lichtquellen.

Kontakte und Stromverbindungen

Alle Lampen müssen gut in ihren Fassungen sitzen, dürfen aber auch nicht zu fest und nicht mit zu viel Druck eingeschraubt bzw. eingesetzt werden. Sonst kann die Verbindung zwischen Lampensockel und Glaskolben brechen und es wird äußerst schwierig, die Lampe wieder aus der Fassung zu entfernen. Es gibt eine ganze Anzahl unterschiedlicher Fassungen: Schraubfassungen, Bajonettfassungen, Steckfassungen und Anschlüsse mit Kabelschuhen. Schlechte und lockere Kontaktverbindungen können zu verbrannten Kontaktflächen und einer Korrosion der Kontakte führen. Durch die enorme Hitzeentwicklung können sich Fassungen auch verformen und Kontaktfedern den nötigen Anpreßdruck für eine gute Verbindung verlieren. Auf oxydierten und korrodierten Kontaktflächen bilden sich kleine, narbenförmige Vertiefungen, die den Widerstand vergrößern. Dies führt zu weiteren punktuellen Überhitzungen, so daß sich die Kontaktqualität zusehends verschlechtert. Man sollte es sich deshalb zur Gewohnheit machen, den Zustand der Kontakte von Fassungen und Lampensockeln bei jedem Lampenwechsel zu überprüfen.

Bei allen anderen Stromanschlüssen kann es ebenfalls durch schlechte Verbindungen zu punktuellen Überhitzungen und verbrannten Kontaktflächen kommen, d.h., daß man bei jeder Verbindung, die man herstellt, einen prüfenden Blick auf den Zustand der Kontaktflächen werfen sollte. Einige Stromanschlüsse können verschraubt oder verriegelt

Abb. 16.1/1 Schwere Gegenstände heben und transportieren

1. Zunächst prüft man das Gewicht des Gegenstands und den Zustand der Wegstrecke.
2. Dann stellt man sich dicht hinter den Gegenstand, mit Blick in Wegrichtung, geht in die Knie und packt den Gegenstand - sofern dies möglich ist - auf einer Seite von unten und auf der anderen Seite weiter oben. (Mit den Händen und nicht nur mit den Fingern.) Beim Zupacken kann man die Ellenbogen am Oberschenkel abstützen. Ist das Objekt nur sehr schwer zu greifen, sollte man versuchen, ein Seil darum zu legen.
3. Mit nach vorne gerichtetem Kopf, leicht nach vorne geneigtem Oberkörper und gut ausbalanciertem Stand beginnt man jetzt den Gegenstand aus den Beinen (und nicht! aus dem Rücken) hochzuheben. Die Arme sollten dabei dicht am Körper liegen und den Gegenstand an den Körper pressen; - desgl. beim Laufen.
4. Beim Absetzen geht man genau umgekehrt vor. Auch hier muß der Rücken unbedingt gerade bleiben. Auf keinen Fall nach vorne beugen!
5. Hebt man einen schweren Gegenstand nur mit einer Hand ist es sinnvoll, die andere Hand auf einem Tisch, einem Stuhl o.ä. abzustützen oder zumindest mit einem Knie auf den Boden zu gehen.

Abb. 16.1/2 Schwere Gegenstände tragen

Am besten lassen sich schwere Objekte auf den Schultern transportieren - und nicht mit ausgestreckten Armen vor dem Körper. Beim Aufladen der Last sollte man darauf achten, den Rücken nicht zu verdrehen. Noch besser ist es natürlich, schwere Gegenstände nicht zu tragen sondern mit einem Wagen, einer Karre oder einem anderen Hilfsmittel zu transportieren.

werden. Reine Steckkontakte bergen immer das Risiko, daß sich durch einen unbeabsichtigten Zug am Kabel der Kontaktschluß lockert oder ganz unterbrochen wird.

Heiße Gehäuse

Scheinwerfer werden extrem heiß! Das ist zwar jedermann bewußt, wird aber trotzdem immer wieder übersehen. Ein zu dicht vor dem Hintergrund oder anderen Materialien stehender Scheinwerfer wird in kürzester Zeit so heiß, daß er das Dekorationsmaterial ruinieren wird. Die meisten Ausstattungsmaterialien sind zwar schwer entflammbar bzw. nicht brennbar, können aber trotzdem durch die Hitze deformiert und zerstört werden.

Filterfolien und Gazematerialien werden - auch bei korrekter Befestigung - ebenfalls sehr heiß und können, wenn sie neu sind, unangenehm ausdunsten. Befestigt man sie zu dicht vor dem Scheinwerfer, dann altern sie äußerst schnell, reduzieren die Lebensdauer der Lampe und können durch den entstehenden Hitzestau sogar die Fresnellinse springen lassen.

Besonders problematisch ist der Einsatz von Fotolampen in herkömmlichen bzw. dekorativen Lichtquellen wie z.B. Decken-, Wand- und Schreibtischlampen. Diese Lichtquellen sind nicht für Fotolampen ausgelegt und können durch die Hitzeentwicklung der Fotolampen beschädigt werden; - desgl. angrenzende Flächen.

Es ist auch nicht ratsam, eingeschaltete und noch heiße Lichtquellen bzw. Scheinwerfer zu transportieren, nicht zuletzt, da die Glühwendel in heißem Zustand wesentlich stoßempfindlicher sind.

Schwere Gewichte

Beim Versuch, schwere Ausrüstungsgegenstände zu heben oder zu tragen, kann man sich schnell eine Rückenverletzung oder Muskelzerrung zuziehen. Hier sollte man sich auf jeden Fall von Kollegen helfen lassen oder geeignete Hilfs- und Transportmittel benutzen. Um Zerrungen zu vermeiden ist es wichtig, schwere Gegenstände richtig hochzuheben (Abb. 16.1).

Kabel

Die Bandbreite der beim Film und beim Fernsehen verwendeten Kabel reicht vom ganz dünnen Kabel für dekorative Lichtquellen mit nur einigen Ampere Belastbarkeit bis hin zu Kabeln, die fast so dick wie ein Handgelenk sind. Der erforderliche Kabeldurchmesser hängt im wesentlichen von der Leistung der angeschlossenen Verbraucher und auch der Belastungsdauer ab. Ein vergleichsweise leichtes bzw. dünnes Kabel, das für kurzfristige Belastungen völlig ausreicht, kann sich bei längerer Belastung (z.B. mehr als 20 Minuten) zunehmend erhitzen. In diesem Fall muß ein größerer Leitungsdurchmesser gewählt werden.

Die Leiter sind normalerweise aus Aluminium oder Kupfer. Bei gleicher Belastbarkeit sind Aluminiumleiter dicker, leichter und billiger als Kupferkabel. Jedes Kabel hat einen elektrischen Widerstand und setzt einen Teil der weitergeleiteten Energie in Wärme um. Um unnötige Spannungsverluste zu vermeiden, sollten Kabel immer so kurz wie möglich sein

Auf Trommeln gewickelte Kabel wirken wie eine Induktionsspule und setzen Wechselstrom einen zusätzlichen Widerstand entgegen. Entsprechend werden Kabeltrommeln bzw. Kabelringe bei großen Belastungen schneller heiß bzw. so heiß, daß das Kabel und seine Isolierung beschädigt werden kann. Speziell Plastikisolationen werden unter Hitzeeinwirkung brüchig und verlieren ihre Flexibilität. Das heißt: zur Lagerung werden Kabel wie üblich ringförmig oder auf Kabeltrommeln aufgewickelt. Bevor man ein Kabel jedoch anschließt, sollte man es vollständig abwickeln und den Rest nicht ordentlich aufgewickelt lassen! Am besten legt man überschüssiges Kabel in Form einer 8.

Der Zustand der Kabel muß vor jedem Gebrauch sorgfältig überprüft werden. Knoten, Knicke und Druckstellen können Leiter und Isolation beschädigen.

Beim Verlegen der Kabel muß man darauf achten, daß sie für niemanden zur Stolperfalle werden können und daß sie weder mit Heizungen noch mit heißen Bodenscheinwerfern in Berührung kommen. Kabel für Stativscheinwerfer müssen so verlegt und gesichert werden, daß keine Möglichkeit besteht, den Scheinwerfer mit dem Kabel umzustürzen oder aus seiner eingerichteten Position zu ziehen. Von der Decke hängende Kabel können beim Umbau hoher Dekorationsteile gefährlich werden.

Am besten verlegt und befestigt man am Boden verlaufende Kabel so dicht wie möglich an den Wänden oder hängt sie im unteren Bereich der Wände ab. Kleinere Kabel kann man mit Klebeband direkt an den Wänden befestigen. In kritischen Gehbereichen sichert man Kabel z.B. mit einer Matte oder einem Brett, in befahrenen Bereichen mit einer Holzrampe oder zwei Brettern, die von beiden Seiten dicht an das Kabel herangeschoben werden. Bindet man mehrere Kabel zu einem Strang zusammen oder verlegt sie unter der Erde, verringert sich ihre Leitungskapazität im Vergleich zu frei hängenden Kabeln.

Noch einmal die wichtigsten Punkte: jedes Kabel muß ausreichend belastbar sein und vollständig abgerollt werden. Es muß sorgfältig auf seinen Zustand geprüft und sicher verlegt werden.

Sicherheitsseile

Alle von der Decke hängenden Scheinwerfer und Zubehörteile müssen gesichert werden, so daß sie im Falle eines Falles weder Mitarbeitern, Darstellern noch Zuschauern auf den Kopf fallen können. Zur Sicherung werden meist Stahlseile mit Karabinerhaken verwendet, die man am nächstmöglichen Befestigungspunkt einer Gitterdecke o.ä. einhängt. Bei Befestigungen in mehr als 6 m Höhe und über dem Zuschauerraum sollten solche Sicherungen obligatorisch sein.

Viele Scheinwerfer und Zubehörteile lassen sich ohne Werkzeug befestigen. Werden dennoch Werkzeuge benötigt, sollte man bei Montagearbeiten unter der Decke auch diese vor einem Absturz auf den Kopf eines unschuldigen Opfers sichern!

Leitern

Selbst wenn sich im Studio alle am Deckenbefestigungssystem hängenden Scheinwerfer motorisch, mit Stangen und ähnlichen Mitteln ausrichten lassen, wird man trotzdem hin und wieder eine Leiter benötigen, um das eine oder andere Zubehörteil auszuwechseln oder neu zu justieren (Tore, Filter etc.). Normale Leitern ohne Abstützvorrichtung sind für solche Zwecke zu unsicher (auch schon für Arbeiten in 3 m Höhe). Besser sind Klappleitern oder eine große, sehr stabile und rollbare Montageleiter.

Bei Klappleitern ist folgendes zu beachten:

- Die ausklappbaren Beine müssen in festen Positionen arretierbar sein und auf einem festen, flachen Untergrund stehen.

Abb. 16.2 Montageleiter für Scheinwerferarbeiten

Es gibt verschiedene Arten fahrbarer Leitern, mit drei oder vier feststellbaren Rädern. Große, rollbare Montageleitern sind zwar recht klobig und benötigen viel Platz zum Rangieren, aber sie sind auch sehr stabil und sicher, besonders bei der Arbeit mit schweren Scheinwerfern.

- Damit die Leiter nicht verrutschen kann ist es gut, wenn eine zweite Person auf der untersten Sprosse steht und die Leiter durch ihr Körpergewicht stabilisiert.
- Man sollte auf keinen Fall versuchen, auf der Leiter stehend schwere Scheinwerfer zu heben. (Für diesen Zweck gibt es entsprechende Hebevorrichtungen.)
- Die Leiter muß immer unter dem gewünschten Arbeitspunkt aufgestellt werden. Lehnt man sich zu weit zur Seite, kann die Leiter umkippen.
- Man sollte sich auch niemals auf die oberste Sprosse stellen, um fast unerreichbare Dinge zu ereichen.
- Ein Sicherheitsseil zwischen der obersten Sprosse und dem Befestigungsgitter für die Scheinwerfer hat schon manches größere Unglück verhindert.

In einigen Studios gibt es speziell für die Scheinwerferarbeiten konstruierte Montageleitern mit fester Rahmenkonstruktion und einer kleinen Arbeitsplattform. Sie sind wesentlich stabiler als Klappleitern aber auch klobig, so daß es schwierig werden kann, sie in engen Dekorationen und inmitten einer Vielzahl im Raum verteilter Ausrüstungsgegenstände hin- und herzuschieben, um sie in die gewünschte Position zu bringen.

Eine zusammenklappbare Leiter ist hier flexibler und läßt sich auch in unzugänglichen Bereichen aufstellen. Wird sie nicht mehr benötigt, hängt man sie einfach an die Studiowand.

Stabile, nicht zusammenklappbare Leiterkonstruktionen können im Prinzip nur im Studio eingesetzt werden und brauchen ihren eigenen Abstellplatz. Rollt man mit einer solchen Leiter über am Boden verlegte Kabel, können diese beschädigt werden; - und ihr Gewicht ist zu groß, um sie bei jedem Kabel hochzuheben. Durch ihre fixe Höhe können diese Leitern auch mit an der Decke hängenden Lampen und Ausstattungsdetails zusammenstoßen.

Ausstattung

In Filmstudios wird das Bühnenbild stets sehr stabil gebaut, d.h. die szenischen Ausstattungsteile werden zusammengenagelt oder zusammengeschraubt und zusätzlich am Boden befestigt, um ein Maximum an Stabilität zu gewährleisten.

Beim Fernsehen werden ebenfalls höchste Anforderungen an die Qualität des Bühnenbilds und der Ausstattung gestellt, aber die Montagezeiten sind in der Regel wesentlich kürzer. Aus diesem Grund wird viel häufiger mit bereits vorgefertigten und wiederverwendbaren Versatzstücken gearbeitet als beim Film und die Ausstattungsteile werden oft nur zusammengeklammert, provisorisch abgestützt und/oder mit Gewichten stabilisiert. Die geringere konstruktive Stabilität des Bühnenbilds begrenzt natürlich die Befestigungsmöglichkeiten für Scheinwerfer.

Speziell zur Ausleuchtung unzugänglicher Szenenbereiche ist es immer wieder erforderlich, Scheinwerfer an Raum- und Dekorationselementen zu befestigen. Man sollte zwar erwarten dürfen, daß auch die Oberkante leichter Konstruktionen der Belastung eines kleinen Scheinwerfer (500-1.000W) standhält. Doch zuvor muß man unbedingt prüfen, ob die konstruktive Stabilität dies wirklich erlaubt: ob z.B. ein am Türrahmen befestigter Scheinwerfer wackelt, wenn die Türe zugeschlagen wird oder ob eine hängende Decke sich unter der Last eines Scheinwerfers neigt bzw. verzieht.

Leichte Konstruktionselemente eignen sich auch nicht zum Anlehnen schwerer Gegenstände und können z.B. bei der Montage und Ausrichtung von Deckenscheinwerfern schon durch einen leichten, versehentlichen Stoß aus ihrer Position verschoben werden.

Für robuste Ausstattungselemente gibt es spezielle, sehr brauchbare Befestigungsvorrichtungen für schwere Scheinwerfer.

Unter jedem Scheinwerfer muß genügend Raum für dessen Bedienung freigehalten werden. Die enge Zusammenarbeit von Bühnenbildner, Beleuchter und ihren Mitarbeitern ist deshalb in allen Arbeitsphasen wichtig und nicht zuletzt im Hinblick auf die Sicherheit unverzichtbar. Einem ausgeschalteten Scheinwerfer ist beim Aufbau des Bühnenbilds nicht anzusehen, ob er für die Produktion gebraucht wird. Und es ist gewiß kein untypisches Beispiel, daß sich mitten in einer laufenden Produktion ein Vorhang in nächster Nähe zu einem heißen Bodenscheinwerfer absenkt. Der Beleuchter flucht, da ein szenischer Bereich plötzlich im Dunkeln liegt und der Ausstatter rauft sich die Haare, da sein für teures Geld ausgeliehener Vorhang einen häßlichen Brandfleck hat!

Lampenstative

Es ist gut davon auszugehen, daß Bodenstative im Weg stehen; daß sie wieder einmal überbelastet wurden; daß jemand aus Versehen über die Stativbeine oder das Stromkabel stolpern könnte; etc. Da nicht jeder Scheinwerfer bewacht werden kann ist es am besten, Stativbeine mit Bühnengewichten, Sand- oder Wassersäcken zu beschweren, die Bremsen der Laufrollen zu fixieren bzw. nicht fixierbare Rollen mit Holzkeilen oder zusätzlichen Gewichten zu blockieren.

Lampen

Es muß zur eisernen Regel werden, auch kalte Lampen niemals mit bloßen Fingern anzufassen, sondern nur mit einem weichen Tuch oder Handschuhen. Einige Lampen werden aus diesem Grund mit einer Schutzhülle um den Glaskörper geliefert. Durch direkten Kontakt mit der Haut kommt der Glaskolben mit körpereigenen Säuren in Berührung, die bei Halogen- und HMI-Lampen zu Schwärzungen, Blasenbildungen und einer vorzeitigen Zerstörung der Lampe führen können. Berührt man dennoch versehentlich einen Glaskolben direkt mit der bloßen Hand, muß man ihn unverzüglich mit Alkohol reinigen.

Geht in einem Scheinwerfer, der schon längere Zeit brennt, eine Lampe kaputt, muß man ihn vor dem Lampenwechsel ausreichend abkühlen lassen, auch wenn man über dicke Handschuhe verfügt! Ein heißer Scheinwerfer kann Verbrennungen dritten Grades verursachen. Unter Zeitdruck ist es u.U. sinnvoller, den kompletten Scheinwerfer gegen einen anderen auszutauschen als abzuwarten, bis er sich abgekühlt hat.

Einige Beleuchter entfernen die Lampen vor einem Transport der Scheinwerfer. Es ist jedoch fraglich, ob der ständige Aus- und Wiedereinbau der Lampe nicht mehr schadet als nützt. Darüber hinaus werden durch dieses Verfahren die Lampenfassungen von Scheinwerfern auf Dauer unnötig strapaziert.

Schutzgitter

Über die Notwendigkeit, vor offenen Lampen ein schützendes Drahtgitter oder Drahtgaze anzubringen, ließe sich einiges erzählen. Sollte eine Lampe explodieren, schützen sie vor umherfliegenden Glassplittern. Auch heiße Fresnellinsen können springen und herunterfallen. Bei Scheinwerfern im bzw. über dem Zuschauerraum ist immer besondere Vorsicht geboten. Eine schützende Drahtgaze und ein Sicherungsseil sind billiger als ein Prozeß wegen fahrlässiger Körperverletzung.

Wasser

Wasser und Strom passen nicht zusammen! Die Gefahren bei Arbeiten in dunstiger und feuchter Umgebung dürfen nicht unterschätzt werden. Bei feuchten Stromverbindungen und Scheinwerfern entstehen sogenannte Kriechströme, die nicht nur kurzfristig zu Spannungsverlusten und elektrischen Stromschlägen führen können, sondern auch zu Folgeschäden, die erst später zu einem unerwarteten Defekt oder Kurzschluß führen.

Einige Scheinwerfer wurden speziell für Außenaufnahmen unter allen Wetterverhältnissen entwickelt und halten jeder Wassermenge stand. Bei allen anderen Scheinwerfern können Sprühnebel und Regen die Lampen explodieren lassen!

Überprüfung der Lampen

Alle Lampen werden mit der Zeit schlechter, d.h. mit den Betriebsstunden verändert sich ihre Lichtintensität und Lichtqualität.

- *Schwärzung des Glaskolbens* Dieses Problem ist bei Halogenlampen von untergeordneter Bedeutung, es sei denn, sie werden über längere Zeit mit Unterspannung betrieben. Besonders leistungsstarke Glühlampen für Studiozwecke enthalten feines Wolframschrot, mit dem sich die Schwärzung des Glaskolbens in regelmäßigen Zeitabständen entfernen läßt.
- *Durchhängende Glühfäden* Ein Glühfaden dehnt sich bei seiner Erhitzung aus. Diese Ausdehnung verstärkt sich durch Alterungsprozesse, durch reflektierte Hotspots falsch justierter Reflektoren und durch sehr steile Neigungswinkel des Scheinwerfers.
- *Blasenbildung* Der Glaskolben einer Lampe kann sich punktuell verformen und Blasen werfen und im schlimmsten Fall platzen. Das Risiko einer solchen Blasenbildung hängt u.a. vom Lampentyp und dem Material des Glaskolbens ab.

Die üblichen Ursachen für Glasblasen sind: lokale Überhitzung des Glaskolbens durch eine zu hohe Betriebsspannung; zu starke Scheinwerferneigung; ein dejustierter Reflektor; unzureichende Entlüftung des Scheinwerfergehäuses - und die konstruktiven Eigenschaften eines Scheinwerfers.

Umrechnungstabelle Footcandle und Lux

Footcandle nach Lux		Lux nach Footcandle	
1/2	5.4	10000	930
1	11	5000	465
2	22	4000	372
3	32	3000	280
4	4 3	2500	232
5	54	2000	186
6	65	1000	93
7	75	500	46
8	86	250	32
9	97	200	19
10	107	100	9
50	540	50	5
100	10764	10	1

Typische Beleuchtungsstärken

		Flood (Lux)	Spot (Lux)	gemessen in Entfernung (m)
Fresnelscheinwerfer	200 W	100	700	5
(Halogen)	300W	125	800	5
	1kW	1.280	8000	3
	2kW	1.900	11.900	5
	5kW	875	4.600	10
	10kW	2200	8.600	10
Fresnelscheinwerfer	575W	8.000		5
(HMI)	1.200W	4.000		10
	2.500W	10.000		10
	4.000W	17.000		10
Softlight	1.250W	800		3
	2.5kW	600		5
	5kW	1.000		5

Stromverbrauch

Stromaufnahme (Watt) bei 220V	
100	0,5
150	0,7
200	0,9
375	1,7
5090	2,3
650	3
800	3,6
1.000	4,5
1.250	5,7
1.500	6,8
2.000	9
5.000	22,7
10.000	45,5

Stromstärke (Ampère) bei 220V	
5	1.100
10	2.200
13	2.800
15	3.300
20	4.400
25	5.500
30	6.600
40	8.800
50	11.000

A

B

C

D

E

F

T

U

V

W

X

Z

Weitere Bücher sowie das aktuelle Verlagsprogramm finden Sie auf unserer Homepage

http://www.film-buch.de